中华传世藏书

【图文珍藏版】

二十五史

姜涛⊙主编

线装书局

卜式传

【题解】

卜式，汉武帝时人，生卒年不详。以善于养羊出名。他曾将自己的养羊经验概括为十二个字，即"以时起居，恶者辄去，毋令败群。"相传卜式著有《养羊法》一书，但早已亡佚。真正使卜式名垂青史的是卜式的爱国精神，当时汉正与匈奴交战，卜式致富不忘国家，多次将自己养羊所积累起来的财富捐献给国家，用以支援反击匈奴的战争，并一度受到朝廷的赏识，从缑氏令一直官至御史大夫。

【原文】

卜式，河南人也。以田畜为事。有少弟，弟壮，式脱身出，独取畜羊百余，田宅财物尽与弟。式入山牧，十余年，羊致千余头，买田宅。而弟尽破其产，式辄复分与弟者数矣。

时汉方事匈奴，式上书，愿输家财半助边。上使使问式："欲为官乎？"式曰："自小牧羊，不习仕宦，不愿也。"使者曰："家岂有冤，欲言事乎？"式曰："臣生与人亡所争，邑人贫者贷之，不善者教之，所居，人皆从式，式何故见冤！"使者曰："苟，子何欲？"式曰："天子诛匈奴，愚以为贤者宜死节，有财者宜输之，如此而匈奴可灭也。"使者以闻。上以语丞相弘。弘曰："此非人情，不轨之臣，不可以为化而乱法，愿陛下勿许。"上不报，数岁乃罢。式归，复田牧。

岁余，会浑邪等降。县官费众，仓府空，贫民大徙，皆仰给县官，无以尽赡，式复持钱二十万与河南太守，以给徙民。河南上富人助贫民者，上识式姓名，曰："是固前欲输其家半财助边。"乃赐式外繇四百人，式又尽复与官。是时，富豪皆争匿财，唯式尤欲助费。上于是以式终长者，乃召拜式为中郎，赐爵左庶长，田十顷，布告天下，尊显以风百姓。

初，式不愿为郎，上曰："吾有羊在上林中，欲令子牧之。"式既为郎，布衣草蹻而牧羊。岁余，羊肥息。上过其羊所，善之，式曰："非独羊也，治民亦犹是矣，以时起居，恶者辄去，毋令败群。"上奇其言，欲试使治民。拜式缑氏令，缑氏便之；迁成皋令，将漕最。上以式朴忠，拜为齐王太傅，转为相。

会吕嘉反，式上书曰："臣闻主愧臣死。群臣宜尽死节，其驽下者宜出财以佐军，如是则强国不犯之道也。臣愿与子男及临菑习弩、博昌习船者，请行死之。以尽臣节。"上贤之，下诏曰："朕闻报德以德，报怨以直。今天下不幸有事，郡县诸侯未有奋繇直道者也。齐相雅行躬耕，随牧蓄番，辄分昆弟，更造，不为利惑。日者北边有兴，上书助官。往年西河岁恶，率齐人入粟。今又首奋，虽未战，可谓义形于内矣。其赐式爵关内侯，黄金四十斤，田十顷，布告天下，使明知之。"

元鼎中，徵式代石庆为御史大夫。式既在位，言郡国不便盐钱而船有算，可罢。上由是不说式。明年当封禅，式又不习文章，贬秩为太子太傅，以儿宽代之。式以寿终。

【译文】

卜式,河南(即黄河以南)人。从事农牧生产。家有小弟,小弟长大后,卜式从家里分了出来,一人只分得羊一百多头,其他田地、住宅、财物全部给了弟弟。卜式进山放牧,十多年后,羊发展到一千多头,并买了土地和房子。但他的弟弟却已彻底破产,卜式便将自己的财产几次重新分给了弟弟。

当时,汉正在与匈奴打仗。卜式上书,表示愿意将自己家财产的一半拿出来,支援边疆。皇帝派了使者来询问卜式:"你想做官吗?"卜式说:"我从小牧羊,不习惯做官,也不愿做官。"使者又问:"难道是你家有什么冤屈,打算上告吗?"卜式回答说:"我平生与人相处没有什么争执,本地有贫穷的人,我借给他钱,有品行不端的人,我教育他,和我居住在一处的人都顺从我,我有什么原因会蒙受冤屈呢?"使者说:"这样的话,你想要什么呢?"卜式说:"皇帝在消灭匈奴,我认为贤能之人应该为了民族气节而英勇就义,有财物的人应该捐献出来,只有这样匈奴才可以消灭。"使者将所听之言向上做了报告。皇帝又将此转告丞相桑弘羊。桑弘羊说:"这不是人的真情。不法分子不可因为教化而扰乱法制。希望陛下您不要答应。"皇帝没有答复,几年以后卜式这件事就做罢了。卜式回乡后,重新又经营起了畜牧业。

一年多以后,正好赶上匈奴浑邪等投降,地方政府财政支出大,库存的残粮也已耗尽一空,贫苦老百姓大迁移,都依赖地方政府提供给养,但不能得到满足供应。卜式又拿出钱二十万给河南太守,用以分给移民。河南将帮助穷人的富人向上做了汇报,皇帝认出了卜式的姓名。说:"这就是以前想捐献一半家财支援边疆的人。"便赐给卜式每年十二万钱,用以免除四百人的戍边,卜式又将其全部交给了政府。当时,富豪家们都抢着藏匿自己的财产,只有卜式还愿意捐献出家财。皇帝这才认为卜式是个始终如一的人,便召见卜式,任命他为中郎,赐给他左庶长的爵位和十顷田地,通报全国,以他为榜样,号召老百姓向他学习。

起初,卜式不愿担任中郎,皇帝说:"我有羊在上林苑中,想命令你去放牧。"尽管卜式已经当上了中郎,却仍然穿着布衣草鞋去放羊。一年多后,羊又肥又壮且繁殖很快。(有一次)皇帝经过他放羊的地方,对他给予了表扬和夸奖,卜式说:"不仅是放羊,治理老百姓也是如此。按时作息,不好的就去除,不要使它败了一个群体。"皇帝对他的话很惊奇,想试试让他去治理百姓。任命卜式为缑氏(今河南偃师县)令,缑氏的老百姓都很顺从他;后卜式又任成皋县令,并兼管漕运,考核结果得了最佳。皇帝因卜式朴实忠厚,拜他为齐王的老师,转而又做了丞相。

正好又赶上吕嘉谋反,卜式上书说:"我听说君主有愧,臣子该死。群臣应该不惜牺牲自己以尽到保全君主的责任,才能使低下的人应该献出自己的财产以支援军队,只有这样才是使国家强大,敌人不敢进犯的办法。我愿意和我的儿子,以及临淄懂得射箭、博昌知道驾船的人一道,请求执行任务,并愿意为此而牺牲,以尽到臣子的责任。"皇帝待他当作贤者,并下诏书说:"我听说以德报德,以正直报冤屈。现在全国不幸,正处于战乱之中,各郡县的诸侯没有一个挺身而出以直报怨的人。齐相卜式平素躬耕田亩,不求名利。畜牧繁殖增多便分给自己的弟弟,而自己又重新进行繁殖。从不为物质利益所迷惑。以前北方边境有军事行动,他上书支援政府。前些年,西河一带年成不好,他又带领齐地的人民捐献粮食。今天他头一个自告奋勇,请求参战,虽然仗还没有打起来,可以说他的节义已在其中表现出来了。特赐给卜式关内侯的爵位,四十斤黄金和十顷田,通告全国,使大家都清楚知道此事。"

汉武帝元鼎(公元前 116~111 年)中,征召卜式取代石庆的御史大夫。卜式上任以后,说郡国不经营盐铁,而船又有税,(这种做法)可以废除。皇帝从此就不喜欢卜式了。第二年又赶上封禅大典,卜式又不懂文辞,被贬为太子太傅,而由儿宽代替他。卜式在享尽天年之后而死。

张骞传

【题解】

张骞(?~公元前 114 年),西汉时汉中成固(今陕西城固)人。官至大行,封博望侯。张骞曾二次通西域,对当时和后世都产生较大影响。"西域"一词,开始出现于西汉。所指地区范围很广泛,包括我国新疆、中亚细亚、印度、伊朗高原、阿拉伯和小亚细亚等地。

张骞第一次通西域,在西汉建元三年(公元前 138 年)。汉武帝为了实现"断匈奴右臂"的战略,就派张骞去西域,联络大月氏,夹击匈奴。张骞出陇西(郡治今甘肃临兆),途经河西走廊,被匈奴人擒获,羁留在匈奴十余年才找到机会逃脱,继续西行,到了大宛(在今费尔干纳盆地)。然后经康居(在锡尔河流域)、大月、大夏(在阿姆河以南兴都库什山以北)。最后取道昆仑山北麓东返,又为匈奴所擒获。后来,匈奴发生内乱,找得机会逃回长安。张骞这次通西域,前后时间达十三年之久,历尽千辛万苦,得到了有关西域的丰富地理知识。除他亲身经历的地方外,还间接了解到乌孙(在伊犁河、楚河、巴尔喀什湖、伊塞克湖一带)、奄蔡

张骞

(在咸海、里海北面)、安息(在伊朗高原)、条支(在两河流域)等国的情况。元狩四年(公元前 121 年),张骞第二次通西域,任务是联络乌孙夹攻匈奴。他到乌孙后,分别遣副使数十人,分赴大宛、康居、大月氏、大夏、安息、身毒(今印度)、于阗(今和田)、扞深(即扞弥,在今于田克里雅城)等地。元鼎二年(公元前 115 年),张骞返回长安。过了一年多就去世。他派遣的副使都圆满地完成任务。自此,汉朝通往西域的道路完全打开,使者和商人往来络绎不绝。张骞通西域,在历史上意义重大,不仅促进了我国和西域的经济、文

化交流,对人类文明的发展产生深远的影响;而且丰富了中国人的地理知识,扩大了中国人的地理视野。

【原文】

张骞,汉中人也,建元中为郎。时匈奴降者言匈奴破月氏王,以其头为饮器,月氏遁而怨匈奴,无与共击之。汉方欲事灭胡,闻此言,欲通使,道必更匈奴中,乃募能使者。骞以郎应募,使月氏,与堂邑氏奴甘父俱出陇西,径匈奴,匈奴得之,传诣单于。单于曰:"月氏在吾北,汉何以得往使?吾欲使越,汉肯听我乎?"留骞十余岁,予妻,有子,然骞持汉节不失。

居匈奴西,骞因与其属亡向月氏,西走数十日,至大宛。大宛闻汉之饶财,欲通不得,见骞,喜,问欲何之。骞曰:"为汉使月氏而为匈奴所闭道,今亡,唯王使人道送我。诚得至,反汉,汉之赂遗王财物不可胜言。"大宛以为然,遣骞,为发译道,抵康居。康居传致大月氏。大月氏王已为胡所杀,立其夫人为王。既臣大夏而君之,地肥饶,少寇,志安乐,又自以远远汉,殊无报胡之心。骞从月氏至大夏,竟不能得月氏要领。

留岁余,还,并南山,欲从羌中归,复为匈奴所得。留岁余,单于死,国内乱,骞与胡妻及堂邑父俱亡归汉。拜骞太中大夫,堂邑父为奉使君。

骞为人疆力,宽大信人,蛮夷爱之。堂邑父胡人,善射,穷急射禽兽给食。初,骞行时百余人,去十三岁,唯二人得还。

骞身所至者,大宛、大月氏、大夏、康居,而传闻其旁大国五六,具为天子言其地形,所有。

骞曰:"臣在大夏时,见邛竹杖、蜀布,问安得此,大夏国人曰:'吾贾人往市之身毒国。身毒国在大夏东南可数千里。其俗土著,与大夏同,而卑湿暑热。其民乘象以战。其国临大水焉。'以骞度之,大夏去汉万二千里,居西南。今身毒又居大夏东南数千里,有蜀物,此其去蜀不远矣。今使大夏,从羌中,险,羌人恶之;少北,则为所得;从蜀,宜径,又无寇。"天子既闻大宛及大夏、安息之属皆大国,多奇物,土著,颇与中国同俗,而兵弱,贵汉财物;其北则大月氏、康居之属,兵疆,可以赂遗设利朝也。诚得而以义属之,则广地万里,重九译,致殊俗,威德遍于四海。天子欣欣以骞言为然。乃令蜀犍为发间使,四道并出:出駹,出莋,出徙、邛,出僰,皆各行一二千里。其北方闭氏、莋,南方闭嶲、昆明。昆明之属无君长,善寇盗,辄杀略汉使,终莫得通。然闻其西可千余里,有乘象国,名滇越,而蜀贾间出物者或至焉,于是汉以求大夏道始通滇国。初,汉欲通西南夷,费多,罢之。及骞言可以通大夏,乃复事西南夷。

骞以校尉从大将军击匈奴,知水草处,军得以不乏,乃封骞为博望侯。是岁元朔六年也。后二年,骞为卫尉,与李广俱出右北平击匈奴。匈奴围李将军,军失亡多,而骞后期当斩,赎为庶人。是岁骠骑将军破匈奴西边,杀数万人,至祁连山。其秋,浑邪王率众降汉,而金城、河西西并南山至盐泽,空无匈奴。匈奴时有候者到,而希矣。后二年,汉击走单于于漠北。

天子数问骞大夏之属。骞既失侯,因曰:"臣在匈奴中,闻乌孙王号昆莫。昆莫父难兜靡本与大月氏俱在祁连、敦煌间,小国也。大月氏攻杀难兜靡,夺其地,人民亡走匈奴。

子昆莫新生,傅父布就翎侯亡置草中,为求食,还,见狼乳之,又乌衔肉翔其旁,以为神,遂归匈奴,单于爱养之,及壮,以其父民众与昆莫,使将兵,数有功。时,月氏已为匈奴所破,西击塞王。塞王南走远徒,月氏居其地。昆莫既健,自请单于报父怨,遂西攻破大月氏。大月氏复西走,徙大夏地。昆莫略其众,因留居,兵稍疆,会单于死,不肯复朝事匈奴。匈奴遣兵击之,不胜,益以为神而远之。今单于新困于汉,而昆莫地空。蛮夷恋故地,又贪汉物,诚以此时厚赂乌孙,招以东居故地,汉遣公主为夫人,结昆弟,其势宜听,则是断匈奴右臂也。既连乌孙,自其西大夏之属皆可招来而为外臣。"天子以为然,拜骞为中郎将,将三百人,马各二匹,牛羊以万数,斋金币帛直数千钜万,多持节副使,道可便遣之旁国。骞既至乌孙,致赐谕旨,未能得其决。语在《西域传》。骞即分遣副使使大宛、康居、月氏、大夏。乌孙发译道送骞,与乌孙使数十人,马数十匹,报谢,因令窥汉,知其广大。

骞还,拜为大行。岁余,骞卒。后岁余,其所遣副使通大夏之属者皆颇与其人俱来,于是西北国始通于汉矣。然骞凿空,诸后使往者皆称博望侯,以为质于外国,外国由是信之。其后,乌孙竟与汉结婚。

【译文】

张骞,是汉中地方的人,建元期间(公元前140~前135年)任郎官。当时,有匈奴投降汉朝的人说:匈奴攻破了月氏王,把他的头当作饮器用。月氏人逃亡到他地,很怨恨匈奴,只恨没有其他国家能和他共同攻击匈奴。汉朝廷正考虑出兵灭胡的事,听到这样的话,就想与月氏通使,而道途必须经过匈奴,于是招募能够出使的人。张骞以郎官的身份应召,出使月氏,与堂邑氏部落的奴隶甘父一起道出陇西。路经匈奴,被匈奴人擒获,送去见单于(匈奴的王称"单于")。单于说:"月氏在我国北面,汉朝怎么能够得以与他通使?我想要派人去越国,汉朝肯听从我的意思吗?"单于把张骞羁留在匈奴十余年,给他娶了妻,并生了儿子。然而张骞始终手持着汉朝出使的符节而不丢失。

因居住地方在匈奴西边,张骞就和一起出使的下属逃往月氏,向西走了几十天,到达大宛。大宛听说汉朝物资富饶,早想与汉交通而苦无门路可得,见到张骞很高兴,问张骞要到什么地方去。张骞说:"我是为汉朝出使月氏而被匈奴阻挡住道路的,现在好容易才逃出来,只有请你派人路上护送我了。如果能够返回汉,汉朝廷一定会赠送给你大量财物。"大宛认为他的话有道理,就遣送张骞,为他派了翻译向导,抵达康居。康居又传送到大月氏。大月氏王已被胡人所杀,他的夫人被立为王。既而大月氏使大夏臣服于他并统治了其地区。这里土地肥饶,少敌国侵略,大月氏一心只想安享太平,又以为离汉朝很远,所以没有一点向胡人报复的意思。张骞从大月氏到大夏,自始至终没有能弄清楚月氏的主要意图。

在大夏逗留了一年多,要回汉朝。沿着南山,从羌中回汉朝途中,又一次被匈奴擒获。拘留了一年多,匈奴单于去世,国内发生纷乱,张骞带着胡妻和堂邑父一起逃离回到了汉朝。汉武帝拜封张骞做太中大夫,堂邑父为奉使君。

张骞平时做人,坚忍有毅力,待人厚道宽大,蛮夷人都敬爱他。堂邑父是胡人,擅长射箭,在穷急的时候就射禽猎兽以供食用。张骞初去西域时,有百余人随从,去西域十三年后,只有二人得以返回汉朝。

张骞亲自经历的国家有大宛、大月氏、大夏、康居，而间接听人传说的周围五六个大国家的地形、出产等情况，也都向武帝一一做了汇报。

张骞说："我在大夏时，见到了邛竹杖、蜀布，问当地人是怎么得到这些的？大夏国的人说'我们的商人到身毒国去贩运来的。身毒国在大夏东南大约数千里，那里的习惯是世代定居在一个地方，和大夏相同，但比较卑湿暑热。那里的人骑象作战。其国土面临大水'。因而我估计，大夏距离汉朝一万二千里，位处西南。现在身毒又位于大夏东南数千里，而有蜀地出产的物品，那它距离蜀不会太远的。现在出使大夏，要从羌中经过，路途险恶，羌人又讨厌不欢迎；少许北上，则是匈奴占领地区；从蜀中去，路径合适，又没有盗贼。"武帝听说大宛和大夏、安息等国都是大国，多奇物异产，人们世代定居，与中国风俗很多相同，而且这些国家军事力量不强，看重汉朝的财物；他们的北面则是大月氏、康居等国，军事力量较强，可送给财物施之以利，诱使他们入朝。如果真能不出兵马而使他们归属汉朝，则可以扩大疆土万里，重视殊方远国，招致不同习俗的人，使威德遍布四海。武帝喜乐自得地认为张骞说得很对。就下令负有伺隙行事使命的使者们，从蜀犍为出发，四路并出：出駹，出莋，出徙、邛，出僰。四路都各走出了一、二千里。北方受阻截于氐、莋，南方受阻于巂、昆明。昆明等部族，没有君主长上，擅长攻击抢掠，常常杀掠汉朝使者，最终没得以开通。但是听说昆明之西大约千余里，有骑乘象的国家，叫滇越，蜀的商人间或有出卖滇越物产或去过那个国家的，于是汉朝因寻找通大夏的道路而始得以通滇国。起初，汉朝想要沟通西南夷，因花费太多而停止。到张骞说可以通大夏，于是沟通西南夷的事又提了出来。

张骞以校尉身份随从大将军霍去病攻打匈奴，知道何处有水草，军队因而得以不受困乏，朝廷于是封张骞为博望侯。这一年是元朔六年（公元前123）。二年后，张骞任卫尉，和李广同出右北平攻打匈奴。匈奴包围住李广，军队死伤较多，而张骞也因援救迟到，罪当斩，终以功折赎罚被贬为平民。这一年，骠骑将军霍去病攻破匈奴西边，斩杀数万人，军抵祁连山。这年秋天，浑邪王率部众向汉朝投降，由是金城、河西以西，并南山到盐泽，都空无匈奴人了。匈奴虽时有巡逻侦察的人来，但很少了。后二年，汉朝把匈奴单于赶到大漠以北的地方去了。

武帝几次向张骞询问大夏等国的情况。这时张骞已失去爵位，因而说。"我居住匈奴时，听说乌孙王叫昆莫。昆莫的父亲难兜靡本来和大月氏都居住在祁连、敦煌之间，是小国家。大月氏攻杀了难兜靡，侵夺其地盘，老百姓逃亡到匈奴。他的儿子昆莫刚生下来不久。昆莫的傅父乌孙大将军（布就翎侯）抱着他逃了出来，把他藏匿在草丛中，出去找寻食物回来，看见狼在喂昆莫奶汁，又有乌鸦衔着肉在他身旁飞翔，以为是天神降生，就带着昆莫归顺匈奴，单于喜欢而留养了他。到昆莫成年，单于把他父亲原有的部民交还给他，让他率领兵将，屡次建立战功。这时，月氏被匈奴打败，就向西攻打塞王，塞王向南方远徙，月氏就留居那里。昆莫已刚强有力，请求单于让自己去报父仇，因而向西攻破大月氏。大月氏再次西迁，迁移到大夏地方。昆莫治理安揖当地民众，就留住下来，兵力稍强大，适逢匈奴单于去世，不再愿意臣服于匈奴。匈奴派兵攻打，没有取胜，更认为他有神帮助，因而远远离开了。现在单于刚被汉所困，而昆莫控制的地方也空无人。蛮夷依恋故地，又贪爱汉朝物品，如趁这时机送给乌孙厚礼，提出让他东移到故地居住，汉朝再下嫁公主为单于的夫人,结拜成为兄弟之国,事事就会听从于汉朝。如此则断了匈奴的右臂。既与乌孙连结和好了,自乌孙以西的大夏等国都可招来为国外之臣。武帝认为张骞所言极是。就拜张骞为中郎将,带领三百人,每人配备骑乘的马二匹,牛羊以万计,携带的金银丝绸价值数千万,张骞的副使也多持有出使符节,以便沿途可派遣去其他国家。张骞到了乌孙,把汉皇帝的指示告知了乌孙王,没有得到决定性的答复。所说话语记载在《西域传》中。张骞派遣副使出使大宛、康居、月氏、大夏等国。乌孙发派翻译向导送张骞,有乌孙使者数十人,马数十匹相随张骞来汉,报谢汉皇帝,并趁此了解汉朝情况,知道汉朝国土广大。

张骞返回汉以后,封为大行。过了一年多,张骞去世。又过一年多,他派遣去交通大夏等国的副使,大多与那些国家的使者一起来汉,于是西北的国家开始与汉朝相往来。自张骞开始通西域,以后出使的使者都称博望侯,以便取信于外国,外国因此相信汉朝。以后,乌孙终于与汉朝结为婚姻之国。

司马迁传

【题解】

司马迁(前145~?),字子长,汉左冯翊夏阳(今陕西韩城)人,是伟大的史学家、思想家、文学家。其父司马谈是汉代第一任太史令。在家庭的影响和自己的努力下,司马迁自幼受到古代文化的陶冶,为继任史官打下了坚实基础。父亲去世之后,司马迁决心继承他的遗愿,写完父亲已经动笔了的史书。在写作的过程中,发生了司马迁为李陵辩护的事件;为了自己的事业,他隐忍苟活,接受了宫刑。这不能忍受又必须忍受的残酷打击,使他的思想发生了深刻的转变,极大地影响了他的写作。司马迁最终完成的史书当时称为《太史公书》,后人称为《史记》。它是一部百科全书似的通史。《史记》采用的体裁后人称为纪传体,包括本纪、表、书、世家、列传五大部分。本纪主要是选择能左右天下大局的代表人物为主体,与政治上的大事,连续而集中地展示三代至汉武时期的兴衰更迭。表是用谱牒的形式,条理历史大事。本纪和表都是以时间为顺序,起提纲挈领的作用。书是以事为类,主要记录各项典章制度的发展过程,具有专史的性质。世家是记载诸侯、勋贵和对社会起过比较突出作用的人物及大事,兼用编年和列传的写法。列传主要是人物传记。这

司马迁

五种体裁各自为用，又交织配合，相辅相成，构成了一个完整的记述人类社会史的体系。这是《史记》的首创。此后我国所有"正史"，虽各有变通，但其基本表达形式都采用了这种纪传体。《史记》贯穿着"实录"精神，努力从客观的历史过程中去把握历史的实际联系。因此，就整个《史记》说，表现出了一种进步的历史观，至今闪烁着耀眼的光辉。《史记》又是一部优秀的文学作品，它把历史再现为一幅幅色彩斑斓、威武雄壮的活生生的图画，洋溢着感人肺腑的巨大艺术力量。司马迁是"历史学之父"，在世界史学史上也占有十分显要的地位。

【原文】

昔在颛顼，命南正重司天，火正黎司地。唐虞之际，绍重黎之后，使复典之，至于夏商，故重黎氏世序天地。其在周，程伯林甫其后也。当宣王时，官失其守而为司马氏。司马氏世典周史。惠襄之间，司马氏适晋。晋中军随会奔魏，而司马氏入少梁。

自司马氏去周适晋，分散，或在卫，或在赵，或在秦。其在卫者，相中山。在赵者，以传剑论显，蒯聩其后也。在秦者名错，与张仪争论，于是惠王使错将兵伐蜀，遂拔，因而守之。错孙蕲，事武安君白起。而少梁更名夏阳。蕲与武安君阬赵长平军，还而与之俱赐死杜邮，葬于华池，蕲孙昌，昌为秦主铁官。当始皇之时，蒯聩玄孙卬为武信君将而狗朝歌。诸侯之相王，王卬于殷。汉之伐楚，卬归汉，以其地为河内郡。昌生毋泽，毋泽为汉市长。毋泽生喜，喜为五大夫，卒，皆葬高门。喜生谈，谈为太史公。

太史公学天官于唐都，受《易》于杨何，习道论于黄子。太史公仕于建元、元封之间，愍学者不达其意而师悖，乃论六家之要指曰：

《易大传》曰："天下一致而百虑，同归而殊途。"夫阴阳、儒、墨、名、法、道德，此务为治者也，直所从言之异路，有省不省耳。尝窃观阴阳之术，大详而众忌讳，使人拘而多畏，然其序四时之大顺，不可失也。儒者博而寡要，劳而少功，是以其事难尽从；然其叙君臣父子之礼，列夫妇长幼之别，不可易也。墨者俭而难遵，是以其事不可遍循，然其强本节用，不可废也。法家严而少恩，然其正君臣上下之分，不可改也。名家使人俭而善失真，然其正名实，不可不察也。道家使人精神专一，动合无形，澹足万物，其为术也，因阴阳之大顺，采儒墨之善，撮名法之要，与时迁徙，应物变化，立俗施事，无所不宜，指约而易操，事少而功多。儒者则不然，以为人主天下之仪表也，主倡而臣和，主先臣随。如此，则主劳而臣佚。至于大道之要，去健羡，黜聪明，释此而任术。夫神大用则竭，形大劳则敝；神形蚤衰，欲与天地长久，非所闻也。

夫阴阳、四时、八位、十二度、二十四节各有教令，顺之者昌，逆之者不死则亡，未必然也，故曰"使人拘而多畏"。夫春生夏长，秋收冬藏，此天道之大经也，弗顺则无以为天下纲纪，故曰"四时之大顺，不可失也"。

夫儒者，以《六艺》为法，《六艺》经传以千万数，累世不能通其学，当年不能究其礼，故曰"博而寡要，劳而少功"。若夫列君臣父子之礼，序夫妇长幼之别，虽百家弗能易也。

墨者亦尚尧舜，言其德行曰："堂高三尺，土阶三等，茅茨不翦，采椽不斫；饭土簋，啜土刑，粝粱之食，藜藿之羹；夏日葛衣，冬日鹿裘。"其送死，桐棺三寸，举音不尽其哀。教丧礼，必以此为万民之率。故天下共若此，则尊卑无别也。夫世异时移，事业不必同，故曰"俭而难遵"也。要曰强本节用,则人给家足之道也。此墨子之所长,虽百家不能废也。

法家不别亲疏,不殊贵贱,壹断于法,亲亲尊尊之恩绝矣,可以成一时之计,而不可长用也,故曰"严而少恩"。若尊主卑臣,明分职不得相逾越,虽百家不能改也。

名家苛察缴绕,使人不得反其意,专决于名,时失人情,故曰"使人俭而善失真"。若夫控名责实,参伍不失,此不可不察也。

道家无为,又曰无不为,其实易行,其辞难知。其术以虚无为本,以因循为用。无成势,无常形,故能究万物之情。不为物先,不为物后,故能为万物主。有法无法,因时为业;有度无度,因物兴舍,故曰"圣人不巧,时变是守"。虚者道之常也,因者君之纲也。群臣并至,使各自明也。其实中其声者谓之端,实不中其声者谓之款。款言不听,乃不生,贤不肖自分,白黑乃形。在所欲用耳,何事不成!乃合大道,混混冥冥。光耀天下,复反无名。凡人所生者神也,所托者形也。神大用则竭,形大劳则敝,形神离则死。死者不可复生,离者不可复合,故圣人重之。由此观之,神者生之本,形者生之具。不先定其神形,而曰"我有以治天下",何由哉?

太史公既掌天官,不治民。有子曰迁。

迁生龙门,耕牧河山之阳。年十岁则诵古文。二十而南游江淮,上会稽,探禹穴,窥九疑,浮沅湘。北涉汶泗,讲业齐鲁之都,观夫子遗风,乡射邹峄;扼困蕃、薛、彭城,过梁楚以归。于是迁仕为郎中,奉使西征巴蜀以南,略邛、笮、昆明,还报命。

是岁,天子始建汉家之封,而太史公留滞周南,不得与从事,发愤且卒。而子迁适反,见父于河雒之间。太史公执迁手而泣曰:"予先,周室之太史也。自上世尝显功名虞夏,典天官事。后世中衰,绝于予乎?汝复为太史,则续吾祖矣。今天子接千岁之统,封泰山,而予不得从行,是命也夫!命也夫!予死,尔必为太史;为太史,毋忘吾所欲论著矣。且夫孝,始于事亲,中于事君,终于立身;扬名于后世,以显父母,此孝之大也。夫天下称周公,言其能论歌文武之德,宣周召之风,达大王王季思虑,爰及公刘,以尊后稷也。幽厉之后,王道缺,礼乐衰,孔子修旧起废,论《诗》《书》,作《春秋》,则学者至今则之。自获麟以来四百有余岁,而诸侯相兼,史记放绝。今汉兴,海内一统,明主贤君,忠臣义士,予为太史而不论载,废天下之文,予甚惧焉,尔其念哉!"迁俯首流涕曰:"小子不敏,请悉论先人所次旧闻,不敢阙。"卒三岁,而迁为太史令,绅史记石室金匮之书。五年而当太初元年,十一月甲子朔,旦冬至,天历始改,建于明堂,诸神受记。

太史公曰:"先人有言:'自周公卒五百岁而有孔子,孔子至于今五百岁,有能绍而明之,正《易传》,继《春秋》,本《诗》《书》《礼》《乐》之际。'意在斯乎!意在斯乎!小子何敢攘焉!"

上大夫壶遂曰:"昔孔子为何作《春秋》哉?"太史公曰:"余闻之董生:'周道废,孔子为鲁司寇,诸侯害之,大夫壅之。孔子知时之不用,道之不行也,是非二百四十二年之中,以为天下仪表,贬诸侯,讨大夫,以达王事而已矣。'子曰:'我欲载之空言,不如见之于行事深切著明也。'春秋上明三王之道,下辨人事之经纪,别嫌疑,明是非,定犹与,善善恶恶,贤贤贱不肖,存亡国,继绝世,补弊起废,王道之大者也。《易》著天地阴阳四时五行,故长于变;《礼》纲纪人伦,故长于行;《书》记先王之事,故长于政;《诗》记山川溪谷禽兽草木牝牡雌雄,故长于风;《乐》乐所以立,故长于和;春秋辨是非,故长于治人。是故

《礼》以节人，《乐》以发和，《书》以道事，《诗》以达意，《易》以道化，《春秋》以道义。拨乱世反之正，莫近于《春秋》。《春秋》文成数万，其指数千。万物之散聚皆在《春秋》。《春秋》之中，弑君三十六，亡国五十二，诸侯奔走不得保社稷者不可胜数。察其所以，皆失其本已。故《易》曰'差以毫牦，谬以千里'。故'臣弑君，子弑父，非一朝一夕之故，其渐久矣'。有国者不可以不知《春秋》，前有谗而不见，后有贼而不知。为人臣者不可以不知《春秋》，守经事而不知其宜，遭变事而不知其权。为人君父者而不通于《春秋》之义者，必蒙首恶之名。为人臣子不通于《春秋》之义者，必陷篡弑诛死之罪。其实皆以善为之，而不知其义，被之空言不敢辞。夫不通礼义之指，至于君不君，臣不臣，父不父，子不子。夫君不君则犯，臣不臣则诛，父不父则无道，子不子则不孝。此四行者，天下之大过也。以天下大过予之，受而不敢辞。故《春秋》者，礼义之大宗也。夫礼禁未然之前，法施已然之后，法之所为用者易见，而礼之所为禁者难知。"

壶遂曰："孔子之时，上无明君，下不得任用，故作《春秋》，垂空文以断礼义，当一王之法。今夫子上遇明天子，下得守职，万事既具，咸各序其宜，夫子所论，欲以何明？"太史公曰："唯唯，否否，不然。余闻之先人曰：'伏戏至纯厚，作《易》八卦。尧舜之盛，《尚书》载之，礼乐作焉。汤武之隆，诗人歌之。《春秋》采善贬恶，推三代之德，褒周室，非独刺讥而已也。'汉兴已来，至明天子，获符瑞，封禅，改正朔，易服色，受命于穆清，泽流罔极，海外殊俗重译款塞，请来献见者，不可胜道。臣下百官力诵圣德，犹不能宣尽其意。且士贤能矣，而不用，有国者耻也；主上明圣，德不布闻，有司之过也。且余掌其官，废明圣盛德不载，灭功臣贤大夫之业不述，坠先人所言，罪莫大焉。余所谓述故事，整齐其世传，非所谓作也，而君比之《春秋》，谬矣。"

于是论次其文。十年而遭李陵之祸，幽于累绁。乃喟然而叹曰："是余之罪夫！身亏不用矣。"退而深惟曰："夫《诗》《书》隐约者，欲遂其志之思也。"卒述陶唐以来，至于麟止，自黄帝始。《五帝本纪》第一，《夏本纪》第二，《殷本纪》第三，《周本纪》第四，《秦本纪》第五，《始皇本纪》第六，《项羽本纪》第七，《高祖本纪》第八，《吕后本纪》第九，《孝文本纪》第十，《孝景本纪》第十一，《今上本纪》第十二。《三代世表》第一，《十二诸侯年表》第二，《六国年表》第三，《秦楚之际月表》第四，《汉诸侯年表》第五，《高祖功臣年表》第六，《惠景间功臣年表》第七，《建元以来侯者年表》第八，《王子侯者年表》第九，《汉兴以来将相名臣年表》第十。《礼书》第一，《乐书》第二，《律书》第三，《历书》第四，《天官书》第五，《封禅书》第六，《河渠书》第七，《平准书》第八。《吴太伯世家》第一，《齐太公世家》第二，《鲁周公世家》第三，《燕召公世家》第四，《管蔡世家》第五，《陈杞世家》第六，《卫康叔世家》第七，《宋微子世家》第八，《晋世家》第九，《楚世家》第十，《越世家》第十一，《郑世家》第十二，《赵世家》第十三，《魏世家》第十四，《韩世家》第十五，《田完世家》第十六，《孔子世家》第十七，《陈涉世家》第十八，《外戚世家》第十九，《楚元王世家》第二十，《荆燕王世家》第二十一，《齐悼惠王世家》第二十二，《萧相国世家》第二十三，《曹相国世家》第二十四，《留侯世家》第二十五，《陈丞相世家》第二十六，《绛侯世家》第二十七，《梁孝王世家》第二十八，《五宗世家》第二十九，《三王世家》第三十。《伯夷列传》第一，《管晏列传》第二，《老子韩非列传》第三，《司马穰苴列传》第四，《孙子吴起列传》第五，《伍子胥列传》第六，《仲尼弟子列传》第七，《商君列传》第八，《苏秦列传》第九，《张仪列传》第十,《樗里甘茂列传》第十一,《穰侯列传》第十二,《白起王翦列传》第十三,《孟子荀卿列传》第十四,《平原虞卿列传》第十五,《孟尝君列传》第十六,《魏公子列传》第十七,《春申君列传》第十八,《范睢蔡泽列传》第十九,《乐毅列传》第二十,《廉颇蔺相如列传》第二十一,《田单列传》第二十二,《鲁仲连列传》第二十三,《屈原贾生列传》第二十四,《吕不韦列传》第二十五,《刺客列传》第二十六,《李斯列传》第二十七,《蒙恬列传》第二十八,《张耳陈余列传》第二十九,《魏豹彭越列传》第三十,《黥布列传》第三十一,《淮阴侯韩信列传》第三十二,《韩王信卢绾列传》第三十三,《田儋列传》第三十四,《樊郦滕灌列传》第三十五,《张丞相仓列传》第三十六,《郦生陆贾列传》第三十七,《傅靳蒯成侯列传》第三十八,《刘敬叔孙通列传》第三十九,《季布栾布列传》第四十,《爰盎朝错列传》第四十一,《张释之冯唐列传》第四十二,《万石张叔列传》第四十三,《田叔列传》第四十四,《扁鹊仓公列传》第四十五,《吴王濞列传》第四十六,《魏其武安列传》第四十七,《韩长孺列传》第四十八,《李将军列传》第四十九,《卫将军骠骑列传》第五十,《平津主父列传》第五十一,《匈奴列传》第五十二,《南越列传》第五十三,《闽越列传》第五十四,《朝鲜列传》第五十五,《西南夷列传》第五十六,《司马相如列传》第五十七,《淮南衡山列传》第五十八,《循吏列传》第五十九,《汲郑列传》第六十,《儒林列传》第六十一,《酷吏列传》第六十二,《大宛列传》第六十三,《游侠列传》第六十四,《佞幸列传》第六十五,《滑稽列传》第六十六,《日者列传》第六十七,《龟策列传》第六十八,《货殖列传》第六十九。

　　惟汉继五帝末流,接三代绝业。周道既废秦拨去古文,焚灭《诗》《书》,故明堂石室金匮玉版图籍散乱。汉兴,萧何次律令,韩信申军法,张苍为章程,叔孙通定礼仪,则文学彬彬稍进,《诗》《书》往往间出。自曹参荐盖公言黄老,而贾谊、朝错明申韩,公孙弘以儒显,百年之间,天下遗文古事靡不毕集。太史公仍父子相继纂其职,曰:"于戏!余维先人尝掌斯事,显于唐虞。至于周,复典之。故司马氏世主天官,至于余乎,钦念哉!"罔罗天下放失旧闻,王迹所兴,原始察终,见盛观衰,论考之行事,略三代,录秦汉,上记轩辕,下至于兹,著十二本纪,既科条之矣。并时异世,年差不明,作十表。礼乐损益,律历改易,兵权山川鬼神,天人之际,承敝通变,作八书。二十八宿环北展,三十幅共一,运行无穷。辅弼股肱之臣配焉,忠信行道以奉主上,作三十世家。扶义俶傥,不令己失时,立功名于天下,作七十列传。凡百三十篇,五十二万六千五百字,为太史公书。序略,以拾遗补艺,成一家言,协六经异传,齐百家杂语,藏之名山,副在京师,以俟后圣君子。第七十,迁之自叙云尔。而十篇缺,有录无书。

　　迁既被刑之后,为中书令,尊宠任职。故人益州刺史任安予迁书,责以古贤臣之义。迁报之曰:

　　少卿足下:曩者辱赐书,教以慎于接物,推贤进士为务,意气勤勤恳恳,若望仆不相师用,而流俗人之言。仆非敢如是也。虽罢驽,亦尝侧闻长者遗风矣。顾自以为身残处秽,动而见尤,欲益反损,是以抑郁而无谁语。谚曰"谁为为之?孰令听之?"钟子期死,伯牙终身不复鼓琴。何则?士为知己用,女为悦己容。若仆大质已亏缺,虽材怀随、和,行若由、夷,终不可以为荣,适足以发笑而自点耳。

　　书辞宜答,会东从上来,又迫贱事,相见日浅,卒卒无须臾之间得竭指意。今少卿抱不测之罪,涉旬月,迫季冬,仆又薄从上上雍,恐卒然不可讳。是仆终已不得舒愤懑以晓左右,则长逝者魂魄私恨无穷。请略陈固陋。阙然不报,幸勿过。

仆闻之,修身者智之府也,爱施者仁之端也,取予者义之符也,耻辱者勇之决也,立名者行之极也。士有此五者,然后可以托于世,列于君子之林矣。故祸莫惨于欲利,悲莫痛于伤心,行莫丑于辱先,而诟莫大于宫刑。刑余之人,无所比数,非一世也,所以来远矣。昔卫灵公与雍渠载,孔子适陈;商鞅因景监见,赵良寒心;同子参乘,爱丝变色:自古而耻之。夫中材之人,事关于宦竖,莫不伤气,况慷慨之士乎!如今朝虽乏人,奈何令刀锯之余荐天下豪隽哉!仆赖先人绪业,得待罪辇毂下,二十余年矣。所以自惟:上之,不能纳忠效信,有奇策材力之誉,自结明主;次之,又不能拾遗补阙,招贤进能,显岩穴之士;外之,不能备行伍,攻城野战,有斩将搴旗之功;下之,不能累日积劳,取尊官厚禄,以为宗族交游光宠。四者无一遂,苟合取容,无所短长之效,可见于此矣。乡者,仆亦尝厕下大夫之列,陪外廷末议。不以此时引维纲,尽思虑,今已亏形为扫除之隶,在阘茸之中,乃欲卬首信眉,论列是非,不亦轻朝廷,羞当世之士邪!嗟乎!嗟乎!如仆,尚何言哉!尚何言哉。

且事本末未易明也。仆少负不羁之才,长无乡曲之誉,主上幸以先人之故,使得奉薄技,出入周卫之中。仆以为戴盆何以望天,故绝宾客之知,忘室家之业,日夜思竭其不肖之材力,务一心营职,以求亲媚于主上。而事乃有大谬不然者。夫仆与李陵俱居门下,素非相善也,趣舍异路,未尝衔杯酒接殷勤之欢。然仆观其为人自奇士,事亲孝,与士信,临财廉,取予义,分别有让,恭俭下人,常思奋不顾身以徇国家之急。其素所畜积也,仆以为有国士之风。夫人臣出万死不顾一生之计,赴公家之难,斯已奇矣。今举事壹不当,而全躯保妻子之臣随而媒孽其短,仆诚私心痛之。且李陵提步卒不满五千,深践戎马之地,足历王庭,垂饵虎口,横挑强胡,卬亿万之师,与单于连战十余日,所杀过当。虏救死扶伤不给,旃裘之君长咸震怖,乃悉征左右贤王,举引弓之民,一国共攻而围之。转斗千里,矢尽道穷,救兵不至,士卒死伤如积。然李陵一呼劳军,士无不起,躬流涕,沫血饮泣,张空拳,冒白刃,北首争死敌。陵未没时,使有来报,汉公卿王侯皆奉觞上寿。后数日,陵败书闻,主上为之食不甘味,听朝不怡。大臣忧惧,不知所出。仆窃不自料其卑贱,见主上惨悽怛悼,诚欲效其款款之愚。以为李陵素与士大夫绝甘分少,能得人之死力,虽古名将不过也。身虽陷败,彼观其意,且欲得其当而报汉。事已无可奈何,其所摧败,功亦足以暴于天下。仆怀欲陈之,而未有路。适会召问,即以此指推言陵功,欲以广主上之意,塞睚眦之辞。未能尽明,明主不深晓,以为仆沮贰师,而为李陵游说,遂下于理。拳拳之忠,终不能自列。因为诬上,卒以吏议。家贫,财赂不足以自赎,交游莫救,左右亲近不为一言。身非木石,独与法吏为伍,深幽囹圄之中,谁可告诉者!此正少卿所亲见,仆行事岂不然邪?

李陵既生降,聩其家声,而仆又茸以蚕室,重为天下观笑。悲夫!悲夫!

事未易一二为俗人言也。仆之先人非有剖符丹书之功,文史星历近乎卜祝之间,固主上所戏弄,倡优畜之,流俗之所轻也。假令仆伏法受诛,若九牛亡一毛,与蝼蚁何异?而世又不与能死节者比,特以为智穷罪极,不能自免,卒就死耳。何也?素所自树立使然。人固有一死,死有重于泰山,或轻于鸿毛,用之所趋异也。太上不辱先,其次不辱身,其次不辱理色,其次不辱辞令,其次诎体受辱,其次易服受辱,其次关木索被箠楚受辱,其次剃毛发婴金铁受辱，其次毁肌肤断支体受辱，最下腐刑，极矣。传曰："刑不上大夫"，此言士节不可不厉也。猛虎处深山，百兽震恐，及其在阱槛之中，摇尾而求食，积威约之渐也。故士有画地为牢势不入，削木为吏议不对，定计于鲜也。今交手足，受木索，暴肌肤，受榜棰，幽于环墙之中，当此之时，见狱吏则头抢地，视徒隶则心惕息。何者？积威约之势也。及已至此，言不辱者，所谓强颜耳，曷足贵乎！且西伯，伯也，拘羑里；李斯，相也，具五刑；淮阴，王也，受械于陈；彭越、张敖南乡称孤，系狱具罪；绛侯诛诸吕，权倾五伯，囚于请室；魏其，大将也，衣赭关三木；季布为朱家钳奴；灌夫受辱居室。此人皆身至王侯将相，声闻邻国，及罪至罔加，不能引决自财。在尘埃之中，古今一体，安在其不辱也！由此言之，勇怯，势也；强弱，形也。审矣，曷足怪乎！且人不能蚤自财绳墨之外，已稍陵夷至于鞭棰之间，乃欲引节，斯不亦远乎！古人所以重施刑于大夫者，殆为此也。夫人情莫不贪生恶死，念亲戚，顾妻子，至激于义理者不然，乃有不得已也。今仆不幸，蚤失二亲，无兄弟之亲，独身孤立，少卿视仆于妻子何如哉？且勇者不必死节，怯夫慕义，何处不勉焉！仆虽怯软欲苟活，亦颇识去就之分矣，何至自湛溺累绁之辱哉！且夫臧获婢妾犹能引决，况若仆之不得已乎！所以隐忍苟活，函粪土之中而不辞者，恨私心有所不尽，鄙没世而文采不表于后也。

古者富贵而名摩灭，不可胜记，唯倜傥非常之人称焉。西伯拘而演周易；仲尼扼而作《春秋》；屈原放逐，乃赋《离骚》；左丘失明，厥有《国语》；孙子髌脚，兵法修列；不韦迁蜀，世传《吕览》；韩非囚秦，《说难》、《孤愤》。《诗》三百篇，大抵贤圣发愤之所为作也。此人皆意有郁结，不得通其道，故述往事，思来者。及如左丘明无目，孙子断足，终不可用，退论书策以舒其愤，思垂空文以自见。仆窃不逊，近自托于无能之辞，网罗天下放失旧闻，考之行事，稽其成败兴坏之理，凡百三十篇，亦欲以究天人之际，通古今之变，成一家之言。草创未就，适会此祸，惜其不成，是以就极刑而无愠色。仆诚已著此书，藏之名山，传之其人通邑大都，则仆偿前辱之责，虽万被戮，岂有悔哉！然此可为智者道，难为俗人言也。

且负下未易居，下流多谤议。仆以口语遇遭此祸，重为乡党戮笑，污辱先人，亦何面目复上父母之丘墓乎？虽累百世，垢弥甚耳！是以肠一日而九回，居则忽忽若有所亡，出则不知所如往。每念斯耻，汗未尝不发背沾衣也。身直为闺阁之臣，宁得自引深藏于岩穴邪！故且从俗浮湛，与时俯仰，以通其狂惑。今少卿乃教以推贤进士，无乃与仆之私指谬乎？今虽欲自雕琢，曼辞以自解，无益，于俗不信祇取辱耳。要之死日，然后是非乃定。书不能尽意，故略陈固陋。

迁既死后，其书稍出。宣帝时，迁外孙平通侯杨恽祖述其书，遂宣布焉。至王莽时，求封迁后，为史通子。

赞曰：自古书契之作而有史官，其载籍博矣。至孔氏纂之，上断唐尧，下讫秦缪。唐虞以前虽有遗文，其语不经，故言黄帝、颛顼之事未可明也。及孔子因鲁史记而作《春秋》，而左丘明论辑其本事以为之传，又纂异同为国语。又有《世本》，录黄帝以来至春秋时帝王公侯卿大夫祖世所出。春秋之后，七国并争，秦兼诸侯，有《战国策》。汉兴伐秦定天下，有《楚汉春秋》。故司马迁据《左氏》《国语》，采《世本》《战国策》，述《楚汉春秋》，接其后事，讫于大汉。其言秦汉，详矣。至于采经摭传，分散数家之事，甚多疏略，或有抵梧。亦其涉猎者广博,贯穿经传,驰骋古今,上下数千载间,斯以勤矣。又其是非颇缪于圣人,论大道则先黄老而后六经,序游侠则退处士而进奸雄,述货殖则崇势利而羞贱贫,此其所蔽也。然自刘向、杨雄博极群书,皆称迁有良史之材,服其善序事理,辨而不华,质而不俚,其文直,其事核,不虚美,不隐恶,故谓之实录。呜呼!以迁之博物洽闻,而不能以知自全,既陷极刑,幽而发愤,书亦信矣。迹其以自伤悼,《小雅》巷伯之伦。夫唯《大雅》"既明且哲,能保其身",难矣哉!

【译文】

在遥远的颛顼时代,任命南正重主管有关天的事务,任命火正黎主管有关地的事务。陶唐氏与有虞氏相交的时候,让重、黎的后人继承重、黎的事业,重新掌管与天、地有关的事务,一直到夏朝和商朝都是这样,所以重、黎氏世世代代管理天、地的事情。重、黎氏在周朝,程伯休父是他们的后人。当周宣王的时候,重、黎氏失去了管理天、地事务的职掌而成了司马氏。司马氏世代掌管周朝的史事。周惠王与周襄王承继之间,司马氏迁到了晋国。晋中军将会逃奔魏地,司马氏因而进入了少梁。

从司马氏离开周室迁到晋国,(其宗族)就分散开了,有的在卫地,有的在赵地,有的在秦地。在卫地的,当了中山国的相。在赵地的,以传授剑术的理论而出名,司马蒯聩是他们的后人。在秦国的是司马错,他与张仪争论,于是秦惠王派他率兵伐蜀,灭了蜀国,因而就地戍守。司马错的孙子司马靳,在武安君白起手下做事。这时候少梁更名叫夏阳。司马靳与武安君白起坑杀了赵国兵败长平的军队,回去以后二人都在杜邮这个地方被赐死,葬在华池。司马靳的孙子司马昌,担任了秦王的铁官。当秦始皇的时候,司马蒯聩的玄孙司马卬为武信君的将军而去攻取朝歌。诸侯们相继为王,司马卬被(项羽)封为殷王。汉朝讨伐楚霸王时,司马卬归降了汉朝,汉朝以他原先的封地建立了河内郡。司马昌生了司马毋泽,司马毋泽为汉(长安四市)的一个市长。司马毋泽生了司马喜,司马喜爵为五大夫,去世后安葬在高门。司马喜生了司马谈,司马谈担任了太史公。

太史公司马谈在唐都那里学习天文,在杨何那里接受《易》(的教育),在黄生那里学习道家理论。太史公是在建元、元封年之间的时候担任这个职务的,他责备学者们不彻底理解各家的思想而被各派师法所困惑,就论述六家的要旨说:

《易大传》说:"为使天下达到同一目标而有一百种设想,相同的归宿但道路不同。阴阳、儒、墨、名、法、道德诸家,这些都是努力于治理社会的,只是他们学说的思路不一样,有的能省察有的不能省察罢了。我曾私下观察阴阳家的学术,众人忌讳重大的吉凶预兆,使人拘束而多有畏惧,但是它管理的四季的顺序变化,是不可错过的。儒学学者博学但不得要领,劳而少功,所以他们所主张的事情难以完全遵从,但是他们讲述的群臣父子之间的礼仪,罗列的夫妇长幼之间界线,是不可变改的。墨学学者的节俭难以遵从,所以他们所主张的事情不可尽用,但是他们所说的强本节用的道理,是不可废弃的。法家严格而缺少恩情,但是他们理顺君臣上下的名分,是不可更改的。名家让人简朴而容易失去真实,但它强调名称与实在的区别和联系,是不可不省察的。道家使人精神专一,展开和闭合都没有形状,哺养万物,它的学术构成,遵循阴阳家对四季顺序变化的主张,采纳了儒家和墨家的长处,吸收了名家和法家的要点,随着时代的发展而发展,针对不同的事物而变化,建树习俗办理事务,没有不恰当的,它的宗旨简约而容易实施,办事少而见效多。儒学学者则不然,认为皇上是天下的仪表,君主倡导臣下就要拥护,君主在先臣下应该随后。这样一来,君主烦劳而臣下则轻松了。至于对重大问题的主张,则远离贤人,废黜智慧,放弃这些而仅用自己的学术。我们知道,精神耗费多了就会枯竭,形体太劳累了就会凋敝;精神和形体很早就衰颓了,想要与天地一样长在久存,这种事情还没听说过。"

阴阳家主张,四季、八卦位、黄道的十二度、二十四节令各有处理的原则,而说(对这些原则)顺之者昌、逆之者亡则未必然,所以(我)说他们"使人拘束而多有畏惧"。春天播种夏天成长,秋天收获冬天收藏,这是天体运行的规则,不顺应就无法制订天下纪纲,所以(我)说"四季的顺序变化,是不可错过的"。

儒学学者,以(《礼》《乐》《尚书》《诗经》《易》《春秋》)六艺为原则,阐释它们的疏传成千上万,一辈子也不能把它们弄懂,一年内连对其礼法也不能全搞清楚,所以(我)说他们"博学而不得要领,劳而少功"。如果说他们罗列的君臣父子之间的礼仪,讲述的夫妇长幼之间的界线,即使让一百个学派(来论辩)也是不能变改的。

墨家学者也崇尚尧、舜,他们阐述自己的德行说:"堂屋(屋基)只要三尺高,土阶只要三级,盖房子的茅草不要剪整齐,木椽子不要修整;用土锅烧饭,用土碗盛羹,吃粗米,喝菜汤;夏天穿葛藤制的衣服,冬天穿鹿皮衣。"他们为人送终,只用三寸厚的桐木棺材,哭丧不能完全表达自己的悲哀。他们教授丧礼,固执地要用这一套作为万民的表率。所以天下如果都这样,那么尊卑就没有区别了。社会不同时代发展了,做的事情就不必相同,所以说"(他们的)节俭难以遵从"。总的说来他们主张的强本节用,是人给家足的原则。这是墨子学说的长处,虽然让一百个学派(来论辩)也不能废弃的。

法家不区别亲疏关系,不划分贵贱,只依据法令来决断,就使得亲近亲人、尊重尊贵的恩情断绝了,这可以为一时之计,而不能长久作用,所以(我)说它"严格而缺少恩情"。若论主尊臣卑,明分职守不相逾越,即使让一百个学派(来辩论)也不能废弃。

名家要求苛刻,使人不能违反它的意旨,一切以名为准则,有失人情,所以说:"使人简约但容易失去真实。"假若说到他们主张的引名责失,处理错综复杂的事情不犯错误,这些都是不可不省察的。

道家主张无为,又叫无所不为,它的具体主张容易实行,它的言辞难以理解。它的学术以虚无为根本,以因循自然为功用,没有既成的形势,没有固定的方式,所以能够彻底推求万事万物情况。它不先于物也不后于物,所以能够成为万物的主宰。有一定的法则又没有凝固的法则,只因时事的变化推行自己的事业;有一定的界线又没有凝固的界线,只因事物的情况决定兴起或废弃,所以说"圣人没有机巧,只是遵守顺应时变罢了"。虚是道的常理,顺应它是君主的纲领。群臣一起到来,让他们各自阐明(自己的主张),其中确实名实相符的叫作端(正),确实虚有其名的叫作款。不听叫作款的这种人所说的话,奸就不会产生,贤德和不肖之人就自然分开了,白色还是黑色就显现出来。(剩下的事)就在你想怎么使用了,有什么事办不成呢?于是遵循最基本的法则,混混冥冥(任其自然);照耀天下,反复往还不计较名称。大凡人有生命是因为有精神存在,所依附的则是形体。精神使用过度就会衰竭,形体过度劳累了就会凋敝,形体和精神分离开就会死亡。死去了的不能再恢复生命,离分了的不可能再结合,所以圣人看重(神与形)。由此看来,精神是生命的根本,形体是生命的躯壳。不先确定精神与形体(的关系和地位),就说"我有(理论)去治理天下",请问根据什么呢?

太史公司马谈已掌管了天文事务,就不负责民众的事。他有个儿子名叫迁。

司马迁出生在龙门,在龙门山之南黄河的北岸以耕牧为业,十岁时就开始诵读古文。他二十岁的时候就南游江淮,上会稽山,探寻禹穴,远望九疑山,泛舟沅水和湘水;又北涉汶水和泗水,在齐、鲁的都市讨论学业,观察孔子的遗风,在邹县和峄山参加乡射之礼;到蕃县、薛城和彭城时司马迁旅费缺乏,就取道梁、楚返回了。这时候司马迁当了郎中,奉皇上之命出使巴、蜀以南,巡视了邛、筰、昆明等地,回到长安复命。

这一年,天子汉武帝举行了汉朝的第一次封禅大典,但太史公司马谈留滞在洛阳,没有能跟随武帝去执行封禅的职事,在悲愤中去世。(司马谈弥留之际)司马迁则好从西南回来,在黄河与洛阳之间见到了父亲。太史公司马谈拉着司马迁的手哭泣着说:"我的先祖,是周朝的太史。从远古开始,就曾经在有虞氏和夏朝的时候立功扬名,职掌天文的事务。到后代就衰落了,难道要从我这里断绝吗?你继任太史,就是延续我们先祖的事业了。现在天子承接千年的统绪,封禅泰山,而我不得随行,是我的命(不好)呵!命(不好)呵!我死去之后,你必定要当太史;当了太史之后,不要忘了我想写的著作呵。孝道,是从服侍亲人开始,经过为皇上做事,最终达到卓然自立;扬名于后世,使父母显荣,这是最大的孝。天下赞扬周公,说他能宣扬歌颂周文王、周武王的德行,讲解《周南》《召南》等《诗经》中的国风,表达太王、王季的思虑,一直追溯到公刘,以尊崇(周的始祖)后稷。周幽王、厉王之后,王道残缺,礼乐制度衰落了,孔子修旧起废,论述《诗经》《尚书》,作《春秋》,学者们至今都把他当作典范。自从获麟年以来四百多年,诸侯相互兼并,史书就绝灭了。现今汉朝兴起,海内一统,明主贤君,忠臣义士(不少),我身为太史而不记载评论这些,废弃了事关天下的文字,我太害怕(承担这个重大责任)了,你一定要时刻想着这事呵!"司马迁低着头泪流满面地说:"儿子虽然不敏捷,还是要请求父亲允许我将父亲已经整理好的史事加以裁断,不敢有所缺漏。"司马谈去世后三年,司马迁当了太史令,便在朝廷的石室金匮藏书中搜集材料。司马迁任太史令后五年是太初元年,这年的十一月甲子日是朔日,早上冬至,改(原用的颛顼历而)行太初历,在明堂中颁布新历,祭祀诸神。

太史公司马迁说:"我的父亲说过:'自周公去世后五百年而出了孔子,从孔子至现在已经五百年了,一定有继承发扬孔子事业的人(出来),以《易传》为本,继承《春秋》,以《诗经》《尚书》《礼》《乐》为基础。'这话的意思不正在这里么!作为儿子我怎么敢推让呢!"

上大夫壶遂问:"过去孔子为什么要做《春秋》呢?"司马迁说:"我听董仲舒先生说:'周朝的制度被破坏了,孔子担任鲁国的司寇,诸侯加害于他,大夫干扰他。孔子知道当时社会不重用他,自己的理论得不到实行,于是就评论春秋时期二百四十二年的是非曲直,作为天下法式,贬损诸侯,批评大夫,以阐明君王应该做的事情罢了。'他老人家说:'我与其写抽象的理论,还不如(把自己的思想)表现在能充分显现(我的思想的)事实之中。'《春秋》上阐明了三王的法则,下理清了人事的纲纪,阐明疑惑难明的事理,明白是非,确定犹豫,赞美善行憎恶丑恶,推崇贤人轻视不肖之人,保存已经灭亡了的国家,延续已经断绝的世系,修补弊端兴起被废弃(了的制度),这是君王最重大的法则。《易》叙述的是天地阴阳四时五行，所以它的长处在变化之道；《礼》为人确定规则，所以它的长处在可以施行；《尚书》记载了先王的事情，所以它的长处在政治方面；《诗经》记载了山川、溪谷、禽兽、草木、牝牡、雌雄等，所以它的长处在讽谏；《乐》是快乐所得以产生的根据，所以它的长处在协和；《春秋》分辨是非，所以它的长处在对人进行管理。所以说《礼》是节制人的，《乐》是启发协和的，《尚书》是记事的，《诗经》是表达意愿的，《易》是阐述变化的，《春秋》是讲义理的。拨乱反正，没有比《春秋》更有用了。《春秋》文字数万，旨意有数千，万物的聚散之理都在《春秋》（中说明了）。《春秋》之中，弑君有三十六次，亡国有五十二个，诸侯奔走还是不能保住社稷的不可胜数。考察其中的原因，都是丧失了根本。所以《易》中说'差之毫厘，谬以千里'，因此'臣弑君，子弑父，不是一朝一夕的缘故，是由来已久的'。拥有国家的人不可以不知道《春秋》，（不然）在自己的面前有言就听不见，自己背后有贼人就不能觉察。为臣的人不可以不知道《春秋》，（不然）坚持大政方针而不知道它（如何）恰当，遇到事情变化了而不知道对它（如何）权衡。做君主和父亲的如果不通晓《春秋》的义理，一定会承担首恶的罪名。做臣下和儿子的如果不通晓《春秋》的义理，一定会陷入篡位、弑杀君父的死罪。事实上他们都自以为是在做好事，但是不知道义理，一旦把道理讲出来他们就不敢推卸罪责了。不通礼的意义的大旨，就会（坏）到君主不像君主，臣下不像臣下，父亲不像父亲，儿子不像儿子的程度。君主不像君主就会被臣下冒犯，臣下不像臣，就会被诛杀，父亲不像父亲就没有原则，儿子不像儿子就会不孝。这四种行为，是天下最大的过错。用天下最大的过错来责备他们，他们是只好接受而不敢反驳的。所以说《春秋》是礼的意义的本原。礼在事情发生之前起阻止作用，法在事情发生之后才施行，所以法的功用显而易见，而礼所起的阻止作用就连那些禁止（败坏行为）的人也难以明白。"

壶遂说："在孔子那时候，上没有明君，下面的人得不到任用，所以他作《春秋》，把平铺直叙的文章用礼义作为标准加以批评取舍以垂示后代，当作一统之王的法则。现在先生您上遇圣明的天子，下得以各守其职，万事俱备，都各自遵循与自己身份相称的原则行动，先生所要论述的，想要说明什么呢？"太史公司马迁说："先生说得对，也说得不对，道理不能这样说。我听我的父亲说过：'虑戏非常纯厚，作了《易》的八卦。尧舜时代的繁盛，《尚书》里有记载，礼、乐创造出来了。商汤和周武王的兴隆，诗人们吟咏歌唱。《春秋》采录善行贬斥恶行，推崇三代的德行，褒扬周室，不仅仅只有讥刺而已。'汉朝兴起以来，直到如今圣明的天子，获得了符瑞，进行了封禅，改了历法，变了服装的颜色，受天命而政清人和，恩泽无边，海外不同风俗、相隔数国的国家都派人来叩击塞门，请求进献珍宝晋见皇上的，不可胜言。臣下百官努力歌颂皇上的德行，还不能完全表达自己的心意。而况贤能的士人，倘若得不到任用，是有国家的人的耻辱；皇上圣明，德行得不到传扬，是官吏们的过错。并且我职掌史官，倘若废毁了皇上的圣明盛德不记载下来，灭没功臣、贤大夫的建树不加以叙述，毁弃了我父亲的话，就没有比这再大的罪过了。我所做的只不过是叙述以往的事情，整理与它们有关的传世材料，并非是创作，而先生把我写的东西比作《春秋》，那就错了。"

于是，司马迁开始写作。十年之后他因为为李陵投降匈奴的事辩护而遭到灾祸，被囚禁起来，就喟然叹息说："这是我的罪过呵！我的身体短少了已经是无用之人了！"他退一步深思说："《诗经》和《尚书》透露出来的忧愁屈怨，是为实现自己理想的思绪呵。"于是，他叙述从陶唐氏以来、到汉武帝获麟那年为止的历史；他把黄帝作为历史的开端。（全书目录）本纪为《五帝本纪》第一，《夏本纪》第二，《殷本纪》第三，《周本纪》第四，《秦本纪》第五，《始皇本纪》第六，《项羽本纪》第七，《高祖本纪》第八，《吕后本纪》第九，《孝文本纪》第十，《孝景本纪》第十一，《今上本纪》第十二。表的次序是，《三代世表》第一，《十二诸侯年表》第二，《六国年表》第三，《秦楚之际月表》第四，《汉诸侯年表》第五，《高祖功臣年表》第六，《惠景间功臣年表》第七，《建元以来侯者年表》第八，《王子侯者年表》第九，《汉兴以来将相名臣年表》第十。书的次序是：《礼书》第一，《乐书》第二，《律书》第三，《历书》第四，《天官书》第五，《封禅书》第六，《河渠书》第七，《平准书》第八。世家的次序是，《吴太伯世家》第一，《齐太公世家》第二，《鲁周公世家》第三，《燕召公世家》第四，《管蔡世家》第五，《陈杞世家》第六，《卫康叔世家》第七，《宋微子世家》第八，《晋世家》第九，《楚世家》第十，《越世家》第十一，《郑世家》第十二，《赵世家》第十三，《魏世家》第十四，《韩世家》第十五，《田完世家》第十六，《孔子世家》第十七，《陈涉世家》第十八，《外戚世家》第十九，《楚元王世家》第二十，《荆燕王世家》第二十一，《齐悼惠王世家》第二十二，《萧相国世家》第二十三，《曹相国世家》第二十四，《留侯世家》第二十五，《陈丞相世家》第二十六，《绛侯世家》第二十七，《梁孝王世家》第二十八，《五宗世家》第二十九，《三王世家》第三十。列传的次序为，《伯夷列传》第一，《管晏列传》第二，《老子韩非列传》第三，《司马穰苴列传》第四，《孙子吴起列传》第五，《伍子胥列传》第六，《仲尼弟子列传》第七，《商君列传》第八，《苏秦列传》第九，《张仪列传》第十，《樗里甘茂列传》第十一，《穰侯列传》第十二，《白起王翦列传》第十三，《孟子荀卿列传》第十四，《平原虞卿列传》第十五，《孟尝君列传》第十六，《魏公子列传》第十七，《春申君列传》第十八，《范雎蔡泽列传》第十九，《乐毅列传》第二十，《廉颇蔺相如列传》第二十一，《田单列传》第二十二，《鲁仲连列传》第二十三，《屈原贾生列传》第二十四，《吕不韦列传》第二十五，《刺客列传》第二十六，《李斯列传》第二十七，《蒙恬列传》第二十八，《张耳陈余列传》第二十九，《魏豹彭越列传》第三十，《黥布列传》第三十一，《淮阴侯韩信列传》第三十二，《韩王信卢绾列传》第三十三，《田儋列传》第三十四，《樊郦滕灌列传》第三十五，《张丞相仓列传》第三十六，《郦生陆贾列传》第三十七，《傅靳蒯成侯列传》第三十八，《刘敬叔孙通列传》第三十九，《季布栾布列传》第四十，《爰盎朝错列传》第四十一，《张释之冯唐列传》第四十二，《万石张叔列传》第四十三，《田叔列传》第四十四，《扁鹊仓公列传》第四十五，《吴王濞列传》第四十六，《魏其武安列传》第四十七。《韩长孺列传》第四十八，《李将军列传》第四十九，《卫将军骠骑列传》第五十，《平津主父列传》第五十一，《匈奴列传》第五十二，《南越列传》第五十三，《闽越列传》第五十四，《朝鲜列传》第五十五，《西南夷列传》第五十六，《司马相如列传》第五十七，《淮南衡山列传》第五十八，《循吏列传》第五十九，《汲郑列传》第六十，《儒林列传》第六十一，《酷吏列传》第六十二，《大宛列传》第六十三，《游侠列传》第六十四，《佞幸列传》第六十五，《滑稽列传》第六十六，《日者列传》第六十七，《龟策列传》第六十八，《货殖列传》第六十九。

　　汉朝继承了五帝的余脉，承继了被断绝了的三代的事业。周朝的学说衰落了，秦朝抛弃了古文，焚灭了《诗》《书》，所以明堂、石室、金匮的玉版、图书散乱。汉朝兴起之后，萧何整理律令,韩信申明军法,张苍建立章程,叔孙通拟定礼仪,文章学术就文质兼备有所进步,散佚了的《诗》《书》常常相继出世。自从曹参推荐盖公讲黄老之学,而贾谊、朝错阐明申不害、韩非的理论,公孙弘以崇尚儒学而显贵,百年之间,天下的遗文古事没有不集中在一起的。太史公是父子相袭掌理编纂史书的职务,司马谈曾说"呵哟!我的先人曾职掌这事,在唐、虞之世就有名气。到了周朝,又重新典理此事。所以司马氏一族世代以来都主管天官,到了我这一辈,要恭敬地记住这事呵!"(于是司马迁)网罗天下散佚了的旧事,考察帝王事业兴起的线索,推究它的发端观察它的结果,审视它的兴盛追究它的衰落,议论和考证事迹,略述三代,记录秦、汉,上从轩辕黄帝起,下到当代为止,著作了十二本纪,写出了历史的主要线索。有同时的,有异世的,年代有差别不易辨明,就作了十表。礼、乐制度历代有增有减,律、历有改变,兵书、山川、鬼神、天与人之间的关系,为了表明其承敝通变的情况,就作了八书。二十八宿环绕北极星,三十辐条共同装在一根轴上,运行无穷,辅弼股肱之臣配合(着帝王),忠诚、信义、推行天道以事奉主上,所以作三十世家。伸张正义卓绝不凡、不让自己失去了时机,立功名于天下(的人很多),所以作了七十列传。总共一百三十篇,五十二万六千五百字,名为《太史公书》。其序文大体说,这部书是为了网罗遗失补充六艺的;它构成了一家之言,协调了对六经不同的解说,整齐了百家杂乱的意见;这部书的原本藏名山,副本在京都,以等待后来的圣人和君子们(观览)。这些都是书中的列传第七十,司马迁的《自叙》所说的。(现在,《太史公书》)有十篇缺佚了,只剩下目录而没有正文。

司马迁受腐刑之后,担任了中书令,这是个受人尊敬很受皇上宠信的职位。他的朋友益州刺史任安给他写信,用古代贤臣的标准责备他。司马迁回信说:

少卿先生:以前有辱您写信给我,教导我努力慎重地处理各种关系,推贤进士,意义殷勤诚恳,仿佛是怨我不按照老师的教导去做,而让俗人的言语左右了我的志向。我是不敢如此去做的。我虽极其愚钝,也曾经从侧面听说过长者遗风。只是我身残处秽受着感情的折磨,动辄得咎,想加倍地检点自己,所以精神抑郁而跟谁也不说什么。谚语说:可为作之,令谁听之?钟子期死后,伯牙终身不再鼓琴,这是为什么?这是因为士为知己者死,女为悦己者容。像我这样一个本质上已有亏缺的人,虽怀着随侯珠、和氏璧一样美好的才能,德行跟许由、伯夷一样,最终也不能得到荣光,只不过足以使人发笑而自己使自己遭受到玷污而已。

本来很早就应回您的信,不巧遇到我随皇上从东方归来,又被不足道的事情所纠缠,与您相见的时间很短,匆匆忙忙没有一点机会得以完全说明我的意见。现在少卿先生遭受到预想不到的罪罚,过一个月,已经是接近季冬,我又要跟从皇上到雍地去,恐怕先生您猝然之间不能与我见面了。如若是这样,我就终究不得把我的忧愤烦闷向接近我的人抒发,而与我永别者的魂魄将怀着无穷无尽的私恨。请求您允许我陈述我浅陋的看法。我很久没回信给您请您不要埋怨我。

我听说,修身的人是智慧的聚集之所,喜欢施舍的人是仁的开端,收受与给予(恰当)的人是义的标准,(懂得)耻辱的人是勇敢的基础,立名的人是人的作为的最高追求。士人具备了以上五种德行,然后就可以依于社会,被列入君子之列了。所以就灾祸说没有比追求功利更使人痛心的人,就悲伤说没有比伤了心更使人痛苦了,就行为说没有比侮辱先人更丑恶的人,而就耻辱说没有比受宫刑更大的耻辱了。受了宫刑的人,没有什么可相比的,不是一个时代是这样,已经是由来已久的了。昔日卫灵公与雍渠同车,孔子去到了陈国;商鞅依靠景监面见(了秦孝公),赵良就感到寒心;赵谈做了参乘,爰丝满脸不高兴,自古以来都以这样的事为耻辱。有中等才能的人,有事与宦相关,就莫不伤心气恼,更何况慷慨之士呢!现在朝廷虽然缺乏人才,怎么可以让刀锯之余(的我)去推荐天下的豪雄俊杰呢!我依赖承继先人的事业,得以待罪于皇上的辇毂之下,到现在已经二十多年了。所以我自思:对上说来,我不能怀忠效信,得到献奇策、出大力的赞誉,与皇上搞好关系;其次,我又不能拾遗补阙,招贤进能,使岩穴之士等以显露;就朝廷之外说,我不能作为军队的一员,去攻城野战,建立斩将搴旗的功劳;就最低要求说,我也不能累日积劳,取得尊官厚禄,为宗族结交达官贵人。以上四方面,我没有一样事是做得到的;我苟合取容,对各方面都无所贡献,从这里可以看出来。过去,我也曾经侧身于下大夫之列,陪着外廷议论些细枝末节的事。不在那时候引进维纲护纪之人,竭尽我的思虑,现在我已亏损了形体为打扫清洁的奴仆,在猥贱的人当中,想昂首扬眉,来论列是非,不是太轻视朝廷,羞辱当今的士人了吗?呵哟!呵哟!像我这样的人,还有什么话可说啊!还有什么话可说啊!

　　而且事情的本末是很难辩明的。我少年时自负于不羁之才,长大了后没有得到家乡人的称赞,皇上因为我先人的原因照顾我,使我得以凭浅薄的才学,出入于防卫周密的宫廷之中。我认为头上戴着盆是怎么也看不见天的,(不可有更大的奢望)所以我断绝了和宾客之间的往来,忘却了家室的生计事业,日日夜夜想竭尽我不成器的才力,一心一意致力于我的职守,以讨得皇上的欢心。但事情完全违背主观愿望。我与李陵都在朝廷供职,素来不是朋友,兴趣爱好各不相同,从未有过举杯戏酒殷勤款待的欢聚。但是我观察他的为人,认为他是无可争议的奇士,他事奉长辈遵循孝道,与士人相交以信为本,面对财物表现廉洁,取得与给予都以义为标准,对身份职别表现出谦让,对下人很客气,常常想奋不顾身以赴国家的急难。这些高贵的品德都是他平素间所积累起来的,我认为他有国士之风。为臣的人出生入死不顾自己一生的长远之计,赴公家之难,这已经奇特了。而今一件事情办得不妥当,那些苟且偷生护妻保子的臣子们紧跟着就牵连生事造谣中伤,我实在是心痛极了!而且李陵率领的步兵不到五千人,深入敌人后方,足迹经过了匈奴的王庭,垂饵虎口,往西向强大的胡人挑战,昂对匈奴的亿万之师,与单于连续作战了十多天,(就李陵军队的人数而言)杀掉的敌人之多已超过了自己的能力。匈奴连救死扶伤都来不及,穿制衣服的君长们都震恐了,就全部征集左右贤王属部,征发凡是能骑马射箭的百姓,倾一国之力共同围攻李陵。李陵转战千里,矢尽道绝,救兵又没有到,士卒伤者相堆积。但是李陵只要一呼唤已疲劳的军队,战士们没有不奋起的,他们弯着身子流着眼泪,抚着流血的伤暗自饮泣,拉开没有上箭的弓,顶着雪亮的刀刃,面对北方与敌人死战。李陵还没去世之前,有使者回来报告,汉朝的公卿王侯都捧酒祝贺皇上。几天后,李陵战败的事被奏闻于朝廷,皇上为之食不甘味,听政时很不高兴。大臣们忧愁恐慌,不知计从何出。我不自量个人卑贱的地位,见皇上惨淡悲恸,真心想用我忠实诚恳的愚陋报效皇上。我认为李陵平素间与士大夫相处就同甘共苦,所以能让人为其拼死,虽然是古代的名将也超不过他。他虽然陷于失败,但看他的意图,是想得到机会而报效汉朝。

事情已到了无可奈何的地步,但他所摧毁战败的战绩,功劳也足以显露于天下了。我心里怀着这个意见想上陈皇上,但没有门路。恰好遇到皇上召问,就根据这个思路推崇李陵的功劳,想以此开阔皇上的思路,堵塞小怨小忿引起的不实之词。我还没完全说明,皇上没很好考虑,就认为我是在攻击两师将军而为李陵游说,于是就把我下发到司法官审问。我的拳拳忠心,终究不能自陈。因为认定我诬上之罪,最后就让狱吏们去议论量刑。我家贫穷,所有的财产不足以自赎其身,朋友们没有来救援的,左左右右亲近的人都不为我说一句话。身体不是木石,我独自与法吏为伍,深深地囚禁在监牢之中,向谁去诉说我满腹的心酸呵!这些事都是您少卿先生亲自见到的,我的行为难道有什么不对吗?李陵既然投降,败坏了他家的名声,而我又被推进了蚕室,再次被天下人笑话。太可悲了!太可悲了!

　　事情不容易给俗人说明白。我的先人没有享受剖符丹书的功,做掌管文史星历的史官,地位与卜人巫祝相近,只是供主上所戏弄,当着优伶一样养蓄着罢了,为社会所轻视。如果我伏法受诛,若九牛失去一毛,与蝼蚁有什么区别?而且社会上又不把我的死与为气节而死等量齐观,不过认为是我智穷罪极,不能自免,只好就死罢了。这是为什么?这是平日里自己立志造成的。人固有一死,死有重于泰山,或轻于鸿毛,不同的选择有不同的结果。最好是不辱没先人,其次不辱没自己的身份,其次不辱没义理名分,其次不辱没辞令,其次是屈体受辱,其次换了服装受辱,其次是带枷绳被杖击受辱,其次是剃去毛发打上金印受辱,其次是毁坏肌肤折断肢体受辱,最下等的侮辱是腐刑,这就到了极点了!《传》上说:“刑不上大夫。”这话是说士人的气节不可不磨砺,猛虎在深山,百兽震恐,到落入陷阱之中,就只能摇尾乞食,它的威风被欺诈制约了。所以士人们知道,即便是画地为牢也不能入,即使是木头做的狱吏也不能跟他对话,做出这种决定是因为道理太明显了。现在我手足交叉,被绳索、暴露肌肤,受击,被禁锢在环墙之中,这时候,看见狱吏就低头撞地,徒隶出现我就心中恐惧,这是为什么?威风被权势所制约了。到了这个时候,说没有受辱的人,就是所谓的勉强装样子罢了,有什么值得尊敬的呢?而且,西伯,是伯,被拘于羑里;李斯,是相,被施于五刑;淮阴侯韩信,是王,在陈地被桎梏;彭越、张敖南面称孤,或系于狱或治大罪;绛侯诛杀了吕后一党,权倾五霸,结果被囚在关押有罪官吏的牢狱中;魏其,是大将,穿上了赭色的衣服,颈、手、足三处都上了枷锁;季布(这样一个有作为的人)成了朱家的钳奴;灌夫受辱之后只好居住在家里。这些都是身居王侯将相,名声远扬邻国的人,到了犯罪受到法律制裁的时候,不能自杀对自己进行裁决。在茫茫尘世之中,古今都是一样的,怎么能不受侮辱呢!这样看来,勇敢和怯弱,是人所处环境和地位决定的;强与弱,是形势所使然。道理确实是这样的,有什么奇怪的呢!而且人不能及早规范自己的行为,已经落到置身于鞭棰之间时,才想引荐有节操的人,这不是太离谱了吗?古人所以难以对大夫施用刑法,大概就是这个原因吧。就人情说没有不贪生怕死、思念亲戚、眷念妻子儿女的,而被义理所激发的人却不然,他们有不得已的时候。我是不幸的,太早地失去了双亲,没有兄弟间的亲爱,独身孤立,少卿先生把我当作您最亲近的人怎么样呢?而且勇敢的人未必都是为殉节而死,怯懦的人钦慕义,就没有什么地方不以义理激励自己!我虽然怯弱想苟且偷生,也很知道去就的界线,为什么会陷入牢狱囚禁的耻辱之中不能自拔呢?而且即使奴婢侍妾也能引咎自裁,何况像我处于这种不得已境地的人呢！我所以隐忍苟活，被淹埋在粪土之中而不辞，是因为怀恨自己的心愿有没有实现的，鄙视被世事所淹没而我的文采不能遗留给后人。

古代富贵的人而名字被磨灭了的，不可胜记，只有倜傥非常之人得以显身扬名。大概说来，西伯被拘之后而演绎了《周易》；仲尼受厄而作《春秋》；屈原被放逐，就赋了《离骚》；左丘失明，就写了《国语》；孙子的脚受了膑刑，就写了《兵法》；吕不韦被放逐到蜀，世间就流传了《吕览》；韩非被秦国所囚，就作了《说难》《孤愤》。《诗经》的三百篇，大约都是贤圣的发愤之作。以上这些人都是因为思想有郁结之处，弄不通其中的道理，所以叙述往事，思考未来。像左丘明眼睛看不见，孙子被断了脚，终究得不到任用，只好引退写文作书以抒发自己的悲愤，想留下文章以自表其志。我私下里很不恭敬，近来以没有才气的文辞自托，网罗天下的佚闻旧事，考证事实，探寻成败兴坏的道理，总共一百三十篇，也想以此研究天人之间的关系，通晓古今的变化，形成自己的一家之言。草创未就，恰好遭遇了这场灾祸，可惜它还没有完成，所以我毫无愠色地接受了极刑。我将此书写完之后，要把它藏之名山，留传给能在通邑大都扬播的人，那么我就补偿了受辱所遭到的责难，虽被戮杀一万次，难道还会后悔吗？但是这些话只可以跟有理智的人道，难以给俗人言。

况且背负侮辱的人不容易安居，地位低微的人遭到的诽谤最多。我因为说话不慎而遭遇到宫刑之祸，再一次受到乡党的讥笑和指责，辱了先人，还有什么脸面再到父母的坟墓上去呢？即使是百代以后，我所造成的污垢只会越积越厚的！所以，我肠一日而九回，在家里坐着就感到飘飘浮浮若有所失，出门则不知道自己到什么地方去。一想到自己的这一耻辱，汗就没有不从背上往外冒浸湿衣服的。身虽为皇上内廷之臣，还不如自己引退深藏到山岩洞穴当中去呵！所以姑且随俗浮沉，与时俯仰，以此来疏通我的大惑不解。现有少卿先生教导我要推贤进士，不是和我个人的愿望相违吗？现在我虽然想雕琢自饰，用美妙的言辞自我解嘲，也是没有益处的，社会上不会相信我的辩解，只不过取得羞辱罢了。总之到我死那天，是非才能明确。书不尽意，所以只是大略地陈述我浅陋的看法。

司马迁死后，他写的《太史公书》才有一部分流传出来。汉宣帝时，司马迁的外孙平通侯杨恽师法、陈述《太史公书》，于是此书才全部公布于世。到王莽的时候，访求司马迁的后人，封他为"史通子"。

评论说：自从古代文字发展之后就有史官，他们所写的书太多了。到孔子对这些书加以整理，就上从唐尧时开始，下到秦穆公时截止。唐尧虞舜以前虽然有遗留下来的记载，它们所说的却不符合经典，所以说黄帝、颛顼的事是弄不明白的。到孔子根据鲁国的史记而作《春秋》，在左丘明又编辑了《春秋》所涉及的事情的本事为《春秋》作了传，又把各种不同的记载纂集编成了一部《国语》。又有一本叫《世本》的书，记录了自黄帝以来直到春秋时的帝王、公侯、卿大夫的谱系。春秋之后，七国并争，秦国兼并诸侯，有《战国策》一书。汉朝兴起讨伐秦国安定了天下，有《楚汉春秋》一书。所以司马迁根据《左氏》《国语》，采录《世本》《战国策》，转述《楚汉春秋》，并接着《楚汉春秋》记述后来的事情，到大汉朝结束。《太史公书》记述秦、汉的事情，非常详细。至于它选择经和传，把各个国家的事分散开来叙述，疏略之处就太多了，有的还相互矛盾。司马迁涉猎广博，贯通经、传,驰骋古今,耕耘于上下数千载间,这是很勤奋的。但他的是是非非与圣人很不相同,论术基本理论推崇黄老而压抑六经,评论游侠则贬退有才德却隐居不仕的士人而拔高奸雄的地位,叙述货殖则崇尚势利而以贫贱为羞,这些都是司马迁的片面之处。然而即使是博览群书的刘向、扬雄,也都称赞司马迁有良史之材,佩服他善于安排史事的轻重缓急,辩论而不显得浮华,质朴而不显得鄙俗,他的文章直书其事,记载的事情坚实可靠,不虚饰其美,不隐讳恶行,故称他的书为实录。啊!凭司马迁的多闻博识,但不能用自己的智慧保全自己;已经受了极刑之后,就潜思发愤,他写给任安的信所说的一切,都是靠得住的。寻思他所以自己伤悼的线索,跟《小雅》计中巷伯遇作诗的情况属于一类。要做到《大雅》所说的"既明且哲,能保其身",是很难很难的呵!

刘旦传

【题解】

刘旦,汉武帝之子,封燕刺王,管辖北方匈奴。从小为人好学,因自认为应继承皇帝而不恭从王命,并且在孝昭立帝以后联合诸王进行谋反,因事泄而被逮捕,但未治罪。但仍不思改,暗中与公主及上官桀联络,以图再起,因上官桀被霍光所杀而被赐死,封国削除。

【原文】

燕刺王旦赐策曰:"呜呼!小子旦,受兹玄社,建尔国家,封于北土,世为汉藩辅。呜呼!薰粥氏虐老兽心,以奸巧边。朕命将率,徂征厥罪。万夫长,千夫长,三十有二帅,降旗奔师。薰粥徙域,北州以妥。悉尔心,毋作怨,毋作棐德,毋乃废备,非教士不得从征。王其戒之!"

旦壮大就国,为人辩略,博学经书杂说,好星历数术倡射猎之事,招致游士。及卫太子败,齐怀王又薨,旦自以次第当立,上书求入宿卫。上怒,下其使狱。后坐藏匿邛命,削良乡、安次、文安三县。武帝由是恶旦,后遂立少子为太子。帝崩,太子立,是为孝昭帝,赐诸侯王玺书。旦得书,不肯哭,曰:"玺书封小,京师疑有变。"遣幸臣寿西长、孙之,王孺等之长安,以问礼仪为名。王孺见执金吾广意,问帝崩所,病立者谁子,年几岁。广意言待诏五宫,宫中让言帝崩,诸将军共立太子为帝,年八九岁,葬时不出临。归以报王。王曰:"上弃群臣,无语言,盖主又不得见,甚可怪也。"复遣中大夫至京师上书言:"窃见孝武皇帝躬圣道,孝宗庙,慈爱骨肉,和集兆民,德配天地,明并日月,威武洋溢,远方执宝而朝,增郡数十,斥地且倍,封泰山,禅梁父,巡狩天下,远方珍物陈于太庙,德甚休盛,请立庙郡国。"奏报闻。时大将军霍光秉政,褒赐燕王钱三千万,益封万三千户。旦怒曰:"我当为帝何赐也!"遂与宗室中山哀王子刘长、齐孝王刘泽等结谋,诈言以武帝时受诏,得职吏事,修武备,备非常。

长于是为旦命令群臣曰："寡人赖先帝休德，获奉北藩，亲受明诏，职吏事，领库兵，饬武备，任重职大，夙夜兢克，子大夫将何以规佐寡人？且燕国虽小，成周之建国也，上自召公，下及昭、襄，于今千载，岂可谓无贤哉？寡人束带听朝三十余年，曾无闻焉。其者寡人之不及与？意变子大夫之思有所不至利？其咎安在？方今寡人欲挢邪防非，章闻杨和，抚慰百姓，移风易俗，厥路何由？子大夫其各悉心以对，寡人将察焉。"

群臣皆免冠谢。郎中成轸谓旦曰："大王失职，独可起而索，不可坐而得也。大王一起，国中虽女子皆奋臂随大王。"旦曰："前高后时，伪立子弘为皇帝，诸侯交手事之八年，吕太后崩，大臣诛诸吕，迎立文帝，天下乃知非孝惠子也。我亲武帝长子，反不得立，上书请立庙，又不听。立者疑非刘氏。"

即与刘泽谋为奸书，言少帝非武帝子，大臣所共立，天下宜共伐之。使人传行郡国，以摇动百姓。泽谋归发兵临淄，与燕王俱起。旦遂招来郡国奸人，赋敛铜铁作甲兵，数阅其车骑材官卒，建旌旗鼓车，旄头先，郎中侍从者著貂羽，黄多附蝉，皆号侍中，旦从相、中尉以下，勒四骑，发民会围，大猎文安县，以讲士马，须期日。郎中韩义等数谏旦，旦杀义等凡十五人。会侯刘成知泽等谋，告之青州刺史不疑，不疑收捕泽以闻。天子遣大鸿胪丞治，连引燕王。有诏弗治，而刘泽等皆伏诛。益封侯。

久之，旦姊鄂邑盖长公主，左将军上官桀父子与霍光争权有隙皆知旦怨光，即私与燕交通。旦遣孙纵之等前后十余辈，多金宝走马，赂遗盖主。上官桀及御史大夫桑弘举等皆与交通，数记疏光过失与旦，令上书告之。桀欲从中下其章。旦闻之，喜，上疏曰："昔秦据南面之位，制一世之命，威服四夷，轻弱骨肉，显重异族，废道任刑，无恩宗室。其后尉佗入南夷，陈涉呼楚泽，近狎作乱，内外俱发，赵氏无炊火焉。高皇帝览踪迹，观得失，见秦建本非是，故改其路，规土连城，布王子孙，是以支叶扶疏，异姓不得闻也。今陛下承明继成，委任公卿，君臣连与成朋，非毁宗室，受之，日骑于廷，恶吏废法立威，主恩不及下究。臣闻武帝使中郎将苏武使匈奴，见留二十年不降，还为典属国。今大将军长史敞无劳，为搜粟都尉。又将军都郎羽林，道上移跸，太官先置。臣旦愿归符玺，入宿卫，察奸臣之变。"

是时昭帝年十四，觉其有诈，遂亲信霍光，而疏上官桀等。桀等因谋共杀光，废帝，迎立燕王为天子。旦置驿书，往来相报，许立桀为王，外连郡国豪桀以千数。旦以语相平，平曰："大王前与刘泽结谋，事未成而发觉者，以刘泽素夸，好侵陵也。平闻左将军素轻易，车骑将军少而骄，臣恐其如刘泽时不能成，又恐既成，反大王也。"旦曰："前日一男子诣阙，自谓故太子，长安中民趋向之，正灌不可止，大将军恐，出兵陈之，以自备耳。我帝长子，天下所信，何忧见反？"后谓群臣："盖主报言，独患大将军与右将军莽。今右将军物故，丞相病，幸事必成，征不久。"令群臣皆装。

是时天雨，虹下属宫中，饮井水，井水竭。厕中豕群出，坏大官，乌鹊斗死。鼠舞殿端门中，殿上户自闭，不可开。天火烧城门。大风坏宫城楼，折拔树木。流星下坠。后姬以下皆恐。王病。使人祠水、台水。王客吕广等知星，为王言当有兵围城，期在九月十月，汉当有大臣戮死者。语具在《五行志》。

王愈忧恐，谓广等曰："谋事不成，妖祥数见，兵气且去，奈何？"会盖主金人父燕仓知其谋，告之，由是发觉。丞相赐玺书，部中二千犬逐捕孙纵之及左将军桀等，皆伏诛。旦闻之。召相平曰："事败,遂发兵乎?"平曰："左将军已死,百姓皆知之,不可发也。"王忧懑,置酒成载宫,会宾客群臣妃妾坐饮。王自歌曰："归空城兮,狗不吠,鸡不鸣,横术何广广兮,固知国中之无人!"华容夫人起舞曰:"发纷纷兮渠,骨籍籍兮亡居。毋求死子兮,妻求死夫。裴回两渠间兮,君子独安居!"坐者皆泣。

有赦令到,王读之,曰:"嗟乎! 独赦吏民,不赦我。"因迎后姬诸夫人之明光殿,王曰:"老曹为事当族!"欲自杀。左右曰:"俒得削国,幸不死!"后姬共啼泣止王。会天子使使者赐燕王玺书曰:"昔高皇帝王天下,建立子弟以藩屏社稷。先日诸吕阴谋大逆,刘氏不绝苦发,赖绛侯等诛讨贼乱,尊立孝文,以安宗庙,非以中外有人,表里相应故邪? 樊、郦、曹、灌,携剑推锋,从高皇帝垦除害,耘海内,当此之时头如蓬葆,勤苦至矣,然其赏不过诸封侯。今宗室子孙曾无暴衣露冠之劳,裂地而王之,分财而赐之,父死子继,兄终弟及。今王骨肉至亲,吾一体,乃与他姓异族谋害社稷,亲其所疏,疏其所亲,有逆悖之心,无忠爱之义。如使古人有知,当何面目复奉齐酎见高祖之庙乎!"

旦得书,以符玺属医工长,谢相二千石:"奉事不谨,死矣。"郎从绥自绞。后夫人随旦自杀者二十余人。天子加恩,赦王太子建为庶人,赐旦谥曰刺王。旦立三十八所而诛,国除。

后六年,宣帝即位,封旦两子,庆为新昌侯,贤为安定侯,又立故太子建,是为广阳顷王,二十九年死。子穆五舜嗣,二十一年死。子思王璜嗣,二十年死。子嘉嗣。王莽时,皆废汉藩王为家人,嘉独以献符命封扶美侯,赐姓王氏。

【译文】

燕刺王刘旦封为王。接武帝在赐策上说:"呜呼! 小子刘旦,受这一重任,建立你的封国,受封在北方的土地,世世代代作汉朝的藩属和辅助。呜呼! 匈奴族重积少壮人员,轻贱耆老之民,贪暴无仁义犹如有野兽心肠,用奸巧引诱边疆的庶民。我任命将帅前往惩治罪恶。抓获了万夫之长,千夫之长和三十二帅,昆邪王偃旗息鼓来投降我的军队。匈奴迁移到了东方,北州已经安定。你要悉心治国,不要作恶而构怨于国民,不要作不仁不义没有德性的事,不要忘记防御边疆。勤修武备,不是受过教育的饱学之士就不要出征任用。请燕刺王刘旦以此为戒!"

刘旦长大后就到他的封国去,为能人辨别是非,出谋划策。广泛地学习经书杂说,喜欢星相历数的学问,提倡奖掖进行骑射打猎方面的事,招来了游方异士。及至卫太子的事情出现,齐怀王又死了,刘旦自认为按照顺序应册立为太子,他上奏武帝,请求进皇室为武帝充当卫士,保卫武帝的寝宫。武帝发怒,逮捕了他派来的使者并把他投进了监狱。随后坐藏匿不奉诏命的罪过,削减了良乡、安次、文王三个县的封地。武帝从此以后不喜欢刘旦,后来就立小儿子刘弗陵为太子。

武帝去世,太子被立为皇帝,称孝昭皇帝,颁赐给诸侯王玺书。刘旦得到玺书,不肯哭告,说:"玺书文少而封装小,京师中可能有变化。"派遣亲近的臣僚寿西长、孙纵之、王孺等人去长安,借询问礼仪的名称去探听京师的变化。王孺拜见了执金吾广意,询问武帝死于什么病,被立的昭帝刘弗陵是谁的儿子,年龄多大。广意说他曾在五莋宫等待下诏,宫里面相告武帝死了,将军们共同立太子刘弗陵为皇帝,年龄八、九岁,安葬武帝时没有亲自送荆。使者回来报告燕剌王刘旦。燕剌王说："在朝廷没有亲近的大臣,没有地方可以打听消息,大概主上又没有办法见到事情,非常蹊跷怪异。"又派中大夫到京师去上奏书说:"我私自看到孝武皇帝躬亲谨守圣贤之道,孝顺祖先,慈爱同胞骨肉,调和与团结人民。他的德仁广大足以比同天地,他的光明足以与太阳和月亮相齐。威风凛凛,武备很强,所以远方的藩属之国都带着宝藏来朝拜汉朝;扩大疆土,增加了郡国数十个,开拓疆土增加国土一倍,祭封泰山,禅祀梁父,巡视国内,远方藩属国家的奇珍异宝摆到了祖先的祭坛上,德高美妙非常,请求在各郡国立孝武皇帝庙。"奏章上报给了昭帝。这时,大将军霍光掌理朝政,褒奖燕王刘旦,赐钱三千万,增加封邑到一万三千

燕剌王刘旦

户。刘旦愤怒地说:"我应该做皇帝,赐金钱有什么用!"于是就与中山哀王的儿子刘长、齐孝王刘泽等人联合计议,假托说武帝刘彻在世时有诏书授给他们,允许他们能够治民与职事,修炼武备,用以防备非常事件。

刘长于是为刘旦召集了臣僚。刘旦说:"我依靠先皇帝的美德,受封邑在北方,亲自接受了武帝给予我的明确的诏书,行使治理百姓的职责,料理有关治民的事物,统领军队,整饬武装,任务重大,职责很多,日夜兢兢业业于王政,你们这些大夫将怎样规范辅佐我呢?燕国虽然小,但是历史悠久,在周的时候就建立了国家。上起自召公,下到昭王、襄王,到现在有了千余年的历史,难道能够说燕国没有贤能之士吗?我受武帝封为王,出入朝廷三十多年,不曾有所闻达。这其中的原因,难道是我不如人家吗?抑或是尊敬的大夫们的考虑有所不周到吗?其中的原因到底在哪里?当现在这个时候,我想矫枉过正,拨转是非,开诚布公,以求国家和平,安抚人民,移风易俗,请问道路如何选择?尊敬的大夫们,请将你们的想法毫无保留地告诉我,我将细心地考虑选择。"

臣僚们都脱帽向刘旦表示感谢。郎中成轸向刘旦说:"大王丢掉了皇帝位,只有起兵争取才有可能得到,不可能坐等人家奉送。大王一旦起兵,全国的人民即使是女人也都会奋起追随大王效命沙场。"刘旦说:"以前在高后当政的时候,假托立他的儿子弘为皇帝,诸侯拱手称臣,以臣事皇帝延续了八年,吕太后去世后,大臣联合杀了吕氏家族,迎立文帝刘恒,全国才知道少帝弘不是孝惠帝刘盈的儿子。我是父亲武帝刘彻的长子,反而没有立为皇帝,上书请示为武帝立庙于诸侯,又不被采纳。现在被立为皇帝的人,我猜疑不是刘氏家族中的人。"

当即与刘泽计划草拟联合诸侯反对朝廷的檄书。说小皇帝不是武帝的儿子,由大臣们联合拥立,全国应当起来讨伐他们。派人将宣言传送到各郡国去,用以蛊惑人民。刘泽与刘旦谋划完了,回到临淄发兵,与燕王刘旦同时起兵。刘旦抬来各郡国领头反抗的人,征集铜铁,修炼兵器。多次检阅车兵、骑兵、材官兵士,建造了旌旗、战鼓和战车。以旄饰头中侍从以翠羽饰冠,金惮附冠前,都号称为侍中。追随刘旦的丞相、中尉以下官

吏,组织车马,调集民众汇合围猎,大练兵马于文安县,用以训练士卒和军马,繁忙终日。郎中韩义等人多次谏阻刘旦,刘旦杀韩义等十五人。碰巧缾侯刘成知道刘泽等人谋反,将事情告诉了青州刺史隽不疑,不疑抓获刘泽并报告了朝廷。昭帝派大鸿胪丞处理这件事,牵连挟持了燕王。昭帝下诏不要治刘旦的罪。但是刘泽等人都受到了诛杀。追封了缾侯。

事隔很久以后,刘旦姊鄂邑盖长公主、左将军上官桀父子与大将军霍光因为争权有了矛盾,他们都知道刘旦怨恨霍光,于是暗里与燕刺王刘旦沟通。刘旦派遣孙之等人前后十多批,多备金钱、财宝和好马,贿赂盖主。上官桀和御史大夫桑弘羊等人都有了联络。多次记录霍光的过失材料给刘旦,让他得到机会上书昭帝弹劾霍光。上官桀想从中参奏霍光。刘旦知道后,非常高兴。疏奏昭帝刘弗陵说:"以前秦始皇登上南面称孤的皇帝位,统治了一个朝代,他的威武震服了四方的少数民族国家,轻视和践弱同族,显赫和看重异姓大臣,总收入弃先贤以仁治国的道理,滥用刑法,没有布恩于同姓宗族。他这样做以后使尉佗投奔了南夷,陈涉起兵叛乱于楚泽,非常亲近的大臣犯上作乱,朝廷内外的矛盾都一齐暴发,赵氏秦朝的统治被推翻了。高祖皇帝刘邦追踪先代的历史遗迹,鉴别其中的得与失,看到了秦始皇治斩方法是本末倒置,因此改变秦朝的办法,将国土统一规划,建立郡县。广泛地册封给子孙,赐予王位,以此使汉朝的宗族统治兴旺发达,枝繁叶茂,异姓大臣无法从中插足离间,现在孝昭皇帝承圣明之后,继已成之业,委派任用的公卿、臣僚互相结党营私,非难毁辱刘氏家族。他们一旦有所任用,就终日骄纵于朝廷。邪恶的官僚废除法度,自成威风,致使昭帝的恩惠不能够贯彻到下面去。我听说武帝刘彻派中郎将苏武出使匈奴,被羁留在匈奴二十年而没有投降,回到汉朝只授予他典属国的官职。现在大将军长史杨敞没有功劳于汉朝,却授给他搜粟都尉的高官。又将军大会试郎与羽林,道上传,太官先置。我刘旦希望交还符玺,进朝为皇帝宿卫,以便观察奸臣为乱的举动。"

这时候,昭帝刘弗陵年龄十四岁,觉得奏书有欺诈不实的嫌疑。于是亲近信赖霍光,并且劾疏了上官桀等人。上官桀等人因此图谋杀霍光,废昭帝刘弗陵,迎立燕刺王刘旦为天子。刘旦编发快传书信,在相关诸侯中往来传报,许诺事成之后册立上官桀为王,在外面联合了各郡国的豪强俊杰之士上千人。刘旦将事情与丞相平商量。丞相平说:"燕刺王刘旦前次与刘泽结盟谋反,事情没有成功而被发觉的原因,在于刘泽平常浮夸没有城府,喜欢侵扰欺凌他人,我听说左将军平常轻薄不谨慎,车骑将军年少而且骄傲自大,我害怕这次又和刘泽那次一样事情不能成功,又害怕事情成功以后,他们反过来背叛燕刺王。"刘旦说:"前天有一个男子到宫门中,自己称是以前的太子,长安中的百姓都奔跑去看他,正喧哗没法制止的时候,大将军害怕,只好出动军队,列阵来保卫自己。我是武帝刘彻的长子,全国都相信这是真实不欺的,还忧愁被反对吗?"随后对臣僚们说:"盖主报告说,只害怕大将军霍光和右将军王莽。现在右将军王莽死了,丞相生病了,有幸事情一定会成功,为时不会太久。"命令臣僚们都着戎装。

这时天下雨,彩虹下注到了宫里,饮于井水中,井水枯竭。圈中所养的猪成群地向外跑,拱坏了大官灶。乌鸦与喜鹊相争斗而死。老鼠在殿端门中乱窜,殿的上窗自己关闭了,无法再打开。自然火烧了城门,大风吹坏了宫殿的楼宇,折断和拔倒了树木。流星从天下落。后与姬以下的人都惊恐。燕刺王刘旦受惊得病，派人行祭祀于水、台水。燕刺王刘旦的宾客吕广等人知道星相灾异的学术。对燕刺王刘旦说："你当心有大兵围城，时间在九月、十月，汉朝相应有大臣被处死。"这些话载在《五行志》上。

燕刺王刘旦更加忧愁恐惧，对吕广等人说："谋反的事情还没有成，妖怪灾异的征兆已多方面出现，大兵将要压境，怎么办？"碰巧盖主的舍人中有一个人的父亲叫燕仓知道这次谋反的事，告发了燕刺王刘旦，于是被朝廷发觉。丞相受赐御诏，部署中二千石追捕孙之和左将军上官桀等人，他们都受惩被杀。刘旦听到消息，召见丞相平说："事情暴露了，马上发兵吗？"丞相平说："左将军上官桀已经死了。百姓都知道他死的原因，不能再发兵。"燕刺王刘旦忧伤愤懑，备酒宴万载宫，集合他的宾客、臣僚、妃姜陪坐饮酒。燕刺王刘旦独自歌唱说："人将去了，留下一座空城狗不会再叫，鸡也不会再鸣。道路纵横旷荡，才知道国中已经没有人烟！"华容夫人起舞歌唱说："头脑落地，发丝纷飞填满了沟渠；尸横遍野，无处不有白骨成堆。做母亲的只求为孩子而死，当妻子的但求为丈夫而殉。我徘徊于沟渠之间，是君子还怎么能够活在世上。"陪坐的人都落下了眼泪。

有昭帝刘弗陵的赦令下达。燕刺王刘旦读了赦令，说："可叹啊！单单都赦免了官吏和百姓的过失，没有赦免我。"因此，与后姬及所有夫人到明光殿，燕刺王刘旦说："我这老奴辈所做的事情罪当灭九族！"想自杀。燕刺王刘旦的左右侍臣说："只当能削除封国，有幸可以不死。"后姬与夫人都啼哭着阻止燕刺王刘旦自杀。恰好皇帝派人赐给燕刺五刘旦诏书。诏书上说："以前高祖皇帝刘彻封王统治天下，建立子弟的封国用以藩属朝廷，维护国家政权。先前吕氏家族阴谋大逆不道，刘氏朝廷得以不绝于后而得到继续发展，依靠的是绛侯等人诛杀讨灭了乱贼，尊立了孝文皇帝刘恒，用以安定了宗庙，难道不是刘氏家族内外有人匡扶朝政，朝廷内外都互相配合而获得成功的吗？樊哙、郦商、曹参、灌婴，携剑推锋，追随高祖皇帝刘邦消灾除害，耕耘四海之内。那时候，他们的头长久不理，发如乱草蓬生，勤劳辛苦到了极点。然而对他们的赏赐只不过是封了侯爵。现在刘氏宗族的子弟，不曾有过脱衣摘帽的举手之劳，朝廷给他们划封国土，授赐王位，分配财物并赏赐给他们。而且这些俸禄，父亲死了，可以由儿子继承，兄长没了，可以由弟弟继承。现在燕刺王刘旦是我的骨肉至亲，犹如我的手足，却与刘氏以外的他姓异族人谋害国家政权，亲近朝廷疏远的人，疏远朝廷亲近的人，存有上逆先祖，背叛当今朝廷的坏心，没有忠君爱民之仁义。如此，倘若先祖有灵，还有什么面目行祭祀于高祖皇帝呢？"

刘旦得到诏书，将符玺委托给了医工长，辞谢丞相二千石说："侍奉为王，不谨慎，死了。"就用绶带自缢而死。随后，夫人中随刘旦自杀的有二十多人。昭帝刘弗陵加倍恩宠，赦死罪使燕刺王太子刘建为平民，赐刘旦谥号为刺王。刘旦被册立为王三十八年而受死，其封国削除。

此后六年，宣帝刘询登皇位，册封刘旦的两个儿子为侯，其中刘庆为新昌侯，刘贤为安定侯。又册立以前的五太子刘建为广阳顷王，十九年去世。其子穆王刘舜继承王位，二十一年去世。其子思王刘璜继位，二十年逝世。其子刘嘉继位。王莽当政时，全部废免汉朝的藩王为家人。唯独刘嘉因为贡献了符命而被封为扶美侯，受王莽赐姓，改姓王。

刘据传

【题解】

刘据,汉武帝之子,历史上有名的"戾太子事件"主角,作为皇位的当然继承人,他因江充等事而遭陷害,最终丧了命。

【原文】

戾太子据,元狩元年立为皇太子,年七岁矣。初,上年二十九乃得太子,甚喜,为立禖,使东方朔、枚皋作禖祝。少壮,诏受《公羊春秋》,又从瑕丘江公受《谷梁》。及冠就宫,上为立博望苑,使通宾客,从其所好,故多以异端进者。元鼎四年,纳史良娣,产子男进,号曰史皇孙。

武帝末,卫后宠衰,江充用事。充与太子及卫氏有隙,恐上晏驾后为太子所诛,会巫蛊事起,充因此为奸。是时,上春秋高,意多所恶,以为左右皆为蛊道祝诅,穷治其事。丞相公孙贺父子,阳石、诸邑公主及皇后弟子长平侯卫伉皆坐诛。

充典治巫蛊,既知上意,白言宫中有蛊气,入宫至省中,坏御座掘地。上使按道侯韩说、御史章赣,黄门苏文等助充。充遂至太子宫掘蛊,得桐木人。时上疾,辟暑甘泉宫,独皇后、太子在。太子召问傅石德,德惧为师傅并诛,因谓太子曰:"前丞相父子、两公主及卫氏皆坐此,今巫与使者掘地得征验,不知巫置之邪,将实有也,无以自明,可矫以节收捕充等系狱,穷治其奸诈。且上疾在甘泉,皇后及家吏请问皆不报,上存亡未可知,而奸臣如此,太子将不念秦扶苏事耶?"太子急,然德言。

征和二年七月壬午,乃使客为使者收捕充等。按道侯说疑使者有诈,不肯受诏,客格杀说。御史章赣被创突亡,自归甘泉。太子使舍人无且,持节夜入未央宫殿长秋门,因长御倚华具白皇后,发中厩车载射士。出武库兵,发长乐宫卫,告令百官曰江充反。乃斩充以徇,炙胡巫上林中。遂部宾客为将率,与丞相刘屈氂等战。长安中扰乱,言太子反,以故众不肯附。太子兵败,亡,不得。

上怒甚,群下忧惧,不知所出。壶关三老茂上书曰:"臣闻父者犹天,母者犹地,子犹万物也。故天平地安,阴阳和调,物乃茂成;父慈母爱,室家之中,子乃孝顺。阴阳不和则万物夭伤,父子不和则室家丧亡。故父不父则子不子,君不君则臣不臣,虽有粟,吾岂得而食诸!昔者虞舜,孝之至也,而不中于瞽叟;孝己被谤,伯奇放流,骨肉至亲,父子相疑。何者?积毁之所生了。由是观之,子无不孝,而父有不察。今皇太子为汉适嗣,承万世之业,体祖宗之重,亲则皇帝之宗子也。江充,布衣之人,闾阎之隶臣耳,陛下显而用之,衔至尊之命以迫蹴皇太子,造饰奸诈,群邪错谬,是以亲戚之路塞而不通。太子进则不得上见,退则困于乱臣,独冤结而亡告,不忍忿忿之心,起而杀充,恐惧逋逃,子盗父兵以救难自免耳,臣窃以为无邪心。《诗》云:'营营青蝇,止于藩;恺悌君子,无信谗言;谗言罔极，交乱四国。'往者江充谗杀赵太子，天下莫不闻，其罪固宜。陛下不省察，深过太子，发盛怒，举大兵而求之，三公自将，智者不敢言，辩士不敢说，臣窃痛之。臣闻子胥尽忠而忘其号，比干尽仁而遗其身，忠臣竭诚不顾铁钺之诛以陈其愚，志在匡君安社稷也。《诗》云：'取彼谮人，投畀豺虎。'唯陛下宽心慰意，少察所亲，毋患太子之非，亟罢甲兵，无令太子久亡。臣不胜惓惓，出一旦之命，待罪建章阙下。"书奏，天子感悟。

太子之亡也，东至湖，藏匿泉鸠里，主人家贫，常卖履以给太子。太子有故人在湖，闻其富赡，使人呼之而发觉。吏围捕太子，太子自度不得脱，即入室距户自经。山阳男子张富昌为卒，足蹴开户，新安令史李寿趋抱解太子，主人公遂格斗死，皇孙二人皆并遇害。上既伤太子，乃下诏曰："益行疑赏，所以申信也。其封李寿为邗侯，张富昌为题侯。"

久之，巫蛊事多不信。上知太子惶恐无他意，而车千秋复讼太子冤，上遂擢千秋为丞相，而族灭江充家，焚苏文于横桥上。及泉鸠里加兵刃于太子者，初为北地太守，后族。上怜太子无辜，乃作思子宫，为归来望思之台于湖。天下闻而悲之。

初，太子有三男一女，女者平舆侯嗣子尚焉。及太子败，皆同时遇害。卫后、史良娣葬长安城南。史皇孙、皇孙妃王夫人及皇女孙葬广明。皇孙二人随太子者，与太子并葬湖。

太子有遗孙一人，史皇孙子，王夫人男，年十八岁即尊位，是为孝宣帝。帝初即位，下诏曰："故皇太子在湖，未有号谥。岁时祠，其议谥，置园邑。"有司奏请："《礼》'为人后者，为之子也'，故降其父母不得祭，尊祖之义也。陛下为孝昭帝后，承祖宗之祀，制礼不俞闲。谨行视孝昭帝所为故皇太子起位在湖，史良娣冢在博望苑北，亲史皇孙位在广明郭北。谥法曰'谥者，行之迹也'，愚以为亲谥宜曰悼，母曰悼后，比诸侯王园，置奉邑三百家。故皇太子谥曰戾，置奉邑二百家。史良娣曰戾夫人，置守冢三十家。园置长丞，周卫奉守如法。"以湖阌乡邪里聚为戾园，长安白亭东为戾后园，广明成乡为悼园。皆改葬焉。

后八岁，有司复言："《礼》'父为士，子为天子，祭以天子'。悼园宜称尊号曰皇考，立庙，因园为寝，以时荐享焉。益奉园民满千六百家，以为奉明县。尊戾夫人曰戾后，置园奉邑。及益戾园各满三百家。"

【译文】

戾太子刘据，元狩元年册立为皇太子，年龄到了七岁。开初，孝皇武帝刘彻因为到二十九岁才生太子，所以十分喜欢。曾为了有太子可立，祈祷于求子之神禖，让东方朔、枚皋写作求子之祝辞。等到太子渐渐长大，皇帝下诏，教授他《公羊春秋》。又另外跟随瑕丘江公学习《谷梁》。到弱冠进宫的时候，武帝为他建造个博望苑，让他与宾客沟通。宾客们投戾太子的爱好，因此向他进贡了许多奇怪少见的东西。元鼎四年，娶了史良娣，生下儿子刘进，号称史皇孙。

孝武皇帝刘彻晚年，刘据的母亲卫皇后受宠的程度渐渐不如从前，江充掌管宫廷中大事。江充与戾太子及卫氏有矛盾，害怕武帝刘彻死后被太子杀害，恰巧碰上巫蛊事件发生，江充趁机为奸犯科。这时候，武帝刘彻年岁大，情绪恶劣，认为大家都为着治理邪道祈祝，过分地看待了这一件事。丞相公孙贺父子，阳石、诸邑公主和皇后弟弟的儿子长平侯卫伉都受牵连被杀。

　　江充主掌管惩处巫蛊事件，他清楚皇帝的意思，告诉武帝在宫廷中有骨气，进入皇宫直到省中，破坏武帝御坐，挖开了地表。武帝派按道侯韩说、御史章赣、黄门苏文等人协助江充。江充直接到太子宫中挖掘蛊，得到一尊桐木雕刻的人像。这时武帝刘彻生病，避暑在甘泉宫，只有皇太后、太子在京师。太子召来少傅石德问话，石德害怕做师傅的一起被杀，因此对太子说："前丞相公孙贺父子、两位公主和卫皇后的侄子都因巫蛊事件受牵连被诛杀，现在巫士和皇帝派去办事的官吏挖地得到了证据，不知道巫士采用什么邪法作了这一处置，但是事实存在，没有好办法来说清楚与自己相关的这件事，可以假托诏命持节逮捕江充等人关在狱中，尽力惩处他的奸诈。而且武帝生病在甘泉宫，皇后及皇后、太子宫中官吏的奏请和问询都不报知他。武帝的生死让人不得而知。之所以要这样，完全是那些奸臣造成的。太子难道不想想秦朝扶苏被杀的历史教训？"太子慌急没有主张，听从了石德的建议。

　　征和二年七月壬午这天，刘据派遣宾客作为使者逮捕了江充等人。按道侯韩说疑心派来的使者有诈，不愿意接受诏书，太子刘据派去的宾客与韩说格斗并杀了韩说。御史章赣被惊动突然逃跑了，独自投奔甘泉宫。太子刘据派家吏无且，持汉节连夜进未央宫长秋门，通过长御倚华，将事情都报告了皇后，调发皇后宫中车库里的车，用以装载射手，动用武库中的兵器，调动长乐宫的卫士，告诉朝中百官说江充谋反。于是斩了江充巡行，在上林中用火刑拷问胡巫交出了作蛊状的实情。立即任用太子宾客为将帅，与丞相刘屈氂等人战斗。长安宫中纷扰动乱，传言太子反，因此大家都不愿依附太子。太子的兵被击败，逃亡，追捕他没有结果。

　　武帝非常愤怒，群臣们忧愁害怕，不知道如何是好。壶关县三老令狐茂向武帝致书说："我听说做父亲的好比上天一样，做母亲的好比大地一样，中间的子女就好比万事万物了。因此，天下太平，地上安定，阴与阳和谐不矛盾，万事万物得以茂盛地生长；父亲仁慈，母亲富有爱心，在家庭里边，子女们才会对他们孝顺。阴与阳不和谐而互相矛盾，那么万事万物就会夭折不能够善始善终；父亲与子女们不能和睦相处，那么家庭就会分崩离析。因此，做父亲的不像做父亲的样子，那么做子女的就不像子女；在上面作君王的不像君王，那么在下面作臣僚的也就不像臣僚。君、臣、父、子间的关系没有确立，那么国家就会危亡，仓中虽然有很多粮食，人又怎么能吃到它们呢？古时候的虞舜，孝顺到了极点，尚且不满他父亲瞽叟的意。孝已遭到了诽谤和诬陷，伯奇落得被驱逐流亡。放着骨肉同胞至亲的关系，父与子之间互相猜疑。为什么呢？遭受伤害多次，就产生了这样的结果。由此看来，子女们是没有不孝顺父母的，只是父母们没有察觉到而已。现在皇太子是汉朝要继承皇位的人，要继承万代不衰的国家大业，要延续先祖先宗的厚德，有着非常亲近的关系而且是武帝册立的太子。江充，只不过是寻常百姓，街里小巷中成长的卑贱下臣而已。武帝让他显赫并重用他，拿着武帝至高无上的诏令，用以去胁迫皇太子。故意拨弄是非，作奸欺骗，有许多不正当的行为和错误。因为这样，造成了你们父子间的亲属关系被断绝不通。太子想要进一步入朝见武帝，却得不到武帝的召见，不得已退一步闲居不上朝，又受困在专事扰乱朝政的坏臣中间。只得蒙受冤屈，结怨在心而无处诉说。等到忍无可忍，怒从心中发出，进而杀了江充，害怕治罪而逃跑。儿子不经准许动用父亲的军队以解救危难，这事实存在自不用再说，我私下认为这样做并没有什么坏心。

《诗经·小雅·青蝇》说：'飞来飞去的青蝇，落在藩篱之上，乐于变化的正人君子，千万不要听信谗言。谗言构毁没有了头，四国交乱就要到来。'以往江充献进谗言于武帝，杀了赵太子，全国人民没有谁不知道，将他治罪自然已经很恰当。武帝现在不深加调查，过分地以为太子有罪还责难他。大发怒气，派大军去抓捕他。从朝廷中的三公到各领兵将领，他们中聪明的人不敢站出来说公道话，专事谏争的人也不敢为他辩明清白。我心里非常痛恨这件事。我听说伍子胥为了尽忠义之责而被杀戮，披上恶名，丢了他的好名分；比干为了尽仁德之心于王而被剜心，捐出了他的身体。忠于朝廷的臣子会竭尽诚心全力办事，不会顾忌自己的被杀受刑。他们用这种办法来表达他们的诚意，立志在平匡正君王的过失，安定国家的朝政。《诗经·小雅·巷伯》说：'将那献进谗言的人，投给豺狼虎豹去受用。'请武帝放宽心怀，消除烦恼，稍稍注意一下你与太子所处的至亲关系，不要记恨于太子的过错。迅速调回经出发的军队，不要让太子长期在外面逃亡。我不胜忐忑不安，献出我朝夕不保的性命。等待降罪在建章宫召下。"书奏报武帝，武帝有感而醒悟。

太子的逃亡，东到湖县，隐藏在泉鸠里。收留他的人家贫，经常靠卖草鞋来保证太子的供给。太子有原来的好友在湖县，听说他非常富有，派人去告诉他太子的情况却暴露了行踪。官吏包围了太子，逮捕他，太子自己揣度不能够逃脱，于是进入屋里，倒扣门窗，上吊自缢而死。山阳的张富昌在军中服役当战士，用脚踢开门户，新安县公李寿跑去抱住并解下了上吊的太子。原来留住太子刘据的主人在格斗中死了，皇孙二人也都一起遇害而死。武帝伤怀太子，于是下诏说："凡是在是非不清时有所行动的都给赏赐，以此来表彰人们的忠诚。"根据这一诏书，册封李寿为邘侯，张富昌为题侯。

很久以后，巫蛊的事件清楚了很不真实。武帝知道太子是由于害怕没有主意，并没有其他反叛朝廷的意思。而车千秋又为太子申冤，武帝擢升车千秋为丞相，并且灭了江充的家族，将苏文烧死在横桥上。至于泉鸠里兴师动众围捕太子的人，开始作了北地太守，后来灭了家族。武帝可怜太子无辜受死，于是建造了思子宫，造归来望思之台于湖县，全国的百姓听说这件事，都感到哀伤。

开始，太子有三个儿子、一个女儿。女儿由平舆侯继嗣的儿子迎娶。在太子遭到不测时，都同时被害。卫皇后、史良娣葬在长安城的南面。史皇孙、皇孙妃子王夫人和皇孙女葬在广明苑。跟随太子的皇孙二人，与太子一道葬在湖县。

太子刘据有遗留下来的孙子一人，是史皇孙儿子，王夫人的男孩，十八岁登上皇位，就是孝宣帝刘询。孝宣帝刘询刚登皇帝位，下诏说："先前的皇太子刘据葬在湖县，没有谥号，年祭时的祭祀不好施行，因此议论封他一个谥号，建造墓地和园陵。"有司上奏请示说："《礼》上说，做人的后嗣，首先就是做人家的儿子。"因此，没有祭祀他父母的祭祀就不应该有，这是尊敬祖先的意思。宣帝刘询是继承孝昭帝的皇位，继承祖宗创立的基业。确定礼制不能够超越限度，谨言慎行，要看孝昭皇帝刘弗陵的作为。先前的皇太子建造坟墓在湖县，史良娣坟墓在博望苑的北面，你父亲史皇孙的坟墓在广明苑的北面。谥法中说：'谥，就是追述被谥者的行踪。'我根据这点认为，你们父亲的谥号适合称悼皇，你母亲的谥号称悼后，墓园比同诸侯王的墓园，封置奉邑户三百家。已故皇太子的谥号叫称戾，封置奉邑户二百家。史良娣叫戾夫人，封置守坟墓的丁户三十家。墓园管理设丞为长官，四周的侍卫按制度安置。"在湖县闻乡邪里聚那里建造戾太子的墓园，在长安白亭东建戾后墓园，在广明苑成乡建悼皇墓园，都进行了改葬。

在这以后八年，有司又上奏说："《礼》上载录，'父亲为士大夫，儿子作天子，对父亲的祭祀当视同天子'，悼园适合称尊号叫皇考，建造庙宇，将就在陵园建造寝宫，便于随时祭祀。增加管理陵园的民户满一千六百户，以此建立奉明县。尊称戾夫人为戾后，安排陵园的奉邑户口，及增加戾园的奉邑户口各满三百家。"

朱云传

【题解】

朱云，西汉时有名的直臣。他少年任侠好勇，中年改节读书，由豪侠而为名儒，夺席谈经，名震儒林。汉成帝时，他斥皇帝的师傅张禹为佞臣，请斩佞臣之头以励臣节，戍帝命御史赶他下殿，他攀住门槛硬不肯走，于是"朱云折槛"成了流芳千古的佳话。

【原文】

朱云字游，鲁人也，徙平陵。少时通轻侠，借客报仇。长八尺馀，容貌甚壮，以勇力闻。年四十，乃变节博士白子友受《易》，又事前将军萧望之受《论语》，皆能传其业。好倜傥大节，当世以是高之。

元帝时，琅琊贡禹为御史大夫，而华阴丞嘉上封事，言"治道在于得贤，御史之官，宰相之副，九卿之右，不可不选。平陵朱云，兼资文武，忠正有智略，可使以六百石秩试守御史大夫，以尽其能"。上乃下其事问公卿。太子少傅匡衡对，以为"大臣者，国家之股肱，万姓所瞻仰，明王所慎择也。傅曰下轻其上爵，贱人图柄臣，则国家摇动而民不静矣。今嘉从守而图大臣之位，欲以匹夫徒步之人而超九卿之右，非所以重国家而尊社稷也。自尧之用舜，文王千太公，犹试然后爵之，又况朱云者乎？云素好勇，数犯法亡命，受《易》颇有师道，其行义未有以异。今御史大夫禹洁白廉正，经术通明，有伯夷、史鱼之风，海内莫不闻知，而嘉猥称云，欲令为御史大夫，妄相称举，疑有奸心，渐不可长，宜下有司案验以明好恶。'嘉竟坐之。

是时，少府五鹿充宗贵幸，为《梁丘易》。自宣帝时善梁丘氏说，元帝好之，欲考其异同，令充宗与诸易家论。充宗乘贵辩口，诸儒莫能与抗，皆称疾不敢会。有荐云者，召入。摄登堂，抗首而请，音动右左。既论难，连拄五鹿君，故诸儒为之语曰："五鹿岳岳，朱云折其角。"因是为博士。

迁杜陵令，坐故纵亡命，会赦，举方正，为槐里令。时中书令石显用事，与充宗为党，百僚畏之。唯御史中丞陈咸年少抗节，不附显等，而与云相结。云数上疏，言丞相韦玄成容身保位，亡能往来，而咸数毁石显。久之，有司考云，疑风吏杀人。群臣朝见，上问丞相以云治行。丞相玄成言云暴虐亡状。时陈咸在前，闻之，以语云。云上书自讼，成为定奏章，求下御史中丞。事下丞相，丞相部吏考立其杀人罪。云亡入长安，复与咸计议。丞相具发其事,奏"咸宿卫执法之臣,幸得进见,漏泄所闻,以私语云,为定奏章,欲令自下治,后知云亡命罪人,而与交通,云以故不得"。上于是下咸、云狱,减死为城旦。咸、云遂废锢,终元帝世。

至成帝时,丞相故安昌侯张禹以帝师位特进,甚尊重。云上书求见,公卿在前。云曰:"今朝廷大臣上不能匡主,下亡以益民,皆尸位素餐,孔子所谓,'鄙夫不可与事君','苟患失之,亡所不至'者也。臣愿赐尚方斩马,断佞臣一人以厉其馀。"上问:"谁也?"对曰:"安昌侯张禹。"上大怒,曰:"小臣居下讪上,迁辱师傅,罪死不赦。"御史将云下,云攀殿槛,槛折。云呼曰:"臣得下从龙逄、比干游于地下,足矣!未知圣朝何如耳?"御史遂将云去。于是左将军辛庆忌免冠解印绶,叩头殿下曰:"此臣素著狂直于世,使其言是,不可诛;其言非,固当容之。臣敢以死争。"庆忌叩头流血。上意解然后得已。及后当治槛,上曰:"勿易!因而辑之,以旌直臣。"

云自是之后不复仕,常居鄠田,时出乘牛车从诸生,所过皆敬事焉。薛宣为丞相,云往见之。宣备宾主礼,因留云宿,从容谓云曰:"在田野亡事,且留我东阁,可以观四方奇士。"云曰:"小生乃欲相吏邪?"宣不敢复言。

其教授,择诸生,然后为弟子。九江严望及望兄子元,字仲,能传云学,皆为博士。望至泰山太守。

云年七十余,终于家。病不呼医饮药。遗言以身服敛,棺周于身,土周于椁,为丈五坟,葬平陵东郭外。

【译文】

朱云,字游,鲁人,迁居平陵。年轻时结交游侠,借助宾客为自己报仇。身高八尺有余,仪容伟岸,以勇力闻名。到四十岁时,他竟改节跟从博士白子友学《易》,又师从前将军萧望之学习《论语》,都能传习师业。性倜傥有大节,世人因此很尊重他。

汉元帝时,琅琊人贡禹为御史大夫,而华阴守丞名嘉者上封事,说"治理之道在于得贤,御史大夫这官职,是宰相的副手,位在九卿之上,不可不慎重选择。平陵人朱云,材兼文武,忠正而有智谋,可让他以六百石的官秩试任御史大夫,以尽其能"。元帝便把这建议交付公卿研究,太子太傅匡衡答复,说:"大臣者,是国家的股肱,为万姓所瞻仰,为明主所慎重选择。古书中说:下等人轻视其尊上的官爵,卑贱的人图谋有权柄的职位,则国家动摇而百姓不安宁。如今嘉从守丞而图谋大臣之位,想用匹夫徒步之人而超越九卿之上,这可不是尊重国家社稷的举动。古代的帝尧任用大舜,周文王的任用姜太公,尚且试用之后才授予官爵,又何况朱云之流呢?朱云一向好勇力,屡次犯法亡命,他学习《易》倒是颇有师传,但他的作为并没有出奇之处。今御史大夫贡禹洁白廉正,通明经术,有伯夷、史鱼的风范,海内无不闻知,而嘉竟妄乱称赞朱云,想让他为御史大夫,妄相推举,我怀疑他有奸邪之心,此渐不可长,应该交付有司查验以辨明他是什么人。"嘉竟为此坐罪。

这时,少府五鹿充宗很得元帝宠幸,他治学《梁丘易》。从汉宣帝时喜好梁丘氏的《易》说,元帝很喜好,相考辩梁丘氏与其他诸家的异同,就命令五鹿充宗与《易》学各家辩论。五鹿充宗凭仗着贵宠和利口,诸儒不能与之相抗衡,都借口有病不敢与会。有人推荐朱云,就把他召入。朱云撩衣登堂,昂首而请,音声震动左右。开始辩论以后,他接连驳倒五鹿充宗。所以诸儒为他编了一句词儿："五鹿岳岳，朱云折其角。"由此他担任了博士。

朱云迁为杜陵县令，坐故意纵放亡命之罪，赶上赦令被释免。举方正，为槐里县令。当时中书令石显掌握朝政，与五鹿充宗为一党，百官都畏惧他们。只有御史中丞陈咸年少坚持节操，不依附石显之流。而与朱云结好。朱云屡次上疏，说丞相韦玄成贪生保位，无能往来，而陈咸则屡次指责石显。过了一些时候，有司调查朱云，怀疑他示意属吏杀人。群臣朝见时，元帝向丞相询问朱云为治的情况。丞相韦玄成说朱云暴虐无状。当时陈咸在面前，听见了这话。就告诉了朱云。朱云上书自辩，陈咸为他改订奏章，让他要求交付御史中丞处理(陈咸为御史中丞)。结果这事交给了丞相处理，丞相属吏调查朱云杀人之罪成立。朱云私自逃入长安，再和陈咸商议。丞相把这事也都揭发出来，奏道："陈咸为宿卫执法之臣，有幸得以进见，他泄漏所闻，私自透露给朱云，为他改订奏章，想让他要求由自己来，后来陈咸知道朱云是亡命罪人，却仍然和他沟通，使得至今逮捕不到朱云。"元帝于是把陈咸、朱云交付狱吏，免死为城旦。陈咸、朱云便被废锢，终元帝之世不被起用。

到成帝时，丞相、故安昌侯张禹以皇帝师傅的资格位至特进，极为尊贵。朱云上书求见成帝，当时公卿大臣都在皇帝面前。朱云说："如今朝廷大臣上不能匡扶皇上，下不能有益于百姓，都是尸位素餐，如孔子所说的'鄙夫不可与事君'，'苟患失之，亡所不至'一流人物。臣要求陛下赐以尚方斩马剑，斩一个佞臣以儆戒其余。"成帝问："你要斩的是谁呀？"朱云答道；"安昌侯张禹。"成帝大怒，道："你一个小官居于下位而讪谤长上，在朝廷上侮辱我的师傅，罪死不赦！"御史拉朱云下殿，朱云攀住殿上的门槛，门槛被他拉断。朱云大呼道："臣得以相从关龙逢(夏桀时忠臣，因谏被杀)、比干(商纣时忠臣，因谏被杀)于地下，也就满足了，只是知圣朝将要怎样？"御史便把朱云拉了下去。于是左将军辛庆忌免冠去印绶，叩头于殿下，说："这个臣子一向以狂直之名著称于世。假如他说的有理，就不可诛杀；他说的不对，也应该宽容。臣敢以死相争。"辛庆忌叩头流血。成帝的怒气消解，然后才饶了朱云。后来要修治门槛，成帝说："不要换了！就把旧门槛修修，以旌表直臣。"

朱云此后就不再仕宦，常居住在户县的颍村中，有时乘牛车出来与诸生相游，所至之处都对他很敬重。薛宣为丞相，朱云前往拜见。恭宣备宾主之礼，于是留朱云住宿，从容对朱云说："您在田野间也没有事，且留在我的东阁中，可以看看天下的奇士。"朱云说："小生想把我当成你的属吏吗？"薛宣就不敢再提这事。

他教授经学，先选择诸生，然后才召为弟子。九江人严望，严望兄长的儿子严元，字仲，能传习朱云之学，都做了博士。严望官至泰山太守。

朱云七十多岁的时候，去世于家中。他病重时不请医不喝药。遗嘱用身上的衣服入殓，棺木只需容身，墓穴只需容棺，只造个一丈五尺的小坟，埋葬在平陵东郭之外。

霍光传

【题解】

霍光(？～前68),西汉河东郡平阳县(今山西临汾西)人,字子孟,是名将霍去病的异母兄弟。十多岁,即因霍去病关系被任为郎,逐渐升到诸曹侍中。霍去病死后,霍光为奉车都尉光禄大夫。在汉武帝身边二十多年,小心谨慎,忠勤职守,深得汉武帝的亲近信任。汉武帝临终前任命霍光为大司马大将军,要他像周公辅佐成王一样辅佐自己的小儿子弗陵做皇帝。弗陵即位,就是汉昭帝,当时八岁,一切政事都由霍光决定。霍光被汉武帝遗诏封为博陆侯。汉武帝统治晚期,内外交困,社会矛盾激化,汉朝统治濒于崩溃。霍光执政后,深知国家当务之急,减轻农民租赋徭役负担,减少边境民族冲突,缓和社会矛盾。经过十几年,人民财富增加,四边民族关系谐调,社会矛盾缓解。昭帝去世,没有儿子,霍光迎立昌邑王刘贺为帝。不料刘贺淫乱荒唐,于是废黜刘贺,改立汉武帝曾孙病已为帝,这就是汉宣帝。宣帝即位,霍光仍然实际掌握国家最高权力,直到他六年后去世。霍光前后掌握国家最高权力二十年,主持了三个皇帝的立、废,两次从困境中拯救了汉朝皇室,使汉朝摆脱了武帝晚年形成的危机,在一定程度上减少了百姓痛苦。他为西汉的中兴奠定了基础。他是当时最大的政治家。霍光晚年,谨慎态度有所减弱,导致宣帝对他的严重畏惧。加以霍光治家无方,他的妻女子侄骄奢越度,终于在霍光去世三年后,引发宣帝与霍家的激烈冲突。宣帝杀尽霍光全家。不过,宣帝并没有因此抹杀霍光功勋。宣帝晚年在麒麟阁设置功臣画像,霍光仍被列为第一功臣。霍光事迹,主要见于《汉书·霍光传》和《汉书·昭帝纪》,此外在《汉书·宣帝纪》《汉书·苏武传》等史籍中也有一些记载。

【原文】

霍光,字子孟,骠骑将军去病弟也。父中孺,河东平阳人也,以县吏给事平阳侯家,与侍者卫少儿私通而生去病。中孺吏毕归家,娶妇生光,因绝不相闻。久之,少儿女弟子夫得幸于武帝,立为皇后,去病以皇后姊子贵幸。既壮大,乃自知父为霍中孺,未及求问,会为骠骑将军击匈奴。道出河东,河东太守郊迎,负弩矢先驱,至平阳传舍,遣吏迎霍中孺。中孺趋入拜谒,将军迎拜,因跪曰:"去病不早自知为大人遗体也。"中孺扶服叩头,曰:"老臣得托命将军,此天力也。"去病大为中孺买田宅奴婢而去。还,复过焉,乃将光西至长安,时年十余岁,任光为郎,稍迁诸曹侍中。去病死后,光为奉车都尉光禄大夫,出则奉车,入侍左右,出入禁闼二十余年,小心谨慎,未尝有过,甚见亲信。

征和二年,卫太子为江充所败,而燕王旦、广陵王胥皆多过失。是时上年老,宠姬钩弋赵婕妤有男,上心欲以为嗣,命大臣辅之。察群臣唯光任大重,可属社稷。上乃使黄门画者画周公负成王朝诸侯以赐光。后元二年春,上游五柞宫,病笃,光涕泣问曰:"如有不讳,谁当嗣者?"上曰:"君未喻前画意邪?立少子,君行周公之事。"光顿首让曰:"臣不如金日磾。"日磾亦曰:"臣外国人,不如光。"上以光为大司马大将军,日磾为车骑将军,及太仆上官桀为左将军,搜粟都尉桑弘羊为御史大夫,皆拜卧内床下,受遗诏辅少主。明日,武帝崩,太子袭尊号,是为孝昭皇帝。帝年八岁,政事壹决于光。

霍光

先是,后元年,侍中仆射莽何罗与弟重合侯通谋为逆,时光与金日磾、上官桀等共诛之,功未录。武帝病,封玺书曰:"帝崩发书以从事。"遗诏封金日磾为秅侯,上官桀为安阳侯,光为博陆侯,皆以前捕反者功封。时卫尉王莽子男忽侍中,扬语曰:"帝崩,忽常在左右,安得遗诏封三子事!群儿自相贵耳。"光闻之,切让王莽,莽鸩杀忽。

光为人沈静详审,长才七尺三寸,白皙,疏眉目,美须髯,每出入下殿门,止进有常处,郎仆射窃识视之,不失尺寸,其资性端正如此。初辅幼主,政自己出,天下想闻其风采。殿中尝有怪,一夜群臣相惊,光召尚符玺郎,郎不肯授光。光欲夺之,郎按剑曰:"臣头可得,玺不可得也!"光甚谊之。明日,诏增此郎秩二等。众庶莫不多光。

光与左将军桀结婚相亲,光长女为桀子安妻。有女年与帝相配,桀因帝姊鄂邑盖主纳安女后宫为婕妤,数月立为皇后。父安为骠骑将军,封桑乐侯。光时休沐出,桀辄入代光决事。桀父子既尊盛,而德长公主。公主内行不修,近幸河间丁外人。桀、安欲为外人求封,幸依国家故事以列侯尚公主者,光不许。又为外人求光禄大夫,欲令得召见,又不许。长主大以是怨光。而桀、安数为外人求官爵弗能得,亦惭。自先帝时,桀已为九卿,位在光右,及父子并为将军,有椒房中宫之重,皇后亲安女,光乃其外祖,而顾专制朝事,由是与光争权。燕王旦自以昭帝兄,常怀怨望。及御史大夫桑弘羊建造酒榷盐铁,为国兴利,伐其功,欲为子弟得官,亦怨恨光。于是盖主、上官桀、安及弘羊皆与燕王旦通谋,诈令人为燕王上书,言"光出都肄郎羽林,道上称跸,太官先置"。又引"苏武前使匈奴,拘留二十年不降,还乃为典属国,而大将军长史敞亡功为搜粟都尉。又擅调益莫府校尉。光专权自恣,疑有非常。臣旦愿归符玺,入宿卫,察奸臣变"。候司光出沐日奏之。桀欲从中下其事,桑弘羊当与诸大臣共执退光。书奏,帝不肯下。

明旦,光闻之,止画室中不入。上问:"大将军安在?"左将军桀对曰:"以燕王告其罪,故不敢入。"有诏召大将军。光入,免冠顿首谢。上曰:"将军冠。朕知是书诈也,将军亡罪。"光曰:"陛下何以知之?"上曰:"将军之广明,都郎属耳。调校尉以来未能十日,燕王何以得知之?且将军为非,不须校尉。"是时帝年十四,尚书左右皆惊。而上书者果亡,捕之甚急。桀等惧,白上"小事不足遂",上不听。

后桀党与有谮光者,上辄怒曰:"大将军忠臣,先帝所属以辅朕身,敢有毁者坐之。"自是桀等不敢复言。乃谋令长公主置酒请光,伏兵格杀之,因废帝,迎立燕王为天子。事发觉，光尽诛桀、安、弘羊、外人宗族。燕王、盖主皆自杀。光威震海内。昭帝既冠，遂委任光，讫十三年，百姓充实，四夷宾服。

元平元年，昭帝崩，亡嗣。武帝六男独有广陵王胥在，群臣议所立，咸持广陵王。王本以行失道，先帝所不用。光内不自安。郎有上书言"周太王废太伯立王季，文王舍伯邑考立武王，唯在所宜，虽废长立少可也。广陵王不可以承宗庙"。言合光意。光以其书视丞相敞等，擢郎为九江太守，即曰承皇太后诏，遣行大鸿胪事少府乐成、宗正德、光禄大夫吉、中郎将利汉迎昌邑王贺。

贺者，武帝孙，昌邑哀王子也。既至，即位，行淫乱。光忧懑，独以问所亲故吏大司农田延年。延年曰："将军为国柱石，审此人不可，何不建白太后，更选贤而立之？"光曰："今欲如是，于古尝有此否？"延年曰："伊尹相殷，废太甲以安宗庙，后世称其忠。将军若能行此，亦汉之伊尹也。"光乃引延年给事中，阴与车骑将军张安世图计，遂召丞相、御史、将军、列侯、中二千石、大夫、博士会议未央宫。光曰："昌邑王行昏乱，恐危社稷，如何？"群臣皆惊鄂失色，莫敢发言，但唯唯而已。田延年前，离席按剑，曰："先帝属将军以幼孤，寄将军以天下，以将军忠贤能安刘氏也。今群下鼎沸，社稷将倾。且汉之传谥常为孝者，以长有天下，令宗庙血食也。如令汉家绝祀，将军虽死，何面目见先帝于地下乎？今日之议，不得旋踵。群臣后应者，臣请剑斩之。"光谢曰："九卿责光是也。天下匈匈不安，光当受难。"于是议者皆叩头曰："万姓之命在于将军，唯大将军令。"光即与群臣俱见白太后，具陈昌邑王不可以承宗庙状。皇太后乃车驾幸未央承明殿，诏诸禁门毋内昌邑群臣。王入朝太后还，乘辇欲归温室，中黄门宦者各持门扇，王入，门闭，昌邑群臣不得入。王曰："何为？"大将军跪曰："有皇太后诏，毋内昌邑群臣。"王曰："徐之，何乃惊人如是！"光使尽驱出昌邑群臣，置金马门外。车骑将军安世将羽林骑收缚二百余人，皆送廷尉诏狱。令故昭帝侍中中臣侍守王。光敕左右："谨宿卫，卒有物故自裁，令我负天下，有杀主名。"王尚未自知当废，谓左右："我故群臣从官安得罪，而大将军尽系之乎？"顷之，有太后诏召王。王闻召，意恐，乃曰："我安得罪而召我哉！"太后被珠襦，盛服坐武帐中，侍御数百人皆持兵，期门武士陛戟，陈列殿下。群臣以次上殿，召昌邑王伏前听诏。光与群臣联名奏王，尚书令读奏曰：

丞相臣敞、大司马大将军臣光、车骑将军臣安世、度辽将军臣明友、前将军臣增、后将军臣充国、御史大夫臣谊、宜春侯臣谭、当涂侯臣圣、随桃侯臣昌乐、杜侯臣屠耆堂、太仆臣延年、太常臣昌、大司农臣延年、宗正臣德、少府臣乐成、廷尉臣光、执金吾臣延寿、大鸿胪臣贤、左冯翊臣广明、右扶风臣德、长信少府臣嘉、典属国臣武、京辅都尉臣广汉、司隶校尉臣辟兵、诸吏文学光禄大夫臣迁、臣畸、臣吉、臣赐、臣管、臣胜、臣梁、臣长幸、臣夏侯胜、太中大夫臣德、臣卬昧死言皇太后陛下：臣敞等顿首死罪。天子所以永保宗庙总壹海内者，以慈孝礼谊赏罚为本。孝昭皇帝早弃天下，亡嗣，臣敞等议，礼曰"为人后者为之子也"，昌邑王宜嗣后，遣宗正、大鸿胪、光禄大夫奉节使征昌邑王典丧。服斩衰，亡悲哀之心。废礼谊，居道上不素食，使从官略女子载衣车，内所居传舍。始至谒见，立为皇太子，常私买鸡豚以食。受皇帝信玺、行玺大行前，就次发玺不封。从官更持节，引内昌邑从官驺宰官奴二百余人，常与居禁闼内敖戏。自之符玺取节十六，朝暮临，令从官更持节从。为书曰："皇帝问侍中君卿：使中御府令高昌奉黄金千斤，赐君卿取十妻。"大行在前殿，发

乐府乐器,引内昌邑乐人,击鼓歌吹作俳倡。会下还,上前殿,击钟磬,召内泰壹宗庙乐人
辇道牟首,鼓吹歌舞,悉奏众乐。发长安厨三太牢具祠阁室中,祀已,与从官饮啖。驾法
驾,皮轩鸾旗,驱驰北宫、桂宫,弄彘斗虎,召皇太后御小马车,使官奴骑乘,游戏掖庭中。
与孝昭皇帝宫人蒙等淫乱,诏掖庭令敢泄言要斩。

太后曰:"止!为人臣子当悖乱如是邪!"王离席伏。尚书令复读曰:

取诸侯王、列侯、二千石绶及墨绶、黄绶以并佩昌邑郎官者免奴。变易节上黄旄以
赤。发御府金钱刀剑玉器采缯,赏赐所与游戏者。与从官官奴夜饮,湛沔于酒。诏太官
上乘舆食如故。食监奏未释服未可御故食,复诏太官趣具,无关食监。太官不敢具,即使
从官出买鸡豚,诏殿门内,以为常。独夜设九宾温室,延见姊夫昌邑关内侯。祖宗庙祠未
举,为玺书使使者持节,以三太牢祠昌邑哀王园庙,称嗣子皇帝。受玺以来二十七日,使
者旁午,持节诏诸官署征发,凡千一百二十七事。文学光禄大夫夏侯胜等及侍中傅嘉数
进谏以过失,使人簿责胜,缚嘉系狱。荒淫迷惑,失帝王礼谊,乱汉制度。臣敞等数进谏,
不变更。日以益甚,恐危社稷,天下不安。

臣敞等谨与博士臣霸、臣隽舍、臣德、臣虞舍、臣射、臣仓议,皆曰:"高皇帝建功业为
汉太祖,孝文皇帝慈仁节俭为太宗,今陛下嗣孝昭皇帝后,行淫辟不轨。《诗》云:'籍曰未
知,亦既抱子。'五辟之属,莫大不孝。周襄王不能事母,《春秋》曰'天王出居于郑',由不
孝出之,绝之于天下也。宗庙重于君,陛下未见命高庙,不可以承天序,奉祖宗庙,子万
姓,当废。"臣请有司御史大夫臣谊、宗正臣德、太常臣昌与太祝以一太牢具,告祠高庙。
臣敞等昧死以闻。

皇太后诏曰:"可。"光令王起拜受诏,王曰:"闻天子有争臣七人,虽无道,不失天
下。"光曰:"皇太后诏废,安得天子!"乃即持其手,解脱其玺组,奉上太后,扶王下殿,出金
马门,群臣随送。王西面拜,曰:"愚戆不任汉事。"起就乘舆副车。大将军光送至昌邑邸,
光谢曰:"王行自绝于天,臣等驽怯,不能杀身报德。臣宁负王,不敢负社稷。愿王自爱,
臣长不复见左右。"光涕泣而去。

群臣奏言:"古者废放之人屏于远方,不及以政,请徙王贺汉中房陵县。"太后诏归贺
昌邑,赐汤沐邑二千户。昌邑群臣坐亡辅导之谊,陷王于恶,光悉诛杀二百余人。出死,
号呼市中曰:"当断不断,反受其乱。"

光坐庭中,会丞相以下议定所立。广陵王已前不用,及燕刺王反诛,其子不在议中。
近亲唯有卫太子孙号皇曾孙在民间,咸称述焉。光遂复与丞相敞等上奏曰:"《礼》曰'人
道亲亲故尊祖,尊祖故敬宗'。太宗无嗣,择支子孙贤者为嗣。孝武皇帝曾孙病已,武帝
时有诏掖庭养视,至今年十八,师受《诗》《论语》《孝经》,躬行节俭,慈仁爱人,可以嗣孝
昭皇帝后,奉承祖宗庙,子万姓。臣昧死以闻。"皇太后诏曰:"可。"

光遣宗正刘德至曾孙家尚冠里,洗沐赐御衣,太仆以轮猎车迎曾孙就斋宗正府,入未
央宫见皇太后,封为阳武侯。已而光奉上皇帝玺绶,谒于高庙,是为孝宣皇帝。明年,下
诏曰:"夫褒有德,赏元功,古今通谊也。大司马大将军光,宿卫忠正,宣德明恩,守节秉
谊,以安宗庙。其以河北、东武阳益封光万七千户。"与故所食凡二万户。赏赐前后黄金
七千斤,钱六千万,杂缯三万匹,奴婢百七十人,马二千匹,甲第一区。

自昭帝时,光子禹及兄孙云皆中郎将,云弟山奉车都尉侍中,领胡越兵。光两女婿为

东西宫卫尉，昆弟诸婿外孙皆奉朝请，为诸曹大夫，骑都尉，给事中。党亲连体，根据于朝廷。光自后元秉持万机，及上即位，乃归政。上谦让不受，诸事皆先关白光，然后奏御天子。光每朝见，上虚己敛容，礼下之已甚。

光秉政前后二十年。地节二年春，病笃，车驾自临问光病，上为之涕泣。光上书谢恩曰："愿分国邑三千户以封兄孙奉车都尉山为列侯，奉兄骠骑将军去病祀。"事下丞相御史，即日拜光子禹为右将军。

光薨，上及皇太后亲临光丧。太中大夫任宣与侍御史五人持节护丧事。中二千石治莫府冢上。赐金钱、缯絮，绣被百领，衣五十箧，璧、珠玑、玉衣、梓宫、便房、黄肠题凑各一具，枞木外藏椁十五具。东园温明，皆如乘舆制度。载光尸枢以辒辌车，黄屋左纛，发材官轻车北军五校士军陈至茂陵，以送其葬。谥曰宣成侯。发三河卒穿复土，起冢祠堂，置园邑三百家，长丞奉守如旧法。

既葬，封山为乐平侯，以奉车都尉领尚书事。天子思光功德，下诏曰："故大司马大将军博陆侯，宿卫孝武皇帝三十有余年，辅孝昭皇帝十有余年，遭大难，躬秉谊，率三公九卿大夫定万世册以安社稷，天下蒸庶咸以康宁。功德茂盛，朕甚嘉之。复其后世，畴其爵邑，世世无有所与，功如萧相国。"明年夏，封太子外祖父许广汉为平恩侯。复下诏曰："宣成侯光宿卫忠正，勤劳国家。善善及后世，其封光兄孙中郎将云为冠阳侯。"

禹既嗣为博陆侯，太夫人显改光时所自造茔制而侈大之。起三出阙，筑神道，北临昭灵，南出承恩，盛饰祠室，辇阁通属永巷，而幽良人婢妾守之。广治第室，作乘舆辇，加画绣絪冯，黄金涂，韦絮荐轮，侍婢以五采丝挽显，游戏第中。初，光爱幸监奴冯子都，常与计事，及显寡居，与子都乱。而禹、山亦并缮治第宅，走马驰逐平乐馆。云当朝请，数称病私出，多从宾客，张围猎黄山苑中，使苍头奴上朝谒，莫敢谴者。而显及诸女，昼夜出入长信宫殿中，亡期度。

宣帝自在民间闻知霍氏尊盛日久，内不能善。光薨，上始躬亲朝政，御史大夫魏相给事中。显谓禹、云、山："女曹不务奉大将军余业，今大夫给事中，他人壹间，女能复自救邪？"后两家奴争道，霍氏奴入御史府，欲蹋大夫门，御史为叩头谢，乃去。人以谓霍氏，显等始知忧。会魏大夫为丞相，数燕见言事。平恩侯与侍中金安上等径出入省中。时霍山自若领尚书，上令吏民得奏封事，不关尚书，群臣进见独往来，于是霍氏甚恶之。

宣帝始立，立微时许妃为皇后。显爱小女成君，欲贵之，私使乳医淳于衍行毒药杀许后，因劝光内成君，代立为后。始许后暴崩，吏捕诸医，劾衍侍疾无状不道，下狱。吏簿问急，显恐事败，即具以实语光。光大惊，欲自发举，不忍，犹与。会奏上，因署衍勿论。光薨后，语稍泄。于是上始闻之，而未察，乃徙光女婿度辽将军未央卫尉平陵侯范明友为光禄勋，次婿诸吏中郎将羽林监任胜出为安定太守。数月，复出光姊婿给事中光禄大夫张朔为蜀郡太守，群孙婿中郎将王汉为武威太守。顷之，复徙光长女婿长乐卫尉邓广汉为少府。更以禹为大司马，冠小冠，无印绶，罢其右将军屯兵官属，特使禹官名与光俱大司马者。又收范明友度辽将军印绶，但为光禄勋。及光中女婿赵平为散骑骑都尉光禄大夫将屯兵，又收平骑都尉印绶。诸领胡越骑、羽林及两宫卫将屯兵，悉易以所亲信许、史子弟代之。

禹为大司马，称病。禹故长史任宣候问，禹曰："我何病？县官非我家将军不得至是，今将军坟墓未干，尽外我家，反任许、史，夺我印绶，令人不省死。"宣见禹恨望深，乃谓曰："大将军时何可复行！持国权柄，杀生在手中。廷尉李种、王平、左冯翊贾胜胡及车丞相女婿少府徐仁皆坐逆将军意下狱死。使乐成小家子得幸将军，至九卿封侯。百官以下但事冯子都、王子方等，视丞相无如也。各自有时，今许、史自天子骨肉，贵正宜耳。大司马欲用是怨恨，愚以为不可。"禹默然。数日，起视事。

显及禹、山、云自见日侵削，数相对啼泣，自怨。山曰："今丞相用事，县官信之，尽变易大将军时法令，以公田赋与贫民，发扬大将军过失。又诸儒生多窭人子，远客饥寒，喜妄说狂言，不避忌讳，大将军常仇之，今陛下好与诸儒生语，人人自使书封事，多言我家者。尝有上书言大将军时主弱臣强，专制擅权，今其子孙用事，昆弟益骄恣，恐危宗庙，灾异数见，尽为是也。其言绝痛，山屏不奏其书。后上书者益黠，尽奏封事，辄下中书令出取之，不关尚书，益不信人。"显曰："丞相数言我家，独无罪乎？"山曰："丞相廉正，安得罪？我家昆弟诸婿多不谨。又闻民间宣言霍氏毒杀许皇后，宁有是邪？"显恐急，即具以实告山、云、禹。山、云、禹惊曰："如是，何不早告禹等！县官离散斥逐诸婿，用是故也。此大事，诛罚不小，奈何？"于是始有邪谋矣。

初，赵平客石夏善为天官，语平曰："荧惑守御星。御星，太仆奉车都尉也，不黜则死。"平内忧山等。云舅李竟所善张赦见云家卒卒，谓竟曰："今丞相与平恩侯用事，可令太夫人言太后，先诛此两人。移徙陛下，在太后耳。"长安男子张章告之，事下廷尉。执金吾捕张赦、石夏等，后有诏止勿捕。山等愈恐，相谓曰："此县官重太后，故不竟也。然恶端已见，又有弑许后事，陛下虽宽仁，恐左右不听，久之犹发，发即族矣，不如先也。"遂令诸女各归报其夫，皆曰："安所相避？"

会李竟坐与诸侯王交通，辞语及霍氏，有诏云、山不宜宿卫，免就第。光诸女遇太后无礼，冯子都数犯法，上并以为让，山、禹等甚恐。显梦第中井水溢流庭下，灶居树上。又梦大将军谓显曰："知捕儿不？亟下捕之。"第中鼠暴多，与人相触，以尾画地。鸮数鸣殿前树上。第门自坏。云尚冠里宅中门亦坏。巷端人共见有人居云屋上，彻瓦投地，就视，亡有，大怪之。禹梦车骑声正讙来捕禹，举家忧愁。山曰："丞相擅减宗庙羔、菟、蛙，可以此罪也。"谋令太后为博平君置酒，召丞相、平恩侯以下，使范明友、邓广汉承太后制引斩之，因废天子而立禹。约定未发，云拜为玄菟太守，太中大夫任宣为代郡太守。山又坐写秘书，显为上书献城西第，入马千匹，以赎山罪。书报闻。会事发觉，云、山、明友自杀，显、禹、广汉等捕得。禹腰斩，显及诸女昆弟皆弃市。唯独霍后废处昭台宫。与霍氏相连坐诛灭者数千家。

上乃下诏曰："乃者东织室令史张赦使魏郡豪李竟报冠阳侯云谋为大逆，朕以大将军故，抑而不扬，冀其自新。今大司马博陆侯禹与母宣成侯夫人显及从昆弟子冠阳侯云、乐平侯山诸姊妹婿谋为大逆，欲诖误百姓。赖宗庙神灵，先发得，咸伏其辜，朕甚悼之。诸为霍氏所诖误，事在丙申前，未发觉在吏者，皆赦除之。男子张章先发觉，以语期门董忠，忠告左曹杨恽，恽告侍中金安上。恽召见对状，后章上书以闻。侍中史高与金安上建发其事，言无入霍氏禁闼，卒不得遂其谋，皆雠有功。封章为博成侯，忠高昌侯，恽平通侯，安上都成侯，高乐陵侯。"

初，霍氏奢侈，茂陵徐生曰："霍氏必亡。夫奢则不逊，不逊必侮上。侮上者，逆道也。

在人亡右，众必害之。霍氏秉权日久，害之者多矣。天下害之，而又行以逆道，不亡何待！"乃上疏曰："霍氏泰盛，陛下即爱厚之，宜以时抑制，无使至亡。"书三上，辄报闻。其后霍氏诛灭，而告霍氏者皆封。人为徐生上书曰："臣闻客有过主人者，见其灶直突，傍有积薪，客谓主人，更为曲突，远徙其薪，不者且有火患。主人嘿然不应。俄而家果失火，邻里共救之，幸而得息。于是杀牛置酒，谢其邻人，灼烂者在于上行，余各以功次坐，而不录言曲突者。人谓主人曰：'乡使听客之言，不费牛酒，终无火患。今论功而请宾，曲突徙薪亡恩泽，焦头烂额为上客邪？'主人乃悟而请之。今茂陵徐福数上书言霍氏且有变，宜防绝之。乡使福说得行，则国无裂土出爵之费，臣无逆乱诛灭之败。往事既已，而福独不蒙其功，唯陛下察之，贵徙薪曲突之策，使居焦发灼烂之右。"上乃赐福帛十匹，后以为郎。

宣帝始立，谒见高庙，大将军光从骖乘，上内严惮之，若有芒刺在背。后车骑将军张安世代光骖乘，天子从容肆体，甚安近焉。及光身死而宗族竟诛，故俗传之曰："威震主者不畜，霍氏之祸萌于骖乘。"

至成帝时，为光置守冢百家，吏卒奉祠焉。元始二年，封光从父昆弟曾孙阳为博陆侯，千户。

赞曰：霍光以结发内侍，起于阶闼之间，确然秉志，谊形于主。受襁褓之托，任汉室之寄，当庙堂，拥幼君，摧燕王，仆上官，因权制敌，以成其忠。处废置之际，临大节而不可夺，遂匡国家，安社稷。拥昭立宣，光为师保，虽周公、阿衡，何以加此！然光不学无术，暗于大理，阴妻邪谋，立女为后，湛溺盈溢之欲，以增颠覆之祸，死财三年，宗族诛夷，哀哉！昔霍叔封于晋，晋即河东，光岂其苗裔乎？

【译文】

霍光，字子孟，是骠骑将军霍去病的弟弟。父亲霍中孺，是河东郡平阳县人，以县吏身份在平阳侯家办理事务，和平阳侯侍女卫少儿私通而生霍去病。霍中孺在平阳侯家的吏事完毕，回家娶妻生了霍光，于是和卫少儿断绝关系不通消息。过了很长时间以后，卫少儿的妹妹卫子夫得到武帝的宠幸，被立为皇后。霍去病因为是皇后姐姐的儿子，身份高贵起来并且得到武帝的宠幸。年龄大些以后，才知道自己父亲是霍中孺，还没来得及去找寻问候，正巧被任命为骠骑将军去攻打匈奴。路过河东郡，河东太守到郊外迎接，身背弓箭在前带路。霍去病到平阳驿的馆舍，派官吏去迎霍中孺。霍中孺进屋小步快走，向前拜见将军。将军迎上前拜中孺并下跪说："去病没能早早知道是您的儿子啊。"中孺匍匐在地叩头说："老臣能把命运寄托到将军身上，这是老天的力量啊。"霍去病为霍中孺买了很多田宅奴婢以后才离去。出征回返途中，又去看望霍中孺。并带着霍光西去长安。当时霍光是十多岁。霍去病保举霍光为郎，逐渐升到诸曹侍中。霍去病死后，霍光任奉东都尉，光禄大夫。皇帝出行，就随侍车驾，皇帝在宫内，就侍候在身边。出入宫禁二十多年，小心谨慎，没曾犯有过错。很受武帝亲近信任。

征和二年，卫太子被江充陷害，而燕王刘旦、广陵王刘胥都有很多过失。当时武帝年老，宠姬钩弋赵婕好有男孩，武帝心里打算以他为太子，委任大臣辅佐他。汉武帝考察群臣，只有霍光能担当大事重任，可以把社稷委托给他。武帝于是指派宫内画工画一幅周公抱着成王使成王面向前方接受诸侯朝拜的图画赐给霍光。后元二年春，武帝游五柞宫,病重了。霍光流着眼泪问道:"如有不可避忌的事发生,谁可以嗣立为皇帝呢?"武帝说:"您没理解以前赐给您的那幅画的含义吗?立小儿子为皇帝,您按周公的故事办。"霍光叩头辞让说:"臣不如金日磾。"金日磾也说:"臣是外国人,不如霍光。"武帝以霍光为大司马大将军,金日磾为车骑将军,太仆上官桀为左将军,搜粟都尉桑弘羊为御史大夫。都在武帝卧室里正式接受任命,接遗诏辅佐少主。第二天,武帝去世,太子继承皇帝尊号,这就是孝昭皇帝。昭帝年龄是八岁。政事全部由霍光决定。

在这以前,后元元年时,侍中仆射莽何罗和弟弟重合候莽合起来谋反,当时霍光和金日磾、上官桀等共同杀了他们。功劳还没有著录封赏,武帝病时,封存一份加盖印玺的诏书说:"皇帝去世后,拆开玺书按玺书所说办事。"这份遗诏,命令封金日磾为秺侯,上官桀为安阳侯,霍光为博陆侯。都是根据以前捕杀造反者功劳封的。当时卫尉王莽儿子王忽在宫中侍奉皇帝,扬言说:"皇帝病时,我常在他身边,哪里有遗诏封他们三个的事!这些家伙们自己互相抬高罢了。"霍光听说这件事后,严厉责问王莽,王莽用毒酒毒死了王忽。

霍光为人沉着稳重,说话不多,从容安详,思虑周密,行动谨慎。身高才七尺三寸,脸面白皙,两眉疏淡,双眼明亮,胡须很美。每次出入皇宫下殿出门,站立和行进,都有固定位置,守卫宫殿的郎仆射暗暗地记住他的位置,加以比较查看,每次都不差毫厘,他天生的性格端正到如此地步。刚辅佐幼主,政务都由自己决定,天下人都想了解他的作风和办法。殿中曾闹怪,整夜群臣互相惊扰,霍光召见掌管符玺的符玺郎,让他交出符玺,郎不肯把符玺交给霍光。霍光想夺,郎抓住剑把说:"臣头可以拿去,玺不能给您!"霍光非常尊重他能坚守原则,第二天,下诏书把这个郎的俸禄增加两个等级。大家没有不赞扬霍光的。

霍光和左将军上官桀结成儿女亲家,两人互相亲近。霍光大女儿是上官桀儿子上官安的妻子。她有个女儿年龄和昭帝相当,上官桀通过昭帝姐姐鄂邑盖主把上官安女儿收入后宫封为婕妤,几个月以后,立为皇后。皇后父亲上官安被任命为骠骑将军,封桑乐侯。霍光出宫休假期间,上官桀就入宫代替霍光决定政事。上官桀父子位高权增之后,感激长公主的恩德。公主私生活不严肃,与河间的丁外人私通。上官桀、上官安想为丁外人求封爵,希望依照国家关于列侯娶公主的成例把丁外人封为列侯。霍光不同意。又为丁外人求光禄大夫官职,想让丁外人有被召见的机会,霍光又不同意。长公主因此对霍光大不满意。而上官桀、上官安屡次为丁外人求官爵求不到,也很羞惭。心里想,从先帝时开始,自己上官桀已经是九卿,官位在霍光之上,等到父子都成了将军,又有和皇后的重要关系,皇后是上官安亲生女儿,霍光只不过是外祖父,他霍光反而专制朝廷政事!从此和霍光争权。燕王刘旦因自己是昭帝哥哥却没能得立为帝,常怀怨恨。御史大夫桑弘羊创始酒、盐、铁专卖官营制度为国家兴利,居功自傲,想为子弟求官,也怨恨霍光。于是盖主,上官桀、上官安及桑弘羊都和燕王刘旦合谋。他们让一个冒充是燕王使者的人向朝廷上书,说霍光"去主持郎官和羽林军的大规模军事演习时,路途中实行像皇帝出行时那样的戒严,吃饭时让皇帝御厨房为他提前准备饮食"。又说"苏武以前出使匈奴,被拘留二十年不投降,回朝以后,只委托为典属国,而大将军长史杨敞没有功劳,却当上了搜粟都尉。又专断地调动、增加大将军府的校尉。霍光专权、放纵,我怀疑他别有企图,臣旦愿意交出燕王封爵,入宫值宿护卫,监察奸臣的叛变阴谋"。等候霍光出宫休假时,上奏给皇帝。上官桀打算，从宫里把这件事下交给主管官吏查办，桑弘羊负责和各大臣共同胁迫霍光退职。所谓的燕王书信上奏以后，昭帝不肯向下转发查处。

第二天早上，霍光知道了上书这件事，留在殿前西阁的画室中不肯进殿。昭帝问："大将军在哪儿？"左将军上官桀说："因为燕王告发他的罪行，所以不敢进来。"昭帝下诏叫大将军进殿。霍光进殿，取下头上的冠，叩头谢罪。昭帝说："将军戴上冠，朕知道信是假的。将军没有罪。"霍光说："陛下怎么知道的？"昭帝说："将军去广明检阅郎，是近日的事。调校尉以来还不到十天。燕王远在外地，怎么来得及知道？况且将军造反，不必要用一个校尉啊。"这时昭帝是十四岁，尚书和身边的人听了感到惊奇。而上书的人果然逃跑了。追捕很急。上官桀等人害怕，对昭帝说："小事不值得穷追。"昭帝不同意。

后来上官桀党羽中只要有诬陷霍光的，昭帝就发怒说："大将军是忠臣，先帝委托来辅佐朕的，敢有诽谤他的，要办罪！"从此以后，上官桀等人不敢再说。于是密谋叫长公主设酒席请霍光，埋伏兵士，杀掉霍光，乘势废黜昭帝，迎立燕王为天子。这个密谋败露了，霍光把上官桀、上官安、桑弘羊、丁外人连同他们的家族都杀了。燕王、盖主都自杀而死。霍光威镇全国。昭帝举行冠礼以后，继续委任霍光主持国政，昭帝时，霍光主政，有十三年之久。百姓富足，四夷归顺。

元平元年，昭帝去世。没有儿子。武帝六个儿子。独有广陵王刘胥在世，群臣讨论该立谁为皇帝，都主张立广陵王。广陵王本来是由于行为放纵，不合正道，武帝才不选用的，所以霍光听了大家议论内心不安。有一个郎上书说："周太王废黜太伯而立王季，周文王舍弃伯邑考立武王，都是只看适宜就立。即使是废黜长子而立少子也是可以的。广陵王不能继承帝位。"他的话符合霍光心意，霍光把他的上书拿给丞相杨敞等人看，把这个郎提拔为九江太守。当天就奉皇太后诏令，派遣行大鸿胪事的少府乐成、宗正德，光禄大夫吉，中郎将利汉去迎接昌邑王贺。

刘贺，是武帝孙子，昌邑哀王的儿子。到长安后，即位为皇帝，行为淫乱。霍光忧愁愤懑，单独询问他所亲近的原来的属吏现任大司农的田延年，这事该怎么办。田延年说："将军是国家的柱石，既然确实知道这个人不行，为什么不向太后说明，另选贤明的拥立？"霍光说："现在想这么办，在古代有先例吗？"田延年说："伊尹做殷朝的相，废黜太甲来安定宗庙社稷，后世称颂他的忠诚。将军如果能办这件事，也就是汉朝的伊尹啊。"霍光于是在本官大司农之外，又给田延年一个"给事中"加官身份，让他可以进官议事。又暗地和车骑将军张安世谋划。接着召集丞相、御史、将军、列侯、中二千石、大夫、博士在未央宫共同议事。霍光说："昌邑王行为昏庸淫乱，恐怕会给国家带来危险，怎么办？"群臣全都大惊失色，谁也不敢发言，只是随声应付不置可否而已。田延年离开座席走上前摸着剑说："先帝把幼年太子托付给将军，把天下托付给将军，是因为将军忠诚、贤明，能保刘氏子孙的平安啊，现在臣民扰乱不安，国家行将崩溃。而且汉朝历代相传，谥号里都有孝字，意思就是要长保天下，让祖先能享受子孙的祭祀啊。如果让汉家断绝了祭祀，等将军死了，拿什么脸面到地下去见先帝呢！今日的讨论，不能有一会儿的耽搁。群臣里有谁赞成得晚一些，我就请求让我杀了他！"霍光谢罪说："九卿对我的责备是正确的。天下人心浮动，议论纷纷，我应当受到责备。"于是参加会议的都叩头说："百姓的命运都在将军一个人了，我们都只听将军的安排。"霍光就和群臣一起去谒见太后，并向太后详细禀告,叙说了昌邑王不能继承帝位的情况。皇太后于是乘车驾到了未央宫承明殿。并下令未央宫各处守门官兵不许放昌邑王手下的群臣进未央宫。昌邑王到太后处朝见回来,乘上车辇准备回温室殿。中黄门的宦官各把住一扇门,昌邑王进去,门就随即关闭,昌邑王国群臣不能进门。昌邑王说:"这是怎么回事?"大将军跪下说:"有皇太后命令,不让昌邑群臣进门。"昌邑王说:"慢一点吆,为什么这么大惊小怪。"霍光派人把昌邑王群臣驱赶到金马门外,车骑将军张安世带领羽林骑兵逮捕捆绑了二百多人,都送到廷尉和诏狱去看管。派从前昭帝时的侍中中臣侍卫看守昌邑王,霍光告诫他们要小心看守,"万一仓促间昌邑王死掉或自杀,就让我对不起天下人,有杀君的罪名了"。昌邑王还不知道就要被废黜了。对身边的人说:"我原有的群臣从官怎么得的罪,而大将军把他们都抓起来?"过了一会儿,有太后命令,召昌邑王。昌邑王听说召见他,心里有点怕,就说:"我得了什么罪而要召我呢?"太后披着用珍珠缀成的短袄,穿着庄严的礼服坐在武帐里,两边几百个侍从的人,都手持兵器。皇宫武装警卫期门勇士都拿着戟排列在殿陛之下。群臣按次序上殿。召昌邑王伏在太后面前聆听诏书。霍光和群臣联名上奏,弹劾昌邑王。尚书令宣读奏章说:

丞相臣敞,大可马大将军臣光,车骑将军臣安世,度辽将军臣明友,前将军臣增,后将军臣充国、御史大夫臣谊、宜春侯臣谭,当涂侯臣圣,随桃侯臣昌乐、杜侯臣屠耆堂、太仆臣延年、太常臣昌、大司农臣延年、宗正臣德、少府臣乐成、廷尉臣光、执金吾臣延寿、大鸿胪臣贤、左冯翊臣广明、左扶风臣德、长信少府臣嘉、典属国臣武、京辅都尉臣广汉、司隶校尉臣辟兵、诸吏文学光禄大夫臣迁、臣畸、臣吉、臣赐、臣管、臣胜、臣梁、臣长幸、臣夏侯胜、太中大夫臣德、臣印冒着死罪向皇太后陛下禀告,臣敞等顿首死罪。天子所以能永保宗庙统率全国,是因为他以讲求慈孝礼义谨慎使用赏罚作为自己言行的根本原则。孝昭皇帝过早地逝世,没有儿子,臣敞等讨论:《礼》说:"做人家的后嗣,就是做人家的儿子。"昌邑王可以给昭帝做后嗣,就派宗正、大鸿胪、光禄大夫奉太后所给的旄节去召昌邑王来主持丧事。但昌邑王穿上最重的斩衰孝服,却没有悲哀心情,他废弃礼义,在路途中,食用平日的饭菜,派随从去掳掠女子载入有帷幕的衣车内,带进所住的传舍里去。刚到长安,谒见太后,被立为皇太子,就常私下买鸡、猪吃。在昭帝灵柩前接受了皇帝信玺、行玺,回到自己位置时,把信玺、行玺从匣中取出而不封藏好。命从官轮换着持符节把从昌邑王带进京的从官、驺宰、官奴二百多人接进宫里,经常在一起游戏。自己亲身往保藏符玺的官署索取符节十六枚,早上晚上两次在昭帝灵柩前哭奠时,让从官轮换着持节跟随。曾写信说:"皇帝问候侍中君卿。我派中御府令高昌奉上黄金一千斤赐予君卿,让君卿娶十个妻子。"昭帝灵柩还停放在前殿,就取出乐府的乐器,招引昌邑王府的乐人,击鼓、唱歌、吹奏乐器、演戏。送昭帝下葬回来,上前殿时,击钟磬。把祭祀太一神和祭祀宗庙时奏乐的乐工召进后宫,经由皇帝车驾所行的辇道到上林苑的牟首池去,吹打乐器唱歌跳舞,表演各种节目。从长安厨取出三份太牢祭品在阁室中设祭,祭祀结束,就和从官一起吃喝。驾驶着只有在祭天和郊祀社稷时才能用的法驾,用皮轩、鸾旗先行引导,在北宫、桂宫里驱驰,逗弄野猪,斗老虎玩。取来皇太后乘坐的小马车,让官奴骑乘着在宫廷里玩耍。和孝昭皇帝从前宫中的侍女名叫蒙的等人淫乱,还命令掖廷令说:谁敢泄漏出去,就要腰斩。

太后说:"停下!做他人的臣下儿子,能够这样胡作非为吗!"昌邑王离开原来席位趴在地上听。尚书令继续宣读奏章:

拿诸侯王、列侯、二千石的印绶和级别低些的秩比六百石以上官员的墨绶、比二百石以上的黄绶来给昌邑王府的郎官和被赦免的奴隶佩带。把节上的黄旄换成赤旄。拿出御府里的金钱、刀、剑、玉器和花绸缎,赏赐给陪自己游戏的人。和从官、官奴夜里喝酒,嗜酒无度。命令太官"进献皇帝饮食,和往常一样"。监管皇帝饮食的食监奏报:"守孝期间,不能享用和往常一样的饮食。"他仍催太官赶快进献,叫不要通过食监。太官不敢进献。就派从官出宫买鸡猪,命令殿门卫士放他们进来,成为常事。独自在夜里于温室使用接待贵宾的"九宾"之礼,接见姐夫昌邑王国的关内侯。祭祀祖宗庙的礼节还没举行,就颁下玺书派使者持节,以三份太牢祭祀他生父昌邑哀王园庙,自称"嗣子皇帝"。接受符玺以来,二十七天,使者四出,持节命令各官署,征调物品共一千一百二十七次。文学光禄大夫夏侯胜等及侍中傅嘉多次对他所犯过失提出劝谏,他却派人拿着文书斥责夏侯胜,捆起傅嘉投进监狱。他荒淫迷惑丢失了帝王礼仪,搞乱了汉家制度。臣敞等多次进谏,不改正,却越来越糟。怕要危害国家,天下都在担心。臣敞等谨慎地和博士臣霸、臣隽佶、臣虞舍、臣射、臣仓商议,都说:高皇帝建立功业,成为汉朝太祖,孝文皇帝慈仁节俭,成为太宗。现在陛下做孝昭皇帝后嗣,行为淫乱邪恶,不守法度,《诗》说:'即使说无知,也已经抱孩子了。'五刑之类,最主要的用于处罚不孝。周襄王不能侍奉母亲,《春秋》说:'天王出去居住在郑国。'因为他不孝,所以用'出'字贬他,这是要在天下人面前弃绝他。宗庙比君主尊贵重要。陛下没有受命于高庙,不能让他继承天命,奉祭祖宗庙,以百姓为子民。应当废黜。"请求派主管部门御史大夫臣谊、宗正臣德、太常臣昌,与太祝用一份太牢祭品,把这事祭告高庙。臣敞等冒死报告。

皇太后说:"可以。"霍光命令昌邑王起来拜受皇太后诏令。昌邑王说:"听说天子有诤谏臣七人,即使无道胡为,也不丢天下。"霍光说:"皇太后已下令废黜,哪里来的天子!"于是走过去抓住他的手,解脱他的玺绶,奉交给皇太后,扶昌邑王下殿,出了金马门,群臣随后相送。昌邑王面向西拜首说:"我愚蠢,担任不了汉朝的大事。"站起身登上乘舆副车。大将军霍光送他到昌邑王在京师的官邸,霍光道歉说:"王的行为自绝于上天,臣等无能,不能以死报效王的恩德。臣宁愿对不起王,不敢对不起国家。愿王自爱,臣永远不能和您再见面了。"霍光流着眼泪离去了。

群臣上奏说:"古代被废黜的人,要被弃置到远方去,不让他再参与政事。请把王贺迁徙到汉中房陵县去。"太后下诏,让贺回到昌邑去,赐予汤沐邑二千户。昌邑群臣因为犯了放弃辅导职守、引诱王干出坏事的罪,霍光把他们二百多人全部杀掉。押赴街市处刑时,他们大声呼喊:"该下决断时不下决断,反而受了灾祸。"

霍光坐在掖庭中,会集丞相以下官员讨论确定拥立的人选。广陵王已经在以前决定不用了,燕刺王由于谋反而被杀,他的儿子不在考虑范围之内,近亲唯有卫太子的孙子被称为皇曾孙的,在民间,民间都称赞他好。霍光于是再和丞相敞等上奏皇太后说:"《礼》说:'为人之道要亲爱自己的父母,所以推溯上去要尊崇始祖,尊崇始祖,所以要敬重大宗。'大宗没有后代,要选择旁支子孙中贤能的作为后代。孝武皇帝曾孙病已,武帝在世时有诏,让掖庭负责抚养,到现在十八岁,跟随老师学习了《诗》《论语》《孝经》。为人节俭,慈仁爱人。可以做孝昭皇帝的后代,继承祭祀祖宗庙的大任,做百姓的君父。臣昧死报告。"皇太后下诏令说:"可以。"

霍光派宗正刘德到皇曾孙的家尚冠里去,让他洗头洗身,赐予他皇宫库里的衣服。太仆驾着轻便的轮猎车来迎曾孙,到宗正府举行斋戒,进未央宫谒见皇太后,被封为阳武侯。过了不久,霍光捧呈皇帝玺绶,他拜谒高祖庙。这就是孝宣皇帝。

第二年,宣帝颁布诏书说:"褒奖有德的人赏赐立头功的人,这是古今通行的道理。大司马大将军光,宿卫孝武皇帝忠诚正直,宣扬表彰皇帝的恩德,坚守节操主持正义,使宗庙平安。现命令把河北东武阳一万七千户加封给光,连同以前已享有的,共为二万户。"前后赏赐黄金千斤,钱六千万,杂色绸缎三万匹,奴婢一百七十人,马两千匹,最好的住宅一所。

从昭帝时开始,霍光儿子霍禹及哥哥的孙子霍云,都是中郎将,霍云的弟弟霍山为奉车都尉侍中,统率外族归附的军队。霍光两个女婿为东西宫的卫尉。霍家各个女婿、外孙享受在朝廷有事时参加朝会的优待,担任诸曹大夫,骑都尉,给事中等职务。亲族党羽联成一体,在朝廷中像树根一样牢牢盘踞着。霍光从武帝后元时,掌握国家大权,到宣帝即位,霍光才归还大权,宣帝谦让不接受,各种事都先报告霍光,然后呈报天子。霍光每次朝见,宣帝都虚心相待,态度严肃庄重,以礼接待他,谦虚得都有些过分。霍光掌握国家大权,前后共二十年。

地节二年春,霍光病重,宣帝亲自去慰问霍光的病。宣帝为他流了泪。霍光上书谢恩说:"希望在我封邑中分出三千户,请皇帝拿去封我哥哥的孙子奉车都尉山为列侯,奉行哥哥骠骑将军去病的祭祀。"宣帝把这份申请交给丞相、御史去办,当天任命霍光儿子霍禹为右将军。

霍光去世,宣帝和皇太后亲去霍光灵柩前吊祭。太中大夫任宣和侍御史五个人持符节主持丧事,中二千石在坟上设立临时办事机构。赐予金钱、绸缎丝絮,一百条绣被,五十箱衣服,璧、珠玑、玉衣、梓木棺材、木椁、黄肠题凑各一件,枞木外藏椁十五件,东园制作的温明器,完全用皇帝丧葬制度的规格。用辒辌车载送霍光灵柩,用皇帝乘舆专用的黄屋左纛。调材官、轻车、北军五校的士兵充任仪仗队,一直排到茂陵,为霍光送葬。赐予霍光以宣成侯的谥号。调发河东郡、河内郡、河南郡服劳役的隶卒为霍光挖掘墓穴,葬后填土,封堆坟丘,建造祠堂,安置三百家组成一个园邑,专门负责为霍光看陵园,长、丞按以往的惯例护守。

霍光葬礼完成以后,宣帝封霍山为乐平侯,以奉车都尉领尚书事。天子思念霍光功德,颁下诏书说:"故大司马大将军宣成侯在宫禁护卫孝武皇帝三十多年,辅佐孝昭皇帝十多年,遭遇重大灾难,挺身坚持大义,率三公九卿大夫,确定造福万世的大计划,安定了国家。天下万民,都因此而得到安宁。功德盛大,朕很钦佩。免除他后代的赋役,保持他的爵邑,世世不做变动,享受功赏不绝如同萧相国。"第二年夏天,封太子外祖父许广汉为平恩侯。又颁下诏书说:"宣成侯霍光,护卫皇帝忠诚正直,为国家立了大功劳。褒扬善人应当顾念到他的后代,现决定封霍光的哥哥的孙子中郎将霍云为冠阳侯。"

霍禹继承宣成侯封爵后,太夫人显改建霍光在世时自造的墓地,扩大了规模。建造三出阙,筑神道,北边到达昭灵馆,南面到承恩馆,高规格装修祠堂,修筑辇道通连永巷,并禁闭一些平民奴婢在里面守护。扩建住宅,制作乘舆辇,绸冯上都加上绘制或绣制的图画。用黄金镀饰车身,用熟牛皮包住车轮,里面真充丝絮,减少颠震,让侍从的婢女用五采丝绳拉辇,载着显在府中游玩。当初,霍光喜爱为他管家的奴隶冯子都,常和他一起研究事情。显寡居之后,和冯子都私通。同时霍禹、霍山也都整修住宅,在平乐馆赛马取乐。霍云在应该朝见皇帝的日子,多次托病不去,私下带着很多宾客到黄山苑去张网打猎,而派奴仆代表自己去朝见,没有谁敢指责他这种行为。显和她的诸位女儿,不分昼夜随意进出太后住的长信宫殿,没有时间的约束。

豪门巨族车骑出行图

宣帝做平民时就听说霍家地位高贵势力强大时间很久了,心里不认为是好事。霍光去世,宣帝才开始亲自处理朝政,御史大夫魏相获得给事中这个加官身份,在宫中随时等候回答皇帝的咨询。显对霍禹、霍云、霍山说:"你们不努力去继承大将军遗留下来的事业,现在御史大夫做给事中了,别人一在皇帝前离间我们,你们还能自救吗?"后来魏、霍两家奴仆在路上争道抢先,霍家奴仆闯进御史府,想蹋御史大夫门,御史对他们叩头赔罪,才离去。有人把这事告诉了霍家,显等才感到忧虑。紧跟着魏大夫升为丞相,多次在非正式场合朝见宣帝谈论事情。平恩侯和侍中金安上等直接进出宫禁。当时霍山像以前一样领尚书事,但宣帝宣布官民可以直接上书,不需经过尚书,群臣觐见皇帝,可以一个人单独进见。对这些事,霍家非常厌恶。

宣帝刚即位时,册立做平民时娶的妻子许妃为皇后。显喜爱小女儿成君想让她有尊贵的身份,于是私自指使妇科医生淳于衍用毒药毒死许后。乘机劝霍光把成君送进宫,代替许后立为皇后。当初许后突然死亡,官吏逮捕了各有关医生,控告淳于衍治病时无礼,犯了"不道"罪,关进监狱。狱吏审讯很急,显怕事情暴露,就详细地把实情告诉了霍光。霍光非常吃惊,想自己去检举,又不忍心,犹豫不决。正好狱吏的奏章送上来了,他就在奏章后写上"淳于衍不要定罪"的批语,霍光死后,显与淳于衍合谋的话渐渐泄露出来,于是宣帝开始知道这件事,但还一时不知真假。于是把霍光女婿度辽将军未央卫尉平陵侯范明友调为光禄勋,二女婿诸吏中郎将羽林监任胜调出京城去做安定太守。几个月后,又把霍光姐夫给事中光禄大夫张朔调为蜀郡太守,调霍光孙女婿中郎将王汉为武威太守。不久，又调霍光大女婿长乐卫邓文汉为少府。又以霍禹为大司马，但只许戴小冠，没有印绶，撤销他的右将军该统领的营兵和下属办事机构，只是让霍禹官名和霍光一样，都是大司马罢了。又收回范明友的度辽将军印绶，只任光禄勋。还有霍光中间女儿的丈夫赵平任散骑骑都尉光禄大夫率领驻军，就又收回赵平的骑都尉印绶。率领外族归附军队、羽林军和两宫卫军的各个带兵将领，全都换上了宣帝亲信的许家、史家子弟。

霍禹当了大司马，声称有病不到任。霍禹原来的长史任宣看望他。霍禹说："我是什么病？皇帝不是我家将军到不了这个地位，现在将军坟土没干，就把我家人都疏远调开，反而信任许家、史家人，夺去我的实权，真让人糊涂死，也不知道这是怎么回事。"任宣见霍禹怨恨情绪很大，就对他说："大将军时代怎么还能回来呢！掌握国家大权，生杀由自己决定。廷尉李种、王平、左冯翊贾胜胡和车丞相女婿少府徐仁，都是因为触犯了将军的意向而被投进监狱处死。使乐成是平民子弟，因为得到将军赏识就升到九卿，封了侯。百官以下只顾着巴结讨好冯子都、王子方等人，把丞相都不放在眼里。各家都有他的时运，现在许、史本来就是天子骨肉至亲，得到高官重位正是当然的事啊。大司马要是因为这个有不满情绪，我认为不恰当。"霍禹不说话。过了几天，就去上任办公了。

显和霍禹、霍山、霍云自从发现权力被一天天削去，多次相对哭泣，自相埋怨。霍山说："现在丞相主事，天子信任他，把大将军的法令都改了。把公田、赋税借予或赐予贫民。宣扬大将军的过失。另外，儒生们大多是贫穷人的子弟，远道来京客居，缺吃少穿，喜欢胡乱说大话，不避忌讳，大将军一直仇视他们，现在陛下喜欢和这批儒生们谈话，人人都让他们上书向皇帝谈问题，其中很多都是议论我们家的。曾经有人上书说大将军时主弱臣强，办事专制，独揽大权，现在他的子孙主事，兄弟们比以前更加骄横，怕要危害宗庙。现在灾异一再出现，都是由于这种情况引起的。那封奏章说得极其痛切，我把它搁在一边没转奏上去。后来上书的人更加狡猾，都使用密封奏章，每次都是由中书令出宫亲自取走，不经过尚书。更加不信任人了。"显说："丞相多次说我们家不好，他就没罪吗？"霍山说："丞相清廉公正，怎么能有罪？我们兄弟和女婿们对自己要求大多不严格。还听民间纷纷传说霍家毒死了许皇后，难道有这样的事吗？"显怕事情进一步紧急，就详细地把事实告诉了霍山、霍云、霍禹。霍山、霍云、霍禹吃惊地说："像这样的事，为什么不早点告诉我们！天子拆散赶走女婿们，就是由于这个原因啊。这是大事，惩罚不会小，怎么办？"于是开始有邪恶考虑。

当初，赵平的宾客石夏通晓天文，对赵平说："荧惑守御星。御星，是太仆奉车都尉啊。据这星相看，太仆奉车都尉不被贬黜就要被处死。"赵平暗中为霍山等担忧。霍云舅舅李竟的好朋友张赦见霍云一家惶惶不安，对李竟说："现在丞相及平恩侯主事，可以叫太夫人对太后说，先把这两个人杀了。处置陛下，就在太后一个决定了。"长安平民张章告发张赦，事情交给廷尉查处。执金吾逮捕张赦、石夏等人。后来有诏令，叫停止追究不要逮捕。霍山等更加恐慌，共同分析说："这是天子碍着太后的关系，所以不继续追究啊。但是坏倾向已经露头，又有弑许后的事，陛下即使宽厚仁慈，怕左右的人也不肯让放过，时间长了，还是要揭穿。事情揭穿了，就要被灭族了。不如早下手啊。"于是让霍家女儿们各自回去向自己的丈夫说明事情真相，都回答说："让我们往哪儿逃避呢？"

恰逢李竟犯了和诸侯王相互勾结的罪，供词中涉及霍家，于是有诏令下来，说霍云、霍山不宜在宫中护卫皇帝,应免职回家。霍光女儿们对太后无礼,冯子都多次犯法,宣帝把这些事一起拿来责问,霍山、霍禹等很恐惧。显梦见住宅中井水外溢,流到院子里。炉灶挂到树上去了。又梦见大将军对显说:"你知道逮捕儿子了吗?很快就要下来逮捕他了。"住宅中老鼠突然多了起来,还和人相撞,用尾巴画地。鸱鸮多次在屋前树上鸣叫。住宅的门自己塌倒了。霍云尚冠里住宅的中门也塌坏了。胡同口人都见到有人在霍云屋顶上揭瓦向地下摔,到近前一看,什么也没有,都很奇怪。霍禹梦见车马声混杂,来逮捕霍禹。全家忧愁。霍山说:"丞相自作主张减少了祭祀宗庙的羔、蛙,可以用这件事控告他犯罪。"当下共同谋划,叫太后为宣帝外祖母博平君摆酒席,召丞相、平恩侯以下大臣赴宴,让范明友、邓广汉秉承太后的命令把他们杀掉,乘机废黜宣帝,而拥立霍禹为帝。商量好了还没动手执行,霍云被任命为玄菟太守,太中大夫任宣为代郡太守。霍山又犯了泄露朝廷秘密文书的罪,显为他上书,愿献城西住宅,一千匹马,为霍山赎罪。宣帝不予批准。这时,前面的密谋被发觉了,霍云、霍山、范明友自杀,显、霍禹、邓广汉被捕。霍禹被腰斩,显及各个女儿、兄弟都被在街市上斩首示众。唯独霍皇后只被废黜,居住昭台宫。和霍家有关系而被杀的有数千家。

宣帝于是颁下诏书说:"以前东织室令史张赦让魏郡豪强李竟劝冠阳侯霍云谋反,朕考虑到大将军关系,压住了没让张扬,希望他们能改过自新。现在大司马博陆侯禹和母亲宣成侯夫人显及侄子冠阳侯云、乐平侯山,各个姐夫妹夫阴谋造反,想要牵累百姓。仰赖宗庙神灵,得以事先察觉,逮捕归案,都伏了罪。朕很伤感。一切受霍氏牵累而犯罪,事在丙申前发生,还没有被记录立案的,全都赦免不究。平民张章先发觉他们的阴谋,报告期门董忠,董忠告诉左曹杨恽,杨恽告诉侍中金安上。杨恽被召见当面陈述情况,后来张章又上书报告。侍中史高和金安上建议揭发此事。并提议不要让霍家人进入宫禁,霍氏阴谋终于没能得逞。这几个人功劳相等。封张章为博成侯,董忠为高昌侯,杨恽为平通侯,金安上为都成侯,史高为乐陵侯。"

当初,霍氏奢侈,茂陵徐先生说:"霍氏一定要灭亡。只要奢侈,就不会顺从,不顺从,必定会轻视怠慢皇帝,轻视怠慢皇帝,那是通向谋反的道路啊!在人之上,大家一定妒忌他。霍氏掌权时间长了,妒忌他们的多了。天下人都妒忌他,而又往谋叛的路上走去,不灭亡还等什么!"于是上疏说:"霍氏太强盛了,陛下如果爱护帮助他们,应当及时对他们加以抑制,不要让他们走到败亡的地步去。"奏章呈上了多次,宣帝都不采纳。以后霍氏被杀了,而告发霍氏的都得到了封赏。有人为徐先生上书说:"臣听说有一个客人来看望主人,发现主人的灶上安设了一个直的烟道,旁边就有柴草。客对主人说:'改设一个弯烟道,把柴草搬到远一点地方去,否则将有火灾。'主人不回话。不久家里果然失火,邻居一起来救,幸而灭掉了火。于是杀牛摆酒,感谢邻里,救火时烧伤的被请到上座。其余的人按出力大小排座次。但没请建议改设弯烟道的人。有人对主人说:'当初如果听了客人的话,不用花费牛酒,根本就不会有火灾。现在论功请人赴宴,建议改设弯烟道搬离柴草的得不到感谢,焦头烂额的坐上席啦?'主人这才明白过来,补请来建议改烟道的客人。现在茂陵徐福多次上书谈霍氏即将谋反,应该防止阻绝他们的阴谋。当初如果他的建议得到采纳实施,则国家没有割裂疆土赐出爵赏的耗费,臣下也没有谋反和被杀的惨败了。过去的事已经过去,而福独得不到封赏,希望陛下考察一下这件事,重视搬柴草改设弯烟道的建议,让他功劳排在焦头烂额救火的那些人之上。"宣帝于是赏赐徐福十匹帛,后来用他为郎。

宣帝刚即位时,去谒见高庙,大将军霍光陪从在身边做骖乘,宣帝内心很害怕他,好像有芒草刀剑扎在背上一样惊惶不安。以后车骑将军张安世代替霍光做骖乘,天子就精神放松身体舒展,感到安宁和妥帖。一等霍光死去,宗族终于被杀。所以社会上流传:"威势震慑君主的,是不会被君主所容的。霍氏的灾祸,从骖乘时就开始了。"

到成帝时,为霍光设置守冢人一百家,官吏士卒负责祭祀。元始二年,封霍光堂兄弟的曾孙霍阳为博陆侯,一千户。

赞:霍光从童年开始入宫侍奉皇帝,开始是守门护阶的郎官,但意志刚强,坚守大义,得到了武帝重视。接受辅佐幼主的委托,负起了扶保汉室的重任。他担当朝政,拥护幼主,摧毁燕王对帝位的觊觎,挫败了上官桀父子的夺权阴谋,随机应变,制服政敌,以完成他对汉室的忠诚。处在废立皇帝的关键时刻,面对大是大非毫不动摇,终于扶正了国家,安定了社稷。拥护昭帝选立宣帝,霍光尽到了太师太保的职责。即使是周公、伊尹,又有什么比霍光更大的功德呢!不过霍光不能学习古代圣王政绩,所以所作所为不能符合理想的道术。不明白圣贤大道理,掩饰妻子的邪恶阴谋,立女儿为皇后,沉溺进非分的欲望,因而增大了覆灭的灾祸。死了才三年,家族就被杀光,可悲啊!以前霍叔被封在晋,晋就是现在的河东,霍光难道是他的后代吗?

赵充国传

【题解】

赵充国(前137~前52),字翁孙,陇西上邽(今甘肃天水西南)人,后迁居令居城(今甘肃永登西北)。汉武帝时,跟随贰师将军李广利出击匈奴,被匈奴主力军围困,赵充国率领一百多精骑带大部队冲出重围,身受创伤二十多处,受到汉武帝召见,任为车骑将军长史。汉昭帝时,赵充国征氐族号匈奴有功,先后任中郎将、水衡尉、后将军。汉宣帝时,因与霍光册立宣帝即位,封为营平侯。汉宣帝神爵元年(前61),居住在青海湖一带的西羌先零部起兵反汉,年已七十六岁的赵充国自请为将,带兵出征。酒泉太守辛武贤上书宣帝建议合击罕羌、开羌,赵充国经过调查,了解情况,多次上书宣帝,建议采取打击先零羌,招抚罕羌、开羌的战略方针。破先零羌后,其余部避于山林险阻,赵充国上书宣帝,建议撤走骑兵,留步兵九校沿湟水屯田。结果先零余部离散,西羌诸部归汉。赵充国用兵注重调查研究。他说的"百闻不如一见",至今仍是至理名言。他坚持真理,不怕冒犯上的罪名,几次上书陈述自己的观点。他上书的"屯田十二便",具体详细,分析透彻,具有很大的说服力。朝中大臣最初同意他意见的只占十分之三,以后占十分之五,最后占十分之八,也充分说明了这二点。赵充国历任汉武帝、汉昭帝、汉宣帝三朝,战功显赫,是西汉著名的军事家。

【原文】

赵充国字翁孙,陇西上邽人也,后徙金城令居。始为骑士,以六郡良家子善骑射补羽林。为人沉勇有大略,少好将帅之节,而学兵法,通知四夷事。

武帝时,以假司马从贰师将军击匈奴,大为虏所围。汉军乏食数日,死伤者多。充国乃与壮士百余人溃围陷陈,贰师引兵随之,遂得解。身被二十余创,贰师奏状,诏征充国诣行在所,武帝亲视其创,嗟叹之,拜为中郎,迁车骑将军长史。

昭帝时,武都氐人反,充国以大将军护军都尉将兵击定之,迁中郎将,将屯上谷,还为水衡都尉。击匈奴,获西祁王,擢为后将军,兼水衡如故。

与大将军霍光定册尊立宣帝,封营平侯。本始中,为蒲类将军征匈奴,斩虏数百级,还为后将军、少府。匈奴大发十余万骑,南旁塞,至府奚庐山,欲入为寇。亡者题除渠堂降汉言之,遣充国将四万骑屯缘边九郡。单于闻之,引去。

是时,光禄大夫义渠安国使行诸羌,先零豪言愿时渡湟水北,逐民所不田处畜牧。安国以闻。充国劾安国奉使不敬。是后,羌人旁缘前言,抵冒渡湟水,郡县不能禁。元康三年,先零遂与诸羌种豪二百余人解仇交质盟诅。上闻

赵充国

之,以问充国。对曰:“羌人所以易制者,以其种自有豪,数相攻击,势不壹也。往三十余岁,西羌反时,亦先解仇合约攻令居,与汉相距,五六年乃定。至征和五年,先零豪封煎等通使匈奴,匈奴使人至小月氏,传告诸羌曰:“汉贰师将军众十余万人降匈奴。羌人为汉事苦。张掖、酒泉本我地,地肥美,可共击居之。”以此观匈奴欲与羌合,非一世也。间者匈奴困于西方,闻乌桓来保塞,恐兵复从东方起,数使使尉黎、危须诸国,设以子女貂裘,欲沮解之。其计不合。疑匈奴更遣使至羌中,道从沙阴地,出盐泽,过长坑,入穷水塞,南抵属国,与先零相直。臣恐羌变未止此,且复结联他种,宜及未然为之备。”后月余,羌侯狼何果遣使至匈奴藉兵,欲击鄯善、敦煌以绝汉道。充国以为“狼何,小月氏种,在阳关西南,势不能独造此计,疑匈奴使已至羌中,先零、罕、开乃解仇作约。到秋马肥,变必起矣。宜遣使者行边兵豫为备,敕视诸羌,毋令解仇,以发觉其谋”。于是两府复白遣义渠安国行视诸羌,分别善恶。安国至,召先零诸豪三十余人,以尤桀黠,皆斩之。纵兵击其种人。斩首千余级。于是诸降羌及归义羌侯杨玉等恐怒,亡所信乡,遂劫略小种,背叛犯塞,攻城邑,杀长吏。安国以骑都尉将骑三千屯备羌,至浩,为虏所击,失亡车重兵器甚众。安国引还,至令居,以闻。是岁,神爵元年春也。

时充国年七十余,上老之,使御史大夫丙吉问谁可将者,充国对曰:“亡逾于老臣者矣。”上遣问焉,曰:“将军度羌虏何如,当用几人?”充国曰:“百闻不如一见。兵难隃度,臣愿驰至金城,图上方略。然羌戎小夷,逆天背叛,灭亡不久,愿陛下以属老臣,勿以为

忧。"上笑曰："诺。"

充国至金城，须兵满万骑，欲渡河，恐为虏所遮，即夜遣三校衔枚先渡，渡辄营陈，会明，毕，遂以次尽渡。虏数十百骑来，出入军傍。充国曰："吾士马新倦，不可驰逐。此皆骁骑难制，又恐其为诱兵也。击虏以殄灭为期，小利不足贪。"令军勿击。遣骑候四望狭中，亡虏。夜引兵上至落都，召诸校司马，谓曰："吾知羌虏不能为兵矣。使虏发数千人守杜四望狭中，兵岂得入哉！"充国常以远斥候为务，行必为战备，止必坚营壁，尤能持重，爱士卒，先计而后战。遂西至西部都尉府，日飨军士，士皆欲为用。虏数挑战，充国坚守。捕得生口，言羌豪相数责曰："语汝亡反，今天子遣赵将军来，年八九十矣，善为兵。今请欲一斗而死，可得邪！"

充国子右曹中郎将卬，将期门印飞、羽林孤儿、胡越骑为支兵，至令居。虏并出绝转道，卬以闻。有诏将八校尉与骁骑都尉、金城太守合疏捕山间虏，通转道津渡。

初，罕、开豪靡当儿使弟雕库来告都尉曰先零欲反，后数日果反。雕库种人颇在先零中，都尉即留雕库为质。充国以为亡罪，乃遣归告种豪："大兵诛有罪者，明白自别，毋取并灭。天子告诸羌人，犯法者能相捕斩，除罪。斩大豪有罪者一人，赐钱四十万，中豪十五万，下豪二万，大男三千，七子及老小千钱，又以其所捕妻子财物尽与之。"充国计欲以威信招降罕开及劫略者，解散虏谋，徼极乃击之。

时上已发三辅、太常徒弛刑，三河、颍川、沛郡、淮阳、汝南材官，金城、陇西、天水、安定、北地、上郡骑士、羌骑，与武威、张掖、酒泉太守各屯其郡者，合六万人矣。酒泉太守辛武贤奏言："郡兵皆屯备南山，北边空虚，势不可久。或曰至秋冬乃进兵，此虏在竟外之册。今虏朝夕为寇，土地寒苦，汉马不能冬，屯兵在武威、张掖、酒泉万骑以上，皆多羸瘦。可益马食，以七月上旬赍三十日粮，分兵并出张掖、酒泉合击罕、开在鲜水上者。虏以畜产为命，今皆离散，兵即分出，虽不能尽诛，亶夺其畜产，虏其妻子，复引兵还，冬复击之，大兵仍出，虏必震坏。"

天子下其书充国，令与校尉以下吏士知羌事者博议。充国及长史董通年以为"武贤欲轻引万骑，分为两道出张掖，回远千里。以一马自佗负三十日食，为米二斛四斗，麦八斛，又有衣装兵器，难以追逐。勤劳而至，虏必商军进退，稍引去，逐水草，入山林。随而深入，虏即据前险，守后厄，以绝粮道，必有伤危之忧，为夷狄笑，千载不可复。而武贤以为可夺其畜产，虏其妻子，此殆空言，非至计也。又武威县、张掖日勒皆当北塞，有通谷水草。臣恐匈奴与羌有谋，且欲大入，幸能要杜张掖、酒泉以绝西域，其郡兵尤不可发。先零首为畔逆，它种劫略。故臣愚册，欲捐罕、开昧之过，隐而勿章，先行先零之诛以震动之，宜悔过反善，因赦其罪，选择良吏知其俗者抚循和辑，此全师保胜安边之册。"天子下其书。公卿议者咸以为先零兵盛，而负罕、开之助，不先破罕、开，则先零未可图也。

上乃拜侍中乐成侯许延寿为强弩将军，即拜酒泉太守武贤为破羌将军，赐玺书嘉纳其册。以书敕让充国曰：

皇帝问后将军，甚苦暴露。将军计欲至正月乃击罕羌，羌人当获麦，已远其妻子，精兵万人欲为酒泉、敦煌寇。边兵少，民守保不得田作。今张掖以东粟石百余，刍槁束数十。转输并起，百姓烦扰。将军将万余之众，不早及秋共水草之利争其畜食欲至冬，虏皆当畜食，多藏匿山中依险阻，将军士寒，手足皲瘃，宁有利哉？将军不念中国之费，欲以岁数而胜微,将军谁不乐此者!

今诏破羌将军武贤将兵六千一百人,敦煌太守快将二千人,长水校尉富昌、酒泉候奉世将婼、月氏兵四千人,亡虑万二千人。赍三十日食,以七月二十二日击罕羌,入鲜水北句廉上,去酒泉八百里,去将军可千二百里。将军其引兵便道西并进,虽不相及,使虏闻东方、北方兵并来,分散其心意,离其党与,虽不能殄灭,当有瓦解者。已诏中郎将印将胡越佽飞射士步兵二校,益将军兵。

今五星出东方,中国大利,蛮夷大败。太白出高,用兵深入敢战者吉,弗敢战者凶。将军急装,因天时,诛不义,万下必全,勿复有疑。

充国既得让,以为将任兵在外,便宜有守,以安国家。乃上书谢罪。因陈兵利害,曰:

臣窃见骑都尉安国前幸赐书,择羌人可使使罕,谕告以大军当至,汉不诛罕,以解其谋。恩泽甚厚,非臣下所能及。臣独私美陛下盛德至计亡已,故遣开豪雕库宣天子至德,罕、开之属皆闻知明诏。今先零羌杨玉此羌之首帅名王将骑四千及煎巩骑五千,阻石山木,候便为寇,罕羌未有所犯。今置先零,先击罕,释有罪,诛亡辜,起壹难,就两害,诚非陛下本计也。

臣闻兵法"攻不足者守有余",又曰"善战者致人,不致于人"。今罕羌欲为敦煌、酒泉寇,饬兵马,练战士,以须其至,坐得致敌之术,以逸击劳,取胜之道也。今恐二郡兵少不足以守,而发之行攻,释致虏之术而从为虏所之致之道,臣愚以为不便。先零羌虏欲为背叛,故与罕、开解仇结约,然其私心不能亡恐汉兵至而罕、开背之也。臣愚以为其计常欲先赴罕、开之急,以坚其约。先击罕羌,先零必助之。今虏马肥,粮食方饶,击之恐不能伤害,适使先零得施德于罕羌,坚其约,合其党。虏交坚党合,精兵二万余人,迫胁诸小种,附著者稍众,莫须之属不轻得离也。如是,虏兵浸多,诛之用力数倍,臣恐国家忧累繇十年数,不二三岁而已。

臣得蒙天子厚恩,父子俱为显列。臣位至上卿,爵为列侯,犬马之齿七十六,为明诏填沟壑,死骨不朽,亡所顾念,独思惟兵利害至孰悉也。于臣之计,先诛先零已,则罕、开之属不烦兵而服矣。先零已诛而罕、开不服,涉正月击之,得计之理,又其时也。以今进兵,诚不见其利,唯陛下裁察。

六月戊申奏,七月甲寅玺书报从充国计焉。

充国引兵至先零在所。虏久屯聚,解弛,望见大军,弃车重,欲渡湟水,道厄狭,充国徐行驱之。或曰逐利行迟,充国曰:"此穷寇不可迫也。缓之则走不顾,急之则还致死。"诸校皆曰:"善。"虏赴水溺死者数百,降及斩首五百余人,卤马牛羊十万余头,车四千余辆。兵至罕地,令军毋燔聚落刍牧田中。罕羌闻之,喜曰:"汉果不击我矣!"豪靡忘使人来言:"愿得还复故地。"充国以闻,未报。靡忘来自归,充国赐饮食,遣还谕种人。护军以下皆争之,曰:"此反虏,不可擅遣。"充国曰:"诸君但欲便文自营,非为公家忠计也。"语未卒,玺书报,令靡忘以赎论。后罕竟不烦兵而下。

其秋,充国病,上赐书曰:"制诏后将军:闻苦脚胫、寒泄,将军年老加疾,一朝之变不可讳,朕甚忧之。今诏破羌将军诣屯所,为将军副,急因天时大利,吏士锐气,以十二月击先零羌。即疾剧,留屯毋行,独遣破羌、强弩将军。"时羌降者万余人矣。充国度其必坏,欲罢骑兵屯田,以待其敝。作奏未上,会得进兵玺书,中郎将卬惧,使客谏充国曰:"诚令兵出，破军杀将以倾国家，将军守之可也。即利与病，又何足争？一旦不合上意，遣绣衣来责将军，将军之身不能自保，何国家之安？"充国叹曰："是何言之不忠也！本用吾言，羌虏得至是邪？往者举可先行羌者，吾举辛武贤，丞相御史复白遣义渠安国，竟沮败羌。金城、湟中谷斛八钱，吾谓耿中丞，籴二百万斛谷，羌人不敢动矣。耿中丞请籴百万斛，乃得四十万斛耳。义渠再使，且费其半，失此二册，羌人故敢为逆。失之毫厘，差以千里，是既然矣。今兵久不决，四夷卒有动摇，相因而起，虽有知者不能善其后，羌独足忧邪！吾固以死守之，明主可为忠言。"遂上屯田奏曰：

　　臣闻兵者，所以明德除害也，故举得于外，则福生于内，不可不慎。臣所将吏士马牛食，月用粮谷十九万九千六百三十斛，盐千六百九十三斛，茭藁二十五万二百八十六石。难久不解，徭役不息。又恐它夷卒有不虞之变，相因并起，为明主忧，诚非素定庙胜之册。且羌虏易以计破，难用兵碎也，故臣愚以为击之不便。

汉代绢底刺绣屯戍人物图

　　计度临羌东至浩亹，羌虏故田及公田，民所未垦，可二千顷以上，其间邮亭多坏败者。臣前部士入山，伐材木大小六万余枚，皆在水次。愿罢骑兵，留驰刑应募，及淮阳、汝南步兵与吏士私从者，合凡万二百八十一人，用谷月二万七千三百六十三斛，盐三百八斛，分屯要害处。冰解漕下，缮乡亭，浚沟渠，治湟狭以西道桥七十所，令可至鲜水左右。田事出，赋人二十亩。至四月草生，发郡骑及属国胡骑伉健各千，倅马什二，就草，为田者游兵。以充入金城郡，益积畜，省大费。今大司农所转谷至者，足支万人一岁食。谨上田处及器用薄，唯陛下裁许。

上报曰:"皇帝问后将军,言欲罢骑兵万人留田,即如将军之计,虏当何时伏诛,兵当何时得决?孰计其便,复奏。"充国上状曰:

臣闻帝王之兵,以全取胜,是以贵谋而贱战。战而百胜,非善之善者也,故先为不可胜以待敌之可胜。蛮夷习俗虽殊于礼仪之国,然其欲避害就利,爱亲戚,畏死亡,一也。今虏亡其美地荐草,愁于寄托远遁,骨肉离心,人有叛志,而明主般师罢兵,万人留田,顺天时,因地利,以待可胜之虏,虽未即伏辜,兵决可期月而望。羌虏瓦解,前后降者万七百余人,及受言去者凡七十辈,此坐支解羌虏之具也。

臣谨条不出兵留田便宜十二事。步兵九校,吏士万人,留屯以为武备,因田致谷,威德并行,一也。又因排折羌虏,令不得归肥饶之地,贫破其众,以成羌虏相畔之渐,二也。居民得并田作,不失农业,三也。军马一月之食,度支田士一岁,罢骑兵以省大费,四也。至春省甲士卒,循河湟漕谷至临羌,以视羌虏,扬武威,传世折冲之具,五也。以闲暇时下所伐材,缮治邮亭,充入金城,六也。兵出,乘危徼幸;不出,令反叛之虏窜于风寒之地,离霜露疾疫瘃堕之患,坐得必胜之道,七也。亡经阻远追死伤之害,八也。内不损威武之重,外不令虏得乘间之势,九也。又亡惊动河南大开、小开,使生它变之忧,十也。治湟狭中道桥,令可至鲜水,以制西域,信威千里,从枕席上过师,十一也。大费既省,徭役豫息,以戒不虞,十二也。留屯田得十二便,出兵失十二利。臣充国材下,犬马齿衰,不识长册,唯明诏博详公卿议臣采择。

上复赐报曰:"皇帝问后将军,言十二便,闻之。虏虽未伏诛,兵决可期月而望,期月而望者,谓今冬邪?谓何时也?将军独不计虏闻兵颇罢,且丁壮相聚,攻扰田者及道上屯兵,复杀略人民,将何以止之?又大开、小开前言曰:'我告汉军先零所在,兵不往击,久留,得亡效五年时不分别人而并击我?'其意常恐。今兵不出,得亡变生,与先零为一?将军孰计复奏。"充国奏曰:

臣闻兵以计为本,故多算胜少算。先零羌精兵今余不过七八千人,失地远客,分散饥冻。罕、开、莫须又颇暴略其羸弱畜产,叛还者不绝,皆闻天子明令相捕斩之赏。臣愚以为虏破坏可日月冀,远在来春,故曰兵决可期月而望。窃见北边自敦煌至辽东万一千五百余里,乘塞列隧有吏卒数千人,虏数大众攻之而不能害。今留步士万人屯田,地势平易,多高山远望之便,部曲相保,为堑垒木樵,校联不绝,便兵弩,饬斗具,烽火幸通,势及并力,以逸待劳,兵之利者也。臣愚以为屯田内有亡费之利,外有守御之备。骑兵虽罢,虏见万人留为必禽之具,其土崩归德,宜不久矣。从今尽三月,虏马羸瘦,必不敢捐其妻子于他种中,远涉河山而来为寇。又见屯田之士精兵万人,终不敢复将其累重还归故地。是臣之愚计,所以度虏且必瓦解其处,不战而自破之册也。至于虏小寇盗,时杀人民,其原未可卒禁。臣闻战不必胜,不苟接刃;攻不必取,不苟劳众。诚令兵出,虽不能灭先零,宣能令虏绝不为小寇,则出兵可也。即今同是而释坐胜之道,从乘危之势,往终不见利,空内自罢敝,贬重而自损,非所以视蛮夷也。又大兵一出,还不可复留,湟中亦未可空,如是,徭役复发也。且匈奴不可不备,乌桓不可不忧。今久转运烦费,倾我不虞之用以澹一隅,臣愚以为不便。校尉临众幸得承威德,奉厚币,拊循众羌,谕以明诏,宜皆乡风。虽其前辞尝曰"得亡效五年",宜亡它心,不足以故出兵。臣窃自惟念,奉诏出塞,引军远击,穷天子之精兵,散车甲于山野,虽无尺寸之功,偷得避嫌之便,而亡后咎余责,此人臣不忠之利,非明主社稷之福也。臣幸得奋精兵,讨不义,久留天诛,罪当万死。陛下宽仁,未忍加诛,令臣数得执计。愚臣伏计孰甚,不敢避斧钺之诛,昧死陈愚,唯陛下省察。

充国奏每上,辄下公卿议臣。初是充国计者什三,中什五,最后什八。有诏诘前言不便者,皆顿首服。丞相魏相曰:"臣愚不习兵事利害,后将军数画军册,其言常是,臣任其计可必用也。"上于是报充国曰:"皇帝问后将军,上书言羌虏可胜之道,今听将军,将军计善。其上留屯田及当罢者人马数。将军强食,慎兵事,自爱!"上以破羌、强弩将军数言当击,又用充国屯田处离散,恐虏犯之,于是两从其计,诏两将军与中郎将印出击。强弩出,降四千余人,破羌斩首二千级,中郎将印斩首降者亦二千余级,而充国所降复得五千余人。诏罢兵,独充国留屯田。

明年五月,充国奏言:"羌本可五万人军,凡斩首七千六百级,降者三万一千二百人,溺河湟饥饿死者五六千人,定计遗脱与煎巩、黄羝俱亡者不过四千人,羌靡忘等自诡必得。请罢屯兵。"奏可,充国振旅而还。

所善浩星赐迎说充国,曰:"众人皆以破羌、强弩出击,多斩首获降,虏以破坏。然有识者以为虏势穷困,兵虽不出,必自服矣。将军即见,宜归功于二将军出击,非愚臣所及。如此,将军计未失也。"充国曰:"吾年老矣,爵位已极,岂嫌伐一时事以欺明主哉!兵势,国之大事,当为后法。老臣不以余命壹为陛下明言兵之利害,卒死,谁当复言之者?"卒以其意对。上然其计,罢遣辛武贤归酒泉太守官,充国复为后将军卫尉。

其秋,羌若零、离留、且种、儿库共斩先零大豪犹非、杨玉首,及诸豪弟泽、阳雕、良儿、靡忘皆帅煎巩、黄羝之属四千余人降汉。封若零、弟泽二人为帅众王,离留、且种二人为侯,儿库为君,阳雕为言兵侯,良儿为君,靡忘为献牛君。初置金城属国以处降羌。

诏举可获羌校尉者,时充国病,四府举辛武贤小弟汤。充国遽起奏:"汤使酒,不可典蛮夷。不如汤兄临众。"时汤已拜受节,有诏更用临众。后临众病免,五府复举汤。汤数醉酗羌人,羌人反叛,卒如充国之言。

初,破羌将军武贤在军中时与中郎将印宴语,印道:"车骑将军张安世始尝不快上,上欲诛之,印家将军以为安世本持橐簪笔事孝武帝数十年,见谓忠谨,宜全度之。安世用是得免。"及充国还言兵事,武贤罢归故官,深恨,上书告印泄省中语。印坐禁止而入至充国莫府司马中乱屯兵下吏,自杀。

充国乞骸骨,赐安车驷马、黄金六十斤,罢就第。朝廷每有四夷大议,常与参兵谋,问筹策焉。年八十六,甘露二年薨,谥曰壮侯。传子至孙钦,钦尚敬武公主。主亡子,主教钦良人习诈有身,名它人子。钦薨,子岑嗣侯。习为太夫人。岑父母求钱财亡已,忿恨相告。岑坐非子免,国除。元始中,修功臣后,复封充国曾孙伋为营平侯。

初,充国以功德与霍光等列,画未央宫。成帝时西羌尝有警,上思将帅之臣,追美充国,乃召黄门郎杨雄即充国图画而颂之,曰:

明灵惟宣,戎有先零。先零昌狂,侵汉西疆。汉命虎臣,惟后将军,整我六师,是讨是震。既临其域,谕以威德。有守矜功,谓之弗克,请奋其旅,于罕之羌。天子命我,从之鲜阳。营平守节,屡奏封章,料敌制胜,威谋靡亢。遂克西戎,还师于京,鬼方宾服,罔有不庭。昔周之宣,有方有虎,诗人歌功。乃列于《雅》。在汉中兴,充国作武,赳赳桓桓,亦绍厥后。

赵充国字翁孙,陇西郡上邽县人,后来迁居到金城郡令居县。开始当骑兵,后来以边郡六个郡的良家子弟,又善于骑马射箭被补选为羽林卫士。他为人沉着勇敢而又有雄材大略,从小仰慕将帅的气节,因而学习兵法,通晓四方蛮夷的事情。

汉武帝时,他以代理司马的身份跟从贰师将军李广利出击匈奴,为敌军重重包围。汉军有好几天缺少粮食,死伤很多。赵充国与壮士一百多人突破包围,攻陷敌阵,贰师将军引兵跟随其后,才得以解脱重围。赵充国身受二十多处创伤,贰师将军向朝廷奏明情况,汉武帝下诏征召赵充国到他所在的地方。汉武帝亲自视看他的创伤,嗟吁赞叹,拜为中郎,提升为车骑将军长史。

汉昭帝时,武都郡的氐族人造反,赵充国以大将军护军都尉的身份领兵出击平定叛乱,升任中郎将,驻军上谷郡,回京后任为水衡都尉。后来又出击匈奴,俘获西祁王,升任为后将军,兼任水衡都尉照旧。

赵充国与大将军霍光决定册立汉宣帝即位,被封为营平侯。本始年间,任蒲类将军征伐匈奴,斩敌数百人,回京后任后将军、少府。匈奴大举征发十多万骑兵,南下逼近汉朝边塞,到达符奚庐山,想侵入掳掠。从匈奴逃出来的题除渠堂向汉朝投降并报告了这一情况,汉宣帝派赵充国率领四万骑兵,驻守边疆九郡。匈奴单于听到汉军有备,就引兵离去。

当时,光禄大夫义渠安国出使诸羌部落,先零羌豪酋说希望到时节渡过湟水到北岸,在汉族民众不耕种的土地上放牧。义渠安国立即上报皇帝。赵充国弹劾义渠安国奉命出使不负责任。后来,羌族人根据先前的话,突破边界强渡湟水放牧,当地郡县无法禁止。元康三年,先零羌的首领与羌族各个部族的首领二百多人,解除仇约,交换人质、订立盟誓。宣帝听到这一情况,向赵充国询问。赵充国回答说:"羌族人之所以容易控制,是因为羌族各部落都有自己的首领,经常互相攻击,形不成统一的势力。三十多年前,西羌反叛时,也是先解除怨仇,订立盟约,进攻令居,与汉朝相对抗,经过五、六年才平定下来。到汉武帝征和五年,先零羌首领封煎等与匈奴互通使节,匈奴派人到小月氏,传告诸羌说:'汉贰师将军部众十多万人降服匈奴。羌族人被汉朝役使受苦。张掖、酒泉本来就是我们的地方,土地肥美,我们可以共同出兵近击占据这些地方。'以此看来,匈奴想与羌族联合,并非是这一世的事情。不久前,匈奴在西方受困,听说乌桓前来保卫汉朝的边塞,害怕战争又要从东面发生,几次派使者到尉黎、危须各国,献上美女裘皮,想破坏离间我们的关系。但匈奴的计谋没有成功。我怀疑匈奴改派使者到羌族部落中,从沙阴取道,出盐泽,过长阬,入穷水塞,南面到达汉朝的属国,与先零羌直接联系。臣下恐怕羌族人的变化还不是到此为止,况且又联结其他部落,应在事情未发生之前有所准备。"此后一个多月,羌侯狼何果然派遣使者到匈奴借兵,准备进攻鄯善、敦煌,以绝断汉朝通西域的道路。赵充国认为:"狼何,是小月氏种族,在阳关的西南,势必不可能独自作出这个计谋,我怀疑匈奴的使者已到达羌族之中,于是先零、罕、开诸羌就解除仇怨订立盟约。到秋天马肥之时,变乱就必定会发生。应该派遣使者巡行边防军队,预先做好准备,敕令他们注视诸羌部落，不让诸羌部落互相解除仇怨，以此来揭发他们的阴谋。"于是丞相、御史大夫两府又建议派遣义渠安国巡视诸羌部落，区分好坏。义渠安国到达以后，召集先零羌各部落首领三十多人，以为他们特别凶悍狡猾，都全部斩杀了。又派兵出击那些部落的百姓，斩杀一千多人。于是各归降的诸羌部落以及归义羌侯杨玉等都恐惧恼怒，怪汉朝不守信用，便劫持弱小部落背叛汉朝，侵犯边塞，进攻城邑，杀死地方官吏。义渠安国以骑都尉率领三千骑兵驻守防备羌人，到了浩蜍县，受羌人攻击，损失很多车辆辎重兵器。义渠安国引兵退回，到达令居县，把情况上报汉廷。这一年，已是汉宣帝神爵元年的春天了。

当时赵充国年已七十多岁，皇上认为他已老了，派御史大夫丙吉去询问谁可为将，赵充国回答说："没有人能超过老臣的了。"皇上又派人去问他说："将军估计羌敌兵力如何，我们应当使用多少军队？"赵充国说："听了上百个报告，不如亲自去一见。兵家之事很难料测，臣下愿意到金城郡去看看，然后呈上作战方略。然而羌戎只是个小小的夷族，他们违逆天理背叛汉朝，不久就会灭亡，希望陛下把此事交给我老臣去处理，不必为此事多担忧。"皇上笑着说："好。"

赵充国到达金城郡，等到兵员已满一万骑兵的时候，就准备渡过黄河，但又恐怕被敌军中途拦截，当夜派了三校人马不声不响地先渡黄河，渡河后就在岸上安营列阵，到了天亮，一切都准备完毕，于是按次序全部渡过了黄河。敌军有数十百骑兵，在汉军旁出出进进。赵充国说："我士卒马匹刚渡河疲劳，不可驰马追逐。这些羌人骑兵都骁勇很难制服，又恐怕这是诱兵之计。攻击敌人以全歼为目标，这些小利不值得贪图。"命令军队不许出击。赵充国派出骑兵到四望峡中去侦察，没有发现敌人。夜里就引兵上落都山，召集诸校司马，对他们说："我知道羌敌不会用兵。如果羌人派数千人守驻四望峡中，我们的军队岂能进入啊！"赵充国经常把侦察兵远远地派出去，行动时必定做好作战的准备，停下来必定坚固营垒，特别能够保持稳重，爱抚士卒，先谋划而后作战。于是西行到西部都尉府，每日犒劳军士，军士都愿为他所用。敌军几次挑战，赵充国坚守不出。后来捕捉到一个活口，说羌人首领几次互相责难道："早告诉你不要造反，现在天子派遣赵将军前来，年已八、九十岁，善于用兵。如今想与他决一死战，有可能吗！"

赵充国的儿子是右曹中郎将赵印，率领期门飞、羽林孤儿、胡越骑兵组成一支军队，到达令居城。敌军也同时出击断绝汉军粮道，赵印把情况上报。皇帝下诏令他率领八校尉与骁骑都尉、金城太守合力搜捕山间敌人，打通粮道渡津。

当初，罕羌、开羌的首领靡当儿派他的弟弟雕库前来向都尉告密，说先零羌想造反，过了几天，先零羌果然反了。雕库同部落的人有不少在先零羌中，都尉就把雕库扣留作为人质。赵充国认为雕库无罪，便放他回去向其他羌人首领说："汉朝大军只诛杀有罪的羌人，你们要明白自己区别，不要自取灭亡。汉朝天子告示诸羌部落，犯了法的只要能捕斩其他罪犯，可以除罪。斩杀有罪大首领一人，赏钱四十万，中首领十五万，下首领二万，成年男子三千，妇女以及老小羌人赏一千钱，同时又将所捕获罪犯的妻子财物全部归他所有。"赵充国的计谋是想用军威去招降罕、开羌以及被先零羌劫持的部落，瓦解粉碎敌人的预谋，等到他们精疲力倦之时再出兵攻击。

当时汉宣帝已经征发三辅、太常的刑徒，三河、颍川、沛郡、淮阳、汝南的步兵，金城、汉车、骑、步卒联合作战,汉画像石,山东嘉祥武氏祠。

陇西、天水、安定、北地、上郡的骑兵、羌人骑兵,与武威、张掖、酒泉太守各自驻屯的军队,合计六万人。酒泉太守辛武贤上奏说:"边郡的军队都驻屯防备在祁连山的南面,北面空虚,势必不能持久。有人说到秋冬时再进兵,这是敌人在境外的策略。现今敌人每天都在入侵,而边郡土地寒冷贫瘠,汉军马匹不能过冬,驻屯在武威、张掖、酒泉的马匹有一万以上,都很瘦弱。建议增加马匹的食料,在七月上旬携带三十天的粮食,从张掖、酒泉分兵出击罕、开羌在鲜水一带。羌敌以牲畜为命根子,现在都全部离散,我军立即分兵出击,虽不能全部消灭,但只要夺取他们的牲口,俘虏他们的妻子儿女,再退兵回来,到冬天再发起攻击,大部队一出,敌军必然震溃。

天子把奏书下达给赵充国,命令他与校尉以下通晓羌人情况的士吏广泛讨论。赵充国以及长史董通年以为:"辛武贤想轻易地率领一万骑出,分两路从张掖出发,迂回千里之远。按一匹马驮负三十天粮食,即为二斛四斗,麦子八斛,再加上衣装兵器,就难以追击敌军。等到辛劳地到达,敌军必然会计算汉军的进退速度,汉军到来之前便引兵离去,进水草之地,入山林之中。如果跟随敌军深入,敌军就据险挡于前,要塞守于后,以断绝汉军的粮道,这样必定有伤亡倾危的忧患,被夷狄耻笑,永远也不能挽回。而辛武贤以为可能夺取羌敌的牲畜,俘虏羌敌的妻子儿女,这也就成了空话,并非是至善的妙计。同时武威县,张掖的日勒县,都地处北部要塞,有通达山谷的水草之地。臣下恐怕匈奴与羌人合谋,准备大举入侵,幸亏有张掖、酒泉能够作为要塞,杜绝通往西域的道路,因此这两郡的军队尤其不可征发。先零羌是这次叛乱的首恶,劫持其他部落一同造反。所以按臣下的愚计,准备捐弃罕、开羌昏庸愚昧的过错,隐忍下来不要张扬,先诛灭先零羌使他们震动,要他们悔过从善,然而赦免他们的罪过,再挑选熟悉羌人习俗的优秀官吏去安抚团结他们，这是保全全军稳操胜券安定边疆的计策。"天子把赵充国的奏书发了下去。公卿大臣讨论都认为先零羌兵力强盛，又恃仗罕、开羌的帮助，如果不先破罕、开羌，那么先零羌也不好对付。

皇上于是就任命侍中乐成侯许延寿为强弩将军，又立即任命酒泉太守辛武贤为破羌将军，赏赐盖有皇帝玺印的诏书嘉许采纳他的计策。天子诏书责备赵充国说：

皇帝问候后将军，在边疆日晒露宿守卫极为辛苦。将军计划准备到正月才攻击罕羌，这时羌人都已收获了麦子，已可远离妻子儿女，集精兵万人来入寇酒泉、敦煌了。我们边兵少，百姓守边保家不能到田里耕作。现今张掖以东，粟一石一百多钱，干草秸秆一捆要贵几十钱。各地转运粮草，百姓烦扰。将军率一万多部众，不及早在秋天共享水草丰美之利，争夺牲畜的饲食，却要等到冬天，那时敌人都已准备好牲口的饲食，多藏匿在山中险阻的地方，而将军的士卒受寒受冷，手脚冻裂，难道还有利吗？将军不考虑国家的耗费，想用几年的时间而来战胜小小的羌敌，凡是领兵的将军谁愿意这样做呢！

如今我诏令破羌将军辛武贤率军六千一百人，敦煌太守快率军二千人，长水校尉富昌、酒泉侯奉世率婼羌、月氏兵四千人，共计大约一万二千人。携带三十天口粮，在七月二十二日出击罕羌，进入鲜水北岸的拐弯处，离酒泉八百里，离将军大约一千二百里。将军就领兵从便道向西同时并进，虽不能会合，但能使敌人听到东方、北方的军队齐头并进，分散羌敌的注意力，使其党羽离心，虽然不能全部歼灭，也可以瓦解敌军。我已下诏令中郎将赵卬率领胡越骑兵、甲飞射士步兵二校人马，增加将军的兵力。

如今金、木、水、火、土五星同时在东方出现，预兆中国大胜，蛮夷大败。太白金星出现在高处，象征用兵深入敢于决战的吉利，不敢决战的凶险。将军应赶快准备行装，凭借天时，诛杀不义之羌，必定会万全成功，切勿再有迟疑。

赵充国得到责备的诏书以后，认为将军领兵在外，应该根据情况的利弊坚守自己的主张，以便保卫国家。于是就上书谢罪，借此陈述军事计划的利害得失，说：

臣下看到陛下惠赐骑都尉义渠安国的诏书，选择羌人中可以出使罕羌的使者，谕告他们汉朝大军到来之时，不诛杀罕羌部落，以此瓦解先零的阴谋。皇上对罕羌的恩泽极为深厚，不是臣下所能及得上的。臣下独自私下赞美陛下的盛德，其计划已无可伦比，因而派遣开羌首领雕库回去宣扬天子的美德，罕羌、开羌各部落都听到你英明的诏令。如今先零羌杨玉率领骑兵四千以及煎巩羌骑兵五千，阻守山石林木之中，等候有利时机入寇侵略，罕羌则没有这样。现在放下先零羌，却先攻击罕羌，这样使有罪的得到开释，无辜的遭到诛灭，解决一个患难，形成两个祸害实在不合陛下的本意。

臣下听说兵法有"进攻的力量虽然不足，但防守却绰绰有余"，又说："善于作战的能控制敌人，而不被敌人所控制。"如今罕羌准备入寇敦煌、酒泉郡，我们整治武器兵马，训练战士，等待他们的到来，坐得制敌的战术，以逸击劳，这是取胜的办法。如今只恐怕敦煌、酒泉二郡的兵力太少，不足以防守，如果征发他们去进攻，这是放弃了制敌的战术而让敌人所制，臣下愚以为不妥当。先零羌敌寇为了背叛汉朝，故而与罕羌、开羌解除怨仇订结盟约，然而他的内心不能不害怕汉军到达时后罕羌、开羌背叛他。臣下愚以为先零羌的策略总是想先让罕羌、开羌处于急难的地位，以此来加强他们的盟约。如果我们先攻击罕羌，先零羌必定出来援助。现在敌人马匹肥壮，粮食正丰饶，我们出击罕羌恐怕不能有所伤害,反而使先零羌布施恩德给罕羌,坚固其盟约,联合其党羽。敌人盟约坚固,党羽联合,有精兵二万多人,胁迫其他弱小部落,依附他们的逐渐众多,像莫须羌之类的小部落也不会轻易离开他们。如果是这样的话,敌人的兵力越来越多,征伐他们要用几倍的兵力,臣下恐怕国家的忧患累赘要用十年来计算,不仅仅只是二、三年的事了。

臣下得蒙天子的恩德深厚,父子都显为要职。臣下官位至上卿,爵位为列侯,犬马之齿已七十六岁,能为皇上英明的诏令抛尸沟壑,死骨不朽,已无所顾虑,唯独把用兵的利害得失思考得更为具体成熟而已。根据臣下的计策,先诛灭先零羌完毕,罕羌、开羌之类则不用出兵就可降服。如果先零羌已被诛灭而罕羌、开羌仍不归服,一到正月就攻打他们,既得用兵的道理,又合用兵的时机。如果现在进兵,实在看不到有利的地方,唯请陛下裁决明察。六月戊申上奏书,七月甲寅便有盖着皇帝玺印的文书回报同意赵充国的计策。

赵充国领兵到达先零羌的地方。敌人长久屯聚,懈怠松弛,望见汉朝大军,就抛弃车辆辎重,想渡过湟水,但由于道路狭窄,赵充国就慢慢地行军驱赶。有人对赵充国说,追逐战利,行动太迟缓。赵充国说:"这是穷途末路的敌寇,不可逼迫太紧。缓慢行进他就只顾逃走而不顾其他,急速追赶则回过头来作拼死搏斗。"众位将校听了都说:"对。"敌人落水淹死数百人,投降以及斩首的五百多人,俘获马牛羊十万多头,车四千多辆。汉军到达罕羌的地方,赵充国命令军队不许焚烧村落和在田里打草放牧。罕羌听到这一消息,就高兴地说:"汉军果然不攻击我们!"罕羌首领靡忘派人来说:"希望回到原来的地方。"赵充国将情况上报,没有得到回报。靡忘亲自前来归顺,赵充国赐给他酒食,遣送他回去谕告同部落的人。护军以下的将吏都出来与赵充国争论,说:"这是造反的敌寇,不能擅自遣送回去。"赵充国说:"诸位只想在写文书时方便而为自己打算,不是为国家忠心着想。"话还未讲完,皇上盖有玺印的回报到达,命令将靡忘以赎罪论处。后来罕羌竟然不用兵力而被征服。

这一年的秋天,赵充国病重,皇上赐给他诏书说:"制诏后将军:听说你腿脚不便,风寒下泄,将军年老多病,一旦有变不可讳言,朕极为忧虑。现在诏令破羌将军到你驻屯的地方,作为将军的副手,赶快乘天时对我们大为有利,将吏士气高昂,在十二月出击先零羌。如果你疾病加重,就留在屯所不必出行,只派破羌将军、强弩将军前去即可。"当时羌人投降汉朝的已达一万多人。赵充国估计羌人必败,准备撤回骑兵进行屯田,以此等待敌人疲竭。奏报还未上达,正好接到进兵的诏书,中郎将赵卬害怕赵充国不肯进兵,便派遣门客去劝谏赵充国说:"命令出兵,如果确实会破军杀将而招致国家倾危的话,那么将军坚持防守是可以的。如果只是考虑攻守孰利孰弊,那又有什么可以争论的呢?一旦你的意见不合皇上的意旨,皇上派绣衣御史前来责罪将军,将军自身都不能自保,还有什么国家的安全呢?"赵充国听了叹息说:"这是何等不忠的言论啊!如果早先听用我的主张,羌敌怎么会是今天的情况呢?往日推举可能巡行羌族的人,我推举了辛武贤,丞相御史却又禀报派遣了义渠安国,结果败坏了对羌族的计谋。金城、湟中一带,当时一斛谷只有八钱,我对司农中丞耿寿昌说,只要买进二百万斛谷,羌人就不敢妄动了。耿中丞报请皇上只买一百万斛谷,实际上只买得四十万斛。义渠安国两次出使,购买粮食只有所需的一半,由于这两个的失策,所以羌人才敢于叛逆。失之毫厘,差以千里,这是既成事实了。

如今军队旷日持久不能决胜,四方夷狄人心动摇,互相乘机而起,虽有智谋的人也不能善理后事,难道仅仅是羌族值得担忧的吗!我愿意拼死坚守我的主张,贤明的君主是可以听从忠言的。"于是呈上关于屯田的奏书说:

臣下听说用兵是为了宣扬美德清除祸害,因此在外举兵得当,则在国内会产生福祥,所以不可不慎重从事。臣下所领的将吏士卒以及马牛的粮食,每月用粮谷十九万九千六百三十斛,盐一千六百九十三斛,干草秸秆二十五万二百八十六石。战争灭难长久不能解决,各种徭役不会止息。又恐怕其他夷狄突然有意想不到的变乱,互相乘机而起,成为贤明君主的忧患,实在不是庙堂商议的胜敌之策。况且羌敌容易以计谋来攻破,难以用武力去粉碎,所以臣下认为不便于出击。

估计从临羌县往东到浩亹,羌敌原来的土地和朝廷的公田,百姓都未开垦,大约在二千顷以上,其间邮站驿亭也大多毁坏。臣下以前部署士卒入山,砍伐木材大小六万多枚,都放在水边。希望能撤回骑兵,留下减刑犯人、应募士兵,以及淮阳、汝南步兵与将吏的私人随从,合计共一万零二百八十一人,每月用谷二万七千三百六十三斛,盐三百零八斛,分别驻屯在交通要道处。等到河冰解冻运下木材,修缮乡里亭隧,疏通沟渠,整治湟峡以西的道路桥梁七十处,使通道到达鲜水附近。春天田耕开始,每人授田二十亩,到四月青草生长,调发强健的郡国骑兵以及属国的胡骑各一千,副马二百匹,到那里去放牧吃草,作为保卫耕田人的流动部队。把收获来的粮食,充实进金城郡,增加粮食积蓄,节省庞大开支。再加上现在大司农已经运到的粮谷,足以支持一万人一年的伙食。现谨呈上屯田地点以及所需器物用品的账簿,唯请陛下裁决准许。

皇上回报说:"皇帝问候后将军,你说准备撤回骑兵,留下一万人屯田,若按将军之计,羌敌何时才能诛灭,战事何时才能解决?究竟怎么办更好,请再奏报。"赵充国呈上奏书说:

臣下听说帝王的军队,是以保全自己而取得胜利,因此重计谋而轻力战。力战胜了一百次,也不是好中最好的。所以只有做好不可战胜的准备,那么敌人才能被战胜。蛮夷的风俗习惯虽然不同于我们的礼义之国,但是他们想避害趋利,爱护亲戚,害怕死亡,却都是一样的。现今羌敌失去了美地肥草,苦于寄居他乡,骨肉同胞离心离德,因而人人都抱有反叛之心,而贤明君主如能回师撤兵,留下万人屯田,上顺天时,下因地利,来等待可能被战胜的敌人,虽然敌人没有立即受到惩罚,但解决战争的时间已即可在望。目前羌敌已开始瓦解,前后投降的有一万零七百多人,还有接受我劝说而回去互相告示的共七十批,这些都是坐待肢解羌敌的办法。

臣下谨逐条陈述不出兵而留下屯田的十二条好处:步兵九校,有将士兵卒一万人,留下驻屯作为武装防备,利用田地收获粮食,武威与恩德同时并行,这是第一。又因为排挤羌敌,使他们不能回到肥沃富饶之地,让其部众贫困破产,以造成羌敌之间互相背叛逐渐加剧,这是第二。当地居民能共同耕作田地,不失务农本业,这是第三。军马一月的食料,估计可以开支士卒一年的粮食,撤回骑兵可以节省大量费用,这是第四。到了春天检阅士卒,沿着黄河、湟水运送粮食到临羌,向羌敌显示我兵精粮足,宣扬威武,是可以传世的克敌制胜的办法,这是第五。用空闲的时间运下过去所伐的木材,修缮邮站驿亭,充实金城郡,这是第六。军队出击,乘敌之危去侥幸取胜;不出击,也可使反叛之敌奔窜于凄风寒冷之地,遭受霜雪雨露疾病瘟疫冻疮断指的祸患,而我们则坐得必胜之道,这是第七。我们没有经历险阻长途追赶造成死伤的危害,这是第八。内部不损减军队威武的实力,外部不使敌人有可乘之机,这是第九。同时又不去惊动在黄河以南的大开、小开羌,没有使他们产生变乱的忧患。这是第十。整治湟峡一带的道路桥梁,使通道直至鲜水,以此控制西域、扬威千里,犹如从枕席上通过军队那样安全方便,这是第十一。大量的费用节省下来,百姓的徭役也同时止息,这样可以戒备其他的意外事变,这是第十二。留下屯田可以得到十二项好处,出兵就失去了这十二项好处。我赵充国才能低下,年老体衰,不知长远之计,只是希望诏令朝廷公卿议臣广泛详细讨论,做出选择。

皇上又赐诏回复说:"皇帝问候将军,所说的十二条好处,我已知道。你说敌人虽然没有立即受到惩罚,但解决战争的时间已即可在望,所谓即可在望,指的是今年冬天呢,还是指什么时间?将军难道没有考虑,敌人听到我军大量撤兵,将会聚集壮丁,进攻骚扰屯田者以及道路上的驻军,又将杀掠人民,我们将怎么制止?又大开、小开羌从前说过:'我们向汉朝军队密告先零羌驻军的地方,但汉军不前去进攻,这次长期留屯,会不会像元康五年一样,不分区别而一同打击我们?'他们心中常怀恐惧。如今军队不出,会不会发生变乱,与先零羌结为一体?将军仔细计议再奏报给我。"赵充国上奏说:

臣下听说用兵以计谋为根本,因此计算多的胜计算少的。先零羌的精锐部队现在剩余的不超过七、八千人,失去了原来的土地,客居远方,分崩散离,受饥挨冻。罕羌、开羌、莫须羌又时常侵犯掠夺先零羌的老小妇女和牲畜财产,反叛先零羌归来的络绎不绝,这是全都听到天子关于奖赏自相捕杀罪犯的英明诏令。臣下愚以为敌人败坏已指日可待,最远也在来年春天,因此我说解决战争的时间已即可在望。我见到北部边疆自敦煌至辽东长达一万一千五百多里,沿着要塞设置亭隧只有吏卒几千人,敌人几次大部队进攻不能造成祸害。现在我们留步兵一万人屯田,地势平坦,又多高山远望方便,部队之间相互保卫,深挖壕沟,高筑木楼,九校联系络绎不绝,备好武器弓弩,整治作战器具,烽火相通,形成一股合力,以逸待劳,这是用兵的有利方面。臣下以为屯田对内有不费财力的好处,对外有守御敌人的准备。我们的骑兵虽然撤离了,但敌人看到我们留下万人屯田成为他们必然被擒的下场,他们土崩瓦解、归降投诚的日子也就不会太久了。从现在开始的三个月中,敌人马匹瘦弱,必定不敢将妻子儿女放在其他部落,然而自己却老远地跋山涉水来侵犯我们。又看到屯田之士是精兵万人,最终也不敢再将他们的老少妻儿带回故土。这是臣下的愚计,估计敌人必定在当地逐渐瓦解,这是不交战而敌人自败的计策。至于敌人小股入侵,不时杀害人民,这原本就未可禁绝。臣下听说出战不能必胜,就不要随便交锋;进攻不能必取,就不要随便劳师动众。如果命令军队出击,虽然不能歼灭先零羌,但是只要能使敌人再也不能作小股入侵,那么出兵也是可以的。现今同样不能禁绝敌人小股入侵,而放弃坐待取胜的办法,采取冒险的行动,用兵前去出击终究也见不到好处,使内部空虚而自找疲惫,削减实力而自作损耗,这不是对付蛮夷的办法。又大军一出,回来后就不能再留下来屯田,湟中地区也不能空空无物,如果是这样,又得再发徭役。况且匈奴也不可不戒备,乌桓也不可不忧虑。如今长时期地转运耗费烦多,把预防意外的费用全部供给在一个地方,臣下愚以为不合适。校尉临众有幸承皇上的威德,带着丰厚的币财,安抚各个羌人部落,宣示英明的诏令,想必都会闻风归降。虽然他们以前曾经说过

"会不会像元康五年那样"，但现在已不会再有疑心，因此不足以由此出兵。臣下暗中思忖，奉诏出塞，领兵远征，用尽天子的精兵，如果把车甲抛撒在荒山野田之中，虽然没有一尺一寸的功劳，但只要能苟且偷安，逃避违抗圣意的嫌疑，因而也就没有事后的过失与罪责，这是对人臣不忠有利，不是贤明君主和国家的好事。臣下有幸能够激奋精兵，征讨不义，但不能及早歼灭敌人，罪该万死。承蒙陛下宽宏仁慈，不忍心加罪，使臣下多次得到仔细考虑的机会。臣下深思熟虑以后，不敢逃避斧钺之诛，冒死陈述愚见，唯请陛下明察。

赵充国每次上奏，皇帝就交给公卿议臣讨论。最初同意赵充国计策的占十分之三，以后占十分之五，最后占十分之八。诏令诘问以前说赵充国之计不好的，都低头认错。丞相魏相说："臣下愚昧不熟悉军事上的利害得失，后将军几次筹划军策，他的话常常是对的，臣下担保他的计策必能可用。"皇上于是回报赵充国说："皇帝问候后将军，上书陈言可胜羌敌的办法，今听从将军的意见，将军的计策很好。请报上留下屯田以及应当撤回的人马数目。将军应多进饮食，谨慎用兵，多多自爱！"皇上又以破羌将军、强弩将军多次进言出击，而赵充国屯田的地方大多分散，担心敌人侵犯，于是也同意破羌将军与强弩将军的意见，诏令两将军与中郎将赵卬出击。强弩将军出击，降服四千多人，破羌将军斩敌首二千级，中郎将赵卬也斩杀与降服二千人，而赵充国所降服的又得五千多人。宣帝下诏撤兵，只有赵充国留下屯田。

第二年的五月，赵充国上奏书："羌人本有军队五万人，被斩杀的共有七千六百人，投降的有三万一千二百人，在黄河、湟水溺水和饥饿而死的有五、六千人，估计遗漏逃脱与煎巩羌、黄羝羌一同逃亡的不超过四千人，羌人首领靡忘等自称必能把他们捉回。因此，请求撤回屯田部队。"上报的奏书得到了批准，赵充国就班师回朝。

好友浩星赐迎接赵充国说："大家都以为破羌将军、强弩将军出兵击败羌敌，斩杀俘获很多，敌人由此败坏。然而有识之士以为敌人处境穷困，虽不出兵，也必定能够降服。将军如见皇上，最好把功劳归于两将军出击，不是愚臣所能及得上的。如果这样说，将军就不会失策。"赵充国说："我年纪已老了，爵位也到了最高，岂能在这件事上怕嫌来欺骗贤明的君主！研究军事形势，是国家的大事，应当成为后世效法的榜样。老臣不以有生之年专门为陛下讲明军事上的利害得失，如果我突然死去，还有谁再来说呢？"结果还是按自己的本意对皇帝说了。皇上肯定了他的计策，罢免辛武贤的破羌将军职位，仍让他回去做酒泉太守的官职，赵充国仍为后将军兼卫尉之职。

这一年的秋天，羌人若零、离留、且种、儿库共同斩得先零羌大首领犹非、杨玉的脑袋，和其他的首领弟泽、阳雕、良儿、靡忘一起率领煎巩羌、黄羝羌之类的部落四千多人投降汉朝。皇上封若零、弟泽二人为帅众王，离留、且种二人为侯，儿库为君，阳雕为言兵侯，良儿为君，靡忘为献牛君。开始设置金城属国来安置投降的羌人。

宣帝诏令推举护羌校尉的人选，当时赵充国有病，丞相、御史大夫、车骑将军、前将军四府推举辛武贤的小弟弟辛汤。赵充国立即起来上奏说："辛汤酗酒使性，不可掌管蛮夷，不如辛汤的哥哥辛临众合适。"当时辛汤已接受任命符节，于是又有诏令更用辛临众。后来辛临众病重免职，五府又推举了辛汤。辛汤当了护羌校尉后多次酗酒谩骂羌人，羌人由此反叛，终于应验了赵充国的话。

当初，破羌将军辛武贤在军中时与中郎将赵卬吃酒闲聊，赵卬说："车骑将军张安世开始时曾使皇上不愉快，皇上想杀他，我家将军以为张安世拿着书袋，插笔在头，为孝武帝备从顾问几十年，可以说是忠心谨慎，应该保全他。张安世因此得以免死。"等到赵充国回京后向宣帝谈论征服羌人的军事，辛武贤因此就罢免了破羌将军，命他回去仍任酒泉太守的旧职，辛武贤对赵充国深怀痛恨，于是就上书告发赵卬泄漏宫中机密。赵卬因犯了禁止进入赵充国幕府营军司马的禁令，扰乱驻军法令，下吏部治罪，自杀而死。

赵充国请求告老回乡，皇上赐他用四匹马拉的安车、黄金六十斤，免职回乡。朝廷每有关于四方夷狄的重大商议，经常请他参与军事谋划，询问计策。享年八十六岁，在甘露二年去世，谥号称为壮侯。他死后的爵位从儿子传到孙子赵钦，赵钦娶敬武公主为妻。敬武公主没有儿子，公主指使赵钦的良人习氏假称怀有身孕，以别人之子冒名顶替。赵钦死后，儿子赵岑继承侯爵，习氏为太夫人。赵岑的亲生父母索取钱财没有得到满足，气愤之下向上告发。赵岑因不是赵钦之子而免除了爵位，废除了封邑。元始年间，重修功臣后代，再封赵充国曾孙赵伋为营平侯。

当初，赵充国因为功劳德行与霍光相等，将他的画像放进未央宫中。汉成帝时，西羌又传来警报，成帝思念过去平定羌乱的将帅大臣，追悼赞美赵充国，于是就召来黄门郎杨雄，在赵充国的画像旁题写颂文，颂文写道：

英明圣灵汉宣帝时，有戎狄先零羌。先零羌非常猖狂，侵犯汉朝的西部边疆。汉朝任命虎将，这是后将军赵充国。赵充国统率六师大军，出兵讨伐威震西羌。赵充国到了西羌，晓谕武威与恩德。有酒泉太守辛贤贪图功劳，说赵充国不能克敌制胜，请求皇上奋兵出击，先攻打罕羌。天子下令，命赵充国跟从辛武贤出兵，讨伐罕羌于鲜水之上。营平侯赵充国坚持自己的主张，屡次报上奏章，料敌制胜，智勇相当。平定了西羌，班师还朝，四方蛮夷顺服，没有不来朝见汉朝的。昔日西周宣王中兴，有功臣方叔、邵虎，诗人对他们歌功颂德，列入诗经的《大雅》《小雅》之中。现在汉朝中兴，赵充国建立武功，雄赳赳气昂昂，方叔、邵虎后继有人。

尹翁归传

【题解】

尹翁归(？～前62)，字子兄，西汉河东平阳(今山西临汾西南)人，后迁至杜陵(今陕西西安市东南)。习文法，先后任缑氏令、都内令、弘农都尉、东海太守，后以高第守右扶风。任郡守时，以惩治黠吏豪滑为己任。所到豪民不敢犯禁，皆大治。尹翁归为政任刑，从不以能力骄人，为官公正廉洁，清正自守，在公卿之间语不及私。死后家无余财。

【原文】

尹翁归，字子兄，河东平阳人也，徙杜陵。翁归少孤，与季父居。为狱小吏，晓习文法。喜击剑，人莫能当。是时大将军霍光秉政，诸霍在平阳，奴客持刀兵入市斗变，吏不能禁，及翁归为市吏，莫敢犯者。公廉不受馈，百贾畏之。

后去居家，会田延年为河东太守，行县至平阳，悉召故吏五六十人，延年亲临见，令有文者东，有武者西。阅数十人，次到翁归，独伏不肯起，对曰："翁归文武兼备，唯有所施设。"功曹以为此吏倨傲不逊。延年曰："何伤？"遂召上辞问，甚奇其对，除补卒史，便从归府。案事发奸，穷竟事情，延年大重之，自以能不及翁归，徙署督邮。河东二十八县，分为两部，闳孺部汾北，翁归部汾南。所举应法，得其罪辜，属县长吏虽中伤，莫有怨者。举廉为缑氏尉，历守郡中。所居治理。迁补都内令，举廉为弘农都尉。

征拜东海太守，过辞廷尉于定国。定国家在东海，欲属讬邑子两人，令坐后堂待见。定国与翁归语终日，不敢见其邑子。既去，定国乃谓邑子曰："此贤将，汝不任事也，又不可干以私"。

翁归治东海明察，郡中吏民贤不肖，及奸邪罪名，尽知之。县县各有记籍，自听其政，有急名则少缓之；吏民小解，辄披籍，县县收取黠吏豪民，案致其罪，高至于死。收取人必于秋冬课吏大会中。及出行县，不以无事时，其有所取也，以一警百，吏民皆服，恐惧改行自新。东海大豪郯许仲孙为奸猾，乱吏治，郡中苦之。二千石欲捕者，辄以力势变诈自解，终莫能制。翁归至，论弃种孙市，一郡怖栗，莫敢犯禁，东海大治。

以高第入守右扶风，满岁为真。选用廉平疾奸吏以为右职，接待以礼，好恶与同之。其负翁归，罚亦必行。治如在东海故迹，奸邪罪名亦县县有名籍。盗贼发其比伍中，翁归辄召其县长吏，晓告以奸黠主名，教使用类推迹盗贼所过抵，类常如翁归言，无有遗脱。缓于小弱，急于豪强。豪强有论罪，输掌畜官，使斫莝，责以员程，不得取代。不中程，辄笞督，极者至以铁自刭而死。京师畏其威严，扶风大治，盗贼课常为三辅最。

翁归为政虽任刑，其在公卿之间清洁自守，语不及私，然温良谦退，不以行能骄人，甚得名誉于朝廷。视事数岁，元康四年病卒，家无作财。天子贤之，制诏御史："朕夙兴夜寐，以求贤为右，不异亲疏近远。务在安民而已。扶风翁归廉平乡正，治民异等，早夭不遂，不得终其功业，朕甚怜之。其赐翁归子黄金百斤，以奉其祭祠。"

翁归三子皆为郡守。少子岑历位九卿，至后将军。而闳孺亦至广陵相，有治名。由是世称田延年为知人。

【译文】

尹翁归，字子兄，是河东平阳人，后迁居至杜陵。尹翁归少年时便成为孤儿，与叔父一起生活。早年在牢狱中任小吏，熟悉法令文书。喜欢击剑，无人是他的对手。当时大将军霍光执掌朝政，霍家子弟都在平阳，他们的奴仆、家客手执兵器在街市横行霸道，官吏不敢管。及至尹翁归担任管理街市的官吏，没有人敢在街上横行不法。他公正廉明，不受贿赂，商人们都很敬畏他。

后来，他辞去官职，在家闲居。正巧田延年为河东太守，巡视各县，抵达平阳，把过去的吏员五六十人召集起来，田延年亲自接见，令习文的人站在东面，习武的人站在西面。几十人都按照命令站好，到尹翁归时，却伏地不起，他对田延年说："翁归文武兼备，任凭您吩咐。"功曹认为这个官吏桀骜不驯，田延年说："这有何妨。"于是把尹翁归召上前来问话，对他的见解非常惊奇，因此补任他为卒史，并带回自己的官府。他处理案件，揭发奸邪，都能够一查到底，弄清原委。田延年极看重他，自认为才能不及尹翁归。迁升他为督邮。河东郡共管辖二十八个县，分为两部，闳儒负责汾河以北，尹翁归负责汾河以南。他揭发检举官员，都依法行事，被检举的人也是罪有应得，属县的长官虽然受到惩处，却没有人怨恨。因为清廉被举荐为缑氏县尉，后又在郡中任官，所到之处，都得到治理，迁升补任为都内令，通过举廉升任弘农都尉。

受征召拜为东海太守，赴任时向廷尉于定国辞行。于定国家在东海郡，欲托他照顾两个同乡的孩子，便让这两个孩子呆在后堂等待引见。于定国与尹翁归谈了一天，也未敢把这两个人引见给尹翁归。尹翁归离开之后，于定国对这两个人说："他是个贤良的官员，你们没有什么本事，我又不能靠私交求他照顾。"

尹翁归治理东海郡，明于观察，郡中的官吏百姓，是贤良还是不肖，以及奸邪犯法者的名字，他都知道得一清二楚。每个县都登记名籍，他自己亲自处理，案子太急时则稍缓一些；官吏小民稍有松懈，便把他们的罪行披露出来。每个县都要收捕狡猾的官吏和土豪劣绅，审讯他们的罪行，有的人甚至被处以死罪。收捕人一定要在秋冬季节考核官吏政绩大会的时候。他出巡各县，也不在没有事情之时，出去便要有所收捕惩处，以一儆百，官员百姓都愿服从，恐惧他的威严而改过自新。东海大土豪郯县的许仲孙奸邪狡猾，破坏吏治，郡中深受其害。每次二千石官员要逮捕他，他都依靠势力，使用奸诈伎俩自我解脱，始终没有受到制裁。尹翁归到后，将许仲孙在街市上斩首，全郡的人都震惊慑服，没有人再敢触犯法令，东海郡大治。

因政绩优异升任为守右扶风，满一年后正式任命。他选拔廉洁公正、疾恶如仇的官吏担任高官，以礼相待，并与他们同好恶。背叛尹翁归的人，一定会受到惩罚。他治理右扶风，仍采用东海郡的办法，奸邪者的名字，每个县都有记录。在伍保中发现盗贼，尹翁归便召见县里的长官，告诉他奸恶之徒的主犯名字，教他们根据踪迹类推的办法，寻找这些盗贼的藏身之处，事情常同尹翁归推说的一样，从无遗漏。追查贫弱百姓的时候都较宽松，对豪强，则查得很严。豪强被治罪，送到掌畜官那里，让犯人铡草抵罪，要按时到达，不得由他人代替；不合要求的，都要受到鞭笞惩处，有的人痛得无法忍受，甚至以铡刀自杀而死。京城的人畏惧他的威严，右扶风大治，惩治盗贼的政绩常常在京师三辅中数第一。

尹翁归施政虽然以刑罚为主，然而他在公卿中清廉自守，言谈不涉及私事，并且温雅谦虚，不因为自己有能力而看不起别人，在朝廷的名声非常好。任官数年之后，于元康四年病逝。死后家中没有剩余的财产，天子称道他的贤良，给御史发布诏书："我早起晚睡，志在求贤，不分亲疏远近，关键在于能够安民。右扶风尹翁归清廉公正，治理百姓的政绩突出，不幸英年早逝，未得长寿，无法完成其功业，我非常怜悯惋惜。现赐给尹翁归之子黄金一百斤，以便祭祀其父。"

尹翁归的三个儿子皆曾任郡守。小儿子尹岑曾历九卿之位，官至后将军。与尹翁归同任河东督邮的闳儒曾任广陵国相，也因政绩而闻名。因此，世人都称道田延年会识别人才。

郑子真、严君平传

【题解】

郑子真、严君平是汉代两个极为著名的隐逸之士。尤其是蜀人严君平以算卜为生，不仕当朝，其风节长久以来为后人所仰慕，唐宋许多大诗人都写诗歌咏过他。可以见出古代的名隐对后世士大夫有多么深远的影响。

【原文】

其后谷口有郑子真，蜀有严君平，皆修身自保，非其服弗服，非其食弗食。成帝时元舅大将军王凤以礼聘子真，子真遂不诎而终。君平卜筮于成都市，以为"卜筮者贱业，而可以惠众人。有邪恶非正之问，则依蓍龟为言利害。与人子言依于孝，与人弟言依于顺，与人臣言依于忠，各因势导之以善，从吾言者，已过半矣"。裁日阅数人，得百钱足自养，则闭肆下帘而授《老子》。博览亡不通，依老子、严周之指著书十余万言。杨雄少时从游学，以而仕京师显名，数为朝廷在位贤者稍君平德。杜陵李强素善雄，久之为益州牧，喜谓雄曰："吾真得严君平矣。"雄曰："君备礼以待之，彼人可见而不可得诎也。"强心以为不然。及至蜀，致礼与相见，卒不敢言以为从事，乃叹曰："杨子云诚知人！"君平年九十余，遂以其业终，蜀人爱敬，至今称焉。及雄著书言当世士，称此二人。其论曰："或问：君子疾没世而名不称，盍势诸？名，卿可几？曰：君子德名为几。梁、齐、楚、赵之君非不富且贵也，恶呼成其名！谷口郑子真不诎其志，耕于岩石之下，名震于京师，岂其卿？岂其卿？楚两龚之洁，其清矣乎，蜀严湛冥，不作苟见，不治苟得，久幽而不改其操，虽随、和何以加诸？举兹以旃，不亦宝乎！

【译文】

商山四皓之后，谷口有郑子真，蜀国有严君平，这两人都修身养性，自保平安，不是他们应该穿的衣服他们不穿，不属于他们的食物他们不吃。成帝时，子真的大舅大将军王凤以礼节聘任子真，子真最终也没有应聘。严君平在成都给人算卦，认为"算卦人从事的职业低微，然而可以给老百姓以好处。有人来问什么是是非曲直，则依据占卜的结果跟他说清利害关系，对人的儿子说要尽孝道，对人的弟弟说要尊重哥哥，对王官大臣、各级官吏说要忠于皇帝天子，依据各人的情况因势利导，教导他们从善向上，听我话的人已经有一半多了"。一天只算几个人，得一百钱养活自己，就关了店门放下门帘来教授《老子》。博览群书，无所不能。发挥老子、庄子的思想，著书十万多字。杨雄年轻时跟着他游历、学习，后来到应城做官，名声显赫，多次向朝廷中的达官贵人称赞严君平。杜陵人李强和杨雄关系一向很好，后来当了益州的州官，很高兴地对杨雄说："这下我真正能得到严君平了。"杨雄说："您准备好礼物等待他。那个人只能见见而不能使他屈服。"李强心里不以为然。到了蜀地后,向他问候并和他相见,最终也没有敢说要他在自己手下做事。于是叹息道:"杨雄确实是了解他!"严君平享年九十多岁,从事这种平凡的职业直到去世,蜀地的人很敬爱他,至今还在赞扬他。后来杨雄著书评论当时社会上的各界人士,还称赞郑子真、严君平二人。他的评论是:"有人问:君子憎恨死了后名声不得显扬,为什么不借助大官的势力求得自己的势力名声呢? 我认为是这样的:对于名声的传扬,君子寄希望于德行的修养,道德水平的提高。梁、齐、楚、赵的诸侯王,这些当时社会的名流,没有不富贵并且尊贵的,但他们谁也没有出名。谷口人郑子真不违背自己的志向,在山坡岩石上种田,他的名声却震动了京城,岂止他一个人,岂止他一个人。楚国的龚舍和龚胜也是非常清廉的。蜀国的严君平深沉且甘于默默无闻,不趋炎附势地随便发表自己的见解,不随便从事自己不欣赏的职业,长久地默默无闻也不改变自己的德行,就是和随侯、卞和相比,也没有什么逊色的地方。推举这样的人,任用这样的人,这样的人不正是国家的宝物吗?"

薛方传

【题解】

王莽篡汉,名声不佳。但从《薛方传》可以看到,他尊崇隐士的意愿,不以己意强迫他人为己出力,很是可取。

【原文】

薛方尝为郡掾祭酒,尝征不至,及莽以安车迎方,方因使者辞谢曰:"尧舜在上,下有巢由,今明主方隆唐虞之德,小臣欲守箕山之节也。"使者以闻,莽说其言,不强致。方居家以经教授,喜属文,著诗赋数十篇。

【译文】

薛方曾当过郡的佐助祭酒一官,曾被皇帝征召而没有应诏,当王莽用可以坐乘的车子迎接薛方时,他通过使者推辞道:"尧、舜高高在上,前面还有巢父、许由,现今贤明的君主才降下陶唐、虞舜般的恩泽,小臣还想学许由隐居在箕山一样,保持清高的节操呢!"使者把这些话告诉王莽,王莽高兴他所说的话,不强迫他出山,薛方在家里传授经典,喜欢作文,著有诗词歌赋几十篇。

盖宽饶传

【题解】

盖宽饶,是西汉有名的刚直之臣,他品行高洁,一心奉公,身为司隶校尉,检举贵戚无所回避,使豪门丧胆,京师清净。他对上亢直,遇下有恩,甘贫如素,教子有方。但他的刚直有些不通"世故",皇上的丈人庆祝新居落成,他弹劾座中大臣嬉闹不敬,弄得主人很扫兴。而这不通世故发展到劝皇上逊位让贤,就难免要有杀身之祸了。

【原文】

盖宽饶字次公,魏郡人也。明经为郡文学,以孝廉为郎。举方正,对策高第,迁谏大夫,行郎中户将事。劾奏卫将军张安世子侍中阳都侯彭祖不下殿门,并连及安世居位无补。彭祖时实下门宽饶坐举奏大臣非是,左迁为卫司马。

先是时,卫司马在部,见卫尉拜谒,当为卫官由使市买。宽饶视事,案旧令,遂揖官以下行卫者。卫尉私使宽饶出,宽饶以令诣官府门上谒辞。尚书责问卫尉,由是卫官不再私使侯、司马。侯、司马不拜,出先置卫,辄上奏辞,自此正焉。

宽饶初拜为司马,未出殿门,断其襜衣,令短离地,冠大冠,带长剑,躬案行士卒庐室,视其饮食居处,有疾病者身自抚循临问,加致医药,遇之甚有恩。及岁尽交代,上临餐罢卫卒,卫卒数千人皆叩头自请,愿复留共更一年,以报宽饶厚德。宣帝嘉之,以宽饶为太中大夫,使行风俗,多所称举贬黜,奉使称意。擢为司隶校尉,刺举无所回避,小大辄举,所劾奏众多,廷尉处其法,半用半不用,公卿贵戚及郡国吏繇差使至长安,皆恐惧莫敢犯禁,京师为清。

平恩侯许伯入第,丞相、御史、将军、中二千石皆贺,宽饶不行。许伯请之,乃往,从西阶上,东乡特坐。许伯自酌曰:"盖君后至。"宽饶曰:"无多酌我,我乃酒狂。"丞相魏侯笑曰:"次公醒而狂,何必酒也?"坐者皆属目卑下之。酒酣乐作,长信少府檀长卿起舞,为沐猴与狗斗,坐皆大笑。宽饶不悦,昂视屋而叹曰:"美哉!然富贵无常,忽则为人,此如传舍,所阅多矣。唯谨慎为得久,君侯可不戒哉!"因起趋出,劾奏长信少府以列卿而沐猴舞,失礼不敬。上欲罪不府,许伯为谢,良久,上乃解。

宽饶为人刚直高节,志在奉公。家贫,俸钱月数千,半以给吏民为耳目言事者。身为司隶,子常步行自戍北边,公廉如此。然深刻喜陷害人,在位及贵戚人与为怨又好言事刺讥,奸犯上意。上以其儒者,优容之,然亦不得迁。同列后进或至九卿,宽饶自以行清能高,有益于国,而为凡庸所越,愈失意不快,数上疏谏争。太子庶子王生高宽饶节,而非其如此,予书曰:"明主知君洁白公正,不畏疆御,故命君以司察之位,擅君以奉使之权,尊官厚禄已施于君矣。君宜夙夜惟思当世之务,奉法宣化,忧劳成天下,虽日有益,月有功,犹未足以称职而报恩也。自古之治,三王之术各有制度。今君不务循职而已,乃欲以太古久远之事匡拂天子,数进不用难听之语以摩切左右,非所以扬令名全寿命者也。方今用事之人皆明习法令,言足以饰君之辞,文足以成君之过。君不惟蘧氏之高踪,而慕子胥之末行,用不訾之躯,临不测之险,窃为君痛之。夫君子直而不挺,曲而不诎。大雅云:既明且哲,以保其身。狂夫之言,圣人择焉。唯裁省览"。宽饶不纳其言。

是时上方用刑法,信任中尚书宦官,宽饶奏封事曰:方今圣道寝废,儒术不行,以刑馀为周召,以法律为诗书。又引韩氏易传言:"五帝官天下,三王家天下,家以传子,官以传贤,若四时之运,功成者去,不得其人则不居其位。"书奏,上以宽饶怨谤终不改,下其书中二千石。时执金吾议,以为宽饶指意欲求,大逆不道。谏大夫郑昌愍伤宽饶忠直忧国,以言事不当意而为文吏所抵挫,上书颂宽饶曰:"臣闻山有猛兽、藜藿为之不采;国有忠臣,奸邪为之不起。司隶校尉宽饶居不求安,食不求饱,进有忧国之心,退有死节之义,上无许、史之属,下无金、张之托,职在司察,直道而行,多仇少与,上书陈国事,有司劾以大辟。臣幸得从大夫之后,官以谏为名,不敢不言。"上不听,遂下宽饶吏。宽饶引佩刀自刭北阙下,众莫不怜之。

【译文】

盖宽饶,字次公,魏郡人。因明经为郡中文学,又以孝廉为郎。举方正,对策为高第,迁为谏大夫,行使郎中户将事。他劾奏卫将军张安世的儿子侍中、阳都侯张彭祖至殿门不下车,并连带劾奏张安世占据高位无补于朝政。张彭祖当时其实在殿门下车了,于是盖宽饶犯举奏大臣不属实之罪,降职为卫司马。

在此以前,卫司马在本部内,见了卫尉要行拜谒之礼,常被卫官役使去买卖东西。盖宽饶任职以后,按照旧时规定,对卫尉及属官只行揖礼。卫尉因私事派盖宽饶外出,盖宽饶就拿着法令到官府门上要辞职。尚书责问卫尉,从此卫官不再以私事役使卫候、司马。卫候、司马见了卫尉再下拜,天子外出,设置护卫先行,辄上奏辞行,从此规矩矫正过来了。

盖宽饶开始被任命为司马,还没有走出殿门,就割断了自己的禅衣,让它短得离开地面,戴上大冠,佩上长剑,亲自巡行卫士的值勤屋舍,视察他们的饮食居处,有得病的亲自抚恤慰问,请医生送药品,对待他们很是关怀。等到年终交接的时候,皇上亲临宴飨卫士,数千名卫士都磕头请求,愿意再留下服役一年,以报答盖宽饶的厚恩。汉宣帝表示嘉许,任命盖宽饶为太中大夫,派他巡视各地风俗,他多有举荐贬黜,他的使命完成得很令宣帝满意。擢升为司隶校尉,追查检举无所回避,无论大小都举报,所劾奏的案件很多,廷尉处之以法,有一半采用也有一半不采用的,公卿贵戚以及国官吏、差使来到长安,都恐惧不敢违犯禁令,京师为之清静。

平恩侯许伯搬入新居,丞相、御史大夫、将军、中二千石都来祝贺,盖宽饶不去。许伯请他,他才前往,从西阶上,面东而坐。许伯亲自为他斟酒,说:"盖君来得迟了。"盖宽饶说:"不要多给我斟酒,我是酒狂。"丞相魏侯笑道:"次公醒时就狂,何必等喝酒呢?"在座者都对他注目,深自敛抑。酒酣乐奏,长信宫少府擅长卿起舞,学猕猴与狗争斗,座上都大笑。盖宽饶很不高兴,仰视着屋子叹道:"真漂亮呀!可是富贵无常,忽然间就换了主人,这房子就好像旅舍一样,所住人可多了。只有谨慎才能得以久长,君侯能不警戒么!"

于是起身趋出，劾奏长信宫少府以列卿而学猕猴舞，失礼不敬。宣帝想治罪少府，许伯替他谢罪，很久，宣帝才作罢。

　　盖宽饶为人刚直高节，一心奉公。家中贫穷，俸禄钱每月数千，一半用来支付吏民作耳目报告事情的报酬。他身为司隶校，儿子经常步行到北方戍守边塞，他就是如此廉洁奉公。但他执法苛刻，好陷害人，在位的大臣以及贵戚，都和他有怨恨。他又喜欢上奏时语带讥刺，触犯皇上的意旨。宣帝看他是儒者，对他优礼宽容，但他也升不成官。他的同列后进有的升至九卿，盖宽饶自以为品行清，才能高，有益于国家，而被凡庸之辈所超越，更加失意不快，屡次上疏谏诤。太子庶子王生敬佩盖宽饶的节操，但反对他这样做，写信给他说："明主知道您廉洁公正，不畏强暴，所以交付给您职司察举之任，直奉钦使之权，尊官厚禄已经给予您了。您理应朝夕思考当世的政务，奉行法律，宣扬教化，为天下忧虑劳苦，虽然是日日有益，月月有功，仍不足以称职而报答皇恩。自五帝以来的政治，三王的政术各有不同的制度。如今您不谨守职责还算罢了，竟然想以太古久远的事情来指导天子，屡次呈进不实用而难于接受的言辞以切摩于皇上左右，这不是可以传扬美名、保全寿命的行为呀。如今用事的人都明习法律，他们的巧言足以掩饰您对他们的指责，而他们的深文足以铸成您的罪过。您不学习蘧伯玉的避世全身的高行，却仰慕伍子胥直言取祸的末行，以千金之躯，临不测之险，我暗自为您痛惜。君子正直而不挺翘，柔曲而不改志，《大雅》说：'既明且哲，以保其身。'狂夫之言，圣人还可选择而听。希望您能一读此信。"盖宽饶没有接受王生的劝告。

　　当时宣帝正崇尚刑法，信任中尚书的宦官，盖宽饶奏上封事说："如今圣人之道渐渐废弃，儒术不再行用，以刑余之人为周公、召公，以法律为《诗》《书》。"他又引用《韩氏易传》说："五帝官天下，三王家天下，家天下是把天下传给子孙，而官天下则把天下传给贤人，好像四季的递运，功成者离去，不得其人就不居其位。"书奏上，宣帝认为盖宽饶始终不改怨谤，把他的书奏交付中二千石议罪。当时执金吾评议，以为盖宽饶的意图是想让皇上禅位给他，大逆不道。谏大夫郑昌同情盖宽饶直忠忧国，只因言事不合皇上的心而被刑名之吏所诋毁，便上书赞扬盖宽饶说："臣听说山中有猛兽，藜藿就没有人去采；国家有忠臣，奸邪就不敢作恶。司隶校尉盖宽饶居处不求安乐，饮食不求饱腹，进有忧国之心，退有死节之义，上无许、史一样的关系，下无金、张一样的托靠（许、史，是宣帝的外戚，金张是宣帝的幸臣），其职限在于纠察，秉公行事，仇人多而相与少，上书陈述国事，有司劾奏以大辟之刑。臣有幸位列于大夫之后，官职以进谏为名，不敢不言。"宣帝不听从，于是把盖宽饶交付狱吏，盖宽饶抽佩刀自刭于北阙之下，众人无不表示怜悯。

刘钦传

【题解】

　　刘钦，汉淮阳宪王，宣帝之子。刘钦聪明好学，深受宣帝喜欢，朝廷上下也交相称誉。

但是宣帝一死是非便多起来，他的命运也就曲直了。他因听从下属而思造反，最终也是被废而终，倒是没有丧命罢了。

【原文】

淮阳宪王钦，元康三年立，母张婕妤有宠于宣帝。霍皇后废后，上欲立张婕妤为后。久之，惩艾霍氏欲害皇太子，乃更选后宫无子而谨慎者，乃立长陵王婕妤为后，令母养太子。后无宠，希御见，唯张婕妤最幸。而宪王壮大，好经书法律，聪达有材，帝甚爱之。太子宽仁，喜儒术。上数嗟叹宪王，曰："真我子也！"常有意欲立张婕妤与宪王，然用太子起于微细，上稍依倚许氏，及即位而许后以杀死，太子蚤失母，故弗忍也。久之，上以故丞相韦贤子玄成阳狂让侯兄，经明行高，称于朝廷，乃召拜玄成为淮阴中尉，欲感谕宪王，辅以推让之臣，由是太子遂安。宣帝崩，元帝即位，乃遣宪王之国。

时张婕妤已卒，宪王有外祖母，舅张博兄弟三岁至淮阳见亲，辄受赐。后王上书：请徙外家张氏于国。博上书：愿留守坟墓，独不徙。王恨之。后博至淮阳，王赐之少。博言："负责数百万，愿王为偿。"王不许，博辞去。令弟光恐王云，王遇大人益解，博欲上书为大人乞骸骨去。王乃遣人持黄金五十斤送博。博喜，还书谢，为诡语盛称誉王。因言："当今朝廷无贤臣，灾变数见，足为寒心。万姓咸归望于大王，大王奈何恬然不求朝见，辅助主上乎？"使弟光数说王宜听博计，令于京师说用事贵人为王求朝。王不纳其言。

后光欲至长安，辞王，复言"愿尽力与博共为王求朝。王即日至长安。可因平阳侯"。光得王欲求朝语，驰使人语博。博知王意动，复遗王书曰："博幸得肺腑，数进愚策，未见省察。北游燕赵，欲循行郡国求幽隐之士。闻齐有驷先生者，善为《司马兵法》，大将之材也。博得谒见，承间进问五帝三王究竟要道，卓尔非世俗之所知。今边境不安，天下骚动，微此人其莫能安也。闻北海之濒有贤人焉，累世不可逮，然难致也。得此二人而荐之。功亦不细矣。博愿驰西以此赴助汉急，无财币以通显之。赵王使谒者持牛酒，黄金三十斤劳博，博不受；复使人愿尚女，聘金二百斤，博未许。会得光书云大王已遣光西，与博并力示朝。博自以弃捐，不意大王还意反义，结以朱颜，愿杀身报德。朝事何足言！大王诚赐咳唾，使得尽死，汤、禹所以成大功也。驷先生蓄积道术，书尽不有，愿知大王所好，请得辄上。"王得书喜悦，报博书曰："子高乃幸左顾存恤，发心恻隐，显至诚，纳以嘉谋，语以至事，虽亦不敏，敢不谕意！今遣有司为子高偿债二百万。"

是时，博女婿京房以明易、阴阳得幸于上，数召见言事。自谓为石显、五鹿充宗所排，谋不得用，数为博道之。博常欲诳耀淮阳王，即具记房诸所说灾异及召见密语，持予淮阳王以为信念，诈言"已见中书令石君求朝，许以金五百斤。贤圣制事，益虑功而不计费。昔禹治鸿水，百姓罢劳，成功既立，万世赖之。今闻陛下春秋未满四十，发齿堕落，太子幼弱，佞人用事，阴阳不调，百姓疾疫饥饿死者且半，鸿水之害殆不过此。大王绪欲救世，将比功德，何可以忽？博已与大儒知道者为大王为便宜奏，陈安危，指灾异，大王朝见，先口陈其意而后奏之，上必大悦。事成功立，大五即有周、邵之名，邪臣散亡，公卿变节，功德无比，而梁、赵之宠必归大王，外家亦将富贵何复望大王之金钱？"王喜悦，报博书曰："乃者诏下，止诸侯朝者，寡人惨然不知所。子高素有颜、冉之资，臧武之智，子贡之辩，卞庄之勇，兼此四者，世之所鲜。既开端绪，愿卒成之。求朝，义事也，奈何行金钱乎！"博报曰："已许石君,须以成事。"王以金五百斤予博。

会房出为郡守,离左右,显具得此事告之。房泄漏省中语,博兄弟违误诸侯王,诽谤政治,狡猾不道,皆下狱。有司奏请逮捕钦,上不忍致法,遣谏大夫王骏赐钦玺书曰:"皇帝问淮阳王。有司奏王,王舅张博遗王书,非毁政治,谤讪天子,褒举诸侯,称引周、汤,以谲惑王,所见尤恶,悖逆无道。王不举奏而多与金钱,报以好言,自幸至不赦,朕恻焉不忍闻,为王伤之。推原厥本,不祥自博,惟王之心,匪同于凶。已诏有司勿治王事,遣谏大夫骏申谕朕意。《诗》不云乎:'靖恭尔位,正直是与。'王其勉之。"

骏喻指曰:"礼为诸侯制相朝聘之义,盖以考礼壹德,尊事天子也。且王不学《诗》乎?《诗》去:'俾侯于鲁,为周室辅。'今王舅博数遗王书,所言悖逆。王幸受诏策,通经术,知诸侯名誉不当出竟。天子普覆,德布于朝,而恬有博言,多予金钱,与相报应,不忠莫大焉。故事,诸侯王获罪京师,罪恶轻重,纵不伏诛,必蒙迁削贬黜之罪,未有但已者也。今圣主赦王之罪,又怜王失计忘本,为博所惑,加赐玺书,使谏大夫申谕至意,殷勤之恩,岂有量哉!博等所犯罪恶大,群下之所共攻,王法之所不赦也。自今以来,王毋复以博等累心,务与众弃之。《春秋》之义,大能变改。《易》曰'籍用白茅,无咎',言臣子之道,改过自新,洁己以承上,然后免于咎也。王其留意慎戒,惟思所以悔过易行,塞重责,称厚恩者。如此,则长有富贵,社稷安矣。"

于是淮阳王钦免冠稽首谢曰:"奉藩无状,过恶暴列,陛下不忍心致法,加大恩,遣使者申谕道术守藩之义。伏今博罪恶尤深,当伏重诛。臣钦愿悉心自新,奉承诏策。顿首死罪。"

三十六年薨。子文王玄嗣,二十六年薨。子嗣,王莽时绝。

【译文】

淮阳宪王刘钦,元康三年册立。母亲张婕妤受到宣帝刘询宠爱,霍皇后废免后,孝宣皇帝想册立张婕妤为皇后。相去一段时间后,惩处霍氏谋太子时,才改变宣帝立张婕妤为皇后的想法,选取后宫中没有儿子并且行事谨慎的人立为皇后。按照这一要求,册立了长陵王婕妤为皇后,让她以母亲的身份照养皇太子刘奭。后来没有得宠,很少被宣帝召见,唯独张婕妤最受宣帝宠幸。而淮阳宪王刘钦长大成年后,喜欢经书法律学问,聪明贤达有才学,宣帝非常喜欢他。太子宽厚仁慈,喜欢儒家学说,宣帝多次感叹淮阳宪王刘钦,说:"真是我的儿子!"曾有意想立张婕妤为皇后和刘钦为皇太子。然而因为太子出身贫寒,宣帝只得稍微偏向许氏,等到登位为皇帝,并且许皇后因为自杀身死,太子过早死了母亲,因此不再忍心改立太子。一段时间以后,宣帝因为已故丞相韦贤的儿子韦玄成刚正敢责难侯兄,对于经书颇为通达,行为高尚,名誉在朝廷上交相称好,于是诏拜韦玄成为淮阳中尉,想用他去感化教谕宪王刘钦,作为推让之臣辅佐宪王刘钦,由此,太子才得到安定。孝宣皇帝死后,太子登皇帝位,于是派淮阳宪王到他的封国去。

这时,张婕妤已经死了。淮阳宪王的外祖母随刘钦居淮阳,舅舅张博兄弟三人每年到淮阳探望母亲,动辄接受淮阳宪王的赐予。后来,淮阳宪王刘钦请求孝元皇帝,迁移外祖母儿子张博兄弟至淮阳国。张博上书:要求在原地留守坟墓,只身不迁移到淮阳国去。淮阳宪王恨他。后来张博到淮阳,宪王赐给他的财物少。张博说:"我负债几百万,希望宪王能代为偿还。"宪王没有答应。张博辞别宪王而去，让他的弟弟张光去要挟宪王，说宪王只有请母亲出面才能调解，张博想上书元帝，请求让他母亲随去。宪王只得派人带五十斤黄金送给张博。张博高兴，报书感谢，因诶媚的语文极力称赞淮阳宪王。说："当今这个时候，朝廷没有贤臣，灾患变幻多次出现，足以让人寒心。全国的老百姓都寄希望于宪王，宪王怎么能够安然不动，不去上朝拜见元帝，辅佐元帝的朝政呢？"派遣弟弟张光多次游说宪王应当听从张博的计策，让张博在京师游说沟通掌权的达官贵人替宪王向元帝请求朝见。宪王不听他的意见。

后来，张光要到长安去，辞别宪王，又说："愿意尽力量与张博共同替宪王达成朝见元帝的事。宪王即日到长安，可以借助阳侯的作用，拜见元帝。"张光得到了宪王表示想要拜见元帝的话，迅速派人将宪王刘钦的话告诉了张博。张博知道宪王动心，又送书信给宪王说："张博有幸作宪王的心腹亲戚，多次向你讲述我的愚蠢想法，不曾见你有所注意。游历了北方的燕国和赵国，想依次再到各郡国去寻找幽居深藏不露的贤能义士。听说齐国有驷先生这个人，善于演习《司马兵法》，是可做大将的材料。张博得以拜见他，趁机进一步向他探询了五帝三王治政的要害所在，确实高深得非一般世人所能理解。现在边境不安宁，天下动乱不安，没有他这个人主事就没有谁能安定天下。又听说北海之滨有贤能人士在那里，多少朝代也找不出那样有才智的人，然而难以召唤使他来效命。能够得到这两个人，并把他们推荐给朝廷，功劳也不算小了。张博愿意到西去，继续搜寻贤能之士以解汉朝用人的当务之急，没有钱财能使我到那里去。赵王派遣谒者携带牛肉和酒、黄金三十斤犒劳我，我没有接受；又派人告诉我，他希望我能娶他的女儿，我没有答应。碰巧收到张光的书信说，宪王已经派张光西去，与我同心协力替宪王去求朝见元帝。我原想捐弃不再追求，不料宪王已经回心转意，把我当作知己，我甚至愿为你取杀身之祸而报答你的德仁。朝见之事何足挂齿！宪王实在能赐予一点唾沫，我等会尽去赴死，汤、禹那样的事业也就成功了。驷先生钻研道术，书籍无所不能，希望能知道你的爱好。请求得以马上献出。"宪王收到张博的书，非常高兴，还报张博书说："子高实在是不计冤枉，顾念朝政，体恤国民，启发恻隐之心同情我，向我讲述了至诚的道理，共商了国家大事。我虽然缺乏敏悟，但是岂敢不明白你的用意！现在即派有司代替你偿债二百万。"

这时，张博的女婿京房因为通晓易、阴阳而得到元帝的宠幸，多次被召见议论国家大事。自称被石显、五鹿充宗所排挤，谋略不被采纳，多次与张博说这件事。张博曾经想要以京房夸耀于淮南王。于是全部记下了京房有关灾害事件的解说和元帝召见他所说的密语，捧送给淮南王作为真实可信的凭据。诈称"已经看到中书令石君代求朝见元帝，曾许黄金五百斤给他作为答谢。贤人圣哲创立事业，志在成功，不惜财费。上古大禹治理洪水，百姓为之疲劳，但是一旦成功，世代都依靠他建立的功业。现在听说元帝年龄不到四十岁，头发、牙齿脱落，太子幼小羸弱，奸臣掌权，阴阳失调，老百姓因为疾病瘟疫和饥饿而死达到半数，洪水造成的灾害也不至如此。宪王想要济世救民，其功德将与古代帝王相比，怎么能够忽视呢？我已经与大儒中明白道术的人，替宪王起草了奏章，陈述了安危，指出了灾异。宪王朝见元帝，先陈述有关安危、灾异的意思，再奏述自己的建议，元帝听了一定高兴。事情完成了，功劳也就有了，宪王由此会有周公、邵公那样的名誉。邪臣因此而离散逃亡，公卿因此改变他们的操守，功德无比。而梁国、赵国因此而受到宠幸，一定归功于宪王;外祖母家也将随之富贵,哪里还用得着稀罕宪王的金钱呢?"宪王喜悦,回报张博书说:"如此这样,一旦诏书下达,当诸侯一起朝见时,我痛心不知计策从何而出。子高本来具有颜渊、冉伯牛一样的才能,有臧武仲一样的智慧,有子贡那样的辩才,卞庄子那样的勇猛,一人兼有这四种才能,世间少有。既然已经有了开头,希望最后得到成功。请求朝见,只是为了议论国家大事,拿金钱有什么用!"张博回报书说:"已经许诺石君黄金五百斤,等待用它来成事。"淮阳宪王将五百斤黄金给了张博。

恰在这时,京房出京师去做郡守,辞离左右。石显全部掌握京房图谋不轨的情况,并且告发了他。京房泄漏了元帝召见时说的话,张博兄弟诓骗诸侯王,诽谤朝廷政治,狡猾不守道义,都被逮捕下了监狱。有司奏请逮捕淮阳王,元帝不忍对他绳之以法,派谏议大夫王骏赏赐皇帝御书说:"皇帝慰问淮阳王,主事者上奏宪王,淮阳王的舅舅张博多次致书给淮阳王,非议毁损朝廷政治,诽谤讪辱天子,褒扬淮阳王,称颂比同周、汤,极力谄媚,用以蛊惑你。他所说的话极为险恶,背叛朝廷,偏离正道,不合法度。淮南王不将他举报朝廷,反而多给他金钱,好言回报。罪大恶极到了不可赦免的程度,我痛心这些事及至不忍心听闻,替淮阳王忧伤。追根究底,行为不善的根源在于张博。淮阳王的内心,不同于元凶张博。已经下诏有司不治淮阳王的罪,派谏大夫王骏向你申明晓谕我的意思。《诗经·大雅·小明》不是说过吗,'安份而恭敬地谨守你的职位,与正直无私相伴而行'。请淮阳王勉力这样做吧!"

王骏将天子的意思告诉淮阳王说:"礼为诸侯确定了相与朝聘皇帝的意义,都是为了让诸侯凡事按礼进行,不能对皇帝有所二心,尊重天子,为天子治理朝政。难道淮阳王不学习这些吗?《诗经·鲁颂·閟宫》说:'使你在鲁国做诸侯,藩属辅佐的名分要在周朝。'现在淮阳王的舅舅张博多次送淮阳王书信,说的都是背叛朝廷,与法度不相容的事。淮阳王有幸得到宣帝的诏书册封为王,受诫不可以为非作歹,明白经术中不可以在国内勾结作奸的律典,清楚做诸侯的名分是不能够超出你所有的范围。元帝在朝廷上站得高,看得远,德仁宽厚,满朝都受到他的恩泽,听到张博的胡言乱语,泰然处之而不动怒。淮阳王收到张博的书信,却给了他很多金钱,让他穿梭往来在诸侯中,为非作歹,不忠于朝廷是没有比这罪恶更大的了。已有的制度是,诸侯王有罪于朝廷,不论罪恶的大小,纵使不服罪被杀,也一定会受到迁徙、削除封赐和贬谪、罢黜官职等惩处,没有不受处罚而不了了之的。当今皇帝赦免淮阳王的罪过不受处罚,又可怜淮阳王不谨慎丢了治国为政的策略,忘记了刘氏家族世代为皇的根本,这些都是因为被张博蛊惑造成的,所以又进一步赐御诏给淮阳王,派谏大夫向你申明、表示元帝的好意和善心。元帝殷勤对待淮阳王的恩惠,难道还有限量吗!张博等人所犯下的罪恶至大至极,即使天子不诛杀他,臣僚们也会群起而攻之,现在处决了他,是因为王法不容许赦免他。从今以后,淮阳王不要再将张博的事放在心上,一定要同臣僚们一起忘掉他。《春秋》上讲,'过而能改,善莫大焉',知错就改,没有能比这更好的。《易·大过》上说:'取用洁白不污的茅祭祀诸神,谨慎极致,就不会酿成过错。'这里说的都是为臣僚做儿子的道理。痛改前非,重新做人,纯洁自己,敬奉在上的人,然后才能避免受到追究。请淮阳王谨慎、刻意约束自己。只有考虑如何悔过自新,改变以往的做法,补救过失,用以感谢浩荡皇恩,才是唯一的出路。能够做到这样,那么会长久地富贵,国家与宗室也就安然了。"

因此淮阳王刘钦摘帽叩头感谢说:"我奉赐为王,藩辅天子没有做出好样子,过错与罪恶昭彰明显而且太多,元帝不忍心依照法律惩治我,还进一步增加给我的恩泽,派遣使者向我宣讲了经术中有关谨守藩属名分的道理。我也实在感觉到张博罪大恶极,应该绳之以重刑而受诛杀。我愿意全心全意改过自新,恭敬地接受元帝的诏书用以策励自己。叩拜感谢免除了死罪。"

淮阳王受封为王三十六年后去世。他的儿子文王刘玄继承王位,祭王位二十六年去世。他的儿子刘继嗣王位,在王莽当政后没有再传王位。

扬雄传

【题解】

扬雄(公元前53~公元后18年),一作杨雄,字子云,西汉蜀郡成都(今属四川)人。幼而好学,博览群书。口吃不善谈吐,喜沉默,好深思。安贫乐道,不汲汲于富贵。四十多岁到京师,王音荐为待诏,后拜给事黄门郎。王莽时为大夫,校书天禄阁。一生贫穷,交游甚少,以文章名世。成帝时曾著《甘泉赋》《河东赋》《校猎赋》《长杨赋》进行讽谏,后来领悟到这种做法适得其反,便仿《易》作《太玄》,仿《论语》作《法言》。他的著作备受桓谭、王充、张衡的推崇。他还编有字书《训纂篇》和《方言》。

【原文】

扬雄字子云,蜀郡成都人也。其先出自有周伯侨者,以支庶初食采於晋之扬,因氏焉,不知伯侨周何别也。扬在河、汾之间,周衰而扬氏或称侯,号曰扬侯。会晋六卿争权,韩、魏、赵兴而范、中行、知伯弊。当是时,逼扬侯,扬侯逃於楚巫山,因家焉。楚、汉之兴也,扬氏溯江上,处巴江州。而扬季官至庐江太守。汉元鼎间避仇复溯江上,处岷山之阳曰郫,有田一廛,有宅一区,世世以农桑为业。自季至雄,五世而传一子,故雄亡它扬於蜀。

雄少而好学,不为章句,训诂通而已,博览无所不见。为人简易佚荡,口吃不能剧谈,默而好深湛之思,清静亡为,少耆欲,不汲汲於富贵,不戚戚於贫贱,不修廉隅以徼名当世。家产不过十金,乏无儋石之储,晏如也。自有大度,非圣哲之书不好也;非其意,虽富贵不事也。顾尝好辞赋。

先是时,蜀有司马相如,作赋甚弘丽温雅,雄心壮之,每作赋,常拟之以为式。又怪屈原文过相如,至不容,作《离骚》,自投江而死,悲其文,读之未尝不流涕也。以为君子得时则大行,不得时则龙蛇,遇不遇命也,何必湛身哉!乃作书,往往摭《离骚》文而反之,自岷山投诸江流以吊屈原,名曰《反离骚》。又旁《离骚》作重一篇,名曰《广骚》。又旁《惜诵》以下至《怀沙》一卷,名曰《畔牢愁》。《畔牢愁》《广骚》文多不载,独载《反离骚》,其辞曰:(以下《反离骚》原文不录。)

孝成帝时,客有荐雄文似相如者,上方郊祠甘泉泰畤、汾阴后土,以求继嗣,召雄待诏承明之庭。正月,从上甘泉,还奏《甘泉赋》以风。其辞曰:(以下《甘泉赋》原文不录。)

甘泉本因秦离宫,既奢泰,而武帝复增通天、高光、迎风。宫外近则洪崖、旁皇、储胥、弩陛,远则石关、封峦、枝鹊、露寒、棠梨、师得,游观屈奇瑰玮,非木摩而不雕,墙涂而不画,周宣所考,般庚所迁,夏卑宫室,唐虞采椽三等之制也。且为其已久矣,非成帝所造,欲谏则非时,欲默则不能已,故遂推而隆之,乃上比於帝室紫宫,若曰此非人力之所为虑党鬼神可也。又是时赵昭仪方大幸,每上甘泉,常法从,在属车间豹尾中。故雄聊盛言车骑之众,参丽之驾,非所以感动天地,逆厘三神。又言"屏玉女,却伏妃",以微戒齐肃之事。赋成奏之,天子异焉。

扬雄

其三月,将祭后土,上乃帅群臣横大河,凑汾阴。既祭,行游介山,回安邑,顾龙门,览监池,登历观,陟西岳以望八荒,迹殷、周之虚,眇然以思唐虞之风。雄以为临川羡鱼不如归而结网,还,上《河东赋》以劝,其辞曰:(以下《河东赋》原文不录。)

其十二月,羽猎,雄从。以为昔在二帝三王,宫馆台榭沼池苑囿林麓薮泽财足以奉郊庙,御宾客,充庖厨而已,不夺百姓膏腴谷土桑柘之地。女有徐布,男有徐粟,国家殷富,上下交足,故甘露零其庭,醴泉流其唐,凤凰巢其树,黄龙游其沼,麒麟臻其囿,神爵栖其林。昔者禹任益虞而上下和,山木茂;成汤好田而天下用足;文王囿百里,民以为尚小;齐宣王囿四十里,民以为大:裕民之与夺民也。武帝广开上林,南至宜春、鼎胡、御宿、昆吾,旁南山而西,至长杨、五柞,北绕黄山,濒渭而东,周袤数百里。穿昆明池象滇河,营建章、凤阙、神明、驱娑,渐台、泰液象海水周流方丈、瀛洲、蓬莱。游观侈靡,穷妙极丽。虽颇割其三垂以赡齐民,然至羽猎田车戎马器械储偫禁御所营,尚泰奢丽夸诩,非尧、舜、成汤、文王三驱之意也。又恐后世复修前好,不折中以泉台,故聊因《校猎赋》以风,其辞曰:(以下《校猎赋》原文不录。)

明年,上将大夸胡人以多禽兽,秋,命右扶风发民入南山,西自褒斜,东至弘农,南驱汉中,张罗网置罘,捕熊罴豪猪虎豹狖玃狐兔麋鹿,载以槛车,输长杨射熊馆。以网为周阹,纵禽兽其中,令胡人手搏之,自取其获,上亲临观焉。是时,农民不得收敛。雄从至射熊馆,还,上《长杨赋》,聊因笔墨之成文章,故藉翰林以为主人,子墨为客卿以风。其辞曰:(以下《长杨赋》原文不录。)

哀帝时丁、傅董贤用事,诸附离之者,或起家至二千石。时雄方草《太玄》,有以自守,泊如也。或嘲雄以玄尚白,而雄解之,号曰《解嘲》。其辞曰:

客嘲扬子曰:"吾闻上世之士,人纲人纪,不生则已,生则上尊人君,下荣父母,析人之圭,儋人之爵,怀人之符,分人之禄,纡青拖紫,朱丹其毂。今子幸得遭明盛之世,处不讳之朝,与群贤同行,历金门上玉堂有日矣,曾不能画一奇,出一策,上说人主,下谈公卿。

目如耀星，舌如电光，壹从壹衡，论者莫当，顾而作《太玄》五千文，支叶扶疏，独说十馀万言，深者入黄泉，高者出苍天，大者含元气，纤者入无伦，然而位不过侍郎，擢才给事黄门，意者玄得毋尚白乎？何为官之拓落也？"

扬子笑而应之曰："客徒欲朱丹吾毂，不知一跌将赤吾之族也！往者周罔解结，群鹿争逸，离为十二，合为六七，四分五剖，并为战国。士无常君，国亡定臣，得士者富，失士者贫，矫翼厉翮，恣意所存，故士或自盛以橐，或凿坏以遁。是故邹衍以颉亢而取世资，孟轲虽连蹇，犹为万乘师。"

"今大汉左东海，右渠搜，前番禺，后陶涂。东南一尉，西北一候。徽以纠墨，制以质铁，散以礼乐，风以《诗》《书》，旷以岁月，结以倚庐。天下之士，雷动云合，鱼鳞杂袭，咸营于八区，家家自以为稷、契，人人自以为咎繇，戴纵继垂缨而谈者皆拟于阿衡，五尺童子羞比晏婴与夷吾。当涂者入青云，失路者委沟渠。且握权则为卿相，夕失势则为匹夫。譬若江湖之雀，勃解之鸟，乘雁集不为之多，双凫飞不为之少。昔三仁去而殷虚，二老归而周炽，子胥死而吴亡，种、蠡存而粤伯，五羖入而秦喜，乐毅出而燕惧，范雎以折摺而危穰侯，蔡泽虽噤吟而笑唐举。故当其有事也，非萧、曹、子房、平、勃、樊、霍则不能安；当其亡事也，章句之徒相与坐而守之亦亡所患。故世乱则圣哲驰骛而不足，世治则庸夫高枕而有馀。"

"夫上世之士，或解缚而相，或释褐而傅；或倚夷门而笑，或横江潭而渔；或七十说而不遇，或立谈间而封侯；或枉千乘於陋巷，或扫帚彗而先驱。是以士颇得信其舌而奋其笔，窒隙蹈瑕而无所诎也。当今县令不请士，郡守不迎师，群卿不揖客，将相不俯眉。言奇者见疑，行殊者得辟。是以欲谈者宛舌而固声，欲行者拟足而投迹。乡使上世之士处乎今，策非甲科，行非孝廉，举非方正，独可抗疏，时道是非，高得待诏，下触闻罢，又安得青紫？"

"且吾闻之，炎炎者灭，隆隆者绝，观雷观火，为盈为实，天收其声，地藏其热。高明之家，鬼瞰其室。攫拿者亡，默默者存；位极者宗危，自守者身全。是故知玄知默，守道之极；爱清爱静，游神之廷；惟寂惟寞，守德之宅。世异事变，人道不殊，彼我易时，未知何如。今子乃以鸱枭而笑凤凰，执蝘蜓而嘲龟龙，不亦病乎！子徒笑我玄之尚白，吾亦笑子之病甚，不遭夷跗、扁鹊，悲夫！"

客曰："然则靡《玄》无所成名乎？范、蔡以下何必《玄》哉？"

扬子曰："范雎，魏之亡命也，折胁拉髂，免於徽索，翕肩蹈背，扶服入橐，激卭万乘之主，界泾阳抵穰侯而代之，当也。蔡泽，山东之匹夫也，锁颐折颔，涕唾流沫，西揖强秦之相，扼其咽，炕其气，附其背而夺其位，时也。天下已定，金革已平，都于雒阳，娄敬委辂脱挽，掉三寸之舌，建不拔之策，举中国徙之长安，适也。五帝垂典，三王传礼，百世不易，叔孙通起于枹鼓之间，解甲投戈，遂作君臣之仪，得也。《甫刑》靡敝，秦法酷烈，圣汉权制，而萧何造律，宜也。故有造萧何律於唐、虞之世则悖矣，有作叔孙通仪于夏、殷之时则惑矣，有建娄敬之策于成周之世，则缪矣，有谈范、蔡之说于金、张、许、史之间则狂矣。萧规曹随，留侯画策，陈平出奇，功若泰山，响若抵陨，唯其人之赡知哉，亦会其时之可为也。故为可为于可为之时则从，为不可为于不可为之时则凶。夫蔺先生收功於章台，四皓采荣于南山，公孙创业于金马，骠骑发迹于祁连，司马长卿窃訾于卓氏，东方朔割炙于细君。

仆诚不能与此数公者并，故默然独守吾《太玄》。"雄以为赋者，将以风也，必推类而言，极丽靡之辞，闳侈钜衍，竞于使人不能加也，既乃归之于正，然览者已过矣。往时武帝好神仙，相如上《大人赋》，欲以风，帝反缥缥有陵云之志。繇是言之，赋劝而不止，明矣。又颇似俳优淳于髡、优孟之徒，非法度所存，贤人君子诗赋之正也，於是辍不复为。而大潭思浑天，参摹而四分之，极于八十一。旁则三摹九据，极之七百二十九赞，亦自然之道也。故观《易》者，见其卦而名之；观《玄》者，数其画而定之。《玄》首四重者，非卦也，数也。其用自天元推一昼一夜阴阳数度律历之纪，九九大运，与天终始。故《玄》三方、九州、二十七部、八十一家、二百四十三表、七百二十九赞，分为三卷，曰一二三，与《泰初历》相应，亦有颛顼之历焉。揲之以三策，关之以休咎，绋以象类，播之以人事，文之以五行，拟之以道德仁义礼知。无主无名，要合《五经》，苟非其事，文不虚生。为其泰曼漶而不可知，故有《首》《冲》《错》《测》《摛》《莹》《数》《文》《掜》《图》《告》十一篇，皆以解剥《玄》体，离散其文，章句尚不存焉。《玄》文多，故不著。观之者难知，学之者难成。客有难《玄》大深，众人之不好也，雄解之，号曰《解难》。其辞曰：

客难扬子曰："凡著书者，为众人之所好也，美味期乎合口，工声调於比耳。今吾子乃抗辞幽说，闳意眇指，独驰骋于有亡之际，而陶冶大炉，旁薄群生，历览者兹年矣，而殊不寤。宣费精神于此，而烦学者于彼，譬画者画于无形，弦者放于无声，殆不可乎？"

扬子曰："俞。若夫闳言崇议，幽微之涂，盖难与览者同也。昔人有观象於天，视度於地，察法于人者，天丽且弥，地普而深，昔人之辞，乃玉乃金。彼岂好为艰难哉？势不得已也。独不见夫翠虬绛螭之将登呼天，必耸身于仓梧之渊，不阶浮云，翼疾风，虚举而上升，则不能撠胶葛，腾九闳。日月之经不千里，则不能烛六合，耀八纮；泰山之高不嶕峣，则不能浡滃云而散歊烝。是以宓牺氏之作《易》也，绵络天地，经以八卦，文王附六爻，孔子错其象而象其辞，然后发天地之藏，定万物之基。《典》《谟》之篇，《雅》《颂》之声，不温纯深润，则不足以扬鸿烈而章缉熙。盖胥靡为宰，寂寞为尸；大味必淡，大音必希；大语叫叫，大道低回。是以声之眇者不可同於众人之耳，形之美者不可棍于世俗之目，辞之衍者不可齐於庸人之听。

今夫弦者，高张急徽，追趋逐耆，则坐者不期而附矣；试为之施《咸池》，揄《六茎》，发《萧韶》，咏《九成》，则莫有和也。是故钟期死，伯牙绝弦破琴而不肯与众鼓；犹人亡，则匠石辍斤而不敢妄斫。师旷之调钟，俟知音者之在后也；孔子作《春秋》，几君子之前睹也。老聃有遗言，贵知我者希，此非其操与！"

雄见诸子各以其知舛驰，大氐诋訾圣人，即为怪迂，析辩诡辞，以挠世事。虽小辩，终破大道而或众，使溺于所闻而不自知其非也。及太史公记六国，历楚、汉，讫麟止，不与圣人同，是非颇谬于经，故人时有问雄者，常用法应之，撰以为十三卷，象《论语》，号曰《法言》。《法言》文多不著，独著其目：(以下《法言序》原文不录。)

赞曰："雄之自序云尔。初，雄年四十馀，自蜀来至游京师，大司马车骑将军王音奇其文雅，召以为门下史，荐雄待诏，岁馀，奏《羽猎赋》，除为郎，给事黄门，与王莽、刘歆并。哀帝之初，又与董贤同官。当成、哀、平间，莽、贤皆为三公，权倾人主，所荐莫不拔擢，而雄三世不徙官。及莽篡位，谈说之士用符命称功德获封爵者甚众，雄复不侯，以耆老久次转为大夫，恬于势利乃如是。实好古而乐道，其意欲求文章成名于后世，以为经莫大于

《易》，故作《太玄》；传莫大于《论语》，作《法言》；史篇莫善于《仓颉》，作《训纂》；箴莫善于《虞箴》，作《州箴》；赋莫深于《离骚》，反而广之；辞莫丽于相如，作四赋：皆斟酌其本，相与放依而驰骋云。用心于内，不求于外。于时人皆习之，唯刘歆及范逡敬焉，而桓谭以为绝伦。"

王莽时，刘歆、甄丰皆为上公。莽既以符命自立，既位之后欲绝其原以神前事，而丰子寻、歆子棻复献之。莽诛丰父子，投棻四裔，辞所连及，便收不请。时雄校书天禄阁上，治狱使者来，欲收雄，雄恐不能自免，乃从阁上自投下，几死。莽闻之曰："雄素不与事，何故在此？"间请问其故，乃刘棻尝从雄学作奇字，雄不知情。有诏勿问。然京师为之语曰："惟寂寞，自投阁；爱清静，作符命。"

雄以病免，复召为大夫。家素贫，耆酒，人希至其门。时有好事者载酒肴从游学，而钜鹿侯芭常从雄居，受其《太玄》《法言》焉。刘歆亦尝观之，谓雄曰："空自苦！今学者有禄利，然尚不能明《易》，又如《玄》何？吾恐后人用覆酱瓿也。"雄笑而不应。年七十一，天凤五年卒。侯芭为起坟，丧之三年。

时大司空王邑、纳言严尤闻雄死，谓桓谭曰："子尝称扬雄书，岂能传于后世乎！"谭曰："必传，顾君与谭不及见也。凡人贱近而贵远，亲见扬子云禄位容貌不能动人，故轻其书。昔老聃著虚无之言两篇，薄仁义，非礼学，然后世好之者尚以为过于《五经》，自汉文、景之君及司马迁皆有是言。今扬子之书文义至深，而论不诡于圣人，若使遭遇时君，更阅贤知，为所称善，则必度越诸子矣。"诸儒或讥以为雄非圣人而作经，犹春秋吴、楚之君僭号称王，盖诛绝之罪也。自雄之没至今四十馀年，其《法言》大行，而《玄》终不显，然篇籍具存。

【译文】

扬雄字子云，蜀郡成都人。他的先祖出自周代的伯侨，以旁支庶族食采邑于晋国的扬地，便以扬为姓，不知伯侨是周的那一个宗族。扬地在黄河与汾水之间，周王朝衰落，扬氏有人称侯，号为扬侯。时值晋国六卿争权，韩、魏、赵兴盛而范、中行、知伯破败。在这个时候，威逼扬侯，扬侯逃到楚国巫山，便在那里落户。楚、汉起兵反秦，扬氏溯江而上，在巴郡江州居住。后来扬季官至庐江太守。汉武帝元鼎年间，因躲避仇敌又溯江而上，在岷山北名叫郫的地方居住，有田一百亩，有住宅一套，世代以务农养桑为业。从扬季到扬雄，五代单传，所以扬雄在蜀郡没有其他姓扬的亲属。

扬雄幼而好学，不研究章句，以读懂文义为原则，博览群书，没有他不看的。为人简朴随便，口吃不善谈吐，保持沉默而好深思，清静无为，很少嗜好，对富贵不汲汲追求，对贫贱不愁眉苦脸，不循规蹈矩以邀名当世。家产不够买一匹马，匮乏到无一石一斗的积蓄，仍旧泰然自若。气度不凡，不是圣贤的书不读；不符合自己的心意，虽富贵不为。但擅长辞赋。

在此以前，蜀郡有司马相如，作赋十分宏丽温雅，扬雄心中特别推崇他，每次作赋，都以他为样板进行模仿。又埋怨屈原的文采超过相如，却不被社会所容，作《离骚》，自己投江而死，怜悯他的文采，每次阅读没有不落泪的。认为君子逢时便进取，不逢时便隐退，遇和不遇是命里注定的，何必投水呢！于是写书，往往取《离骚》之文而加以反对，从岷山投于江流中以凭吊屈原，名为《反离骚》。又依照《离骚》增写一篇，名叫《广骚》。又依照《惜诵》以下至《怀沙》作一卷，名叫《畔牢愁》。《畔牢愁》《广骚》篇幅太大不加载录，只载录《反离骚》，其文说：（以下《反离骚》全文不译。）

汉成帝时，有客人推荐扬雄的文章类似相如，皇上正好要郊祭甘泉泰畤、汾阴后土，以求子嗣，召扬雄在承明殿待诏。正月，随皇上至甘泉，回来后上奏《甘泉赋》进行讽谏。其文说：（以下《甘泉赋》全文不译。）

甘泉宫原本承袭秦朝的离宫，已十分奢泰，而汉武帝又增建通天、高光、迎风等建筑。宫外近则有洪崖、旁皇、储胥、弩阹，远则有石关、封峦、枝鹊、露寒、棠梨、师得，这些供游览观光的场所千姿百态，瑰玮壮观，不是只削光木头不加雕饰，抹好墙壁不进行绘画，像周宣王建造的、殷盘庚迁居的、夏代低矮的宫室、唐尧虞舜的栎木橡子土阶三级的规定那样。因为它为时已久，不是成帝建造的，想进谏但时间不对头，想沉默又办不到，所以便进一步对它加以美化，才上比于天帝居住的紫宫，好像说这不是人力建造的，大概只有鬼神才可以办到啊。又此时赵昭仪正大受宠幸，每次上甘泉，都依法跟随，在属车里最后一辆系豹尾的车中。所以扬雄姑且极言车骑甚多，驾车的马甚众，不像是要感动天地、迎福于三神的样子。又说"让玉女隐藏，使宓妃退避"，在于含蓄告诫上甘泉是一件专一虔诚的事情。《甘泉赋》写成上奏，天子十分诧异。

同年三月，将祭后土，皇上于是率领群臣横渡黄河，奔赴汾阴。祭祀结束，行游介山，绕过安邑，观龙门，览盐池，登历观，陟西岳以遥望八方，追寻殷、周的遗迹，遥想唐、虞的风采。扬雄认为临川羡鱼不如归而结网，回去以后，上奏《河东赋》进行规劝，其文说：（以下《河东赋》全文不译。）

同年十二月，士卒背负羽箭随皇上狩猎，扬雄跟随。他认为过去在尧、舜、夏、殷、周的时候，宫馆台榭沼池苑囿林麓薮泽的财富足以供奉天地宗庙的祭祀，招待宾客，满足庖厨的需要就行了，不侵占百姓肥沃的种粮养桑的土地。女的有剩余的布，男的有剩余的粟，国家殷实，上下都十分富裕，所以甘露降落庭院，醴泉流经庙前，凤凰在树上结巢，黄龙在沼池游戏，麒麟来到苑囿，神雀栖息林中。从前禹任用益为主管山泽的官员而山川平地风调雨顺，草木茂盛；成汤喜好打猎而天下费用充足；文王园囿百里，人民认为太小；齐宣王园囿四十里，人民以为太大，区别在于是富民还是夺民。汉武帝扩建上林苑，南至宜春、鼎湖、御宿、昆吾，傍南山向西，至长杨、五柞，向北绕过黄山，濒临渭水向东，周长数百里。凿昆明池像滇池，营造建章、凤阙、神明、驱婆，渐台、泰液像海水周流方丈、瀛洲、蓬莱。供游玩观赏的宫殿奢侈浪费，穷尽美妙华丽。虽然从三面分割出不少地方供给平民百姓，但是打猎用的车辆马匹器械储备和守卫的设置，还是太奢华过分，与尧、舜、成汤、文王只为满足祭祀、待客、食用的目的完全不同。又担心后世再追求从前的这种嗜好，不吸取鲁国非礼筑泉台而后又毁坏的教训，所以姑且借《校猎赋》进行讽谏，其文说：（以下《校猎赋》全文不译。）

第二年，皇上将以禽兽众多向胡人夸海口，秋天，命右扶风征调人民进南山，西自褒斜，东至弘农，向南直奔汉中，张开捕捉鸟兽的罗网，抓获熊罴豪猪虎豹狨貒狐兔麋鹿，用槛车装载，运到长杨射熊馆。用罗网遮盖场地，将禽兽释放在里面，让胡人动手捕捉它们，猎物归己，皇上亲临观看。这时，不准农民收获。扬雄随从到射熊馆，归来后，奏上

《长杨赋》，因为笔墨能写成文章，所以姑且借用翰林作为文中的主人，子墨作为文中的客卿进行讽谏。其文说：（以下《长杨赋》全文不译。）

汉哀帝时，丁太后、傅太后、董贤执掌朝政，许多攀附他们的人，有的起家做了二千石的大官。当时扬雄正起草《太玄》，得以自持，恬淡自如。有人讥讽扬雄是因为《太玄》没有写成的缘故，扬雄对此进行解释，称为《解嘲》。其文说：

客人嘲讽扬子说："我听说前代的士人是众人的榜样，不生则已，生就能上使君主尊崇，下使父母显荣，能得到君主颁给的珪玉，获得君主赐给的爵位，怀揣君主分给的符节，享受君主供给的俸禄，佩戴显贵的印绶，乘坐染红的车子。如今你有幸赶上开明盛世，处在无所顾忌的朝堂，与群贤同列，历金门上玉堂已指日可待了，却未能制订一个出色的谋略，献上一条高明的计策，向上劝说君主，向下议论公卿。您目如明星，舌似闪电，纵横捭阖，论者莫当，反而作《太玄》五千言，枝叶扶疏，独自论说十多万言，深者入黄泉，高者出苍天，大者含元气，细者入无伦，可是官位不过侍郎，经提拔才到给事黄门。想来是《太玄》还未写成的缘故吧？为何官运如此不佳呢？"

扬子笑着回答说："您只想染红我的车子，不知道一旦失足将血染我的家族啊！过去周王朝瓦解，诸侯争雄，天下分为十二国，兼并后还有六、七国，四分五裂，成为战国。士人没有固定的君主，国家没有固定的臣属，得到士人的就富强，失去士人的就贫弱，展翅奋翼，恣意存留，所以士人有的藏身避祸以干进，有的凿壁辞官以逃遁。因此骋衍以迂阔而获取世间资财，孟轲虽遭遇艰难，尚且成为帝王的老师。"

"如今大汉朝东至东海，西至渠搜，南至番禺，北至陶涂。东南设一都尉，西北建一关侯。用绳索捆绑，用斧锧制裁，用礼乐约束，用《诗》《书》教化，旷日持久，结庐居丧方能仕进。天下的士人，如雷动云合，如鱼鳞杂袭，都在八方经营，家家自认为是后稷和契，人人自认为是皋陶，成年男子一开口都把自己比作伊尹，五尺童子也羞与晏婴、管仲相提并论。当权的青云直上，落拓的委弃沟渠。早上掌权就成为卿相，晚上失势就变为匹夫。好比江湖上的雀，勃解中的鸟，四只大雁降落不算多，两只野鸭起飞不为少。从前三位仁人离去殷朝就成为废墟，两位老人归来周朝就兴旺发达，伍子胥一死吴国就灭亡，文种、范蠡存在越国就称霸诸侯，百里奚到来秦国就高兴，乐毅出走燕国就恐惧，范雎以折胁断齿的屈辱之身而危及重臣穰侯，蔡泽虽然面颊歪斜却笑辞算命先生唐举。所以当国家有事的时候，没有萧何、曹参、张良、陈平、周勃、樊哙、霍去病则不能安定；当国家无事的时候，咬文嚼字的儒生坐在一起看守也无可忧虑。所以世道混乱，那么圣人哲人四处奔波也不够，社会太平那么庸夫俗子高枕而有余。"

"前代的士人，有的被去掉捆绑的绳索而任用为相，有的脱去粗麻衣服而成为傅；有的是看守夷门的小卒而得意地笑，有的横渡江潭而隐居垂钓；有的年过七十游说而不遇，有的立谈之间而封侯；有的使诸侯屈就于陋巷，有的让诸侯拿着扫帚在前边清道。因此士人能够充分活动他们的舌头，玩弄他们的笔杆，堵塞漏洞、掩盖过失而从未屈服。如今县令不请士，郡守不迎师，众卿不揖客，将相不低眉。言语奇异的被怀疑，行为特殊的遭惩罚。因此想说的收紧舌头不出声，想走的打量双脚才迈步。如果让前代的士人处在今天，那么考试不能入甲科，行为不能称孝廉，举止不能属端正，只能上书直言，相机陈述是非，好的得一个待诏的头衔，差的一闻声便遭罢免，又怎能得到高官厚禄？"

"况且我听说，熊熊的火焰遭熄灭，隆隆的雷声被断绝，听雷观火，盈耳实目，天收雷声，地藏火热。富贵人家，鬼窥视其房室。争夺的人死，老老实实的人生；官位太高的宗族十分危险，能控制自己的自身才能安全。因此懂得无为，是守道的根本；能够清静，是娱神的殿堂；安于寂寞，是守德的宅舍。时代不同，人事变更，但人们处世的原则并没有两样，前人与我换个时代，不知怎样安排。如今您却用鸥鹑耻笑凤凰，拿蜥蜴嘲讽龟龙，不是大错特错了么！您凭空笑我是因《太玄》没有写成的缘故，我也笑您病入膏肓，却没有遇上良医俞跗、扁鹊，太可悲了！"

客人说："如此说来没有《太玄》就成不了名吗？范雎、蔡泽以下哪里是靠《太玄》呢？"

扬子回答："范雎是魏国的亡命之徒，被打断肋骨，才免遭刑罚，收肩塌背，爬进口袋，后来用激怒秦国君主的办法，离间泾阳，攻击穰侯，并取而代之，这是符合了当时的情况。蔡泽是山东的一个匹夫，凹脸塌鼻，流鼻涕，飞唾沫，到西方拜见强秦的宰相范雎，扼住他的咽喉，断绝他的气息，拍着他的后背而夺取他的职位，这是赶上了好机会。天下已经安定，兵革已经平息，建都洛阳，娄敬放下拉车的绳索，掉三寸不烂之舌，献出稳妥的计策，提出将国都迁往长安，这是适应了当时的形势。五帝留下经典，三王传下礼仪，百世不易，叔孙通在战争年代挺身而出，解除武装，于是制订君臣之间的礼仪，这是找到了应有的归宿。《甫刑》败坏，秦法酷烈，神圣的汉朝采取临时措施，于是萧何制定法律，这是顺应了形势的需要。所以如果有人在唐尧、虞舜的社会制订萧何的法律就太荒谬了，如果有人在夏朝、殷朝的时代拟订叔孙通的礼仪就太糊涂了，如果有人在西周的社会提出娄敬的计策就太无聊了，如果有人在汉代功臣金家、张家、宣帝外戚许家、史家之间论说范雎、蔡泽的主张就是发疯了。萧规曹随，张良出谋划策，陈平出奇制胜，功若泰山，响若崖崩，岂止是这些人富于智慧呢，也正好是当时的环境可以有所作为啊。所以在可以有所作为的时代做可以做的事情，就十分顺利，在无可作为的时代做不可以做的事情就十分危险。蔺相如在章台献和氏璧而立下大功，四皓在南山隐居而获取美名，公孙弘在金马门对策而建功立业，霍去病在祁连争战而发迹，司马相如从卓氏暗取资财，东方朔为妻子细君割取赐肉。我的确不能和以上诸公相比，所以默默地独自守着我的《太玄》。"

扬雄认为赋是为了用来进行讽谏的，必定使用类推的手法来表达思想，采用极其华丽的辞藻，尽力加以夸张敷衍，努力使人无法超过，然后才回归正题，但阅读的人已产生了错觉。从前汉武帝喜好神仙，司马相如奏上《大人赋》，想进行讽谏，皇帝反而飘飘然有驾云成仙的念头。由此说来，用赋进行劝阻不可能达到目的，是十分明白的了。赋又特别类似滑稽无聊的淳于髡、优孟之徒，没有法度可言，贤人君子主张诗赋要纯正，因此我停下来不再作赋。而用力深思浑天，模拟天地人三才，析画为三，而分为方、州、部、家四重为一首，最后共得八十一首。另外又析画为三，而三分阴阳为每首九赞，最后共得七百二十九赞，也即是自然的法则。所以阅读《周易》的看见卦象就能认识它的名称，阅读《太玄》的数它的画就可确定它的位置。《太玄》每首四重，这不是卦，而是数，它的功用是按周历推究昼夜阴阳数度律历的规律，《太玄》分为九天，每天九首，九九八十一首为一大周期，与一年四时的变化相终始。所以《太玄》包括三方、九州、二十七部、八十一家、二百四十三表、七百二十九赞，分为三卷，称为一、二、三，与《太初历》相应，也包含有《颛顼历》

在里边。《太玄》的占筮是以三策为组分数而得首,其中贯穿吉凶,杂列象类,分布人事,文饰五行,拟议道德仁义礼智。没有主名,中心在于符合《五经》,假若不是应当论述的事情,绝不凭空添一句话。因为怕它太笼统而不容易明白,所以有《首》《冲》《错》《测》《摘》《莹》《数》《文》《捝》《图》《告》十一篇,都是用来解剖《太玄》体系的,其文离散,章句姑且不存。《太玄》字数太多,所以不加著录。观看《太玄》的人很难弄清楚,学习《太玄》的人很难取得成功。有客人责难《太玄》太深奥,众人不喜好它,扬雄进行解释,号为《解难》,其文说:

客人责难扬子说:"大凡著书的人,都是为了求得众人的喜好,美味在于能适合众人之口,妙乐在于能取悦众人之耳。如今您却文辞艰深,论述隐晦,旨意宏大而微妙,一个人在似有似无之间驰骋,而囊括天地造化,涉及众生万物,历来阅读的人已经穷年累月,却仍旧十分糊涂。你在这边浪费精神,又在那边烦劳读者,好比画家画图而无形,演奏家奏曲而无声,大概不应该吧!"

扬子回答说:"对啊!宏大高明的言论,精深微妙的道理,实难与读者共享。古代有人从天观天象,从地势地理,从人察礼法,天上附着日月星辰而且无边无际,大地广大无垠而且深不可测,古人的言辞恰好如金似玉。他们哪里是喜好艰深呢,形势不得不这样啊!难道没有看见翠龙绛龙在将要登天的时候,必定从苍梧的深渊里纵身向上,不借助浮云,驾驭疾风,凭空腾起而上升,那就不能据清气,跃九天之门。日月的运行不到千里,就不能烛照上下四方,光耀天际;泰山的高处不峻峭,就不能广聚云雾,上蒸云气。因此伏羲氏作《易》,沟通天地,用八卦进行治理,文王重卦为六爻共六十四卦,孔子著《象传》《彖传》,然后揭示出天地的奥秘,确立了万物的基础。《尚书》中的《典》《谟》,《诗经》中的《雅》《颂》,如果不温纯深润,就不足以弘扬伟业而显露光明。原来虚静是主宰,寂寞是主人,大味必淡,大音必稀,大语悠远,大道迂曲。因此声音美妙的不可能适合众人的耳朵,形体美丽的不可能满足世俗的眼睛,言辞优美的不可能使庸人听后都满意。如今演奏者高声弹奏,迎合听众的嗜欲爱好,那么坐着的也会不约而同地起来附和。如果为他们演奏《咸池》《六茎》《萧韶》,歌咏《九成》,就不会有人附和了。因此钟子期死后,伯牙便绝弦破琴而不肯为众人演奏;犹人死后,匠石便放下斧头而不敢妄替他人斫削鼻上的灰泥。师旷要调准钟的声音,是等待后来有知音的人;孔子写《春秋》,是希望君子能借鉴前人。老聃留下遗言,以'知我者稀'为贵,这不正是他的操守吗!"

扬雄看到诸子都凭借自己的智慧背道而驰,大都诋毁圣人,变得荒诞不经,巧言善辩,以搅乱时政。虽然是小小的诡辩,最终破坏大道而惑乱众人,致使沉溺于所闻而不自知这是错误的。至太史公司马迁记述六国,经历楚、汉,止于汉武帝获麟,与圣人不同,是非颇与经书相违,所以时常有人向扬询问,扬雄常依礼法回答他们,编纂为十三卷,类似《论语》,名叫《法言》。《法言》字数太多,不著录,只著录它的《序》:(《法言序》全文不译。)

赞说:"上面是扬雄的《自序》。当初,扬雄四十多岁,从蜀来游京师,大司马车骑将军王音十分赞赏他的文采,召他做门下史,荐举他为待诏。一年后,上奏《羽猎赋》,提升为郎,给事黄门,与王莽、刘歆比肩。哀帝初年,又与董贤同官。在成帝、哀帝、平帝时,王莽、董贤都成为三公,权倾人主,推荐的人没有不提拔的,但扬雄却三都都没有升官。至王莽篡位,游说的士人用祥瑞象征天命称颂帝王的功德而获得爵位的人相当多,扬雄又没有得到封爵,因年迈长期滞留转为大夫,他淡于势利就是如此。一心好古而乐道,他的本意是想用文章成名于后世,认为经书没有超过《易》的,所以作《太玄》;传文没有超过《论语》的,作《法言》;字书没有胜过《仓颉》的,作《训纂》;箴没有胜过《虞箴》的,作《州箴》;赋没有比《离骚》水平更高的,作《反离骚》和《广骚》;文辞没有比司马相如更华丽的,作赋四篇:对所有范本都经过反复斟酌,在模仿的基础上充分发挥。在内容上用心,不追求形式。当时的人都轻视他,只有刘歆和范逡尊敬他,而桓谭认为他超群绝伦。"

王莽时,刘歆、甄丰都是上公。王莽既然利用符命自立为帝,即位以后想断绝其根源使从前的事情神秘化,而甄丰之子甄寻、刘歆之子刘棻又献符命。王莽诛杀甄丰父子,流放刘棻到幽州,供词连及的人,不用奏请便抓起来。当时扬雄在天禄阁上校书,治狱使者到来,想抓扬雄,扬雄害怕不能自免于罪,便自己从阁上跳下去,差点摔死。王莽听到后说:"扬雄向来不参与符命之事,为何在此?"私下请人问事情的原委,乃刘棻尝跟扬雄学写古文的异体字,扬雄不知情。下诏书不要问罪。但京师编出这样的话说:"惟寂寞,自投阁;爰清静,作符命。"

扬雄因病免官,又召为大夫。家中向来贫穷,嗜好饮酒,很少有人到他家。当时有喜好多事的人载着酒肴去跟他学习,而钜鹿侯芭时常与扬雄住在一起,向他学习《太玄》《法言》。刘歆也曾经观看《太玄》,对扬雄说:"自己白受苦!如今学者有利禄可图,尚且不能够将《易》研究清楚,又能把《太玄》怎么样呢?我担心后人用来盖酱坛子。"扬雄笑而不答。年七十一,于天凤五年逝世。侯芭替他起坟,守丧三年。

当时大司空王邑、纳言严尤听到扬雄的死讯,对桓谭说:"您曾经称赞扬雄的作品,难道能留传于后世吗?"桓谭说:"肯定留传,但您和我是见不到的。人们都贱近而贵远,亲自看见扬雄的禄位容貌不能动人,所以轻视他的作品。从前老聃著宣扬虚无的《道德经》两篇,鄙薄仁义,非毁礼学,但后世喜好《道德经》的人尚且认为超过《五经》,从汉文帝、景帝到司马迁都有这种说法。如今扬子的著作文义十分深奥,而论说不违背圣人,如果被当时的君主看中,再遭逢贤人智士,得到他们的称赞,那么肯定就远远超过诸子了。"有的儒生进行讥讽,认为扬雄不是圣人而创作经书,就如同春秋时吴国、楚国的君主僭号为王一样,原本就犯了应斩尽杀绝的罪过。从扬雄死后至今已四十多年,他的《法言》畅行,而《太玄》终究无闻,但书籍全都保存下来了。

王温舒传

【题解】

王温舒(?~前104),西汉左冯翊阳陵(今陕西咸阳东)人。西汉中、后期酷吏中的代表性人物,主要活动于武帝年间。年轻时曾用铁椎杀过人。为官后,采用以毒攻毒之策略,要挟、起用一些蛮悍、勇猛而又犯有罪过的人为捕吏,对所捕获的犯人,判罪严酷,多为死刑。他以杀戮树立了自己的威名。他这一套在当时对治理社会治安，倒也有成效，因而一度深受武帝信任。后因犯事，畏罪自杀。

【原文】

王温舒，阳陵人也。少时椎埋为奸。已而试县亭长，数废。数为吏，以治狱至廷尉史。事张汤，迁为御史，督盗贼，杀伤甚多。稍迁至广平都尉，择郡中豪敢往吏十馀人为爪牙，皆把其阴重罪，而纵使督盗贼，快其意所欲得。此人虽有百罪，弗法；即有避回，夷之，亦灭宗。以故齐赵之郊盗不敢近广平，广平声为道不拾遗。上闻，迁为河内太守。

素居文平时，皆知河内豪奸之家。及往，以九月至，令郡具私马五十匹，为驿自河内至长安，部吏如居广平时方略，捕郡中豪猾，相连坐千余家。上书请，大者至族，小者乃死，家尽没入偿臧。奏行不过二日，得可，事论报，至流血十余里。河内皆怪其奏，以为神速。尽十二月，郡中无犬吠之盗。其颇不得，失之旁郡，追求，会春，温舒顿足叹曰："嗟乎，令冬月益展一月，卒吾事矣！"其好杀行威不爱人如此。

上闻之，以为能，迁为中尉。其治复放河内，徒请召猜祸吏与从事，河内则杨皆、麻戊，关中扬赣、成信等。义纵为内史，惮之，未敢恣治。及纵死，张汤败后，徙为廷尉。而尹齐为中尉坐法抵罪，温舒复为中尉。为人少文，居它惛惛不辩，至于中尉则心开。素习关中俗，知豪恶吏，豪恶吏尽复为用。吏苛察淫恶少年，投缿告言奸，置伯落长以收司奸。温舒多诌，善事有势者，即无势，视之如奴。有势家，虽有奸如山，弗犯；无势，虽贵戚，必侵辱。舞文巧，请下户之猾，以动大豪。其治中尉如此。奸猾穷治，大氐尽靡烂狱中，行论无出者。其爪牙吏虎而冠。於是中尉部中中猾以下皆伏，有势者为游声誉，称治。数岁，其吏多以权贵富。

温舒击东越还，议有不中意，坐以法免。是时上方欲作通天台而未有人，温舒请覆中尉脱卒，得数万人作。上说，拜为少府。徙右内史，治如其故，奸邪少禁。坐法失官，复为右辅，行中尉，如故操。

岁余，会宛军发，诏征豪吏。温舒匿其吏华成，及人有变告温舒受员骑钱，它奸利事，罪至族，自杀。其时两弟及两婚家亦各自坐它罪而族。光禄勋徐自为曰："悲夫！夫古有三族，而王温舒罪至同时而五族乎！"温舒死，家累千金。

【译文】

王温舒，是阳陵县人。年轻时干过用铁锤把人杀死后掩埋起来的不法之事。不久，补为阳陵县的一个亭的亭长，多次被免职。后来又几次担任小吏，由于审理案件有成绩，官至廷尉史，在廷尉张汤手下任职。被提升为御史，督察盗贼情况，杀死杀伤很多盗贼。渐渐升至文平郡都尉。他选择广平郡中性格勇悍果敢、不计身家性命的从吏十多人作为爪牙，都用他们所犯下的、还没有暴露的罪过要挟他们，放手让他们督察盗贼情况，满足他们的欲求。如果他们在抓捕盗贼中十分卖力，纵使先前犯法无数，也不追究；如果他们抓捕盗贼不尽力，便用其以前所犯之罪处以死刑，同时还杀灭其家族。因此齐、赵郊野的盗贼不敢走近广平郡。广平郡被称为"道不拾遗"。汉武帝听说后，把王温舒升为河内太守。

往日在广平郡时，王温舒就已尽知河内郡中豪强和犯法人家的情况，等他到了河内郡，时当九月，他命令郡中安排私人马匹五十匹，在河内郡通往长安的路上设置驿所，用在广平郡使用过的方法谋略来设置吏从，抓捕河内郡中豪强犯法者，牵连了一千多家。王温舒上书武帝请求诛杀，罪重者连家族一起处死，罪轻者处死本人，没收所有家财来抵偿原先的非法所得。上奏发出不到两天，武帝予以批准，王温舒按奏文行事，处死了很多人，以至死者的血流了十几里。河内郡的人们都很惊异他的奏文往返速度之快，认为是"神速"。到十二月底，河内郡中听不到因盗贼来而引起的犬吠之声。还有一些没有被抓捕到的盗贼，跑到邻郡中，王温舒继续进行追捕，适逢春季来到，(不能斩决罪犯)王温舒在地上跺脚叹息说："唉，如果能让冬季再延长一个月，我的事情就办完了！"他就是这样喜欢杀戮、树立威名、不爱惜人的生命。

武帝听说这些事情后，认为王温舒能干，把他提升为中尉，负责京城长安的治安。王温舒按照治理河内郡的方式来治理京城，只任用那些猜疑心重、行事严酷的属吏做随从人员，包括来自河内郡的杨皆、麻戊，来自关中地区的扬赣、成信等人。那时，义纵担任右内史，全面负责京城长安的事务，王温舒害怕他，不敢恣意酷暴。等到义纵死去和张汤垮台后，王温舒改任廷尉。而继任中尉尹齐犯法受到处理，王温舒又重新担任中尉。王温舒没有读过多少书，担任其他官职时神昏意滞，政绩不佳，担任中尉后，神思顿开。他一向熟悉关中地区的风俗习尚，知道豪强凶吏的情况，因此，豪强凶吏又全都为他所任用。他让从吏深察淫荡不法的年轻人，把检举信投在口小腹大的缿中告发他们的不法行为，在街巷村落设置官员抓捕不法者。王温舒很谄媚，对有权势的人巴结逢迎；如果这个人一旦失去了权势，他就将其视同奴仆一般。有权势的人家，不法的事情纵然堆积如山，也不去触犯他们；没有权势的人家，纵然是贵族外戚，也一定要欺凌折辱他们。他巧妙地编织法令条文，通过向皇帝奏请处置地位不高者的不法行为，来暗示豪族大家，让他们有所收敛。他就是这样治理京城治安的。他深究犯法者，动用酷刑，关押在牢狱中的人大都血肉模糊。审理结案的结果，没有人能活着出来。王温舒手下的随从属吏，如同头戴帽子的老虎一样残忍凶悍。当时，在中尉王温舒所治理的京城中，一般犯法者和小的犯法者都被治罪，有权势的人家到处为他说好话，京城长安被认为治理得好。几年之后，王温舒手下的随从属吏大都因为权贵人家的庇护而致富。

王温舒率兵进攻东越后回到长安，在议论国事时因不合武帝意旨，被以法免官。那时，武帝正想要修建通天台却苦于无人，王温舒请求复核中尉所辖没有收入登记册的士卒，有几万人，得以修建通天台。武帝很高兴，任命他为少府。又改任为右内史，像以前那样进行治理，犯法的事情被略微禁止。后来，王温舒因为犯法被免官，又担任右辅都尉，代行中尉职事，还是像以前那样理事。

一年多以后，适逢朝廷征发讨伐大宛的军队，武帝下诏征召豪吏入伍。王温舒把属吏华成藏了起来，加上有人告发王温舒接受骑兵的钱财，还有其他不法谋取私利的事情，按其罪应被灭族。王温舒自杀而死。当时，他的两个弟弟以及弟媳家族，也因为其他罪而被灭族。光禄勋徐自为说："悲哀啊！古代有三族之刑，而王温舒的罪行这样深重，以至同时有五族被灭了啊！"王温舒死后，他的家财累计有一千斤黄金。

严延年传

【题解】

严延年(？~前58)西汉东海下邳(今江苏睢宁北)人,字次卿。西汉、中后期酷吏中的代表性人物。早期担任侍御史时,曾以弹劾大将军霍光而名震朝野。后因事当处死刑,畏罪逃命,遇大赦而苟存性命。历任涿郡太守和河南郡太守。为官治事,反对进行教化,主张用严刑酷法来稳定社会。在任期间从严从快从重处理罪犯,杀人无数,血流几里,时人无不恐惧,称其为"屠伯"。因骄横狂妄,被人告发犯有诽谤朝政、对朝廷不满、没有道义等十项大罪,最终被斩首于闹市。值得一提的是,他审案时摧折豪强,扶助贫弱,对贫穷而又无权无势的普通百姓,偶尔也表现出"仁"的一面。

【原文】

严延年字次卿,东海下邳人也。其父为丞相掾,延年少学法律丞相府,归为郡吏。以选除补御史掾,举侍御史。是时大将军霍光废昌邑王,尊立宣帝。宣帝初即位,延年劾奏光"擅废立,亡人臣礼,不道"。奏虽寝,然朝廷肃焉敬惮。延年后复劾大司农田延年持兵干属车,大司农自讼不干属车。事下御史中丞,谴责延年何以不移书宫殿门禁止大司农,而令得出入宫。於是覆劾延年阑内罪人,法至死。延年亡命。会赦出,丞相御史府征书同日到,延年以御史书先至,诣御史府,复为掾。宣帝识之,拜为平陵令,坐杀不辜,去官。后为丞相掾,复擢好時令。神爵中,西羌反,强弩将军许延寿请延年为长史,从军败西羌,还为涿郡太守。

时郡比得不能太守,涿人毕野白等由是废乱。大姓西高氏、东高氏,自郡吏以下皆畏避之,莫敢与牾,咸曰:"宁负二千石,无负豪大家。"宾客放为盗贼,发,辄入高氏,吏不敢追。浸浸日多,道路张弓拔刃,然后敢行,其乱如此。延年至,遣掾蠡吾赵绣桉高氏得其死罪。绣见延年新将,心内惧,即为两劾,欲先白其轻者,观延年意怒,乃出其重劾。延年已知其如此矣。赵掾至,果白其轻者,延年索怀中,得重劾,即收送狱。夜入,晨将至市论杀之,先所桉者死,吏皆股弁。更遣吏分考两高,穷竟其奸,诛杀各数十人。郡中震恐,道不拾遗。

三岁,迁河南太守,赐黄金二十斤。豪强胁息,野无行盗,威震旁郡。其治务在摧折豪强,扶助贫弱。贫弱虽陷法,曲文以出之;其豪桀侵小民者,以文内之。众人所谓当死者,一朝出之;所谓当生者,诡杀之。吏民莫能测其意深浅,战栗不敢犯禁。桉其狱,皆文致不可得反。

延年为人短小精悍,敏捷於事,虽子贡、冉有通艺於政事,不能绝也。吏忠尽节者,厚遇之如骨肉,皆亲乡之,出身不顾,以是治下无隐情。然疾恶泰甚,中伤者多,尤巧为狱文、善史书,所欲诛杀,奏成於手,中主簿亲近史不得闻知。奏可论死,奄忽如神。冬月,传属县囚，会论府上，流血数里，河南号曰"屠伯"。令行禁止，郡中正清。

是时张敞为京兆尹，素与延年善。敞治虽严，然尚颇有纵舍，闻延年用刑刻急，乃以书论之曰："昔韩庐之取菟也，上观下获，不甚多杀。愿次卿少缓诛罚，思行此术。"延年报曰："河南天下喉咽，二周馀日毙，莠盛苗秽，何可不锄也？"自矜伐其能，终不衰止。时黄霸在颍川以宽恕为治，郡中亦平，娄蒙丰年，凤凰下，上贤焉，下诏称扬其行，加金爵之赏。延年素轻霸为人，及比郡为守，褒赏反在己前，心内不服。河南界中又有蝗虫，府丞义出行蝗，还见延年，延年曰："此蝗岂凤凰食邪？"义又道司农中丞耿寿昌为常平仓，利百姓，延年曰："丞相御史不知为也，当避位去。寿昌安得权此？"后左冯翊缺，上欲征延年，符已发，为其名酷复止，延年疑少府梁丘贺毁之，心恨。会琅邪太守以视事久病，满三月免，延年自知见废，谓丞曰："此人尚能去官，我反不能去邪？"又延年察狱史廉，有臧不入身，延年坐选举不实贬秩，笑曰："后敢复有举人者矣！"丞义年老颇悖，素畏延年，恐见中伤。延年本尝与义俱为丞相史，实亲厚之，无意毁伤也，馈遗之甚厚。义愈益恐，自筮得死卦，忽忽不乐，取告至长安。上书言延年罪名十事。已拜奏，因饮药自杀，以明不欺。事下御史丞按验，有此数事，以结延年，坐怨望非谤政治不道弃市。

初，延年母从东海来，欲从延年腊，到雒阳，适见报囚。母大惊，便止都亭，不肯入府。延年出至都亭谒母，母闭阁不见。延年免冠顿首阁下，良久，母乃见之，因数责延年："幸得备郡守，专治千里，不闻仁爱教化，有以全安愚民，顾乘刑罚多刑杀人，欲以立威，岂为民父母意哉！"延年服罪，重顿首谢，因自为母御，归府舍。母毕正腊，谓延年："天道神明，人不可独杀。我不意当老见壮子被刑戮也！行矣！去女东归，扫除墓地耳。"遂去。归郡，见昆弟宗人，复为言之。后岁余，果败，东海莫不贤知其母。延年兄弟五人皆有吏材，至大官，东海号曰"万石严妪"。次弟彭祖，至太子太傅。

【译文】

严延年，字次卿，东海郡下邳县人。他的父亲担任过丞相掾，严延年年轻时在丞相府学习法律，后来回到东海郡担任郡吏。被选补为御史掾，提升为侍御史。当时，大将军霍光废除昌邑王刘贺的帝位，尊立了宣帝。宣帝即位之初，严延年上奏弹劾霍光"擅自废立皇帝，没有人臣的礼仪规矩，失去道义"。严延年的上奏虽然被压下，然而朝廷官员对他肃然敬畏。后来，严延年又弹劾大司农田延年手持兵器冒犯皇帝车队中后面的车子。宣帝把此事交给御史中丞处理，御史中丞指责严延年，责问他为什么不通知宫殿门卫士阻止大司农田延年，而让他可以进出宫中。于是反过来拿此事弹劾严延年，说他擅自放入罪人，按法要处死。严延年逃跑保命。适逢颁布赦令，丞相府和御史府的征召文书同一天送到，严延年因为御史文书先到，便去了御史府，再一次担任御史掾。宣帝认出他是以前弹劾霍光的人，任命他为平陵县令，因杀无罪之人，被免去官职。后来担任丞相掾，又被提拔为好畤县令。宣帝神爵年间，西羌反叛，强弩将军许延寿请严延年担任长史，严延年随从军队击败西羌，回来后担任涿郡太守。

当时涿郡连年没有太守，涿郡人毕野白等人因此废除法令胡作非为。对大姓西高氏、东高氏，自郡吏以下的人都畏惧躲避他们，没有人敢冒犯他们，都说："宁可有负于二千石长官，也不负于豪强大姓。"西高氏、东高氏放纵宾客做盗贼，被发现后，就跑入高家，官吏不敢追击他们。不法的事逐渐增多,人们有路途上行走,要张开弓,拔出刀,然后才敢出行,涿郡就是这样混乱。严延年来到郡中,派遣属吏蠡吾县人赵绣审理西高氏、东高氏的罪过,定为死罪。赵绣见严延年是新来的郡守,心中恐惧,便写了两种劾章,准备先说犯的轻罪,看到严延年恼怒,才拿出所犯的重罪。严延年已经知道赵绣的心思。赵绣来到果然先说轻罪,严延年搜查他的怀中,拿到了重罪劾章,便立即把赵绣逮捕送入狱中。夜晚关入狱中,凌晨便押到闹市中论其罪处以死刑,赵绣先于他所追查的人而死,郡吏们都两腿发抖。随后,严延年再派官吏分别审理两个高家的不法事情,彻底追究其罪恶,把两家各处死几十人。涿郡受到了震动,不法之人感到恐惧,郡内路不拾遗。

三年之后,严延年调任河南太守,朝廷赏赐给他黄金二十斤。豪强谨慎规矩,不敢犯法,野外没有盗贼走动,声威震动了邻郡。严延年治理郡中事务的宗旨在于摧折豪强,扶助贫弱。贫穷而没有势力的人纵然触犯法令,也用委婉的行文减免其罪,把其放出;对欺凌百姓的豪强,则通过文辞渲染给其定罪,进行处置。郡中官吏们认为应当处死的人,可以在一个早晨就放出来;认为不应当处死的人,却可以不按法律将其处以死刑。官吏百姓没有人能猜测到他的心思,战战兢兢,不敢违反禁令。他治人之罪,审理案情的文书十分细密,无法把它推翻。

严延年身材矮小,十分精悍,办事敏捷,就是像孔子弟子子贡、冉有那样精通政事,也不能超过他。对忠实有节义的随吏,他厚待他们就像对自己的亲人一样,而他的属吏也都亲近他,愿意和他在一起,办事奋不顾身,所以他所管理的地方没有被隐藏的情况。但是他过于疾恶,被他伤害的人很多。严延年特别善于舞文弄墨,撰写审理案情文书,隶书写得很好,他想要杀的人,亲手写成奏章,负责写文书的主簿等亲近官员无从知晓。上奏被批准,得以施行死刑,往返神速。冬季,把属县囚犯都押到郡府中,处以死刑,血流几里,河南郡的人称他为"屠伯"。他的令行禁止,河南郡中安宁清平。

当时张敞担任京兆尹,一向与严延年关系很好。张敞理政虽然严厉,然而还有一些宽容放纵,得知严延年用刑苛刻急切,便写信劝他道:"过去韩国的良犬韩卢抓兔子时,要看主人的意思去捉猎物,捕杀不很多。希望次卿略微放缓诛杀刑罪,考虑用韩卢之法行事。"严延年回信说:"河南郡是天下的咽喉要地,是西周、东周君国覆亡之地,这里盗贼很多,如同田地中的秕谷很茂盛,影响了禾苗生长,为何不能去铲除他们呢?"严延年对自己才能很自负,终究不改变治郡严酷的做法。那时颍川太守黄霸用宽厚仁恕的方法治理颍川郡,颍川也太平,连续几年获得丰收,凤凰下凡,宣帝认为他有贤德,下诏书称赞他的行为,给他赏金封爵。严延年一向轻视黄霸的为人,等到严延年担任和颍川郡相邻的河南郡太守,宣帝对黄霸的褒扬赏赐反而在自己之上,心中不服。河南郡界之内又出现了蝗虫,府丞义出去视察蝗情,返回见严延年汇报,严延年说:"这些蝗虫是凤凰所吃的吗?"义又说司农中丞耿寿昌建常平仓,对百姓有利,严延年说:"(这样的好事,)如果丞相、御史大夫不知道去做,就应当让位离职。耿寿昌怎么能擅自去做此事呢?"后来,左冯翊缺职,宣帝想征召严延年,任命的符节已经发出,因为他有严酷的名声又停止。严延年怀疑是少府梁丘贺说了他的坏话,心中很恨他。适逢琅玡太守在任其间长期害病,已满三个月,免职。严延年自己知道被废黜,对群丞说:"这种人都能被免职,我反而不能离职吗!"还有严延年上报狱史廉洁,但这个狱史却犯有贪赃之罪,只是贪赃所得自己没有拿,严延年便因推举失实而减去俸禄,他笑着说:"以后还敢有人再去举荐人吗!"河南郡丞义年迈有些糊涂,一向害怕严延年,担心被他治罪。严延年原先曾经与义一起同为丞相史,对待他实际上是亲近厚道的,没有治他罪的意思,送给他很多东西。义却更加担心,自己占卜,得了一个死卦,心中郁郁不乐,以休假的名义去了长安,上书宣帝,告发严延年所犯的十件罪过。他在上奏之后,便喝毒药自杀而死,以表明自己没有欺骗朝廷。宣帝把此事交给御史丞审理。查明确有些事情,给严延年结案,定罪为对朝廷不满、诽谤朝政、没有道义。把严延年在闹市中斩首。

当初,严延年的母亲从家乡东海郡来河南郡,想要和严延年蜡祭聚会,到洛阳时,恰逢严延年上奏处决囚徒。严延年母亲太惊,便住在都亭旅舍中,不肯到郡府里。严延年来到都亭拜见母亲,其母却关上门户不见他。严延年脱下帽子在门外叩头,过了很长时间,其母才见了他,然后几次责备严延年说:"你有幸得以位居郡太守,可以独断专行地治理千里之地,我没有听说过你施行仁政,进行教化,以此来保全安定百姓,你反而利用刑罚、看重刑罚来杀人,想要用这种方法树立威名,这难道是作百姓父母的意思吗?"严延年承认错误,再顿首谢罪,然后自己亲为母亲驾车,回到太守府的住所。在腊月和新年的祭礼完毕后,其母对严延年说:"天道神圣明晓人间一切,人不能只行杀戮。(杀人多的人,也会被人所杀。)我没有想到会在老的时候看到正在壮年的儿子被用刑所杀啊!我走了!离开你回到东方去,准备着给你扫墓罢了。"于是便走了。她回到东海郡,见到严延年的兄弟和亲族,又对他们说了此事。一年多以后,严延年果然被杀。东海郡的人都称赞她贤明通晓事理。严延年和其兄弟共有五人,他们都有做官的才能,位居高官。(由于严家出了五个二千石官员,所以)东海郡的人称其母亲为"一万石的严老太太"。严延年的二弟严彭祖,官至太子太傅。

尹赏传

【题解】

尹赏,字子心,西汉钜鹿杨氏(今河北宁晋)人,西汉中后期较有代表性的酷吏,主要活动于成帝年间。为官残忍酷暴,主要政绩是治理长安。当时长安的社会秩序很乱,盗贼、匪徒和强人为非作歹,闹得长安城里鸡犬不宁。尹赏任长安令后,活埋坑杀了数百行为不轨的青年人和强盗,又要挟、起用一些盗贼头目,用他们来打击犯罪,一举平息了长安城的混乱状况。尹赏一生曾多次因残忍酷暴而被免职,又多次被重新起用,因此,在临死前他告诫儿子们,宁可因"残忍酷暴"被免官,而不要因"软弱无能不胜任"被免职。

【原文】

尹赏字子心,钜鹿杨氏人也。以郡吏察廉为楼烦长。举茂材,粟邑令。左冯翊薛宣奉赏能治剧,徙为频阳令,坐残贼免。后以御史举为郑令。

永始、元延间，上怠于政，贵戚骄恣，红阳长仲兄弟交通轻侠，岁匿亡命。而北地大豪浩商等报怨，杀义渠长妻子六人，往来长安中。丞相御史遣掾求逐党与，诏书召捕，久之乃得。长安中奸猾浸多，闾里少年群辈杀吏，受赇报仇，相与控丸为弹，得赤丸者斫武吏，得黑丸者斫文吏，白者主治丧；城中薄墓尘起，剽劫行者，死伤横道，枹鼓不绝。赏以三辅高第选守长安令，得一切便宜从事。赏至，修治长安狱，穿地方深各数丈，致令辟为郭，以大石覆其口，名为"虎穴"。乃部户曹掾史，与乡吏、亭长、里正、父老、伍人，杂举长安中轻薄少年恶子，无市籍商贩作务，而鲜衣凶服被铠扞持刀兵者，悉籍记之，得数百人。赏一朝会长安吏，车数百两，分行收捕，皆劾以为通行饮食群盗。赏亲阅，见十置一，其余尽以次内虎穴中，百人为辈，覆以大石。数日一发视，皆相枕藉死，便与出，瘗寺门桓东，楬著其姓名，百日后，乃令死者家各自发取其尸。亲属号哭，道路皆歔欷。长安中歌之曰："安所求子死？桓东少年场。生时谅不谨，枯骨后何葬？"赏所置皆其魁宿，或故吏善家子失计随轻黠愿自改者，财数十百人，皆贳其罪，诡令立功以自赎。尽力有效者，因亲用之为爪牙，追捕甚精，甘耆奸恶，甚于凡吏。赏视事数月，盗贼止，郡国亡命散走，各归其处，不敢窥长安。

江湖中多盗贼，以赏为江夏太守，捕格江贼及所诛吏民甚多，坐残贼免。南山群盗起，以赏为右辅都尉，迁执金吾，督大奸猾。三辅吏民甚畏之。

数年卒官。疾病且死，戒其诸子曰："丈夫为吏，正坐残贼免，追思其功效，则复进用矣，一坐软弱不胜任免，终身废弃无有赦时，其羞辱甚于贪污坐臧。慎毋然！"赏四子皆至郡守，长子立为京兆尹，皆尚威严，有治办名。

【译文】

尹赏，字子心，钜鹿郡杨氏人。担任郡吏，有廉行，被任命为楼烦县长。被推举为有才能，担任粟邑县令。左冯翊薛宣上奏说尹赏能治理局势混乱的地方，尹赏改任为频阳县令，因为残忍酷暴而被免职。后来又被御史大夫举荐为郑县令。

成帝永始、元延年间，成帝对国政懈怠，外戚骄横放纵，红阳侯王立父子与游侠勾结，藏匿死刑犯人。而北地的大豪强浩商等人在报仇时，杀死了义渠县长妻子儿女六人，往来于长安城中。丞相和御史大夫派遣属吏追捕浩商的同伙，成帝下诏要求抓获他们，过了很久才把他们抓到。长安城中的犯罪人数逐渐增多，居民区中的青年人成群结伙杀害官吏；或者接受贿赂，为人报仇。他们制作红、黑、白三种颜色的弹丸，同时伸手去拿，拿到红色丸的人去杀武官，拿到黑色弹丸的人去杀文官，拿到白色弹丸的人为被杀的同伙操办丧事。长安城中接近黄昏时分，路上便开始尘土飞扬，盗贼们抢劫过往行人，死伤之人横七竖八地躺在道上，击鼓报警之声不绝于耳。

尹赏作为三辅地区政绩优良的官吏被选试用为长安令，允许他可以根据情况自行处理一切事务。尹赏到任之后，整修长安城中的牢狱，挖地长、宽、深各几丈，在四周之内垒砌起砖郭，用大石头盖住出口，叫作"虎穴"。然后让户曹掾史与乡史、亭长、里正、父老和盗贼的邻居，分别举报长安地区行为不轨的青年、不听父母教诲的恶子、没有商人市籍却出售东西而穿着鲜亮的强盗服装、身披铠甲手持兵器的商贩，把他们的姓名全都登记在案，有几百人。尹赏在一个早晨会集长安县府的随吏，用几百辆车，分头搜捕，把他们都定为在一起勾结聚会饮酒的盗贼，尹赏亲自审核，十个人中放走一个人，把其余的人都赶入"虎穴"之中，一百人为一群，用大石头把出口堵住。几天后开口检查，(然后再放入下一群盗贼，)都是人和人相枕靠而死。用小车拉出，埋在官寺门外的华表的东边，在埋处插上写有死者姓名的木牌。一百天之后，才让死者的家属各自取尸。死者的亲属号啕大哭，路上的行人都为之流泪。长安人为此事作歌唱道："到什么地方去找儿子的尸体？就在官府华表东边埋葬青年人的场所。活着的时候不安分，死后枯骨何处葬？"尹赏所放走的人都是盗贼中的头目和老资格者，也有几个人是原任小吏和良家百姓之子误从盗贼而愿意改过自新的，活下来的人总共才有几十人到一百人，都免去他们的罪过，责令他们立功赎罪。对于尽了力量立了功的人，使用其作为自己的心腹爪牙，这些人十分精通追捕之道，对盗贼犯法的事情十分熟悉，乐于去打击他们，超过了一般的县吏。尹赏到任几个月，长安城中便没有了盗贼犯法的事情，各郡县、封国来到长安的亡命之徒逃走，各回本处，不敢打长安城内的主意。

长江及所经湖泊中的盗贼很多，朝廷任命尹赏为江夏太守，追捕格杀和处死了大量的长江上的盗贼和江夏郡的官吏百姓，尹赏因残忍酷暴而被免职。终南山有成群的盗贼起来，任命尹赏为右辅都尉，升任执金吾，督察大的犯法者。三辅地区的官吏百姓都很害怕他。

任执金吾几年以后去世。在尹赏病重快死的时候，他告诫儿子们说："大丈夫担任官吏，就是要以'残忍酷暴'而被免官，朝廷追忆思念其功绩，则又会用你为官的。一旦以'软弱无能不胜任'而被免去官职，那就一辈子被废弃永无出头之日，这种羞辱超过了贪污受贿。你们要慎重，不要成为这样的人！"尹赏有四个儿子，他们都官至郡太守，大儿子尹立担任京兆尹，他们都崇尚理政严厉、为自己树立威名的风格，有善于理政的名声。

高祖薄姬传

【题解】

薄姬，是汉文帝的母亲，吴人。秦朝末年，魏豹立为王，薄姬的母亲魏媪把薄姬送入魏宫。魏豹被汉将曹参俘虏后，薄姬入织室。汉高祖看见她后又下诏召入后宫。后得高祖宠幸，生文帝。文帝八岁时立为代王，薄姬随子去代，为代太后。高祖去世后，文帝继位，尊薄姬为太皇太后。文帝去世二年后薄姬去世，因为她不是高祖的正嫡，所以将她安葬在靠近文帝的南陵。

【原文】

高祖薄姬，文帝母也。父吴人，秦时与故魏王宗女魏媪通。生薄姬。而薄姬父死山阴，因葬焉。及诸侯叛秦，魏豹立为王，而魏媪内其女于魏宫。许负相薄姬，当生天子。是时项羽方与汉王相距荥阳，天下未有所定。豹初与汉击楚，及闻许负言，心喜，因背汉而中立，与楚连和。汉使曹参等虏魏王豹，以其国为郡，而薄姬输织室。豹已死，汉王入织室，见薄姬，有诏内后宫，岁余不得幸。

始姬少时，与管夫人、赵子儿相爱，约曰："先贵毋相忘！"已而管夫人、赵子儿先幸汉王。汉王四年，坐河南成皋灵台，此两美人侍，相与笑薄姬初时约。汉王问其故，两人俱以实告。汉王心悽然怜薄姬，是日召欲幸之。对曰："昨暮梦龙据妾胸。"上曰："是贵征也，吾为汝成之。"遂幸，有身。岁中生文帝，年八岁立为代王。自有子后，希见。高祖崩，诸幸姬戚夫人之属，吕后怒，皆幽之不得出宫。而薄姬以希见故，得出从子之代，为代太后。太后弟薄昭从如代。

代王立十七年，高后崩。大臣议立后，疾外家吕氏强暴，皆称薄氏仁善，故迎立代王为皇帝，尊太后为皇太后，封弟昭为轵侯。太后母亦前死，葬栎阳北。乃追尊太后父为灵文侯，会稽郡致园邑三百家，长丞以下使奉守寝庙，上食祠如法，栎阳亦置灵文夫人园，令如灵文侯园仪。太后蚤失父，其奉太后外家魏氏有力，乃召复魏氏，赏赐各以亲疏受之。薄氏侯者一人。

太后后文帝二岁，孝景前二年崩，葬南陵。用吕后不合葬长陵，故特自起陵，近文帝。

【译文】

高祖薄姬是文帝的母亲。她的父亲是吴人，秦朝时和原来魏王同宗的女儿魏媪私通，生了薄姬。薄姬的父亲死在山阴，因此就安葬在那里。到各诸侯背叛秦王朝时，魏豹被立为魏王，魏媪就把她的女儿薄姬接到魏国宫内。许负给薄姬相面，说她一定会生个天子。这时项羽正和汉王刘邦相持在荥阳，天下还没安定下来。魏豹一开始和汉王一起攻打楚王，等他听到许负的话后，心中特别高兴，因而就背叛了汉王而处于中立地位，和楚王也联合和好。汉王就派曹参等人去俘虏了魏王豹，把他的魏国改设为郡，而把薄姬送到掌管皇帝丝帛织造的官府。魏王豹死后，汉王进入织室，见到了薄姬，于是下诏把薄姬召入后宫，一年多还未得到宠幸。

当初薄姬年轻的时候，和管夫人、赵子儿很相好，她们曾互相约定说："不论谁先富贵了都不互相忘记！"不久以后，管夫人、赵子儿首先得到汉王的宠幸。汉王四年，汉王坚守在河南成皋灵台，这两个美人侍奉汉王，两人都讥笑薄姬当初和她们的约定。汉王问她们笑的缘故，两个人就把实情告诉了汉王。汉王心中感到悲伤而可怜薄姬，当天就召见薄姬，想让她得宠。薄姬说："昨天晚上我梦见一条龙抓住了我的胸。"汉王说："这是富贵的征兆，我为你成全此事。"于是得到汉王的宠爱，后来就怀孕了。当年就生下了文帝，文帝八岁时被立为代王。薄姬自从有了儿子后，很少露面。高祖去世后，那些被宠幸的如戚夫人之流，吕后很恨她们，都把她们关起来不让出宫。而薄姬因为很少露面的缘故，允许她出宫跟随儿子到代国，做了代太后。太后的弟弟薄昭也跟着去了代国。

代王被封立十七年时，高后去世。大臣们商议继承人，都痛疾外戚吕氏家族的强暴，都称赞薄氏仁慈善良，所以就迎回代王立为皇帝，尊奉代太后为皇太后，并封立皇太后的弟弟薄昭为轵侯。太后的母亲以前就去世了，安葬在栎阳北。于是追尊太后的父亲为灵文侯，在会稽郡安置了园邑三百家，派长丞以下的官吏奉守寝庙，皇帝每次吃饭时也按照礼仪规定来祭祀灵文侯。后来在栎阳还修建了灵文夫人园陵，园陵仪式都和灵文侯园陵一样。太后在很早的时候就失去了父亲，太后靠有能力的外戚魏氏家所抚养，于是下诏优待魏氏，免除了他们的赋税劳役。根据和太后的亲疏关系都给予赏赐。薄氏立为侯爵的有一人。

太后在文帝死后二年即孝景帝前二年去世，安葬在南陵。因为吕后是正嫡，太后不能合葬在长陵，所以特自为她在靠近文帝陵墓的地方修建了一座陵墓。

孝文窦皇后传

【题解】

窦皇后是汉景帝的母亲。吕太后执政时，以良家女子被入选进宫。后吕太后将宫女送出去赏赐诸侯，窦姬在预选之列。因她的家在清河，所以希望到赵国。结果主管送遣宫女的宦官将她送到了代国。到了代国后，很受代王宠幸，惠帝七年时生景帝。文帝即位后，立窦姬为皇后。景帝即位后，立为皇太后。窦太后喜欢黄帝、老子的学术。元兴六年(公元前129年)窦太后去世，共立五十一年，与文帝合葬在霸陵。

【原文】

孝文窦皇后，景帝母也，吕太后时以良家子选入宫。太后出宫人以赐诸王各五人，窦姬与在行中。家在清河，愿如赵，近家，请其主遣宦者吏"必置我籍赵之伍中"。宦者忘之，误置籍代伍中。籍奏，诏可。当行，窦姬涕泣，怨其宦者，不欲往，相强乃肯行。至代，代王独幸窦姬，生女嫖。孝惠七年，生景帝。

代王王后生四男，先代王未入立为帝而王后卒，及代王为帝后，王后所生四男更病死。文帝立数月，公卿请立太子，而窦姬男最长，立为太子。窦姬为皇后，女为馆陶长公主。明年，封少子武为代王，后徙梁，是为梁孝王。

窦皇后亲蚤卒，葬观津。于是薄太后乃诏有司追封窦后父为安成侯，母曰安成夫人，令清河置园邑二百家，长丞奉守，比灵文园法。

窦后兄长君。弟广国字少君，年四五岁时，家贫，为人所掠卖，其家不知处。传十余家至宜阳，为其主人入山作炭。暮卧岸下百余人，岸崩，尽压杀卧者，少君独脱不死。自卜，数日当为侯。从其家之长安，闻皇后新立，家在观津，姓窦氏。广国去时虽少，识其县名及姓，又尝与其姊采桑，堕，用为符信，上书自陈。皇后言帝，召见问之，具言其故，果是。复问其所识，曰："姊去我西时，与我决传舍中，丐沐沐我，已，饭我，乃去。"于是窦皇后持之而泣，侍御左右皆悲。乃厚赐之，家于长安。绛侯、

窦皇后

灌将军等曰："吾属不死,命乃且县此两人。此两人所出微,不可不为择师傅,又复放吕氏大事也。"于有乃选长者之有节行者与居。窦长君、少君由此为退让君子,不敢以富贵骄人。

窦皇后疾,失明。文帝幸邯郸慎夫人、尹姬,皆无子。文帝崩,景帝立,皇后为皇太后,乃封广国为章武侯。长君先死,封其子彭祖为南皮侯。吴楚反时,太后从昆弟子窦婴侠,喜士,为大将军,破吴楚,封魏其侯。窦氏侯者凡三人。

窦太后好黄帝、老子言,景帝及诸窦不得不读《老子》尊其术。太后后景帝六岁,凡立五十一年,元光六年崩,合葬霸陵。遗诏尽以东宫金钱财物赐长公主嫖。至武帝时,魏其侯窦婴为丞相,后诛。

【译文】

孝文窦皇后是景帝的母亲,吕太后时以良家女子被入选进宫。吕太后把宫女送出去赏赐给每个诸侯五人,窦姬在预选之列。因为她的家在清河,希望到赵国,离家近一点,所以就请求主管送遣宫女的宦官"一定要把我的名字编在赵国的行列中"。宦官忘记了她的请求,误将她编在到代国的名籍中,名籍奏报给皇帝,皇帝下诏认可。快要出行时,窦姬哭泣,埋怨那个宦官,不想去代国。后经强求,她才肯动身。到了代国以后,代王特别宠幸窦姬,生了个女儿叫嫖,孝惠七年,生了景帝。

代王王后生了四个男孩,在代王尚未入宫立为帝时,王后就去世了,到代王立为皇帝后,王后所生的四个男孩相继病逝。文帝继位几个月后,公卿请求封立太子,而窦姬所生的男孩年龄最大,于是就立他为太子。窦姬被立为皇后,窦姬的女儿嫖立为馆陶长公主。第二年,封立她的小儿子武为代王,后来又迁到梁任梁王,这就是梁孝王。

窦皇后的亲人很早就去世了,安葬在观津。于是薄太后就下诏追封窦后的父亲为安成侯,母亲称安成夫人,命令在清河修建陵园,园邑二百家,长丞奉守,按照灵文园的规定办理。

窦后的哥哥叫长君。弟弟叫广国,字少君,在四五岁时,因为家庭贫穷,被人劫掠出卖,他的家人不知被卖到什么地方。少君被卖后传了十多家到了宜阳,为他的主人进山里烧炭。夜幕时有一百余人睡在岸阶下,结果岸阶崩塌,除少君逃脱没死外,其余人全部被压死。他自己占卜了一下,预测不过数日就可以当侯。然后跟随他的主人家到了长安,他听说新立的皇后家在观津,姓窦氏。广国离开自己家时虽然年龄很小,但还是知道自己是那个县人和姓什么,他还记得曾和他的姐姐一起去采桑,从树上掉下来等,以此为凭证,上书皇后,自己陈述了一番家世。皇后把这件事告诉了皇帝,于是就召他来询问了一些情况,广国全部讲了过去的事,果然真实。后来又问他还记得些什么,他说:"姐姐离开我西去时,是在传舍中分别的,给我米汁喝,喝完又给我饭吃,然后才离去。"于是窦皇后扶着他哭泣起来,在皇后左右侍奉的人们都感到很悲伤。皇后给了他丰厚的赏赐,让他住在长安。绛侯、灌将军等人说:"如果我们不死,命运就掌握在这两个人手中。这两个人出身微贱,不能不为他们选择师傅教育他们,不然又会效仿吕氏篡夺权位。"于是就选择了年龄较大的又有节操品行的人和窦长君、窦少君住在一起。窦长君、窦少君从此也就成为谦虚有礼貌的人,不敢因自己富贵而在别人面前骄傲。

窦皇后身体有病,眼睛失明。文帝很宠幸邯郸慎夫人、尹姬,但她们都没有生子。文帝去世后景帝继位,立窦皇后为皇太后,于是封广国为章武侯。窦长君先死,封他的儿子彭祖为南皮侯。吴楚反叛时,窦太后堂兄弟的儿子窦婴是个见义勇为的人,他喜爱义士,于是就任命他为大将军,击败吴楚叛军后,封他为魏其侯。窦氏任侯爵的共有三人。

窦太后喜欢黄帝、老子的言论,景帝和诸窦氏也不得不读《老子》书,尊崇老子学术。太后在景帝去世六年后去世,在位共五十一年,元光六年去世,与文帝合葬在霸陵。她留下遗诏说将东宫的金钱财物全部赏赐给长公主嫖。到了武帝时期,魏其侯窦婴任丞相,后来被诛杀。

孝景王皇后传

【题解】

王皇后是汉武帝的母亲。槐里人。一开始她嫁给金王孙为妻。她的母亲臧儿占卜后,说她的女儿要富贵,于是就将她的女儿夺回来纳入太子宫内,很得太子宠幸,生武帝。景帝即位后立为皇后。武帝即位后立为皇太后。太后共立二十五年,元朔三年(公元前126)去世。与景帝合葬在阳陵。

【原文】

孝景王皇后,武帝母也。父王仲,槐里人也。母臧儿,故燕王臧荼孙也,为仲妻,生男信与两女。而仲死,臧儿更嫁为长陵田氏妇,生男蚡、胜。臧儿长女嫁为金王孙妇,生一女矣,而臧儿卜筮曰两女当贵,欲倚两女,夺金氏。金氏怒,不肯与决,乃内太子宫。太子幸爱之,生三女一男。男方在身时,王夫人梦日入其怀,以告太子,太子曰:“此贵征也。”未生而文帝崩,景帝即位,王夫人生男。是时,薄皇后无子。后数岁,景帝立齐栗姬男为太子,而王夫人男为胶东王。

长公主嫖有女,欲与太子为妃,栗姬妒,而景帝诸美人皆因长公主见得贵幸,栗姬日怨怒,谢长主,不许。长主欲与王夫人,王夫人许之。会薄皇后废,长公主日谮栗姬短。景帝尝属诸姬子,曰:“吾百岁后,善视之。”栗姬怒不肯应,言不逊,景帝心衔之而未发也。

长公主日誉王夫人男之美,帝亦自贤之。又耳曩者所梦日符,计未有所定。王夫人又阴使人趣大臣立栗姬为皇后。大行奏事,文曰:“‘子以母贵,母以子贵’。今太子母号宜为皇后。”帝怒曰:“是乃所当言邪!”遂案诛大行,而废太子为临江王。栗姬愈恚,不得见,以忧死。卒立王夫人为皇后,男为太子。封皇后兄信为盖侯。

初,皇后始入太子家,后女弟儿姁亦复入,生四男。儿姁蚤卒,四子皆为王。皇后长女为平阳公主,次南宫公主,次隆虑公主。

皇后立九年,景帝崩。武帝即位,为皇太后,尊太后母臧儿为平原君,封田蚡为武安侯,胜为周阳侯。王氏、田氏侯者凡三人。盖侯信好酒,田蚡、胜贪,巧于文辞。蚡至丞相，追尊王仲为共侯，槐里起园邑二百家，长丞奉守。及平原君薨，从田氏葬长陵，亦置园邑如共侯法。

初，皇太后微时所为金王孙生女俗，在民间，盖讳之也。武帝始立，韩嫣白之。帝曰："何为不蚤言？"乃车驾自往迎之。其家在长陵小市，直至其门，使左右入求之。家人警恐，女逃匿。扶将出拜，帝下车立曰："大姊，何藏之深也？"载至长乐宫，与俱谒太后，太后垂涕，女亦悲泣。帝奉酒，前为寿。钱千万，奴婢三百人，公田百顷，甲第，以赐姊。太后谢曰："为帝费。"因赐汤沐邑，号修成君。男女各一人，女嫁诸侯，男号修成子仲，以太后故，横于京师。太后凡立二十五年，后景帝十五岁，元朔三年崩，合葬阳陵。

【译文】

孝景王皇后是武帝的母亲。她的父亲是王仲，槐里人。母亲臧儿，是原燕王臧荼的孙女，她嫁给王仲为妻，生了男孩信和两个女儿。王仲死后，臧儿改嫁给长陵田氏为妻，生了两个男孩叫田蚡、田胜。臧儿的大女儿嫁给金王孙为妻，生了一个女儿。臧儿请人占卜，卜人说她的两个女儿一定会富贵，所以就想依靠两个女儿得到尊崇，于是就从金王孙那里强领回女儿。金王孙很生气，不肯和臧儿的大女儿分离，臧儿就把女儿送进太子宫内。太子很宠爱臧儿的女儿，生了三女一男。还在怀男孩儿的时候，王夫人梦见太阳投入她的怀中，并把此事告诉太子，太子说："这是富贵的征兆。"还未生产时文帝就去世了，景帝继位，王夫人生下了男孩儿。这时，薄皇后没有儿子。又过了几年，景帝立齐栗姬的男孩为太子，而王夫人的男孩被立为胶东王。

长公主嫖有个女儿，想送给太子当妃子，栗姬很嫉妒此事，而景帝的嫔妃们也都因为长公主很得宠幸，栗姬一天比一天更怨恨长公主，于是推辞了长公主，没有答应她的要求。长公主又想送给王夫人的儿子为妃，王夫人答应了她。当时正遇上废掉薄皇后，长公主每天都说栗姬的短处。景帝也曾是妃姬所生之子，他说："我百岁以后一定很好地关照他。"栗姬很生气，不肯答应，出言不逊，景帝心中很不满，但没有讲出来。

长公主每天都夸奖王夫人男孩的美丽，景帝自己也很看重他。再加上景帝过去曾听说王夫人怀孕时做的祥瑞之梦，所以立谁为皇后还没有最后决定。王夫人又偷偷派人去催促大臣立栗姬为皇后，大行官将此事上奏皇帝，奏文中说："'子以母贵，母以子贵'。现在太子的母亲应该称为皇后。"景帝生气地说："这事是该你讲的吗？"于是就以犯罪诛杀了大行官，同时废太子为临江王。栗姬心中更加愤恨，不能够见到皇帝，因此忧闷而死。最后立王夫人为皇后，她生的儿子为太子。封皇后的哥哥王信为盖侯。

当初，皇后刚刚进入太子家时，不久她的妹妹儿姁也进入太子家，儿姁生了四个儿子。儿姁年轻早卒，四个儿子都被封为王。皇后的长女被封为平阳公主，次女为南宫公主，三女为隆虑公主。

皇后立九年以后，景帝去世。武帝即位，立皇后为皇太后。尊太后的母亲臧儿为平原君，封田蚡为武安侯，封田胜为周阳侯。王氏、田氏被封为侯爵的共有三个人。盖侯王信喜欢喝酒，田蚡、田胜贪财无厌，但很会写文章。田蚡升为丞相后，追尊王仲为共侯，在槐里修起陵园，安置了园邑二百户，由长丞奉守。到平原君臧儿去世以后，随从田氏安葬在长陵，也依照共侯的规模设置了陵园食邑。

当初,皇太后还微贱的时候给金王孙生下个女儿,名字叫金俗,生活在民间,皇太后也回避这件事情。武帝刚立为皇帝后,韩嫣把这件事告诉了武帝。武帝说:"为什么不早说呢?"于是车驾起身亲自前往迎接金俗。金俗的家在长陵的小市上,车驾直达她家门口,派左右随从进家去寻找她。金俗家人感到很惊恐,金俗也逃跑躲藏起来。后来扶着她出来拜见皇帝,皇帝下车,站在那里说:"大姊,为什么要躲藏得那么厉害呢?"于是把她拉回长乐宫,武帝和她一起去谒见了皇太后,太后泪流满面,女儿也悲痛得哭泣起来。皇帝拿着酒,上前为太后祝寿。并赏赐给他的姐姐钱千万、奴婢三百人、百顷公田和宅第。太后感谢说:"让皇帝破费了。"因此又赏赐给她汤沐邑,封号为修成君。她有儿子女儿各一个,女儿嫁给了诸侯,儿子封号为修成子仲,因为太后的缘故,他们横行于京师。太后共立二十五年,在景帝死后十五年即元朔三年去世,和景帝合葬在阳陵。

孝武钩弋赵婕妤传

【题解】

钩弋赵婕妤是汉昭帝的母亲,河间人。汉武帝巡狩河间时,望气占候的人告诉武帝说这里有位奇女,生下来就两手皆拳。武帝派人将她召来,并亲自给翻展,奇女的手就伸展了,从此得到武帝的宠幸,号曰拳夫人。入宫为婕妤,居钩弋宫,所以也称为钩弋夫人。她入宫后更得武帝宠爱,太始三年,生昭帝,号钩弋子。武帝特别喜欢钩弋子,想立为太子,但因钩弋夫人年轻,怕女主专横危乱国家,所以暂时没立钩弋子为太子。钩弋夫人曾从武帝巡幸甘泉,因有过失,受到谴责,后忧闷而死,安葬在云阳。后武帝立钩弋为太子。武帝去世后,钩弋子即位,是为汉昭帝。

【原文】

孝武钩弋赵婕妤,昭帝母也,家在河间。武帝巡狩过河间,望气者言此有奇女,天子亟使使召之。既至,女两手皆拳,上自披之,手即时伸。由是得幸,号曰拳夫人。先是,其父坐法宫刑,为中黄门,死长安,葬雍门。

拳夫人进为婕妤,居钩弋宫,大有宠,太始三年生昭帝,号钩弋子。任身十四月乃生,上曰:"闻昔尧十四月而生,今钩弋亦然。"乃命其所生门曰尧母门。后卫太子败,而燕王旦、广陵王胥多过失,宠姬王夫人男齐怀王、李夫人男昌邑哀王皆蚤薨,钩弋子年五、六岁,壮大多知,上常言"类我",又感其生与众异,甚奇爱之,心欲立焉,以其年稚母少,恐女主颛恣乱国家,犹与久之。

钩弋婕妤从幸甘泉,有过见谴,以忧死,因葬云阳。后上疾病,乃立钩弋子为皇太子。拜奉车都尉霍光为大司马大将军,辅少主。明日,帝崩。昭帝即位,追尊钩弋婕妤为皇太后,发卒二万人起云陵,邑三千户。追尊外祖赵父为顺成侯,诏右扶风置园邑二百家,长丞奉守如法。顺成侯有姊君姁,赐钱二百万,奴婢第宅以充实焉。诸昆弟各以亲疏受赏赐。赵氏无在位者，唯赵父追封。

【译文】

孝武钩弋赵婕妤是昭帝的母亲，她的老家在河间。武帝巡狩时经过河间，一个懂望云气占卜的人说这里有个奇女，天子很快就派人去召她来。奇女来了之后，两只手都握着拳头，武帝亲自给她翻展，她的手马上就伸开了。由此她很得武帝宠幸，号称拳夫人。在此之前，她的父亲因犯法被处以宫刑，在宫廷中服役，最后死在长安，安葬在雍门。

拳夫人晋升为蕹，居住在钩弋宫，很得武帝宠爱，太始三年，生了昭帝，称为钩弋子。拳夫人怀孕十四个月后才生下昭帝。武帝说："我听说从前尧是怀孕了十四个月才出生，现在钩弋也是这样。"于是就下令他出生的门为尧母门。后来卫太子叛背被击败，而燕王旦、广陵王胥有很多过失，宠姬王夫人的儿子齐怀王、李夫人的儿子昌邑哀王都年轻早逝。钩弋子五、六岁时就长得高大，而且懂得很多事，武帝经常说"很像我"，又感到他出生时与众不同，所以就特别地喜欢他，心中打算立他为太子，但又因他年小母少，怕王后专横危乱国家，因而犹豫了很久。

钩弋婕妤跟随武帝巡幸甘泉，因有过失而受到谴责，因此忧闷而死，安葬在云阳。后来武帝身体生病，立钩弋子为皇太子。拜任奉车都尉霍光为大司马大将军来辅佐少主。次日，武帝去世。昭帝即位，追尊钩弋婕妤为皇太后，并派二万士卒去修筑云陵，置园邑三千户。追尊外祖父赵父为顺成侯，下诏右扶风置园邑二百家，按规定由长丞奉守。顺成侯有个姐姐叫君姁，赏赐给她二百万钱，并赐给她很多奴婢和宽敞的宅第。她的各位兄弟也都按照亲疏受到不同程度的赏赐。赵氏没有在位的人，只有赵父被追封为顺成侯。

孝昭上官皇后传

【题解】

上官皇后，陇西上邽人。其父上官安娶霍光女为妻，生上官皇后。汉昭帝时在上官安和霍光的策划下，将六岁的上官安女儿入宫为婕妤，月余，立为皇后。后来上官桀、上官安犯罪灭族，皇后因年少未参与密谋，再加上是霍光的外孙，因此没有被废掉。上官皇后立十年后昭帝去世，当时她才十五、六岁。她与霍光一起废掉昌邑王贺而立宣帝，宣帝即位后，尊上官皇后为太皇太后，共立四十七年。建昭二年（公元前 37 年）去世，与昭帝合葬在平陵。

【原文】

孝昭上官皇后。祖父桀，陇西上邽人也。少时为羽林期门郎，从武帝上甘泉，天大风，车不得行，解盖授桀。桀奉盖，虽风常属车，雨下，盖辄御。上奇其材力，迁未央厩令。

上尝体不安，及愈，见马，马多瘦，上大怒："令以我不复见马邪！"欲下吏，桀顿首曰："臣闻圣体不安，日夜忧惧，意诚不在马。"言未卒，泣数行下。上以为忠，由是亲近，为侍中，稍迁至太仆。武帝疾病，以霍光为大将军，太仆桀为左将军，皆受遗诏辅少主。以前捕斩反者莽通功，封桀为安阳侯。

初，桀子安取霍光女，结婚相亲，光每休沐出，桀常代光入决事。昭帝始立，年八岁，帝长姊鄂邑盖长公主居禁中，共养帝。盖主私近子客河间丁外人。上与大将军闻之，不绝主欢，有诏外人侍长主。长主内周阳氏女，令配耦帝。时上官安有女，即霍光外孙，安因光欲内之。光以为尚幼，不听。安素与丁外人善，说外人曰："闻长主内女，安子容貌端正，诚因长主时得入为后，以臣父子在朝而有椒房之重，成之在于足下，汉家故事常以列侯尚主，足下何忧不封侯乎？"外人喜，言于长主。长主以为然，诏召安女入为婕妤，安为骑都尉。月余，遂立为皇后，年甫六岁。

孝昭上官皇后

安以后父封桑乐侯，食邑千五百户，迁车骑将军，日以骄淫。受赐殿中，出对宾客言："与我婿饮，大乐！"见其服饰，使人归，欲自烧物。安醉则裸行内，与后母及父诸良人、侍御皆乱。子病死，仰而骂天。数守大将军光，为丁外人求侯，及桀欲妄官禄外人，光执正，皆不听。又桀妻父所幸充国为太医监，阑入殿中，下狱当死。冬月且尽，盖主为充国入马二十四赎罪，乃得减死论。于是桀、安父子深怨光而重德盖主。知燕王旦帝兄，不得立，亦怨望，桀、安即记光过失予燕王，令上书告之，又为丁外人求侯。燕王大喜，上书称："子路丧姊，期而不除，孔子非之。子路曰：'由不幸寡兄弟，不忍除之'，故曰'观过知仁'。今臣与陛下独有长公主为姊，陛下幸使丁外人侍之，外人宜蒙爵号。"书奏，上以问光，光执不许。及告光罪过，上又疑之，愈亲光而疏桀、安。桀、安渐恚，遂结党与谋杀光，诱征燕王至而诛之。因废帝而立桀。或曰："当如皇后何？"安曰："逐麋之狗，当顾菟邪！且用皇后为尊，一旦人主意有所移，虽欲为家人亦不可得，此百世之一时也。"事发觉，燕王、盖主皆自杀。语在《霍光传》。桀、安宗族既灭，皇后以年少不与谋，亦光外孙，故得不废。皇后母前死，葬茂陵郭东，追尊曰敬夫人，置园邑二百家，长丞奉守如法。皇后自使私奴婢守桀、安冢。

光欲皇后擅宠有子，帝时体不安，左右及医皆阿意，言宜禁内，虽宫人使令皆为穷绔，多其带，后宫莫有进者。

皇后立十岁而昭帝崩，后年十四五云。昌邑王贺征即位，尊皇后为皇太后。光与太后共废王贺，立孝宣帝。宣帝即位，为太皇太后。凡立四十七年，年五十二，建昭二年崩，合葬平陵。

【译文】

孝昭上官皇后，他的祖父是上官桀，是陇西上邦人。上官桀年轻时为羽林期门郎，曾随从武帝上甘泉，此时正好天刮大风，车驾无法行走，于是就把车盖解下来交给上官桀。上官桀拿着车盖，虽然刮着大风，但始终没有离开车驾。下雨时，就用车盖遮着武帝。武帝感到他的材力很特殊，于是就升他为未央厩令。武帝曾身体不适，等到好了之后，让上官桀呈献上马匹，结果很多马养得很瘦，武帝十分生气地说："你是不想让我再看到这些马匹了吗？"想降低他的职位，上官桀边磕头边说："我听说圣体不安，日日夜夜担心害怕，心思确实没放在马身上。"还没说完就泪流满面。武帝认为他很忠诚，因此就更加亲近他，任命他为侍中，不久又提拔为太仆。武帝身体得病，任命霍光为大将军，太仆上官桀为左将军，都给他们下了遗诏让他们辅佐少主。又因为上官桀从前曾在捕杀反叛者莽通时有功，所以又封他为安阳侯。

当初，上官桀的儿子上官安娶霍光的女儿为妻，结为婚姻亲家。霍光每次出去休假时，上官桀经常代替霍光裁决政事。昭帝刚刚即位时，才八岁，昭帝的大姐鄂邑盖长公主居住在宫中，侍奉抚养皇帝。盖主私下亲近她的门客河间丁外人。昭帝和大将军听说之后，并没有断绝盖公主的欢乐，反而下诏让丁外人侍奉长主。长主接纳了周阳氏的女儿，打算配帝为妻。当时上官安有个女儿，也就是霍光的外孙女，上官安想通过霍光送入宫内。霍光认为她还年幼，所以没有听从上官安的意见。上官安平素和丁外人关系很好，于是他就劝丁外人说："听说长公主要接纳一个女子，我的女儿容貌端正，真能通过长公主在这时接纳入宫为后，又因我父子两都在朝廷任职，又有宫中皇后的重要关系，此事成功全在于足下。汉王朝有列侯娶公主为妻的惯例，足下还担忧什么不被封为列侯呢？"丁外人听说后感到很高兴，把此事告诉了长公主。长公主也认为上官安说的正确，于是下诏召纳上官安的女儿入宫为婕妤，上官安任骑都尉。一个多月以后，上官安的女儿就被立为皇后，当时年仅六岁。

上官安因为是皇后的父亲被封为桑乐侯，封有一千五百户食邑，后来又升为车骑将军，他一天天骄奢淫逸起来。他常在殿中接受赏赐，出来时就对宾客们说："和我的女婿一起饮酒，真是太高兴了。"别人看到他的服饰穿戴后他就让人拿回去，常想自己把东西都烧掉。上官安喝醉酒后就裸着身子在宫内行走，和他的后母以及他父亲的妾、侍御等人淫乱。他的儿子得病去世，他仰头骂天。上官安曾多次守着大将军霍光为丁外人请求封侯，等到上官桀想不按德才给丁外人封官受禄时，霍光坚持正义，不听从他们。上官桀妻子的父亲被赵充国宠幸，任为太医监。他擅自进入殿中，被逮捕入狱，当处以死刑。快到十月底时，盖长公主为赵充国交纳了二十匹马来赎罪，才得以减死论处。于是上官桀、上官安父子非常怨恨霍光而感恩戴德盖长公主。他们得知燕王旦是皇帝的哥哥，没有立为皇帝，也很怨恨。上官桀、上官安即记下霍光的过失给燕王旦，让他上书告发霍光，同时也请他为丁外人请求封侯。燕王旦看了很高兴，于是就上书说："子路为他姐姐服孝，一周年以后还不脱孝服，孔子认为他这样做是不合礼制的。子路说：'由不幸成为孤寡兄弟，所以不忍心除去孝服。'所以说'看到他的过失就可以知道他的仁爱'。现在我和陛下只有长公主一个姐姐，陛下亲自让丁外人去侍奉她，外人应当封有爵号。"书奏上去以后，昭帝询问霍光，霍光坚决不答应。等到他们告发霍光的罪过时，昭帝就怀疑他们，于是更加亲近霍光而疏远上官桀、上官安。上官桀、上官安越来越怨恨霍光，于是就想结党谋杀霍光，再诱骗燕王旦来把他杀掉，因此废掉昭帝而立上官桀为帝。有人问："皇后该怎么办呢？"上官安说：'麋狗都赶跑了，那能顾得上兔呢？暂且以皇后为尊，一旦人主意有所变，虽然想为家人打算也不可得，这是百世大业的关键时刻。"后来，事情败露，燕王旦、盖长公主都自杀身亡。这些事都记载在《霍光传》中。上官桀、上官安的宗族被诛灭以后，因为皇后的年龄小，也没有参与他们的密谋，又因为她是霍光的外孙女，所以也没有被废掉。皇后的母亲以前已经去世，安葬在茂陵城的东面，追尊为敬夫人，设置了园邑二百家，按规定由长丞奉守。皇后亲自派了一些自己的奴婢去奉守上官桀、上官安的坟墓。

霍光想让皇后特受宠幸，生个儿子。昭帝当时身体欠安，左右大臣及御医都迎合霍光的心意，都说应当禁止人进入宫内，即使是宫人使令都不得通行，周围设了不少看护人员，因此后宫妃无人能靠近皇帝。

皇后立十年以后昭帝去世，皇后当时有十四、五岁。昌邑王贺被召来即皇帝位，尊皇后为皇太后。后来霍光和皇太后一起废掉了昌邑王贺，拥立了孝宣帝。宣帝即位，皇太后为太皇太后。她被立为皇后共四十七年，五十二岁时，即建昭二年去世，和昭帝合葬在平陵。

孝宣许皇后传

【题解】

许皇后是汉元帝的母亲，昌邑人，名平君。她十四五岁时经掖庭令张贺介绍，嫁给了当时还为皇曾孙的汉宣帝，过了一年多后生元帝。几个月后皇曾孙立为皇帝（宣帝），平君立为婕妤，后立为皇后。因霍光夫人想使她的女儿显贵，在许皇后再次怀孕时，被霍光夫人显派女医淳于衍用毒药将许皇后毒死。许皇后共立三年，死后谥号为恭哀皇后，被安葬在杜南。

【原文】

孝宣许皇后，元帝母也。父广汉，昌邑人，少时为昌邑王郎。从武帝上甘泉，误取它郎鞍以被其马，发觉，吏劾从行而盗，当死，有诏募下蚕室。后为宦者丞。上官桀谋反时，广汉部索，其殿中庐有索长数尺可以缚人者数千枚，满一箧缄封，广汉索不得，它吏往得之。广汉坐论为鬼薪，输掖庭，后为暴室啬夫。时宣帝养于掖庭，号皇曾孙，与广汉同寺居。时掖庭令张贺，本卫太子家吏，及太子败，贺坐下刑，以旧恩养视皇曾孙甚厚，及曾孙壮大，贺欲以女孙妻之。是时，昭帝始冠，长八尺二寸。贺弟安世为右将军，与霍将军同心辅政，闻贺称誉皇曾孙，欲妻以女，安世怒曰："曾孙乃卫太子后也，幸得以庶人衣食县官，足矣，勿复言予女事。"于是贺止。时许广汉有女平君，年十四五，当为内者令欧侯氏子妇。临当入，欧侯氏子死。其母将行卜相，言当大贵，母独喜。贺闻许啬夫有女，乃置酒请之，酒酣，为言"曾孙体近，下人，乃关内侯，可妻也"。广汉许诺。明日妪闻之，怒。广汉重令为介，遂与曾孙，一岁生元帝。数月，曾孙立为帝，平君为婕好。是时，霍将军有小女，与皇太后有亲。公卿议更立皇后，皆心仪霍将军女，亦未有言。上乃诏求微时故剑，大臣知指，白立许婕好为皇后。既立，霍光以后父广汉刑人不宜君国，岁余乃封为昌成君。

霍光夫人显欲贵其小女，道无从。明年，许皇后当娠，病。女医淳于衍者，霍氏所爱，尝入宫侍皇后疾。衍夫赏为掖庭户卫，谓衍"可过辞霍夫人行，为我求安池监。"衍如言报显。显因生心，辟左右，字谓衍："少夫幸报我以事，我亦欲报少夫，可乎？"衍曰："夫人所言，何等不可者！"显曰："将军素爱小女成君，欲奇贵之，愿以累少夫。"衍曰："何谓邪？"显曰："妇人免乳大故，十死一生。今皇后当免身，可因投毒药去也，成君即得为皇后矣。如蒙力事成，富贵与少夫共之。"衍曰："药杂治，当先尝，安可？"显曰："在少夫为之耳。将军领天下，谁敢言者？缓急相护，但恐少夫无意耳！"衍良久曰："愿尽力。"即捣附子，赍入长定宫。皇后免身后，衍取附子并合大医大丸以饮皇后。有顷曰："我头岑岑也，药中得无有毒？"对曰："无有。"遂加烦懑，崩。衍出，过见显，相劳问，亦未敢重谢衍。后人有上书告诸医侍疾无状者，皆收系诏狱，劾不道。显恐急，即以状具语光，因曰："既失计为之，无令吏急衍！"光惊鄂，默然不应。其后奏上，署衍勿论。

许后立三年而崩，谥曰恭哀皇后，葬杜南，是为杜陵南园。后五年，立皇太子，乃封太子外祖父昌成君广汉为平恩侯，位特进。后四年，复封广汉两弟，舜为博望侯，延寿为乐成侯。许氏侯者凡三人。广汉薨，谥曰戴侯，无子，绝。葬南园旁，置邑三百家，长丞奉守如法。宣帝以延寿为大司马车骑将军，辅政。元帝即位，复封延寿中子嘉为平恩侯，奉戴侯后，亦为大司马车骑将军。

【译文】

孝宣许皇后是元帝的母亲。她的父亲叫广汉，是昌邑人，年轻时是昌邑王的郎官。在跟随武帝上甘泉时，误拿别的郎官的马鞍披在了自己的马上，后来被人发觉，一些官吏弹劾他跟从武帝出行进行盗窃，按规定当处死刑，武帝下诏招募他下蚕室。后来出任宦者丞。上官桀阴谋反叛时，广汉负责搜索部分罪犯，在上官桀殿中的住处有数千条几尺长的可以捆绑人用的绳索，满满一箱子还封着口，广汉搜索时没有得到，其他官吏去时找到了这箱绳索。广汉因此而犯罪被论为鬼薪，把他送到掖庭，后来又成为暴室啬夫。当时宣帝住在掖庭，称为皇曾孙，和广汉都在寺中居住。当时的掖庭令张贺，本来是卫太子家中的一个小官吏，到卫太子被陷害后，张贺被处以下刑，是因为他过去扶养皇曾孙恩情深厚的原因，等到皇曾孙长大以后，张贺想把他的孙女嫁给皇曾孙。此时，昭帝刚刚结发加冠，身高八尺二寸。张贺的弟弟张安世为右将军，和霍将军同心辅政，听说张贺经常赞扬皇曾孙，想把他的孙女嫁给皇曾孙。张安世生气地说："皇曾孙是卫太子的后代，侥幸得以庶人身份靠朝廷供给衣食，这就够满足了，不要再说你孙女的事。"于是张贺才停止了这种活动。当时许广汉有个女儿叫平君，年龄十四五岁，将要成为内者令欧侯氏儿子的妻子。快要出嫁时，欧侯氏的儿子去世。她的母亲领她去占卜相面，占卜的人说她将会大富贵，她的母亲心中很高兴。张贺听说许啬夫有个女儿，于是就摆了酒宴请许啬夫来，酒喝得正高兴时，张贺说："皇曾孙和皇帝很亲近，虽然他人才低下，但还是关内侯，你的女儿可以嫁他为妻。"许广汉答应了这件事。第二天，许广汉的妻子听说这件事后很生气。许广汉又重新让人做媒介绍，于是就嫁给了皇曾孙。一年以后生下了元帝。又过了几个月后，皇曾孙立为皇帝，许平君成为婕好。这个时候，霍将军也有个小女儿，和皇太后是亲戚。公卿们商议重新立皇后，大家都心向霍将军的女儿，但始终没有人提出来。宣帝下诏寻求小时候的剑，大臣们知道了宣帝的意图，于是就都说立许婕好为皇后。许婕好立为皇后之后，霍光认为皇后的父亲许广汉是受过刑罚的人，不宜在朝廷做官，一年以后就封他为昌成君。

　　霍光的夫人显想使她的小女儿尊贵，但没有什么门路。第二年，许皇后怀孕，身体有病。女医淳于衍是霍氏所宠爱的人，她经常入宫服侍奉皇后。淳于衍的丈夫赏是掖庭的户卫，他对淳于衍说："你入宫经过霍夫人那里时为我请求出任安池监官。"淳于衍如赏所讲告诉了显，显因此也就产生了想法，然后就让左右的人回避，称淳于衍的字对她说："少夫有幸把事情告诉我，我也想告诉少夫一件事，可以吗？"淳于衍说："夫人所讲，还有什么不可以的。"显说："将军平素很喜爱小女儿成君，想使她特别尊贵，希望少夫帮忙。"淳于衍说："你所讲的是指什么呢？"显说："妇人们生孩子是十死一生，现在皇后将要生产，可以通过给她投毒药来把她除掉，成君就可以成为皇后。如蒙你出力事成，成君可以和少夫共享富贵。"淳于衍说："药是大家在一起煎的，还要先尝一尝，怎么行呢？"显说："这就全在少夫你干了。将军统领天下，谁敢说话？出了事互相保护，只是害怕少夫没有这个意思。"淳于衍等了好一会儿才说："愿意尽力。"于是就把附子捣碎，带入长定宫。皇后生产后，淳于衍取出附子和其他药丸合并在一起送给皇后喝。过了一会皇后说："我的头很胀痛，药中是不是有毒？"淳于衍回答说："没有。"后来就更加烦闷，不久就去世了。淳于衍出了宫，经过显家时看了显，互相问候了一番，也没有敢重谢淳于衍。后来有人上书告发各位医生服侍皇后毫无功状，把他们全部逮捕入狱，指控他们犯了不道罪。显怕紧急审问事情败露，就把全部的情况告诉了霍光，并说："既然已经错误地做了这件事，请不要让狱吏们急迫追查淳于衍。"霍光听后感到十分惊讶，没有说一句话。后来控告医生们的奏书送上来以后，霍光在奏书上批了不要追查淳于衍的话。

　　许后立皇后三年后去世，谥号为恭哀皇后，安葬在杜南，这就是叫杜陵南园的地方。过了五年，立皇太子，于是封太子外祖父昌成君许广汉为平恩侯，赐位特进。又过了四年，又分封了许广汉的两个弟弟，许舜被封为博望侯，许延寿被封为乐成侯。许氏被封侯爵的共有三人。许广汉去世后，谥号为戴侯，他没有儿子，断绝了继承人。他安葬在杜陵南园的旁边，置园邑三百家，按照规定由长丞奉守。宣帝任命许延寿为大司马车骑将军，辅佐治理国家。元帝即位后，又封许延寿中间的儿子许嘉为平恩侯，拥立戴侯的后代也为大司马车骑将军。

孝成赵皇后传

【题解】

赵皇后，咸阳侯赵临之女。长大后曾属阳阿主家人，在那里学会了唱歌跳舞，号称赵飞燕。汉成帝出巡时，路过阳阿主家，在那里欢聚时看见了赵飞燕，并且很喜欢她，于是就把她接入宫内，很受宠幸。立为婕好。许皇后被废掉后，立赵婕好为皇后。她的妹妹也被召入宫内为昭仪，日事蛊惑。成帝去世后，哀帝即位，立赵皇后为太后。哀帝去世后，被废为庶人，后自杀。

【原文】

孝成赵皇后，本长安宫人。初生时，父母不举，三日不死，乃收养之。及壮，属阳阿主家，学歌舞，号曰飞燕。成帝尝微行出，过阳阿主，作乐。上见飞燕而说之，召入宫，大幸。有女弟复召入，俱为婕好，贵倾后宫。

许后之废也，上欲立赵婕好。皇太后嫌其所出微甚，难之。太后姊子淳于长为侍中，数往来传语，得太后指，上立封赵婕好父临为咸阳侯。后月余，乃立婕好为皇后。追以长前白罢昌陵功，封为定陵侯。

皇后既立，后宠少衰，而弟绝幸，为昭仪。居昭阳舍，其中庭彤朱，而殿上髹漆，切皆铜沓黄金涂，白玉阶，壁带往往为黄金釭，函蓝田壁、明珠、翠羽饰之，自后宫未尝有焉。姊弟颛宠十余年，卒皆无子。

末年，定陶王来朝，王祖母傅太后私赂遗赵皇后、昭仪，定陶王竟为太子。

明年春，成帝崩。帝素强，无疾病。是时楚思王衍、梁王立来朝，明旦当辞去，上宿供张白虎殿。又欲拜左将军孔光为丞相，已刻侯印书赞。昏夜平善，乡晨，傅绔袜欲起，因失衣，不能言，昼漏上十刻而崩。民间归罪赵昭仪，皇太后诏大司马莽、丞相大司空曰："皇帝暴崩，群众谨诈怪之。掖庭令辅等在后庭左右，侍燕迫近，杂与御史、丞相、廷尉治问皇帝起居发病状。"赵昭仪自杀。

哀帝既立，尊赵皇后为皇太后，封太后弟侍中驸马都尉钦为新成侯。赵氏侯者凡二人。后数月，司隶解光奏言：

臣闻许美人及故中宫史曹宫皆御幸孝成皇帝，产子，子隐不见。

臣遣徒从事掾业、史望验问知状者掖庭狱丞籍武，故中黄门王舜、吴恭、靳严，官婢曹晓、道房、张弃，故赵昭仪御者于客子、王偏、臧兼等，皆曰宫即晓子女，前属中宫，为学事史，通《诗》，授皇后。房与宫对食，元延元年中宫语房曰："陛下幸宫。"后数月，晓入殿中，见宫腹大，问宫。宫曰："御幸有身。"其十月中，宫乳掖庭牛官令舍，有婢六人。中黄门田客持诏记，盛绿绨方底，封御史中丞印，予武曰："取牛官令舍妇人新产儿，婢六人，尽置暴室狱，毋问儿男女，谁儿也！"武迎置狱。宫曰："善臧我儿胞，丞知是何等儿也！"后三日，客持诏记与武，问："儿死未？手书对牍背。"武即书对："儿见在，未死。"有顷，客出曰："上与昭仪大怒，奈何不杀？"武叩头啼曰："不杀儿，自知当死，杀之，亦死！"即因客奏封事，曰："陛下未有继嗣，子无贵贱，唯留意！"奏入，客复持诏记予武曰："今夜漏上五刻，持儿与舜，会东交掖门。"武因问客："陛下得武书，意何如？"曰："恒也。"武以儿付舜。舜受诏，内儿殿中，为择乳母，告"善养儿，且有赏。毋令漏泄！"舜择弃为乳母，时儿生八九日。后三日，客复持诏记，封如前予武，中有封小绿箧，记曰："告武以箧中物书予狱中妇人，武自临饮之。"武发箧中有裹药二枚，赫蹄书，曰："告伟能：努力饮此药，不可复入。女自知之！"伟能即宫。宫读书已，曰："果也，欲姊弟擅天下！我儿男也，额上有壮发，类孝元皇帝。今儿安在？危杀之矣！奈何令长信得闻之？"宫饮药死。后宫婢六人召入，出语武曰："昭仪言'女无过。宁自杀邪，若外家也？'我曹言愿自杀。"即自缪死。武皆表奏状。弃所养儿十一日，宫长李南以诏书取儿去，不知所置。

许美人前在上林涿沐馆，数召入饰室中若舍，一岁再三召，留数月或半岁御幸。元延二年怀子，其十一月乳。诏使严持乳医及五种和药丸三，送美人所。后客子、偏、兼闻昭仪谓成帝曰："常给我言从中宫来，即从中宫来，许美人儿何从生中？许氏竟当复立邪？"怼，以手自捣，以头击壁户柱，从床上自投地，啼泣不肯食，曰："今当安置我，欲归耳！"帝曰："今故告之，反怒为！殊不可晓也。"帝亦不食。昭仪曰："陛下自知是，不食为何？陛下常自言'约不负女'，今美人有子，竟负约，谓何？"帝曰："约以赵氏，故不立许氏。使天下无出赵氏上者，毋忧也！"后诏使严持绿囊书予许美人，告严曰："美人当有以予女，受来，置饰室中帘南。"美人以苇箧一合盛所生儿，缄封，及绿囊报书予严。严持箧书，置饰室帘南去。帝与昭仪坐，使客子解箧缄。未已，帝使客子、偏、兼皆出，自闭户，独与昭仪在。须臾开户，呼客子、偏、兼，使缄封箧及绿绨方底，推置屏风东。恭受诏，持箧方底予武，皆封以御史中丞印，曰："告武：箧中有死儿，埋屏处，勿令人知。"武穿狱楼垣下为坎，埋其中。

故长定许贵人及故成都平阿侯家婢王业、任娖、公孙习前免为庶人，诏召入，属昭仪为私婢。成帝崩，未幸梓宫，仓卒悲哀之时，昭仪自知罪恶大，知业等故许氏、王氏婢，恐事泄，而以大婢羊子等赐予业等各且十人，该慰其意，属无道我家过失。

元延二年五月，故掖庭令吾丘遵谓武曰："掖庭丞吏以下皆与昭仪合通，无可与语者，独欲与武有所言。我无子，武有子，是家轻族人，得无不敢乎？掖庭中御幸生子者辄死，又饮药伤堕者无数，欲与武共言之大臣，骠骑将军贪嗜钱，不足计事，奈何令长信得闻之？"遵后病困，谓武："今我已死，前所语事，武不能独为也，慎语！"皆在今年四月丙辰赦令前。

臣谨案永光三年男子忠等发长陵傅夫人冢。事更大赦，孝元皇帝下诏曰："此朕不当所得赦也。"穷治，尽伏辜，天下以为当。鲁严公夫人杀世子，齐桓召而诛焉，《春秋》予之。赵昭仪倾乱圣朝，亲灭继嗣，家属当伏天诛。前平安刚侯夫人谒坐大逆，同产当坐，以蒙赦令，归故郡。今昭仪所犯尤悖逆，罪重於谒，而同产亲属皆在尊贵之位，迫近帷幄，群下寒心，非所以惩恶崇谊示四方也。请事穷竟，丞相以下议正法。

哀帝於是免新成侯赵钦、钦兄子咸阳侯䜣，皆为庶人，将家属徙辽西郡。时议郎耿育上疏言：

臣闻继嗣失统，废嫡立庶，圣人法禁，古今至戒。然大伯见历知适，逡循固让，委身吴粤，权变所设，不计常法，致位王季，以崇圣嗣，卒有天下，子孙承业，七八百载，功冠三王，道德最备，是以尊号追及大王。故世必有非常之变，然后乃有非常之谋。孝成皇帝自知继嗣不以时立，念虽末有皇子，万岁之后未能持国，权柄之重，制於女主，女主骄盛则奢欲无极，少主幼弱则大臣不使，世无周公抱负之辅，恐危社稷，倾乱天下。知陛下有贤圣通明之德，仁孝子爱之恩，怀独见之明，内断于身，故废后宫就馆之渐，绝微嗣祸乱之根，乃欲致位陛下以安宗庙。愚臣既不能深援安危，定金匮之计，又不知推演圣德，述先帝之志，乃反覆校省内，暴露私燕，诬汙先帝倾惑之过，成结宠妾妒媚之诛，甚失贤圣远见之明，逆负先帝忧国之意。

夫论大德不拘俗，立大功不合众，此乃孝成皇帝至思所以万万於众臣，陛下圣德盛茂所以符合于皇天也，岂当世庸庸斗筲之臣所能及哉！且褒广将顺君父之美，匡捄销灭既往之过，古今仿通义也。事不当时固争，防祸于未然，各随指阿从，以求容媚，晏驾之后，尊号已定，万事已讫，乃探追不及之事，讦扬幽昧之过，此臣所深痛也！

愿下有司议，即如臣言，宜宣布天下，使咸晓知先帝圣意所起。不然，空使谤议上及山陵，下流后世，远闻百蛮，近布海内，甚非先帝托后之意也。盖孝子善述父之志，善成人之事，唯陛下省察！

哀帝为太子，亦颇得赵太后力，遂不竟其事。傅太后思赵太后，赵太后亦归心，故成帝母及王氏皆怨之。

哀帝崩，王莽白太后诏有司曰："前皇太后与昭仪俱侍帷幄，姊弟专宠锢寝，执贼乱之谋，残灭继嗣以危宗庙，悖天犯祖，无为天下母之义。贬皇太后为孝成皇后，徙居北宫。"后月余，复下诏曰："皇后自知罪恶深大，嘲请希阔，失妇道，无共养之礼，而有狼虎之毒，宗室所怨，海内之仇也，而尚在小君之位，诚非皇天之心。夫小不忍乱大谋，恩之所不能已者义之所割也，今废皇后为庶人，就其园。"是日自杀。凡立十六年而诛。先是有童谣曰："燕燕，尾涎涎，张公子，时相见。木门仓琅根，燕飞来，啄皇孙。皇孙死，燕啄矢。"成帝每微行出，常与张放俱，而称富平侯家，故曰张公子。仓琅根，宫门铜锾也。

【译文】

孝成赵皇后本来是长安宫中侍使宫婢。当初出生时，父母亲没有抚养她，三天不死，于是才又收养了她。等到她长大以后，属阳阿主家人，在那里学会唱歌跳舞，号称飞燕。成帝曾经便装出行，路过阳阿主家，在那里欢聚一场。成帝看见飞燕后很喜欢她，于是就把她接进宫内，很受成帝宠幸。后来她的妹妹也被召进宫内，两个人都成为婕妤，在后宫中是最尊贵、最受宠幸的人。

许后被废掉之后，成帝打算立赵婕妤为皇后。皇太后嫌她出生太微贱，所以不太同意。皇太后姐姐的儿子淳于长任侍中，经常来这里传话，成帝了解到太后的旨意后就封立赵婕妤的父亲赵临为咸阳侯。又过了一个多月后，才立赵婕妤为皇后。因为淳于长从前曾建议罢免昌陵有功，所以封为定陵侯。

赵婕妤被立为皇后之后，她就不太受皇帝宠幸，而她的妹妹特别受宠幸，被立为昭仪。她住在昭阳舍，舍中用朱色漆中庭，殿上也全用漆油饰，门坎用铜做成后再涂上黄金，台阶用白玉石砌成，舍中的壁带也是用黄金做的，上面还镶嵌着蓝田玉、明珠、翠羽等装饰品，自从建立后宫以来从没有过这样豪华。姐妹两人十多年受到皇帝的特别宠爱，但最终都没有生孩子。

孝成帝末年，定陶王来朝拜皇帝。定陶王的祖母傅太后私下贿赂赵皇后、昭仪，定陶王竟被立为太子。

第二年春天，成帝去世。成帝平素身体强壮，没有什么疾病。这个时候楚思王衍、梁王立来朝拜成帝，第二天就要离去，成帝留他们住宿，并一起住在白虎殿中。成帝又想任命左将军孔光为丞相，已经刻好了侯印、写好了书赞。天黑睡觉时成帝还很好，快到清晨时，他想穿套袴和袜子起床，但衣袜从手中失落，也不能说话，刻漏刚到白天十刻时就去世了。民间把此事归罪于赵昭仪，皇太后召见大司马莽、丞相大司空说："皇帝突然去世，大家喧哗感到奇怪。掖庭令辅等在后宫左右，经常在皇帝身边侍奉宴饮，一起和御史、丞相、廷尉去查问皇帝起居和发病的情况。"赵昭仪自杀身亡。

哀帝即位以后，尊赵皇后为皇太后，封太后的弟弟侍中驸马都尉赵钦为新成侯。赵氏有侯爵的人共有二人。又过了几个月后，司隶解光上奏说：

我听说许美人和原来中宫史曹宫都在孝成皇帝身边侍奉，并很得宠幸，曹宫曾生过一个儿子，但生产后就把儿子藏起来不露面。

我曾派遣从事掾业、史望去查问知情者掖庭狱丞籍武，以及原来任中黄门的王舜、吴恭、靳严、官婢曹晓、道房、张弃和原来给赵昭仪驾驭车马的人于客子、王偏、臧兼等人，他们都说曹宫是曹晓的女儿，从前属于中宫，任学事史，她通晓《诗经》，教授皇后学习。道房和曹宫相约为夫妇，元延元年中曹宫对道房说："陛下宠爱我曹宫。"过了几个月后，曹晓进入殿中时，看见曹宫腹部大起来，就询问曹宫。曹宫说："我有幸怀孕。"在她怀孕十个月后，曹宫在掖庭牛官令舍生产，当初身边有奴婢六人。中黄门田客手持诏令去记录了情况，把记录的材料装进了绿色的缯袋中，加盖御史中丞印封口，交给籍武说："把牛官令舍的妇人和刚生下的孩子以及奴婢六人，全部送入暴室狱，不要问孩子是男是女，也不要问是谁家的孩子。"籍武遵命把她们送进暴室狱。曹宫说："要好好保存我孩子的胞衣，你知道他是什么人的孩子吗？"又过了三天后，田客又拿着诏记给了籍武，问籍武说："孩子死了没有？你亲手把回答的话写在简牍的背面。"于是籍武就写下了回答的话："孩子现在还在，没有死。"过了一会儿，田客出来后说："皇帝和昭仪吵了架，你为什么还不杀掉小孩？"籍武边叩头边哭泣说："不杀死小孩，我自己也知道应该死去，杀死小孩，也是死。"于是就通过田客送上密封的奏章，奏章上说："陛下没有继承人，小孩无论贵贱，都应注意。"奏章送上去以后，田客又拿着诏记对籍武说："今天晚上刻漏升上五刻时，抱着孩子交给王舜，在东交掖门口相会。"籍武因此问田客说："陛下看到我的奏书后态度怎么样呢？"田客说："瞠目结舌。"后来籍武把小孩交付给王舜。王舜接受诏令，把小孩接进殿内，为小孩选择了乳母，并告诉乳母说："一定要好好抚养小孩，将来会有赏赐。不要泄漏这件事。"王舜选择张弃为乳母，当时小孩刚出生八、九天。又过了三天后，田客又拿着诏记，还像以前那样封着给了籍武，当中还有一个封着的绿色小箧，上面写着"告诉籍武把箧中的东西和信交给狱中妇人，籍武自己到时候也喝这个药"。籍武打开箧笥，里面裹着二枚药，在一片小纸上写着："告诉伟能：努力喝下这枚药，不可复入，你自己知道。"伟能就是曹宫。曹宫读完信后，说："果然是这样，想姐妹专横天下！我的孩子是个男孩，额头前上长着头发，很象孝元皇帝。现在孩子在哪里呢？差点儿被杀死，怎么能让长信听说这件事呢？"曹宫喝了药就死了。后来曹宫的六名奴婢被召进宫内，出来后对籍武说："昭仪说'你没有罪过，如愿自杀，也要到别的地方去死。'我们都说愿意自杀。"于是就自杀而死。籍武把这些情况都记下来奏上。张弃抚养了十一天小孩，宫长李南按照诏书的命令把小孩带走，后来就不知道放在什么地方了。

许美人从前在上林涿沐馆，曾多次被召进装饰美丽的宫室中暂住，一年当中被召进去两三次，有时在宫里住几个月，有时住半年，侍奉皇帝。元延二年怀孕，她怀孕十一个月后生产。皇帝下诏派靳严领着妇产科医生拿着五种药丸送到许美人的住所。后来于客子、王偏、臧兼听到昭仪对成帝说："你经常欺骗我说是从皇后的住所来，如真是从皇后住所来，许美人怎么会生下小孩？许美人难道要重新立为皇后吗？"心中很怨恨皇帝，有时用手自己搥自己，有时用头撞门户上的柱子，有时自己从床上摔下来，哭哭啼啼不肯吃饭，说："现在你要怎么处置我？我想回去。"成帝说："现在我把这事告诉你，你反而发怒，实在不该让你知道这件事。"于是成帝也不吃饭。昭仪说："陛下自己知道是这样，为什么还不吃饭呢？陛下经常自己说'前约不会辜负你'，现在许美人生了儿子，竟背负前约，这是为什么呢？"成帝说："以前约定立赵氏，所以不立许氏。我要让天下没有再超过赵氏的人，你不要担忧。"后来诏使靳严拿着用绿袋子装着的信送给许美人，并告诉靳严说："许美人会有东西给你，你就接受下来，放在宫室中户帘南。"许美人把她生的孩子放在一个苇箧里面，用绳子捆起来，和用绿袋子装着回信一起交给靳严。靳严拿着苇箧和信放在宫室帘的南面就走了。皇帝与昭仪坐在那里，让于客子解开捆苇箧的绳子。还没打开时，皇帝让客子、王偏、臧兼都出去，亲自闭上门窗，只有皇帝和昭仪在里面。不一会儿，把门打开，呼喊于客子、王偏、臧兼让他们用绳子捆好苇箧和绿帛信袋并加封，把它推放到屏风的东面。后来吴恭受诏拿着苇箧和信袋交给籍武，苇箧和信袋上都加盖御史中丞印封好，并说："告诉籍武，箧中有死小孩，埋在隐蔽的地方，不要让人知道。"籍武在狱楼的墙角下挖了一个坑，把小孩埋在里面。

原来的长定许贵人和原来成都平阿侯家的女婢王业、任娠、公孙习从前曾被免为庶人，这时奉诏入宫，成为昭仪的私婢。成帝去世后，尚未入殓，正在仓促悲哀的时候，昭仪自知罪恶很大，也知道王业等人是以前许氏、王氏家的女婢，唯恐事情泄露，于是昭仪将大婢羊子等人赏赐给王业等各十个人，以示安慰，并吩咐他们不要说出自己家的过失。

元延二年五月，原来的掖庭令吾丘遵对籍武说："掖庭中丞吏以下的官员都和昭仪串通一气，没有可以和他们说话的人，只想和籍武有话讲。我没有儿子，你籍武有儿子，成帝轻视族人，恐怕是不敢讲吧？掖庭中皇帝宠幸的妃嫔生了孩子就得死，服药堕胎的人无以计数，想和籍武一起把这些讲给大臣们，骠骑将军贪嗜钱财，不足以共计大事，怎么能让长信知道呢？"后来吾丘遵因病精力不济，对籍武说："现在我快要死了，从前我们说的事情，你籍武不能一个人去办，说话时一定要慎重。"这些事都发生在今年四月颁发赦令以前。

臣谨案永光三年，有男性叫忠的人和一些人一起盗掘了长陵傅夫人的墓。此事却被大赦，孝元皇帝下诏说："此事朕不应当给予大赦。"于是彻底追查，全部伏法，全国人民认为应当这样处理。鲁严公夫人杀死世子，齐桓公将她杀死，《春秋》上曾大书一笔。赵昭仪倾乱圣朝，亲手杀害继嗣，她的全家应当受到上天的诛伐。从前平安刚侯夫人谒犯了大逆不道罪，她的同母兄弟应当治罪，因为有赦令，所以就回到了老家。现在昭仪所犯的罪更为悖逆，罪重于谒，而她的同母兄弟亲属都还在尊贵的位置上，经常接近宫室的帷幕，群臣心寒，一定要惩恶劝善，以示四方。请求对此事追查到底，丞相以下依法处决。

于是哀帝将新成侯赵钦、赵钦哥哥的儿子咸阳侯赵䜣都免为庶人，将他们的家属迁至辽西郡。当时议郎官耿育又上疏说：

我听说继嗣违背常规，废嫡立庶，圣人立法禁止，从古到今都不这样做。大伯看到历后知道他应当为嫡嗣，迟疑后坚决辞让，他委身吴粤，随机应变，让位给王季，以此来推得圣嗣，最后拥有天下，子孙承业，七八百年，功冠三王，道德最备，因此他的尊号和大王一样。所以世上一定是有了非常之变，然后才会有非常之谋。孝成皇帝自知没有按时确立继嗣，想着即使晚年有了皇子，晏驾之后也不能执掌大权，国家大权控制于女主之手，女主骄横强盛就会贪得无厌，少主幼弱，大臣们就不会服从命令，世上又没有像周公那样的辅助之人，国家恐怕会遇到危险，天下大乱。现在大家知道陛下有贤圣通明之德，又有仁孝子爱之恩，胸怀独见之明，重大事情都亲自处理，所以废止了后宫妃嫔临产时移往别室分娩的欺诈行为，杜绝了幼主继位的祸乱根源，所以希望陛下即位后来安定国家。愚臣既不能周密地转危为安、定出长久之计，又不知推广圣德、讲述先帝的大志，才反复检查宫中之事，暴露成帝私吃宴请的秘闻，诽谤或夸大先帝迷惑不清的过错，造成宠妾之间相互嫉妒甚至残杀，大大地失去了贤圣的远见之明，背叛和辜负了先帝的忧国之心。

论述大德的时候就不能拘泥于世俗，建立大功的时候就不要比照普通人，这就是孝成皇帝对众位大臣的最大希望，陛下有很多圣德符合于皇天，哪里是才识浅短、庸庸碌碌的人能达到的！而且能颂扬和推广随顺君父的美德，挽救或消灭过去的过错，这个道理是古今相通的。遇事不能在发生时坚持争辩，不防患于未然，各自随意迎合，来取得人们欢心，去世之后，尊号已定，万事已完，这时才追寻没有做了的事情，揭发暴露错暗不明的过失，这是我感到最悲痛的事情。

希望下令有关官吏商议，就像我说的那样，向天下宣布，使大家都明白先帝的意图。不然，白白让他们诽谤议论，上到皇帝，下到后世，远闻百夷，近布海内，这远非先帝希冀后代的意图。只有孝子才能善于表述父辈的大志，善于成全别人的事业，希望陛下仔细省察一番。

哀帝做太子时，很得赵太后的支持，于是就没有听从耿育的建议。傅太后曾以厚恩对待赵太后，赵太后也从心里归附傅太后，所以成帝的母亲和王氏都怨恨赵太后。

哀帝去世以后，王莽告太后下诏有司说：“从前皇太后和昭仪一起在帷幕侍奉皇帝，姊妹两人特别受到宠爱，她们心怀贼乱之谋，残灭皇帝的继承人来危害国家，违背天意，背叛先帝，没有做出一点天下母亲的大义。贬皇太后为孝成皇后，迁居北宫。”过了一个多月以后，又下诏令说：“皇后自知罪恶深大，朝请疏远，她丧失了女人的道德，毫无供养之礼，而有狼虎之毒，宗室内外都很怨恨她，是国人的仇敌，而仍在显贵妻妾的位置，这确实不合皇天之意。小不忍则乱大谋，因恩情不能制止的应以义制止，现在废皇后为庶人，回到自己家园去。”当天皇后就自杀了。赵飞燕立为皇后共有十六年，而后自杀。在此以前有童谣说："燕燕，尾涎涎，张公子，时相见。木门仓琅根，燕飞来，啄皇孙。皇孙死，燕啄矢。"成帝每次便服外出时，常和张放在一起，称张放为富平侯家，所以叫他张公子。仓琅根，就是宫门的铜环。

孝平王皇后传

【题解】

王皇后是王莽的女儿。汉平帝即位后，成帝的母亲太皇太后称制，王莽依靠权诈将其女配帝，立为皇后。一年以后，汉平帝去世，立刘婴为孺子，尊皇后为皇太后，王莽篡权后，改皇太后号为定安公太后。王莽被诛杀后，未央宫被烧，太后自投火中而死。

【原文】

孝平王皇后，安汉公太傅大司马莽女也。平帝即位，年九岁，成帝母太皇太后称制，而莽秉政。莽欲依霍光故事，以女配帝，太后意不欲也。莽设变诈，令女必入，因以自重，事在《莽传》。太后不得已而许之，遣长乐少府夏侯藩、宗正刘宏、少府宗伯凤、尚书令平晏纳采，太师光、大司徒马宫、大司空甄丰、左将军孙建、执金吾尹赏、行太常事太中大夫刘歆及太卜、太史令以下四十九人赐皮弁素绩，以礼杂卜筮，太牢祠宗庙，待吉月日。明年春，遣大司徒宫、大司空丰、左将军建、右将军甄邯、光禄大夫歆奉乘舆法驾，迎皇后于安汉公第。宫、丰、歆授皇后玺绂，登车称警跸，便时上林延寿门，入未央宫前殿。群臣就位行礼，大赦天下，益封父安汉公地满百里，赐迎皇后及行礼者，自三公以下至驺宰执事长乐、未央宫、安汉公第者，皆增秩，赐金帛各有差。皇后立三月，以礼见高庙。尊父安汉公号曰宰衡，位在诸侯王上。赐公夫人号曰功显君，食邑。封公子安为褒新侯，临为赏都侯。

孝平王皇后

后立岁余，平帝崩。莽立孝宣帝玄孙婴为孺子，莽摄帝位，尊皇后为皇太后。三年，莽即真，以婴为定安公，改皇太后号为定安公太后。太后时年十八矣，为人婉瘗有节操。自刘氏废，常称疾不朝会。莽敬惮伤哀，欲嫁之。乃更号为黄皇室主，令立国将军成新公孙建世子褹饰将医往问疾。后大怒，笞鞭其旁侍御。因发病，不肯起，莽遂不复强也。及汉兵诛莽，燔烧未央宫，后曰："何面目以见汉家！"自投火中而死。

【译文】

孝平王皇后,是安汉公太傅大司马王莽的女儿。平帝即位时,她刚九岁,成帝的母亲太皇太后临朝称制,而王莽掌管大权。王莽想依照霍光过去的事例,把自己的女儿嫁给皇帝,太后意见是不想这样做。后来王莽设诈,一定要让他的女儿入宫,以此来巩固他的权势,这些事都记载在《王莽传》中。最后,太后不得已只好答应将王莽的女儿嫁给皇帝,于是派长乐少府夏侯藩、宗正刘宏、少府宗伯凤、尚书令平晏送去求婚礼物,赐给太师孔光、大司徒马宫、大司空甄丰、左将军孙建、执金吾尹赏、行太常事太中大夫刘歆及太卜、太史令以下四十九人用鹿皮做的帽子和素裳,让他们采用多种方法来占卜凶吉,祭礼宗庙,等待吉祥月日的到来。第二年春天,派遣大司徒马宫、大司空甄丰、左将军孙建、右将军甄邯、光禄大夫刘歆率领着乘舆法驾,到安汉公的住宅去迎接皇后。马宫、甄丰、刘歆交给皇后玺绂,登车出入都像皇帝一样有侍卫和清道夫,在吉利的日子到了上林延寿门,进入未央宫的前殿。大臣们各就各位,向皇后行礼,然后大赦天下。加封她的父亲安汉公的土地达到纵横一百里,赏赐了迎接皇后和向皇后行礼的人,从三公以下至驺宰执事长乐、未央宫、安汉公宅的人都增加了俸禄,并分别不同等级赏赐了他们金帛。皇后被立三个月后,按照礼节去拜高庙。尊她的父亲安汉公号叫宰衡,爵位在各诸侯王之上。赏赐给安汉公的夫人尊号叫功显君,同时赏赐给她食邑。封安汉公的儿子王安为褒新侯,王临为赏都侯。

皇后被立一年多以后,平帝去世。王莽立孝宣帝的玄孙刘婴为孺子。王莽居于代理皇帝的高位,尊皇后为皇太后。三年,王莽即真皇帝位,任命刘婴为定安公,改皇太后号为定安公太后。太后当时才十八岁,为人柔顺而有节操。自从刘氏被废掉后,她经常称身体有病不去朝会。王莽很尊敬同情她,想让她改嫁,于是改称她为黄皇室主。并命令立国将军成新公孙建的嫡长子盛装领着医生前往问疾。太后感到十分生气,鞭打了在旁边的侍御者。因此而生了病,不肯起身,王莽这才不敢强加于她。到汉兵诛杀了王莽,焚烧了未央宫时,太后说:"我还有什么面目去见汉家人呢?"于是自己投入火中而被烧死。

元后传

【题解】

元后,即汉元帝后,她是王莽的姑姑,名政君。宣帝时入掖庭为家人子。元帝时立为皇后。元帝去世后,成帝即位,她被立为皇太后。平帝时,她临朝,委托王莽掌握大权。王莽篡位以后,派安阳侯王舜向太后请求授传国之玺,太后不给。并骂王莽等忘恩负义,说:"我是汉室老寡妇,早晚将要死去,准备和传国之玺一起埋葬。"后来经过王舜劝说,才将传国之玺扔在地上,王莽才得到传国之玺。后来王莽下诏称太后为"新室文母太皇太后",但始终未得太后的心欢。元后活了八十四岁,在建国五年(公元13)二月去世。三月，和元帝合葬渭陵。

【原文】

孝元皇后，王莽之姑也。莽自谓黄帝之后，其《自本》曰：黄帝姓姚氏，八世生虞舜。舜起妫汭，以妫为姓。至周武王封舜后妫满于陈，是为胡公，十三世生完。完字敬仲，奔齐，齐桓公以为卿，姓田氏。十一世，田和有齐国，二世称王，至王建为秦所灭。项羽起，封建孙安为济北王。至汉兴，安失国，齐人谓之"王家"，因以为氏。

文、景间，安孙遂字伯纪，处东平陵，生贺，字翁孺。为武帝绣衣御史，逐捕魏郡群盗坚卢等党与，及吏畏懦逗留当坐者，翁孺皆纵不诛。它部御史暴胜之等奏杀二千石，诛千石以下，及通行饮食坐连及者，大部至斩万余人，语见《酷吏传》。翁孺以奉使不称免，叹曰："吾闻活千人有封子孙，吾所活者万余人，后世其兴乎？"

翁孺既免，而与东平陵终氏为怨，乃徙魏郡元城委粟里，为三老，魏郡人德之。元城建公曰"昔春秋沙麓崩，晋史卜之，曰：'阴为阳雄，土火相乘，故有沙麓崩。后六百四十五年，宜有圣女兴。其齐田乎！'今王翁孺徙，正直其地，日月当之，元城郭东有五鹿之虚，即沙鹿地也。后八十年，当有贵女兴天下"云。

翁孺生禁，字稚君，少学法律长安，为廷尉史。本始三年，生女政君，即元后也。禁有大志，不修廉隅，好酒色，多取傍妻，凡有四女八男：长女君侠，次即元后政君，次君力，次君弟；长男凤孝卿，次曼元卿，谭子元，崇少子，商子夏，立子叔，根稚卿，逢时季卿。唯凤、崇与元后政群同母。母，适妻，魏郡李氏女也。后以妒去，更嫁为河内苟宾妻。

初，李亲任政君在身，梦月入其怀。及壮大，婉顺得妇人道。尝许嫁未行，所许者死。后东平王聘政君为姬，未入，王薨。禁独怪之，使卜数者相政君，"当大贵，不可言"。禁心以为然，乃教书，学鼓琴。五凤中，献政君，年十八矣，入掖庭为家人子。

岁余，会皇太子所爱幸司马良娣病，且死，谓太子曰："妾死非天命，乃诸娣妾良人更祝诅杀我。"太子怜之，且以为然。及司马良娣死，太子悲恚发病，忽忽不乐，因以过怒诸娣妾，莫得进见者。久之，宣帝闻太子恨过诸娣妾，欲顺适其意，乃令皇后择后宫家人子可以虞侍太子者，政君与在其中。及太子朝，皇后乃见政君等五人，微令旁长御问知太子所欲。太子殊无意于五人者，不得已于皇后，强应曰："此中一人可。"是时政君坐近太子，又独衣绛缘诸于，长御即以为是。皇后使侍中杜辅、掖庭令浊贤交送政君太子宫，见丙殿。得御幸，有身。先是者，太子后宫娣妾以十数，御幸久者七八年，莫有子，及王妃一幸而有身。甘露三年，生成帝于甲馆画堂，为世适皇孙。宣帝爱之，自名曰骜，字太孙，常置左右。

后三年，宣帝崩，太子即位，是为孝元帝。立太孙为太子，以母王妃为婕妤，封父禁为阳平侯。后三日，婕妤立为皇后，禁位特进，禁弟弘至长乐卫尉。永光二年，禁薨，谥曰顷侯。长子凤嗣侯，为卫尉侍中。皇后自有子后，希复进见。太子壮大，宽博恭慎，语在《成纪》。其后幸酒，乐燕乐，元帝不以为能。而傅昭仪有宠于上，生定陶共王。王多材艺，上甚爱之，坐则侧席，行则同辇，常有意欲废太子而立共王。时凤在位，与皇后、太子同心忧惧，赖侍中史丹拥右太子，语在《丹传》。上亦以皇后素谨慎，而太子先帝所常留意，故得不废。

元帝崩，太子立，是为孝成帝。尊皇后为皇太后，以凤为大司马大将军领尚书事，益封五千户。王氏之兴自凤始。又封太后同母弟崇为安成侯，食邑万户。凤庶弟谭等皆赐爵关内侯，食邑。

其夏，黄雾四塞终日。天子以问谏大夫杨兴、博士驷胜等，对皆以为"阴盛侵阳之气也。高祖之约也，非功臣不侯，今太后诸弟皆以无功为侯，非高祖之约，外戚未曾有也，故天为见异。"言事者多以为然。凤于是惧，上书辞谢曰："陛下即位，思慕谅闇，故诏臣凤典领尚书事，上无以明圣德，下无以益政治。今有福星天地赤黄之异，咎在臣凤，当伏显戮，以谢天下。今谅闇已毕，大义皆举，宜躬亲万机，以承天心。"因乞骸骨辞职。上报曰："朕承先帝圣绪，涉道未深，不明事情，是以阴阳错谬，日月无光，赤黄之气，充塞天下。咎在朕躬，今大将军乃引过自予，欲上尚书事，归大将军印绶，罢大司马官，是明朕之不德也。朕委将军以事，诚欲庶岁有成，显先祖之功德。将军其专心固意，辅朕之逮，毋有所疑。"

后五年，诸吏散骑安成侯崇薨，谥曰共侯。有遗腹子奉世嗣侯，太后甚哀之。明年，河平二年，上悉封舅谭为平阿侯，商成都侯，立红阳侯，根曲阳侯，逢时高平侯。五人同日封，故世谓之"五侯"。太后同产唯曼蚤卒，余毕侯矣。太后母李亲，苟氏妻，生一男名参，寡居。顷侯禁在时，太后令禁还李亲。太后怜参，欲以田蚡为比而封之。上曰："封田氏，非正也。"以参为侍中水衡都尉。王氏子弟皆卿大夫侍中诸曹，分据势官满朝廷。

大将军凤用事，上遂谦让无所颛。左右常荐光禄大夫刘向少子歆通达有异材。上召见歆，诵读诗赋，甚悦之，欲以为中常侍，召取衣冠。临当拜，左右皆曰："未晓大将军。"上曰："此小事，何须关大将军？"左右叩头争之。上于是语凤，凤以为不可，乃止。其见惮如此。

上即位数年，无继嗣，体常不平。定陶共王来朝，太后与上承先帝意，遇共王甚厚，赏赐十倍于它王，以往事为纤介。共王之来朝也，天子留，不遣归国。上谓共王："我未有子，人命不讳，一朝有它，且不复相见。尔长留侍我矣！"其后天子疾益有瘳，共王因留国邸，且夕侍上，上甚亲重。大将军凤心不便共王在京师，会日蚀，凤因言"日蚀阴盛之象，为非常异。定陶王虽亲，于礼当奉藩在国。今留侍京师，诡正非常，故天见戒。宜遣王之国"。上不得已于凤而许之。共王辞去，上与相对涕泣而决。

京兆尹王章素刚直敢言，以为凤建遣共王之国非是，乃奏封事言日蚀之咎矣。天子召见章，延问以事，章对曰："天道聪明，佑善而灾恶，以瑞异为符效。今陛下以未有继嗣，引近定陶王，所以承宗庙，重社稷，上顺天心，下安百姓。此正义善事，当有祥瑞，何故致灾异？灾异之发，为大臣颛政者也。今闻大将军猥归蚀日之咎于定陶王，建遣之国，苟欲使天子孤立于上，颛擅朝事以便其私，非忠臣也。且日蚀，阴侵阳臣颛君之咎，今政事大小皆自凤出，天子曾不一举手，凤不内省责，反归咎善人，推远定陶王。且凤诬罔不忠，非一事也。前丞相乐昌侯商本以先帝外属，内行笃，有威重，位历将相，国家柱石臣也，其人守正，不肯诎节随凤委曲，卒用闺门之事为凤所罢，身以忧死，众庶愍之。又凤知其小妇弟张美人已尝适人，于礼不宜配御至尊，托以为宜子，内之后宫，苟以私其妻弟。闻张美人未尝任身就馆也。且羌胡尚杀首子以汤肠正世，况于天子而近已出之女也！此三者皆大事，陛下所自见，足以知其余，及它所不见者。凤不可令久典事，宜退使就第，选忠贤以代之。"

自凤之白罢商后遣定陶王也，上不能平。及闻章言，天子感寤，纳之，谓章曰："微京兆尹直言，吾不闻社稷计！且唯贤知贤，君试为朕求可以自辅者。"于是章奏封事，荐中山孝王舅琅玡太守冯野王"先帝时历二卿，忠信质直，知谋有余。野王以王舅出，以贤复入，明圣主乐进贤也"。上自为太子时数闻野王先帝名卿，声誉出凤远甚，方倚欲以代凤。

初，章每召见，上辄辟左右。时太后从弟长乐卫尉弘子侍中音独侧听，具知章言，以语凤。凤闻之，称病出就第，上疏乞骸骨，谢上曰："臣材驽愚戆，得以外属兄弟七人封为列侯，宗族蒙恩，赏赐无量。辅政出入七年，国家委任臣凤，所言辄听，荐士常用。无一功善，阴阳不调，灾异数见，咎在臣凤奉职无状，此臣一当退也。《五经》传记，师所诵说，咸以日蚀之咎在于大臣非其人，《易》曰'折其右肱'，此臣二当退也。河平以来，臣久病连年，数出在外，旷职素餐，此臣三当退也。陛下以皇太后故不忍诛废，臣犹自知当远流放，又重自念，兄弟宗族所蒙不测，当杀身靡骨死辇毂下，不当以无益之故有离寝门之心。诚岁余以来，所苦加侵，日日益甚，不胜大愿，愿乞骸骨，归自治养，冀赖陛下神灵，未埋发齿，期月之间，幸得瘳愈，复望帷幄，不然，必填沟壑。臣以非材见私，天下知臣受恩深也；以病得全骸骨归，天下知臣被恩见哀，重巍巍也。进退于国为厚，万无纤介之议。唯陛下哀怜！"其辞指甚哀，太后闻之为垂涕，不御食。

上少而亲倚凤，弗忍废，乃报凤曰："朕秉事不明，政事多缺，故天变娄臻，咎在朕躬。将军乃深引过自予，欲乞骸骨而退，则朕将何向焉！《书》不云乎？'公毋困我'。务专精神，安心自持，期于瘳瘳，称朕意焉。"于是凤起视事。上使尚书劾奏章"知野王前以王舅出补吏，而私荐之，欲令在朝阿附诸侯；又知张美人体御至尊，而妄称引羌胡杀子荡肠，非所宜言"。遂下章吏。廷尉致其大逆罪，以为"比上夷狄，欲绝继嗣之端；背叛天子，私为定陶王"。章死狱中，妻子徙合浦。

自是公卿见凤，侧目而视。郡国守相刺史皆出其门。又以侍中太仆音为御史大夫，列于三公。而五侯群弟，争为奢侈，赂遗珍宝，四面而至；后庭姬妾，各数十人，僮奴以千百数，罗钟磬，舞郑女，作倡优，狗马驰逐；大治第室，起土山渐台，洞门高郎阁道，连属弥望。百姓歌之曰："五侯初起，曲阳最怒，坏决高都，连竟外杜，土山渐台西白虎。"其奢僭如此。然皆通敏人事，好士养贤，倾财施予，以相高尚。

凤辅政凡十一岁。阳朔三年秋，凤病，天子数自临问，亲执其手，涕泣曰："将军病，如有不可言，平阿侯谭次将军矣。"凤顿首泣曰："谭等虽与臣至亲，行皆奢僭，无以率导百姓，不如御史大夫音谨敕，臣敢以死保之。"及凤且死，上疏谢上，复固荐音自代，言谭等五人必不可用。天子然之。

初，谭倨，不肯事凤，而音敬凤，卑恭如子，故荐之。凤薨，天子临吊赠宠，送以轻车介士，军陈自长安至渭陵，谥曰敬成侯。子襄嗣侯，为卫尉。御史大夫音竟代凤为大司马车骑将军，而平阿侯谭位特进，领城门兵。谷永说谭，令让不受城门职，由是与音不平，语在《永传》。

音既以从舅越亲用事，小心亲职，岁余，上下诏曰："车骑将军音宿卫忠正，勤劳国家，前为御史大夫，以外亲宜典兵马，入为将军，不获宰相之封，朕甚慊焉！其封音为安阳侯，食邑与五侯等，俱三千户。"

初,成都侯商尝病,欲避暑,从上借明光宫。后又穿长安城,引内沣水注第中大陂以行船,立羽盖,张周帷,辑濯越歌。上幸商第,见穿城引水,意恨,内衔之,未言。后微行出,过曲阳侯第,又见园中土山渐台似类白虎殿。于是上怒,以让车骑将军音。商、根兄弟欲自黥劓谢太后。上闻之大怒,乃使尚书责问司隶校尉、京兆尹"知成都侯商擅穿帝城,接引沣水,曲阳侯根骄奢僭上,赤墀青琐,红阳侯立父子臧匿奸猾亡命,宾客为群盗,司隶、京兆皆阿纵不举奏正法。"二人顿首省户下。又赐车骑将军音策书曰:"外家何甘乐祸败,而欲自黥劓,相戮辱于太后前,伤慈母之心,以危乱国!外家宗族强,上一身寖弱日久,今将一施之。君其召诸侯,令待府舍。"是日,诏尚书奏文帝时诛将军薄昭故事。车骑将军音藉稾请罪,商、立、根皆负斧质谢。上不忍诛,然后得已。

久之,平阿侯谭薨,谥曰安侯,子仁嗣侯。太后怜弟曼早死,独不封,曼寡妇渠供养东宫,子莽幼孤不及等比,常以为语。平阿侯谭、成都侯商及在位多称莽者。久之,上复下诏追封曼为新都哀侯,而子莽嗣爵为新都侯。后又封太后姊子淳于长为定陵侯。王氏亲属,侯者凡十人。

上悔废平阿侯谭不辅政而薨也,乃复进成都侯商以特进,领城门兵,置幕府,得举吏如将军。杜邺说车骑军音令亲附商,语在《邺传》,王氏爵位日盛,唯音为修整,数谏正,有忠节,辅政八年,薨。吊赠如大将军,谥曰敬侯。子舜嗣侯,为太仆侍中。特进成都侯商代音为大司马卫将军,而红阳侯立位特进,领城门兵。商辅政四岁,病乞骸骨,天子悯之,更以为大将军,益封二千户,赐钱百万。商薨,吊赠如大将军故事,谥曰景成侯,子况嗣侯。红阳侯立次当辅政,有罪过,语在《孙宝传》。上乃废立而用光禄勋曲阳侯根为大司马骠骑将军,岁余益封千七百户。高平侯逢时无材能名称,是岁薨,谥曰戴侯,子买之嗣侯。

绥和元年,上即位二十余年无继嗣,而定陶共王已薨,子嗣立为王。王祖母定陶傅太后重赂遗骠骑将军根,为王求汉嗣,根为言,上亦欲立之,遂征定陶王为太子。时根辅政五岁矣,乞骸骨,上乃益封根五千户,赐安车驷马,黄金五百斤,罢就第。

先是定陵侯淳于长以外属能谋议,为卫尉侍中,在辅政之次。是岁,新都侯莽告长伏罪与红阳侯立相连,长下狱死,立就国,语在《长传》。故曲阳侯根荐莽以自代,上亦以为莽有忠直节,遂擢莽从侍中骑都尉光禄大夫为大司马。

岁余,成帝崩,哀帝即位。太后诏莽就第,避帝外家。哀帝初优莽,不听。莽上书固乞骸骨而退。上乃下诏曰:"曲阳侯根前在位,建社稷策。侍中太仆安阳侯舜往时护太子家,导朕,忠诚专一,有旧恩。新都侯莽忧劳国家,执义坚固,庶几与为治,太皇太后诏休就第,朕甚闵焉。其益封根二千户,舜五百户,莽三百五十户。以莽为特进,朝朔望。"又还红阳侯立京师。哀帝少而闻知王氏骄盛,心不能善,以初立,故优之。

后月余,司隶校尉解光奏:"曲阳侯根宗重身尊。三世据权,五将秉政,天下辐凑自效。根行贪邪,臧累钜万,纵横恣意,大治室第,第中起土山,立两市,殿上赤墀,户青琐;游观射猎,使奴从者被甲持弓弩,陈为步兵;止宿离宫,水衡共张,发民治道,百姓苦其役。内怀奸邪,欲管朝政,推亲近吏主簿张业以为尚书,蔽上壅下,内塞王路,外交藩臣,骄奢侈上,坏乱制度。案根骨肉至亲,社稷大臣,先帝弃天下,根不悲哀思慕,山陵未成,公聘取故掖女乐五官殷严、王飞君等,置酒歌舞,捐忘先帝厚恩,背臣子义。及根兄子成都侯况幸得以外亲继父为列侯侍中，不思报厚恩，亦聘取故掖庭贵人以为妻，皆无人臣礼，大不敬不道。"于是天子曰："先帝遇根、况父子，至厚也，今乃背忘恩义！"以根尝建社稷之策，遣就国。免况为庶人，归故郡。根及况父商所荐举为官者，皆罢。

后二岁，傅太后、帝母丁姬皆称尊号。有司奏"新都侯莽前为大司马，贬抑尊号之议，亏损孝道，及平阿侯仁臧匿赵昭仪亲属，皆就国"。天下多冤王氏。

谏大夫杨宣上封事言："孝成皇帝深惟宗庙之重，称述陛下至德以承天序，圣策深远，恩德至厚。惟念先帝之意，岂不欲以陛下自代，奉承东宫哉！太皇太后春秋七十，数更忧伤，敕令亲属引领以避丁、傅。行道之人为之陨涕，况于陛下，时登高远望，独不惭于延陵乎！"哀帝深感其言，复封商中子邑为成都侯。

元寿元年，日蚀。贤良对策多讼新都侯莽者，上于是征莽及平阿侯仁还京师侍太后。曲阳侯根薨，国除。

明年，哀帝崩，无子，太皇太后以莽为大司马，与共征立中山王奉哀帝后，是为平帝。帝年九岁，当年被疾，太后临朝，委政于莽，莽颛威福。红阳侯立莽诸父，平阿侯仁素刚直，莽内惮之，令大臣以罪过奏遣立、仁就国。莽日诳燿太后，言辅政致太平，群臣奏请尊莽为安汉公。后遂遣使者迫守立、仁令自杀，赐立谥曰荒侯，子柱嗣，仁谥曰刺侯，子术嗣。是岁，元始三年也。明年，莽风群臣奏立莽女为皇后。又奏尊莽为宰衡，莽母及两子皆封为列侯，语在《莽传》。

莽既外壹群臣，令称己功德，又内媚事旁侧长御以下，赂遗以千万数。白尊太后姊妹君侠为广恩君，君力为广惠君，君弟为广施君，皆食汤沐邑，日夜共誉莽。莽又知太后妇人厌居深宫中，莽欲虞乐以市其权，乃令太后四时边驾巡狩四郊，存见孤寡贞妇。春幸茧馆，率皇后列侯夫人桑，遵霸水而祓；夏游御宿、鄠、杜之间；秋历东馆，望昆明，集黄山宫；冬享饮飞羽，校猎上兰，登长平馆，临泾水而览焉。太后所至属县，辄施恩惠，赐民钱帛牛酒，岁以为常。太后从容言曰："我始入太子家时，见于丙殿，至今五六十岁尚颇识之。"莽因曰："太子宫幸近，可一往游观，不足以为劳。"于是太后幸太子宫，甚说。太后旁弄儿病在外舍，莽自亲候之。其欲得太后意如此。

平帝崩，无子，莽征宣帝玄孙选最少者广戚侯子刘婴，年二岁，托以卜相为最吉。乃风公卿奏请立婴为孺子，令宰衡安汉公莽践祚居摄，如周公傅成王故事。太后不以为可，力不能禁，于是莽遂为摄皇帝，改元称制焉。俄而宗室安众侯刘崇及东郡太守翟义等恶之，更举兵欲诛莽。太后闻之，曰："人心不相远也。我虽妇人，亦知莽必以是自危，不可。"其后，莽遂以符命自立为真皇帝，先奉诸符瑞以白太后，太后大惊。

初，汉高祖入咸阳至霸上，秦王子婴降于轵道，奉上始皇玺。及高祖诛项籍，即天子位，因御服其玺，世世传授，号曰汉传国玺。以孺子未立，玺臧长乐宫。及莽即位，请玺，太后不肯授莽。莽使安阳侯舜谕指。舜素谨敕，太后雅爱信之。舜既见，太后知其为莽求玺，怒骂之曰："而属父子宗族蒙汉家力，富贵累世，既无以报，受人孤寄，乘便利时，夺取其国，不复顾恩义。人如此者，狗猪不食其余，天下岂有而兄弟邪！且若自以金匮符命为新皇帝，变更正朔服制，亦当自更作玺，传之万世，何用此亡国不祥玺为，而欲求之？我汉家老寡妇，旦暮且死，欲与此玺俱葬，终不可得！"太后因涕泣而言，旁侧长御以下皆垂涕。舜亦悲不能自止，良久乃仰谓太后："臣等已无可言者。莽必欲得传国玺，太后宁能终不与邪！"太后闻舜语切,恐莽欲胁之,乃出汉传国玺,投之地以授舜,曰:'我老已死,如而兄弟,今族灭也！"舜既得传国玺,奏之,莽大悦,乃为太后置酒未央宫渐台,大纵众乐。

莽又欲改太后汉家旧号,易其玺绶,恐不见听,而莽疏属王谏欲谄莽,上书言:"皇天废去汉而命立新室,太皇太后不宜称尊号,当随汉废,以奉天命。"莽乃车驾至东宫,亲以其书白太后。太后曰:"此言是也！"莽因曰:"此悖德之臣也,罪当诛！"于是冠军张永献符命铜璧,文言"太皇太后当为新室文母太皇太后"。莽乃下诏曰:"予亲群公,咸曰'休哉！其文字非刻非画,厥性自然'。予伏念皇天命予为子,更命太皇太后为'新室文母太皇太后',协于新故交代之际,信于汉氏。哀帝之代,世传行诏筹,为西王母共其之祥,当为历代母,昭然著明。予祗畏天命,敢不钦承！谨以令月吉日,亲率群公诸侯卿士,奉上皇太后玺绶,以当顺天一心,光于四海焉。"太后听许。莽于是鸩杀王谏,而封张永为贡符子。

初,莽为安汉公时,又谄太后,奏尊元帝庙为高宗,太后晏驾后当以礼配食云。及莽改号太后为新室文母,绝之于汉,不令得体元帝。堕坏孝元庙,更为文母太后起庙,独置孝元庙故殿以为文母篹食堂,既成,名曰长寿宫。以太后在,故未谓之庙。莽以太后好出游观,乃车驾置酒长寿宫,请太后。既至,见孝元庙废彻涂地,太后惊,泣曰:"此汉家宗庙,皆有神灵,与何治而坏之！且使鬼神无知,又何用庙为！如令有知,我乃人之妃妾,岂宜辱帝之堂以陈馈食哉！"私谓左右曰:"此人嫚神多矣,能久得祐乎！"饮酒不乐而罢。

自莽篡位后,知太后怨恨,求所以媚太后无不为,然愈不说。莽更汉家黑貂,著黄貂,又改汉正朔伏腊日。太后令其官属黑貂,至汉家正腊日,独与其左右相对饮酒食。

太后年八十四,建国五年二月癸丑崩。三月乙酉,合葬渭陵。莽诏大夫扬雄作诔曰:"太阴之精,沙麓之灵,作合于汉,配元生成。"著其协于元城沙麓。太阴精者,谓梦月也。太后崩后十年,汉兵诛莽。

初,红阳侯立就国南阳,与诸刘结恩,立少子丹为中山太守。世祖初起,丹降为将军,战死。上闵之,封丹子泓为武桓侯,至今。

【译文】

孝元皇后,是王莽的姑姑。王莽自己说他是黄帝的后代。他的《自本》上说:黄帝姓姚氏,传到第八世生下虞舜,虞舜起于妫水,以妫为姓。到了周武王时在陈地封分虞舜的后代妫满,这就是胡公,传到第十三世时生下了陈完。陈完字敬仲,投奔到齐国,齐桓公任命为卿,姓田氏。田氏传到十一世时,田和拥有齐国,二世称王,到了齐王建时被秦所灭。项羽起兵时,封齐王建的孙子田安为济北王。到汉朝兴起时,田安失国,齐人称他为"王家",因此以"王"为氏。

汉朝文帝、景帝期间,田安的孙子田遂字伯纪,住在东平陵,田遂生下田贺,田贺字翁孺。翁孺任武帝的绣衣御史,曾受命追捕魏郡的盗贼坚卢等党羽,一些犯了胆小怯懦罪应当治罪的人,翁孺都没有杀他们而是把他们放走。别部御史暴胜之等人上奏请求诛杀二千石官,千石以下则自行诛杀,犯了通行饮食罪及受牵连的人大部分都被斩杀,一共杀了一万余人。这些事情记载在《酷吏传》中。翁孺因执行命令不称职而被罢免,他感叹地说:"我听说救活千人子孙就会得到封赏,我救活了一万多人,后代一定会兴旺！"

王翁孺被罢免以后，因和东平陵终氏有怨恨，于是就迁到魏郡元城委粟里居住，成为那里的三老，魏郡的人们对他很有礼貌。元城建公说："从前春秋时沙麓山崩塌，晋国的史官占卜说：'阴比阳盛，土火相乘，所以沙麓山才会崩塌。此后六百四十五年，应当有圣女兴起，他是齐田吗？'现在翁孺迁移，正好到了这块地方，日月遮蔽着这个地方。元城城廓东面有五鹿的废墟，就是沙鹿那块地方。以后八十岁，当有贵女在天下兴起。"等等。

王翁孺生下王禁，字稚君，年轻时在长安学习法律，任廷尉史。本始三年，王禁的女儿政君出生，这就是后来的元后。王禁胸怀大志，不拘小节，喜欢饮酒和女人，娶了很多旁妻，他一共有四女八男：长女王君侠，次女就是元后王政君，三女王君力，四女王君弟。长子是王凤，字孝卿；次子王曼，字元卿；三子王谭，字子元；四子王崇，字少子；五子王商，字子夏；六子王立，字子叔；七子王根，字稚卿；八子王逢时，字季卿。只有王凤、王崇和元后政君是同一个母亲。他们的母亲是正妻，是魏郡李氏的女儿。后来因为被嫉妒而离去，重新嫁给河内苟宾为妻。

当初，李氏怀政君在身时，梦见月亮投入她的怀中。等到政君长大后，温柔和顺很通妇人之道。曾经答应嫁人，但还没有出嫁时，所答应的那个人就死了。后来东平王聘政君为姬，还没有入聘，东平王也就去世了。王禁心中觉得她很奇怪，就让占卜算命的人给政君看相，都说："会有大富大贵。不可以讲。"王禁的心里也认为是这样，于是就教她念书，学习鼓琴。五凤年中，把政君献给宫中，当时有十八岁，进入掖庭做了没有名号的宫人。

一年多后，皇太子所宠爱的司马良娣得了病，将要去世时，对太子说："我死并非天命，而是诸位娣妾良人诅咒让我死的。"太子很可怜她，也认为是这样。等到司马良娣去世后，太子因为悲愤而生了病，恍恍惚惚，闷闷不乐，因为对诸位娣妾过于愤怒，所以没有人能进去看他。过了很长一段时间后，宣帝听说太子怨恨诸位娣妾，想顺从他的意思，就命令皇后在内宫中选择些没有名号的宫女来侍奉太子，使太子高兴。政君就在其中。到太子朝见时，皇后就让他见政君等五人，并偷偷让旁边的长御问知太子想选哪个。太子根本就对这五个人没有意思，因为对皇后不得已，就勉强答应说："其中一人就可以。"当时，政君靠近太子坐着，又唯独她穿着用深红色缘饰着衣边的大掖衣，长御就以为太子说的是她。于是皇后就派侍中杜辅、掖庭令浊贤把政君送交给太子宫，住在了旁边的丙殿中。她很得太子宠幸，后来就怀孕了。在她以前，太子内宫的娣妾有十几个，得宠幸时间长者有七八年，但都没有生子，到王妃时刚宠幸就怀孕了。甘露三年，在甲馆画堂里生下了后来的成帝，立为世嫡皇孙。宣帝很喜欢皇孙，亲自给他起名叫骜，字太孙，常常把他放在身边。

过了三年之后，宣帝去世，太子继位，这就是孝元帝。立皇太孙为皇太子。把太子的母亲王妃立为婕妤，把王妃的父亲王禁封为阳平侯。过了三天之后，婕妤被立为皇后，王禁的爵位也升为特进，王禁的弟弟王弘到长乐任卫尉。永光二年，王禁去世，谥号叫顷侯。王禁的长子王凤继承侯爵，任卫尉侍中。皇后自从有了儿子以后，希望自己的地位进一步提高。太子长大以后，胸怀宽大，谨慎小心，这些都记载在《成帝纪》中。后来太子喜欢饮酒，喜欢宴饮作乐，元帝认为他没什么才能。而傅昭仪很受皇帝宠爱，她生下定陶共王。定陶共王多才多艺，皇帝很喜欢他，经常让他在旁边，出行时坐在同一车上，皇帝曾经想废掉太子而立定陶共王。当时王凤在位掌握大权，皇后、太子心里都感到担心害怕，幸好依靠侍中史丹拥护帮助太子，这些都记载在《史丹传》中。皇帝也因为皇后平时很谨慎小心，而太子在先帝时就常受到重视，所以才没有被废掉。

元帝去世后，太子继位，这就是孝成帝。成帝即位后尊立皇后为皇太后，任王凤为司马大将军兼管尚书事，增封食邑五千户。王氏的兴盛是从王凤开始的。皇帝又封太后的同母弟弟王崇为安成侯，封食邑一万户。王凤的庶出弟弟王谭等人都赐为关内侯，封了食邑。

这年夏天，黄色的雾整日布满天空，天子因此询问谏大夫杨兴、博士驷胜等人，他们的回答都认为是："阴气过盛，侵犯了阳气。高祖当初规定，没有功劳的大臣不得封侯，现在太后的好多弟弟都无功劳而封为侯爵，这并非高祖的规定，在外戚中也未曾有过，所以上天出现异象。"凡提到这件事时多数人认为是这个原因。王凤于是感到害怕，上书辞职谢罪说："陛下即位后，一心思慕为父居丧，所以诏我掌管尚书事，上面没有彰明圣德，下面没有加强政治管理。现在出现遮星盖地的黄雾异象，责任在我，应当接受刑法，处决示众，以此来向天下谢罪。现在皇上居丧已完，大义已举，应当亲自处理国家大事，来承奉天道。"因此王凤请求辞职。皇上回答他说："朕继承了先帝的世业，涉道未深，不明事情，所以阴阳错谬，日月无光，赤黄的雾气，充塞天下。责任在朕身上，今天大将军把过错都归到自己身上，想交出尚书事，交回大将军的印绶，辞掉大司马的官职，这就证明朕的不德。朕委任将军掌管大事，确实是想在短时间内收到成效，来显扬先祖的功德。将军对事业一心一意，辅佐朕的不到之处，你不要有什么疑虑。"

五年以后，诸吏散骑安成侯王崇去世，谥号叫共侯。他有一个遗腹子叫王奉世继承了侯爵，太后十分哀怜他。第二年，即河平二年，皇上把他的舅舅们全部封了侯爵，王谭封为平阿侯，王商封为成都侯，王立封为红阳侯，王根封为曲阳侯，王逢时封为高平侯。五个人是同一天受封的，所以世间称他们为"五侯"。太后的同父兄弟中只有王曼过早去世，其他人都被封为侯爵。太后的母亲李氏，改嫁苟氏为妻子时，生下一个男孩叫参，他一个人居住。顷侯王禁在时，太后让王禁召回李氏门下。太后很可怜苟参，打算照田蚡为例而分封他。皇上说："分封田氏，不合正理。"所以就任苟参为侍中水衡都尉。王氏的子弟们都做了卿大夫侍中之类官，分别掌管着一定的权力，官满朝廷。

大将军王凤掌管大权时，皇帝很谦让，什么政事都不亲自处理。皇帝的左右官员们经常推荐光禄大夫刘向的小儿子刘歆精通很多事情，而且有特殊才能。皇帝召见刘歆，让他诵读诗赋，皇帝十分喜欢他，打算任他为中常侍，并召他来取中常侍的官衣官帽。临到拜官时，皇帝左右的官员都说："不知大将军是什么意思。"皇帝说："这是件小事情，何必还要通报大将军呢？"左右官员们都叩头争着说要报告大将军。皇帝于是把此事告诉了王凤，王凤认为不可以拜刘歆为中常侍，于是此事作罢。由此可见皇帝怕王凤到了如此地步。

皇帝继位已经数年，但仍无儿子，身体经常有病。定陶共王来朝见皇帝，太后和皇帝按照先帝的遗愿，对待共王十分优厚，赏赐的比其他王多十倍之多，也不因往事而有怨嫌。共王来朝见皇帝，天子想留下他，不送他回封国。皇帝对共王说："我没有儿子，人的寿命不必避讳，一旦去世，将不能再见。你长期留下侍奉我吧！"从此以后天子的病情有所好转,共王因此留在国都官邸,从早到晚侍奉皇帝,皇帝和他特别亲重。大将军王凤心中不想让共王留在京师,正好此时发生日食,王凤因此就说:"发生日食是阴盛的迹象,是异常现象。定陶王虽然很亲近,按照礼规当在封国奉事。现在留在京师侍奉皇帝,很违反常规,所以上天显示出戒告。应当送共王返回封国。"皇帝对王凤无可奈何,所以答应送共王回封国。共王告辞离去时,皇帝和他相对哭泣告别。

京兆尹王章平素就刚直敢讲话,他认为王凤建议遣送共王回封国是不对的,于是就秘密上奏皇帝讲发生日食应追究的罪过。天子召见王章,款待他并问他日食的事。王章回答说:"上天行事,耳聪目明,保佑善良,惩罚邪恶,用祥瑞或灾异作为效验的征兆。现在陛下因为没有继承人,而召见亲近定陶王,这是为了承接宗庙,以国家为重,上顺天意,下安民心。这是正义的好事,应当报以祥瑞,怎么会招致灾异呢?灾异的发生,是因为大臣专权的缘故。现在听说大将军错将发生日食的罪过归咎于定陶王,建议遣送他回到封国,如果他是想使天子在上面孤立,独断朝政而方便他的私欲,这就不是忠臣。况且出现日食,是阴气侵犯了阳气,应当归咎于臣下压抑了君主,现在不论大小政事都由王凤决定,天子曾一次也没有动过手,王凤不从内心反省自责,反而归咎于善良的人,把定陶王排挤到远方。而且王凤诬陷不忠的事情不止一件事。从前的丞相乐昌侯王商本来是先帝的外戚,他品行忠厚,有很高的威望,历任将相,是国家的柱梁之臣。他坚守正义,不肯屈节委屈追随王凤,最终被王凤用闺门私事罢黜了他,王商因忧伤而去世,百姓们很为他悲伤惋惜。又比如王凤明知他小妾的妹妹张美人曾经嫁过别人,按照礼规不应当再嫁给至尊的皇帝,他托言张美人适宜生儿子,将她接纳入内宫,并且为他妻子的妹妹谋取私利。听说张美人也未曾怀孕到馆。羌人、胡人尚且要杀死头胎婴儿来洗涤女人的肠肚,使所生之子血统纯正,何况是天子亲近一个已经出嫁过的女人呢!这三件事都是大事,都是陛下亲眼所见,足可以推知其他以及没有亲眼见过的事情。不可以让王凤长期掌管国家大事,应该让他辞退回到自己的府第,另选一些忠诚贤能的人来代替他。"。

自从王凤弹劾罢免王商,到后来遣送定陶王回封国,皇帝心中一直不能平静。等听到王章的话以后,皇帝才有所感触和醒悟,准备采纳王章的意见,于是对王章说:"如果没有京兆尹直言相告,我还听不到治理国家的办法。只有贤能的人才能了解贤能的人,你试为朕寻求一位可以辅助治国的人。"于是王章又上奏密封奏书,推荐中山孝王的舅舅琅琊太守冯野王,说:"先帝时曾当过两次九卿,忠诚正直,很有谋略。野王以王舅的身份出任九卿,后又因贤能再次出任,这就清楚地看到圣主是很乐意接纳贤能的人的。"成帝自从做太子时起就曾多次听说冯野王是先帝的名卿,他的声誉远远超过王凤,打算依靠他来代替王凤。

当初,王章每次被召见时,成帝就让左右大臣回避。当时太后的堂弟长乐卫尉王弘的儿子侍中王音一个人在旁边窃听,全部知道王章谈话的内容,并把这些话告诉了王凤。王凤听到这些话后就装说身体有病回到自己的府第,上书请求辞职退休,他向成帝辞谢说:"我才能低劣,又很愚笨,使得外戚兄弟七人都被封为列侯,宗族也蒙受到恩惠,得到很多的赏赐。我辅佐朝政已经七年,国家把大事委任给我王凤,所讲的我都听从,所推荐的士大夫我都任用。然而无一功劳,阴阳不调,多次发生灾异,这些应归罪于我王凤奉职没有政绩,这是我应当退休的第一个原因。根据《五经》的记载和老师所讲说的,都认为发生日食的罪过应归咎于大臣用人不当，《易》上说'折断他的右臂'，这是我应当退休的第二个原因。河平年以来，我连年有病，多次外出，空废职任，白受秩禄，这是我应当退休的第三个原因。陛下因为皇太后的缘故不忍心诛杀或废黜，我还是自知应当流放到远方。我也很挂念，如果兄弟宗族所蒙不测，应当杀身碎骨死在辇毂之下，不应当因无益之故而产生离门之心。确实这一年多以来，又增加了灾荒的苦难，而且一天比一天严重，不胜大愿，希望辞职，回家治养，希望依靠陛下的神灵保佑不死，一月之间，幸得康复，再回到宫室，不然，一定会弃尸沟谷。我因为不才，存有私心，天下的人知道我受到深厚的恩惠，因病退休回家，天下的人知道我受恩而表示怜爱，威望还高。我的进退应以国家利益为重，绝对不会有疏斥外戚的议论。只希望陛下能哀怜。"他的措辞十分哀痛，太后听说以后也为他落泪，不肯进食。

成帝年轻时候就亲近依靠王凤，不忍心废黜他，就告王凤说："朕执政不明，政事多缺，所以上天异变屡屡发生，都在朕自身。将军把责任都归咎于自己，想辞官退朝，这样朕将依靠谁呢？《书经》上不是说吗，'你不要使我困惑'。望你一定要专心致志，安心保重，在短时间内康复，这才是我的意愿。"于是王凤又重新执政。成帝让尚书上奉弹劾王章，说："王章明知冯野王先前因为是诸侯王的舅父而外出补官，却以私心推荐他，想让他在朝廷中阿谀攀附诸侯；他又明知张美人已经侍奉皇帝，却又狂妄地称引羌胡杀子荡肠的风俗，这是不应当讲的话。"于是成帝把王章交付给司法官处理。廷尉给他定为大逆不道罪，认为："把皇帝比做羌胡夷狄，想使皇帝开始断绝继承人，他背叛天子，私下为定陶王打算。"王章终于死于狱中，他的妻子儿女被流放到合浦。

从此以后，公卿们见到王凤时都侧目相视，郡国的郡守、相国、刺史都出自他一家之门。又任命侍中太仆王音为御史大夫，位列三公。而他的五个列侯兄弟，争相奢侈，收受四面八方送来的珍宝。后廷姬妾，每个人都有数十个，奴婢数以百千计，罗列钟磬等乐器，让郑地的女子跳舞，演歌舞杂技，让狗马追逐。又大修宅第，起土修筑假山渐台、洞门高廊阁道，亲属们都望之极目。百姓们编的歌谣说："五侯刚起时，曲阳侯发怒，破坏了高都及外杜里修筑殿堂，假山渐台就像白虎殿一样。"他的奢侈就是这样。然而他很通晓人间事故，喜欢养士纳贤，把全部财产都给了他们，以此来显示他的高尚。

王凤辅佐执政共有十一年。阳朔三年秋天，王凤得了病，天子多次亲临探望，并亲自握着他的手流泪说："将军得病，如有不测，我想让平阿侯王谭接替大将军。"王凤叩头哭泣着说："王谭等虽然和我是至亲，但他们做事都追求奢侈，超越本分，不可以用来训导百姓，不如御史大夫王音谨慎小心，我敢用生命保举他。"到王凤将要去世时，上书向皇帝谢恩，再次坚决推荐王音接替自己，说王谭等五人一定不能起用。天子认为他讲的正确。

当初，王谭很倨傲，不肯奉迎王凤，而王音则很尊敬王凤，卑躬屈膝的就像他的儿子一样，所以王凤推荐王音。王凤去世以后，天子亲自前往吊唁，赠赐荣耀。又送给轻车武士，军队的陈列从长安排到渭陵，谥号叫敬成侯。他的儿子王襄继承了他的侯爵，任卫尉。御史大夫王音竟代替王凤出任大司马车骑将军，而平阿侯王谭位居特进，统率把守城门的军队。谷永劝王谭，让他辞让不接受掌管城门军队的职务，从此王谭和王音互相不满，这些都记载在《谷永传》里。

王音既以堂舅的身份超过其他亲舅得到重用，因而很小心谨慎供职。一年多以后，皇帝下诏说："车骑将军王音在宫廷担任警卫时很忠心正直，为国家勤劳，从前他任御史大夫，以外戚的身份应当统率兵马，所以入为将军，但没有得到宰相应当封的爵位，朕心中感到非常不满意。现在封王音为安阳侯，食邑和外戚五侯相同，都是三千户。"

当初，成都侯王商曾因身体有病，打算避暑，就向皇帝借用明光宫。后来他又凿穿长安城墙，接引沣水注入他家的大池里供划船取乐。游船上树立羽毛华盖，四周张挂帷幔，还让划船中的人唱越歌。一次，成帝到了王商的宅第，看见他是凿穿城墙引进沣水，十分怨恨，但只是心中含恨隐忍，没有讲出来。后来成帝微服出行时，路过曲阳侯的府第，又看到园中的土山渐台类似白虎殿。于是成帝大怒，指责车骑将军王音。王商、王根兄弟俩想自己黥劓来向太后谢罪。成帝听说后更加生气，于是就派尚书去责问司隶校尉和京兆尹，说"你们明知成都侯王商擅自穿凿城墙，接引沣水，曲阳侯王根骄横奢侈，超越规定，赤墀青琐，红阳侯王立父子窝藏奸猾的亡命之徒，所养的宾客都是群盗，司隶、京兆都阿谀纵容，不举奏揭发，将他们绳之以法。"司隶校尉和京兆尹二人在宫门外叩头请罪。成帝又给车骑将军王音下策书说："外戚怎么能甘愿犯罪败落，竟然想自己黥面割鼻，在太后面前摆出一副受戮辱的样子，大伤太后慈母之心，从而危害搅乱国家。外戚宗族势力过强，朕很长时间软弱无能，现在我将对他们一一施以刑罚。你立即召见诸侯，让他们在府舍里等候处理。"这一天，成帝还下诏尚书奏报文帝时诛杀将军薄昭的旧事。车骑将军王音坐在草垫子上请罪，王商、王立、王根都背负刀斧和砧板，表示谢罪待刑。成帝又不忍心诛杀他们，以后也就不了了之。

过了很久，平阿侯王谭去世，谥号曰安侯，他的儿子王仁继承了侯爵。太后很可怜他的弟弟王曼早死，只有他没有被封侯，于是将王曼的遗孀渠供养在东宫，她的儿子王莽年幼孤独，不能和他们相比，太后常挂在嘴边。平阿侯王谭、成都侯王商以及在位的其他人多数都为王莽美言。过了很长一段时间后，成帝又下诏追封王曼为新都哀侯，而她的儿子王莽继承侯爵为新都侯。后来又分封太后姐姐的儿子淳于长为定陵侯。王氏亲属在侯位的一共有十个。

成帝很后悔废弃平阿侯王谭，使他尚未任辅政大臣就去世了，于是又提拔成都侯王商特进，让他统率把守城门的军队，设置了幕府，他可以如将军一样任用官吏。杜邺劝说车骑将军王音让他和王商亲近，这些话记载在《杜邺传》里。王氏家族的权力日益强盛，只有王音善良严肃，曾多次进谏，有忠节，辅政八年后去世。成帝亲去吊唁，赏赐如大将军王凤，谥号曰敬侯。王音的儿子王舜继承侯爵，任太仆侍中。特进成都侯王商代替王音为大司马卫将军，而提拔红阳侯王立为特进，由他来统率把守城门的军队。王商辅政四年，因身体有病请求退休，天子很怜悯他，便重新任命他为大将军，增封食邑二千户，赏赐给百万钱。王商去世后，吊唁赏赐一切按照大将军王凤的旧例，谥号曰景成侯，他的儿子王况继承侯爵。红阳侯王立按照顺序应当任命为辅佐大臣，因有罪过未被任用。这些记载在《孙宝传》里。成帝于是废黜王立而起用了光禄勋曲阳侯王根为大司马骠骑将军，一年多后增封食邑一千七百户。高平侯王逢时没有才能，这一年也去世了，谥号曰戴侯，他的儿子王买之继承侯爵。

绥和元年，成帝即位二十多年来没有儿子，而定陶共王已经去世，他的儿子继立为王。定陶王的祖母定陶傅太后用丰厚的礼物去贿赂骠骑将军王根，为定陶王求做汉王朝的继承人,王根把这些话都报告了成帝,成帝也打算立定陶王为继承人,于是就征召定陶王为太子。当时王根辅政五年,请求退休,成帝于是给王根增封食邑五千户,赏赐给他安车驷马,黄金五百斤,让他回家。

在此之前定陵侯淳于长以外戚的身份参政,他能谋善议,任卫尉侍中,按照顺序他在辅政之列。这一年,新都侯王莽控告淳于长过去的罪过和红阳侯王立有牵连,淳于长死在狱中,王立回到封国。这些都记载在《淳于长传》里。原来的曲阳侯王根推荐王莽来代替自己,成帝也认为王莽有忠效的气节,于是将王莽从侍中都尉光禄大夫提拔为大司马。

一年多以后,成帝去世,哀帝即位。太后下诏王莽回到自己的宅第,把权让给哀帝的外家。哀帝当初对王莽很优厚,王莽不听。王莽上书坚决请求退休。哀帝于是下诏说:"曲阳侯王根从前在位时,制定了不少国家大策。侍中太仆安阳侯王舜从前护太子家,训导朕,忠诚专一,有旧恩。新都侯王莽为国家操劳,坚定地掌握原则,我也许可以靠他治理好国家,太皇太后诏令他回家休息,我对此非常怜惜。增加分封王根食邑二千户,增封王舜五百户,增封王莽三百五十户。给予王莽特进的官位,每逢初一和十五朝拜皇帝。"又把红阳侯王立召回京师。哀帝年轻时就听说王氏一家很骄横,心中对他们没有好感,但因为是刚刚即位,所以就宽容了他们。

一个多月以后,司隶校尉解光上奏说:"曲阳侯王根宗重身尊,三代掌权,五将执政,天人都靠拢他,为他效劳。王根的品行贪得无厌,家中积累巨万,骄横恣意,大修宅第,宅第中修筑土山,建立了两个贸易市场,殿上的地涂成红色的,宫门上镂刻着青色的图纹,外出游观打猎时,让跟从他的奴婢们穿上盔甲手持弓弩,排成步兵的阵列;在离宫里休息住宿时,水衡掌管的财物供他使用,并派百姓修治道路,百姓们苦于被他役使。他心怀奸邪,想掌朝廷大权,推荐他亲近的官吏主簿张业任尚书,遮上盖下,内塞王路,外交藩臣,骄奢越上,坏乱制度。按说王根和皇帝是骨肉至亲,又是国家的大臣,先帝去世后,王根不悲哀怀念,先帝还未入陵安葬时,他就公然聘娶原来后宫女乐五官殷严、王飞君等,置酒歌舞,忘掉先帝的厚恩,背叛大臣的道义。王根哥哥的儿子成都侯王况也有幸因外戚的身份继承父亲官爵为列侯侍中,不考虑报答先帝的厚恩,也公然聘娶原来后宫的贵人为妻,都没有做大臣的理义,犯了大不敬、大逆不道之罪。"于是天子说:"先帝对待王根、王况父子是非常优厚的,现在他们却忘恩负义。"由于王根曾建议立定陶王为太子的国策,因此遣送他回封国。王况被免为平民百姓,送回原郡。由王根和王况的父亲王商推荐而当官的人,全部被罢免。

过了两年以后,傅太后、哀帝的母亲丁姬都称尊号。有司上奏说:"新都侯王莽以前任大司马,贬低压抑上尊号的建议,损伤了孝道,以及平阿侯王仁隐藏赵昭仪的亲属,都把他们送回封国。"天下的人多为王氏感到冤枉。

谏大夫杨宣上奏密封奏书说:"孝成皇帝深思宗庙的重要,称赞陛下有至高的品德,使陛下承继正统。圣明的决策,意义深远,对陛下有深厚的恩德。追念先帝的本意,难道不是希望陛下代替他来侍奉太皇太后吗?太皇太后现已七十高龄,经历过数次忧伤,还下令亲属引退,回避丁、傅两家。路上的行人都会为此流泪,更何况陛下呢?陛下若登高远望时,难道不感到惭愧于延陵吗?"哀帝深深被他的话所感动,就又封王商的二儿子王邑为成都侯。

元寿元年,发生日食。贤良方正们在回答皇帝的询问时多数人控诉王莽,皇帝于是征召王莽和平阿侯王仁返回京师服侍太后。曲阳侯王根去世,取消了封国。

明年,哀帝去世,没有儿子,太皇太后任王莽为大司马,和他一起征立中山王为哀帝的继承人,这就是汉平帝。平帝当时才九岁,当年就得了病,太后临朝称制,委托王莽处理政事,王莽独揽大权,享尽威福。红阳侯王立是王莽的叔父,平阿侯王仁平时刚直,王莽内心也害怕他们,于是命令大臣罗列罪名上奏请求送王立、王仁回到各自的封国。王莽每天都欺骗迷惑太后,说她辅政达到天下太平,大臣们都上奏请求尊王莽为安汉公。后来就派遣使者逼迫守着王立、王仁让他们自杀,赐给王立的谥号叫荒侯,他的儿子王柱继承了官爵。赐给王仁的谥号是刺侯,他的儿子王术继承了官位。这一年是元始三年。明年,王莽又婉言托辞让大臣们上奏请立王莽的女儿为皇后。又上奏请求尊王莽为宰衡,王莽的母亲以及两个儿子都被封为列侯。这些都记载在《王莽传》里。

王莽对外统一群臣,让他们称颂自己的功德,对内又献媚取悦在太后身旁侍奉的长卿以下的人,送给他们的贿赂数以千万。又提议尊太后的姐妹君侠为广恩君、君力为广惠君、君弟为广施君,都封给他们汤沐邑,因此她们天天赞美王莽。王莽又深知太后是个女人,厌恶居住在深宫之中,他想用游观之乐来换取她手中的权力,于是就让太后在春夏秋冬四季中坐着车子到郊外巡狩,慰问孤儿、寡妇和贞妇。春季到茧馆,率领皇后及列侯夫人们到那里采桑,沿着霸水在那里举行除灾祈福的仪式;夏天在御宿苑及鄠、下杜之间游玩;秋天到东馆,登高眺望昆明池,聚集在黄山宫;冬天到飞羽殿去宴饮,到上兰观去打猎,登上长平馆,面临泾水而观看风景。太后所到各属县,都要布施恩惠,赏赐平民钱币、布帛、酒肉,每年都是这样。太后不慌不忙地说:"我刚到太子家时,在丙殿受到召见,至今五六十年了,我还记得很清楚。"王莽因此也说:"太子宫就在附近,可以去一游,不会劳累您。"于是太后去了太子宫一趟,感到很是高兴。太后身旁的弄儿在外舍得病,王莽都要亲自去探望问候她。王莽为得到太后的心欢,就采取这种手段。

平帝去世后,没有儿子,王莽就征召宣帝的玄孙,从中选择了年龄最小的广戚侯的儿子刘婴,当时只有两岁,托说他的卜相最为吉利。于是王莽婉言劝公卿们上奏请立刘婴为孺子,让宰衡安汉公王莽居位摄政,像周公辅佐成王的例子。太后认为这样做不可以,但她的力量已不能制止,于是王莽就成为摄皇帝,改元称制。不多时候,宗室里的安众侯刘崇和东郡太守翟义等人就诋毁王莽,更有起兵想诛杀王莽的人。太后听说之后,说:"人心所见都差不多。我虽然是女人家,也深知王莽一定会因此而自找危险,这是不可避免的。"后来,王莽就以符命自立为真皇帝,让人拿着吉祥瑞符来禀告太后,太后听了以后大吃一惊。

当初,汉高祖进入咸阳地区到达霸上时,秦王子婴在轵道上投降了汉军,把秦始皇的玺印交上去。到高祖诛灭了项籍后,登上帝位,皇帝就掌管起这块玺印来,世世传受,称它为汉朝传国之玺。因为孺子刘婴并未即位,所以这块御玺仍放在王太后居住的长乐宫。等到王莽登位后,向太后请予御玺,太后不肯授给王莽。王莽让安阳侯王舜规劝太后。王舜平时就谨慎小心,太后也喜欢他、信任他。等王舜见到太后以后,太后知道他是来为王莽求御玺时,很生气地骂他说:"你们父子兄弟、家庭宗族都是依靠汉王朝的力量,几代享受着富贵,没有报答,反而利用别人托寄的机会夺取政权,不再顾及恩德情义。人如果活的像这样，连猪狗都不吃他剩下的东西，天下怎么会有你们这样的兄弟呢？而且你们自己用金匮符命当了新皇帝，改变历法，改变服制，就应当自己刻一枚御玺，使它传之万世，为什么还要用这枚灭亡国家不祥的御玺呢？而想得到它呢？我是汉王朝的一个老寡妇，早晚将会死去，打算和这枚御玺一起埋葬，他最终也不能得到。"太后一边哭泣一边说着，在她身旁的长御以下的人都为之落泪。王舜悲痛落泪，不能自止。过了好久才抬头对太后说："臣等已没有什么话可说了。如果王莽一定想得到这枚传国玺，太后您难道能一直不给他吗？"太后听到王舜的话十分恳切，又害怕王莽用武力威胁她，于是就拿出汉朝传国之玺，扔在地上给了王舜，并说："我已年老将要死去，像你们这样的人，将会全族被诛灭。"王舜得到传国之玺后，上奉给王莽，王莽感到非常高兴。于是为太后在未央宫的渐台上置办了酒宴，让大家纵情欢乐。

王莽又打算改变王太后在汉王朝时的旧封号，更换她的印信绶带，但又害怕她不听从。而王莽的远房亲属王谏想向王莽献媚，于是就上书说："皇天废除汉王室而命令建立新王室，太皇太后不应当再称旧尊号，应当随从汉王室一起废掉，来顺应天命。"王莽就坐着车子到了东宫，亲自把王谏的奏书呈报给太后，太后看后阴阳怪气地说："他讲的很有道理吗！"王莽因此说："这是个违背道义的大臣，他的罪过应当诛杀。"于是冠军张永献上符命铜璧，上面的文字写着："太皇太后应当称为'新室文母太皇太后'。"王莽于是就下诏说："我拿给大臣们看，大家都说：'美啊！上面的文字非刻非画，流畅自然。'我接受皇天命我为子，重新命令太皇太后为'新室文母太皇太后'，和睦合作于新旧交替之际，使汉室得到延续。哀帝之时，民间拿着西王母的筹策行于天下，为西王母祭祀求祥。应当立为历代的母亲，昭然著明。我畏天命，敢不钦承。谨慎以吉月吉日，亲自率领公卿诸侯卿士们奉送上皇太后的玺绂，以此来顺应天心，光照四海。"太后听后同意了王莽的建议。王莽于是用毒酒毒死王谏，而分封张永为贡符子。

当初，王莽为安汉公时，谄媚太后，上奏尊元帝庙为高宗，太后去世后应当以礼祭祀配食等等。等到王莽改称太后为新室文母时，断绝了汉室，不让她和元帝一起享受汉王朝的祭祀。毁坏了孝元庙，重新为文母太后建立新庙，只是把孝元庙的旧殿设置成文母的食堂。建成以后，叫作长寿宫。因为太后还健在，所以没有称之为庙。王莽因为太后喜欢外出游观，于是用车驾拉着食品到长寿宫设置了酒宴，宴请太后。太后到了以后，看见孝元庙拆除的废物满地都是，太后感到十分惊讶，哭着说："这是汉室宗庙，都有神灵，与你何干而毁坏了它？假使鬼神无知，又建庙有什么作用？如果有知，我是他的妃妾，怎么能羞辱先帝的庙堂来陈列食品呢？"她又暗暗地对左右的人说："这个人轻视神灵的事很多，能够得到长久的保佑吗？"酒宴不欢而散。

自从王莽篡位以后，知道太后怨恨他，他想尽一切办法去谄媚太后，但太后越来越不高兴。王莽改变了汉室的黑貂冠，改为黄貂冠，又改变了汉朝正朔和伏日腊日。太后命令她的官属们戴黑貂冠，到了汉家的正朔祭日时，单独和她的左右侍从相对饮食。

太后活了八十四岁，建国五年二月癸丑去世。三月乙酉，和元帝合葬在渭陵。王莽下诏大夫扬雄作悼词说："太阴之精，沙鹿之灵，作合于汉，配元生成。"显著地写出她与元城沙鹿相吻合。太阴之精的意思是说她母亲梦见月亮后生了她。太后死后十年，汉兵诛杀了王莽。

当初，红阳侯王立在封国南阳居住时，与刘氏结下了恩情，王立的小儿子王丹被任命为中山太守。世祖刚起兵时，王丹投降被任为将军，后来战死。皇帝非常可怜他，就封王丹的儿子王泓为武桓侯，一直到现在。

王莽传

【题解】

王莽（前45～23），字巨君，西汉元帝外戚，后为新朝皇帝。父亲王曼，是元帝皇后王政君的庶弟，早年去世。王莽的叔父伯父都被封侯，而王莽却孤独贫寒。他勤奋节俭，谦虚好学，孝敬母亲、嫂嫂，抚养侄儿，名声大振。伯父大将军王凤生病，王莽尽力服侍，甚得其欢心。由于王凤死前的推荐，王莽得拜黄门郎，迁射声校尉，后封新都侯，迁骑都尉、光禄大夫、侍中。王莽仗义疏财，招纳名士，名声超过了父辈。绥和元年（前8），王莽代替王根任大司马。哀帝即位，王莽一度被罢官家居。平帝即位后，王政君以太皇太后身份临朝称制，王莽官复原职执掌朝政。元始元年（公元1），王莽进升太傅，号安汉公，后加称宰衡，女儿也做了平帝的皇后。他诛杀异己，安插亲信，广结党羽，笼络人心，权倾朝野。元始五年（5），王莽加九锡。平帝死后，他拥立两岁的孺子刘婴，自己则居位摄政，称摄皇帝。初始八年（8），王莽自立为帝，改国号为"新"。

王莽

王莽称帝后，为缓和日益加剧的社会矛盾，附会《周礼》托古改制。始建国元年（9）下令实行井田制，不准买卖土地、奴婢，此后又实行五均赊贷和六管。他还多次变更币制，造成社会经济混乱，不仅没解决原有的社会危机，反而使各种矛盾更加激化，终于暴发了赤眉绿林等农民起义，新朝崩溃，王莽也在地皇四年（23）被杀。

【原文】

王莽字巨君，孝元皇后之弟子也。元后父及兄弟皆以元、成世封侯，居位辅政，家凡九侯、五大司马，唯莽父曼蚤死，不侯。莽群兄弟皆将军五侯子，乘时侈靡，以舆马声色佚游相高，莽独孤贫，因折节为恭俭。受《礼经》，师事沛郡陈参，勤身博学，被服如儒生。事母及寡嫂，养孤兄子，行甚敕备。又外交英俊，内事诸父，曲有礼意。阳朔中，世父大将军凤病，莽侍疾，亲尝药，乱首垢面，不解衣带连月。凤且死，以托太后及帝，拜为黄门郎，迁射声校尉。

久之，叔父成都侯商上书，愿分户邑以封莽，及长乐少府戴崇、侍中金涉、胡骑校尉箕闳、上谷都尉阳并、中郎陈汤，皆当世名士，咸为莽言，上由是贤莽。永始元年，封莽为新都侯，国南阳新野之都乡，千五百户。迁骑都尉光禄大夫侍中，宿卫谨敕，爵位益尊，节操愈谦。散舆马衣裘，振施宾客，家无所余。收赡名士，交结将相卿大夫甚众。故在位更推荐之，游者为之谈说，虚誉隆洽，倾其诸父矣。敢为激发之行，处之不惭恶。

莽兄永为诸曹，蚤死，有子光，莽使学博士门下。莽休沐出，振车骑，奉羊酒，劳遗其师，恩施下竟同学。诸生纵观，长老叹息。光年小于莽子宇，莽使同日内妇，宾客满堂。须臾，一人言太夫人苦某痛，当饮某药，比客罢者数起焉。尝私买侍婢，昆弟或颇闻知，莽因曰："后将军朱子元无子，莽闻此儿种宜子，为买之。"即日以婢奉子元。其匿情求名如此。

是时，太后姊子淳于长以材能为九卿，先进在莽右。莽阴求其罪过，因大司马曲阳侯根白之，长伏诛，莽以获忠直。根因乞骸骨，荐莽自代，上遂擢为大司马。是岁，绥和元年也，年三十八矣。莽既拔出同列，继四父而辅政，欲令名誉过前人，遂克己不倦，聘诸贤良以为掾史，赏赐邑钱悉以享士，愈为俭约。母病，公卿列侯遣夫人问疾，莽妻迎之，衣不曳地，布蔽膝。见之者以为僮使，问知其夫人，皆惊。

辅政岁余，成帝崩，哀帝即位，尊皇太后为太皇太后。太后诏莽就第，避帝外家。莽上疏乞骸骨，哀帝遣尚书令诏莽曰："先帝委政于君而弃群臣，朕得奉宗庙，诚嘉与君同心合意。今君移病求退，以著朕之不能奉顺先帝之意，朕甚悲伤焉。已诏尚书待君奏事。"又遣丞相孔光、大司空何武、左将军师丹、卫尉傅喜白太后曰："皇帝闻太后诏，甚悲。大司马即不起，皇帝即不敢听政。"太后复令莽视事。

时哀帝祖母定陶傅太后、母丁姬在，高昌侯董宏上书言："《春秋》之义，母以子贵，丁姬宜上尊号。"莽与师丹共劾宏误朝不道。后日，未央宫置酒，内者令为傅太后张幄，坐于太皇太后坐旁。莽案行，责内者令曰："定陶太后藩妾，何以得与至尊并！"彻去，更设坐。傅太后闻之，大怒，不肯会，重怨恚莽。莽复乞骸骨，哀帝赐莽黄金五百斤，安车驷马，罢就第。公卿大夫多称之者，上乃加恩宠，置使家，中黄门十日一赐餐。下诏曰："新都侯莽忧劳国家，执义坚固，朕庶几与为治。太皇太后诏莽就第，朕甚闵焉。其以黄邮聚户三百五十益封莽，位特进，给事中，朝朔望见礼如三公，车驾乘绿车从。"后二岁，傅太后、丁姬皆称尊号，丞相朱博奏："莽前不广尊尊之义，抑贬尊号，亏损孝道，当伏显戮，幸蒙赦令，不宜有爵土，请免为庶人。"上曰："以莽与太皇太后有属，勿免，遣就国。"

莽杜门自守，其中子获杀奴，莽切责获，令自杀。在国三岁，吏上书冤讼莽者以百数。元寿元年，日食，贤良周护、宋崇等对策深颂莽功德，上于是征莽。

始莽就国，南阳太守以莽贵重，选门下掾宛孔休守新都相。体谒见莽，莽尽礼自纳，休亦闻其名，与相答。后莽疾，休候之，莽缘恩意，进其玉具宝剑，欲以为好。休不肯受，莽因曰："诚见君面有瘢，美玉可以灭瘢，欲献其琢耳。"即解其琢，休复辞让。莽曰："君嫌其贾邪？"遂椎碎之，自裹以进休，休乃受。及莽征去，欲见休，休称疾不见。

莽还京师岁余，哀帝崩，无子，而傅太后、丁太后皆先薨，太皇太后即日驾之未央宫收取玺绶，遣使者驰召莽。诏尚书，诸发兵符节，百官奏事，中黄门、期门兵皆属莽。莽曰："大司马高安侯董贤年少，不合众心，收印绶。"贤即日自杀。太后诏公卿举可大司马者，大司徒孔光、大司空彭宣举莽，前将军何武、后将军公孙禄互相举。太后拜莽为大司马，与议立嗣。安阳侯王舜莽之从弟，其人修饬，太后所信爱也，莽白以舜为车骑将军，使迎中山王奉成帝后，是为孝平皇帝。帝年九岁，太后临朝称制，委政于莽。莽白赵氏前害皇子，傅氏骄僭，遂废孝成赵皇后、孝哀傅皇后，皆令自杀。

莽以大司徒孔光名儒，相三主，太后所敬，天下信之，于是盛尊事光，引光女婿甄邯为侍中奉车都尉。诸哀帝外戚及大臣居位素所不说者，莽皆傅致其罪，为请奏，令邯持与光。光素畏慎，不敢不上之，莽白太后，辄可其奏。于是前将军何武、后将军公孙禄坐互相举免，丁、傅及董贤亲属皆免官爵，徙远方。红阳侯立太后亲弟，虽不居位，莽以诸父内敬惮之，畏立从容言太后，令己不得肆意，乃复令光奏立旧恶："前知定陵侯淳于长犯大逆罪，多受其赂，为言误朝；后白以官婢杨寄私子为皇子，众言曰吕氏、少帝复出，纷纷为天下所疑，难以示来世，成褕袜之功。请遣立就国。"太后不听。莽曰："今汉家衰，比世无嗣，太后独代幼主统政，诚可畏惧，力用公正先天下，尚恐不从，今以私恩逆大臣议如此，群下倾邪，乱从此起！宜可且遣就国，安后复征召之。"太后不得已，遣立就国。莽之所以胁持上下，皆此类也。

于是附顺者拔擢，忤恨者诛灭。王舜、王邑为腹心，甄丰、甄邯主击断，平晏领机事，刘歆典文章，孙建为爪牙。丰子寻、歆子棻、涿郡崔发、南阳陈崇皆以材能幸于莽。莽色厉而言方，欲有所为，微见风采，党与承其指意而显奏之，莽稽首涕泣，固推让焉，上以惑太后，下用示信于众庶。

始，风益州令塞外蛮夷献白雉，元始元年正月，莽白太后下诏，以白雉荐宗庙。群臣因奏言太后"委任大司马莽定策安宗庙。故大司马霍光有安宗庙之功，益封三万户，畴其爵邑，比萧相国。莽宜如光故事"。太后问公卿曰："诚以大司马有大功当著之邪？将以骨肉故欲异之也？"于是群臣乃盛陈"莽功德致周成白雉之瑞，千载同符。圣王之法，臣有大功则生有美号，故周公及身在而托号于周。莽有定国安汉家之大功，宜赐号曰安汉公，益户，畴爵邑，上应古制，下准行事，以顺天心"。太后诏尚书具其事。

莽上书言："臣与孔光、王舜、甄丰、甄邯共定策，今愿独条光等功赏，寝置臣莽，勿随辈列。"甄邯白太后下诏曰："'无偏无党，王道荡荡'。属有亲者，义不得阿。君有安宗庙之功，不可以骨肉故蔽隐不扬。君其勿辞。"莽复上书让。太后诏谒者引莽待殿东箱，莽称疾不肯入。太后使尚书令徇诏之曰："君以选故而辞以疾，君任重，不可阙，以时亟起。"莽遂固辞。太后复使长信太仆闳承制召莽，莽固称疾。左右白太后，宜勿夺莽意，但条孔光等，莽乃肯起。太后下诏曰："太傅博山侯光宿卫四世，世为傅相，忠孝仁笃，行义显著，建议定策，益封万户，以光为太师，与四辅之政。车骑将军安阳侯舜积累仁孝，使迎中山王，折冲万里，功德茂著，益封万户，以舜为太保。左将军光禄勋丰宿卫三世，忠信仁笃，使迎中山王，辅导共养，以安宗庙，封丰为广阳侯，食邑五千户，以丰为少傅。皆授四辅之职，畴其爵邑，各赐第一区。侍中奉车都尉邯宿卫勤劳，建议定策，封邯为承阳侯，食邑二千四百户。"四人既受赏，莽尚未起，群臣复上言："莽虽克让，朝所宜章，以时加赏，明重元功，无使百僚元元失望。"太后乃下诏曰："大司马新都侯莽三世为三公，典周公之职，建万世策，功德为忠臣宗，化流海内，远人慕义，越裳氏重译献白雉。其以召陵、新息二县户二万八千益封莽，复其后嗣，畴其爵邑，封功如萧相国。以莽为太傅，干四辅之事，号曰安汉公。以故萧相国甲第为安汉公第,定著于令,传之无穷。"

于是莽为惶恐,不得已而起受策。策曰:"汉危无嗣,而公定之;四辅之职,三公之任,而公干之;群僚众位,而公宰之:功德茂著,宗庙以安,盖白雉之瑞,周成象焉。故赐嘉号曰安汉公,辅翼于帝,期于致平,毋违朕意。"莽受太傅安汉公号,让还益封畴爵邑事,云愿须百姓家给,然后加赏。群公复争,太后诏曰:"公自期百姓家给,是以听之。其令公奉、舍人、赏赐皆倍故。百姓家给人足,大司徒、大司空以闻。"莽复让不受,而建言宜立诸侯王后及高祖以来功臣子孙,大者封侯,或赐爵关内侯食邑,然后及诸在位,各有第序。上尊宗庙,增加礼乐;下惠士民鳏寡,恩泽之政无所不施。

莽既说众庶,又欲专断,知太后厌政,乃风公卿奏言:"往者,吏以功次迁至二千石,及州部所举茂材异等吏,率多不称,宜皆见安汉公。又太后不宜亲省小事。"今太后下诏曰:"皇帝幼年,朕且统政,比加元服。令众事烦碎,朕春秋高,精气不堪,殆非所以安躬体而育养皇帝者也。故选忠贤,立四辅,群下劝职,永以康宁。孔子曰:'巍巍乎,舜禹之有天下而不与焉!'自今以来,惟封爵乃以闻。他事,安汉公、四辅平决。州牧、二千石及茂材吏初除奏事者,辄引入至近署对安汉公,考故官,问新职,以知其称否。"于是莽人人延问,致密恩意,厚加赠送,其不合指,显奏免之,权与人主侔矣。

莽欲以虚名说太后,白言"亲承前孝哀丁、傅奢侈之后,百姓未赡者多,太后宜且衣缯练,颇损膳,以视天下"。莽因上书,愿出钱百万,献田三十顷,付大司农助给贫民。于是公卿皆慕效焉。莽帅群臣奏言:"陛下春秋尊,久衣重练,减御膳,诚非所以辅精气,育皇帝,安宗庙也。臣莽数叩头省户下,白争未见许。今幸赖陛下德泽,间者风雨时,甘露降,神芝生,蓂荚、朱草、嘉禾,休征同时并至。臣莽等不胜大愿,愿陛下爱精休神,阔略思虑,遵帝王之常服,复太官之法膳,使臣子各得尽欢心,备共养。惟哀省察!"莽又令太后下诏曰:"盖闻母后之义,思不出乎门阃。国不蒙佑,皇帝年在襁褓,未任亲政,战战兢兢,惧于宗庙之不安。国家之大纲,微朕孰当统之?是以孔子见南子,周公居摄,盖权时也。勤身极思,忧劳未绥,故国奢则视之以俭,矫枉者过其正,而朕不身帅,将谓是下何!夙夜梦想,五谷丰孰,百姓家给,比皇帝加元服,委政而授焉。今诚未皇于轻靡而备味,庶几与百僚有成,其勖之哉!"每有水旱,莽辄素食,左右以白。太后遣使者诏莽曰:"闻公菜食,忧民深矣。今秋幸孰,公勤于职,以时食肉,爱身为国。"

莽念中国已平,唯四夷未有异,乃遣使者赍黄金币帛,重赂匈奴单于,使上书言:"闻中国讥二名,故名囊知牙斯今更名知,慕从圣制。"又遣王昭君女须卜居次入侍。所以诳耀媚事太后,下至旁侧长御,方故万端。

莽既尊重,欲以女配帝为皇后,以固其权,奏言:"皇帝即位三年,长秋宫未建,液廷媵未充。乃者,国家之难,本从亡嗣,配取不正。请考论《五经》,定取礼,正十二女之义,以广继嗣。博采二王后及周公孔子世列侯在长安者适子女。"事下有司,上众女名,王氏女多在选中者。莽恐其与己女争,即上言:"身亡德,子材下,不宜与众女并采。"太后以为至诚,乃下诏曰:"王氏女,朕之外家,其勿采。"庶民、诸生、郎吏以上守阙上书者日千余人,公卿大夫或诣廷中,或伏省户下,咸言:"明诏圣德巍巍如彼,安汉公盛勋堂堂若此,今当立后,独奈何废公女?天下安所归命!愿得公女为天下母。"莽遣长史以下分部晓止公卿及诸生,而上书者愈甚。太后不得已,听公卿采莽女。莽复自曰:"宜博选众女。"公卿争曰:"不宜采诸女以贰正统。"莽曰:"愿见女。"太后遣长乐少府、宗正、尚书令纳采见女,还奏言:"公女渐渍德化,有窈窕之容,宜承天序,奉祭祀。"有诏遣大司徒、大司空策告宗庙,杂加卜筮,皆曰:"兆遇金水王相,卦遇父母得位,所谓'康强'之占,'逢吉'之符也。"信乡侯佟上言:"《春秋》,天子将娶于纪,则褒纪子称侯,安汉公国未称古制。"事下有司,皆曰:"古者天子封后父百里,尊而不臣,以重宗庙,孝之至也。佟言应礼,可许。请以新野田二万五千六百顷益封莽,满百里。"莽谢曰:"臣莽子女诚不足以配至尊,复听众议,益封臣莽。伏自惟今,得托肺腑,获爵土,如使子女诚能奉称圣德,臣莽国邑足以共朝贡,不须复加益地之宠。愿归所益。"太后许之。有司奏"故事,聘皇后黄金二万斤,为钱二万万"。莽深辞让,受四千万,而以其三千三百万予十一媵家。群臣复言:"今皇后受聘,逾群妾亡几。"有诏,复益二千三百万,合为三千万。莽复以其千万分予九族贫者。

陈崇时为大司徒司直,与张敞孙竦相善。竦者博通士,为崇草奏,称莽功德,崇奏之,曰:

窃见安汉公自初束脩,值世俗隆奢丽之时,蒙两宫厚骨肉之宠,被诸父赫赫之光,财饶势足,亡所忾意,然而折节行仁,克心履礼,拂世矫俗,确然特立;恶衣恶食,陋车驽马,妃匹无二,闺门之内,孝友之德,众莫不闻;清静乐道,温良下士,惠于故旧,笃于师友。孔子曰"未若贫而乐,富而好礼",公之谓矣。

及为侍中,故定陵侯淳于长有大逆罪,公不敢私,建白诛讨。周公诛管蔡,季子鸩叔牙,公之谓矣。

是以孝成皇帝命公大司马,委以国统。孝哀即位,高昌侯董宏希指求美,造作二统,公手劾之,以定大纲。建白定陶太后不宜在乘舆幄坐,以明国体。《诗》曰"柔亦不茹,刚亦不吐,不侮鳏寡,不畏强圉",公之谓矣。

深执谦退,推诚让位。定陶太后欲立僭号,惮彼面刺幄坐之义,佞惑之雄,朱博之畴,惩此长、宏手劾之事,上下壹心,谗贼交乱,诡辟制度,遂成篡号,斥逐仁贤,诛残戚属,而公被胥、原之诉,远去就国,朝政崩坏,纲纪废弛,危亡之祸,不隧如发。《诗》云"人之云亡,邦国殄瘁",公之谓矣。

当此之时,宫亡储主,董贤据重,加以傅氏有女之援,皆自知得罪天下,结仇中山,则必同忧,断金相翼,藉假遗诏,频用赏诛,先除所惮,急引所附,遂诬往冤,更征远属,事势张见,其不难矣!赖公立入,即时退贤,及其党亲。当此之时,公运独见之明,奋亡前之威,盱衡厉色,振扬武怒,乘其未坚,厌其未发,震起机动,敌人摧折,虽有贲育不及持刺,虽有樗里不及回知,虽有鬼谷不及造次,是故董贤丧其魂魄,遂自绞杀。人不还踵,日不移晷,霍然四除,更为宁朝。非陛下莫引立公,非公莫克此祸。《诗》云"惟师尚父,时惟鹰扬,亮彼武王",孔子曰"敏则有功",公之谓矣。

于是公乃白内故泗水相丰、郪令邯,与大司徒光、车骑将军舜建定社稷,奉节东迎,皆以功德受封益土,为国名臣。《书》曰"知人则哲",公之谓也。

公卿咸叹公德,同盛公勋,皆以周公为比,宜赐号安汉公,益封二县,公皆不受。传曰申包胥不受存楚之报,晏平仲不受辅齐之封,孔子曰"能以礼让为国乎何有",公之谓也。

将为皇帝定立妃后,有司上名,公女为首,公深辞让,迫不得已然后受诏。父子之亲天性自然,欲其荣贵甚于为身,皇后之尊侔于天子,当时之会千载稀有,然而公惟国家之统，揠大福之恩，事事谦退，动而固辞。《书》曰"舜让于德不嗣"，公之谓矣。

自公受策，以至于今，亹亹翼翼，日新其德，增修雅素以命下国，后俭隆约以矫世俗，割财损家以帅群下，弥躬执平以逮公卿，教子尊学以隆国化。僮奴衣布，马不秣谷，食饮之用，不过凡庶。《诗》云"温温恭人，如集于木"，孔子曰"食无求饱，居无求安"，公之谓矣。

克身自约，粢食逮给，物物印市，日阕亡储，又上书归孝哀皇帝所益封邑，入钱献田，殚尽旧业，为众倡始。于是小大乡和，承风从化，外则王公列侯，内则帷幄侍御，翕然同时，各竭所有，或入金钱，或献田亩，以振贫穷，收赡不足者。昔令尹子文朝不及夕，鲁公仪子不茹园葵，公之谓矣。

开门延士，下及白屋，娄省朝政，综管众治，亲见牧守以下，考迹雅素，审知白黑。《诗》云"夙夜匪解，以事一人"，《易》曰"终日乾乾，夕惕若厉"，公之谓矣。

比三世为三公，再奉送大行，秉冢宰职，填安国家，四海辐凑，靡不得所。《书》曰"纳于大麓，列风雷雨不迷"，公之谓矣。

此皆上世之所鲜，禹稷之所难，而公包其终始，一以贯之，可谓备矣！是以三年之间，化行如神，嘉瑞叠累，岂非陛下知人之效，得贤之致哉！故非独君之受命也，臣之生亦不虚矣。是以伯禹锡玄圭，周公受郊祀，盖以达天之使，不敢擅天之功也。揆公德行，为天下纪；观公功勋，为万世基。基成而赏不配，纪立而褒不副，诚非所以厚国家，顺天心也。

高皇帝褒赏元功，相国萧何邑户既倍，又蒙殊礼，奏事不名，入殿不趋，封其亲属十有余人。乐善无厌，班赏亡遴，苟有一策，即必爵之，是故公孙戎位在充郎，选縣辍头，壹明樊哙，封二千户。孝文皇帝褒赏绛侯，益封万户，赐黄金五千斤。孝武皇帝恤录军功，裂三万以封卫青，青子三人，或在襁褓，皆为通侯。孝宣皇帝显著霍光，增户命畴，封者三人，延及兄孙。夫绛侯即因汉藩之固，杖朱虚之鲠，依诸将之递，据相扶之势，其事虽丑，要不能遂。霍光即席常任之重，乘大胜之威，未尝遭时不行，陷假离朝，朝之执事，亡非同类，割断历久，统政旷世，虽曰有功，所因亦易，然犹有计策不审过征之累。及至青、戎，标末之功，一言之劳，然犹皆蒙丘山之赏。课功绛、霍，造之与因也；比于青、戎，地之与天也。而公又有宰治之效，乃当上与伯禹、周公等盛齐隆，兼其褒赏，岂特与若云者同日而论哉？然曾不得蒙青等之厚，臣诚惑之！

臣闻功亡原者赏不限，德亡首者褒不检。是故成王之于周公也，度百里之限，越九锡之检，开七百里之宇，兼商、奄之民，赐以附庸殷民六族，大路大旗，封父之繁弱，夏后之璜，祝宗卜史，备物典策，官司彝器，白牡之牲，郊望之礼。王曰："叔父，建尔元子。"子父俱延拜而受之。可谓不检亡原者矣。非特止此，六子皆封。《诗》曰："亡言不仇，亡德不报。"报当如之，不如非报也。近观行事，高祖之约非刘氏不王，然而番君得王长沙，下诏称忠，定著于令，明有大信不拘于制也。春秋晋悼公用魏绛之策，诸夏服从。郑伯献乐，悼公于是以半赐之。绛深辞让，晋侯曰："微子，寡人不能济河。夫赏，国之典，不可废也。子其受之。"魏绛于是有金石之乐，《春秋》善之，取其臣竭忠以辞功，君知臣以遂赏也。今陛下既知公有周公功德，不行成王之褒赏，遂听公之固辞，不顾《春秋》之明义，则民臣何称，万世何述？诚非所以为国也。臣愚以为宜恢公国，令如周公，建立公子，令如伯禽。所赐之品，亦皆如之。诸子之封，皆如六子。即群下较然输忠，黎庶昭然感德。臣诚输忠,民诚感德,则于王事何有？唯陛下深惟祖宗之重,敬畏上天之戒,仪形虞、周之盛,救尽伯禽之赐,无遗周公之报,令天法有设,后世有祖,天下幸甚！

太后以视群公,群公方议其事,会吕宽事起。

初,莽欲擅权,白太后："前哀帝立,背恩义,自贵外家丁、傅,挠乱国家,几危社稷。今帝以幼年复奉大宗,为成帝后,宜明一统之义,以戒前事,为后代法。"于是遣甄丰奉玺绶,即拜帝母卫姬为中山孝王后,赐帝舅卫宝、宝弟玄爵关内侯,皆留中山,不得至京师。莽子宇,非莽隔绝卫氏,恐帝长大后见怨。宇即私遣人与宝等通书,教令帝母上书求入。莽不听。宇与师吴章及妇兄吕宽议其故,章以为莽不可谏,而好鬼神,可为变怪以惊惧之,章因推类说令归政于卫氏。宇即使宽夜持血洒莽第,门吏发觉之,莽执宇送狱,饮药死。宇妻焉怀子,系狱,须产子已,杀之。莽奏言："宇为吕宽等所诖误,流言惑众,与管蔡同罪,臣不敢隐其诛。"甄邯等白太后下诏曰："夫唐尧有丹朱,周文王有管蔡,此皆上圣亡奈下愚子何,以其性不可移也。公居周公之位,辅成王之主,而行管蔡之诛,不以亲亲害尊尊,朕甚嘉之。昔周公诛四国之后,大化乃成,至于刑错。公其专意翼国,期于致平。"莽因是诛灭卫氏,穷治吕宽之狱,连引郡国豪桀素非议己者,内及敬武公主、梁王立、红阳侯立、平阿侯仁,使者迫守,皆自杀。死者以百数,海内震焉。大司马护军褒奏言："安汉公遭子宇陷于管蔡之辜,子爱至深,为帝室故不敢顾私。惟宇遭罪,喟然愤发作书八篇,以戒子孙。宜班郡国,令学官以教授。"事下群公,请令天下吏能诵公戒者,以著官簿,比《孝经》。

四年春,郊祀高祖以配天,宗祀孝文皇帝以配上帝。四月丁未,莽女立为皇后,大赦天下。遣大司徒司直陈崇等八人分行天下,览观风俗。

太保舜等奏言："《春秋》列功德之义,太上有立德,其次有立功,其次有立言,唯至德大贤然后能之。其在人臣,则生有大赏,终为宗臣,殷之伊尹,周之周公是也。"及民上书者八千余人,咸曰："伊尹为阿衡,周公为太宰,周公享七子之封,有过上公之赏。宜如陈崇言。"章下有司,有司请"还前所益二县及黄邮聚、新野田,采伊尹、周公称号,加公为宰衡,位上公。掾史秩六百石。三公言事,称'敢言之'。群吏毋得与公同名。出从期门二十人,羽林三十人,前后大车十乘。赐公太夫人号曰功显君,食邑二千户,黄金印赤韨。封公子男二人,安为褒新侯,临为赏都侯。加后聘三千七百万,合为一万万,以明大礼"。太后临前殿,亲封拜。安汉公拜前,二子拜后,如周公故事。莽稽首辞让,出奏封事,愿独受母号,还安、临印韨及号位户邑。事下太师光等,皆曰："赏未足以直功,谦约退让,公之常节,终不可听。"莽求见固让。太后下诏曰："公每见,叩头流涕固辞,今移病,固当听其让,令视事邪？将当遂行其赏,遣归就第也？"光等曰："安、临亲受印韨,策号通天,其义昭昭。黄邮、召陵、新野之田为入尤多,皆止于公,公欲自损以成国化,宜可听许。治平之化当以时成,宰衡之官不可世及。纳征钱,乃以尊皇后,非为公也。功显君户,止身不传。褒新、赏都两国合三千户,甚少矣。忠臣之节,亦宜自屈,而信主上之义。宜遣大司徒、大司空持节承制,诏公亟入视事。诏尚书勿复受公之让奏。"奏可。

莽乃起视事,上书言："臣以元寿二年六月戊午仓卒之夜,以新都侯引入未央宫；庚申拜为大司马,充三公位；元始元年正月丙辰拜为太傅,赐号安汉公,备四辅官；今年四月甲子复拜为宰衡,位上公。臣莽伏自惟,爵为新都侯,号为安汉公,官为宰衡、太傅、大司马,爵贵号尊官重,一身蒙大宠者五,诚非鄙臣所能堪。据元始三年,天下岁已复,官属宜皆置。《谷梁传》曰:'天子之宰,通于四海。'臣愚以为,宰衡官以正百僚平海内为职,而无印信,名实不副。臣莽无兼官之材,今圣朝既过误而用之,臣请御史刻宰衡印章曰'宰衡太傅大司马印',成,授臣莽,上太傅与大司马之印。"太后诏曰:"可。被如相国,朕亲临授焉。"莽乃复以所益纳征钱千万,遗与长乐长御奉共养者。太保舜奏言:"天下闻公不受千乘之土,辞万金之币,散财施予千万数,莫不乡化。蜀郡男子路建等辍讼慙怍而退,虽文王却虞芮何以加!宜报告天下。"奏可。宰衡出,从大车前后各十乘,直事尚书郎、侍御史、谒者、中黄门、期门羽林。宰衡常持节,所止,谒者代持之。宰衡掾史秩六百石,三公称"敢言之"。

是岁,莽奏起明堂、辟雍、灵台,为学者筑舍万区,作市、常满仓,制度甚盛。立《乐经》,益博士员,经各五人。征天下通一艺教授十一人以上,及有逸《礼》、古《书》《毛诗》《周官》《尔雅》、天文、图谶、钟律、月令、兵法、《史篇》文字,通知其意者,皆诣公车。网罗天下异能之士,至者前后千数,皆令记说廷中,将令正乖缪,壹异说云。群臣奏言:"昔周公奉继体之嗣,据上公之尊,然犹七年制度乃定。夫明堂、辟雍,堕废千载莫能兴,今安汉公起于第家,辅翼陛下,四年于兹,功德烂然。公以八月载生魄庚子奉使朝,用书临赋营筑,越若翊辛丑,诸生、庶民大和会,十万众并集,平作二旬,大功毕成。唐虞发举,成周造业,诚亡以加。宰衡位宜在诸侯王上,赐以束帛加璧,大国乘车、安车各一,骊马二驷。"诏曰:"可。其议九锡之法。"

冬,大风吹长安城东门屋瓦且尽。

五年正月,祫祭明堂,诸侯王二十八人,列侯百二十人,宗室子九百余人,征助祭。礼毕,封孝宣曾孙信等三十六人为列侯,余皆益户赐爵,金帛之赏各有数。是时,吏民以莽不受新野田而上书者前后四十八万七千五百七十二人,及诸侯王、公、列侯、宗室见者皆叩头言,宜亟加赏于安汉公。于是莽上书曰:"臣以外属,越次备位,未能奉称。伏念圣德纯茂,承天当古,制礼以治民,作乐以移风,四海奔走,百蛮并辏,辞去之日,莫不陨涕。非有款诚,岂可虚致?自诸侯王已下至于吏民,咸知臣莽上与陛下有葭莩之故,又得典职,每归功列德者,辄以臣莽为余言。臣见诸侯面言事于前者,未尝不流汗而惭愧也。虽性愚鄙,至诚自知,德薄位尊,力少任大,夙夜悼栗,常恐污辱圣朝。今天下治平,风俗齐同,百蛮率服,皆陛下圣德所自躬亲,太师光、太保舜等辅政佐治,群卿大夫莫不忠良,故能以五年之间至致此焉。臣莽实无奇策异谋。奉承太后圣诏,宣之于下,不能得什一:受群贤之筹画,而上以闻,不能得什伍。当被无益之辜,所以敢且保首领须臾者,诚上休陛下余光,而下依群公之故也。陛下不忍众言,辄下其章于议者。臣莽前欲立奏止,恐其遂不肯止。今大礼已行,助祭者毕辞,不胜至愿,愿诸章下议者皆寝勿上,使臣莽得尽力毕制礼作乐事。事成,以传示天下,与海内平之。即有所间非,则臣莽当被诖上误朝之罪;如无他谴,得全命赐骸骨归家,避贤者路,是臣之私愿也。惟陛下哀怜财幸!"甄邯等白太后,诏曰:"可。唯公功德光于天下,是以诸侯王、公、列侯、宗室、诸生、吏民翕然同辞,连守阙庭,故下其章。诸侯、宗室辞去之日,复见前重陈,虽晓喻罢遣,犹不肯去。告以孟夏将行厥赏,莫不欢悦,称万岁而退。今公每见,辄流涕叩头言愿不受赏,赏即加不敢当位。方制作未定,事须公而决,故且听公。制作毕成,群公以闻。究于前议,其九锡礼仪亟奏。"

于是公卿大夫、博士、议郎、列侯张纯等九百二人皆曰："圣帝明王招贤劝能,德盛者位高,功大者赏厚。故宗臣有九命上公之尊,则有九锡登等之宠。今九族亲睦,百姓既章,万国和协,黎民时雍,圣瑞毕溱,太平已洽。帝者之盛莫隆于唐虞,而陛下任之;忠臣茂功莫著于伊周,而宰衡配之。所谓异时而兴,如合符者也。谨以《六艺》通义,经文所见,《周官》《礼记》宜于今者,为九命之锡。臣请命锡。"奏可。策曰:

惟元始五年五月庚寅,太皇太后临于前殿,延登,亲诏之曰:公进,虚听朕言。前公宿卫孝成皇帝十有六年,纳策尽忠,白诛故定陵侯淳于长,以弥乱发奸,登大司马,职在内辅。孝哀皇帝即位,骄妾窥欲,奸臣萌乱,公手劾高昌侯董宏,改正故定陶共王母之僭坐。自是之后,朝臣论议,靡不据经。以病辞位,归于第家,为贼臣所陷。就国之后,孝哀皇帝觉寤,复还公长安,临病加剧,犹不忘公,复特进位。是夜仓卒,国无储主,奸臣充朝,危殆甚矣。朕惟定国之计莫宜于公,引纳于朝,即日罢退高安侯董贤,转漏之间,忠策辄建,纲纪咸张。绥和、元寿,再遭大行,万事毕举,祸乱不作。辅朕五年,人伦之本正,天地之位定。钦承神祇,经纬四时,复千载之废,矫百世之失,天下和会,大众方辑。《诗》之灵台,《书》之作雒,镐京之制,商邑之度,于今复兴。昭章先帝之元功,明著祖宗之令德,推显严父配天之义,修立郊禘宗祀之礼,以光大孝。是以四海雍雍,万国慕义,蛮夷殊俗,不召自至,渐化端冕,奉珍助祭。寻旧本道,遵术重古,动而有成,事得厥中。至德要道,通于神明,祖考嘉享。光耀显章,天符仍臻,元气大同。麟凤龟龙,众祥之瑞,七百有余。遂制礼作乐,有绥靖宗庙社稷之大勋。普天之下,惟公是赖,官在宰衡,位为上公。今加九命之锡,其以助祭,共文武之职,乃遂及厥祖。於戏,岂不休哉!

于是莽稽首再拜,受绿韨衮冕衣裳,瑒琫瑒珌,句履,鸾路乘马,龙旗九旒,皮弁素积,戎路乘马,彤弓矢,卢弓矢,左建朱钺,右建金戚,甲胄一具,秬鬯二卣,圭瓒二,九命青玉珪二,朱户纳陛。署宗官、祝官、卜官、史官,虎贲三百人,家令丞各一人,宗、祝、卜、史官皆置啬夫,佐安汉公。在中府外第,虎贲为门卫,当出入者傅籍。自四辅、三公有事府第,皆用传。以楚王邸为安汉公第,大缮治,通周卫。祖祢庙及寝皆为朱户纳陛。陈崇又奏:"安汉公祠祖祢,出城门,城门校尉宜将骑士从。入有门卫,出有骑士,所以重国也。"奏可。

其秋,莽以皇后有子孙瑞,通子午道。子午道从杜陵直绝南山,径汉中。

风俗使者八人还,言天下风俗齐同,诈为郡国造歌谣,颂功德,凡三万言。莽奏定著令。又奏为市无二贾,官无狱讼,邑无盗贼,野无饥民,道不拾遗,男女异路之制,犯者象刑。刘歆、陈崇等十二人皆以治明堂,宣教化,封为列侯。

莽既致太平,北化匈奴,东致海外,南怀黄支,唯西方未有加。乃遣中郎将平宪等多持金币诱塞外羌,使献地,愿内属。宪等奏言:"羌豪良愿等种,人口可万二千人,愿为内臣,献鲜水海、允谷盐池,平地美草皆予汉民,自居险阻处为藩蔽。问良愿降意,对曰:'太皇太后圣明,安汉公至仁,天下太平,五谷成熟,或禾长丈余,或一粟三米,或不种自生,或茧不蚕自成,甘露从天下,醴泉自地出,凤凰来仪,神爵降集。从四岁以来,羌人无所疾苦,故思乐内属。'宜以时处业,置属国领护。"事下莽,莽复奏曰:"太后秉统数年,恩泽洋溢,和气四塞,绝域殊俗,靡不慕义。越裳氏重译献白雉,黄支自三万里贡生犀,东夷王度大海奉国珍,匈奴单于顺制作,去二名,今西域良愿等复举地为臣妾,昔唐尧横被四表,亦亡以加之。今谨案已有东海、南海、北海郡,未有西海郡,请受良愿等所献地为西海郡。臣又闻圣王序天广,定地理,因山川民俗以制州界。汉家地广二帝三王,凡十二州,州名及界多不应经。《尧典》十有二州,后定为九州。汉家廓地辽远,州牧行部,远者三万余里,不可为九。谨以经义正十二州名分界,以应正始。"奏可。又增法五十条,犯者徙之西海。徙者以千万数,民始怨矣。

泉陵侯刘庆上书言:"周成王幼少,称孺子,周公居摄。今帝富于春秋,宜令安汉公行天子事,如周公。"群臣皆曰:"宜如庆言。"

冬,荧惑入月中。

平帝疾,莽作策,请命于泰畤,戴璧秉圭,愿以身代。藏策金縢,置于前殿,敕诸公勿敢言。十二月平帝崩,大赦天下。莽征明礼者宗伯凤等与定天下吏六百石以上皆服丧三年。奏尊孝成庙曰统宗,孝平庙曰元宗。时元帝世绝,而宣帝曾孙有见王五人,列侯广戚侯显等四十八人,莽恶其长大,曰:"兄弟不得相为后。"乃选玄孙中最幼广戚侯子婴,年二岁,托以为卜相最吉。

是月,前辉光谢嚣奏武功长孟通浚井得白石,上圆下方,有丹书著石,文曰"告安汉公莽为皇帝"。符命之起,自此始矣。莽使群公以白太后,太后曰:"此诬罔天下,不可施行!"太保舜谓太后:"事已如此,无可奈何,沮之力不能止。又莽非敢有它,但欲称摄以重其权,填服天下耳。"太后听许。舜等即共令太后下诏曰:"盖闻天生众民,不能相治,为之立君以统理之。君年幼稚,必有寄托而居摄焉,然后能奉天施而成地化,群生茂育。《书》不云乎?'天工,人其代之。'朕以孝平皇帝幼年,且统国政,几加元服,委政而属之。今短命而崩,呜呼哀哉!已使有司征孝宣皇帝玄孙二十三人,差度宜者,以嗣孝平皇帝之后。玄孙年在襁褓,不得至德君子,孰能安之?安汉公莽辅政三世,比遭际会,安光汉室,遂同殊风,至于制作,与周公异世同符。今前辉光嚣、武功长通上言丹石之符,朕深思厥意,云'为皇帝'者,乃摄行皇帝之事也。夫有法成易,非圣人者亡法。其令安汉公居摄践祚,如周公故事,以武功县为安汉公采地,名曰汉光邑。县礼仪奏。"

于是群臣奏言:"太后圣德昭然,深见天意,诏令安汉公居摄。臣闻周成王幼少,周道未成,成王不能共事天地,修文武之烈。周公权而居摄,则周道成,王室安;不居摄,则恐周队失天命。《书》曰:'我嗣事子孙,大不克共上下,遏失前人光,在家不知命不易。天应棐谌,乃亡队命。'说曰:周公服天子之冕,南面而朝群臣,发号施令,常称王命。召公贤人,不知圣人之意,故不说也。《礼·明堂记》曰:'周公朝诸侯于明堂,天子负斧依南面而立。'谓'周公践天子位,六年朝诸侯,制礼作乐,而天下大服'也。召公不说。时武王崩,缞粗未除。由是言之,周公始摄则居天子之位,非乃六年而践阼也。《书》逸《嘉禾篇》曰:'周公奉鬯立于阼阶,延登,赞曰:"假王莅政,勤和天下。"'此周公摄政,赞者所称。成王加元服,周公则致政。《书》曰'朕复子明辟',周公常称王命,专行不报,故言我复子明君也。臣请安汉公居摄践祚,服天子韨冕,背斧依于户牖之间,南面朝群臣,听政事。车服出入警跸,民臣称臣妾,皆如天子之制。郊祀天地,宗祀明堂,共祀宗庙,享祭群神,赞曰'假皇帝',民臣谓之'摄皇帝',自称曰'予'。平决朝事,常以皇帝之诏称'制',以奉顺皇天之心,辅翼汉室,保安孝平皇帝之幼嗣,遂寄托之义,隆治平之化。其朝见太皇太后、帝皇后,皆复臣节。自施政教于其宫家国采,如诸侯礼仪故事。臣昧死请。"太后诏曰："可。"明年,改元曰居摄。

居摄元年正月,莽祀上帝于南郊,迎春于东郊,行大射礼于明堂,养三老五更,成礼而去。置柱下五史,秩如御史,听政事,侍旁记疏言行。

三月己丑,立宣帝玄孙婴为皇太子,号曰孺子。以王舜为太傅左辅,甄丰为太阿右拂,甄邯为太保后承。又置四少,秩皆二千石。

四月,安众侯刘崇与相张绍谋曰:"安汉公莽专制朝政,必危刘氏。天下非之者,乃莫敢先举,此宗室耻也。吾帅宗族为先,海内必和。"绍等从者百余人,遂进攻宛,不得入而败。绍者,张竦之从兄也。竦与崇族父刘嘉诣阙自归,莽赦弗罪。竦因为嘉作奏曰:

建平、元寿之间,大统几绝,宗室几弃。赖蒙陛下圣德,扶服振救,遮扞匡卫,国命复延,宗室明目。临朝统政,发号施令,动以宗室为始,登用九族为先。并录支亲,建立王侯,南面之孤,计以百数。收复绝属,存亡续废,得比肩首,复为人者,嫔然成行,所以藩汉国,辅汉宗也。建辟雍,立明堂,班天法,流圣化,朝群后,昭文德,宗室诸侯,咸益土地。天下喁喁,引领而叹,颂声洋洋,满耳而入。国家所以服此美,膺此名,飨此福,受此荣者,岂非太皇太后日昃之思,陛下夕惕之念哉!何谓?乱则统其理,危则致其安,祸则引其福,绝则继其统,幼则代其任,晨夜屑屑,寒暑勤勤,无时休息,孳孳不已者,凡以为天下,厚刘氏也。臣无愚智,民无男女,皆谕至意。

而安众侯崇乃独怀悖惑之心,操畔逆之虑,兴兵动众,欲危宗庙,恶不忍闻,罪不容诛,诚臣子之仇,宗室之仇,国家之贼,天下之害也。是故亲属震落而告其罪,民人溃畔而弃其兵,进不跬步,退伏其殃。百岁之母,孩提之子,同时断斩,悬头竿杪,珠珥在耳,首饰犹存,为计若此,岂不悖哉!

臣闻古者畔逆之国,既以诛讨,则猪其宫室以为污池,纳垢浊焉,名曰凶虚,虽生菜茹,而人不食。四墙其社,覆上栈下,示不得通。辨社诸侯,出门见之,著以为戒。方今天下闻崇之反也,咸欲搴衣手剑而叱之。其先至者,则拂其颈,冲其匈,刃其躯,切其肌;后至者,欲拨其门,仆其墙,夷其屋,焚其器,应声涤地,则时成创。而宗室尤甚,言必切齿焉。何则?以其背叛恩义,而不知重德之所在也。宗室所居或远,嘉幸得先闻,不胜愤愤之愿,愿为宗室倡始,父子兄弟负笼荷锸,驰之南阳,猪崇宫室,令如古制。及崇社宜如亳社,以赐诸侯,用永监戒。愿下四辅公卿大夫议,以明好恶,视四方。

于是莽大悦。公卿曰:"皆宜如嘉言。"莽白太后下诏曰:"惟嘉父子兄弟,虽与崇有属,不敢阿私,或见萌牙,相率告之,及其祸成,同共仇之,应合古制,忠孝著焉。其以杜衍户千封嘉为帅礼侯,嘉子七人皆赐爵关内侯。"后又封竦为淑德侯。长安为之语曰:"欲求封,过张伯松;力战斗,不如巧为奏。"莽又封南阳吏民有功者百余人,污池刘崇室宅。后谋反者,皆污池云。

群臣复曰:"刘崇等谋逆者,以莽权轻也。宜尊重以填海内。"五月甲辰,太后诏莽朝见太后称"假皇帝"。

冬十月丙辰朔,日有食之。

十二月,群臣奏请:"益安汉公宫及家吏,置率更令,庙、厩、厨长丞,中庶子,虎贲以下百余人,又置卫士三百人。安汉公庐为摄省,府为摄殿,第为摄宫。"奏可。

莽白太后下诏曰:"故太师光虽前薨,功效已列。太保舜、大司空丰、轻车将军邯、步兵将军建皆为诱进单于筹策，又典灵台、明堂、辟雍、四郊，定制度，开子午道，与宰衡同心说德，合意并力，功德茂著。封舜子匡为同心侯，林为说德侯，光孙寿为合意侯，丰孙匡为并力侯。益邑、建各三千户。”

是岁，西羌庞恬、傅幡等怨莽夺其地作西海郡，反攻西海太守程永，永奔走。莽诛永，遣护羌校尉窦况击之。

二年春，窦况等击破西羌。

五月，更造货：错刀，一直五千；契刀，一直五百；大钱，一直五十，与五铢钱并行。民多盗铸者。禁列侯以下不得挟黄金，输御府受直，然卒不与直。

九月，东郡太守翟义都试，勒车骑，因发奔命，立严乡侯刘信为天子，移檄郡国，言莽“毒杀平帝，摄天子位，欲绝汉室，今共行天罚诛莽”。郡国疑惑，众十余万。莽惶惧不能食，昼夜抱孺子告祷郊庙，放《大诰》作策，遣谏大夫桓谭等班于天下，谕以摄位当反政孺子之意。遣王邑、孙建等八将军击

新朝钱币图

义，分屯诸关，守厄塞。槐里男子赵明、霍鸿等起兵，以和翟义，相与谋曰：“诸将精兵悉东，京师空，可攻长安。”众稍多，至且十万人，莽恐，遣将军王奇、王级将兵拒之。以太保甄邯为大将军，受钺高庙，领天下兵，左杖节，右把钺，屯城外。王舜、甄丰昼夜循行殿中。

十二月，王邑等破翟义于圉。司威陈崇使监军上书言：“陛下奉天洪范，心合宝龟，膺受元命，豫知成败，咸应兆占，是谓配天。配天之主，虑则移气，言则动物，施则成化。臣崇伏读诏书下日，窃计其时，圣思始发，而反虏仍破；诏文始书，反虏大败；制书始下，反虏毕斩。众将未及齐其锋芒，臣崇未及尽其愚虑，而事已决矣。”莽大悦。

三年春，地震。大赦天下。

王邑等还京师，西与王级等合击明、鸿，皆破灭。莽大置酒未央宫白虎殿，劳赐将帅。诏陈崇治校军功，第其高下。莽乃上奏曰：“明圣之世，国多贤人，故唐虞之时，可比屋而封，至功成事就，则加赏焉。至于夏后涂山之会，执玉帛者万国，诸侯执玉，附庸执帛。周武王孟津之上，尚有八百诸侯。周公居摄，郊祀后稷以配天，宗祀文王于明堂以配上帝，是以四海之内各以其职来祭，盖诸侯千八百矣。《礼记·王制》千七百余国，是以孔子著《孝经》曰：‘不敢遗小国之臣，而况于公侯伯子男乎？故得万国之欢心以事其先王。’此天子之孝也。秦为亡道，残灭诸侯以为郡县，欲擅天下之利，故二世而亡。高皇帝受命除残，考功施赏，建国数百，后稍衰微，其余仅存。太皇太后躬统大纲，广封功德以劝善，兴灭继绝以永世，是以大化流通，旦暮且成。遭羌寇害西海郡，反虏流言东郡，逆贼惑众西土，忠臣孝子莫不奋怒，所征殄灭，尽备厥辜，天下咸宁。今制礼作乐，实考周爵五等，地四等，有明文；殷爵三等，有其说，无其文。孔子曰：‘周监于二代，郁郁乎文哉！吾从周。’臣请诸将帅当受爵邑者爵五等，地四等。”奏可。于是封者高为侯伯，次为子男，当赐爵关

内侯者更名曰附城,凡数百人。击西海者以"羌"为号,槐里以"武"为号,翟义以"虏"为号。

群臣复奏言:"太后修功录德,远者千载,近者当世,或以文封,或以武爵,深浅大小,靡不毕举。今摄皇帝背依践祚,宜异于宰国之时,制作虽未毕已,宜进二子爵皆为公。《春秋》'善善及子孙','贤者之后,宜有土地'。成王广封周公庶子六人,皆有茅土。及汉家名相大将萧、霍之属,咸及支庶。兄子光,可先封列侯;诸孙,制度毕已,大司徒、大司空上名,如前诏书。"太后诏曰:"进摄皇帝子褒新侯安为新举公,赏都侯临为褒新公,封光为衍功侯。"是时,莽还归新都国,群臣复白以封莽孙宗为新都侯。莽既灭翟义,自谓威德日盛,获天人助,遂谋即真之事矣。

九月,莽母功显君死,意不在哀,令太后诏议其服。少阿、羲和刘歆与博士诸儒七十八人皆曰:"居摄之义,所以统立天功,兴崇帝道,成就法度,安辑海内也。昔殷成汤既没,而太子蚤夭,其子太甲幼少不明,伊尹放诸桐宫而居摄,以兴殷道。周武王既没,周道未成,成王幼少,周公屏成王而居摄,以成周道。是以殷有翼翼之化,周有刑错之功。今太皇太后比遭家之不造,委任安汉公宰尹群僚,衡平天下。遭孺子幼少,未能共上下,皇天降瑞,出丹石之符,是以太皇太后则天明命,诏安汉公居摄践祚,将以成圣汉之业,与唐虞三代比隆也。摄皇帝遂开秘府,会群儒,制礼作乐,卒定庶宫,茂成天功。圣心周悉,卓尔独见,发得周礼,以明因监,则天稽古,而损益焉,犹仲尼之闻《韶》,日月之不可阶,非圣哲之至,孰能若兹!纳纪咸张,成在一匮,此其所以保佐圣汉,安靖元元之效也。今功显君薨,《礼》'庶子为后,为其母缌'。传曰'与尊者为体,不敢服其私亲也'。摄皇帝以圣德承皇天之命,受太后之诏居摄践祚,奉汉大宗之后,上有天地社稷之重,下有元元万机之忧,不得顾其私亲。故太皇太后建厥元孙,俾侯新都,为哀侯后。明摄皇帝与尊者为体,承宗庙之祭,奉共养太皇太后,不得服其私亲也。《周礼》曰'王为诸侯缌缞','弁而加环经',同姓则麻,异姓则葛。摄皇帝当为功显君缌缞,弁而加麻环经,如天子吊诸侯服,以应圣制。"莽遂行焉,凡壹吊再会,而令新都侯宗为主,服丧三年云。

司威陈崇奏,衍功侯光私报执金吾窦况,令杀人,况为收系,致其法。莽大怒,切责光。光母曰:"女自视孰与长孙、中孙?"遂母子自杀,及况皆死。初,莽以事母、养嫂、抚兄子为名,及后悖虐,复以示公义焉。令光子嘉嗣爵为侯。

莽下书曰:"遏密之义,讫于季冬,正月郊祀,八音当奏。王公卿士,乐凡几等?五声八音,条各云何?其与所部儒生各尽精思,悉陈其义。"

是岁广饶侯刘京、车骑将军千人扈云、大保属臧鸿奏符命。京言齐郡新井,云言巴郡石牛,鸿言扶风雍石,莽皆迎受。十一月甲子,莽上奏太后曰:"陛下至圣,遭家不造,遇汉十二世三七之厄,承天威命,诏臣莽居摄,受孺子之托,任天下之寄。臣莽兢兢业业,惧于不称。宗室广饶侯刘京上书言:'七月中,齐郡临淄县昌兴亭长辛当一暮数梦,曰:"吾,天公使也。天公使我告亭长曰:'摄皇帝当为真。'即不信我,此亭中当有新井。"亭长晨起视亭中,诚有新井,入地且百尺。'十一月壬子,直建冬至,巴郡石牛,戊午,雍石文,皆到于未央宫之前殿。臣与太保安阳侯舜等视,天风起,尘冥,风止,得铜符帛图于石前,文曰:'天告帝符,献者封侯。承天命,用神令。'骑都尉崔发等视说。及前孝哀皇帝建平二年六月甲子下诏书,更为太初元将元年,案其本事,甘忠可、夏贺良谶书臧兰台。臣莽以为元将元年者,大将居摄改元之文也,于今信矣。《尚书·康诰》'王若曰:"孟侯,朕其弟,小子封。"'此周公居摄称王之文也。《春秋》隐公不言即位,摄也。此二经周公、孔子所定,盖为后法。孔子曰:'畏天命,畏大人,畏圣人之言。'臣莽敢不承用!臣请共事神祇宗庙,奏言太皇太后、孝平皇后,皆称假皇帝。其号令天下,天下奏言事,毋言'摄'。以居摄三年为初始元年,漏刻以百二十为度,用应天命。臣莽夙夜养育隆就孺子,令与周之成王比德,宣明太皇太后威德于万方,期于富而教之。孺子加元服,复子明辟,如周公故事。"奏可。众庶知其奉符命,指意群臣博议别奏,以视即真之渐矣。

期门郎张充等六人谋共劫莽,立楚王。发觉,诛死。

梓潼人哀章学问长安,素无行,好为大言。见莽居摄,即作铜匮,为两检,署其一曰"天帝行玺金匮图"。其一署曰"赤帝行玺某传予黄帝金策书"。某者,高皇帝名也。书言王莽为真天子,皇太后如天命。图书皆书莽大臣八人,又取令名王兴、王盛,章因自窜姓名,凡为十一人,皆署官爵,为辅佐。章闻齐井、石牛事下,即日昏时,衣黄衣,持匮至高庙,以付仆射。仆射以闻。戊辰,莽至高庙拜受金匮神嬗。御王冠,谒太后,还坐未央宫前殿,下书曰:"予以不德,托于皇初祖考黄帝之后,皇始祖考虞帝之苗裔,而太皇太后之末属。皇天上帝隆显大佑,成命统序,符契图文,金匮策书,神明诏告,属予以天下兆民。赤帝汉氏高皇帝之灵,承天命,传国金策之书,予甚祗畏,敢不钦受!以戊辰直定,御王冠,即真天子位,定有天下之号曰新。其改正朔,易服色,变牺牲,殊徽帜,异器制。以十二月朔癸酉为建国元年正月之朔,以鸡鸣为时。服色配德上黄,牺牲应正用白,使节之旄幡皆纯黄,其署曰'新使五威节',以承皇天上帝威命也。"

始建国元年正月朔,莽帅公侯卿士奉皇太后玺韨,上太皇太后,顺符命,去汉号焉。

初,莽妻宜春侯王氏女,立为皇后。本生四男:宇、获、安、临。二子前诛死,安颇荒忽,乃以临为皇太子,安为新嘉辟。封宇子六人:千为功隆公,寿为功明公,吉为功成公,宗为功崇公,世为功昭公,利为功著公。大赦天下。

莽乃策命孺子曰:"咨尔婴,昔皇天右乃太祖,历世十二,享国二百一十载,历数在于予躬。《诗》不云乎?'侯服于周,天命靡常。'封尔为定安公,永为新室宾。於戏!敬天之休,往践乃位,毋废予命。"又曰:"其以平原、安德、漯阴、鬲、重丘,凡户万,地方百里,为定安公国。立汉祖宗之庙于其国,与周后并,行其正朔、服色。世世以事其祖宗,永以命德茂功,享历代之祀焉。以孝平皇后为定安太后。"读策毕,莽亲执孺子手,流涕歔欷,曰:"昔周公摄位,终得复子明辟,今予独迫皇天威命,不得如意!"哀叹良久。中傅将孺子下殿,北面而称臣。百僚陪位,莫不感动。

又按金匮,辅臣皆封拜。以太傅、左辅、骠骑将军安阳侯王舜为太师,封安新公;大司徒就德侯平晏为太傅,就新公;少阿、羲和、京兆尹红休侯刘歆为国师,嘉新公;广汉梓潼哀章为国将,美新公:是为四辅,位上公。太保、后承承阳侯甄邯为大司马,承新公;丕进侯王寻为大司徒,章新公;步兵将军成都侯王邑为大司空,隆新公:是为三公。大阿、右拂、大司空、卫将军广阳侯甄丰为更始将军,广新公;京兆王兴为卫将军,奉新公;轻车将军成武侯孙建为立国将军,成新公;京兆王盛为前将军,崇新公:是为四将。凡十一公。王兴者,故城门令史。王盛者,卖饼。莽按符命求得此姓名十余人,两人容貌应卜相,径从布衣登用,以视神焉。余皆拜为郎。是日,封拜卿大夫、侍中、尚书官凡数百人。诸刘为郡守,皆徙为谏大夫。

改明光宫为定安馆,定安太后居之。以故大鸿胪府为定安公第,皆置门卫使者监领。敕阿乳母不得与语,常在四壁中,至于长大,不能名六畜。后莽以女孙宇子妻之。

莽策群司曰:"岁星司肃,东岳太师典致时雨,青炜登平,考景以晷。荧惑司恣,南岳太傅典致时奥,赤炜颂平,考声以律。太白司艾,西岳国师典致时阳,白炜象平,考量以铨。辰星司谋,北岳国将典致时寒,玄炜和平,考星以漏。月刑元股左,司马典致武应,考方法矩,主司天文,钦若昊天,敬授民时,力来农事,以丰年谷。日德元肱右,司徒典致文瑞,考圜合规,主司人道,五教是辅,帅民承上,宣美风俗,五品乃训。斗平元心中,司空典致物图,考度以绳,主司地里,平治水土,掌名山川,众殖鸟兽,蕃茂草木。"各策命以其职,如典诰之文。

置大司马司允,大司徒司直,大司空司若,位皆孤卿。更名大司农曰羲和,后更为纳言,大理曰作士,太常曰秩宗,大鸿胪曰典乐,少府曰共工,水衡都尉曰予虞,与三公司卿凡九卿,分属三公。每一卿置大夫三人,一大夫置元士三人,凡二十七大夫,八十一元士,分主中都官诸职。更名光禄勋曰司中,太仆曰太御,卫尉曰太卫,执金吾曰奋武,中尉曰军正,又置大赘官,主乘舆服御物,后又典兵秩,位皆上卿,号曰六监。改郡太守曰大尹,都尉曰太尉,县令长曰宰,御史曰执法,公车司马曰王路四门,长乐宫曰长乐室,未央宫曰寿成室,前殿曰王路堂,长安曰常安。更名秩百石曰庶士,三百石曰下士,四百石曰中士,五百石曰命士,六百石曰元士,千石曰下大夫,比二千石曰中大夫,二千石曰上大夫夫,中二千石曰卿。车服黻冕,各有差品。又置司恭、司徒、司明、司聪、司中大夫及诵诗工、彻膳宰,以司过。策曰:"予闻上圣欲昭厥德,罔不慎修厥身,用绥于远,是用建尔司于五事。毋隐尤,毋将虚,好恶不愆,立于厥中。於戏,勖哉!"令王路设进善之旌,非谤之木,敢谏之鼓。谏大夫四人常坐王路门受言事者。

封王氏齐缞之属为侯,大功为伯,小功为子,缌麻为男,其女皆为任。男以"睦"、女以"隆"为号焉,皆授印韨。令诸侯立太夫人、夫人、世子,亦受印韨。

又曰:"天无二日,土无二王,百王不易之道也。汉氏诸侯或称王,至于四夷亦如之,违于古典,缪于一统。其定诸侯王之号皆称公,及四夷僭号称王者皆更为侯。

又曰:"帝王之道,相因而通;盛德之祚,百世享祀。予惟黄帝、帝少昊、帝颛顼、帝喾、帝尧、帝舜、帝夏禹、皋陶、伊尹咸有圣德,假于皇天,功烈巍巍,光施于远。予甚嘉之,营求其后,将祚厥祀。"惟王氏,虞帝之后也,出自帝喾;刘氏,尧之后也,出自颛顼。于是封姚恂为初睦侯,奉黄帝后;梁护为修远伯,奉少昊后;皇孙功隆公千,奉帝喾后;刘歆为祁烈伯,奉颛顼后;国师刘歆子叠为伊休侯,奉尧后;妫昌为始睦侯,奉虞帝后;山遵为褒谋子,奉皋陶后;伊玄为褒衡子,奉伊尹后。汉后定安公刘婴,位为宾。周后卫公姬党,更封为章平公,亦为宾。殷后宋公孔弘,运转次移,更封为章昭侯,位为恪。夏后辽西姒丰,封为章公侯,亦为恪。四代古宗,宗祀于明堂,以配皇始祖考虞帝。周公后褒鲁子姬就,宣尼公后褒成子孔钧,已前定焉。

莽又曰:"予前在摄时,建郊宫,定桃庙,立社稷,神祇报况,或光自上复于下,流为乌,或黄气熏蒸,昭耀章明,以著黄、虞之烈焉。自黄帝至于济南伯王,而祖世氏姓有五矣。黄帝二十五子,分赐厥姓十有二氏。虞帝之先,受姓曰姚,其在陶唐曰妫,在周曰陈,在齐曰田,在济南曰王。予伏念皇初祖考黄帝,皇始祖考虞帝,以宗祀于明堂,宜序于祖宗之亲庙。其立祖庙五,亲庙四,后夫人皆配食。郊祀黄帝以配天,黄后以配地。以新都侯东弟为大祧,岁时以祀。家之所尚,种祀天下。姚、妫、陈、田、王氏凡五姓者,皆黄、虞苗裔,予之同族也。《书》不云乎?'惇序九族。'其令天下上此五姓名籍于秩宗,皆以为宗室。世世复,无有所与。其元城王氏,勿令相嫁娶,以别族理亲焉。"封陈崇为统睦侯,奉胡王后;田丰为世睦侯,奉敬王后。

天下牧守皆以前有翟义、赵明等领州郡,怀忠孝,封牧为男,守为附城。又封旧恩戴崇、金涉、箕闳、杨并等子皆为男。

遣骑都尉嚣等分治黄帝园位于上都桥畤,虞帝于零陵九疑,胡王于淮阳陈,敬王于齐临淄,愍王于城阳莒,伯王于济南东平陵,孺王于魏郡元城,使者四时致祠。其庙当作者,以天下初定,且祫祭于明堂太庙。

以汉高庙为文祖庙。莽曰:"予之皇始祖考虞帝受禅于唐,汉氏初祖唐帝,世有传国之象,予复亲受金策于汉高皇帝之灵。惟思褒厚前代,何有忘时?汉氏祖宗有七,以礼立庙于定安国。其园寝庙在京师者,勿罢,祠荐如故。予以秋九月亲入汉氏高、元、成、平之庙。诸刘更属籍京兆大尹,勿解其复,各终厥身,州牧数存问,勿令有侵冤。"

又曰:"予前在大麓,至于摄假,深惟汉氏三七之厄,赤德气尽,思索广求,所以辅刘延期之术,靡所不用。以故作金刀之利,几以济之。然自孔子作《春秋》以为后王法,至于哀之十四而一代毕,协之于今,亦哀之十四也。赤世计尽,终不可强济。皇天明威,黄德当兴,隆显大命,属予以天下。今百姓咸言皇天革汉而立新,废刘而兴王。夫'刘'之为字'卯、金、刀'也,正月刚卯,金刀之利,皆不得行。博谋卿士,金曰天人同应,昭然著明。其去刚卯莫以为佩,除刀钱勿以为利,承顺天心,快百姓意。"乃更作小钱,径六分,重一铢,文曰"小钱直一",与前"大钱五十"者为二品,并行。欲防民盗铸,乃禁不得挟铜炭。

四月,徐乡侯刘快结党数千人起兵于其国。快兄殷,故汉胶东王,时改为扶崇公。快举兵攻即墨,殷闭城门,自系狱。吏民距快,快败走,至长广死。莽曰:"昔予之祖济南愍王困于燕寇,自齐临淄出保于莒。宗人田单广设奇谋,获杀燕将,复定齐国。今即墨士大夫复同心珍灭反虏,予甚嘉其忠者,怜其无辜。其赦殷等,非快之妻子它亲属当坐者皆勿治。吊问死伤,赐亡者葬钱,人五万。殷知大命,深疾恶快,以故辄伏厥辜。其满殷国户万,地方百里。"又封符命臣十余人。

莽曰:"古者,设庐井八家,一夫一妇田百亩,什一而税,则国给民富而颂声作。此唐虞之道,三代所遵行也。秦为无道,厚赋税以自供奉,罢民力以极欲,坏圣制,废井田,是以兼并起,贪鄙生,强者规田以千数,弱者曾无立锥之居。又置奴婢之市,与牛马同兰,制于民臣,专断其命。奸虐之人因缘为利,至掠卖人妻子,逆天心,悖人伦,缪于'天地之性人为贵'之义。《书》曰'予则奴戮女',唯不用命者,然后被此辜矣。汉氏减轻田租,三十而税一,常有更赋,罢癃咸出,而豪民侵陵,分田劫假。厥名三十税一,实什税五也。父子夫妇终年耕耘,所得不足以自存。故富者犬马余菽粟,骄而为邪;贫者不厌糟糠,穷而为奸。俱陷于辜,刑用不错。予前在大麓,始令天下公田口井,时则有嘉禾之祥,遭反虏逆贼且止。今更名天下田曰'王田',奴婢曰'私属',皆不得卖买。其男口不盈八,而田过一井者,分余田予九族邻里乡党。故无田,今当受田者,如制度。敢有非井田圣制,无法惑众者,投诸四裔,以御魑魅,如皇始祖考虞帝故事。"

是时百姓便安汉五铢钱,以莽钱大小两行难知,又数变改不信,皆私以五铢钱市买。讹言大钱当罢,莫肯挟。莽患之,复下书:"诸挟五铢钱,言大钱当罢者,比非井田制,投四裔。"于是农商失业,食货俱废,民人至涕泣于市道。及坐卖买田宅奴婢,铸钱,自诸侯卿大夫至于庶民,抵罪者不可胜数。

秋,遣五威将王奇等十二人班《符命》四十二篇于天下。德祥五事,符命二十五,福应十二,凡四十二篇。其德祥言文、宣之世黄龙见于成纪、新都,高祖考王伯墓门梓柱生枝叶之属。符命言井石、金匮之属。福应言雌鸡化为雄之属。其文尔雅依托,皆为作说,大归言莽当代汉有天下云。总而说之曰:"帝王受命,必有德祥之符瑞,协成五命,申以福应,然后能立巍巍之功,传于子孙,永享无穷之祚。故新室之兴也,德祥发于汉三七九世之后。肇命于新都,受瑞于黄支,开王于武功,定命于子同,成命于巴宕,申福于十二应,天所以保佑新室者深矣,固矣!武功丹石出于汉氏平帝末年,火德销尽,土德当代,皇天眷然,去汉与新,以丹石始命于皇帝。皇帝谦让,以摄居之,未当天意,故其秋七月,天重以三能文马。皇帝复谦让,未即位,故三以铁契,四以石龟,五以虞符,六以文圭,七以玄印,八以茂陵石书,九以玄龙石,十以神井,十一以大神石,十二以铜符帛图。申命之瑞,寖以显著,至于十二,以昭告新皇帝。皇帝深惟上天之威不可不畏,故去摄号,犹尚称假,改元为初始,欲以承塞天命,克厌上帝之心。然非皇天所以郑重降符命之意,故是日天复决以勉书。又侍郎王盱见人衣白布单衣,赤缋方领,冠小冠,立于王路殿前,谓盱曰:'今日天同色,以天下人民属皇帝。'盱怪之,行十余步,人忽不见。至丙寅暮,汉氏高庙有金匮图策:'高帝承天命,以国传新皇帝。'明旦,宗伯忠孝侯刘宏以闻,乃召公卿议,未决,而大神石人谈曰:'趣新皇帝之高庙受命,毋留!'于是新皇帝立登车,之汉氏高庙受命。受命之日,丁卯也。丁、火,汉氏之德也。卯,刘姓所以为字也。明汉刘火德尽,而传于新室也。皇帝谦谦,既备固让,十二符应迫著,命不可辞,惧然祗畏,荼然闵汉氏之终不可济,亹亹谯在左右之不得从意,为之三夜不御寝,三日不御食。延问公侯卿大夫,金曰:'宜奉如上天威命。'于是乃改元定号,海内更始。新室既定,神祇欢喜,申以福应,吉瑞累仍。《诗》曰:'宜民宜人,受禄于天;保右命之,自天申之。'此之谓也。"五威将奉《符命》,赍印绶,王侯以下及吏官名更者,外及匈奴、西域,徼外蛮夷,皆即授新室印绶,因收故汉印绶。赐吏爵人二级,民爵人一级,女子百户羊酒,蛮夷币帛各有差。大赦天下。

五威将乘《乾》文车,驾《坤》六马,背负鸟之毛,服饰甚伟。每一将各置左右前后中帅,凡五帅。衣冠车服驾马,各如其方面色数。将持节,称太一之使;帅持幢,称五帝之使。莽策命曰:"普天之下,迄于四表,靡所不至。"其东出者,至玄菟、乐浪、高句骊、夫馀;南出者,逾徼外,历益州,贬句町王为侯;西出者,至西域,尽改其王为侯;北出者,至匈奴庭,授单于印,改汉印文,去"玺"曰"章"。单于欲求故印,陈饶椎破之,语在《匈奴传》。单于大怒,而句町、西域后卒以此皆畔。饶还,拜为大将军,封威德子。

冬,雷,桐华。

置五威司命,中城四关将军。司命司上公以下,中城主十二城门。策命统睦侯陈崇曰:"咨尔崇。夫不用命者,乱之原也;大奸猾者,贼之本也;铸伪金钱者,妨宝货之道也;骄奢逾制者,凶害之端也;漏泄省中及尚书事者,'机事不密则害成'也;拜爵王庭,谢恩私门者,禄去公室,政从亡矣:凡此六条,国之纲纪。是用建尔作司命,'柔亦不茹,刚亦不吐,不侮鳏寡,不畏强圉',帝命帅繇,统睦于朝。"命说符侯崔发曰:"'重门击柝,以待暴客。'女作五威中城将军,中德既成,天下说符。"命明威侯王级曰:"绕溜之固,南当荆楚。女作五威前关将军,振武奋卫,明威于前。"命尉睦侯王嘉曰:"羊头之厄,北当燕赵。女作五威后关将军,壶口捶厄,尉睦于后。"命掌威侯王奇曰:"肴黾之险,东当郑卫。女作五威左关将军,函谷批难,掌威于左。"命怀羌子王福曰:"湃陇之阻,西当戎狄。女作五威右关将军,成固据守,怀羌于右。"

又遣谏大夫五十人分铸钱于郡国。

是岁长安狂女子碧呼道中曰:"高皇帝大怒,趣归我国。不者,九月必杀汝!"莽收捕杀之。治者掌寇大夫陈成自免去官。真定刘都等谋举兵,发觉,皆诛。真定、常山大雨雹。

二年二月,赦天下。

五威将帅七十二人还奏事,汉诸侯王为公者,悉上玺绶为民,无违命者。封将为子,帅为男。

初设六管之令。命县官酤酒,卖盐铁器,铸钱,诸采取名山大泽众物者税之。又令市官收贱卖贵,赊贷予民,收息百月三。牺和置酒士,郡一人,乘传督酒利。禁民不得挟弩铠,徙西海。

匈奴单于求故玺,莽不与,遂寇边郡,杀略吏民。

十一月,立国将军建奏:"西域将钦上言,九月辛巳,戊己校尉史陈良、终带共贼杀校尉刀护,劫略吏士,自称废汉大将军,亡入匈奴。又今月癸酉,不知何一男子遮臣建车前,自称'汉氏刘子舆,成帝下妻子也。刘氏当复,趣空宫'。收系男子,即常安姓武字仲。皆逆天违命,大逆无道。请论仲及陈良等亲属当坐者。奏可。汉氏高皇帝比著戒云,罢吏卒,为宾食,诚欲承天心,全子孙也。其宗庙不当在常安城中,及诸刘为诸侯者当与汉俱废。陛下至仁,久未定。前故安众侯刘崇、徐乡侯刘快、陵乡侯刘曾、扶恩侯刘贵等更聚众谋反。今狂狡之虏或妄自称亡汉将军,或称成帝子子舆,至犯夷灭,连未止者,此圣恩不蚤绝其萌牙故也。臣愚以为汉高皇帝为新室宾,享食明堂。成帝,异姓之兄弟,平帝,婿也,皆不宜复入其庙。元帝与皇太后为体,圣恩所隆,礼亦宜之。臣请汉氏诸庙在京师者皆罢。诸刘为诸侯者,以户多少就五等之差;其为吏者皆罢,待除于家。上当天心,称高皇帝神灵,塞狂狡之萌。"莽曰:"可。嘉新公国师以符命为予四辅,明德侯刘龚、率礼侯刘嘉等凡三十二人皆知天命,或献天符,或贡昌言,或捕告反虏,厥功茂焉。诸刘与三十二人同宗共祖者勿罢,赐姓曰王。"唯国师以女配莽子,故不赐姓。改定安太后号曰黄皇室主,绝之于汉也。

冬十二月,雷。

更名匈奴单于曰降奴服于。莽曰:"降奴服于知威侮五行,背叛四条,侵犯西域,延及边垂,为元元害,罪当夷灭。命遣立国将军孙建等凡十二将,十道并出,共行皇天之威,罚于知之身。惟知先祖故呼韩邪单于稽侯狦累世忠孝,保塞守徼,不忍以一知之罪,灭稽侯狦之世。今分匈奴国土人民以为十五,立稽侯狦子孙十五人为单于。遣中郎将蔺苞、戴级驰之塞下,召拜当为单于者。诸匈奴人当坐虏知之法者,皆赦除之。"遣五威将军苗䜣、虎贲将军王况出五原,厌难将军陈钦、震狄将军王巡出云中,振武将军王嘉、平狄将军王萌出代郡,相威将军李棽、镇远将军李翁出西河,诛貉将军阳俊、讨秽将军严尤出渔阳,奋武将军王骏、定胡将军王晏出张掖,及偏裨以下百八十人。募天下囚徒、丁男、甲卒三十万人,转众郡委输五大夫衣裘、兵器、粮食,长吏送自负海江淮至北边,使者驰传督趣,以军兴法从事,天下骚动。先至者屯边郡,须毕具乃同时出。

莽以钱币讫不行,复下书曰:"民以食为命,以货为资,是以八政以食为首。宝货皆重则小用不给,皆轻则儳载烦费,轻重大小各有差品,则用便而民乐。"于是造宝货五品。百姓不从,但行小大钱二品而已。盗铸钱者不可禁,乃重其法,一家铸钱,五家坐之,没入为奴婢。吏民出入,持布钱以副符传,不持者,厨传勿舍,关津苛留。公卿皆持以入宫殿门,欲以重而行之。

是时争为符命封侯,其不为者相戏曰:"独无天帝除书乎?"司命陈崇白莽曰:"此开奸臣作福之路而乱天命,宜绝其原。"莽亦厌之,遂使尚书大夫赵并验治,非五威将率所班,皆下狱。

初,甄丰、刘歆、王舜为莽腹心,倡导在位,褒扬功德;"安汉""宰衡"之号及封莽母、两子、兄子,皆丰等所共谋,而丰、舜、歆亦受其赐,并富贵矣,非复欲令莽居摄也。居摄之萌,出于泉陵侯刘庆、前辉光谢嚣、长安令田终术。莽羽翼已成,意欲称摄。丰等承顺其意,莽辄复封舜、歆两子及丰孙。丰等爵位已盛,心意既满,又实畏汉宗室、天下豪杰。而疏远欲进者,并作符命,莽遂据以即真,舜、歆内惧而已。丰素刚强,莽觉其不说,故徙大阿、右拂、大司空丰,托符命文,为更始将军,与卖饼儿王盛同列。丰父子默默。时子寻为侍中京兆大尹茂德侯,即作符命,言新室当分陕,立二伯,以丰为右伯,太傅平晏为左伯,如周召故事。莽即从之,拜丰为右伯。当述职西出,未行,寻复作符命,言故汉氏平帝后黄皇室主为寻之妻。莽以诈立,心疑大臣怨谤,欲震威以惧下,因是发怒曰:"黄皇室主天下母,此何谓也!"收捕寻。寻亡,丰自杀。寻随方士入华山,岁余捕得,辞连国师公歆子侍中东通灵将、五司大夫隆威侯棻,棻弟右曹长水校尉伐虏侯泳,大司空邑弟左关将军掌威侯奇,及歆门人侍中骑都尉丁隆等,牵引公卿党亲列侯以下,死者数百人。寻手理有"天子"字,莽解其臂入视之,曰:"此一大子也,或曰一六子也。六者,戮也。明寻父子当戮死也。"乃流棻于幽州,放寻于三危,殛隆于羽山,皆驿车载其尸传致云。

莽为人侈口蹷顄,露眼赤精,大声而嘶。长七尺五寸,好厚履高冠,以氂装衣,反膺高视,瞰临左右。是时有用方技待诏黄门者,或问以莽形貌,待诏曰:"莽所谓鸱目虎吻豺狼之声者也,故能食人,亦当为人所食。"问者告之,莽诛灭待诏,而封告者。后常翳云母屏面,非亲近莫得见也。

是岁,以初睦侯姚恂为宁始将军。

三年,莽曰:"百官改更,职事分移,律令仪法,未及悉定,且因汉律令仪法以从事。令公卿大夫诸侯二千石举吏民有德行通政事能言语明文学者各一人,诣王路四门。"

遣尚书大夫赵并使劳北边,还言五原北假膏壤殖谷,异时常置田官。乃以并为田禾将军,发戍卒屯田北假,以助军粮。

是时诸将在边,须大众集,吏士放纵,而内郡愁于征发,民弃城郭流亡为盗贼,并州、平州尤甚。莽令七公六卿号皆兼称将军,遣著武将军逯并等填名都,中郎将、绣衣执法各五十五人，分填缘边大郡，督大奸猾擅弄兵者，皆便为奸于外，挠乱州郡，货赂为市，侵渔百姓。莽下书曰："虏知罪当夷灭，故遣猛将分十二部，将同时出，一举而决绝之矣。内置司命军正，外设军监十有二人，诚欲以司不奉命，令军人咸正也。今则不然，各为权势，恐猲良民，妄封人颈，得钱者去。毒蠚并作，农民离散。司监若此，可谓称不？自今以来，敢犯此者，辄捕系，以名闻。"然犹放纵自若。

而蔺苞、戴级到塞下，招诱单于弟咸、咸子登入塞，胁拜咸为孝单于，赐黄金千斤，锦绣甚多，遣去；将登至长安，拜为顺单于，留邸。

太师王舜自莽篡位后病悸，浸剧，死。莽曰："昔齐太公以淑德累世，为周氏太师，盖予之所监也。其以舜子延袭父爵，为安新公，延弟褒新侯匡为太师将军，永为新室辅。"

为太子置师友各四人，秩以大夫。以故大司徒马宫为师疑，故少府宗伯凤为傅丞，博士袁圣为阿辅，京兆尹王嘉为保拂，是为四师；故尚书令唐林为胥附，博士李充为奔走，谏大夫赵襄为先后，中郎将廉丹为御侮，是为四友。又置师友祭酒及侍中、谏议、《六经》祭酒各一人，凡九祭酒，秩上卿。琅邪左咸为讲《春秋》、颍川满昌为讲《诗》、长安国由为讲《易》、平阳唐昌为讲《书》、沛郡陈咸为讲《礼》、崔发为讲《乐》祭酒。遣谒者持安车印绶，即拜楚国龚胜为太子师友祭酒，胜不应征，不食而死。

宁始将军姚恂免，侍中崇禄侯孔永为宁始将军。

是岁，池阳县有小人景，长尺余，或乘车马，或步行，操持万物，小大各相称，三日止。

濒河郡蝗生。河决魏郡，泛清河以东数郡。先是，莽恐河决为元城冢墓害。及决东去，元城不忧水，故遂不堤塞。

四年二月，赦天下。

夏，赤气出东南，竟天。

厌难将军陈钦言捕虏生口，虏犯边者皆孝单于咸子角所为。莽怒，斩其子登于长安，以视诸蛮夷。

大司马甄邯死，宁始将军孔永为大司马，侍中大赘侯辅为宁始将军。

莽每当出，辄先搜索城中，名曰"横搜"。是月，横搜五日。

莽至明堂，授诸侯茅土。下书曰："予以不德，袭于圣祖，为万国主。思安黎元，在于建侯，分州正域，以美风俗。追监前代，爰纲爰纪。惟在《尧典》，十有二州，卫有五服。《诗》国十五，拵遍九州。《殷颂》有'奄有九有'之言。《禹贡》之九州无并、幽，《周礼·司马》则无徐、梁。帝王相改，各有云为。或昭其事，或大其本，厥义著明，其务一矣。昔周二后受命，故有东都、西都之居。予之受命，盖亦如之。其以洛阳为新室东都，常安为新室西都。邦畿连体，各有采任。州从《禹贡》为九，爵从周氏有五。诸侯之员千有八百，附城之数亦如之，以俟有功。诸公一同，有众万户，土方百里。侯伯一国，众户五千，土方七十里。子男一则，众户二千有五百，土方五十里。附城大者食邑九成，众户九百，土方三十里。自九以下，降杀以两，至于一成。五差备具，合当一则。今已受茅土者，公十四人，侯九十三人，伯二十一人，子百七十一人，男四百九十七人，凡七百九十六人。附城千五百一十一人。九族之女为任者，八十三人。及汉氏女孙中山承礼君、遵德君、修义君更以为任。十有一公，九卿，十二大夫，二十四元士。定诸国邑采之处，使侍中讲礼大夫孔秉等与州部众郡晓知地理图籍者，共校治于寿成朱鸟堂。予数与群公祭酒上卿亲听视，咸已通矣、夫褒德赏功,所以显仁贤也;九族和睦,所以褒亲亲也。予永惟匪解,思稽前人,将章黜陟,以明好恶,安元元焉。"以图簿未定,未授国邑,且令受奉都内,月钱数千。诸侯皆困乏,至有庸作者。

中郎区博谏莽曰:"井田虽圣王法,其废久矣。周道既衰,而民不从。秦知顺民之心,可以获大利也,故灭庐井而置阡陌,遂王诸夏,讫今海内未厌其敝。今欲违民心,追复千载绝迹,虽尧舜复起,而无百年之渐,弗能行也。天下初定,万民新附,诚未可施行。"莽知民怨,乃下书曰:"诸名食王田,皆得卖之,勿拘以法。犯私买卖庶人者,且一切勿治。"

初,五威将帅出,改句町王以为侯,王邯怨怒不附。莽讽牂牁大尹周歆诈杀邯。邯弟承起兵攻杀歆。先是,莽发高句骊兵,当伐胡,不欲行,郡强迫之,皆亡出塞,因犯法为寇。辽西大尹田谭追击之,为所杀。州郡归咎于高句骊侯驺。严尤奏言:"貉人犯法,不从驺起,正有它心,宜令州郡且尉安之。今猥被以大罪,恐其遂畔,夫余之属必有和者。匈奴未克,夫余、秽貉复起,此大忧也。"莽不尉安,秽貉遂反,诏尤击之。尤诱高句骊侯驺至而斩焉,传首长安。莽大悦,下书曰:"乃者,命遣猛将,共行天罚,诛灭虏知,分为十二部,或断其右臂,或斩其左腋,或溃其胸腹,或绌其两胁。今年刑在东方,诛貉之部先纵焉。捕斩虏驺,平定东域,虏知殄灭,在于漏刻。此乃天地群神社稷宗庙佑助之福,公卿大夫士民同心将率虎之力也。予甚嘉之。其更名高句骊为下句骊,布告天下,令咸知焉。"于是貉人愈犯边,东北与西南夷皆乱云。

莽志方盛,以为四夷不足吞灭,专念稽古之事,复下书曰:"伏念予之皇始祖考虞帝,受终文祖,在璇玑玉衡以齐七政,遂类于上帝,禋于六宗,望秩于山川,遍于群神,巡狩五岳,群后四朝,敷奏以言,明试以功。予之受命即真,到于建国五年,已五载矣。阳九之厄既度,百六之会已过。岁在寿星,填在明堂,仓龙癸酉,德在中宫。观晋掌岁,龟策告从,其以此年二月建寅之节东巡狩,具礼仪调度。"群公奏请募吏民人马布帛绵,又请内郡国十二买马,发帛四十五万匹,输常安,前后毋相须。至者过半,莽下书曰:"文母太后体不安,共且止待后。"

是岁,改十一公号,以"新"为"心",后又改"心"为"信"。

五年二月,文母皇太后崩,葬渭陵,与元帝合而沟绝之。立庙于长安,新室世世献祭。元帝配食,坐于床下。莽为太后服丧三年。

大司马孔永乞骸骨,赐安车驷马,以特进就朝位。同风侯逯并为大司马。

是时,长安民闻莽欲都雒阳,不肯缮治室宅,或颇彻之。莽曰:"玄龙石文曰'定帝德,国雒阳'。符命著明,敢不钦奉!以始建国八年,岁缠星纪,在雒阳之都。其谨缮修常安之都,勿令坏败。敢有犯者,辄以名闻,请其罪。"

是岁,乌孙大小昆弥遣使贡献。大昆弥者,中国外孙也。其胡妇子为小昆弥,而乌孙归附之。莽见匈奴诸边并侵,意欲得乌孙心,乃遣使者引小昆弥使置大昆弥使上。保成师友祭酒满昌劾奏使者曰:"夷狄以中国有礼谊,故诎而服从。大昆弥,君也,今序臣使于君使之上,非所以有夷狄也。奉使大不敬!"莽怒,免昌官。

西域诸国以莽积失恩信,焉耆先畔,杀都护但钦。

十一月,彗星出,二十余日,不见。

是岁,以犯挟铜炭者多,除其法。

明年改元曰天凤。

天凤元年正月，赦天下。

莽曰："予以二月建寅之节行巡狩之礼，太官赍糒干肉，内者行张坐卧，所过毋得有所给。予之东巡，必躬载来，每县则耕，以劝东作。予之南巡，必躬戴耨，每县则薅，以劝南伪。予之西巡，必躬载铚，每县则获，以劝西成。予之北巡，必躬载拂，每县则粟，以劝盖藏。毕北巡狩之礼，即于土中居雒阳之都焉。敢有趋讙犯法，辄以军法从事。"群公奏言："皇帝至孝，往年文母圣体不豫，躬亲供养，衣冠稀解。因遭弃群臣悲哀，颜色未复，饮食损少。今一岁四巡，道路万里，春秋尊，非糒干肉之所能堪。且无巡狩，须阕大服，以安圣体。臣等尽力养牧兆民，奉称明诏。"莽曰："群公、群牧、群司、诸侯、庶尹愿尽力相帅养牧兆民，欲以称予，繇此敬德，其勖之哉！毋食言焉。更以天凤七年，岁在大梁，仓龙庚辰，行巡狩之礼。厥明年，岁在实沈，仓龙辛巳，即土之中雒阳之都。"乃遣太傅平晏、大司空王邑之雒阳，营相宅兆，图起宗庙、社稷、郊兆云。

三月壬申晦，日有食之。大赦天下。策大司马逯并曰："日食无光，士戈不战，其上大司马印韍，就侯氏朝位。太傅平晏勿领尚书事，省侍中诸曹兼官者。以利苗男䜣为大司马。"

莽即真，尤备大臣，抑夺下权，朝臣有言其过失者，辄拔擢。孔仁、赵博、费兴等以敢击大臣，故见信任，择名官而居之。公卿入宫，吏有常数，太傅平晏从吏过例，掖门仆射苛问不逊，戊曹士收系仆射。莽大怒，使执法发车骑数百围太傅府，捕士，即时死。大司空士夜过奉常亭，亭长苛之，告以官名，亭长醉曰："宁有符传邪？"士以马棰击亭长，亭长斩士，亡，郡县逐之。家上书，莽曰："亭长奉公，勿逐。"大司空邑斥士以谢。国将哀章颇不清，莽为选置和叔，敕曰："非但保国将闺门，当保亲属在西州者。"诸公皆轻贱，而章尤甚。

四月，陨霜，杀草木，海濒尤甚。六月，黄雾四塞。七月，大风拔树，飞北阙直城门屋瓦。雨雹，杀牛羊。

莽以《周官》《王制》之文，置卒正、连率、大尹，职如太守；属令、属长，职如都尉。置州牧、部监二十五人，见礼如三公。监位上大夫，各主五郡。公氏作牧，侯氏卒正，伯氏连率，子氏属令，男氏属长，皆世其官。其无爵者为尹。分长安城旁六乡，置帅各一人。分三辅为六尉郡，河东、河内、弘农、河南、颍川、南阳为六队郡，置大夫，职如太守；属正，职如都尉。更名河南大尹曰保忠信卿。益河南属县满三十。置六郊州长各一人，人主五县。及它官名悉改。大郡至分为五。郡县以亭为名者三百六十，以应符命文也。缘边又置竟尉，以男为之。诸侯国闲田，为黜陟增减云。莽下书曰"常安西都曰六乡，众县曰六尉。义阳东都曰六州，众县曰六队。粟米之内曰内郡，其外曰近郡。有鄣徼者曰边郡。合百二十有五郡。九州之内，县二千二百有三。公作甸服，是为惟城；诸在侯服，是为惟宁；在采、任诸侯，是为惟翰；在宾服，是为惟屏；在揆文教，奋武卫，是为惟垣；在九州之外，是为惟藩；各以其方为称，总为万国焉。"其后，岁复变更，一郡至五易名，而还复其故。吏民不能纪，每下诏书，辄系其故名，曰："制诏陈留大尹、太尉；其以益岁以南付新平。新平，故淮阳。以雍丘以东付陈定。陈定，故梁郡。以封丘以东付治亭。治亭，故东郡。以陈留以西付祈隧。祈隧，故荥阳。陈留已无复有郡矣。大尹、太尉，皆诣行在所。"其号令变易，皆此类也。

今天下小学，戊子代甲子为六旬首。冠以戊子为元日，昏以戊寅之旬为忌日。百姓多不从者。

匈奴单于知死，弟咸立为单于，求和亲。莽遣使者厚赂之，诈许还其侍子登，因购求陈良、终带等。单于即执良等付使者，槛车诣长安。莽燔烧良等于城北，令吏民会观之。

缘边大饥，人相食。谏大夫如普行边兵，还言"军士久屯塞苦，边郡无以相赡。今单于新和，宜因是罢兵"。校尉韩威进曰："以新室之威而吞胡虏，无异口中蚤虱。臣愿得勇敢之士五千人，不赍斗粮，饥食虏肉，渴饮其血，可以横行。"莽壮其言，以威为将军。然采普言，征还诸将在边者。免陈钦等十八人，又罢四关填都尉诸屯兵。会匈奴使还，单于知侍子登前诛死，发兵寇边，莽复发军屯。于是边民流入内郡，为人奴婢，乃禁吏民敢挟边民者弃市。

益州蛮夷杀大尹程隆，三边尽反。遣平蛮将军冯茂将兵击之。

宁始将军侯辅免，讲《易》祭酒戴参为宁始将军。

二年二月，置酒王路堂，公卿大夫皆佐酒。大赦天下。

是时，日中见星。

大司马苗䜣左迁司命，以延德侯陈茂为大司马。

讹言黄龙堕死黄山宫中，百姓奔走往观者有万数。莽恶之，捕系问语所从起，不能得。

单于咸既和亲，求其子登尸，莽欲遣使送致，恐咸怨恨害使者，乃收前言当诛侍子者故将军陈钦，以他罪系狱。钦曰："是欲以我为说于匈奴也。"遂自杀。莽选儒生能颛对者济南王咸为大使，五威将琅邪伏黯等为帅，使送登尸。敕令掘单于知墓，棘鞭其尸。又令匈奴却塞于漠北，责单于马万匹，牛三万头，羊十万头，及稍所略边民生口在者皆还之。莽好为大言如此。咸到单于庭，陈莽威德，责单于背叛之罪，应敌从横，单于不能诎，遂致命而还之。入塞，咸病死，封其子为伯，伏黯等皆为子。

莽意以为制定则天下自平，故锐思于地里，制礼作乐，讲合《六经》之说。公卿旦入暮出，议论连年不决，不暇省狱讼冤结民之急务。县宰缺者，数年守兼，一切贪残日甚。中郎将、绣衣执法在郡国者，并乘权势，传相举奏。又十一公士分布劝农桑，班时令，案诸章，冠盖相望，交错道路，召会吏民，逮捕证左，郡县赋敛，递相赇赂，白黑纷然，守阙告诉者多。莽自见前专权以得汉政，故务自揽众事，有司受成苟免。诸宝物名、帑藏、钱谷官，皆宦者领之；吏民上封事书，宦官左右开发，尚书不得知。其畏备臣下如此。又好变改制度，政令烦多，当奉行者，辄质问乃以从事，前后相乘，愦眊不渫。莽常御灯火至明，犹不能胜。尚书因是为奸寝事，上书待报者连年不得去，拘系郡县者逢赦而后出，卫卒不交代三岁矣。谷常贵，边兵二十余万人仰衣食，县官悉苦。五原、代郡尤被其毒，起为盗贼，数千人为辈，转入旁郡。莽遣捕盗将军孔仁将兵与郡县合击，岁余乃定，边郡亦略将尽。

邯郸以北大雨雾，水出，深者数丈，流杀数千人。

立国将军孙建死，司命赵闳为立国将军。宁始将军戴参归故官，南城将军廉丹为宁始将军。

三年二月乙酉，地震，大雨雪，关东尤甚，深者一丈，竹柏或枯。大司空王邑上书言："视事八年，功业不效，司空之职尤独废顿，至乃有地震之变。愿乞骸骨。"莽曰："夫地有动有震,震者有害,动者不害。《春秋》记地震,《易系坤》动,动静辟胁,万物生焉。灾异之变,各有云为。天地动威,以戒予躬,公何辜焉,而乞骸骨,非所以助予者也。使诸吏散骑司禄大卫修宁男遵谕予意焉。"

五月,莽下吏禄制度,曰:"予遭阳九之厄,百六之会,国用不足,民人骚动,自公卿以下,一月之禄十布二匹,或帛一匹。予每念之,未尝不戚焉。今厄会已度,府帑虽未能充,略颇稍给,其以六月朔庚寅始,赋吏禄皆如制度。"四辅公卿大夫士,下至舆僚,凡十五等。僚禄一岁六十六斛,稍以差增,上至四辅而为万斛云。莽又曰:"'普天之下,莫非王土;率土之宾,莫非王臣。'盖以天下养焉。《周礼》膳馐百有二十品,今诸侯各食其同、国、则;辟、任、附城食其邑;公、卿、大夫、元士食其采。多少之差,咸有条品。岁丰穰则充其礼,有灾害则有所损,与百姓同忧喜也。其用上计时通计,天下幸无灾害者,太官膳馐备其品矣;即有灾害,以什率多少而损膳焉。东岳太师立国将军保东方三州一部二十五郡;南岳太傅前将军保南方二州一部二十五郡;西岳国师宁始将军保西方一州二部二十五郡;北岳国将卫将军保北方二州一部二十五郡;大司马保纳卿、言卿、仕卿、作卿、京尉、扶尉、兆队、右队,中部左洎前七部;大司徒保乐卿、典卿、宗卿、秩卿、翼尉、光尉、左队、前队、中部、右部,有五郡;大司空保予卿、虞卿、共卿、工卿、师尉、列尉、祈队、后队、中部洎后十郡;及六司,六卿,皆随所属之公保其灾害,亦以十率多少而损其禄。郎、从官、中都官吏食禄都内之委者,以太官膳馐备损而为节。诸侯、辟、任、附城、群吏亦各保其灾害。几上下同心,劝进农业,安元元焉。"莽之制度烦碎如此,课计不可理,吏终不得禄,各因官职为奸,受取赇赂以自共给。

是月戊辰,长平馆西岸崩,邕泾水不流,毁而北行。遣大司空王邑行视,还奏状,群臣上寿,以为《河图》所谓"以土填水",匈奴灭亡之祥也。乃遣并州牧宋弘、游击都尉任萌等将兵击匈奴,至边止屯。

七月辛酉,霸城门灾,民间所谓青门也。

戊子晦,日有食之。大赦天下。复令公卿大夫诸侯二千石举四行各一人。大司马陈茂以日食免,武建伯严尤为大司马。

十月戊辰,王路朱鸟门鸣,昼夜不绝,崔发等曰:"虞帝辟四门,通四聪。门鸣者,明当修先圣之礼,招四方之士也。"于是令群臣皆贺,所举四行从朱鸟门入而对策焉。

平蛮将军冯茂击句町,士卒疾疫,死者什六七,赋敛民财什取五,益州虚耗而不克,征还下狱死。更遣宁始将军廉丹与庸部牧史熊击句町,颇斩首,有胜。莽征丹、熊,丹、熊愿益调度,必克乃还。复大赋敛,就都大尹冯英不肯给,上言"自越巂遂久仇牛、同亭邪豆之属反叛以来,积且十年,郡县距击不已。续用冯茂,苟施一切之政。㵪道以南,山险高深,茂多驱众远居,费以亿计,吏士离毒气死者什七。今丹、熊惧于自诡期会,调发诸郡兵谷,复愍民取其十四,空破梁州,功终不遂。宜罢兵屯田,明设购赏"。莽怒,免英官。后颇觉寤,曰:"英亦未可厚非。"复以英为长沙连率。

翟义党王孙庆捕得,莽使太医、尚方与巧屠共刲剥之,量度五藏,以竹筳导其脉,知所终始,云可以治病。

是岁,遣大使五威将王骏、西域都护李崇将戊己校尉出西域,诸国皆郊迎贡献焉。诸国前杀都护但钦,骏欲袭之,命左帅何封、戊己校尉郭钦别将。焉者诈降,伏兵击骏等,皆死。钦、封后到，袭击老弱，从车师还入塞。莽拜钦为填外将军，封剿胡子，何封为集胡男。西域自此绝。

四年五月，莽曰："保成师友祭酒唐林、故谏议祭酒琅玡纪逡，孝弟忠恕，敬上爱下，博通旧闻，德行醇备，至于黄发，靡有愆失。其封林为建德侯，逡为封德侯，位皆特进，见礼如三公。赐弟一区，钱三百万，授几杖焉。"

六月，更授诸侯茅土于明堂，曰："予制作地理，建封五等，考之经艺，合之传记，通于义理，论之思之，至于再三，自始建国之元以来九年于兹，乃今定矣。予亲设文石之平，陈菁茅四色之土，钦告于岱宗泰社后土、先祖先妣，以班授之。各就厥国，养牧民人，用成功业。其在缘边，若江南，非诏所召，遣侍于帝城者，纳言掌货大夫且调都内故钱，予其禄，公岁八十万，侯伯四十万，子男二十万。"然复不能尽得。莽好空言，慕古法，多封爵人，性实吝啬，托以地理未定，故且先赋茅土，用慰喜封者。

是岁，复明六管之令。每一管下，为设科条防禁，犯者罪至死，吏民抵罪者浸众。又一切调上公以下诸有奴婢者，率一口出钱三千六百，天下愈愁，盗贼起。纳言冯常以六管谏，莽大怒，免常官。置执法左右刺奸。选用能吏侯霸等分督六尉、六队，如汉刺史，与三公士郡一人从事。

临淮瓜田仪等为盗贼，依阻会稽长州，琅玡女子吕母亦起。初，吕母子为县吏，为宰所冤杀。母散家财，以酤酒买兵弩，阴厚贫穷少年，得百余人，遂攻海曲县，杀其宰以祭子墓。引兵入海，其众浸多，后皆万数。莽遣使者即赦盗贼，还言"盗贼解，辄复合。问其故，皆曰愁法禁烦苛，不得举手。力作所得，不足以给贡税。闭门自守，又坐邻伍铸钱挟铜，奸吏因以愁民。民穷，悉起为盗贼"。莽大怒，免之。其或顺指，言"民骄黠当诛"，及言"时运适然，且灭不久"，莽说，辄迁之。

是岁八月，莽亲之南郊，铸作威斗。威斗者，以五石铜为之，若北斗，长二尺五寸，欲以厌胜众兵。既成，令司命负之，莽出在前，入在御旁。铸斗日，大寒，百官人马有冻死者。

五年正月朔，北军南门灾。

以大司马司允费兴为荆州牧，见，问到部方略，兴对曰："荆、扬之民率依阻山泽，以渔采为业。间者，国张六管，税山泽，妨夺民之利，连年久旱，百姓饥穷，故为盗贼。兴到部，欲令明晓告盗贼归田里，假贷犁牛种食，阔其租赋，几可以解释安集。"莽怒，免兴官。

天下吏以不得奉禄，并为奸利，郡尹县宰家累千金。莽下诏曰："详考始建国二年胡虏猾夏以来，诸军吏及缘边吏大夫以上为奸利增产致富者，收其家所有财产五分之四，以助边急。"公府士驰传天下，考覆贪饕，开吏告其将，奴婢告其主，几以禁奸，奸愈甚。

皇孙功崇公宗坐自画容貌，被服天子衣冠，刻印三：一曰"维祉冠存己夏处南山臧薄冰"，二曰"肃圣宝继"，三曰"德封昌图"。又宗舅吕宽家前徙合浦，私与宗通，发觉按验，宗自杀。莽曰："宗属为皇孙，爵为上公，知宽等叛逆族类，而与交通；刻铜印三，文意甚害，不知厌足，窥欲非望。《春秋》之义，'君亲毋将，将而诛焉'。迷惑失道，自取此辜，呜呼哀哉！宗本名会宗，以制作去二名，今复名会宗。贬厥爵，改厥号，赐谥为功崇缪伯，以诸伯之礼葬于故同谷城郡。"宗姊妨为卫将军王兴夫人，祝诅姑，杀婢以绝口。事发觉，莽使中常侍䖟恽责问妨，并以责兴，皆自杀。事连及司命孔仁妻，亦自杀。仁见莽免冠谢，莽使尚书劾仁:"乘《乾》车,驾《坤》马,左苍龙,右白虎,前朱雀,后玄武,右杖威节,左负威斗,号曰赤星,非以骄仁,乃以尊新室之威命也。仁擅免天文冠,大不敬。"有诏勿劾,更易新冠。其好怪如此。

以直道侯王涉为卫将军。涉者,曲阳侯根子也。根,成帝世为大司马,荐莽自代,莽恩之,以为曲阳非令称,乃追谥根曰直道让公,涉嗣其爵。

是岁,赤眉力子都、樊崇等以饥馑相聚,起于琅邪,转钞掠,众皆万数。遣使者发郡国兵击之,不能克。

六年春,莽见盗贼多,乃令太史推三万六千岁历纪,六岁一改元,布天下。下书曰:"《紫阁图》曰'太一、黄帝皆仙上天,张乐昆仑虔山之上。后世圣主得瑞者,当张乐秦终南山之上。'予之不敏,奉行未明,乃今谕矣。复以宁始将军为更始将军,以顺符命。《易》不云乎?'日新之谓盛德,生生之谓易'。予其餐哉!"欲以诳耀百姓,销解盗贼。众皆笑之。

初献《新乐》于明堂、太庙。群臣始冠麟韦之弁。或闻其乐声,曰:"清厉而哀,非兴国之声也。"

是时,关东饥旱数年,力子都等党众浸多。更始将军廉丹击益州不能克,征还。更遣复位后大司马护军郭兴、庸部牧李晔击蛮夷若豆等,太傅牺叔士孙喜清洁江湖之盗贼。而匈奴寇边甚。莽乃大募天下丁男及死罪囚、吏民奴,名曰猪突豨勇,以为锐卒。一切税天下吏民,訾三十取一,缣帛皆输长安。令公卿以下至郡县黄绶皆保养军马,多少各以秩为差。又博募有奇技术可以攻匈奴者,将待以不次之位。言便宜者以万数:或言能度水不用舟楫,连马接骑,济百万师;或言不持斗粮,服食药物,三军不饥;或言能飞,一日千里,可窥匈奴。莽辄试之,取大鸟翮为两翼,头与身皆着毛,通引环纽,飞数百步堕。莽知其不可用,苟欲获其名,皆拜为理军,赐以车马,待发。

初,匈奴右骨都侯须卜当,其妻王昭君女也,尝内附。莽遣昭君兄子和亲侯王歙诱呼当至塞下,胁将诣长安,强立以为须卜善于后安公。始欲诱迎当,大司马严尤谏曰:"当在匈奴右部,兵不侵边,单于动静,辄语中国,此方面之大助也。于今迎当置长安槁街,一胡人耳,不如在匈奴有益。"莽不听。既得当,欲遣尤与廉丹击匈奴,皆赐姓征氏,号二征将军,当诛单于舆而立当代之。出车城西横厩,未发。尤素有智略,非莽攻伐西夷,数谏不从,著古名将乐毅、白起不用之意及言边事凡三篇,奏以风谏莽。及当出廷议,尤固言匈奴可且以为后,先忧山东盗贼。莽大怒,乃策尤曰:"视事四年,蛮夷猾夏不能遏绝,寇贼奸宄不能殄灭,不畏天威,不用诏命,貌佷自臧,持必不移,怀执异心,非沮军议。未忍致于理,其上大司马武建伯印韨,归故郡。"以降符伯董忠为大司马。

翼平连率田况奏郡县訾民不实,莽复三十税一。以况忠言忧国,进爵为伯,赐钱二百万。众庶皆詈之。青、徐民多弃乡里流亡,老弱死道路,壮者入贼中。

夙夜连率韩博上言:"有奇士,长丈,大十围,来至臣府,曰欲奋击胡虏。自谓巨毋霸,出于蓬莱东南,五城西北昭如海濒,辎车不能载,三马不能胜。即日以大车四马,建虎旗,载霸诣阙。霸卧则枕鼓,以铁箸食,此皇天所以辅新室也。愿陛下作大甲高车,贲育之衣,遣大将一人与虎贲百人迎之于道。京师门户不容者,开高大之,以视百蛮,镇安天下。"博意欲以风莽。莽闻恶之,留霸在所新丰,更其姓曰巨母氏,谓因文母太后而霸王符也。征博下狱，以非所宜言，弃市。

明年改元曰地皇，从三万六千岁历号也。

地皇元年正月乙未，赦天下。下书曰："方出军行师，敢有趋讙犯法者，辄论斩，毋须时，尽岁止。"于是春夏斩人都市，百姓震惧，道路以目。

二月壬申，日正黑。莽恶之，下书曰："乃者日中见昧，阴薄阳，黑气为变，百姓莫不惊怪。兆域大将军王匡遣吏考问上变事者，欲蔽上之明，是以适见于天，以正于理，塞大异焉。"

莽见四方盗贼多，复欲厌之，又下书曰："予之皇初祖考黄帝定天下，将兵为上将军，建华盖，立斗献，内设大将，外置大司马五人，大将军二十五人，偏将军百二十五人，裨将军千二百五十人，校尉万二千五百人，司马三万七千五百人，候十一万二千五百人，当百二十二万五千人，士吏四十五万人，士千三百五十万人，应协于《易》'弧矢之利，以威天下'。予受符命之文，稽前人，将条备焉。"于是置前后左右中大司马之位，赐诸州牧号为大将军，郡卒正、连帅、大尹为偏将军，属令长裨将军，县宰为校尉。乘传使者经历郡国，日且十辈，仓无见谷以给，传车马不能足，赋取道中车马，取办于民。

七月，大风毁王路堂。复下书曰："乃壬午餔时，有列风雷雨发屋折木之变，予甚弁焉，予甚栗焉，予甚恐焉。伏念一旬，迷乃解矣。昔符命文立安为新迁王，临国雒阳，为统义阳王。是时予在摄假，谦不敢当，而以为公。其后金匮文至，议者皆曰：'临国雒阳为统，谓据土中为新室统也，宜为皇太子。'自此后，临久病，虽瘳不平，朝见挈茵舆行。见王路堂者，张于西厢及后阁更衣中，又以皇后被疾，临且去本就舍，妃妾在东永巷。壬午，列风毁王路西厢及后阁更衣中室。昭宁堂池东南榆树大十围，东僵，击东阁，阁即东永巷之西垣也。皆破折瓦坏，发屋拔木，予甚惊焉。又候官奏月犯心前星，厥有占，予甚忧之。伏念《紫阁图》文，太一、黄帝皆得瑞以仙，后世褒主当登终南山。所谓新迁王者，乃太一新迁之后也。统义阳王乃用五统以礼义登阳上迁之后也。临有兄而称太子，名不正。宣尼公曰：'名不正，则言不顺，至于刑罚不中，民无错手足。'惟即位以来，阴阳未和，风雨不时，数遇枯旱蝗螟为灾，谷稼鲜耗，百姓苦饥，蛮夷猾夏，寇贼奸宄，人民正营，无所错手足。深惟厥咎，在名不正焉。其立安为新迁王，临为统义阳王，几以保全二子，子孙千亿，外攘四夷，内安中国焉。"

是月，杜陵便殿乘舆虎文衣废臧在室匣中者出，自树立外堂上，良久乃委地。吏卒见者以闻，莽恶之，下书曰："宝黄厮赤，其令郎从官皆衣绛。"

望气为数者多言有土功象，莽又见四方盗贼多，欲视为自安能建万世之基者，乃下书曰："予受命遭阳九之厄，百六之会，府帑空虚，百姓匮之，宗庙未修，且祫祭于明堂太庙，夙夜永念，非敢宁息。深惟吉昌莫良于今年，予乃卜波水之北，郎池之南，惟玉食。予又卜金水之南，明堂之西，亦惟玉食。予将亲筑焉。"于是遂营长安城南，提封百顷。九月甲申，莽立载行视，亲举筑三下。司徒王寻、大司空王邑持节，及侍中常侍执法杜林等数十人将作。崔发、张邯说莽曰："德盛者文缛，宜崇其制度，宣视海内，且令万世之后无以复加也。"莽乃博征天下工匠诸图画，以望法度算，及吏民以义入钱谷助作者，骆驿道路。坏彻城西苑中建章、承光、包阳、大台、储元宫及平乐、当路、阳禄馆，凡十余所，取其材瓦，以起九庙。是月，大雨六十余日。令民入米六百斛为郎，其郎吏增秩赐爵至附城。九庙：一日黄帝太初祖庙,二曰帝虞始祖昭庙,三曰陈胡王统祖穆庙,四曰齐敬王世祖昭庙,五曰济北愍王王祖穆庙,凡五庙不堕云;六曰济南伯王尊祢昭庙,七曰元城孺王尊弥穆庙,八曰阳平顷王戚称昭庙,九曰新都显王戚祢穆庙。殿皆重屋。太初祖庙东西南北各四十丈,高十七丈,余庙半之。为铜薄栌,饰以金银琱文,穷极百工之巧。带高增下,功费数百巨万,卒徒死者万数。

巨鹿男子马适求等谋举燕赵兵以诛莽,大司空士王丹发觉以闻。莽遣三公大夫逮治党与,连及郡国豪杰数千人,皆诛死。封丹为辅国侯。

自莽为不顺时令,百姓怨恨,莽犹安之,又下书曰:"惟设此一切之法以来,常安六乡巨邑之都,枹鼓稀鸣,盗贼衰少,百姓安土,岁以有年,此乃立权之力也。今胡虏未灭诛,蛮僰未绝焚,江湖海泽麻沸,盗贼未尽破殄,又兴奉宗庙社稷之大作,民众动摇。今复一切行此令,尽二年止之,以全元元,救愚奸。"

是岁,罢大小钱,更行货布,长二寸五分,广一寸,直货钱二十五。货钱径一寸,重五铢,枚直一。两品并行。敢盗铸钱及偏行布货,伍人知不发举,皆没入为官奴婢。

太傅平晏死,以予虞唐尊为太傅。尊曰:"国虚民贫,咎在奢泰。"乃身短衣小袖,乘牝马柴车,藉槀,瓦器,又以历遗公卿。出见男女不异路者,尊自下车,以象刑赭幡污染其衣。莽闻而说之,下诏申敕公卿与厥齐。封尊为平化侯。

是时,南郡张霸、江夏羊牧、王匡等起云杜绿林,号曰下江兵,众皆万余人。武功中水乡民三舍垫为池。

二年正月,以州牧位三公,刺举怠解,更置牧监副,秩元士,冠法冠,行事如汉刺史。

是月,莽妻死,谥曰孝睦皇后,葬渭陵长寿园西,令永侍文母,名陵曰亿年。初莽妻以莽数杀其子,涕泣失明,莽令太子临居中养焉。莽妻旁侍者原碧,莽幸之。后临亦通焉,恐事泄,谋共杀莽。临妻愔,国师公女,能为星,语临宫中且有白衣会。临喜,以为所谋且成。后贬为统义阳王,出在外第,愈忧恐。会莽妻病困,临予书曰:"上于子孙至严,前长孙、中孙年俱三十而死。今臣临复适三十,诚恐一旦不保中室,则不知死命所在!"莽候妻疾,见其书,大怒,疑临有恶意,不令得会丧。既葬,收原碧等考问,具服奸、谋杀状。莽欲秘之,使杀案事使者司命从事,埋狱中,家不知所在。赐临药,临不肯饮。自刺死。使侍中骠骑将军同说侯林赐魂衣玺韨,策书曰:"符命文立临为统义阳王,此言新室即位三万六千岁后,为临之后者乃当龙阳而起。前过听议者,以临为太子,有烈风之变,辄顺符命,立为统义阳王。在此之前,自此之后,不作信顺,弗蒙厥佑,夭年殒命,呜呼哀哉!迹行赐谥,谥曰缪王。"又诏国师公:"临本不知星,事从愔起。"愔亦自杀。

是月,新迁王安病死。初,莽为侯就国时,幸侍者增秩、怀能、开明。怀能生男兴,增秩生男匡、女晔,开明生女捷,皆留新都国,以其不明故也。及安疾甚,莽自病无子,为安作奏,使上言:"兴等母虽微贱,属犹皇子,不可以弃。"章视群公,皆曰:"安友于兄弟,宜及春夏加封爵。"于是以王车遣使者迎兴等,封兴为功修公,匡为功建公,晔为睦修任,捷为睦逮任。孙公明公寿病死,旬月四丧焉。莽坏汉孝武、孝昭庙,分葬子孙其中。

魏成大尹李焉与卜者王况谋,况谓焉曰:"新室即位以来,民田奴婢不得卖买,数改钱货,征发烦数,军旅骚动,四夷并侵,百姓怨恨,盗贼并起,汉家当复兴。君姓李,李音征,征火也,当为汉辅。"因为焉作谶书,言"文帝发忿,居地下趣军,北告匈奴,南告越人。江中刘信,执敌报怨,复续古先,四年当发军。江湖有盗,自称樊王,姓为刘氏,万人成行,不受赦令,欲动秦、雒阳。十一年当相攻,太白扬光,岁星入东井,其号当行"。又言莽大臣吉凶,各有日期。会合十余万言。焉令变写其书,吏亡告之。莽遣使者即捕焉,狱治皆死。

三辅盗贼麻起,乃置捕盗都尉官,令执法谒者追击长安中,建鸣鼓攻贼幡,而使者随其后。遣太师牺仲景尚、更始将军护军王党将兵击青、徐,国师和仲曹放助郭兴击句町。转天下谷币诣西河、五原、朔方、渔阳,每一郡以百万数,欲以击匈奴。

秋,陨霜杀菽,关东大饥,蝗。

民犯铸钱,伍人相坐,没入为官奴婢。其男子槛车,儿女子步,以铁锁琅当其颈,传诣钟官,以十万数。到者易其夫妇,愁苦死者什六七。孙喜、景尚、曹放等击贼不能克,军师放纵,百姓重困。

莽以王况谶言荆楚当兴,李氏为辅,欲厌之,乃拜侍中掌牧大夫李棽为大将军、扬州牧,赐名圣,使将兵奋击。

上谷储夏自请愿说瓜田仪,莽以为中郎,使出仪。仪文降,未出而死。莽求其尸葬之,为起冢、祠室,谥曰瓜宁殇男,几以招来其余,然无肯降者。

闰月丙辰,大赦天下,天下大服民私服在诏书前亦释除。

郎阳成修献符命,言继立民母,又曰:"黄帝以百二十女致神仙。"莽于是遣中散大夫、谒者各四十五人分行天下,博采乡里所高有淑女者上名。

莽梦长乐宫铜人五枚起立,莽恶之,念铜人铭有"皇帝初兼天下"之文,即使尚方工镌灭所梦铜人膺文。又感汉高庙神灵,遣虎贲武士入高庙,拔剑四面提击,斧坏户牖,桃汤赭鞭鞭洒屋壁,令轻车校尉居其中,又令中军北垒居高寝。

或言黄帝时建华盖以登仙,莽乃造华盖九重,高八丈一尺,金瑵羽葆,载以秘机四轮车,驾六马,力士三百人黄衣帻,车上人击鼓,挽者皆呼"登仙"。莽出,令在前。百官窃言"此似软车,非仙物也"。

是岁,南郡秦丰众且万人。平原女子迟昭平能说博经以八投,亦聚数千人在河阻中。莽召问郡臣禽贼方略,皆曰:"此天囚行尸,命在漏刻。"故左将军公孙禄征来与议,禄曰:"太史令宗宣典星历,候气变,以凶为吉,乱天文,误朝廷。太傅平化侯饰虚伪以偷名位,'贼夫人之子'。国师嘉信公颠倒《五经》,毁师法,令学士疑惑。明学男张邯、地理侯孙阳造井田,使民弃土业。牺和鲁匡设六管,以穷工商。说符侯崔发阿谀取容,令下情不上通。宜诛此数子以慰天下!"又言:"匈奴不可攻,当与和亲。臣恐新室忧不在匈奴,而在封域之中也。"莽怒,使虎贲扶禄出。然颇采其言,左迁鲁匡为五原卒正,以百姓怨非故。六管非匡所独造,莽厌众意而出之。

初,四方皆以饥寒穷愁起为盗贼,稍稍群聚,常思岁熟得归乡里。众虽万数,宣称巨人、从事、三老、祭酒,不敢略有城邑,转掠求食,日阕而已。诸长吏牧守皆自乱斗中兵而死,贼非敢欲杀之也,而莽终不谕其故。是岁,大司马士按章豫州,为贼所获,贼送付县。士还,上书具言状。莽大怒,下狱以为诬罔。因下书责七公曰:"夫吏者,理也。宣德明恩,以牧养民,仁之道也。抑强督奸,捕诛盗贼,义之节也。今则不然。盗发不辄得,至成群党,庶略乘传宰士。士得脱者,又妄自言'我责数贼"何故为是?"贼曰"以贫穷故耳"。

贼护出我。’今俗人议者率多若此。惟贫困饥寒，犯法为非，大者群盗，小者偷穴，不过二科，今乃结谋连党以千百数，是逆乱之大者，岂饥寒之谓邪？七公其严敕卿大夫、卒正、连率、庶尹，谨牧养善民，急捕斩盗贼。有不同心并力，疾恶黜贼，而妄曰饥寒所为，辄捕系，请其罪。"于是群下愈恐，莫敢言贼情者，亦不得擅发兵，贼由是遂不制。

唯翼平连率田况素果敢，发民年十八以上四万余人，授以库兵，与刻名为约。赤糜闻之，不敢入界。况自劾奏，莽让况："未赐虎符而擅发兵，此弄兵也，厥罪乏兴。以况自诡必禽灭贼，故且勿治。"后况自请出界击贼，所向皆破。莽以玺书令况领青、徐二州牧事。况上言："盗贼始发，其原甚微，非部吏、伍人所能禽也。咎在长吏不为意，县欺其郡，郡欺朝廷，实百言十，实千言百。朝廷忽略，不辄督责，遂至延曼连州，乃遣将率，多发使者，传相监趣。郡县力事上官，应塞诘对，共酒食，具资用，以救断斩，不给复忧盗贼治官事。将率又不能躬率吏士，战则为贼所破，吏气浸伤，徒费百姓。前幸蒙赦令，贼欲解散，或反遮击，恐入山谷，转相告语，故郡县降贼，皆更惊骇，恐见诈灭，因饥馑易动，旬日之间更十余万人，此盗贼所以多之故也。今雒阳以东，米石二千。窃见诏书，欲遣太师、更始将军，二人爪牙重臣，多从人众，道上空竭，少则亡以威视远方。宜急选牧、尹以下，明其赏罚，收合离乡。小国无城郭者，徙其老弱置大城中，积藏谷食，并力固守。贼来攻城，则不能下，所过无食，势不得群聚。如此，招之必降，击之则灭。今空复多出将率，郡县苦之，反甚于贼。宜尽征还乘传诸使者，以休息郡县。委任臣况以二州盗贼，必平定之。"莽畏恶况，阴为发代，遣使者赐况玺书。使者至，见况，因令代监其兵。况随使者西，到，拜为师尉大夫。况去，齐地遂败。

三年正月，九庙盖构成，纳神主。莽谒见，大驾乘六马，以五采毛为龙文衣，著角，长三尺。华盖车，元戎十乘在前。因赐治庙者司徒、大司空钱各千万，侍中、中常侍以下皆封。封都匠仇延为邯淡里附城。

二月，霸桥灾，数千人以水沃救，不灭。莽恶之，下书曰："夫三皇象春，五帝象夏，三王象秋，五伯象冬。皇王，德运也；伯者，继空续乏以成历数，故其道驳。惟常安御道多以所近为名。乃二月癸巳之夜，甲午之辰，火烧霸桥，从东方西行，至甲午夕，桥尽火灭。大司空行视考问，或云寒民舍居桥下，疑以火自燎，为此灾也。其明旦即乙未，立春之日也。予以神明圣祖黄虞遗统受命，至于地皇四年为十五年。正以三年终冬绝灭霸驳之桥，欲以兴成新室统一长存之道也。又戒此桥空东方之道。今东方岁荒民饥，道路不通，东岳太师亟科条，开东方诸仓，赈贷穷乏，以施仁道。其更各霸馆为长存馆，霸桥为长存桥。"

是月，赤眉杀太师牺仲景尚。关东人相食。

四月，遣太师王匡、更始将军廉丹东，祖都门外，天大雨，沾衣止。长老叹曰："是为泣军！"莽曰："惟阳九之厄，与害气会，究于去年。枯旱霜蝗，饥馑荐臻，百姓困乏，流离道路，于春尤甚，予甚悼之。今使东岳太师特进褒新侯开东方诸仓，赈贷穷乏。太师公所不过道，分遣大夫谒者并开诸仓，以全元元。太师公因与廉丹大使五威司命位右大司马更始将军平均侯之兖州，填扶所掌，及青、徐故不轨盗贼未尽解散，后复屯聚者，皆清洁之，期于安兆黎矣。"太师、更始合将锐士十余万人，所过放纵。东方为之语曰："宁逢赤眉，不逢太师！太师尚可，更始杀我！"卒如田况之言。

莽又多遣大夫谒者分教民煮草木为酪，酪不可食，重为烦费。莽下书曰："惟民困乏，虽溥开诸仓以赈赡之，犹恐未足。其且开天下山泽之防，诸能采取山泽之物而顺月令者，其恣听之，勿令出税。至地皇三十年如故，是王光上戊之六年也。如令豪吏猾民辜而榷之，小民弗蒙，非予意也。《易》不云乎？'损上益下，民说无疆。'《书》云：'言之不从，是谓不艾。'咨呼群公，可不忧哉！"

是时下江兵盛，新市朱鲔、平林陈牧等皆复聚众，攻击乡聚。莽遣司命大将军孔仁部豫州，纳言大将军严尤、秩宗大将军陈茂击荆州，各从吏士百余人，乘船从渭入河，至华阴乃出乘传，到部募士。尤谓茂曰："遣将不与兵符，必先请而后动，是犹绁韩卢而责之获也。"

夏，蝗从东方来，飞蔽天，至长安，入未央宫，缘殿阁。莽发吏民设购赏捕击。

莽以天下谷贵，欲厌之，为大仓，置卫交戟，名曰"政始掖门"。

流民入关者数十万人，乃置养赡官禀食之。使者监领，与小吏共盗其禀，饥死者十七八。先是，莽使中黄门王业领长安市买，贱取于民，民甚患之。业以省费为功，赐爵附城。莽闻城中饥馑，以问业。业曰："皆流民也。"乃市所卖粱饭肉羹，持入视莽，曰："居民食咸如此。"莽信之。

冬，无盐索卢恢等举兵反城。廉丹、王匡攻拔之，斩首万余级。莽遣中郎将奉玺书劳丹、匡，进爵为公，封吏士有功者十余人。

赤眉别校董宪等众数万人在梁郡，王匡欲进击之，廉丹以为新拔城罢劳，当且休士养威。匡不听，引兵独进，丹随之。合战成昌，兵败，匡走。丹使吏持其印韨节付匡曰："小儿可走，吾不可！"遂止，战死。校尉汝云、王隆等二十余人别斗，闻之，皆曰："廉公已死，吾谁为生？"驰奔贼，皆战死。莽伤之，下书曰："惟公多拥选士精兵，众郡骏马仓谷帑藏皆得自调，忽于诏策，离其威节，骑马呵澡，为狂刃所害，呜呼哀哉！赐谥曰果公。"

国将哀章谓莽曰："皇祖考黄帝之时，中黄直为将，破杀蚩尤。今臣居中黄直之位，愿平山东。"莽遣章驰东，与太师匡并力。又遣大将军阳浚守敖仓，司徒王寻将十余万屯雒阳填南宫，大司马董忠养士习射中军北垒，大司空王邑兼三公之职。司徒寻初发长安，宿霸昌厩，亡其黄钺。寻士房扬素狂直，乃哭曰："此经所谓'丧其齐斧'者也！"自劾去。莽击杀扬。

四方盗贼往往数万人攻城邑，杀二千石以下。太师王匡等战数不利。莽知天下溃畔，事穷计迫，乃议遣风俗大夫司国宪等分行天下，除井田奴婢山泽六管之禁，即位以来诏令不便于民者皆收还之。待见未发，会世祖与兄齐武王伯升、宛人李通等帅舂陵子弟数千人，招致新市平林朱鲔、陈牧等合攻拔棘阳。是时严尤、陈茂破下江兵，成丹、王常等数千人别走，入南阳界。

十一月，有星孛于张，东南进，五日不见。莽数召问太史令宗宣，诸术数家皆缪对，言天文安善，群贼且灭。莽差以自安。

四年正月，汉兵得下江王常等以为助兵，击前队大夫甄阜、属正梁丘赐，皆斩之，杀其众数万人。初，京师闻青、徐贼众数十万人，讫无文号旌旗表识，咸怪异之。好事者窃言："此岂如古三皇无文书号谥邪？"莽亦心怪，以问群臣，群臣莫对。唯严尤曰："此不足怪也。自黄帝、汤、武行师，必待部曲旌旗号令，今此无有者，直饥寒群盗，犬羊相聚，不知为之耳。"莽大悦，群臣尽服。及后汉兵刘伯升起，皆称将军，攻城略地，既杀甄阜，移书称说。莽闻之忧惧。

汉兵乘胜遂围宛城。初，世祖族兄圣公先在平林兵中。三月辛巳朔，平林、新市、下江兵将王常、朱鲔等共立圣公为帝，改年为更始元年，拜置百官。莽闻之愈恐。欲外视自安，乃染其须发，进所征天下淑女杜陵史氏女为皇后，聘黄金三万斤，车马奴婢杂帛珍宝以巨万计。莽亲迎于前殿两阶间，成同牢之礼于上西堂。备和嫔、美御、和人三，位视公；嫔人九，视卿；美人二十七，视大夫；御人八十一，视元士：凡百二十人，皆佩印绂，执弓韣。封皇后父谌为和平侯，拜为宁始将军，谌子二人皆侍中。是日，大风发屋折木。群臣上寿曰："乃庚子雨水洒道，辛丑清靓无尘，其夕谷风迅疾，从东北来。辛丑，《巽》之宫日也。《巽》为风为顺，后谊明，母道得，温和慈惠之化也。《易》曰：'受兹介福，于其王母。'《礼》曰：'承天之庆，万福无疆。'诸欲依废汉火刘，皆沃灌雪除，殄灭无余杂矣。百谷丰茂，庶草蕃殖，元元欢喜，兆民赖福，天下幸甚！"莽日与方士涿郡昭君等于后宫考验方术，纵淫乐焉。大赦天下，然犹曰："故汉氏春陵侯群子刘伯升与其族人婚姻党与，妄流言惑众，悖畔天命，及手害更始将军廉丹、前队大夫甄阜、属正梁丘赐，及北狄胡虏逆舆泔南樊虏若豆、孟迁，不用此书。有能捕得此人者，皆封为上公，食邑万户，赐宝货五千万。"

又诏："太师王匡、国将哀章、司命孔仁、兖州牧寿良、卒正王闳、扬州牧李圣亟进所部州郡兵凡三十万众，迫措青、徐盗贼。纳言将军严尤、秩宗将军陈茂、车骑将军王巡、左队大夫王吴亟进所部州郡兵凡十万众，迫措前队丑虏。明告以生活丹青之信，复迷惑不解散，皆并力合击，殄灭之矣！大司空隆新公，宗室戚属，前以虎牙将军东指则反虏破坏，西击则逆贼靡碎，此乃新室威宝之臣也。如黠贼不解散，将遣大司空将百万之师征伐嘲绝之矣！"遣七公干士隗嚣等七十二人分下赦令晓谕云。嚣等既出，因逃亡矣。

四月，世祖与王常等别攻颍川，下昆阳、郾、定陵。莽闻之愈恐，遣大司空王邑驰传之雒阳，与司徒王寻发众郡兵百万，号曰"虎牙五威兵"，平定山东。得颛封爵，政决于邑，除用征诸明兵法六十三家术者，各持图书，受器械，备军吏。倾府库以遣邑，多赍珍宝猛兽，欲视饶富，用怖山东。邑至雒阳，州郡各选精兵，牧守自将，定会者四十二万人，余在道不绝，车甲士马之盛，自古出师未尝有也。

六月，邑与司徒寻发雒阳，欲至宛，道出颍川，过昆阳。昆阳时已降汉，汉兵守之。严尤、陈茂与二公会，二公纵兵围昆阳。严尤曰："称尊号者在宛下，宜亟进。彼破，诸城自定矣。"邑曰："百万之师，所过当灭，今屠此城，喋血而进，前歌后舞，顾不快邪！"遂围城数十重，城中请降，不许。严尤又曰，'归师勿遏，围城为之阙'，可如兵法，使得逸出，以怖宛下。"邑又不听。会世祖悉发郾、定陵兵数千人来救昆阳，寻、邑易之，自将万余人行陈，敕诸营皆按部毋得动，独迎，与汉兵战，不利。大军不敢擅相救，汉兵乘胜杀寻。昆阳中兵出并战，邑走，军乱。大风飞瓦，雨如注水，大众崩坏号呼，虎豹股栗，士卒奔走，各还归其郡。邑独与所将长安勇敢数千人还雒阳。关中闻之震恐，盗贼并起。

又闻汉兵言，莽鸩杀孝平帝。莽乃会公卿以下于王路堂，开所为平帝请命金縢之策，泣以视群臣。命明学男张邯称说其德及符命事，因曰：《易》言；'伏戎于莽，升其高陵，三岁不兴。''莽'，皇帝之名。'升'谓刘伯升。'高陵'谓高陵侯子翟义也。言刘升、翟义为伏戎之兵于新皇帝世，犹殄灭不兴也。"群臣皆称万岁。又令东方槛车传送数人，言"刘伯升等皆行大戮"。民知其诈也。

先是，卫将军王涉素养道士西门君惠。君惠好天文谶记，为涉言："星孛扫宫室，刘氏当复兴，国师公姓名是也。"涉信其言，以语大司马董忠，数俱至国师殿中庐道语星宿，国师不应。后涉特往，对歆涕泣言："诚欲与公共安宗族，奈何不信涉也！"歆因为言天文人事，东方必成。涉曰："新都哀侯小被病，功显君素耆酒，疑帝本非我家子也。董公主中军精兵，涉领宫卫，伊休侯主殿中，如同心合谋，共劫持帝，东降南阳天子，可以全宗族；不者，俱夷灭矣！"伊休侯者，歆长子也，为侍中五官中郎将，莽素爱之。歆怨莽杀其三子，又畏大祸至，遂与涉、忠谋，欲发。歆曰："当待太白星出，乃可。"忠以司中大赘起武侯孙伋亦主兵，复与伋谋。伋归家，颜色变，不能食。妻怪问之，语其状。妻以告弟云阳陈邯，邯欲告之。七月，伋与邯俱告，莽遣使者分召忠等。时忠方讲兵都肄，护军王咸谓忠谋久不发，恐漏泄，不如遂斩使者，勒兵入。忠不听，遂与歆、涉会省户下。莽令骁悍责问，皆服。中黄门各拔刃将忠等送庐，忠拔剑欲自刭，侍中王望传言大司马反，黄门持剑共格杀之。省中相惊传，勒兵至郎署，皆拔刃张弩。更始将军史谌行诸署，告郎吏曰："大司马有狂病，发，已诛。"皆令弛兵。莽欲以厌凶，使虎贲以斩马剑挫忠，盛以竹器，传曰"反虏出"。下书赦大司马官属吏士为忠所诖误，谋反未发觉者。收忠宗族，以醇醯毒药、尺白刃丛棘并一坎而埋之。刘歆、王涉皆自杀。莽以二人骨肉旧臣，恶其内溃，故隐其诛。伊休侯叠又以素谨，歆讫不告，但免侍中中郎将，更为中散大夫。后日殿中钩盾土山仙人掌旁有白头公青衣，郎吏见者私谓之国师公。衍功侯喜素善卦，莽使筮之，曰："忧兵火。"莽曰："小儿安得此左道？是乃予之皇祖叔父子侨欲来迎我也。"

莽军师外破，大臣内畔，左右亡所信，不能复远念郡国，欲呼邑与计议。崔发曰："邑素小心，今失大众而征，恐其执节引决，宜有以大慰其意。"于是莽遣发驰传召邑："我年老毋适子，欲传邑以天下。敕亡得谢，见勿复道。"邑到，以为大司马。大长秋张邯为大司徒，崔发为大司空，司中寿容苗䜣为国师，同说侯林为卫将军。莽忧懑不能食，亶饮酒，啗鳆鱼。读军书倦，因冯几寐，不复就枕矣。性好时日小数，及事迫急，亶为厌胜。遣使坏渭陵、延陵园门罘罳，曰："毋使民复思也。"又以墨洿色其周垣。号将至曰"岁宿"，申水为"助将军"，右庚"刻木校尉"，前丙"耀金都尉"，又曰："执大斧，伐枯木；流大水，灭发火。"如此属不可胜记。

秋，太白星流入太微，烛地如月光。

成纪隗崔兄弟共劫大尹李育，以兄子隗嚣为大将军，攻杀雍州牧陈庆、安定卒正王旬，并其众，移书郡县，数莽罪恶万于桀纣。

是月，析人邓晔、于匡起兵南乡百余人。时析宰将兵数千屯鄡亭，备武关。晔、匡谓宰曰："刘帝已立，君何不知命也！"宰请降，尽得其众。晔自称辅汉左将军，匡右将军，拔析、丹水，攻武关，都尉朱萌降。进攻右队大夫宋纲，杀之，西拔湖。莽愈忧，不知所出。崔发言："《周礼》及《春秋左氏》，国有大灾，则哭以厌之。故《易》称'先号咷而后笑'。宜呼嗟告天以求救。"莽自知败，乃率群臣至南郊，陈其符命本末，仰天曰："皇天既命授臣莽，何不殄灭众贼？即令臣莽非是，愿下雷霆诛臣莽！"因搏心大哭，气尽，伏而叩头。又作告天策，自陈功劳千余言。诸生小民会旦夕哭，为设飧粥，甚悲哀及能诵策文者除以为郎，至五千余人。骁悍将领之。

莽拜将军九人，皆以虎为号，号曰"九虎"，将北军精兵数万人东，内其妻子宫中以为质。时省中黄金万斤者为一匮，尚有六十匮，黄门、钩盾、臧府、中尚方处处各有数匮。长乐御府、中御府及都内、平准帑藏钱帛珠玉财物甚众，莽愈爱之，赐九虎士人四千钱。众重怨，无斗意。九虎至华阴回谿，距隘，北从河南至山。于匡持数千弩，乘堆挑战。邓晔将二万余人从阌乡南出枣街、作姑，破其一部，北出九虎后击之。六虎败走。史熊、王况诣阙归死，莽使使责死者安在，皆自杀；其四虎亡。三虎郭钦、陈翚、成重收散卒，保京师仓。

邓晔开武关迎汉，丞相司直李松将二千余人至湖，与晔等共攻京师仓，未下。晔以弘农掾王宪为校尉，将数百人北度渭，入左冯翊界，降城略地。李松遣偏将军韩臣等径西至新丰，与莽波水将军战，波水走。韩臣等追奔，遂至长门宫。王宪北至频阳，所过迎降。大姓栎阳申砀、下邽王大皆率众随宪。属县盩厔严春、茂陵董喜、蓝田王孟、槐里汝臣、盩厔王扶、阳陵严本、杜陵屠门少之属，众皆数千人，假号称汉将。

时李松、邓晔以为京师小小仓尚未可下，何况长安城，当须更始帝大兵到。即引军至华阴，治攻具。而长安旁兵四会城下，闻天水隗氏兵方到，皆争欲先入城，贪立大功卤掠之利。

莽遣使者分赦城中诸狱囚徒，皆授兵，杀豨饮其血，与誓曰："有不为新室者，社鬼记之！"更始将军史谌将度渭桥，皆散走。谌空还。众兵发掘莽妻子父祖冢，烧其棺椁及九庙、明堂、辟雍，火照城中。或谓莽曰："城门卒，东方人，不可信。"莽更发越骑士为卫，门置六百人，各一校尉。

十月戊申朔，兵从宣平城门入，民间所谓都门也。张邯行城门，逢兵见杀。王邑、王林、王巡、蟜恽等分将兵距击北阙下。汉兵贪莽封力战者七百余人。会日暮，官府邸第尽奔亡。二日己酉，城中少年朱弟、张鱼等恐见卤掠，趋谨并和，烧作室门，斧敬法闼，呼曰："反虏王莽，何不出降？"火及掖廷承明，黄皇室主所居也。莽避火宣室前殿，火辄随之。宫人妇女啼呼曰："当奈何！"时莽绀袀服，带玺韨，持虞帝匕首。天文郎桉栻于前，日时加某，莽旋席随斗柄而坐，曰："天生德于予，汉兵其如予何！"莽时不食，少气困矣。

三日庚戌，晨旦明，群臣扶掖莽，自前殿南下椒除，西出白虎门，和新公王揖奉车待门外。莽就车，之渐台，欲阻池水，犹抱持符命、威斗，公卿大夫、侍中、黄门郎从官尚千余人随之。王邑昼夜战，罢极，士死伤略尽，驰入宫，间关至渐台，见其子侍中睦解衣冠欲逃，邑叱之令还，父子共守莽。军人入殿中，呼曰："反虏王莽安在？"有美人出房曰："在渐台。"众兵追之，围数百重。台上亦弓弩与相射，稍稍落去。矢尽，无以复射，短兵接。王邑父子、蟜恽、王巡战死，莽入室。下餔时，众兵上台，王揖、赵博、苗䜣、唐尊、王盛、中常侍王参等皆死台上。商人杜吴杀莽，取其绶。校尉东海公宾就，故大行治礼，见吴问绶主所在。曰："室中西北陬间。"就识，斩莽首。军人分裂莽身，支节肌骨脔分，争相杀者数十人。公宾就持莽首诣王宪。宪自称汉大将军，城中兵数十万皆属焉，舍东宫，妻莽后宫，乘其车服。

六日癸丑，李松、邓晔入长安，将军赵萌、申屠建亦至，以王宪得玺绶不辄上，多挟宫女，建天子鼓旗，收斩之。传莽首诣更始，县宛市，百姓共提击之，或切食其舌。

莽扬州牧李圣、司命孔仁兵败山东，圣格死，仁将其众降，已而叹曰："吾闻食人食者死其事。"拔剑自刺死。及曹部监杜普、陈定大尹沈意、九江连率贾萌皆守郡不降，为汉兵所诛。赏都大尹王钦及郭钦守京师仓,闻莽死,乃降。更始义之,皆封为侯。太师王匡、国将哀章降雒阳,传诣宛斩之。严尤、陈茂败昆阳下,走至沛郡谯,自称汉将,召会吏民。尤为称说王莽篡位天时所亡圣汉复兴状,茂伏而涕泣。闻故汉钟武侯刘圣聚众汝南称尊号,尤、茂降之。以尤为大司马,茂为丞相。十余日败,尤、茂并死。郡县皆举城降,天下悉归汉。

初,申屠建尝事崔发为《诗》,建至,发降之。后复称说,建令丞相刘赐斩发以徇。史谌、王延、王林、王吴、赵闳亦降,复见杀。初,诸假号兵人人望封侯。申屠建既斩王宪,又扬言三辅黠共杀其主。吏民惶恐,属县屯聚,建等不能下,驰白更始。

二年二月,更始到长安,下诏大赦,非王莽子,他皆除其罪,故王氏宗族得全。三辅悉平,更始都长安,居长乐宫。府藏完具,独未央宫烧攻莽三日,死则案堵复故。更始至,岁余政教不行。明年夏,赤眉樊崇等众数十万人入关,立刘盆子,称尊号,攻更始,更始降之。赤眉遂烧长安宫室市里,害更始。民饥饿相食,死者数十万,长安为虚,城中无人行。宗庙园陵皆发掘,唯霸陵、杜陵完。六月,世祖即位,然后宗庙社稷复立,天下艾安。

【译文】

王莽字巨君,是孝元皇后的侄子。元后的父亲和兄弟都在元帝、成帝时代被封侯,担任官职,辅佐皇帝。王家共有九位列侯、五位大司马。只有王莽的父亲王曼因去世较早,没有封侯。王莽的叔伯兄弟是将军及平阿、成都、红阳、曲阳、高平五侯的儿子,凭借权势奢侈腐化,竞相炫耀车马衣饰、姬妾歌舞、田猎游乐。只有王莽孤独贫穷,因此谦逊俭朴,恭敬待人。他拜沛郡人陈参当老师,接受《仪礼》《周礼》的传授,勤奋博学,衣着铺盖像普通书生一样。他侍奉母亲和守寡的嫂嫂,抚养失去了父亲的侄子,行为十分检点。另外,他在社会上交结豪杰,在家族中侍奉伯父、叔父,都委婉有礼。阳朔年间,他的伯父大将军王凤病了,王莽侍奉病人,亲自尝药,蓬头垢面,一连几个月昼夜不脱衣服。王凤临死,把他托付给王太后和汉成帝,他被任命为黄门郎,又提拔成射声校尉。

过了很久,他的叔父成都侯王商上书,愿意分出封给自己的民户来赐封王莽。还有长乐宫少府戴崇、侍中金涉、胡骑校尉箕闳、上谷郡都尉阳并和中郎陈汤等当时很有名望的人,都替王莽说话,皇上因此认为王莽是贤人。永始元年,成帝封王莽为新都侯,封邑是南阳郡新野县的都乡,有一千五百户。后来王莽被提拔成骑都尉兼光禄大夫侍中,事奉皇帝谨慎周到,官职越尊贵,态度越谦恭。他把车马和衣服,分给宾客,家里没有多余的。他接纳供养知名人士,广泛交结将军、丞相、卿大夫。因此在位的人争相推荐,社会上的人也替他鼓吹,虚名传遍朝野,胜过他的伯父、叔父。他敢于弄虚作假,做起来毫不惭愧。

王莽的哥哥王永担任过诸曹,早年去世,有个儿子叫王光。王莽让王光跟博士学习。休假时,王莽整顿车马,携带酒肉,去慰劳王光的老师,并馈赠礼物给全部同学。儒生们纵情观看,老人们赞叹不已。王光比王莽的儿子王宇小,王莽让他俩同一天成亲。成亲那天,宾客满堂,过了一会,有人来说王莽的母亲有病,需要吃某种药,王莽起身去探视。到宾客散去时,他先后探视了几次。王莽曾秘密地买了个丫头,叔伯兄弟们有所耳闻,王莽就说:"后将军朱子元没有儿子,我听说这个女孩会生孩子,所以给他买下了。"当天他就把丫头送给了朱子元。他隐瞒真情、追求名声到了这种地步。

那时，太后的外甥淳于长因有才能官居九卿，地位在王莽之上。王莽暗地里搜集他的罪过，经大司马曲阳侯王根禀告成帝。淳于长被依法处死，王莽获得忠诚正直的名声，此事记载于《淳于长传》。王根因而请求退休，推荐王莽代替自己，皇上于是提拔王莽任大司马。这一年是绥和元年，王莽三十八岁。王莽既从同辈中脱颖而出，就跟在四位伯父、叔父之后辅佐皇帝。他想让自己的名声超过前人，就严以律己，聘请贤良做掾史，得到的赏赐和封邑的收入全部用来招待士人，自己愈加节俭。母亲生病，公卿列侯派夫人来探视，王莽的妻子迎接，衣服够不到地，麻布围裙不过膝盖，看见的人都以为她是奴仆下人，询问之后知道是夫人，都很吃惊。

王莽辅佐皇帝一年多，成帝去世，哀帝即位，尊皇太后为太皇太后。太后命令王莽回家，把权让给哀帝的外戚。王莽上奏章请求退休，哀帝派尚书令对王莽说："先帝把政权交给您而不幸去世，我得以继位，十分希望能和您同心同德。如今您上书称病要求退休，显得我不能尊奉先帝旨意，我很伤心。我已经命令尚书等待您奏事了。"又派遣丞相孔光、大司空何武、左将军师丹、卫尉傅喜禀告太后说："皇帝听到太后的命令，十分悲伤。大司马如果不出来任职，皇帝就不敢听政。"太后又命令王莽任职。

乐舞图

那时哀帝的祖母定陶傅太后、母亲丁姬都在世，高昌侯董宏上书说："据《春秋》大义，母亲因为儿子的地位而尊贵，应该给丁姬加上尊贵称号。"王莽和师丹一起弹劾董宏贻误朝政，违犯纲纪。后来，未央宫举行宴会，内者令给傅太后设置帷幕，坐在太皇太后座旁。王莽巡视，责备内者令："定陶太后是诸侯王的太后，怎么能和最尊贵的太皇太后并列！"于是撤去帷幕，另外设立座位。傅太后听说后，大怒，不肯参加宴会，十分恼恨王莽。王莽再次请求退休，哀帝赏赐给王莽黄金五百斤，安车一辆，马四匹，让他免职回家。很多公卿大夫都称赞王莽，皇帝就特别宠爱和优待王莽，在他家设置专使，派宫内太监每十天赏赐他一次饮食。下诏书说："新都侯王莽为国辛劳，坚持原则，我很希望和他一起治理国家。太皇太后命令王莽回家，我非常惋惜。请把黄邮聚三百五十户加封给王莽，赐给特进职位，加以给事中官衔，初一、十五朝会，参见皇帝的礼仪和三公一样，皇上出行，可乘绿车随从。"两年后，傅太后、丁姬都有了尊贵称号，丞相朱博上奏说："王莽前些时候不尊敬尊长，压抑贬低太后，亏损了孝道，应当明正典刑。幸而遇到赦免命令，（未遭杀戮），但也不应拥有爵位、封土，请罢免他为庶民。"皇上说："因为王莽和太皇太后有亲戚关系，不要免除其爵位和封土,命令他回到自己封地去吧!"

王莽(在封地)闭门谢客,安分守己。他的第二个儿子王获杀死奴婢,王莽痛加叱责,命令他自杀。王莽在封地三年,数以百计的官吏上书替王莽申冤。元寿元年,出现日食,贤良周护、宋崇等在对答皇帝的策问时深切地歌颂王莽的功德,皇帝因此征召王莽回京。

当初王莽到封地去时,南阳太守因王莽地位高贵显要,选调属官门下掾宛县人孔休代理新都国相。孔休进见王莽,王莽礼节周全地结交孔休。孔休也早闻王莽大名,就和王莽酬答。后来王莽生病,孔休问候探视。王莽为报答恩情赠送玉饰宝剑,想结为友好。孔休不肯接受,王莽就说:"我确实是看到您脸上有瘢痕,想到美玉可以灭瘢,所以才献上这美玉剑鼻。"于是解下剑鼻。孔休再次推辞,王莽说:"您是嫌它价值太贵重吧!"就把剑鼻砸碎,亲自包好送给孔休,孔休这才接受了。到王莽被征召回京时,想见见孔休,孔休推说有病不肯相见。

王莽回到京城一年多,哀帝去世,没有儿子,而傅太后、丁太后都早已去世了。太皇太后当天乘车到未央宫收取玉玺,派使者飞驰前往召见王莽。又下诏命令尚书,所有调兵的符节、文武百官的奏章、宫廷太监和近卫亲兵都归王莽统辖。王莽说:"大司马高安侯董贤,年轻,不合大家心意,请收回官印。"董贤当天自杀。太后命公卿大臣推举大司马人选,大司徒孔光、大司空彭宣推举王莽,前将军何武、后将军公孙禄互相推举。太后拜王莽为大司马,和他商议皇位继承人。安阳侯王舜是王莽的堂弟,为人谨慎,素受太后信赖、宠爱。王莽禀告让王舜任车骑将军,派他去迎接中山王来以成帝后代的身份继承王位,这就是孝平皇帝。平帝年刚九岁,太后临朝听政,政事完全托付王莽。王莽说赵氏以前害死皇子,傅氏骄横僭越,于是废掉孝成赵皇后和孝哀傅皇后,命令她们都自杀。

王莽因为大司徒孔光是著名儒师,辅佐过三位皇帝,受太后尊敬,天下人都信任他,于是十分尊崇孔光,提拔孔光的女婿甄邯为侍中奉车都尉。对平素所不喜欢的哀帝外戚及大臣,王莽都罗织罪名,写成奏章,命甄邯带给孔光。孔光一向恐惧、谨慎,不敢不呈上奏章。王莽再禀告太后,全部批准这些奏章。于是前将军何武、后将军公孙禄因为互相推举而被罢免,丁、傅及董贤的亲属都免去官职、爵位,流放到远方。红阳侯王立是太后的亲弟弟,虽然已不在位,王莽由于他是叔父而内心敬畏他,又怕他乘机向太后进言,使自己不能为所欲为,就再让孔光上奏王立原先的罪恶:"王立先前知道定陵侯淳于长犯大逆不道罪,却仍然接受他大量的贿赂,替他说话,迷误朝廷。后来又说官奴婢杨寄的私生子是皇子,众人说是吕后、少帝复活,凡此种种都造成天下人的疑惑,难以昭示后代,完成维护幼主的功业。请命令王立到封地去。"太后不听从。王莽说:"于今汉室衰微,接连几代没有继承人,太后独自代替幼主执政,实在令人担心。即使努力用公正的态度为天下表率,仍恐不肯服从,于今这样因私人恩情违背大臣的议论,群臣就会倾向奸邪,祸乱将由此而起。应该暂且命令他到封地去,待国家安定之后再把他征召回来。"太后迫不得已只好命令王立到封地去。王莽就是这样胁持上下。

那时,依附顺从王莽的都得到提拔,触怒怨恨王莽的都遭到杀戮。王舜、王邑为心腹,甄丰、甄邯掌管纠察、弹劾,平晏统领机密大事,刘歆主管文书,孙建做走卒。甄丰之子甄寻,刘歆之子刘棻,涿郡崔发、南阳陈崇,都因为有才能而受到王莽的宠爱。王莽表情严肃而言辞方正,想做什么事,总是略微示意,其党羽便秉承旨意而明显地启奏,王莽则叩头哭泣，坚决推辞，对上迷惑太后，对下取信民众。

当初，王莽暗示益州郡命塞外的少数民族进献白鸡。元始元年正月，王莽禀告太后下诏，用白鸡进献宗庙。群臣因而向太后启奏："太后委任大司马王莽决策拥立皇帝，安定了国家。从前大司马霍光有安定国家之功，加封了三万户；并规定子孙可继承爵位、封邑，和萧相国一样。王莽也应该像霍光那样。"太后问公卿大臣："你们真的是因为大司马有大功而认为应当嘉奖，还是因为他是我的至亲而想使他与众不同呢？"于是群臣就热烈地陈述："王莽的功德招致了周成王那样的白鸡祥瑞，相隔千年，符命相同。根据圣王的法令，臣子有大功生前就应赐予美好的称号，所以周公在世时就能用周朝的国号作为称号。王莽有安定国家、安定汉室的大功，应赐号安汉公，加封民户，规定其子孙可继承爵位、封邑。向上顺应古代的制度，向下比照近代的行事，以求顺从上天的旨意。"太后命令尚书把这些事全部记录下来。

王莽上书说："我与孔光、王舜、甄丰、甄邯共定国策，于今希望只列出孔光等人的功劳，加以奖赏，撇开我，不要让我和他们并列。"甄邯禀告太后下诏说："'不偏私、不结党，王道正直坦荡'。对于亲属，于理不得偏私。你有安邦定国之功，不能因为是亲戚就埋没功绩。你不要推辞。"王莽再次上书推让。太后命令谒者引导王莽在正殿东厢房待命，王莽推托有病不肯进殿。太后让尚书令姚恂告知他："你因为要受奖赏而托病推辞，你责任重大，不能不来，应该及时上朝。"王莽坚决推辞。太后再派太仆王宏奉皇帝命征召王莽。王莽坚持推托有病。左右大臣告知太后，应该不强迫改变王莽的意见，只列举孔光等人的功劳，王莽才会上朝。太后下诏书说："太傅博山侯孔光侍奉四代皇帝，历任太傅、丞相，忠孝双全，仁义笃厚，行为合乎道义，名闻遐迩，又建议决策拥立皇帝，加封一万户，任命为太师，参与四辅的执政。车骑将军安阳侯王舜长期仁义孝敬，奉命迎接中山王为帝，万里旅途艰难曲直，功德显著，加封一万户，任命为太保。左将军光禄勋甄丰侍奉三代皇帝，忠诚可靠，仁义笃厚，奉命迎接中山王为帝，辅佐奉养，安定国家，封甄丰为广阳侯，食取五千户的租税，任命为少傅。（以上三人）都授予四辅职位，子孙可继承其爵位、封邑，每人赏赐一区住宅。侍中奉车都尉甄邯侍奉皇帝辛勤劳苦，又建议决策拥立皇帝，封甄邯为承阳侯，食取二千四百户的租税。"四人受到封赏后，王莽仍未上朝，群臣再次上书说："王莽虽然克制、谦让，朝廷还是应该表彰，及时增加赏赐，以明确表示重视拥立的首功，不要使文武百官和民众失望。"太后就下诏书说："大司马新都侯王莽历任三代皇帝的三公，担任周公的职责，制定了万世长治久安的政策，功劳德行为忠臣敬仰，影响遍及海内，远方异域的人也敬慕他的道义，越裳氏语言不通，经过几道翻译来进献白鸡。请把召陵、新息二县二万八千户加封给王莽，免除他后代子孙的赋役，其子孙可继承爵位、封邑。奖赏王莽之功仿照萧何相国的成例。任命王莽为太傅，主持四辅的工作，称号为安汉公。把从前萧相国的豪华住宅作为安汉公府，明确规定在法令上，世世代代传下去。"

于是王莽诚惶诚恐，不得已才上朝接受策命。策命说："汉室危急，皇位无人继承，而您安定了；四辅的职责，三公的工作，您承担了；百官众僚，而您主管；功德显著，国家赖您得以安宁。您招致的白鸡祥瑞，象征周公辅佐成王。因此赐您称号为安汉公，辅佐皇帝，希望能天下太平。不要违背了我的意愿。"王莽接受了太傅和安汉公称号，辞让了加封和子孙可继承的爵位、封邑，说希望等到百姓家给户丰之后，再加赏赐。群臣又力争，太后下诏书说："安汉公自己希望等到百姓家给户丰，因此可以听从。应让他的俸禄、府中吏员、赏赐都比原先增加一倍。等到百姓家给户丰后，大司徒、大司空把情况报告上来。"王莽再次辞让不受，而且建议应该先封诸侯王的后代及高祖以来的功臣子孙，大者封侯，小者赐爵关内侯食取封邑租税，然后再封赏在位的人，各有一定的顺序。对上尊敬祖宗，增加祭祀的礼乐；对下施恩惠给士人百姓、鳏寡孤独，一切加惠于民的政策无不施行。

王莽已经取悦了民众，又想专权独断，知道太后厌倦了政事，就暗示公卿大臣上奏章说："以前，官吏积累功绩升到二千石，以及州部所举荐的秀才、杰出人物等，大多不称职，应当都让他们参见安汉公。此外，太后不适宜亲自过问琐事。"让太后下诏书说："因为皇帝年幼，我暂且执政，一直到皇帝成年。于今政事烦琐，我年事已高，精力不支，继续理事不是保养身体和培育皇帝的办法。因此选择忠臣贤良，设立四辅官职，让百官勤于职守，永保国家康宁。孔子说：'伟大啊！舜禹治理天下，全是委任贤臣，而不亲自过问。'从今以后，只有封爵的事才报告给我。其他政事，由安汉公、四辅裁决。州郡太守、二千石官及茂才吏初次拜官奏事的，都引进宫殿附近的官署参见安汉公，让安汉公考查其原来的工作，询问新任的职务，以便了解是否称职。"于是王莽一一接见询问，详尽地表示给予的恩惠，并赠送厚礼；不合意的人，则明白地奏请罢免，其权力和皇帝相等。

王莽打算用空名取悦太后，建议说："我们承接以前哀帝丁、傅皇后奢侈浪费之后，百姓多不富裕，太后应暂且穿素色绸衣，稍微减少菜肴，以便为天下做出表率。"王莽因而上书，表示愿出一百万钱，献上三十顷地，交给大司农救济贫民。于是公卿大臣都仰慕效法。王莽率领群臣上奏说："太后陛下年高位尊，长期穿素色绸衣、减少菜肴，委实不是保养身体、培育皇帝、安定国家的办法。臣王莽多次到宫中叩头问候，力争不要如此，未蒙允准，如今幸亏陛下恩德普及，近来风调雨顺，甘露降下，灵芝生长、朱草、嘉禾各种吉祥征兆一齐来到。臣王莽等怀有表达不尽的愿望，愿陛下爱惜精力，休养心神，开阔心胸，穿上帝王常规服装，恢复太官规定的帝王饮食，使臣子们能充分表示对您的热爱，完善对您的供养。希望太后体谅！"王莽又让太后下诏书说："据说皇太后的准则是思想不超出宫门。上天不保佑我们国家，皇帝尚在襁褓之中，不能亲自执政，我战战兢兢，害怕国家不得安宁。国家的大纲，没有我谁能统领？因此，孔子晋见南子，周公摄政，原是根据时势而行的权宜之计。我辛勤工作，绞尽脑汁，忧患劳苦不得安宁，所以当社会风气奢侈时，就用俭朴的作风来影响全国，矫枉必须过正。如果我不以身作则，天下臣民会怎样呢？我朝夕都在梦想着五谷丰登、百姓富有，等皇帝成年加冠，把政权交给他。现在我确实无暇享用轻软的衣服和美味的食品，希望和百官一起有所成就，大家勉励吧！"每逢遭遇水灾旱灾，王莽总是只吃素食，左右臣子把情况报告上去，太后就派使者命令王莽说："听说您只吃素菜，忧国忧民确实深切。今秋庄稼幸而丰收，您工作勤劳，应当按时吃肉，为国家爱惜身体。"

王莽认为中国已经太平，只有四周少数民族尚没有明显变化，就派使者携带黄金、财帛，送给匈奴单于厚礼，让他上书说："听说中国谴责双名，我原名囊知牙斯，现在改名知，以表示顺从圣朝的制度。"又派王昭君的女儿须卜居次到汉朝侍奉太后。王莽欺骗、迷惑太后，以至欺骗太后的随从、侍女，方法真是千变万化。

王莽已经位尊权重，又想把女儿许配给平帝做皇后，以便巩固自己的权利。他上奏说:"皇帝即位三年了,皇后没有聘娶,妃子也没纳足。前段时间,国家发生危难,根源就在于皇帝没有继承人,嫁娶不正规。请考查议论《五经》的记载,制定嫁娶礼仪,端正十二女的原则,以便生育更多的继承人。可广泛采取商周王族的后代和周公、孔子以及世代列侯在长安的嫡亲女儿。"事情下交主管部门,报上众多女子的名单,王氏家族的女儿很多都在预选名单中。王莽害怕他们和自己的女儿竞争,就上书说:"我没有德行,孩子才貌也低下,不适合跟众女子一起入选。"太后以为他出自至诚,就下诏书说:"王氏家族的女儿是我的娘家人,不要选取了。"平民、儒生以及郎官以上的官员守候在宫门前上书的每天都有千余人,公卿大夫有的到朝廷上,有的跪伏在官衙门下,都说:"诏书中所表现的太后德行是那样崇高,而安汉公的伟大功勋又是这样光辉,现在要立皇后,为什么要单独排除安汉公的女儿?天下臣民往哪里寄托自己的命运!希望能让安汉公的女儿做国母。"王莽派长史以下的属官分批劝阻公卿和儒生,而上书的人却越来越多。太后迫不得已,只好任凭公卿选取王莽的女儿。王莽又自己申明:"应当广泛地选取众女子。"公卿们争辩说:"不应选取众女子,以致使皇后的地位不能确定。皇后的位子是属于安汉公女儿的。"王莽说:"希望相看一下我的女儿。"太后派长东少府、宗正、尚书令去送彩礼并相看王莽女儿。回来后上奏说:"安汉公女儿长期受良好的道德教养,有美丽的容貌,适合延续帝王世系,奉承祭祀大事。"又下诏派大司徒、大司空到宗庙中用策书祷告,同时并用龟卜和占筮,结果都说:"卜兆呈金水相生之相,占卦遇泰卦,乾下坤上,父母得位,这是大吉大利的征兆。"信乡侯刘佟上书说:"《春秋》记载,周天子要从纪国娶王后,就把纪子升为侯,安汉公的封邑和古代的制度不相称。"事情下交主管部门,都说:"古代天子封王后之父纵横百里的土地,尊敬他,不把他视为臣子,以表示重视宗庙,这是孝道的最高表现。刘佟的言论符合礼,可以允准。请把新野县二万五千六百顷土地加封给王莽,以达到纵横百里。"王莽辞谢说:"臣王莽的女儿实在配不上最尊贵的皇帝,现在又听从大家的意见,加封土地给我。我想,我已经得到太后、皇帝的信任,获得爵位和土地,假使女儿真能配上皇帝,我的封邑足够供给朝见君王的贡品,不需要再给予增加封地的恩宠。希望归还增加的封地。"太后答应了他。主管部门上奏:"按照惯例,聘皇后须二万斤黄金,二亿钱。"王莽坚决辞让,接受了四千万钱,而又把其中的三千三百万给了十一户陪送女儿出嫁的人家。群臣又说:"如今皇后接受的聘礼,比妃妾多不了多少。"有诏书,再增加二千三百万,合计为三千万钱。王莽又把其中的一千万分给九族中的贫苦人家。

　　陈崇当时任大司徒司直,和张敞的孙子张竦友好。张竦博学多才,就替陈崇起草了一个奏章,歌颂王莽的功德。陈崇呈上奏章,奏章说:

　　敝人看到安汉公开始做官时,正值社会风气崇尚奢侈,他受到太后和成帝优厚至亲的宠爱,又加上伯父叔父们显赫的荣光,有钱有势,无人敢惹,然而他却能谦虚克制,仁爱待人,约束私心,遵行礼仪,一反世俗所为,坚定地超然世上。他穿的是粗布衣服,吃的是低劣饭食,车子破旧,马匹愚钝,妻妾没有第二个,在家中孝敬父母、友爱兄弟,无人不知。清静恬淡,安贫乐道,温和善良,礼贤下士。对旧友常施恩惠,对师、友非常忠厚。孔子说:"不如贫穷而快乐,富有而喜欢礼节。"说的就是安汉公这种人。

　　到了他做侍中,原定陵侯淳于长犯了大逆不道罪,安汉公不敢徇私情,首先上书检举,给予惩罚。周公诛管叔、蔡叔,季子鸩杀叔牙,就是安汉公这样的作为。

因此孝成皇帝任命安汉公为大司马，把国家政权委托给他。孝哀帝即位，高昌侯董宏逢迎拍马，追求名位，(想立丁姬为皇太后)制造两个帝统，安汉公亲自弹劾，稳定了大局。他首先提出定陶太后不应在太后帷幕中设座，申明国家体制。《诗》说："软的不吞，硬的不吐，不欺侮鳏寡，不畏惧强暴。"说的就是安汉公这样的人。

安汉公坚持谦虚退让，诚心诚意地让出大司马职位。定陶太后想建立超越名分的称号，害怕安汉公当面指责她不该在太后帷幕中设座的大义凛然，而诐媚欺诈的奸雄朱博之流，又对安汉公亲自弹劾淳于长、董宏恐惧不安，于是上下一心，进谗言、耍诡计，纷至沓来，破坏制度，终于窃取了名号，排斥驱逐仁人贤士，诛杀伤害宗室外戚，安汉公蒙受了伍子胥、屈原所受的冤害，远离京师去到封地。这时朝廷政治混乱，法制松弛，国家犹如千钧一发。《诗》说："贤人逃亡，邦国危急。"说的就是安汉公这样的人。

此时，宫中没有皇位继承人，董贤窃取大权，加上傅家有皇后女儿的支持，他们都自知得罪了天下臣民，和中山王结下仇恨，所以必然共分忧患，同心协助，如果假托遗诏，频繁进行赏赐诛杀，先铲除他们害怕的人，迅速提拔依附他们的人，诬陷往日的冤敌，再征立皇室中的远亲，不难做到，大事成功势焰熏天。幸亏安汉公立即入朝，及时罢免董贤及其亲信党羽。当时，安汉公运用远见卓识，振奋空前的雄威，怒目圆睁，疾言厉色，趁他们根基不牢，阴谋尚未发动就压了下去。震雷响起，弩机扳动，敌人应声被摧毁，即使有孟贲、夏育也来不及持枪刺杀，即使有樗里子也来不及用计，即使有鬼谷子也来不及施展，因此董贤丧魂落魄，终至绞死。人还没有转身，日影还没有移动，贼人豁然肃清，朝廷变得安宁。没有陛下，谁也不能任用安汉公，没有安汉公，谁也不能战胜此灾祸。《诗》说："师尚父(吕望)啊！神采飞扬，协助那武王。"孔子说："处事敏捷方能成功。"说的就是安汉公这样的人。

于是安汉公就建议接纳原泗水国相甄丰、蓼县令甄邯和大司徒孔光、车骑将军王舜，安定国家，捧着朝廷符节前往东方迎接君王，他们都因为有功而接受封爵、增加封地，成了国家的名臣。《尚书》说："识别人才就是智者。"说的就是安汉公这样的人。

公卿都赞叹安汉公的道德，一起推崇安汉公的功勋，把他比为周公，认为应赐给安汉公的称号，加封两县的土地，安汉公都不肯接受。古书说申包胥不受保存楚国的报答，晏婴不受辅佐齐国的封赐，孔子说："能用礼让治国，那还有什么办不到的？"说的就是安汉公这样的人。

将要给皇帝聘娶后妃，主管部门报上名单，安汉公的女儿列居首位，安汉公坚决推辞，迫不得已然后才接受诏命。父亲和子女的亲爱是天性，父亲想让子女荣华富贵比为自己还厉害，皇后的尊贵和天子相等，当时的机会千载难逢，然而安汉公考虑皇帝世系，辞让大福大恩，事事谦虚退让，动辄坚决推辞。《书》说："舜自认为德行浅薄，不足以继承尧的帝位。"说的就是安汉公这种人。

自从安汉公接受策命以来，直到今天，他勤勤恳恳，德行功业日益增进，检点平素的为人处事，教化王侯封国，崇尚俭朴，矫正社会不良习俗。施舍钱财，减少家产，以为群臣做出表率；严以律己，执法公正，以使公卿效法；教育儿子，重视学习，以振兴国家的文教。童仆奴婢穿布衣，马匹不喂谷物，饮食的费用不超过普通百姓。《诗》说："温和恭谨的人，就像鸟儿栖息在树上。"孔子说："吃饭不求满足，居住不求安逸。"说的就是安汉公这种人。

安汉公克制欲望，约束自己，购买粮食仅够食用，日用物品都到市场采购，当日用完，家无储蓄。又上书归还哀帝所加封给他的土地，交出钱币，捐献田地，把旧有的产业消耗殆尽，为大家做出榜样。于是各阶层都群起响应，纷纷效法，宫外的王公列侯，宫内的禁卫侍从，同时行动，各尽所有，有的交纳金钱，有的捐献田地，用来赈济贫穷，收容供养缺衣少食的人。从前楚国令尹子文（毁家纾难），吃了早饭无晚饭，鲁国相公仪休不吃园里的葵菜（不夺园夫收入），就是安汉公这种人。

安汉公敞开大门招揽文士，所聘请的直到住茅屋的平民，不断查看朝廷政治，总管各部行政，亲自接见州牧太守以下官员，考核其日常工作，明察是非优劣。《诗》说："整天自强不息，夜晚仍然戒惧、惕厉。"说的就是安汉公这样的人。

接连在三位皇帝时代官居三公，两次安葬去世的皇帝，担任大司马职务，安定国家，天下归心，各得其所。《书》说："安排在执政要位上，狂风骤雨不迷航。"说的就是安汉公这种人。

以上所述都是前代罕见，夏禹、后稷也难能的，而安汉公自始至终一以贯之，可以说是完美无缺了！因此三年之中，教化流行犹如神助，吉兆多次显现，难道不是陛下知人善任的功效、得到贤能的结果吗？所以，不仅君王承受天命是真，即使臣子们生逢圣世也不假。因此，夏禹受赐玄圭，周公配享郊祀，是为了表明天降贤才，君王通达天意加以使用，而不敢贪天之功以为己有。度量安汉公的德行，堪为天下楷模，观察安汉公的功勋，可奠定万世的基业。完成基业而不给予相应的赏赐，树立楷模而不给予相称的表彰，实在不是增强国家、顺应天意啊！

高皇帝表彰奖赏首功，萧何相国封邑的民户已增加一倍，又受到特殊的礼遇，奏事可以不称呼名，上殿可以不用快步走，封赐他十余名亲属。喜欢为善，从不满足，颁发赏赐，从不吝啬。只要献上一条计策，就一定赐给爵位，因此公孙戎位居郎官，由警卫骑士入选，一次申明樊哙不反，赐封二千户。孝文皇帝奖赏绛侯周勃，加封一万户，赐黄金五千斤。孝武皇帝抚恤军功，封卫青三万户，卫青三个儿子，有的还在襁褓中，都封为通侯。孝宣皇帝显耀霍光，增加封户，命子孙继承，受封的有三人，扩大到侄孙。绛侯依靠汉诸侯国的坚固，凭仗朱虚侯刘章的鲠直，借着诸将的协助，依据互相扶持的形势，所以诸吕阴谋虽然丑恶凶狠，势难得逞。霍光长期官居要位，趁政治上大获胜利的威力，从未遭遇不顺，也没有被陷害而离开朝廷，朝廷上的官员，无不是他同党，长期执政，几代不曾中断，虽说是有功，得来也较容易。即使如此，也还有谋划不周，错误迎立昌邑王的过失。至于卫青、公孙戎，不过是刀枪之功，一句话之劳，但都受到了巨大的奖赏。安汉公和绛侯、霍光比较，一是创建，一是因袭，和卫青、公孙戎比较，更是天地之差。而安汉公又有主持政务的实效，应当与夏禹周公享受同样尊崇，获得和他们一样的奖赏。上面所说的那些人哪能跟安汉公同日而语？然而，安汉公还没有得到卫青等人的厚赏，我的确迷惑不解。

我听说对首创始建的功勋，赏赐不受限制，对最高的德行，表彰不受约束。因此成王对周公，超过了纵横百里的限制，逾越了九锡的约束，开拓了七百里的疆界，同时统治商、奄两国民众，把殷遗民六族赏为附庸，赐给大车和大旗、封父的大弓、夏后的玉璜，设置太祝、太宗、太卜、太史等官,器物完备,典策俱全,设立百官,赏给祭器,允许用白色雄牲祭祀,可以举行郊祀、望祭。周成王说:"叔父,让你的长子封土建国。"周公父子就一前一后地跪拜接受。这可以说是对首创的功勋赏赐不受限制。不仅如此,而且六个儿子都给封赐。《诗》说:"善言没有不采用的,恩德没有不报答的。"报答应该和恩德相称,不相称不如不报答。观察近代的行事,高祖约定非刘氏不王,然而鄱君吴芮却被封为长沙王,皇帝并下诏书称他是忠臣,明确地规定在法令上,显然只要有大诚大信,可以不受制度约束。春秋时晋悼公用魏绛的计策,华夏诸国都服从晋。郑伯献乐队,晋悼公拿出一半赏赐魏绛,魏绛坚决推辞,晋悼公说:"没有您,我过不了黄河。赏赐是国家的制度,不可废弃。请您接受吧!"魏绛从此有了钟、磬之类的乐器。《春秋》表扬了此事,认为臣子尽忠而又辞赏,君王了解臣子而又坚持赏赐,都很可取。如今陛下既然了解安汉公有周公的功德,却不进行成王的奖赏,只是听从安汉公的坚决推辞,不顾《春秋》的大义,那么臣民将如何议论,后代将如何记载?这实在不是治国之道。我愚笨,认为应扩大安汉公的封地,让他像周公一样,封赐安汉公的长子,让他象伯禽一样。赏赐的物品,也都像周公一样。其他儿子的封赏也像周公的六个儿子一样。那么,群臣都会欣然尽忠,百姓们也会感恩戴德,臣果然尽忠,民果然戴德,国事还有什么做不好?希望陛下深切考虑祖宗的重托,恭敬地畏惧上天的告诫,效法虞舜和周代的盛世,命令给予伯禽那样的赏赐,不要吝惜像对周公一样的报偿,设立圣明的制度,让后代可以遵循,那么天下就太幸运了!

太后把奏章拿给大臣们看,大臣正议论此事,恰逢吕宽的事发生了。

当初,王莽想专权,对太后说:"从前哀帝登基,背叛恩情道义,自己使外戚丁、傅两家尊贵,扰乱国家,几乎亡国。现在皇帝年幼,又继承了嫡系长支,成了成帝的后嗣,应该明确正统原则,以前事为鉴戒,为后代立法规。"于是派甄丰捧着玺印,就地赐封平帝的母亲为中山孝王后,赐封平帝舅父卫宝、卫宝的弟弟卫玄为关内侯,都留在中山国,不能到京城来。王莽的儿子王宇,不赞成王莽隔离卫家,恐怕平帝长大之后会怨恨,就暗中派人送信给卫宝等人,让他们告诉平帝的母亲上书请求来京城。王莽不同意平帝母亲的要求。王宇和师傅吴章及内兄吕宽商议对策,吴章认为王莽不能劝谏,但迷信鬼神,可以制造怪变灾异惊吓他,吴章再乘机推演灾变,劝说王莽把政权交给卫家。王宇就派吕宽夜晚拿血酒到王莽府上,不料被守门官吏发现。王莽把王宇送进监狱,用药毒死。王宇的妻子吕焉怀有身孕,关在牢中,等生下孩子后,也杀死。王莽上奏说:"王宇被吕宽等人连累,散布流言,迷惑民众,与管叔、蔡叔罪恶相同,我不敢不诛杀。"甄邯等人禀告太后,下诏说:"唐尧有儿子丹朱,周文王有儿子管叔、蔡叔,这都是圣人,对愚蠢的儿子也无可奈何,因为他们的本性是无法改变的。您居于周公的地位,辅佐象成王一样的幼主,而实行对管叔、蔡叔一样的诛罚,不因为爱亲人而妨害尊崇君主,我很赞赏。从前,周公诛灭四国以后,深广的教化才完成。以至于刑罚被搁置不用。请您一心一意辅佐国家,务期使天下太平。"王莽由此诛灭了卫家,彻底追查吕宽一案,把平时非议自己的郡县、封国豪杰统统牵连在内,宫内涉及到敬武公主、梁王刘立、红阳侯王立、平阿侯王仁,派使者看守逼迫,都自杀了。死的人数以百计,天下震动。大司马护军褒上奏说:"安汉公遭遇不幸,儿子犯下管叔、蔡叔之罪,父爱子至为深切,但为了皇室他不敢徇私。王宇犯罪,他感触极深,发愤著书八篇,用来告诫子孙。应当把此书分发各郡、封国,命令学官用来教授学生。"事情交给公卿群臣议论，他们请求命令全国官吏凡能背诵安汉公书的人都记载在官府簿录上（作为考选的依据），把安汉公的书视同《孝经》。

元始四年春天，在郊外祭祀天地，让高祖配享天；在宗庙中祭礼祖宗，让孝文皇帝配享上帝。四月丁未日，立王莽的女儿为皇后，宣布全国大赦。派大司徒司直陈崇等八人分别巡行全国，考察风俗。

太保王舜等人上奏说："《春秋》阐述功业、德行的原则，最高的是树立德行，其次是建立功业，再次是著书立说。只是最有道德、最贤能的人，才能做到这些。如果是臣子做到了，生前就会得到大的赏赐，死后会成为受人敬仰的大臣，商朝的伊尹、周朝的周公就是。"至于百姓上书的，有八千余人，都说："伊尹做阿衡，周公做太宰，周公享受七个儿子受封的待遇，得到超过上公的赏赐。应当按照陈崇说的去做。"奏章下交有关部门，有关部门请求："把以前加封而安汉公推辞掉的两县及黄邮聚、新野县的田地归还给他，采取伊尹、周公的称号，加称安汉公为宰衡地位和上公相同。其属下掾史，官秩为六百石。三公上书安汉公要称'敢言之'，群臣不得与安汉公同名。安汉公出行，随从期门士二十人、羽林士三十人，前后大车各十辆。赐封安汉公母亲称号为'功显君'，封地民户二千，佩戴的黄金印章配红丝纽带。赐封安汉公二子，王安为褒新侯，王临为赏都侯。增加皇后聘礼二千七百万钱，合计为一万万，用以显示礼仪隆重。"太后到前殿亲自赐封。安汉公在前，二子在后，跪拜，按周公惯例。王莽叩头辞让，出宫之后呈上密封奏章，表示愿意只接受母亲的封号，退还王安、王临的印章及自己的称号、爵位、封邑。事情下交太师孔光等人，都说："赏赐还不足和功劳相当，谦虚退让是安汉公一贯作风，终归不可听从。"王莽求见太后，坚决推辞。太后下诏说："安汉公每次进见都叩头流泪，坚决推辞。现在又上书称病，是暂且听从他的推让，让他上朝管事呢？还是坚持进行赏赐，送他回府养病呢？"孔光等人说："王安、王临亲自接受了印章，册封的爵位及称号已通告上天，大义昭然（不宜变更）。黄邮、召陵、新野的田地收入很多，都只和安汉公有关，他想减少自己收入以促进国家教化，可以同意。治国平天下的教化应在一代中完成，宰衡的官不能代代都有。增加聘礼钱，是为了尊敬皇后，不是为了安汉公。功显君的食邑民户，止于太夫人一身，不能相传。褒新、赏都两封邑，合计三千户，太少了。忠臣的节操，也应该委屈自己以伸张君主的赏罚大义。应当派大司徒、大司空持节奉命，命令安汉公立即上朝管理政事。命令尚书不再接受他的推让奏章。"奏章得到认可。

王莽于是上朝管理政事，上书说："我于元寿二年六月戊午日突发事件的夜晚，以新都侯身份被引进未央宫，庚申日任命为大司马，忝居三公之位；元始元年正月丙辰日拜为太傅，赐给安汉公称号，列为四辅官位；今年四月甲子日又拜为宰衡，位居上公。臣王莽自思，爵位是新都侯，称号是安汉公，官为宰衡、太傅、大司马，爵位高贵，称号尊崇，官职重要，一身蒙受五项重大荣誉，实在不是鄙臣所能承当的。据元始三年考查，全国收成已恢复正常，减省的官职应都重新设置。《谷梁传》说：'天子的大臣，权力通达四海。'臣愚笨，认为宰衡的职责是矫正百官治理天下，然而却没有印章，名不副实。臣王莽没有兼任数职的才能，而今圣上既然已经错误地任用了我，我请求御史刻宰衡印章，印文是'宰衡太傅大司马印'。刻成后授给臣王莽，我上交太傅与大司马印章。"太后下诏说："可以。印章丝纽和相国印同，我亲自上朝授印。"王莽又把增加的聘礼钱拿出一千万，送给长乐宫侍奉太后饮食起居的侍从。太保王舜上奏说："天下臣民听说安汉公不接受出一千辆战车的封地，推辞一万斤黄金的聘礼，散财施舍数以千万计，没有人不被感化。蜀郡男子路建等人中止诉讼，惭愧地离开官衙，即使是文王感化虞国、芮国二君，也不过如此！应该把此事向全国宣布。"奏章被认可。宰衡出行，随从者前后各十辆大车，还有值班的尚书郎、侍御史、谒者、中黄门、期门士、羽林士。宰衡经常持节，停留时谒者代为持节。宰衡的掾史官秩为六百石，三公向宰衡上书称"敢言之"。

这年，王莽上奏兴建明堂、辟雍、灵台，给学习的儒生兴建一万间宿舍，修建市场、常满仓，规模宏大。把《乐经》立于学官，增加博士名额，每一经各有五人。征召全国通一经的教授，计十一人以上，至于藏有散佚的《礼》、古文《尚书》《毛诗》《周官》《尔雅》、天文、图谶、音律、历法、兵法、《史籀篇》等书籍，通晓它们意义的人，都召至公车府。网罗天下有才能的人，应召前来的先后以千计，都叫他们在朝廷中记录下自己的见解，准备用来订正讹误，统一不同学说。群臣上奏说："从前周公侍奉继位的君主，据有上公的尊位，还经过七年才确定了制度。明堂、辟雍，堕毁、废弃已达千年，没人能够兴建，而今安汉公出身书香门第，辅佐陛下，到现在才四个年头，功劳德行已灿烂辉煌。安汉公于八月初庚子日接受使命，携簿书征集民佚营造，次日辛丑这一天，儒生、百姓大聚会，集合十万余人，干了二十天，大功告成。即使是唐尧虞舜兴建工程，周公建造成周，成就也不会更大。宰衡的地位应在诸侯王之上，赏赐他一束丝加一块玉璧，大国国王乘车及安车各一辆，并驾的马八匹。"诏书说："可以。请议论一下加九锡的法规。"

冬天，大风吹过长安城东门，屋瓦几乎全都毁坏。

元始五年正月，在明堂合祭远近祖先，二十八位诸侯王，一百二十位列侯，九百余宗室子弟，被征召来协助祭祀。祭礼结束，赐封孝宣皇帝曾孙刘信等三十六人为列侯，其他的人都增加封地民户或赐予爵位，按不同数量赏给黄金布帛。这时，官吏百姓因为王莽不接受新野田土先后上书的达四十八万七千五百七十二人，至于诸侯王、公、列侯、宗室，凡被召见，都叩头说应该赶快增加赏赐给安汉公。于是王莽上书说："臣以外戚身分，破格提升，忝居高位，没能称职。考虑到圣上德行纯朴盛大，秉承天意符合古道，制定礼仪治理人民，创作乐律改变风俗，天下臣民飞奔前来，四周蛮夷也都来朝贺，离开的时候，无不流泪。如果不是真诚，岂能用空话把他们招来？从诸侯王以下直到官吏、百姓，都知道臣王莽上与陛下有亲，又掌要职，每次为您歌功颂德，总是顺便带上臣几句。臣看见诸侯在您面前讲话，未曾不流汗而惭愧。我虽然生性愚笨，但诚心实意地了解自己，德行薄官位高，能力小责任大，从早到晚如履薄冰，常怕玷污了朝廷。而今天下太平，风俗化一，百蛮归服，都是因为陛下德行圣明，亲身治理，太师孔光、太保王舜等辅佐施政，众公卿大夫无不忠良，所以能在五年之中达到这种境界。臣王莽实在没有什么奇异的计策，秉承太后的圣明诏书，向下宣布，尚不能领会其十分之一；接受众贤臣的筹划向上报告，尚不能归纳其十分之五；本应承担办事无效的罪责，之所以敢暂时保金首级，实在是上靠陛下庇护，下赖群臣支持。陛下受不了大家的建议，总是把奏章交臣下议论，臣王莽以前想立即上书制止，又怕他们不肯停止。如今大礼已经举行过，协助祭祀的人都已告辞回去，我最大的希望，就是让交付臣下议论的奏章都停止不再上报，使我能尽力完成制礼作乐的工作。事成之后，广泛传播于天下，让全国臣民共伺评论。如有所非议，那么臣王莽理应承当牵累圣上贻误朝廷的罪名。如果无可指责,那我可保全性命退休回家,给贤人让路。这是我个人的愿望,请陛下同情怜悯才好。"鄄邯等人禀告太后,下诏书说:"可以。只是安汉公功德光照天下,所以诸侯王、公、列侯、皇族、儒生、官吏、平民众口一辞,连续守候在宫前,这才交下他们的奏章。诸侯王、皇族离开京城那天,再次求见,重述建议,虽然明白地告知让他们回去,仍然不肯走。后来告诉他们初夏时将进行这项赏赐,无不欢欣,高呼万岁退去。如今安汉公每次进见,总是流泪叩头表示不愿受赏,如果进行赏赐,就不敢担任现行职务。当前制礼作乐任务尚未完成,事情要等安汉公决定,所以暂且听从他的意见。等制礼作乐完毕,众公卿报告上来,再深入讨论以前的建议,请赶快把九锡礼仪报告上来。"

于是公卿大夫、博士、议郎、列侯张纯等九百零二人都说:"圣帝明君招徕贤人、奖励能人,德行盛大的人官职高,功劳显赫的人赏赐多。所以德高望重的大臣可拥有九等中最高的上公尊位,可获得不寻常的九锡宠荣。现在皇亲九族和睦,百官公卿清明,天下万国团结,黎民百姓安宁,神圣的祥瑞征兆全部降临,太平景象已遍及天下。帝王的伟业没有比唐尧、虞舜更兴盛的,而陛下可与相比;忠臣的丰功,没有比伊尹、周公更显著的,而宰衡可与相当。这就是所谓在不同的时代里兴起的同等事业,就像两半符节相合一样。谨以《六经》的原则来衡量,经文中所记载的以及《周官》《三礼》中适应于今天的办法,就是九命的赏赐。臣等请求实行这种赏赐。"奏章得到认可。策书说:

元始元年五月庚寅日,太皇太后亲临前殿,请安汉公上殿,亲自下诏说:'您过来,虚心听取我的话。从前您侍卫孝成皇帝十六年,献计尽忠,建议诛杀原定陵侯淳于长,制止祸乱,揭露奸邪,升为大司马,位居宰辅。孝哀皇帝即位,骄横的妃妾想窃取尊号,奸佞的贼臣阴谋作乱,您亲自弹劾高昌侯董宏,改正原定陶恭王母亲超越名分的座位。从此以后,朝廷大臣商讨国事无不引经据典。您因病辞去官职,回到府中,被奸臣陷害。回到封地以后,孝哀皇帝觉悟了,又把您召回长安,到他病情加重时,仍念念不忘您,又恢复您特进职位。当晚哀帝去世,国家没有继承人,奸臣充斥朝廷,形势十分危险。我考虑安邦定国大计没有比起用您更合适的,所以把您引入朝中,当天就罢免了高安侯董贤,转眼之间忠于国家的计策就制定好,政纲、法纪都健全起来。绥和、元寿年间,两次遭遇皇帝驾崩,但各项工作都照常进行,祸乱没有发生。您辅佐我五年,人伦的根本得以端正,天地的位置得以确定。恭敬地奉祀神灵,按照四时顺序进行政事、农事活动,恢复了千年废弃的事业,矫正了百年以来的过失。天下和谐,民众团结。《诗》中记载的文王建灵台,《书》中记载的周公作洛邑,镐京的规模,商城的范围,如今都复兴起来。显扬了先帝的大功,宣传了祖宗的德行,推广发扬了祖宗配享上天的原则,建立了郊祀、禘祀、宗祀的祭礼,以光大孝道。因此,四海欢欣,万国向往,不同风俗的异族,不用召见就自行前来,渐渐受到教化,改变服饰,进献珍宝以助祭祀。寻求古代的根本治道,遵循儒术,重视古代传统,工作有成效,办事得体,具备了最高的德行和最重要的治道,就能上通神灵,并得到祖宗的赞许。光辉照耀,上天的符命不断降临,天下大同。麒麟、凤凰、龟、龙,众多吉祥征兆出现七百多次。于是制定礼仪,创作乐律,有安邦定国的大功。普天之下都依赖您,官居宰衡之职,位居上公。现在加给最高的九种赏赐,用来协助祭祀;供给文武官职,以至光宗耀祖。呜呼!多么美好!

于是，王莽叩头再拜，接受了绿色的围裙、冠帽、礼服和衣裳，玉饰佩刀、方靴、带鸾铃的路车和四匹马，悬九条绦子的龙旗，皮冠素袍，戎车和四匹马，红弓箭、黑弓箭，左边立着红色斧钺，右边立着金色斧钺，铠甲、头盔各一具，香酒二卣，玉石酒器两只，高级信物青玉珪两枚，家中可以安装红漆大门、修造台阶。官府可以设宗官、祝官、卜官、史官，卫士三百，家令、家丞各一人。宗官、祝官、卜官、史官都设置啬夫，辅佐安汉公。官府、私宅有卫士警卫，可以出入的人都登记在簿册上。从四辅、三公起，有事进入官府、私宅，都要持有符传。把楚王的官邸作为安汉公府，大加修缮，周围全设警卫。祖宗的祭庙和寝庙都安装红漆大门、建造台阶。陈崇又上奏说："安汉公祭祀祖先，出城门时，城门校尉应该带领骑士随从。入府有门卫，出外有骑士，这是为了尊重国体。"奏章得到认可。

那年秋天，王莽因为皇后有生育的吉兆，所以开通子午道。子午道从杜陵直穿南山，通到汉中郡。

八名考察风俗的使者回朝，说天下风俗划一，假造了各郡、封国所写的歌谣三万多句，歌功颂德。王莽上奏，明确记载在文献上。又上奏说，市场上言无二价，官衙中没有诉讼案件，城中没有盗贼，乡村没有饥民，路不拾遗，男女不同道，犯法的人只作象征的处罚。于是刘歆、陈崇等十二人都因为修建明堂、宣扬教化被封为列侯。

王莽已经实现太平，向北感化了匈奴，向东势力到达海外，向南安抚了黄支，只有西方尚未有什么作为。于是派中郎将平宪等人携带大量金钱去引诱塞外的羌人，让他们献出土地，表示愿归属汉朝。平宪等人上奏说："羌族首领良愿等部落，人口约一万二千，愿意做汉朝臣民，献给我鲜水海和允谷盐池，水草肥美的平地都给汉朝人民，他们居住险峻地区作我国的屏障。我们询问良愿为什么归降，回答说：'太皇太后圣明，安汉公仁爱，天下太平，五谷丰登，有的禾苗长到一丈多，有的一支谷结三个穗，有的地方不用播种就长出粮食，有的蚕不吐丝就结成茧。甘露从天降下，甜水从地下冒出，凤凰飞来，神雀翔集。四年以来，羌人无灾无难，所以乐意归属汉朝。'应该及时安排他们的居住地和生产，设置属国机构统领他们。"事情交给王莽处理，王莽又上奏说："太后执政数年，恩惠普及，祥和之气充塞宇内，极远的地方，不同风俗的民族，无不向往。越裳氏经过几道翻译进献白鸡，黄支从三万里外贡献活犀牛，东夷王渡海奉送国宝，匈奴单于服从我国制度去掉双名，而今西方良愿等人又献出土地作我国的奴仆，从前唐尧威望普及四方，也不过如此。现在，据查已经有了东海、南海、北海郡，还没有西海郡，请接受良愿等所献的土地作西海郡。我又听说，圣王排列天文，制定地理，根据山川地形和民间风俗来划定州界。汉朝土地比尧舜二帝及夏、商、周三王还广大，共十二州，州名和州界多不合于经书记载。《尧典》有十二州，后来划定为九州。汉朝开拓土地极其遥远，州牧巡行辖区，远的地方到了三万余里，不能只分为九州。谨据经书，订正十二州的州名和州界，以和'正始'名称相应。"奏章被认可。又增加五十条法令，犯法者流放西海郡。遭流放的人，数以千万计，民众开始怨恨了。

泉陵侯刘庆上书说："周成王年幼，称孺子，周公摄政。如今皇帝年轻，应该让安汉公代行天子职务，像周公一样。"群臣都说："应该像刘庆说的那样。"

冬天，火星经过月亮背后。

平帝病重，王莽制作策书，到泰畤为平帝请命，佩戴玉璧，手执玉圭，愿用自己生命代平帝去死。策书藏在金柜里,金柜放在前殿,告诉众公卿不准说出去。十二月,平帝驾崩,大赦天下。王莽征召通晓礼仪的宗伯凤等人,一起议定,全国六百石以上官员一律服丧三年。奏报太后,尊称成帝庙为统宗,平帝庙为元宗。此时元帝后裔已断绝,而宣帝的曾孙活在世上的,有五位为王,广戚侯刘显等四十八位为列侯,王莽讨厌他们太大,说:"兄弟不能相继承。"就选择宣帝玄孙中年龄最小的广戚侯的儿子刘婴继承皇位。刘婴年仅二岁,王莽借口占卜、看相结果最吉利,所以立他。

这一月,前辉光谢嚣上奏说:"武功县长掘井得到一白石,上圆下方,上边写有朱红文字:告安汉公莽为皇帝。"符命预言之类的东西,从此开始兴起了。王莽让群臣公卿告诉太后,太后说:"这是欺骗天下,不能实行。"太保王舜对太后说:"事已至此,无可奈何了,要阻止,我们没有力量。而且,王莽没有别的奢望,不过是想代行皇帝职责,加重其权力以镇服天下罢了。"太后听从了。王舜等人就一起让太后下诏书说:"听说上天生下民众,不能互相治理,就给他们设置君主以便统治管理。君主年纪幼小,一定要委托人去代居君位摄政,然后才能承受上天的恩施而完成大地的哺育,广大民众才能茁壮成长。《书》不是说过吗?'上天的工作,人应该取代。'我在孝平皇帝幼年时,暂且统理国政,希望等他长大成人,把政权交给他。如今夭折去世,呜呼哀哉!已经派有关部门征召宣帝玄孙二十三人,选择合适的人继承孝平皇帝。玄孙幼小,尚在襁褓,没有品德高尚的君子,谁能安定天下?安汉公辅佐朝政已历三代,多次遇到施展才能的机会,安定汉朝政局,划一天下风俗,制礼作乐,和周公在不同的时代做出相同的贡献。而今前辉光谢嚣、武功县长孟通上奏说,有红字白石的符命,我深切体会其含义,说'为皇帝',乃是代行皇帝职权。有法令,事情就容易成功,而没有圣人就没有法令。请让安汉公代行皇帝职权,登上皇位,就像当年周公一样,把武功县作为安汉公的封地,名叫'汉光邑'。请有关部门奏上典礼仪式。"

于是群臣上奏说:"太后圣明,德行昭著,深刻领会天意,命令安汉公摄政。我们听说,周成王年幼,周朝治道未成,成王不能恭敬地祭祀天地,继承文王、武王的事业,周公行权宜之计代为摄政,周朝治道得以完成,周王室得以安定。没有周公摄政,周朝恐怕要灭亡。《书》说:'我继承事业的子孙,太不能够恭敬地侍奉天地,就会断送和失去前人的光辉事业,养在家中不知天命受之不易。上天只辅佐有诚信的人,所以就会失去天命。'解说经义的文字说:周公戴着天子的礼帽,面朝南接见群臣,发号施令,常把自己的指示称作王命。召公是贤人,不知道圣人的意图,所以不高兴。《礼记·明堂记》说:'周公在明堂朝见诸侯。天子背靠着画有斧钺图案的屏风向南站立。'又说:"周公登上天子地位,六年后朝见诸侯,制礼作乐,而天下大服。'召公不高兴。那时武王去世,丧服还未除去,由此推论,周公开始摄政就登上天子地位,并不是六年以后才登位的。《书》亡佚的《嘉禾篇》说:'周公捧香酒站在堂前台阶上,迎接群臣上殿,赞辞说:代理君王执政,尽力使天下和谐。'这是周公摄政时司仪说的。成王成年,周公交还政权。《书》说:'我把明君的权力还给您。'周公常把自己的话称作王命,独断专行而不请示,所以才说我把明君的权力还给您。我们请求让安汉公登上皇位摄政,穿上天子的衣冠,背靠设在门窗之间的画有斧钺图案的屏风,面向南朝见群臣,处理政事。他乘车马出入时要警戒清道,臣民对他要称'臣妾',一切按照天子的礼仪行事。在郊外祭祀天地,在明堂祭祀祖宗,在宗庙祭祀祖宗,祭祀群神,司仪称'假皇帝',臣民称'摄皇帝',安汉公自称'予'。裁决朝廷政事,通常用皇帝诏书的形式,称'制',以便秉承和顺从上天的意志,辅佐汉朝皇室,保护孝平皇帝的幼小后代,完成托孤的大义,发扬治国平天下的教化。他朝见太皇太后和孝平皇后时,仍用臣子礼节。在他的官署、私宅、封地、采邑中,可以独立施行政治教化,按照诸侯王礼仪的惯例处理。我们冒死请求。"太后下诏说:"可以。"第二年,改年号为"居摄"。

居摄元年正月,王莽在南郊祭祀上帝,在东郊迎接春天来临,在明堂举行大射礼,招待三老、五更,礼仪结束就回去了。设置柱下史五人,官秩和御史相同,处理政事时,他们侍奉在旁边,记录言语行动。

三月己丑日,立宣帝玄孙刘婴为皇太子,号称为"孺子"。任命王舜为太傅左辅,甄丰为太阿右拂,甄邯为太保后承。又设置四少职位,官秩都是二千石。

四月,安众侯刘崇和封国丞相张绍密谋说:"安汉公王莽专制朝廷,一定会危害刘家。天下反对他的人,没人敢先起事,这是刘氏宗族的耻辱。我率领族人带头起义,全国一定会响应。"张绍等一百余人都跟随他,进攻宛城。没有攻进城就失败了。张绍是张竦的堂兄。张竦和刘崇的远房叔父刘嘉前往皇宫自首,王莽赦免他们,没有加罪。张竦于是替刘嘉写一奏章道:

建平、元寿年间,帝王世系几乎中断,皇族几乎遭到废弃,幸亏陛下德行圣明,扶持救助,捍卫抵挡,国家得以保存,皇族看到了希望。陛下上朝执政,发号施令,行动总从皇族开始,道德进用皇室九族。旁支亲属也得到封赐,建立王国、列侯,数以百计的人,面向南方称王称侯。恢复断绝了后代的侯国,保存已经灭亡了的侯国,延续已经废除了的侯国,由此而和达贵人并列朝堂重新做人的人,纷纷排列,用他们屏卫汉朝,辅佐汉室。修建辟雍,设立明堂,颁布法令,宣扬教化,朝见众王侯,显明礼乐道德,皇族诸侯全都增加封地。天下人民众口一辞,伸长脖颈赞叹不已。歌颂陛下的声音洋洋洒洒,充满耳朵。国家所以能获此美誉,得此名声,享此厚福,受此荣光,难道不是太皇太后日夜操劳,陛下早晚思虑的结果吗?为什么这样说?遇到混乱就整理好,遇到危险就使它平安,遇到祸就把它转化为福,皇位断绝就拥立新皇帝以继承世系,皇帝年幼就代理执政,从早到晚忙忙碌碌,从冬到夏勤勤恳恳,没有时间休息,孜孜不倦地工作,全是为了天下臣民,为了巩固刘汉王室。臣子不分愚蠢和聪明,百姓不分男女,全都明白您深切的心意。

然而安崇侯刘崇却单单怀着乖谬的想法,从事背叛的阴谋,兴师动众,想危害国家,其丑恶使人耳不忍闻,其罪行即使处死也不能抵偿,他确实是臣子的仇人,皇族的敌人,国家的蟊贼,天下的祸害。因此,亲属震惊起而揭发其罪行,民众溃散背叛,抛弃兵器,他前进不过半步,便败退下来,服罪遭殃。百岁的母亲,怀抱的婴儿,同时杀头,头颅悬挂在竹竿顶上,珠玉耳环还挂在耳朵上,首饰还在,策划这种事,难道不荒谬吗?

我听说古代对叛逆的国家,诛杀征讨之后,就把他们的宫廷掘为污水池,蓄积污水泥垢,起名叫'凶宅',即使长出蔬菜,人们也不吃。把它祭土神的地方'社',四周砌筑墙壁,上面覆盖起来,下面用竹席垫塞起来,表示阴阳之气隔塞不通。然后把如此处置的社在各诸侯国都造一模型,让诸侯出门就能看到,触目惊心,引以为戒。而今天下人听说刘崇谋反,都想撩起衣襟、手执利剑去斥责他。先到的人,砍断他的脖颈,刺穿他的胸膛,杀死他的躯体,切割他的肌肉;后到的人,想砸碎他的门,推倒他的墙,铲平他的屋,烧毁他的器皿，其家宅应声夷为平地，登时遍体鳞伤。而皇族尤其痛恨，每次谈起他必定咬牙切齿。为什么？因为他忘恩负义，不知道深厚的德行是从哪里来的。皇族的府宅有的很远，而我有幸得以先听到此事，我不胜愤慨，愿意作为皇族的先导，父子兄弟背着箩筐，找着铁锹，奔赴南阳，把刘崇的宫室掘为污池，像古代那样处罚。把刘崇的社也像亡国的亳社那样处置，分别赐给各诸侯国，永远作为鉴戒。希望把我的建议交给四辅、公卿大夫议论，以表明好恶，昭示四方。

此时王莽十分高兴。公卿说："都应按照刘嘉说的处置。"王莽禀告太后下诏说："刘嘉父子兄弟虽然和刘崇有亲戚关系，但是不敢偏护徇私，看见叛逆的萌芽，就相继告发，到叛乱形成，则同仇敌忾，符合古代制度，忠孝的道德十分鲜明，请把杜衍县的一千户封给刘嘉，封他为帅礼侯，刘嘉的十个儿子都赐封为关内侯。"后来又封张竦为淑德侯。长安人针对此事说："想要赐封，找张伯松（张竦字伯松）。拼力战斗，不如巧妙上奏。"王莽又赐封一百多南阳有功的官吏、平民，把刘崇的住宅掘为污池。以后谋反的人，住宅都掘为污池。

群臣又说："刘崇等人所以敢于谋反，是因为王莽权力太轻。应该提高加重王莽的权力，以便镇服全国。"五月甲辰日，太后下诏说，王莽朝见太后时称"假皇帝"。

冬天，十月丙辰朔日，发生了日食。

十二月，群臣上奏请求："增加安汉公的宫室及府中吏员，设置率更令，庙、厩、厨的长和丞，中庶子，以及虎贲勇士以下一百余人，又设置卫士三百人。安汉公的值班卧室称为'摄省'，官府称为'摄殿'，府第称为'摄宫'。"奏章被认可。

王莽禀告太后下诏说："原太师孔光虽然早已去世，功勋已经建立。太保王舜、大司空甄丰、轻车将军甄邯、步兵将军孙建都为诱招匈奴单于出谋划策，又主持修建灵台、明堂、辟雍、四郊祭坛，订立制度，开通子午道，和宰衡同心同德，合力齐心，功德卓著。封王舜的儿子王匡为同心侯，王林为悦德侯，孔光的孙子孔寿为合意侯，甄丰的孙子甄匡为并力侯，甄邯、孙建的封邑各增加三千户。"

这一年，西羌庞恬、傅幡等人怨恨王莽夺取他们的土地划为西海郡，谋反攻击西海太守程永，程永逃跑。王莽杀死程永，派护羌校尉窦况进击羌人。

居摄二年春天，窦况等击败西羌。

五月，铸造新货币。计有：错刀，一枚值五千钱；契刀，一枚值五百钱；大钱，一枚值五十钱；与五铢钱同时发行。民间偷铸货币的很多。禁止列侯以下的人挟带黄金，有黄金都要送到御府换成钱，但始终没付钱给交黄金的人。

九月，东郡太守翟义趁测试军士之机，部署车士、骑士，调发奔命军，拥立严乡侯刘信为天子，传送檄文到各郡、封国，说王莽"毒死平帝，代理天子职位，想断绝汉朝天下。现在我恭敬地执行上天的处罚，诛杀王莽"。郡和封国都疑惑、动摇，翟义聚众十余万。王莽恐慌得吃不下饭，昼夜抱着孺子到郊庙祈祷，模仿《大诰》制作策书，派谏大夫桓谭等人颁布全国，告知天下臣民自己是代理皇帝，将来要把政权归还孺子。又派王邑、孙建等八将军攻击翟义，分别驻扎各关口，防守要塞。槐里男子赵明、霍鸿等人起兵响应翟义，互相密谋说："众将军率精兵东征，京城空虚，可以进攻长安。"他们聚集的人渐渐增多，达到了十万人。王莽恐惧，派将军王奇、王级率兵抵抗。任命太保甄邯为大将军，在高帝庙接受斧钺,统领全国军队,左边持节杖,右边握斧钺,驻扎城外。王舜、甄丰昼夜在宫殿中巡行。

十二月,王邑等人在圉县打败翟义。司威陈崇作为使臣被派去监督军队,此时上书说:"陛下秉承上天大法,心意与灵龟相合,接受上天大命,预知事情成败,所预测的事情全部实现,这就叫作和上天相配。配天的君主,思想能改变人的意志,说话能使万物变动,行动就能形成理想社会。臣陈崇俯伏拜读诏书下达的日期,私下计算,陛下思想刚一发生,反贼便被击破;诏书刚开始书写,反贼便大败;诏书刚刚下达,反贼便全部斩首。众将来不及齐展雄风,臣陈崇来不及贡献愚计,而事情已经全部结束了。"王莽非常高兴。

居摄二年春天,地震,全国实行大赦。

王莽币制改革时用的钱范图

王邑等人回到京城,向西与王级等人合兵进攻赵明、霍鸿等,打败并消灭了他们。王莽在未央宫白虎殿大摆酒宴,慰劳赏赐将领。命令陈崇审理军功,区别等级。王莽便上奏说:"圣明的时世,国家贤良多,所以唐尧虞舜时代,可以挨家挨户封侯,遇到功绩完成、事情结束,就增加赏赐。到夏禹时,在涂山大会诸侯,手执玉帛的有一万国,诸侯执玉,附庸执帛。周武王在孟津大会诸侯,还有八百诸侯参加。周公摄政,祭祀天地让后稷配享天帝,在明堂祭祀祖宗让文王配享上帝,因此四海之内个个携带贡物前来祭祀,大概有一千八百诸侯。《礼记·王制》记载有一千七百余国,因此孔子著《孝经》说:'连小国之臣也不敢遗漏,何况对于公侯伯子男?所以能获得万国的欢心,用来祭祀先王。'这是天子的孝顺。秦朝暴虐无道,消灭诸侯,建立郡县,想垄断天下的利益,所以传了两代就灭亡了。高祖承受天命,消灭残贼,论功行赏,建立了几百个封国,后来渐渐衰落,剩下寥寥无几。太皇太后亲自执政,广泛地赐封有功勋德行的人,以便鼓励人们行善,复兴已经灭亡的国家,恢复已经断绝了后代的封君,使他们子子孙孙永远相传,因此教化流传,理想社会就要实现。适逢羌寇侵害西海郡,反贼在东郡散布流言蜚语,叛乱分子在西部妖言惑众,忠臣孝子无不愤怒,大军征伐,所向灭绝。全部服罪,天下安宁。如今制礼作乐,考察确实,周代爵分五等,地分四等,有明文记载;商代爵分三等,有此说法而无明文。孔子说:'周借鉴夏、商两代,典章多么丰富!我随从周代。'我请求让应当获得爵位、封邑的众将领,爵分五等,地分四等。"奏章被认可。于是获封的人,高的为侯、伯,其次为子、男,应当赐封关内侯的,改名为"附城",共数百人。攻打西海郡的以"羌"为封号,攻打槐里的以"武"为封号,攻打翟义的以"虏"为封号。

群臣又上奏说:"太后记录有功有德的人,远的追溯千载,近的就在当代,有的因为文治受封,有的因为武功赐爵,德深德浅、功大功小,无不受封赏。如今摄皇帝背负斧钺登上皇位,应该和担任宰衡的时候有所不同,制礼作乐虽未完成,也应进升其两个儿子为公。《春秋》说,'善待好人,并波及他的子孙','贤人的后代应有土地'。成王广泛地赐封周公的六个庶子,使他们都有封地。到汉朝,名相大将如萧何、霍光等人,封赏都到了旁支亲属,摄皇帝兄长之子王光,可先封为列侯;众孙子,待制礼作乐完成之后,由大司徒、大司空报上名单,照以前的诏书办理。"太后下诏说:"进升摄皇帝儿子褒新侯王安为新举公,赏都侯王临为褒新公,封王光为衍功侯。"那时王莽归还了新都国,群臣又说用它来封王莽的孙子王宗为新都侯。王莽既消灭了翟义,自以为道德威望日益隆盛,获得了上天和人民的帮助,于是就计划做真皇帝了。

九月,王莽的母亲功显君去世,王莽的心思不在于表示哀伤,却让太后下诏议论丧服问题。少阿、羲和刘歆和博士、儒生七十八人都说:"摄政的意义是统帅臣民完成上天的使命,光大帝王的治道,建立法令制度,安抚全国。从前商朝成汤去世后,太子早年夭折,其子太甲幼小不懂事,伊尹把他流放到桐宫而自己摄政,振兴了商朝。周武王去世后,周朝治道未成,成王幼小,周公屏退成王而自己摄政,完成了周朝的治理。因此,商代有井然有序的教化,周代有不用刑罚的功绩。如今太皇太后家室屡遭不幸,委任安汉公主管百官,治理天下。逢孺子幼小,不能恭奉天地,上天降不祥瑞,出现了丹书白石的符命,因此太皇太后根据上天的旨意,命令安汉公登皇帝位摄政,准备让他完成汉朝的神圣事业,和唐虞尧、舜三代媲美。摄皇帝于是开放秘府,集合儒生,制礼作乐,设定百官,很好地完成了上天的使命。他思虑周密,见解卓越,发掘周代礼制,明确借鉴的蓝本,以天为法,查考古制而加以增删,犹如孔子听到《韶乐》,好比日月之崇高而不可逾越,不是至圣先哲,谁能如此! 政纲法令全部具备,都是一点一滴积累而成,这就是用来保佑神圣汉朝、安定百姓的功效。现在功显君去世,《礼》说:'庶子继位,为他的生母守缌麻服。'《传》说:'和尊贵的人相继承而为一体,就不敢为生母守服了。'摄皇帝用圣明的德行承受天命,接受太后诏书登皇帝位摄政,继承汉朝世系,对上肩负着祭祀天地、治理国家的重任,对下还要为百姓操劳,日理万机,不能顾及生母。因此,太皇太后封他的长孙为新都侯,作为哀侯的后代。明确表示摄皇帝已和尊贵的帝王相承而为一体,承担宗庙的祭祀,事奉供养太皇太后,不得为生母守丧服了。《周礼》说,'帝王为诸侯守缌麻服','冠上加环状孝带',同姓诸侯用麻,异姓诸侯用葛。摄皇帝应当为功显君守缌麻服,冠上加环状麻带,就像天子吊唁诸侯的丧服,以便符合圣人制定的礼制。"王莽就如法实行,共吊唁一次、会见两次,而让新都侯王宗作丧葬主人,服丧三年。

司威陈崇上奏,衍功侯王光私下告诉执金吾窦况,让他杀人。窦况替王光逮捕了那人,判处死刑。王莽大怒,严厉叱责王光。王光的母亲对王光说:"你自己看看,能不能比得上王宇、王获?"于是,母子二人自杀,连窦况也死了。起初,王莽用事奉母亲、供养嫂嫂、抚育侄儿获得好名声,到后来荒谬暴虐,又用杀亲戚来显示自己大公无私。王莽让王光的儿子王嘉继承爵位,为衍功侯。

王莽下书说:"停止奏乐的规定,到冬季末尾就结束了。正月郊祀天地,当奏各种乐器。王公卿士,音乐共分几等? 五声八音,各有什么规定? 请与所属儒生殚精竭虑,全部陈述清楚。"

这一年,广饶侯刘京、车骑将军千人扈云和太保属官臧鸿奏报符命。刘京说齐郡的新井,扈云说巴郡的石牛,臧鸿说扶风雍县的石头,王莽把他们迎接来京城,表示接受。十一月甲子日,王莽上奏太后说:"陛下极为圣明,家室遭逢不幸,遇到汉朝相传十二代三七二百一十年的灾难,秉承上天威严的命令,下诏让我王莽摄政,接受孺子的委托,肩负全国的希望。臣王莽兢兢业业,唯恐不能称职。皇亲刘京上书说:'七月中旬,齐郡临淄县昌兴亭亭长辛当一夜之间连做数梦,梦中有人对他说:'我是天公派来的使臣,天公要我告诉亭长,摄皇帝应当成为真皇帝。如果你不相信,此亭中应出现一口新井。'亭长早晨到亭中去看,果然有一口新井,深入地下将近一百尺。十一月,壬子日,正值冬至,巴郡石牛运到,戊午,雍县有文字的石头运到,都放在未央宫前殿。我和太保安阳侯王舜等去看,大风突起,尘土飞扬,风定后,石头前出现了铜符和帛画,上面的文字是:"上天告知皇帝符命,献上的人应封侯。秉承天命,执行神令。'骑都尉崔发等人观察了文字,并加以解释。以前孝哀皇帝建平二年六月甲子日下诏书,改元为太初元将元年,查考其事情的来历,有甘忠可、夏贺良的谶书收藏在兰台。我认为,元将元年,就是大将居摄改元的意思,现在证实了。《尚书·康诰》:'王这样说:尊贵的侯,我的弟弟,年轻的封',这就是周公摄政称王的记载。《春秋》叙述隐公不说即位,因为他是摄政。这两部经书,是周公、孔子所编定的,是后代的法典。孔子说:'畏惧天命,畏惧大人,畏惧圣人的言语。'臣王莽不敢不秉承实践!我请求在恭敬的地祭祀神灵、祖先,以及向太皇太后、孝平皇后奏事时,都自称'假皇帝'。向天下发布号令,以及天下臣民奏事时,都不要讲'摄'。把居摄三年改为初始元年,漏壶刻度改为一百二十度,用来顺应天命。我王莽日夜培育造就孺子,让他具有周成王的德行,宣扬太皇太后的威望德行,使万国皆知,希望他们富足而有教养。孺子成年之后,把政权交还给他,就像周公过去做的那样。"奏章被认可。广大民众知道他已接受符命。他又暗示群臣,广泛议论,分别上奏太皇太后,以显示由摄皇帝到真皇帝的逐步过渡。

期门郎张充等六人阴谋共同劫持王莽,拥立楚王做皇帝。事情被发觉,全部处死。

梓潼人哀章在长安求学,一向品行恶劣,喜欢说大话。他见王莽摄政,就制作了一个铜柜,写了两道题签,一道写:"天帝行玺金匮图",一道写:"赤帝行玺某传予黄帝金策书"。所谓某,是高祖刘邦的名字。文书说,王莽做真天子,太皇太后服从天命。图和书都写着王莽的大臣八人,又取了吉利的名字王兴、王盛,哀章把自己的名字也放进去,共为十一人,都写好官职、爵位,作为辅佐大臣。哀章听说齐井、石牛事情交下议论,当天黄昏穿黄衣持铜柜到高帝庙,交给仆射。仆射上报。戊辰日,王莽到高帝庙拜受铜柜,接受天神命令汉家禅位的符命。他头戴王冠,进见太后,回来后坐在未央宫前殿,下达文书说:"我德行浅薄,有幸受托为皇初祖考黄帝的后代和皇始祖考虞帝的嫡系后裔,而且是太皇太后的微末亲属。皇天上帝大加保佑,天命让我继承大统,符命、契书、图画、文字,铜柜中的策书,都显示神明指示,把天下亿万百姓托付给我,赤帝汉高祖的神灵,秉承天命,赐我传国的金匮策书,我十分敬畏,怎敢不恭敬地接受!定于戊辰日,戴王冠,即真天子位,改定国号叫'新'。应改定历法,改变服饰颜色,改变祭祀用的牲畜,改变旗帜、标志,改变器物形制,把十二月初一癸酉日,作为始建国元年正月初一,以鸡鸣时为一天的开始。服饰的颜色崇尚黄色,以配土德;祭礼的牲畜用白色的,符合正月建丑;使者节杖上的旄饰都用纯黄色的,上书'新使五威节',以显示皇天上帝的威严命令。"

始建国元年正月初一日,王莽率领公侯卿士捧着皇太后的玉玺,呈给太皇太后,顺从上天的符命,去掉汉朝的名号。

当初,王莽娶宜春侯王咸的女儿为妻,现在立为皇后。本来生了四个儿子:王宇、王获、王安、王临。王宇、王获早些时候被处死,王安神志不清,就立王临为皇太子,封王安为新嘉辟。封王宇的六个儿子：王千为功隆公，王寿为功明公，王吉为功成公，王宗为功崇公，王世为功昭公，王利为功著公。天下大赦。

王莽给孺子下达策书，说："唉，你刘婴，从前皇天保佑你的太祖，历经十二代，享有国家二百一十年，而今天命归于我本人。《诗》不是说过吗？'商代后裔臣服周朝，天命是不固定的。'封你为安定公，永远做新朝的宾客。呜呼！要感谢上天的美意，去登上你的公爵位，不要违背我的命令。"又说："把平原、安德、渭阴、鬲、重丘五县，共一万户，土地纵横一百里，作为安定公国。国中立汉朝历代祖先的祭庙，就像周朝的后裔一样，准许使用汉朝的历法、服饰颜色，代代祭祀祖宗，永远以高尚的道德和卓越的功勋享受历代的祭祀。封孝平皇后为安定太后"。策书读完后，王莽亲自拉着孺子的手，流泪叹息，说："从前周公摄政，终于能把政权归还成王。现在我被皇天威严的命令逼迫，不能实现自己的心愿。"哀叹了很长时间，中傅带领孺子走下宫殿，面向北面而自称臣子。文武百官陪侍一旁，无不深受感动。

王莽又按照铜柜中图书的指示，封爵拜官。任命太傅、左辅、骠骑将军安阳侯王舜为太师，封安新公；任命大司徒就德侯平晏为太傅，封就新公；任命少阿、羲和京兆尹红休侯刘歆为国师，封嘉新公；任命广汉梓潼哀章为国将，封美新公：以上为四辅，位在三公之上。任命太保、后承承阳侯甄邯为大司马，封承新公；任命还进侯王寻为大司徒，封章新公；任命步兵将军成都侯王邑大司空，封隆新公：以上为三公。任命太阿、右拂、大司空、卫将军广阳侯甄丰为更始将军，封广新公；任命京兆人王兴为卫将军，封奉新公；任命轻车将军成武侯孙建为立国将军，封成新公；任命京兆人王盛为前将军，封崇新公：以上为四将。合计封十一公。王兴是原城门令史，王盛原是卖饼的。王莽按照符命寻得同姓名的十余人，此二人相貌符合占卜要求，平步青云，以显示为神意。其余那些同名的都拜为郎。这天任命卿大夫、侍中、尚书官职共数百人。刘姓皇族做郡太守的，都调任谏大夫。

把明光宫改为安定馆，让安定太后住在里面；把原大鸿胪府改为安定公府；都设置门卫、使者，负责监视管理。命令乳娘不准和安定公说话，安定公长期软禁在家中，到长大成人，还叫不出六畜的名字。后来，王莽把孙女、王宇的女儿，嫁给了安定公。

王莽向各部门颁布策书说："木星主庄重，东岳太师掌管雨水适时，青色光辉升腾均平，用日晷考察日影。火星主明哲，南岳太傅掌管温暖适度，红色光辉宽容均平，用律管考察声音。金星主安定，西岳国师掌管干燥适度，白色光辉成形均平，用权衡来考核重量。水星主计谋，北岳国将掌管寒冷适度，黑色的光辉温和均平，用漏刻考察星斗。月亮主威严，似帝王左股，司马掌管武力，用矩尺考察形体方正，主管天文，恭敬地服从上天，教导下民不误农时，努力务农，获得丰收。太阳主德行，似帝王右臂，司徒掌管文教，用规尺考察形体园合，主管人类社会，辅助五教，率人民服从君王，宣扬教化，改良风俗，体现五常。北斗主持平，似帝王内心，司空掌管四方贡物，用准绳考察曲直，主管地理，整治水利土地，管理名山大川，繁殖鸟兽，使草木茂盛。"对各部门的职务都进行了策命，就像典诰中所说。

设置大司马司允，大司徒司直，大司空司若，职位都和孤卿相同。大司农改名为羲和，后来又改为纳言，大理改名为作士，太常改名为秩宗，大鸿胪改名为典乐，少府改名为共工，水衡都尉改名为予虞，和三公的司卿合计为九卿，分别隶属三公。每一卿设置三名大夫,每一大夫设置三名元士,合计二十七名大夫,八十一名元士,分别主管京城各官府。光禄勋改名为司中,太仆改名为太御,卫尉改名为太卫,执金吾改名为奋武,中尉改名为军正,又设置大赘官,主管皇帝的车马、服饰、用具,后来又主管军需物资,职位都和上卿相同,号称六监。郡太守改名为大尹,都尉改名为太尉,县令长改名为宰,御史改名为执法,公车司马改名为王路四门,长乐宫改名为常乐室,未央宫改名为寿成室,前殿改名为王路堂,长安改名为常安。官秩百石改名叫庶士,三百石叫下士,四百石叫中士,五百石叫命士,六百石叫元士,千石叫下大夫,比二千石叫中大夫,二千石叫上大夫,中二千石叫卿。车马、服饰、冠帽各有等级差别。又设置司恭、司徒、司明、司聪、司中大夫以及诵诗工、彻膳宰,用来主管督察过失。策书说:"我听说圣人想显明德行,无不谨慎地修养自身,用来安抚远方,因此设置你们这些官职掌管貌、言、视、听、思五事。不要隐瞒过失,不要助长虚美,好恶不谬误,掌管中庸之道。呜呼,努力吧!"命令在君王走的路上设置进善言的旌旗,提批评的木牌,进行申辩的鼓。四位谏大夫常年坐在王路门旁接待向君王诉说事情的人。

大封王氏宗族,同一祖父的封为侯,同一曾祖父的封为伯,同一高祖父的封为子,同一玄祖父的封为男。他们的女儿,都封为任。男的用"睦"为号,女的用"隆"为号,都发给印信。命令诸侯都立太夫人、夫人和世子,也发给印信。

又说:"天上没有两个太阳,地上没有两个君王,这是百代不变的道理。汉朝诸侯有的称王,以至于连四方蛮夷也称王,违背了古代典章,不符合一统的大义。现在确定诸侯王一律改称公,四方蛮夷超越名分称王的,一律改为侯。"

又说:"帝王的道统,应当继承而贯通;德行隆盛的世系,应百代享受祭祀。我考虑黄帝、少昊、颛顼、帝喾、尧、舜、禹、皋陶、伊尹都有崇高的德行,上通皇天,功业伟大,光辉延续久远。我很赞赏他们,寻求他们的后裔,继续世代祭祀。"他认为王氏是虞舜的后代,出自帝喾;刘氏是尧的后代,出自颛顼。于是封姚恂为初睦侯,做黄帝的后代;封梁护为修远伯,做少昊的后代;皇孙功隆公王千,做帝喾的后代;封刘歆为祁烈伯,做颛顼的后代;封国师刘歆的儿子刘叠为伊休侯,做尧的后代;封妫昌为始睦侯,做舜的后代;封山尊为褒谋子,做皋陶的后代;封伊玄为褒衡子,做伊尹的后代。汉朝后裔安定公刘婴,地位是宾。周朝后裔卫公姬党,改封为章平公,地位也是宾。商朝后裔宋公孔弘,时运转变,序次变迁,改封为章昭侯,地位是恪。夏朝后裔辽西姒丰,封为章功侯,地位也是恪。四个朝代的始祖,在明堂共同祭祀,配祭皇始祖虞舜。周公的后裔褒鲁子姬就,宣尼公孔子的后裔褒成子孔钧,此前已经确定了。

王莽又说:"以前我在摄政时,建立郊宫,确定远祖祭庙,设立土神谷神祭坛,神灵报应赏赐,有光从上面覆盖下来,流变为乌鸦。有黄气蒸腾,光辉鲜明,以显扬黄帝、虞舜的功业。从黄帝到济南伯王(王莽高祖),祖先的姓氏有五个。黄帝有二十五个儿子,赐给十二个姓氏。虞帝的祖先接受姓氏为姚,陶唐时是妫氏,周代时是陈氏,在齐国是田氏,在济南是王氏。我考虑皇初祖先黄帝,皇始祖先虞舜,在明堂一起祭祀,应当列入祖宗的亲庙。建立五座祖庙,四座亲庙,王后、夫人都陪同供奉。郊祀时用黄帝配享上天,黄后配享大地。把新都侯的东宅作为大庙,每年按时祭祀。天下百姓家所崇尚的祖先,也应世世祭祀。姚、妫、陈、田、王氏五姓,都是黄帝、虞舜的后裔,是我的同族。《书》不是说过吗？'要宽厚地对待九族亲属'。命令天下把这五姓人的名册上报朝廷，都作为宗室，世世代代免除赋税、徭役，无须缴税服役。元城的王氏，不能和姚、妫、陈、田四姓通婚，以区别宗族、分出亲疏。"封陈崇为统睦侯，做胡王的后代；封田丰为世睦侯。作为敬王的后代。

全国的州牧、郡守都因为以前有翟义、赵明等人的叛变而统领州郡，心怀忠孝，封州牧为男，封郡守为附城。又封旧时恩人戴崇、金涉、箕闳、杨并等人的儿子为男。

派骑都尉嚣等人分别在上都桥畤整治黄帝陵园，在零陵九疑山整治虞帝陵园，在淮阳陈县整治胡王陵园，在齐临淄整治敬王陵园，在城阳莒县整治愍王陵园，在济南东平陵整治伯王陵园，在魏郡元城整治孺王陵园，派使者一年四时祭祀。尚未建好祭庙的，因为天下刚刚安定，权且在明堂大庙合祭。

把汉高祖庙当作文祖庙。王莽说："我的皇始祖父虞舜接受唐尧的禅让，汉朝的初祖是尧，世代都有禅让的风格，我又亲身在汉高皇帝灵前接受了金策，一心想表彰厚待前代君主，哪里敢忘记？汉代祖宗有七位，按照礼法在安定国中建立宗庙。他们在京城的园陵寝庙，不要废除，依旧祭祀。我在秋天九月时亲自进入汉朝高祖、元帝、成帝、平帝的庙中祭祀。各刘姓皇族，名籍改归京兆大尹管理，不要取消他们免除赋役徭役的特权，让他们终身享有，州牧要常去抚恤慰问，不要让他们受侵害、有冤屈。"

又说："我以前任大司马、宰衡以致当摄政皇帝，深思汉代传世二百一十年遭到的危难，感到汉代气数已尽，想方设法辅佐刘氏延长政权寿命，无所不用其极。因此铸造金刀货币，希望能用来救助汉朝。但是从孔子作《春秋》为后代君王立法，到鲁哀公十四年一个朝代宣告结束，和今天正好一样，汉哀帝即位至今也十四年了。汉代气数已尽，终于不能勉强救助，天威显明，黄德王朝当兴，清楚地显示出天命，把天下托付给我。如今百姓都说，上天革除汉朝而建立新朝，废除刘氏而振兴王氏。刘的字形结构是卯、金、刀，因此，正月卯日制造的玉佩以及金刀等货币，都不得再用。广泛地征求公卿士大夫的意见，都说天人感应，显著分明。除去刚卯玉佩，废除金刀货币，顺应天意，大快民心。"于是改铸小钱，直径六分，重一铢，上铸文字"小钱直一"，和以前所铸"大铸五十"文字的作为两种货币，共同流通。想防止民间偷铸货币，就禁止私藏铜和炭。

这年四月，徐乡侯刘快结党数千人在他的封国起兵，他哥哥刘殷是原汉朝胶东王，此时改封为扶崇公。刘快发兵攻打即墨，刘殷关闭城门，自己把自己关进监狱。城中官吏民众抵抗刘快，刘快败逃，到长广时死去。王莽说："从前我的祖先济南愍王被燕兵围困，从齐临淄出走，占据莒县自保。族人田单出奇制胜，俘虏斩杀燕国将领，重新安定了齐国。如今即墨的士大夫又同心协力歼灭反贼，我十分赞赏那些忠臣，怜悯那些无辜的人。赦免刘殷等人，除刘快的妻子儿子，其他亲属应当连坐的，都不要判罪。吊唁死者，慰问伤者，赐给死难者丧葬费每人五万钱。刘殷知天命，对刘快深恶痛绝，因此，罪犯立即受到惩罚。让刘殷的封国满一万户，土地方圆一百里。"又封符命上所记载的臣子十余人。

王莽说："古时候，每八户设一庐井，共耕井田。一夫一妻分一百亩地，交纳十分之一的税，国家充足，民众富裕，颂扬的声音兴起。这是唐尧虞舜的治国之道，夏、商、周三代遵循施行。秦暴虐无道，加重赋税以供奉自己，让民力疲惫以满足穷奢极欲，破坏圣王制度，废除井田，因此产生土地兼并，出现了贪婪卑鄙的行为，豪强占田数以千亩计，贫人没

中华传世藏书

二十五史

汉书

六〇五

有立锥子的地方。又设奴婢市场，和牛马关在一起，臣民掌握奴隶，专断他们的命运，奸诈残暴的人乘机牟利，以至于掠夺贩卖人家的妻室儿女，违背天意，惑乱人伦，背离天地间生命人最宝贵的原则。《书》说，'我就要把你当作奴隶'，只有那些不听话的人，才会受此罪罚。汉代减轻田租，收三十分之一，但常有代役税，残疾人都要出，而豪强欺凌平民，出租田地，勒索田租，名义上是三十分之一，实际上是十分之五。父子夫妻终年耕耘，收获的粮食还不够吃。所以富人有狗马有富余的豆谷，骄奢淫逸而邪恶不轨，穷人连糟糠也吃不饱，穷困潦倒而被迫为奸恶。富人、穷人都犯罪，刑罚自然不能不用。我以前任大司马、宰衡时，开始下令把天下土地作为公田按人口分成井田，当时就出现了嘉禾的祥瑞，因遭叛乱而祥瑞暂停。现在把天下田地改名为'王田'，奴婢改名为'私属'，一律不

农人耕作图

准买卖。一户男子不超过八人而土地超过一井的，把多余土地分给九族亲属或邻里乡亲。原先没有土地现在应当分给土地的人，按制度分。有敢反对井田圣制、无视国法妖言惑众的，流放到四周边远地区。以此制服坏人，就像皇始祖虞舜所做的那样。"

　　那时百姓习惯使用汉代的五铢钱，因为王莽铸的钱币有大小两种同时流行，难以换算，又多次改变币制失去信用，所以都私下用五铢钱进行买卖。谣传大钱要废除，大家都不肯收。王莽很伤脑筋，又下书说："所有私藏五铢钱，说大钱要废除的人，和反对井田制一样，流放到边地。"于是农夫、商人失业，农、商都衰败，民众甚至在市场、道路上哭泣。因为买卖土地、住宅、奴婢及私自铸钱而犯罪的，上自诸侯、卿大夫，下至庶民，数不胜数。

　　秋天，派五威将王奇等十二人向天下颁布四十二篇《符命》。计有：德祥类五篇，符命二十五篇，福应十二篇，共四十二篇。其中德祥篇是讲汉文帝、寅帝时代成纪、新都出现黄龙、王莽高祖王伯墓门的梓木柱上生出枝叶一类的事。符命篇是讲井石、铜柜一类的事。福应篇是讲母鸡变公鸡一类的事。文章典雅类似经文，都有解说，总的意思是说王

莽应当代替汉朝拥有天下。总括起来说道："帝王接受天命，一定有象征德行、吉祥的符瑞，合成五命（即肇命、受瑞、开王、定命、成命），加上因福气而获得的报应，然后才能建功立业，传给子孙，世世代代享受无穷。所以新朝兴起，德祥的符瑞出现在汉代九世二百一十年之后，从封新都侯开始受天命，从黄支国献犀牛接受祥瑞，从武功县井石开创帝王基业，从子同（梓潼）县铜柜确定天命，从巴郡宕渠县完成受命，加上十二次福气的报应，上天保佑新朝深沉而又牢固！武功的丹石出现于汉平帝末年，汉朝火德销尽，新朝土德代替，皇天爱护，除去汉朝，兴立新朝用丹石开始授天命给皇帝。皇帝谦让，摄政代居帝位，没能符合天意，所以那年秋天七月，上天又加上三台星和文马。皇帝又谦让，没就位，所以上天第三次用铁契，第四次用石龟，第五次用虞符，第六次用文圭，第七次用玄印，第八次用茂陵石书，第九次用玄龙石，第十次用神井，第十一次用大神石，第十二次用铜符帛图，显示天命。申明天命的符瑞，越来越明显，一直达到十二次，明白地告诉新皇帝。皇帝深思上天的威严不能不畏惧，所以才去掉摄皇帝的称号，但还是称假皇帝，改年号为初始，想以此承塞天命，满足上帝心意。然而这仍然不是皇天郑重降下符命的本意，所以这一天上天又降下金匮策书。另外，侍郎王盱见一人穿白布单衣，红色五彩衣领，戴着小帽子，站在王路殿前。他对王盱说：'今天五方天神共同谋划，把天下百姓托付给皇帝。'王盱很奇怪，走了十余步，那人忽然不见了。到丙寅日傍晚，汉代高祖庙有金匮图策，说：'高皇帝秉承天命，把国家传给新朝皇帝。'第二天早晨，宗伯忠孝侯刘宏报告此事，于是召集公卿商议，未做出决定，而大神石发出人声：'催促新皇帝到高帝庙去接受天命，不要耽搁。'于是新皇帝立刻登车，到汉代高帝庙去接受天命。受命那天是丁卯日。丁是火，汉代为火德；卯，是刘字的组成部分；明显表示汉刘火德已尽，而传国给新朝。皇帝谦让，征兆已经很全了，仍然坚决推辞，但十二次符应逼迫，天命不可推辞，皇帝惊惧敬畏，怜惜汉朝终于不能救助，努力辅佐汉室却不能如意，为此三夜不能入睡，三天吃不下饭。召见、询问公侯卿大夫，都说：'应该遵奉上天威严的命令。'于是才改年号，定国名，天下更新。新朝一经建立，神灵欢喜，又降福应，吉祥的符瑞频频出现。《诗》说：'安抚民众，善用贤人，得受上天的福禄；天命保佑，反复赐福。'说的就是这种情况。"五威将军捧着符命、带着印信，自王侯以下到官吏更改名称的，对外至于匈奴、西域、塞外蛮夷，都就地授给新朝的印信，趁便收回原先汉朝的印信。赐爵位，官吏每人两级，百姓每人一级，女子以百户为单位赐给羊和酒，蛮夷赐给财帛，各有等差。天下大赦。

五威将乘着画有天文图像的车，驾着六匹牝马，背着雄美鸡的羽毛，服饰十分壮观。每一将都设置前后左右中五帅。衣冠、车饰、驾车马匹，都按照其方位确定颜色和数目。将持符节，称为太乙的使者；帅持用羽毛装饰的旗帜，称为五帝的使者。王莽颁发策书说："普天之下，一直到四方边界，没有不去的地方。"出使东方的，到了玄菟、乐浪、高句丽、夫余；出使南方的，越过边塞，经益州，把句町王贬降为侯；出使西方的，到达西域，把所有的王都改为侯；出使北方的，到匈奴单于庭，授给单于印，把汉印的印文改了，去了"玺"字，改为"章"。单于想索回原先的印，陈饶用槌子砸碎，单于大怒，而句町、西域各国后来终于为此而反叛。陈饶回来后，被任命为大将军，封为威德子。

冬天，天空响雷，桐树开花。

设置五威司命、中城四关将军。司命主管上公以下各级官吏，中城主管十二城门。

向统睦侯陈崇颁发策书说:"呵,你陈崇,不遵守命令是祸乱的根源;狡猾大奸,是强盗的根本;私铸假钱,妨碍货币流通;骄奢淫逸超过限度,是凶暴祸害的开端;泄露宫廷及尚书机密,'机密不能保守就会害事';朝廷拜爵而到私人家里去谢恩,官职任命权离开朝廷,政权就会丧失;以上六条是国家的根本法纪。为此任命你为五威司命,你要'软的不吃,硬的不吐,不欺侮鳏寡,不畏惧强暴',皇帝的命令你要照办,统领百官,和睦朝廷。"对说符侯崔发颁布命令说:"夜晚关闭重重门户,敲梆子巡夜,以此防备盗贼。任命你作五威中城将军,中城教化成功,天下就会喜欢符命。"对明威侯王级颁布命令说:"绕溜地势险阻,南面正对着荆楚故地,你作五威前关将军,振奋威武保卫,在前面显示威力。"对尉睦侯王嘉颁布命令说:"羊头山的险要,北面正对着燕赵故地,你作五威后关将军,在壶口据守险关,在后面安抚平定。"对掌威侯王奇颁布命令说:"肴山、渑池的险要,东面正对着郑、卫故地,你作五威左关将军,扼守函谷关御敌,在左边执掌威权。"对怀羌子王福颁布命令说:"陇的险阻,西面正对着戎狄,你作五威右关将军据守成固,在右边安抚西羌。"

又派五十名谏大夫分别在各郡国铸钱。

这一年长安有个疯女人,名叫碧,在路上呼喊:"高皇帝大怒,说赶快把国家还给我,不然,九月一定杀死你。"王莽逮捕并杀死了她。主管官吏掌寇大夫陈成自动要求免去官职。真定刘都等人计议起兵,被发觉,全部处死。真定、常山降大雨和冰雹。

始建国二年二月,天下大赦。

五威将帅七十二人回京城奏报,原汉朝诸侯王改封为公的,全部交上玺印,降为平民,无一违抗命令。封五威将为子,五威帅为男。

开始设立六管。命令政府专卖酒、盐和铁器,垄断铸钱,所有开采获取名山大川各种资源的,一律征税。又命令市官收购价格低的物品,抛售价格高的物品,向民众发放贷款,每月收百分之三的利息。羲和下设酒士,每郡一人,乘坐驿车督察卖酒的利润,禁止民间私藏弓弩铠甲,违犯者流放到西海郡。

匈奴单于索求原来的印玺,王莽不给,于是匈奴侵犯边郡,屠杀掠夺官吏、平民。

十一月,立国将军孙建奏报:"西域将领但钦上书说,九月辛巳日戊己校尉史陈良、终带一起杀害戊己校尉刁护,劫持官兵,自称是已被废除了的汉朝的大将军,逃亡到匈奴去。又本月癸酉日,不知哪里来的一名男子拦在我的车前,自称:'是汉代刘子舆,成帝小妻的儿子。刘氏应当复国,赶快腾出皇宫。'逮捕那男子,乃是常安人,姓武,字仲。这都是违抗天命,大逆不道,请求论处武仲和陈良等应当连坐的亲属。"奏章得到认可。又说:"汉高祖屡次告诫说,撤掉守护汉室宗庙的官兵,愿在王氏宗庙中做寄食的宾客,确实是想顺承天意,保全子孙。刘氏宗庙不应留在常安城中,刘氏皇族做诸侯的应当和汉王朝一起废掉,陛下极为仁慈,长时间没做出决定。以前,原安众侯刘崇、徐乡侯刘快、陵乡侯刘曾、扶恩侯刘贵等相继聚众谋反。如今狂妄狡诈的家伙有的妄称是亡汉的将军,有的说是成帝之子子舆,以至于犯下杀身灭族的大罪,此起彼伏连绵不断,这都是因为圣上恩德慈惠不及早根绝其萌芽的缘故。臣下愚昧,认为汉高祖是新朝的宾客,在明堂享受祭祀。成帝是您的姑表兄弟,平帝是您的女婿,都不应该再进入宗庙。元帝和皇太后夫妇一体,是陛下恩德所推崇的,按照礼仪也应该如此。臣下请求废除设在京城中的汉朝宗庙。做诸侯的名刘姓皇族,根据户数多少分别为公侯伯子男五个等级;凡刘姓皇族担任官职的全部罢免，在家里等待任命。对上顺应天意，合高皇帝神灵的心愿，杜绝狂妄狡诈之徒的反叛萌芽。"王莽说："可以。嘉新公国师因为符命指示担任我的四辅，明德侯刘龚、率礼侯刘嘉等共三十二人都知道天命，有的进献天符，有的贡献良策，有的拘捕、告发叛乱者，功绩显赫。刘姓中和这三十二人同宗共祖的，不罢免，赐给他们王姓。"只有国师因为把女儿许配给王莽的儿子，所以不赐给王姓。把定安太后的称号改为黄皇室主，割断她和汉朝的联系。

冬天，十二月，打雷。

把匈奴单于改名为降奴服于。王莽说："降奴服于知侮辱危害新朝德政，背叛四条协议，侵犯西域，扩延至边界，成为广大人民的祸害，罪当杀身灭族。派立国将军孙建等十二名将领分十路同时出击，施行上天的威力，惩罚知本人。只是知先祖原呼韩邪单于稽侯狦几代忠孝，保塞守关，不忍心因为一个知的罪行，灭绝稽侯狦的后代。现在把匈奴的土地、人民分为十五，立稽侯的十五个子孙为单于。派中郎将蔺苞、戴级飞奔边塞，召聚赐封应拜为单于的人。匈奴人中应当和知连坐判罪的，一律赦免。"派五威将军苗䜣、虎贲将军王况从五原出发，厌难将军陈钦、震狄将军王巡从云中出发，振武将军王嘉、平狄将军王萌从代郡出发，相威将军李䜣、镇远将军李翁从西河出发，诛貉将军阳俊、讨秽将军严尤从渔阳出发，奋武将军王骏、定胡将军王晏从张掖出发，连同一百八十余名偏将、裨将以下军官。招募天下囚徒、壮丁、兵士三十万人，各郡辗转输送五大夫将的军服皮衣、武器、粮食，由高级官员护送从东南沿海到北方边郡，使者乘驿车往来督促，一切按照战时军法处理，天下动荡。先到达的驻扎在边郡，等全部到齐以后才同时出动。

王莽因为新货币始终不能通行，又下诏书说："百姓把粮食看成生命，把货币看成资本，因此八政把粮食放在首位。货币如果都是大面额的，小的交易就无法使用，都是小面额的，携带运载就很繁重，大小轻重如果分开不同等级，则使用方便而百姓安乐。"于是铸造五种货币。百姓不听从，只流通小钱和大钱两种。私自偷铸钱的无法禁止，于是加重刑罚，一家偷铸钱，相邻五家连坐，所有家里的人统统没收做奴婢。官吏、百姓进出关，必须携带布钱作为过关符传的副件，不携带布钱的，饭馆旅舍不准接待，关卡渡口不许通过。公卿进出宫门也都要携带布钱，以此表示重视布钱，以便使其流通。

当时，人们争着编造符命以求得封侯，不这样做的人互相开玩笑说："难道就你没有天帝的任命书吗?"司命陈崇对王莽说："这是为奸臣开辟作威作福的路而扰乱天命，应该断绝它的根源。"王莽也厌倦了这件事，就让尚书大夫赵并审问处治，凡不是五威将帅所颁布的符命，传播的人一律逮捕入狱。

当初，甄丰、刘歆、王舜是王莽的心腹，倡导王莽重新出任高官，颂扬王莽的功德，赐给"安汉公""宰衡"的称号以及封王莽的母亲、两个儿子、侄子，都是甄丰等人共同策划的。而甄丰、王舜、刘歆也受到赏赐，都富贵起来了，不再想让王莽摄政。摄政想法的萌生，出自泉陵侯刘庆、前辉光谢嚣、长安令田终术。王莽羽毛丰满，就想摄政。甄丰等顺承他的心意，王莽就再封王舜、刘歆的两个儿子以及甄丰的孙子。甄丰等人爵位已达鼎盛，心满意足，又确实畏惧汉朝皇族及天下豪杰。但那些关系疏远而想往上爬的人都制作符命，王莽就根据这些符命登上皇帝宝座，王舜、刘歆只能把恐惧放在心中。甄丰一向刚强，王莽察觉出他不高兴，所以假托符命言辞把大阿、右拂、大司空甄丰调任为更始将军，和卖饼的王盛并列。甄丰父子默默不语。那时，甄丰的儿子甄寻担任侍中、京兆大尹，封茂德侯，就制作符命，说新朝应当像周、召二公那样，以陕县为界分为东西两个地方行政区，设立二伯，任甄丰为右伯，太傅平晏为左伯，王莽听从了，任命甄丰为右伯。甄丰准备到西方去上任，还没动身，甄寻又制作符命，说原汉平帝皇后黄皇室主是甄寻的妻子。王莽靠诈骗立为皇帝，心中怀疑大臣们怨恨诽谤自己，想施威风以便让臣下畏惧，于是发怒说："黄皇室主是天下的母亲，这是什么话？"下令逮捕甄寻。甄寻逃走，甄丰自杀。甄寻跟随方士逃入华山，一年多以后捕获。审问供词中牵连到国师公刘歆的儿子侍中东通灵将、五司大夫隆威侯刘棻，刘棻的弟弟右曹长水校尉伐虏侯刘泳，大司空王邑的弟弟左关将军掌威侯王奇，以及刘歆的弟子侍中骑都尉丁隆等。受牵连而死的，自公卿、亲族、列侯以下，达数百人。甄寻手上的纹有"天子"字样，王莽割下他的手臂拿进宫中察看，说："这是'大子'，有人说是'六子'，六是戮，表明甄寻父子应遭杀戮。"于是把刘棻流放到幽州，把甄寻流放到三危，把丁隆在羽山处死，全是用驿车装载他们的尸体，一站一站送到流放地。

王莽大嘴、短下巴，双眼突出，眼睛通红，说话声音大而嘶哑。他身高七尺五寸，喜欢穿厚底鞋、戴高帽子，用硬毛装进衣服夹层，使衣服膨胀起来，反身仰视，或远望左右。那时有个在黄门等候召见起用的方士，有人向他请教王莽的相貌，他说："王莽是人们所说的鹰眼、虎嘴、豺狼声，所以能吃人，也该被人吃。"那人告发了此事，王莽杀死那方士，而封告发者为侯。后来王莽经常用云母盖扇挡住面孔，不是亲近的人没人能见他。

那一年，任命初睦侯姚恂为宁始将军。

始建国三年，王莽说："百官更改名称，职务也分化变动了，法令礼仪没来得及全部制定，暂时沿袭汉代法令礼仪行事。命令公卿大夫诸侯二千石官员从官民中各推荐一名有德行、通晓政事、擅长辞令、精通经书的人，前往王路四门。"

派尚书大夫赵并到北方边郡慰问，回来说五原郡北假地区土地肥美，适宜谷物生长，从前常常设置田官。王莽就任命赵并为田禾将军，征发戍卒到北假地区屯田，资助军粮。

此时众将领在边境驻扎，等待大军齐集，官兵放纵，肆意骚扰，而内地各郡苦于征发军队、物资，民众背井离乡四处流亡，沦为盗贼，并州、平州尤为厉害。王莽命令七公、六卿都兼称将军，派著武将军逯并等镇守著名都城，派中郎将、绣衣执法各五十五人，分别镇守边境各大郡，督察擅弄兵权的大奸大猾。不料这些人都乘机在外边做坏事，扰乱州郡，公开索取贿赂，鱼肉百姓。王莽下诏书说："贼寇知罪大恶极应该杀身灭族，所以派遣猛将分十二路，准备同时出击，一举歼灭。军内设置司命军正，军外设置十二名军监，确实想让他们监察不服从命令的人，使军人都行为端正。现在却不然，各自依靠权势恐吓良民，随便锁住人们的脖子，逼为奴婢，勒索到钱才放走。形形色色的毒虫一起残害，农民流离失所。司命、军监到此地步，能说是称职吗？从此以后，胆敢犯此罪行的，一律逮捕监禁，上报名字。"然而他们还是照旧放肆。

蔺苞、戴级到边塞城下，招诱匈奴单于的弟弟咸、咸的儿子登进入边塞，强迫拜咸为孝单于，赏赐千斤黄金，很多锦绣织品，打发回去。把登带至长安，拜为顺单于，留在外宾馆舍。

太师王舜从王莽篡位以后得了心脏病，日益加重，终于死去。王莽说："从前齐太公因德行善良,传袭几代,当了周朝太师,这是我的借鉴。让王舜的儿子王延继承父亲爵位,做安新公,王延的弟弟褒新侯王匡为太师将军,永远做新朝的辅佐。"

替太子设置师、友各四人,官秩和大夫等同。任命原大司徒马宫做师疑,原少府宗伯凤做傅丞,博士袁圣做阿辅,京兆尹王嘉为保拂,以上是四师;任命原尚书令唐林做胥附,博士李充为奔走,谏大夫赵襄为先后,中郎将廉丹为御侮,以上是四友。又设置师友祭酒及侍中、谏议、六经祭酒各一人,一共是九名祭酒,官秩和上卿等同。琅琊郡左咸为讲《春秋》祭酒,颍川满昌为讲《诗》祭酒,长安国由为讲《易》祭酒,平阳唐昌为讲《书》祭酒,沛郡陈咸为讲《礼》祭酒,崔发为讲《乐》祭酒。派谒者驾安车持印信,到楚国龚胜家中拜他为太子师友祭酒,龚胜不肯应征,绝食而死。

宁始将军姚恂免职,任命侍中崇禄侯孔永为宁始将军。

这一年,池阳县出现小人影,高一尺多,有的乘车马,有的步行,手持各种器物,车马器物的大小和人影比例相称。三天后,这现象才消失。

沿黄河各郡发生蝗灾。

黄河在魏郡决口,河水泛滥到清河以东数郡。开始,王莽怕黄河决口淹了他家在元城的祖坟。等到河水向东泛滥,元城不必担心水灾,就不再筑堤防水。

始建国四年二月,大赦天下。

夏天,火红的云气从东南方升起,布满天空。

厌难将军陈钦说,捉到俘虏,得知匈奴侵犯边境都是孝单于咸的儿子角干的。王莽大怒,在长安斩杀孝单于的儿子登,让各蛮夷看。

大司马甄邯去世,宁始将军孔永做大司马,侍中大赘侯辅做宁始将军。王莽每次出行,总要先在城中搜索,称为"横搜"。这一月,横搜了五天。

王莽来到明堂,授予诸侯茅草泥土。下诏书说:"我没有德行,承袭神圣的祖先,成为万国的主宰。考虑到安定百姓在于封建诸侯、划定州国确定疆界、美化风俗。借鉴古代,遵循其法令制度。在《尧典》中,全国有十二州,帝王领地以外分为五服。在《诗》中,有十五国,遍布九州。《殷颂》有'包括九州'的话。《禹贡》的九州没有并州、幽州,《周礼·司马》则没有徐州、梁州。帝王前后更改,各有其道理和作用。有的要显示功业,有的要扩大根基,道理很明显,其目的是一致的。从前周代文、武二帝承受天命,所以有东都、西都两个居处。我受天命,也和他们一样。把洛阳做新朝东都,常安做新朝西都。都城和周围地区连成一体,各自包含有食邑的男女封爵的封土。州的划分据《禹贡》分为九个,爵的分封据周制分为五等。诸侯的名额为一千八百,附城的数目也一样,等待有功的人接受分封。分爵的封地叫'一同',民众一万户,土地方圆一百里。侯爵、伯爵的封地叫'一国',民众五千户,土地方圆七十里。子爵、男爵的封地叫'一则',民众二千五百户,土地方圆五十里。附城大的封地九成,民众九百户,土地方圆三十里。九成以下,每等降两成,减到一成为止。五个等级的附城封地加在一起,等于'一则'。现在已经授予茅土的,有公爵十四人,侯爵九十三人,伯爵二十一人,子爵一百七十一人,男爵四百九十七人,合计七百九十六人。附城一千五百一十一人。九族的女子食邑为任的,八十三人。汉朝女孙中山孝王的女儿承礼君、遵德君、修义君都改封为任。还有十一公,九卿,十二大夫,二十四元士。为确定诸侯国食邑封地的区划,派侍中讲礼大夫孔秉等和各州郡通晓地理、地图、户籍的人一起,在寿成朱鸟堂核对、制定。我多次和众公、祭酒、上卿亲自去视察,都已经谋划圆通了。奖赏功德,是为了显示仁爱、贤能、和睦九族,是为了表彰热爱亲属。我永不懈怠,想着考查前人的做法,公开进行赏罚,以显明善恶,安抚百姓。"因为地图簿籍还未定好,所以封爵并没授予土地,权且让他们在京城领取俸禄,每月数千钱,诸侯们都生活困难,甚至有作佣工的。

中郎区博劝王莽说:"井田制虽然是圣王的法制,但废除已经很久了。周朝已经衰败,百姓不愿服从。秦朝懂得顺应民心可以获大利,所以废除井田而设置阡陌,于是为华夏帝王,至今海内民众没有厌弃它的作法。现在想违背民心,恢复绝迹千年的制度,即使尧、舜再生,没有百年的渐进过程,也不能推行。天下刚刚平定,万民新近归附,确实不能实行。"王莽知道百姓怨恨,下诏书说:"所有私人占有汉朝赏赐的王田,都可以出售,不要用法律限制。犯了私自买卖平民罪的,暂且都不要处治。"

当初,五威将帅出巡,把句町王改为句町侯,句町王邯怨恨愤慨,不肯归附。王莽暗示牂牁郡大尹周歆用诈骗的手段杀死邯。邯的弟弟承起兵攻击,杀死周歆。以前,王莽曾征调高句骊的军队去攻打匈奴,高句骊人不愿去,郡里强迫他们前往,他们都逃出边塞,由此犯法为盗匪。辽西郡大尹田谭率兵出击,被他们杀死。州郡官吏归罪于高句骊侯驺。严尤上奏说:"貊人犯法,不是从驺开始的,如果他们有叛逆之心,也应该让州郡权且安抚。而今加给他们许多重大罪名,恐怕他们随即背叛,夫余之类部族一定会有响应的。匈奴尚未平定,夫余、秽貊再兴兵作乱,这是很大的忧患。"王莽不肯安抚,秽貊于是反叛。王莽下诏书命严尤攻打。严尤诱骗高句骊侯驺前来,杀死了他,把首级传送到长安。王莽十分高兴,下诏书说:"前些时候,派遣猛将恭敬地替天惩罚,灭亡贼寇知,大军分为十二部,有的断敌人右臂,有的斩敌人左肩,有的毁敌人的胸腹,有的抽敌人的两肋。今年刑罚杀戮出现在东方,征杀貊人的部队首先开拔。捕杀贼寇驺,平定东部地区,贼寇知的灭亡,也就在旦夕之间。这是天地、众神、社稷、祖宗保佑辅助的福分,是公卿大夫、军士、百姓同心协力英勇奋战的威力,我十分赞赏。把高句骊改名为下句骊,向天下公布,让大家都知道。"于是貊人侵犯边境更加厉害,东北和西南夷都发生叛乱。

王莽踌躇满志,认为四周蛮夷不用多费力气即可吞并灭亡,就集中精力考虑复古的事,又下诏书说:"考虑到我的皇始祖虞舜帝在文祖庙接受禅让,观测天文,以北斗七星各主不同政事来划一政治,于是对上帝进行禷祭,对六位神进行禋祭,对山川进行望祭,遍祭各种神灵,巡视五岳,会见四方诸侯,让他们用言辞奏报,公开考核他们的功绩。我承受天命正式登位到始建国五年,已经五个年头了,阳九的灾难已经渡过,百六的厄运也已经解除。木星在寿星宫,土星在明堂座,仓龙在癸酉,癸德在中宫。观、晋二卦主太岁当值,卜辞指导人们行动,这年二月初春到东部地区巡视,请把礼仪程序全部安排好。"众公卿上奏要求征集官吏、民众、人员马匹、布帛丝绵。又要求内地十二个郡国购买马匹,调集四十五万匹布帛输送长安,各自输送,不必等待一齐交。送来超过一半时,王莽下诏书说:"文母太后身体欠安,请暂且停止调集,以后看情况再说。"

这一年,改十一公的称号,把"新"改为"心",后又把"心"改为"信"。

始建国五年二月,文母皇太后去世,安葬在渭陵,和汉元帝合葬,但中间用沟隔开。在长安建祠庙,规定新朝世世代代祭祀。汉元帝配享祭祀,灵位放在皇太后灵位的龛架下。王莽为太后服丧三年。

大司马孔永请求免职,王莽赏赐他一辆安车四匹套马,以特进身份朝见。任命同风侯逮并为大司马。

此时长安民众听说王莽准备在洛阳建都,不肯再修理整治长安的住宅,有的还拆了一些房屋。王莽说:"玄龙石上的文字说:'稳定帝王基业,在洛阳建国都。'符命显著,怎敢不钦敬奉行!到始建国八年,木星运行到星纪宫,在洛阳都城的上空。谨慎地修治长安都城,不要让它毁坏。有违犯此令的,把名字呈报上来,治他的罪。"

这一年,乌孙国大小昆弥都派使者到中国朝贡。大昆弥是中国的外孙,他的胡人妻子生的儿子是小昆弥,乌孙人都归附小昆弥。王莽看到匈奴等各地边境都入侵扰乱,想博得乌孙的欢心,就派使者引导小昆弥使者坐在大昆弥使者的上位。保成师友祭酒满昌上奏章弹劾使者说:"夷狄因为中国讲究礼仪,所以才屈服中国。大昆弥是国君,如今让臣的使者坐在国君使者的上位,这不是使夷狄服从的办法。奉命招待的使臣犯下大不敬罪。"王莽大怒,罢免了满昌。

西域各国因为王莽长期失去恩德和信用,焉耆率先背叛,杀死西域都护但钦。

十一月,彗星出现,经过二十多天,才消失。

这一年,因为触犯私藏铜炭禁令的很多,废除了这项法令。

下一年改年号为"天凤"。

天凤元年正月,天下大赦。

王莽说:"我将在二月初春时赴各地巡视。太官携带干粮、干肉,内者准备帷帐席被。所到之处,不要让地方政府供应物品。我巡视东方,一定亲自携带来耒耜,每到一县都进行耕作,用来劝勉东方的春耕。我巡视南方,一定亲自携带耨,每到一县都进行锄草,用来劝勉南方的收成。我巡视西方,一定亲自携带铚,每到一县都进行收割,用来劝勉西方的秋收。我巡视北方,一定亲自携带连枷,每到一县都进行打场,用来劝勉粮食收藏。完成北方的巡视后,就在国土的中心定都洛阳。敢有奔跑喧哗触犯法令的,就按军法论处。"众公卿上奏说:"皇帝极为孝顺,往年文母圣体不安,皇帝亲自侍奉供养,衣帽都很少脱下。文母去世,群臣悲哀,皇帝容颜尚未恢复,饮食减少。现在一年之中要巡视四方,万里路程,年事已高,不是光准备些干粮、干肉就能承受得了的。暂且不要巡视,等到国丧期满以后再说,以便使圣体安康。我们尽力抚育管教万民,奉行您的英明诏令,不失职。"王莽说:"各位公、各州牧、各司、诸侯、庶尹愿尽力统领抚育管教万民,力图符合我的心意,因此我接受意见,大家勉励吧!请不要违背自己的诺言,改在天凤七年,木星在大梁宫,仓龙的庚辰,再行巡视之礼。再过一年,木星在实沉宫,仓龙在辛巳,就在国土中心定都洛阳。"于是派太傅平晏、大司空王邑到洛阳,选择基址,绘制蓝图,营造宗庙、土谷神社、祭祀天地的神坛。

三月壬申,晦日,出现日食,大赦天下。给大司马逮并下文书说:"出现日食,太阳无光,战乱不止,请上交大司马印信,以侯的身份参加朝会。太傅平晏不再兼任尚书职务,减少侍中诸曹兼职的人。任命利苗男爵䜣为大司马。"

王莽正式即皇帝位后,特别防备大臣,抑制、夺取他们的权力,朝臣中有指斥大臣的过失的,都加以提拔。孔仁、赵博、费兴等因为敢抨击大臣,所以得到信任,让他们担任重要官职。公卿进宫，其随从吏员有定额，太傅平晏的随从吏员超过定额，掖门仆射查问平晏，言语不敬。太傅府戊曹士逮捕了仆射。王莽大怒，派执法官调发数百名车士、骑士包围太傅府，逮捕戊曹士，当即处死。大司空士夜里经过奉常亭，亭长斥问，他通报了官名，亭长喝醉了酒，说："有符传吗?"大司空士用马鞭抽打亭长，亭长杀死了士，逃跑了。郡县追捕亭长，亭长家里人上书申诉，王莽说："亭长奉公守法，不要追捕了。"太司空王邑驱逐了那个士，用以谢罪。国将哀章颇有些贪污行为，王莽为他选择设置了和叔宫，告诫说："你不但要确保公府里的国将本人，还要确保国将在家乡西州的亲属。"众公都被人瞧不起，而哀章尤其如此。

四月，下霜，草木都被冻死，沿海一带特别厉害。六月，满天黄雾。七月，大风把树拔起来，刮飞了长安直城门上的瓦。雨夹着冰雹降下，杀死牛羊。

王莽根据《周官》《王制》的规定，设置卒正、连率、大尹，职务和太守相同;设置属令、属长，职务和都尉相同。设置州牧、部监二十五名，朝见礼仪如同三公。部监职位同上大夫，每人主管五郡。公作州牧，侯作卒正，伯作连率，子作属令，男作属长，都是世袭官职。没有爵位的作尹。把长安城郊分为六个乡，每乡设置一名帅。把三辅划分成六个尉郡，又以河东、河内、弘农、河南、颍川、南阳为六队郡，都设置大夫，职务和太守相同;又设置属正，职务和都尉相同。把河南郡大尹改名为保忠信卿。把河南郡的属县增加到三十个。设置六郊州长各一人，每人主管五县。其他官名也全部改掉。大郡多的分成五郡。郡和县用"亭"作名字的有三百六十个，以应验符命的言辞。沿边又设置竟尉，用男爵充任。诸侯国中的闲田，作为赏赐用田，有功则增，有过则减。王莽下诏书说："常安西都叫作六乡，各县叫作六尉。义阳东都叫作六州，各县叫作六队。四、五百里以内叫内郡，以外叫近郡。有鄣塞的叫边郡。合计一百二十五郡。全国范围内共二千二百零三个县。公作为甸服，是城池。在侯服的人，是依靠;在采服、在男服的人，是支柱;在宾服的人，是屏障;在文化部门、武装守卫部门的人，是墙垣;在九州之外的，是藩篱。各自依照他们的方位确定称号，总起来就是万国。"此后，每年又有变动，一个郡更改名称多至五次，最后又返回到原来的名字上。官民记不清，每次下诏书，一定要附记原来的名字，说："诏命陈留郡大尹、太尉，把益岁县以南地区划给新平。新平，是原淮阳郡。把雍丘县以东地区划给陈定。陈定，是原梁郡。把封丘县以东地区划给治亭。治亭，是原东郡。把陈留以西划给祈隧。祈隧，是原荥阳郡。陈留已不再有郡的名称，大尹、太尉都到京城来。"他改变名称的号令，诸如此类。

命令天下小学，用戊子日代替甲子日为六十天的开端。行冠礼把戊子日当作吉日，行婚礼把从戊寅日之后的十天作忌日。百姓多不听从。

匈奴单于知去世，他的弟弟咸立为单于，要求与新朝和亲。王莽派使者赠送给他很多财物，欺骗说准许送还匈奴的质子登，乘机要求用财物换回陈良、终带等人。单于拘捕陈良等人交付使者，用囚车送往长安。王莽在城北烧死陈良等人，命令官吏、百姓围聚观看。

沿边一带发生严重的饥荒，人吃人，谏大夫如普视察边境驻军，回来说："士兵长期驻屯边塞，生活艰苦，边郡无力供给物资，单于新近求和，应该借此机会撤去驻军。"校尉韩威献策说："凭着新朝的威力，吞灭胡虏无异于吞下口中的跳蚤、虱子。我愿率领五千名勇士,不带一斗粮食,饿了吃胡虏的肉,渴了喝胡虏的血,可以在胡人境内横行无忌。"王莽认为他出语豪迈,任命他为将军。但也采纳如普的建议,调回驻屯边境的众将领。罢免陈钦等十八人的官职,撤掉各四关镇都尉的驻军。适逢匈奴使者返回,单于知道质子登前些时候已被杀死,就出兵侵犯边境,王莽又派军队去驻守。于是边郡百姓流亡到内郡,给人家做奴婢。王莽下令:"官吏、百姓有敢收留边郡人的处死刑。"

益州郡蛮夷杀死大尹程隆,周边少数民族全部反叛,派平蛮将军冯茂率兵进击。

罢免宁始将军侯辅,任命讲解《易》经的祭酒戴参为宁始将军。

天凤二年二月,在王路堂摆酒宴,公卿大夫都行酒助兴。大赦天下。

这时,中午天空出现星星。

大司马苗䜣降职为司命,用延德侯陈茂为大司马。

谣传有黄龙摔死在黄山宫中,上万的百姓奔走相告前往观看。王莽厌恶此事,逮捕了一些人,追查谣言的出处,没有结果。

匈奴单于咸既然与新朝和亲,就索要他的儿子登的尸体,王莽想派使者送去,又恐怕咸因怨恨而伤害使者,于是逮捕了以前说应该诛杀质子的原将军陈钦,用别的罪名关押了他。陈钦说:"这是想用我承担罪责以便向匈奴解说。"于是自杀了。王莽选能言善辩的儒生济南人王咸做大使,选五威将伏黯等为将帅,派他们送还登的尸体。命令匈奴掘开单于知的坟墓,用荆条鞭打尸体。又命令匈奴撤离边塞到大漠以北,向单于索要一万匹马、三万头牛、十万头羊,并要求送还历次掳去的还活着的边民、俘虏。王莽就是这样喜欢说大话。王咸到达单于庭,陈述王莽的声威德行,谴责单于的背叛罪行,纵横恣肆,从容应敌,单于无法折服他,于是王咸完成使命而返回。进入边塞,王咸病死,王莽封他的儿子为伯,伏黯等人都被封为子。

王莽认为制度一定天下自会太平,于是集中精力研究地理、制定礼仪、创作乐律、讲述六经的旨意。公卿早晨入宫,晚上出殿,连年累月地议论,做不出决断,没有时间处理百姓亟待解决的诉讼、冤屈。县长出缺,代理者兼职好几年,各种贪赃枉法现象,一天比一天厉害。中郎将和绣衣执法使者,在各郡和诸侯国凭借权势横行,让人们互相检举揭发。十一位公士分往各地劝导农民耕田植桑,颁布季节政令,车马相接,在道路上往来不断,召集官民,逮捕证人,郡县横征暴敛,层层贿赂,黑白不分,至朝廷申诉冤屈的人很多。王莽鉴于自己靠专权而取得汉朝政权,所以竭力独揽一切,有关部门只是接受现成的命令,但求无过。各宝物、库藏、钱粮官都由宦官管理;官吏、百姓呈上的密封奏章,由王莽身边的宦官拆视,尚书不知内情。他就这样畏惧、防备臣下。又喜欢改变制度,政令繁多,应该交付执行的命令,却要反复审议然后再交下去,前面的问题没解决,后面的又堆下来,问题成堆且昏乱不堪。王莽常挑灯批阅文书,直至天明,仍然不能处理完。尚书乘机舞弊弄奸,大事化小小事化了,上书等待批复的人连等几年,不能回去,逮捕关禁在郡县监狱里的人遇到大赦才能出狱,卫士三年没人来换防。谷物常常价格昂贵,二十多万边防军吃穿都依赖政府,政府忧愁困苦。五原郡、代郡受到的危害尤其厉害,百姓起而为盗贼,数千人一伙,辗转攻入邻近各郡。王莽派捕盗将军孔仁率兵和郡县部队联合进攻,一年多时间才平定下来,边郡人民几乎逃光了。

邯郸以北地区降下大雨、大雾,河水泛滥,深的地方达数丈,淹死数千人。

立国将军孙建去世,任命司命赵闳为立国将军。宁始将军戴参恢复原来官职,任命南城将军廉丹为宁始将军。

天凤三年二月乙酉日,发生地震,降下大雨加雪,函谷关以东尤其厉害,深的地方达一丈,竹子、柏树有的都枯死了。大司空王邑上书说:"任职八年没有政绩,司空的职务尤其荒废,以致发生了地震,我请求辞职。"王莽说:"地有地动有地震,地震会造成灾害,地动不会造成灾害。《春秋》记载地震,《易·系辞》讲,坤(地)动,动的时候张开,静的时候闭合,万物就生长发育了。灾异变化,各有其作用。天地震动以显示威力,是用来警戒我的,您有什么罪过呢,而竟请求辞职,这不是帮助我的态度。派诸吏散骑司禄大卫修宁男遵传达我的旨意。"

五月,王莽颁布官吏俸禄制度,说:"我遭遇阳九的灾难、百六的祸害,国家财政开支不足,民众骚动不安,从公卿以下,月俸不过两匹十布,或者一匹帛。每想到此事,我都感到忧伤。如今灾难已经渡过,国库钱财虽然还不丰富,但已较为宽裕,从六月朔日庚寅开始,官吏的俸禄都按制度规定数发给。"从四辅、公卿、大夫、士直至舆僚,共分十五等。僚的俸禄一年是六十六斛,以此递增,上至四辅年俸禄为一万斛。王莽又说:'普天之下,无处不是国王的土地;四海之内,无人不是周王的臣民。'这是用天下的财物供养你们。《周礼》记载美味食物有一百二十种,现在诸侯靠同、国、则的供给,辟、任、附城靠封邑供给,公、卿、大夫、元士靠采地供给。供给多少,都有明文规定。年岁丰收就增加,有灾害就减少,与百姓同甘共苦。用年终上报统计计算,天下幸而无灾害时,太官的美食品种齐全;如有灾害,按照比例多少而减少供给。东岳太师、立国将军确保东方三州一部二十五郡;南岳太傅前将军确保南方二州一部二十五郡;西岳国师宁始将军确保西方一州二部二十五郡;北岳国将卫将军确保北方一州一部二十五郡;大司马确保纳卿、言卿、仕卿、作卿、京尉、扶尉、兆队、右队、中部左部及前部七部;大司徒确保乐卿、典卿、宗卿、秩卿、翼尉、光尉、左队、前队、中部、右部,共五郡;大司空确保予卿、虞卿、共卿、工卿、师尉、列尉、祈队、后队、中部及后部,十郡;至于六卿,都随着所隶属的公确保有关部门地区,如有灾害,也按比例减少俸禄。直接从中央政府领俸禄的郎、从官、中都官吏,根据太官供给美食的完备与减少增减俸禄。诸侯、辟、任附城,官吏们各确保其所管地区。希望上下同心协力,促进农业生产,安定百姓。"王莽的制度就是这样烦琐,因为年终上报的数字无法理清,所以官吏始终得不到俸禄,于是各自利用职权干坏事,收受贿赂以便供自己使用。

这月戊辰日,长平馆西岸倒塌,堵塞了泾河,河水不流通,冲决堤岸向北流去。派大司空王邑去巡察,回来后上奏章报告了情况。群臣为王莽祝寿,说这是《河图》所说的"用土镇水",是匈奴灭亡的吉兆。于是派并州牧宋弘、游击都尉任萌等人率军进攻匈奴,到边境驻屯。

七月辛酉日,霸城门遭火灾,霸城门就是民间所说的青门。

戊子晦日,出现日食。大赦天下。又命令公卿、大夫、诸侯、二千石官推举德行、政事、言语、文学四科人才各一名。大司马陈茂因为日食被免职,任命武建伯严尤为大司马。

十月戊辰日,王路朱鸟门鸣叫,昼夜不停。崔发等人说:"舜开辟四门,听到四面八方的声音。朱鸟门叫,表明应当研习古代圣王的礼制,招纳四方的人才。"于是命令群臣都来祝贺，所推举的四科人才由朱鸟门进入宫殿回答皇帝的询问。

平蛮将军冯茂攻打句町，士兵染上瘟疫，死去十分之六七。横征暴敛，民众的钱财被收去一半，益州郡消耗殆尽而句町仍未攻克。王莽召回冯茂，关进监狱死去。又派宁始将军廉丹和庸部牧史熊攻打句町，杀死不少敌人，取得一些胜利。王莽征召廉丹、史熊，廉丹、史熊都要求增派部队，务必攻克句町再回去。又大肆征收赋税，就都郡大尹冯英不肯供给，上书说："自从越巂郡遂久县的仇牛、同亭县的邪豆等族反叛以来，累计将近十年，郡县部队抗击从未停止。接着起用冯茂，施行只顾眼前的政策。爒道以南，山高地险，冯茂驱赶大量民众到远方居住，花费数以亿计的钱财。官兵遭遇毒气而死的占十分之七。现在廉丹、史熊怕自己不能在预定期限完成使命，所以征调各郡的军队、粮草，又搜括民财，十分取四分，白白地毁坏了梁州，最终也不能成功。应该撤军实行屯田，明令悬赏征求蛮夷头领。"王莽大怒，罢免了冯英。后来，王莽醒悟过来，说："冯英也无可厚非。"又任命冯英为长沙连率。

翟义的党徒王孙庆被捕，王莽让太医、药剂师和灵巧的屠夫一起剥皮解剖他，测量五脏的位置，用竹枝穿通血管，了解血脉始终，据说可以治病。

这一年，派大臣五威将王骏、西城都护李崇率戊己校尉到西域去，各国都迎至城外，贡献礼物。各国以前杀死西域都护但钦，王骏想袭击他们，命令佐帅何封、戊己校尉郭钦另外统领兵马在后。焉耆国假意投降，埋伏军队攻击王骏等人，把他们全部杀死。郭钦、何封稍后到达，袭击老弱残兵，从车师国取路进入边塞。王莽任命郭钦为镇外将军，封为剌胡子，封何封为集胡男。西域从此断绝和新朝的关系。

天凤四年五月，王莽说："保成师友祭酒唐林、原谏议祭酒琅玡纪逡，孝敬父母、尊重兄长，待人忠厚，敬奉上司爱护下级，见闻广博，德行醇美，直至老年也没有过失。封唐林为建德侯，纪逡为封德侯，都给予特进地位，用三公的礼仪朝见。赏赐一所住宅，三百万钱，授予予几杖。"

六月，又在明堂授给诸侯茅草和泥土，说："我规划土地，建立五等封爵，考查经书，符合传、注的解释，义理也贯通。经过再三地议论和思考，从始建国元年至今已达九年，终于确定下来。我亲自设置华丽几案，陈列菁茅和四色泥土，向泰山、皇家宗庙、大地神坛及先祖父、祖母祈祷，颁布授予。你们各自回到自己的封国，抚育教养百姓，建立功业。在沿边地区的，比如江南，不是诏令征召而派遣质子到京城侍奉的，由纳言掌货大夫暂调京城原有存钱发给俸禄，公爵年俸八十万，侯伯年俸四十万，子男年俸二十万。"但实际上还不能全部获得。王莽好说大话，仰慕古代制度，分封的人很多，其实他生性悭吝，以土地尚未规划定为托辞暂时先授予茅草、泥土，用来安慰那些喜欢封爵的人。

这一年，重申六管（六项专卖制度）命令。每一管命令下达，都设立禁令条款，犯禁者罪大至死，官吏、百姓犯罪而被惩罚的日益增多。又对上公以下占有奴婢的人全部征税，一个奴婢出三千六百钱，天下愁苦，盗贼风起云涌。纳言冯常就六管制度进行谏净，王莽大怒，罢了冯常的官。设置执法左刺奸、执法右刺奸。选用能干吏员侯霸等人分别监督六尉、六队，像汉朝的刺史一样，和每郡一位三公士一起处理政事。

临淮郡瓜田仪等人作盗贼，盘踞会稽郡长州，琅玡郡吕母也起兵。当初，吕母的儿子做县吏，被县令冤枉杀死，吕母尽出家财，酤酒买兵器弓弩，秘密结交穷苦少年，结集了一百余人,于是攻击海曲县,杀死县令,在儿子的墓前祭奠。然后带兵到海上,队伍逐渐扩大,后来达到上万人。王莽派使者就地赦免盗贼的罪。使者回来说:"盗贼解散后,接着又结集起来。问他们原因,都说苦于法律禁令繁杂苛刻,动辄得咎。辛苦劳作,收获不够缴纳租税。闭门家中坐,又因为邻里同伍人私铸钱或收藏铜犯法连坐,奸吏乘机逼迫,民众愁苦不堪。百姓穷困,全部起来做盗贼。"王莽大怒,罢免了使者的官职。有的使者见风使舵,说"百姓狡猾蛮横,应当诛杀",又说"这是时运造成的,盗贼不久就会消灭",王莽听了很高兴,下令给他们升官。

这年八月,王莽亲自到京城南郊,铸造威斗。威斗是用五色药石和铜铸造的,样子像北斗星,长二尺五寸,想用它镇邪,压服盗贼。铸成之后,命令司命背着它,王莽出行时让它在前面,回宫后放在御座旁。铸威斗那天,天气寒冷,百官人马有被冻死的。

天凤五年正月朔日,北军的南营门发生火灾,任命大司马司允费兴做荆州牧。召见时,询问到任后的施政方针,费兴回答说:"荆州、扬州的百姓大都盘踞山林湖泊,以捕鱼采集为生。前些日子,国家推行六管征收山林湖泊税,妨害、夺取了百姓的利益,加上连年久旱不雨,百姓饥寒穷困,所以起为盗贼。我到任后,想明令告知盗贼,让他们返回田里,借给他们农具耕牛、种子、粮食,减免租税,也许可以使盗贼解散,百姓安顿。"王莽大怒,罢免了费兴的官职。

天下官吏因为得不到俸禄,都起来非法牟取暴利,郡太守、县令家中积累起千斤黄金。王莽下诏说:"详细考查从始建国二年匈奴侵犯中国以来,各军官吏及沿边官吏大夫以上非法牟利增加财富的,没收其家全部财产的五分之四,用来应付边境的急需。"公府士乘驿车布告天下,考查审核贪赃者。军吏告发将帅,奴婢告发主人,原想禁止奸恶,奸恶却愈演愈烈。

王莽的孙子功崇公王宗自己画了一幅象,穿戴皇帝衣冠,又刻了三枚印章:第一枚是"维祉冠,存己夏,处南山,臧薄冰";第二枚是"肃圣宝继";第三枚是"德封昌图"。王宗的舅舅吕宽先前合家迁往合浦,私下和王宗往来,被发现,审查属实,王宗自杀。王莽说:"王宗身为皇孙,爵位至上公,明知吕宽等人是叛逆党徒,竟然和他们往来,刻三枚铜印,印文极其有害,贪心不足,想入非非。《春秋》大义:'对君王和父母连邪恶的念头都不能有,有邪念就要诛杀。'王宗迷乱无道,自取其罪,呜呼哀哉!王宗本名王会宗,因为制度规定取消了双名,现在恢复其双名会宗,贬低他的爵位,改变他的封号,赐谥号为功崇缪伯,用伯爵的礼仪安葬在原封地谷城郡。"王宗的姐姐王妨是卫将军王兴的夫人,在祈祷中诅咒她的婆母,杀死奴婢以灭。案发以后,王莽派中常侍蚸恽责问王妨,同时也责问王兴。二人双双自杀。案子牵连到司命孔仁的妻子,孔妻也自杀。孔仁求见王莽,脱帽谢罪。王莽派尚书弹劾孔仁:"让你乘坐乾车,驾着牝马,左边是苍龙,右边是白虎,前边是朱雀,后边是龟蛇,右手持威节,左肩扛威斗,号称赤星,并不是让你骄傲,而是用来尊崇新朝的威严。你擅自脱下天文冠帽,是对皇帝大不尊敬!"下诏书说不要弹劾孔仁,更换新的帽子。王莽就是这样喜好怪异。

任命直道侯王涉为卫将军。王涉是曲阳侯王根的儿子。王根在汉成帝时是大司马,曾推荐王莽代替自己,王莽对他感恩不尽,认为曲阳不是好名称,就追赐王根谥号为直道让公,王涉继承父亲的爵位。

这一年，赤眉军力子都、樊崇等因饥荒而聚集起来，在琅玡郡起兵，辗转抄掠，部众都到了一万多人，王莽派使者调发郡国地方兵攻击，不能取胜。

天凤六年春天，王莽见盗贼增多，就命令太史推算三万六千年的历法，每六年改一次年号，布告天下。下文书说："《紫阁图》说：'太一、黄帝都已成仙升天，在昆化山脉虔山顶上演奏仙乐。后代获得祥瑞的圣王，应当在秦地终南山上演奏仙乐。'我不聪明，没有明确地奉行，今天才明白。再把宁始将军称为更始将军，以便顺应符命。《易》不是说过吗？'日日更新是盛大的德，不断生长就是变化'，我希望享用它！"想用这种办法欺骗百姓，瓦解盗贼。大家都讥笑他。

初次向明堂、太庙进献《新乐》，群臣开始戴鹿皮帽子。有人听到乐曲的声音说："凄清而哀婉，不是振兴国家的声音。"

这时，关东地区连年大旱，力子都等党徒越来越多。更始将军廉丹攻打益州郡，攻不下，征调回京。又派复位后大司马护军郭兴、庸部牧李晔攻打蛮夷若豆等部，太傅牺叔士孙喜肃清江湖上的盗贼。而匈奴骚扰边境很厉害。王莽就大量招募天下男丁和死囚、官民的奴隶，称为"猪突豨勇"，作为精锐部队。向天下所有的官民征税，按家产计算，缴纳三十分之一的税，折为绸绢，都输送到长安。命令公卿以下直到郡县佩黄色印绶的官员都要负责保养军马，根据官员的俸禄确定保养马匹的数量。又广泛招募有奇技可以攻打匈奴的人，将破格提拔升官。来献计献策的人成千上万，有的说能不用舟船渡河，战马连接可渡过百万雄师；有的说作战不用携带军粮，服食药物可使三军不饿；有的说能飞，一天飞一千里，可以侦探匈奴敌情。王莽都当场试验。那人用大鸟的羽毛做成两个翅膀，头和身上都沾满羽毛，翅膀用环带牵引，飞行几百步就坠落地上。王莽知道他们不中用，但想假借其名声威吓，所以都任命为理军，赏赐他们车马，整装待发。

当初，匈奴右骨都侯须卜当，娶王昭君的女儿为妻，曾经要归附中国。王莽派昭君的侄子和亲侯王歙引诱须卜当到边塞下，胁迫他到了长安，强迫立为须卜善于后安公。开始打算引诱须卜当时，大司马严尤劝说道："须卜当在匈奴右部地区，军队不侵扰边境，单于的一举一动他都报告给中国，这是对中国的一大帮助。如今接须卜当来安置在长安稿街，不过是一名胡人罢了，不如让他呆在匈奴更有利。"王莽不听。得到须卜当后，想派严尤和廉丹攻击匈奴，都赐姓征氏，号二征将军，要他们诛杀单于舆而立须卜当代替。车骑准备从长安城西郊横厩出发，还没起程。严尤一向有智谋，反对王莽征伐西方，屡次劝谏，王莽不听。他撰写了三篇文章，论述古代名将乐毅、白起不受重用以及边防事宜，上奏王莽，暗藏劝谏。等到朝廷议论时，严尤坚持说打匈奴可暂时往后放，先考虑如何对付山东盗贼。王莽大怒，下文书对严尤说："任职四年，不能阻止蛮夷侵犯中国，不能歼灭盗贼奸邪，不畏惧上天的威严，不服从皇帝的命令，相貌凶狠，固执己见，心怀叛逆，阻挠军计。我不忍心把你交给法庭，把大司马武建伯印绶上交，回到原籍去。"任命降符伯董忠做大司马。

翼平郡连率田况上奏说，郡县计算百姓财产不实，王莽重申三十税一。因为田况忧国忧民，言语忠诚，晋升为伯爵，赏二百万钱。民众都咒骂田况。青徐二州百姓背井离乡逃亡，老小死在路上，壮年都加入盗贼队伍。

凤夜郡连率韩博上书说："有一位奇士，身长一丈，体格有十围粗，到我府中来，说想参与攻击匈奴。他自称名叫巨毋霸，生于蓬莱东南、五城西北的昭如海边，辒车装不下他，三匹马拉不动他。当天就用大车套上四匹马，车前树立猛虎旗帜，载巨毋霸到京城。巨毋霸睡的时候枕着大鼓，吃饭用铁筷子，这真是皇天让他来辅佐新朝。希望陛下制造大型盔甲、高大战车，制作古代猛士孟贲、夏育穿的衣服，派一员大将和百名武士在道旁迎接他。京城的门户如果容不下，可以开得更高大些，以便向外族蛮夷显示，镇抚天下。"韩博想以此暗示王莽毋得称霸。王莽听说之后十分厌恶，让巨毋霸留在已到达的新丰，把他的姓改为巨母氏，说是因文母太后降生此人，是让王莽称霸的符命。征召韩博到京城，关进监狱，因他说了不该说的话，判处死刑。

第二年改年号为地皇，这是根据三万六千年历法的规定。

地皇元年正月乙未日，大赦天下。下诏书说："正当大军出动的时刻，敢有奔跑、喧哗触犯法律的，统统即时斩首，不用等到秋后处决，此令到今年年底为止。"于是春、夏也在街市处决犯人，百姓惊恐，走在路上互相用目光示意。

二月壬申日，太阳在中午时刻变暗。王莽厌恶此事，下诏书说："前些日子，太阳在中午变暗，阴气逼迫阳气，黑气成灾，百姓无不惊怪。兆域大将军王匡派官吏追查，是上奏谋反事的人想蒙蔽君王，所以上天发出谴责，让他受到惩治，以杜绝大的灾异。"

王莽看到四方盗贼很多，想镇伏他们，又下诏书说："我的皇室祖先黄帝平定天下，统帅军队任上将军，建立华丽的车盖，树立北斗形制礼器，朝廷内设大将，朝廷外设五名大司马，二十五名大将军，一百二十五名偏将军，一千二百五十名裨将军，一万二千五百名校尉，三万七千五百名司马，十一万二千五百名候，一百二十二万五千名当百，四十五万名士吏，一千三百五十万名士，应合《易》所说：'弓箭锋利，以威慑天下。'我接受符命，考察古人，将逐项设置完备。"于是设置前、后、左、右、中五位大司马，赐各州牧以大将军称号，任命各郡卒正、连帅、大尹为偏将军，属令长为裨将军，县宰为校尉。乘坐驿车的使者驰骋各郡、封国，每天将近十批，仓库里没有可以供应的存粮，驿车马匹不够，就征用路上的车马，一切供应均取自民间。

七月，大风毁坏王路堂。王莽又下诏书说："七月壬午日申时，大风雷雨摧毁房屋、折断树木，我非常惊惧，非常颤抖，非常恐慌，我沉思了十多天，迷惑才解开。从前符命说，立王安为新仙王，王临的封国在洛阳，封为统义阳王。那时我正摄政为代皇帝，谦让不敢承当，而封他们为公爵。后来金匮文书到，议论的人都说：'王临的封国在洛阳，称号为统，是说他占据国土中心新朝王室皇统，应该做皇太子。此后，王临长期生病，虽然痊愈，仍未完全恢复，朝见时要坐在褥垫上，由人抬着去。在王路堂朝见时，要在西厢房和后阁更衣中室设账休息。又因皇后生病，王临暂时离开住宅到此地安歇，他的妃妾住在东永巷。壬午那天，狂风摧毁王路堂西厢房和后阁更衣中室。昭宁堂池东南十人合抱的大榆树向东倒下，撞在东阁上。东阁就是东永巷的西墙。结果墙破瓦碎，房屋损坏，树木拔起，我非常震惊。又有侯官报告月亮侵犯心宿前星，会有应验，我很担心。想到《紫阁图》上的文辞，太一、黄帝都获得祥瑞而成仙，后代圣王应当上终南山。所谓新仙王，就是太一新仙的后代。统义阳王就是用五伦凭借礼义而登上皇位成为上仙的后代。王临有兄长而称太子，名不正。孔子说：'名不正则言不顺，以至于刑法不当，民众无所措手足。'我即位以来，阴阳失调，风雨不合时，屡次遭遇大旱、蝗虫、螟虫灾害，谷物收成少，百姓饥饿,蛮夷侵犯中原,盗贼为非作歹,人民惶恐不安,无所措手足。深思此事,错误就在于名不正。立王安为新仙王,王临为统义阳王,希望能以此保全二子,子孙兴旺,对外攘除四方夷族,对内安定中原国家。"

这一月,杜陵便殿中箱子内废置不用的皇帝用的虎文衣自行跑出来,挂在外堂上,过了很久,才缩落在地上。看见此事的官兵报告上来,王莽厌恶,下诏书说:"黄色贵重,红色是仆役穿的颜色,命令郎、从官都穿深红色衣服。"

很多会望云气懂术数的人说,出现了可以大兴土木的征兆,王莽又看到四方盗贼很多,想让人看到他情绪稳定,是位能建立万世基业的人,就下诏书说:"我承受天命后遭遇阳九大灾,百六大难,国库空虚,百姓穷困,宗庙未修建,暂时在明堂太庙进行祫祭,日思夜想,不敢偷安。深感吉祥昌盛没有比今年更好的了,我于是选择了波水的北边,郎池的南边,卜兆显示此为风水宝地。我又选择了金水的南边,明堂的西边,卜兆也显示它是风水宝地。我将亲自兴建。"于是在长安城南营造,共占地一百顷。九月甲申日,王莽站在车上巡视,并下车亲自举起杵捣了三下。司徒王寻、大司空王邑持符节,连同侍中常侍执法杜林等数十人一起指挥营建。崔发、张邯对王莽说:"道德高尚的人礼仪繁杂,应该让工程规模宏大,展示海内,而且让万世以后也无以复加。"王莽于是广泛征集天下工匠绘制蓝图,用勾股定理测算。义捐钱谷帮助建造的官民,往来道路络绎不绝。拆毁长安城西上林苑中的建章宫、承光宫、包阳宫、大台宫、储元宫和平乐馆、当路馆、阳禄馆,区十余处宫馆,取用其木材砖瓦,用以兴建九座宗庙。这一月,大雨连下了六十多天。命令百姓缴纳粟米,缴六百斛可以为郎,原来是郎的增高官秩、赏赐爵位到附城。九座宗庙是:一黄帝太初祖庙,二帝虞始祖昭庙,三陈胡王统祖穆庙,四齐敬王世祖昭庙,五济北愍王王祖穆庙,以上共五座宗庙,永不废毁;六济南伯王尊称昭庙,七元城孺王尊称穆庙,八阳平顷王戚祢昭庙,九新都显王戚祢穆庙。宫殿都是楼房。太初祖庙东西南北各长四十丈,高十七丈,其余宗庙则减半。斗拱镶铜,用雕花金银装饰,工匠技巧极端精致。因地基高,周围都用土加高,费用高达数百万,参加建筑的役卒、刑徒死了上万人。

钜鹿郡男子马适求等谋划发动燕赵地区军队诛杀王莽,大司空士王丹发觉后卜告。王莽派三公大夫逮捕处置其党徒,郡、国的豪杰受牵连的达数千人,全都处死。封王丹为辅国侯。

从王莽倒行逆施以来,百姓怨恨,王莽却仍然自认为安定,又下诏书说:"从制定完备的法令以来,常安作为六乡大都的中心城市,报警的鼓怕难得响,盗贼减少了,百姓安居,岁岁丰收,这是立法的成效。现在匈奴没灭,蛮夷未绝,江海湖泊沸腾喧嚣,像一团乱麻,盗贼没有完全歼除,又兴建宗庙社稷的大工程,民心动摇。如今重申行此完备之法令,到地皇二年年底为止,以保全百姓,挽救愚昧的奸民。"

这一年,废除大钱、小钱,改用货布。货布长二寸五分,宽一寸,价值相当二十五枚货钱。货钱直径一寸,重五铢,每枚价值为一钱。两种货币同时流通。胆敢私自铸钱及只使用布货的,连知情不报的同伍人一起,都没收充当官府奴婢。

太傅平晏去世,任命予虞唐尊为太傅。唐尊说:"国家虚弱,人民贫穷,过失在于奢侈过度。"于是穿小袖短衣,乘母马拉的柴车,铺干草,用瓦器。又用瓦器盛食物送给公卿。外出时看到不分道行走的男女,唐尊便下车,用红土汁浸渍的布污染其衣服,表示象征性的用刑(刑徒都穿赭衣)。王莽听说后很高兴,下诏命令公卿大夫学习唐尊。封唐尊为平化侯。

这时,南郡张霸、江夏羊牧、王匡等在云杜县绿林山起义,号称下江兵,部众有一万多人。武功县中水乡民三座民宅塌陷成为池沼。

地皇二年正月,让州牧位居三公,刺察检举办事不力的官员,又设置州牧监副,官秩相当于元士,戴法冠,像汉朝刺史一样执行公务。

这月,王莽妻子去世,谥号为孝睦皇后,安葬在渭陵长寿园西边,让她永远侍奉文母太后,给她的陵墓起名为亿年。当初,王莽的妻子因为王莽屡次杀死她儿子,哭瞎了眼睛,王莽命太子王临住在宫中奉养她。王莽妻子身边有个侍儿叫原碧,被王莽奸淫了。后来王临也和她私通,恐怕事情泄露,阴谋一起杀死王莽。王临的妻子刘愔,是国师公的女儿,能观察天象,告诉王临说,宫中将有白衣会。王临很高兴,以为阴谋将会成功。后来王临被贬为统义阳王,离开皇宫,住在外宅,心中愈加恐慌。适逢王莽妻子病重,王临写信给她说:"皇上对子孙非常严厉,先前长孙、仲孙都是三十岁都死了,现在我又恰值三十岁,只怕皇后一旦有意外,我就不知死在何处。"王莽照顾妻子的病,看到了这封信,大怒,怀疑王临有恶意,不让他参加皇后的葬礼。安葬之后,逮捕原碧等人审问,全部招供了通奸、谋杀的情节。王莽想隐瞒此事,派人杀死办案的使者及司命从事,埋葬狱中,连他们家里的人都不知下落。赐给王临毒药,王临不肯喝,自刎而死。派侍中骠骑将军同悦侯王林赏赐魂衣、玺印,策书说:"符命说立王临为统义阳王,这是说新朝皇帝即位三万六千年以后,王临的后人才会像飞龙一样腾空而起。前些时候我错误地听信别人的议论,以王临为太子,结果发生狂风变故,于是顺应符命立王临为统义阳王。但王临在此之前和之后,都不顺从符命,所以受不到上天的保佑,夭折丧命,呜呼哀哉!根据他的行为赏赐谥号,谥为缪王。"又下诏给国师公说:"王临本不懂星象,事情是由刘愔发起的。"刘愔也自杀了。

这月,新仙王王安病死。当初王莽为侯回到封地时,奸淫了侍者增秩、怀能、开明。怀能生下儿子王兴,增秩生下儿子王匡、女儿王晔,开明生下女儿王捷,都留在新都国,因为他们究竟是否王莽的骨肉,尚不分明。等到王安病重,王莽担心没有儿子,就替王安写奏章,呈上来说:"王兴等人虽然母亲身份低贱,但仍属皇子,不能丢弃。"王莽把奏章交大臣传阅,都说:"王安友爱兄弟,应趁春夏两季给王兴等人封爵。"于是派使者用王车迎接王兴等人来京城,封王兴为功建公、王晔为睦修任、王捷为睦逮任。王莽的孙子公明公王寿病死,一月之内连丧四人。王莽毁坏了汉武帝、昭帝的庙,把子孙分别葬在里面。

魏成郡大尹李焉和卜者王况谋划。王况对李焉说:"新朝皇帝即位以来,土地奴婢不准买卖,屡次变更货币,频繁征调财物,军队骚乱,四方蛮夷一齐入侵,百姓怨恨,盗贼蜂起,汉王朝应当复兴。您姓李,李读音为徵,徵是火,应当成为汉朝的辅佐。"于是替李焉作谶书,说:"汉文帝发怒,在黄泉督促发兵,北方通知匈奴,南方通知越人。江中刘信,与王莽为敌,誓报怨仇,恢复和继承祖宗事业,四年当发兵。江湖上有大盗,自称为樊王,姓刘,队伍上万。不接受赦免令,想动摇长安、洛阳,十一年当攻击。太白星发出光芒,木星进入东井,它们的号令当推行。"又预言王莽大臣的吉凶祸福,各有日期。总共有十余万言。李焉命郡吏写成书册,郡吏逃走并告发此事。王莽派使者就地逮捕李焉,交法庭审问,全部处死。

三辅地区盗贼蜂起,于是设置捕盗都尉官,命执法谒者在长安城中追击盗贼,建立鸣鼓攻贼的旗帜,使者跟随其后。派太师牺仲景尚、更始将军护军王党率兵攻打青、徐二州,国师和仲曹放协助郭兴攻打句町。把天下的谷物、钱财转运到西河、五原、朔方、渔阳,每郡输送数都以百万汁,想用来攻打匈奴。

秋天,严霜杀死豆苗,函谷关以东地区发生饥荒,又出现蝗灾。

百姓犯私铸钱罪同伍的五家连坐,全部没收做官府奴婢。男子装入囚车,女人、孩子步行相随,用铁链锁着脖子,一站一站押到铸钱的官府,数目达到十万人。到达后,乱点鸳鸯,夫妻改变,忧愁困苦而死去的人占到十分之六七。孙喜、景尚、曹牧等攻击盗贼不能取胜,军队放纵作恶,百姓愈加困苦。

王莽因王况诬书上说荆楚地区当起事,李姓人辅佐,就想镇伏,于是拜侍中掌牧大夫李棻为大将军、扬州牧,赐名李圣,派他带兵进击。

上谷郡储夏自己要求去劝说瓜田仪投降,王莽拜他为中郎,让他去劝瓜田仪出降。瓜田仪呈上降书,人未出降就去世了。王莽取来他的尸体安葬,替他建造坟墓、祠庙,赐谥号为瓜宁殇男,希望以此招降其部众,然而没有人肯降。

闰月丙辰日,天下大赦。诏书下达前的国丧大服及民间丧事私服,一并解除。郎官阳成修献符命,说应该再立皇后,又说:"黄帝因为有一百二十位嫔妃,才得以成仙。"王莽于是派中散大夫、谒者各四十五人分别到全国各地,广泛选取乡里中有美貌名声的淑女,报上名字。

王莽梦见长乐宫五个铜人站立起来,很厌恶,考虑铜人身上铭文有"皇帝初兼天下",就派尚方工匠凿去梦见的铜人胸前的铭文。又感到汉高皇帝庙的神灵威胁,派虎贲武士进入高庙,拔剑四面砍杀,用斧头砍坏门窗,用赭(红色)鞭蘸桃木汤遍洒房屋及墙壁,命轻车校尉住在庙中,又命中军北垒住在高帝寝庙中。

有人说黄帝时建造华丽车盖因而升仙,王莽就建造九层华盖,高八丈一尺,用黄金装饰车盖弓头,用羽毛装饰车盖,用装有机械的四轮车套上六匹马拉,三百名裹着黄头巾的力士护卫,车上的人击鼓,拉车的人都高呼"登仙"。王莽出行,就让此华盖在前。百官私下说:"这像是丧车,不是神仙用的东西。"

这一年,南郡秦丰部众将近一万人。平原郡女子迟昭平能解说《博经》,用八支箭投掷取胜,也在黄河险阻地带聚集数千人。王莽召集群臣询问擒贼计谋,都说:"这是些上天的囚徒,行尸走肉,命在旦夕。"原左将军公孙禄应征参与计议,他说:"太史令宗宣主管天文,推测气运变化,把凶兆当成吉兆,淆乱天文,贻误朝廷。太傅平化侯用虚伪的言辞粉饰自己,窃取名誉和地位,真是'贼害人家的子弟'。用师嘉信公、颠倒五经,毁坏师承,让学者疑惑。明学男张邯、地理侯孙阳,制定井田制度,使百姓丧失土地。牺和鲁匡设立六管制度,使工商业者破产。说符侯崔发,阿谀逢迎,阻塞下情上达。应该诛杀这几个人,以慰安天下。"又说:"匈奴不可攻击,应当和亲,我怕新朝的忧患不在匈奴,而在国家内部。"王莽大怒,命虎贲武士搀扶公孙禄出殿。但还是采纳了他的一些意见,把鲁匡降为五原郡卒正,因为百姓都怨恨他。其实,六管并非鲁匡一人独创,王莽不过是为了让民众满意才把他贬黜出京。

当初,四方民众都因为饥寒穷困起而为盗贼,渐渐地人越聚越多,仍常盼着年成好转能回归故里。人数虽然上了万,头目只是称巨人、从事、三老、祭酒,不敢攻占城市,辗转掠取食物,天天也就是够吃便罢了。一些长吏、州牧、郡守都是在混战中受伤而死,盗贼并不敢想杀他们,而王莽却不了解此情。这一年,大司马士到豫州办案,被盗贼抓获,盗贼把他送交县府。大司马士回京城后,上书详细报告了事情经过。王莽大怒,认为他是欺骗,交付审讯。于是下书责备七公说:"吏就是要治理。宣扬德行恩惠,教养百姓,是仁道。抑制豪强,督察奸邪,捕杀盗贼,是义节。现在却不然,盗贼起事不马上捕获,以至于成群结党,拦劫乘坐驿车的官员。官员脱身以后,又胡说:'我责问盗贼:为什么这样做?盗贼说是因为贫穷,盗贼护送着放出了我。'如今俗人议论大都如此。因为贫困饥寒违法犯罪,大的成群抢劫,小的穿墙偷窃,不外这两种情况。现在却阴谋结党数以千百计,明显是谋反作乱的大逆不道,怎能说是因为饥寒?七公要严厉命令卿大夫、卒正、连率、庶尹,小心教养善良的百姓,迅速逮捕歼灭盗贼。有不同心协力、嫉恶如仇铲除盗贼,而胡说什么饥寒造成的,一律逮捕关进监狱,问罪。"于是群臣更加恐慌,没人敢再说盗贼实情,也不敢擅自出兵,盗贼因此更无法控制。

只有翼平郡连率田况一向果敢,征召十八岁以上壮丁四万余人,颁发武库中的兵器,和他们刻石盟誓。赤眉军听说后,不敢进翼平郡界。田况上奏章弹劾自己,王莽责备田况:"没有赐给虎符而擅自发兵,这是弄兵犯法,其罪与乏军兴相同。因为田况声称一定能擒灭盗贼,所以暂不治罪。"后来田况自动请求越过郡界攻击盗贼,所向披靡。王莽颁发加盖玺印的文书,命田况兼理青、徐二州州牧。田况上书说:"盗贼初起时,势力很弱,但也不是基层官吏或者同伍人所能捕获的。过失就在于郡县长吏不放在心上,县欺骗郡,郡欺骗朝廷,实际上有一百人说有十人,实际上是一千人说是百人。朝廷忽视他们,不及时督促平息,以至于漫延到几个州郡,这才派遣将帅,多发使者,辗转监督。郡县尽力服侍上级官员,应答盘问,供给酒食,奉送资财,以拯救自己免于被斩,无暇考虑扑灭盗贼的事。将帅又不能身先士卒,交战就被盗贼打败,士气渐伤,白白地耗费百姓财力。前段时间,幸而朝廷下达赦免令,盗贼想要解散,有人反而拦击,致使盗贼恐惧逃入山谷,辗转相告,因此郡县投降的盗贼都更加惊慌,怕被欺骗消灭,借着饥荒人心浮动之机,十天之内又聚集起十余万人,这就是盗贼众多的原因。现在洛阳以东米价每石二千钱。我看到诏书,准备派遣太师和更始将军前来,二人是亲近皇帝的国家重臣,随从人马多,沿途民力财力就会用得枯竭,随从人马少又不能向远方显示威力。应当迅速选择州牧、大尹以下官员,明确对他们的赏罚,合并、收拢离城较远的乡村。没有城垣的小封国,要把老弱妇孺迁徙安置到大城市中,储存粮食,合力坚守。盗贼来攻城,攻不下,沿途路过的地方又没有粮食,势必不能集结。这样一来,招抚他们,他们一定投降;攻击他们,他们一定被灭。如今一味地多派将帅,郡县不胜骚扰之苦,比盗贼还要厉害。应该全部召回乘驿车到各地去的使者,以便让郡县得到休息,委派我负责对付青徐二州盗贼,一定能平定他们。"王莽对田况又害怕、又厌恶,私下里想让人取代他,派使者赐给田况加盖玺印的书。使者到达,会见田况,趁机命人接管他的军队。田况随使者西行,到京城,被任命为师尉大夫。田况离开以后,齐地政府军就连吃败仗。

地皇三年正月,九座宗庙落成,安放上神主牌位。王莽前往参拜谒见,车驾套六匹马，马身上披着五彩羽毛织成的龙纹衣，龙头上有角，衣长三尺，华盖车和十辆大战车走在前面，赏赐建庙的司徒、大司空各一千万钱，侍中、中常侍以下都有封赏。封都匠仇延为邯淡里附城。

二月，霸桥发生火灾，数千人用水浇救，火不灭。王莽十分厌恶，下诏书说："三皇象春，五帝象夏，三王象秋，五霸象冬。皇、王，是靠德行使天下运转；霸，是承继空缺而获得天命的，因此治国之道驳杂。常安城中皇帝行走的道路大多据临近地方取名。二月癸巳日深夜，甲午清晨，火烧霸桥，从东烧到西，到甲午日黄昏，桥烧光了火才熄灭。大司空巡视查问，有的说是贫民住在桥下，可能是烧火引起火灾。第二天就是乙未日，是立春的日子。我因是神明圣祖黄帝、虞帝的后裔接受天命，到地皇四年是十五年。正好在地皇三年冬季尽头灭绝了象征驳杂霸道的霸桥，想以此完成新朝统一长存的王道。又以此警告，要断绝东方的道路。如今东方灾荒，人民饥饿，道路不通，东岳太师立即制定条款，打开东方各粮仓，赈济穷苦百姓，施行仁道。霸馆改名为长存馆，霸桥改名为长存桥。"

这月，赤眉军杀死太师牺促景尚。函谷关以东人吃人。

四月，派太师王匡、更始将军廉丹东进，在京城门外大上饯行。天降大雨，衣服都淋湿了才停止。老年人叹息说："这就是哭军队！"王莽说："阳九之灾，与有害的气会合，到去年为止。旱灾、霜灾、蝗灾接连不断，饥荒频频来临，百姓穷困，流落道旁，春天尤其厉害，我很悲伤。现派东岳太师特进褒新侯打开东方各地粮仓，赈济穷人。太师公不经过的地方，分别派大夫、谒者一齐打开各粮仓，以保全百姓生命。太师公和大使五威司命、位右大司马、更始将军平均侯廉丹前往兖州，安抚官民。至于青徐二州原不法盗贼尚未解散以及解散后又重新结集起来的，一并消灭干净，务期安定万民。"太师、更始共同率领十余万精锐部队，所到之处，放纵士兵胡为。东方人对此说道："宁肯遇到赤眉，不要遇上太师！太师还算可以，更始将军杀我！"终于应验了田况的预言。

王莽又大量派遣大夫、谒者分别到各地教民众用草木煮草酪吃。草酪不能吃，却更加重了百姓的负担。王莽下诏书说："民众贫穷。虽然广开诸仓赈济，仍然恐怕不够吃。暂时解除天下山川禁令，凡能顺应季节采取山川物产的，听任采取，不用交税。至地皇三十年再恢复禁令，那是王光上戊六年。如果让豪强官吏奸猾百姓垄断利益，百姓得不到好处，那就不符合我的本意了。《易》不是说过了吗，'减少上层利益，增加下层利益，百姓欢乐无边'。《书》说：'说了话人家不听从，那就不以治理国家。'唉，诸位公卿，能不担忧吗？"

这时下江兵强大，新市朱鲔、平林陈牧等都重新集结部众，攻击乡村集镇。王莽派司命大将军孔仁管理豫州，纳言大将军严尤其、秩宗大将军陈茂进击荆州，分别带百余名官兵，从渭水乘船进入黄河，到华阴县上岸改乘驿车，到达辖区后招募士兵。严尤对陈茂说："派遣将领却不给发兵的虎符，遇事要先请示然后才能行动，这好比拴住名犬韩卢却要求它捕获猎物。"

夏天，蝗虫从东方飞来，遮满天空，到达长安，进入未央宫，绕着殿堂楼阁飞。王莽发动官民悬赏捕捉击杀。

王莽因为天下谷价高，想镇伏此事，建造一座大粮仓，设置卫士交叉着戟把守，名字叫"政始掖门"。

数十万流民进入函谷关,于是设立赡养官府施舍饭食。使者监督管理,而竟和小官吏一道盗窃粮食,流民饿死的有十分之七八。先前王莽派中黄门王业主管长安市场的交易,王业低价购进百姓的货物,百姓非常愁苦。王业因为节省国家费用有功,被封为附城。王莽听说城中闹饥荒,就询问王业。王业说:"饥饿的都是流民。"于是买进市场上的精米饭、肉羹,拿进宫中给王莽看,说:"城内居民吃的都是这个。"王莽相信了。

冬天,无盐县索卢恢等人起兵,占据县城。廉丹、王匡进击,攻陷县城,斩杀一万多人。王莽派中郎将捧着加盖玺印的文书慰劳廉丹、王匡,升二人爵位为公,封有功的官吏十余人。

赤眉军别校董宪在梁郡聚集了几万部众,王匡想要进击,廉丹认为刚刚攻陷城池,军队疲劳,应当休养,以便养精蓄锐。王匡不听,单独领兵进击。廉丹只好随后跟进。在成昌会战,战败,王匡逃跑。廉丹派官吏携带自己的印信符节交给王匡说:"小儿可以逃跑,我不能。"于是留下来,战死。校尉汝云、王隆等二十余人在别处厮杀,听到此事,都说:"廉公已死,我们还为谁活着?"飞马冲向敌人,全部战死。王莽哀伤廉丹,下诏书说:"只有您拥有众多精锐士兵,各郡良马、仓库的粮食、内府的钱财都能调用,可是却疏忽了诏书策命,离开了自己的权威符节,骑马呼叫冲击,被乱刀杀害,呜呼哀哉!赐谥号为果公。"

国将哀章对王莽说:"在皇祖黄帝时代,中黄直做将,击败并杀死蚩尤。现在我占据中黄直的位置,愿率军平定山东。"王莽派哀章飞驰东方,和太师王匡合力进剿。又派大将军阳浚据守敖仓,司徒王寻率十余万部队驻屯洛阳,镇守南宫,大司马董忠在中军北垒休养士兵,练习骑射,大司空王邑兼任三公职务。司徒王寻开始由长安出发,夜宿霸昌厩,丢失了他的黄色斧钺。王寻士房扬一向狂放直爽,于是哭着说:"这就是《易》经上所谓'丧其齐斧'呵!"于是自我弹劾,离职而去。王莽杀死了房扬。

四方的盗贼常常几万人攻打城乡,杀死二千石以下官员。太师王匡等数次作战不利。王莽知道天下已崩溃,众叛亲离,形势紧迫,走投无路,于是商议派风俗大夫司国宪等分别到全国各地巡视,废除井田制、不准买卖奴婢、山林河海税收以及六管等禁令,凡即位以来颁布的不利于民的诏令全部收回。司国宪等正等待接见尚未出发,世祖(刘秀)和兄长齐武王刘伯升、宛人李通等率领春陵县数千子弟兵,招徕了新市平林的朱鲔、陈牧等,联合攻下棘阳。这时,严尤、陈茂打败了下江兵,成丹、王常等数千人向别处逃跑,进入南阳县界。

十一月,张宿出现彗星,向东南方向流动,五天后消失。王莽屡次召见太史令宗宣询问,各位术数家都胡乱应答,说天文星象平安吉祥,群贼马上就被消灭。王莽稍微安心。

地皇四年正月,汉军得到了下江王常等人协助,攻打前队大夫甄阜、属正梁丘赐,把他们都杀掉,歼灭其部众数万。当初,京城听说青、徐地区盗贼有数十万,始终没有文书、号令、旗帜、标志,都感到奇怪。好事的人私下说:"这难道是象古代三皇没有文书号令吗?"王莽心里也奇怪,询问群臣,群臣没人能回答。只有严尤说:"这不足为奇。自黄帝、汤、武以来,行军用兵,必须有部队编制、旗帜号令,现在这些人没有,不过是一些饥饿寒冷的盗贼象羊狗一样聚在一起,不知道要文书号令罢了。"王莽大喜,群臣也全都佩服。等到汉军刘伯升起事,都称将军,攻打城池,占领地盘,杀死甄阜后,发布文书,宣传政见,

绿林起义军对王莽的战争经过示意图

王莽听说后十分恐惧。

汉军乘胜包围宛城。当初,世祖同族兄长刘圣公(刘玄)先加入平林兵。三月辛巳朔日,平林、新市、下江兵将领王常、朱鲔等共同拥立刘圣公做皇帝,改年号为更始元年,设置官府并任命百官。王莽听到愈加恐慌,他想向外界显示自己心情稳定,就染了胡须、头发,把从全国征召来的淑女杜陵史氏升为皇后,聘礼是三万斤黄金,另外有数以万万计的车马、奴婢、绸缎、珠宝。王莽亲自在前殿两边台阶间迎接,在上西堂举行新婚夫妇同食的仪式。配备和嫔、美御、和人三人,给以三公待遇;嫔人九名,给以卿的待遇;以上共一百二十人,都佩带印绶,手执弓袋。封皇后父亲史湛为和平侯,任命为宁始将军,史湛的两个儿子都任侍中。这天,大风毁坏房屋折断树木。群臣祝贺说:"庚子日雨水洒道路,辛丑日清净无尘,黄昏谷风迅猛,从东北方向来,辛丑是《巽》卦主宰的日子,《巽》象征风、象征顺,表明皇后深明大义,具备做母亲的道德,受过温和慈惠的教化。《易》说:'赐给这洪福,给君王的母亲。'《礼》说:'承受天的吉庆,万福无疆。'那些想依靠被废除的汉朝,以火德称王的刘氏势力,都被冲洗干净,歼灭无余了。五谷丰登,作物繁殖,百姓欢欣，万民托福，天下万幸。"王莽天天和方士涿郡人昭君等在后宫研究、实验房中术，纵情淫乐。天下大赦，但还说："原汉宗室春陵侯的堂侄刘伯升和他的同族、亲戚、党羽，妖言惑众，背叛天命，以至于亲手杀害更始将军廉丹、前队大夫甄阜、属正梁丘赐；还有北狄胡人叛逆舆以及南僰蛮夷若豆、孟迁，都不适用大赦文书。有能捕获这些人的，都封为上公，食一万户的租税，赐给五千万钱。"

又下诏书说："太师王匡、国将哀章、司命孔仁、兖州牧寿良、卒正王闳、扬州李圣急速率所部州郡兵共三十万进击，逼迫青徐二州盗贼。纳言将军严尤、秩宗将军陈茂、车骑将军王巡、左队大夫王吴急速率所部州郡兵共十万进击，逼迫前队敌虏。明确宣告：投降的人给予活路，仍然执迷不悟不肯解散的，都合力围剿，彻底消灭。大司空隆新公是皇室亲戚，以前曾任虎牙将军，向东进击则反贼溃败，向西进击则逆贼灭亡，这是新朝有威望的宝贵重臣。如果奸贼不解散，将派大司空率百万大军前往讨伐，务期歼灭！"派七公干士隗嚣等七十二人分别下达赦令，遍告各地。隗嚣等人出京城后，趁机逃跑了。

四月，世祖和王常等人分兵进攻颖川郡，攻克昆阳、郾、定陵。王莽听说后愈加恐慌，派大司空王邑乘驿车急奔洛阳，和司徒王寻征发百万郡兵，号称"虎牙五威兵"，平定崤山以东地区。他们可以自行封爵，政事全由王邑决定，任用征选来的精通六十三家兵法的军事人才，各自携带图书，领受武器，配备军吏。把府库中的所有物资都拿出来交给王邑，携带大量珍宝、猛兽，想炫耀富饶，震慑崤山以东。王邑抵达洛阳，州郡各选拔精兵，由州牧郡守率领。约期会合，人数达四十二万，其余的还在赶来，路上连绵不断。战车、兵士、马匹、器械的强盛，自古以来出兵作战未曾有过。

六月，王邑和大司徒王寻从洛阳出发，打算到宛县，取道颖川，路过昆阳。当时昆阳已经投降汉军，由汉军把守。严尤、陈茂和王邑、王寻二公会合。二公挥军包围了昆阳。严尤说："自称皇帝的人在宛城，应急速进军。攻下宛城，众城自会平定。"王邑说："百万大军，所过之处都应平定。现在攻陷此城，杀光盗贼，踏血前进，前队唱歌后队跳舞，岂不痛快！"于是包围昆阳城数十重。城中守军请求投降，王邑不许。严尤说："'撤退的军队不要拦截，包围城池要留出缺口。'可像兵法说的那样去做，让守军逃出，以震慑宛城。"王邑又不听。正逢世祖征集郾、定陵全部兵士数千人来救昆阳，王寻、王邑瞧不起他们，亲自率一万余人巡视阵地，命令各营约束部众，不得擅自行动，自己单独迎敌。王邑、王寻与汉军交战，不利，大军不敢擅自救助，汉军乘胜杀死王寻。昆阳城中守军出城共同作战，王邑逃跑，军队大乱。这时大风掀掉屋瓦，大雨倾盆，王邑大军崩溃，士兵号呼求救，虎豹闻声也会战栗。士卒奔逃，各自回归原郡。王邑单独和他所率领的长安勇士数千人回到洛阳。关中地区闻讯震惊恐怖，盗贼纷纷揭竿而起。

又听汉军说，王莽毒死了汉平帝。王莽于是在王路堂集合公卿以下官员，打开收藏当年他写的为平帝请命策书的匣子，流着眼泪把策书拿给群臣看，命令明学男张邯称颂他的德行，并解说符命事由，然后说："《易》说：'伏戎于莽，升其高陵，三岁不兴。'莽，是皇帝的名，升就是刘伯升。高陵，是高陵侯的儿子翟义。这段话是说，刘伯升、翟义在新朝皇帝时代建立地下武装，终归要被消灭，不能成功。"群臣都高呼万岁。又命令东方用囚车一站一站地押送数人进京，扬言"这是刘伯升等人，都要处死"，但百姓都知道是假的。

原先,卫将军王涉一向供养道士西门君惠。君惠喜好星象迷信,对王涉说:"有彗星扫过皇宫,刘氏当重新兴起,国师公的姓名就是。"王涉相信他的话。告诉了大司马董忠,两人多次到国师在宫中的休息室讲说彗星事,国师不回答。后来王涉一人前往,流着泪对刘歆说:"实在是想和您共同安定宗族,为什么不相信我呢?"刘歆趁机对他讲述天文、时事,说明东方的人一定会成功。王涉说:"新都哀侯从小生病,功显君一向嗜酒,我怀疑皇帝本不是我们王家的子孙。董公掌握中军精兵,我掌管宫中卫士,伊沐侯负责殿中守卫。如果同心合力,一起劫持皇帝,东去投降南阳的天子,可以保全宗族。不然全都会被杀身灭族。"伊沐侯是刘歆的长子,任侍中五官中郎将,王莽一向喜爱他。刘歆怨恨王莽杀死他三个儿子,又害怕大祸临头,就和王涉、董忠合谋,想发动政变。刘歆说:"应等太白星出现,方可动手。"董忠因为司中大赞起武侯孙伋也掌握军权,又和孙伋商议。孙伋回家后,脸色变了,吃不下饭。妻子很奇怪,问他,孙伋据实相告。妻子告诉给她弟弟云阳人陈邯,陈邯想告发。

七月,孙伋和陈邯一起告发。王莽派使者分头召见董忠等人。此时董忠正在训练士兵,演习武事,护军王威对董忠说:"密谋很长时间不行动,恐怕会走漏风声,不如就杀死使者,带兵进宫。"董忠不听,和刘歆、王涉在殿下相会。王莽命蛴恽审问他们,全都招认了。中黄门各自拔出刀剑把董忠等押进休息室中。董忠拔剑想自杀,侍中王望传话说大司马谋反,黄门一起持剑杀死了董忠。宫中惊相传告,正在受训练的士兵跑到郎官衙门,一个个剑拔弩张。更始将军史谌巡行各衙门,对郎官们说:"大司马有疯症,病情发作,已被诛杀。"命令全部放下武器。王莽想镇伏凶灾,让虎贲武士用斩马剑把董忠剁碎,用竹器盛着,传告说:"反贼出去了。"下诏书赦免大司马部下官吏受董忠蒙蔽、参与谋反而没被发现的人。逮捕董忠宗族,用浓醋、毒药、一尺长刀子及荆棘一起埋入坑中。刘歆、王涉都自杀了。王莽因为二人是至亲和老部下,厌恶别人说是内讧,所以隐瞒了对他俩的诛杀。伊沐侯刘叠一向谨慎,刘歆始终没告诉他谋反的事,所以只免去他侍中中郎将职务,改任中散大夫。后来,殿中钩盾山上铜铸的仙人手掌旁出现穿青衣的白发老翁,看见的郎官都私下说是国师公。衍功侯王喜一向擅长占卦,王莽让他用蓍草占了一卦。他说:"有兵火之灾。"王莽说:"小孩子哪里弄来的旁门左道!这乃是我的皇祖叔父王子侨来接我。"

王莽军队在外面吃败仗,大臣在里面叛变,身边没有可信赖的人,顾不上再考虑远处郡国的事,想叫王邑回来商议。崔发说:"王邑一向小心,现在损失了大军而征召他回京,恐怕他坚持气节而自杀,应该给予大的安慰。"于是王莽派崔发乘驿车飞速告知王邑:"我年老没有嫡子,想把天下传给你。命你不要拒绝,见面后不必再提此事。"王邑到达,任命为大司马。任命大长秋张邯为大司徒,崔发为大司空,司中寿容苗䜣为国师,同悦侯王林为卫将军。王莽忧愁烦懑吃不下饭,只喝酒,吃鳆鱼。读兵书读倦了,就靠着几案睡,不再躺着了。王莽生性喜好占卜日子的小方术,等到事情紧急,一味搞迷信来镇伏。派使者毁掉渭陵、延陵园门的罘罳(门外的网状屏障),说:"不要让人民'复思'(再思念汉朝)了。"又用墨涂黑陵园的围墙。将军称为"岁宿",申水称"助将军",又有右庚刻木校尉、前丙耀金都尉。还说:"手执大斧,砍伐枯树;流出大水,灭掉燃烧的火。"诸如此类的迷信活动,不可胜记。

秋天,太白星流进太微垣,如月光般照耀大地。

成纪县隗崔兄弟共同劫持大尹李育,让侄儿隗嚣做大将军,攻击并杀死雍州牧陈庆、安定卒正王旬,兼并了他们的部众,向各郡县发布文书,历数王莽的罪恶,比桀、纣还多一万倍。

这月,析县人邓晔、于匡在析县南乡起兵,有百余人。此时析县县长率数千兵士驻屯鄡亭,防守武关。邓晔、于匡对县长说:"刘氏皇帝已经即位,您怎么这样不懂天命!"县长请求投降,邓、于接受了他的全部军队。邓晔自称辅汉左将军。于匡是辅汉右将军,攻下析县、丹水县,进攻武关,都尉朱萌投降。进攻右队大夫宋纲,杀死了他,何西攻下湖县。王莽更加忧虑,不知怎么办好。崔发说:"据《周礼》及《春秋左传》,国家有大灾,就用哭来镇伏。所以《易》说:'先号咷而后笑。'应该呼号叹息,向天救救。"王莽自知败局已定,就率领群臣到南郊,陈述他接受符命登基的经过,仰面对天说:"皇天既然授命给我,为什么不消灭众盗贼?如果是我王莽不对,希望降下霹雷击杀我。"然后捶胸大哭,哭得断了气,趴在地上叩头。又写一篇求告上天的文书,陈述自己的功劳有千余字。让儒生和百姓早晚集合起来哭,为他们准备粥饭,哭得特别悲伤以及能背诵告上天文书的,任命为郎官。结果有五千多人作了郎,由㚟恽统领。

王莽任命九名将军,都用虎作号,号称"九虎",率领北军数千精兵东进,把他们的妻室儿女留在宫中作人质。宫中的黄金一万斤为一柜,当时还有六十柜,黄门、钩盾、臧府、中尚方每处各有数柜。长乐宫御府、中御府以及都内、平准库存的钱财绸绢、珍珠宝物还很多,王莽越来越珍爱它们,赐给九虎士每人才四千钱。大家都怨气冲天,毫无斗志。九虎将军到达华阴县回溪,据守关隘,北起黄河南到崤山。于匡率数千名弓弩手,登上风陵堆挑战。邓晔率两万余人从阌乡向南推进到枣街、作姑,击败一股守军,又向北从九虎将军后面进攻。六虎败逃,其中史熊、王况回到朝廷请罪。王莽派使者责问他们:"死的人在哪里?"二人自杀,其他四虎逃走了。郭钦、陈翚、成重三虎,收集散兵,保卫京师仓。

邓晔打开武关迎接汉军,丞相司直李松率两千余人到湖县,和邓晔等一起进攻京师仓,没攻下。邓晔任命弘农掾王宪为校尉,率数百人北渡渭水,进入左冯翊,攻陷城池,占据土地。李松派偏将军韩臣等向西到达新丰县,和王莽的波水将军交战,波水将军败逃。韩臣等人追奔逐北,就到了长门宫。王宪向北到达频阳县,所到之处,纷纷出迎投降。名门大姓栎阳的申砀、下邽的王大都率领部众追随王宪。三辅地区属县郖县人严春、茂陵县人董喜、蓝田县人王孟、槐里县人汝臣、周至县人王扶、阳陵县人严本、杜陵县人屠门少等,部众都有数千人,都假借汉将军的称号。

当时李松、邓晔认为京师小小的粮仓尚且攻不下,何况长安城,应当等更始皇帝的大兵到达再进攻。于是领兵到华阴,修理整治攻城用具,而长安附近的军队从四面会集城下,听说天水郡隗氏部队刚到,都想争先进入长安城,贪图立大功,并可获抢掠的好处。

王莽派使者分头赦免城中各监狱的囚徒,发给武器,杀猪饮血;和他们盟誓说:"有不为新朝效力的,土地神会记住他!"更始将军史湛要率领他们渡过渭桥,囚徒们四散逃走。史湛只身返回,众士兵发掘王莽妻子、儿子、父亲、祖宗的坟墓,焚烧棺椁以及九庙、明堂、辟雍,大火照耀全城。有人对王莽说:"守城门的士卒都是东方的人,不可信。"王莽更换越骑校尉管下的越骑士担任守卫,每座城门有六百名骑士,各设一名校尉统领。

十月戊申朔日,围城部队从宣平城门冲入。宣平城门就是民间所说的都门。张邯巡行城门,遇到攻进来的士兵,被杀死。王邑、王林、王巡、蟜恽等分头带兵在皇宫北阙阻击。汉军贪图捉获王莽的封赏,七百余人奋勇作战。天近黄昏,官府及大宅中的人都逃光了。二日己酉,长安城中少年朱弟、张鱼等人恐怕遭到抢劫,呼喊着响应攻城部队。他们焚烧了作室的门,用斧子砍开敬法殿的小门,喊道:"反贼王莽,为何还不出来投降?"大火蔓延到宫中的承明殿,这是黄皇室主居住的地方。王莽为躲避大火逃到宣室前殿,火总是跟随其后。宫女、妇人哭叫着说:"怎么办呢!"这时王莽穿着纯天青色衣服,佩带玉玺,手持虞帝匕首。天文郎就在王莽座前,转动占卜时日的星盘,随着星盘的转动,王莽旋转着跟随斗柄的方向坐下,说:"上天赐我治国的德行,汉兵又能把我怎样?"王莽那时已不吃饭,神色困乏,有气无力。

三日庚戌,清晨时,群臣搀扶着王莽从前殿南行,走下台阶,向西出白虎门,和新公王揖准备好车子等在门外。王莽上了车,到渐台,想借池水阻挡敌军。王莽还抱着符命、威斗,公卿大夫、侍中、黄门郎等随从官员还有一千余人。王邑昼夜苦战,疲惫已极,士兵死伤将尽。王邑飞马驰入宫中,辗转到达渐台,看见他儿子侍中王睦脱下衣帽想逃,王邑喝住他,让他回来,父子一起守卫王莽。攻城军士进入殿中,喊道:"反贼王莽在哪里?"有美人从房中走出,说:"在渐台。"众兵士追去,包围了数百重。渐台也用弓箭和围兵对射,围兵逐渐退却。台上的箭用光了,不能再射,双方短兵相接。王邑父子、蟜恽、王巡战死,王莽逃进内室,申时过后(下午五、六点钟),士兵们蜂拥上渐台,王揖、赵博、苗䜣、唐尊、王盛、中常侍王参等都死在台上。商人杜吴杀死王莽,取下他佩带的印绶。校尉东海郡人公宾就,原任大行治礼,看见杜吴所持绶带,知道是王莽的印绶,就追问绶带主人在何处。杜吴说:"在内室西北角。"公宾就认识王莽,砍下他的首级。军士们分割王莽的身子,肢体、关节、肌肉、筋骨一块一块分割,几十个人争相砍杀。公宾就拿着王莽的首级去见王宪。王宪自称是汉大将军,城中军队数十万都归属他。他住在东宫,把王莽的妃嫔都收为妻妾,乘王莽的车,穿王莽的衣服。

六日癸丑,李松、邓晔进入长安,将军赵萌、申屠建也到达,因为王宪得到王莽的玺印绶带不即刻上交,又大量占有宫女,建立天子的仪仗,所以逮捕了王宪,并斩首。把王莽的首级传送到更始皇帝处,悬挂在宛城示众。百姓都用石块掷击,有人割王莽的舌头吃。

王莽的扬州牧李圣、司命孔仁在山东地区吃了败仗,李圣战死。孔仁率领部众投降,过后又叹息说:"我听说,吃人家的饭就要为人家的事业效命。"于是拔剑自杀了。曹部监杜普、陈定大尹沈意、九江连率贾萌都据守郡城,不肯投降,被汉军杀死。赏都大尹王钦和郭钦守卫京师仓,听说王莽已死,就投降了。更始帝认为他们有义气,都封为侯。太师王匡、国将哀帝在洛阳投降,一站一站地押送到宛城,斩首。严尤、陈茂在昆阳城下战败,逃到沛郡谯县,自称是汉朝将军,召集官民。严尤讲述王莽篡位、天使他灭亡以及汉朝复兴的情况,陈茂趴在地上哭。听说原汉朝钟武侯刘圣在汝南郡聚众起兵称帝,严尤、陈茂就投降了他。刘圣任命严尤为大司马、陈茂为丞相。十几天后,失败,严尤、陈茂都死了。各郡县纷纷全城投降,天下都归附了汉朝。

当初,申屠建曾经跟随崔发学习《诗》,申屠建到长安,崔发投降了他。后来崔发又说王莽接受符命,申屠建命丞相刘赐杀死崔发示众。史湛、王延、王林、王吴、赵闳也投降了，又被杀死。当初各地假借皇帝号令攻打长安的军队头领，个个希望封侯。申屠建杀死王宪，又扬言三辅地区民情奸诈，一起杀死他们的头领。官民恐慌，各县屯兵割据，申屠建等不能攻下，飞马报告更始帝。

更始二年二月，更始帝刘玄到达长安，下诏令大赦天下，除王莽的儿子，其他人全部免罪，因此王氏宗族得以保全。三辅地区全部平定，更始帝建都长安，住在长乐宫。府库珍藏都完好无缺，只有未央宫为攻打王莽火烧三天，王莽死后，一切又恢复正常。更始到长安，一年多政令教化推行不开。第二年夏天，赤眉军樊崇等数十万军队进关，拥立刘盆子为帝，攻打更始帝，更始投降。赤眉于是焚烧长安城的宫殿、房屋、街道、市区，害死更始。百姓饥饿以至于人吃人，死者数十万，长安城空了，看不到行人。宗庙、园陵全都被挖掘开，只有霸陵、杜陵还完整。六月，世祖刘秀即皇帝位，随后宗庙、社稷重新建立，天下安定。

【二十五史】

后汉书

［南朝宋］范晔·原著

导　读

　　《后汉书》是一部由我国南朝刘宋时期的历史学家范晔编撰的记载东汉历史的纪传体史书。与《史记》《汉书》《三国志》合称"前四史"。全书一百二十卷，包括本纪十卷，列传八十卷，志三十卷，如果包括子卷，全书一百三十卷，主要记载了东汉光武帝刘秀到献帝刘协近两百年的历史。纪、传的作者是南朝刘宋的范晔，志的作者是晋司马彪。

　　《汉书》是一个皇帝一篇本纪。东汉一代，殇、冲、质三帝在位时间短促，事迹不多，《后汉书》从实际出发，把他们附在其他帝纪后面。本纪的最后一篇是《皇后纪》，相当于《汉书》的《外戚传》。汉高祖死后，吕后曾专权多年，所以司马迁和班固把吕后列入本纪，范晔则不加区别地把皇后全部写进本纪，实际上反映了作者对君权的尊崇。

　　《后汉书》记人叙事喜欢以类相从，不论年代的先后。《论衡》的作者王充是东汉初期人，《潜夫论》的作者王符和《昌言》的作者仲长统是东汉末年人，因为他们都擅长著述，淡于功名利禄，所以三人同传。张纯和郑康成也不同时，因为都以经学见长，所以合为一传。

　　在《史记》《书》已有的类传之外，《后汉书》新创了《党锢传》《宦者传》《文苑传》《独行传》《方术传》《逸民传》等，把同类的人物纳入一编。东汉时，宦官和外戚是统治阶级内部两个不同的政治集团，它们更迭执政，鱼肉人民。特别是桓帝（147～167年在位）、灵帝（168～189年在位）两朝，宦官把持朝政，劳动人民的灾难日益深重。当时地主阶级出身的知识分子反对宦官势力，崇尚名节，互相标榜，结党诽议朝政，遭到宦官的迫害和禁锢。这场斗争，是当时政治斗争的一个重要侧面。《党锢传》《宦者传》反映了这一社会内容。《文苑传》与《儒林传》不同，前者重在辞章，后者以经学儒术为主。《独行传》是那些所谓"特立卓行"获得声誉的人物专传。《方术传》主要记载阴阳占卜的人物，名医郭玉、华佗也见于这篇传。《逸民传》主要记述地主阶级中那些自命清高、隐居不仕的知识分子。

　　《后汉书》的《列女传》特别值得注意。范晔认为史书不为妇女立传是不对的，他选择"才行"优秀的各种类型妇女写了传记，在纪传体史书中，继《东观汉记》之后为妇女立传。人们熟知的蔡文姬就收在《列女传》。

　　《后汉书》的《舆服志》《百官志》是前史所没有的。《舆服志》记载反映封建等级制度的车服沿革和式样，《百官志》记述东汉分官设职的情况。志中不立《食货志》，漏载一代经济制度，显然是一大缺点。后来《晋书·食货志》追述了前代经济状况，才弥补了这一不足。

　　志的作者司马彪著有《续汉书》八十三卷，梁刘昭给《后汉书》作注，把《续汉书》的志抽出来，加以注释，补入《后汉书》。但在宋代以前，两书仍各自单行。宋真宗乾兴元年（1022年），孙奭把两书合并刻印，才形成了今天我们看到的《后汉书》。唐高宗的儿子李贤等人的《后汉书》注出现后，刘昭注不再被人们看重。今本《后汉书》，纪、传是李贤注，志是刘昭注。

汉光武帝纪

【题解】

刘秀(前6~57),字文叔,南阳蔡阳(今湖北枣阳西南)人。西汉皇族。东汉王朝的奠基者。公元25~57年在位,谥号光武,庙号世祖。王莽末年,爆发农民大起义,他和哥哥刘縯乘机在南阳起兵,加入绿林军,在昆阳大捷中发挥过重要作用。王莽失败后,他经略河北,开始脱离更始帝刘玄而自立,先后镇压了铜马、赤眉等多股起义军,也陆续平灭了王郎、刘永、隗嚣、公孙述等许多割据者,统一了全国。在位期间,他一方面多次发布释放奴婢的命令,减轻赋税徭役,废止地方兵役制,精简官员,裁并郡县,兴修水利,发展生产,以缓和社会矛盾;一方面又辞退功臣而任用文官,加强尚书的权力,削弱三公的权限,限制外戚的干政,以强化中央集权的政治体制,使新兴的东汉政权得稳定而迅速地发展起来,史称"光武中兴"。然而他是靠豪族的支持才夺取天下的,在豪族的压力下,不得不中止度田令的推行,只能行"柔道",以缓和统治集团内部的矛盾,在一定的程度上抵消了他加强皇权的努力。由于他的登基与先前"刘秀当为天子"的谶语相符,所以笃信图谶,也加重了儒学神学化的倾向,助长迷信思想的泛滥。

【原文】

世祖光武皇帝讳秀,字文叔,南阳蔡阳人,高祖九世之孙也,出自景帝生长沙定王发。发生春陵节侯买,买生郁林太守外,外生钜鹿都尉回,回生南顿令钦,钦生光武。光武年九岁而孤,养于叔父良。身长七尺三寸,美须眉,大口,隆准,日角。性勤于稼穑,而兄伯升好侠养士,常非笑光武事田业,比之高祖兄仲。王莽天凤中,乃之长安,受《尚书》,略通大义。

莽末,天下连岁灾蝗,寇盗起。地皇三年,南阳荒饥,诸家宾客多为小盗,光武避吏新野,因卖谷于宛。宛人李通等以图谶说光武云:"刘氏复起,李氏为辅。"光武初不敢当,然独念兄伯升素结轻客,必举大事,且王莽败亡已兆,天下方乱,遂与定谋,於是乃市兵弩。十月,与李通从弟轶等起于宛,时年二十八。

汉武帝刘秀

十一月,有星孛于张。光武遂将宾客还春陵。时伯升已会众起兵。初,诸家子弟恐惧,皆亡逃自匿,曰:"伯升杀我。"及见光武绛衣大冠,皆惊曰:"谨厚者亦复为之",乃稍自安。伯升于是招新市、平林兵,与其帅王凤、陈牧西击长聚。光武初骑牛,杀新野尉乃得马。进屠唐子乡,又杀湖阳尉。军中分财物不均,众恚恨,欲反攻诸刘。光武敛宗人所得物,悉以与之,众乃悦,进拔棘阳,与王莽前队大夫甄阜、属正梁丘赐战于小长安,汉军大败,还保棘阳。

更始元年,正月甲子朔,汉军复与甄阜、梁丘赐战于沘水西,大破之,斩阜、赐。伯升又破王莽纳言将军严尤、秩宗将军陈茂于淯阳,进围宛城。二月辛巳,立刘圣公为天子,以伯升为大司徒,光武为太常偏将军。三月,光武别与诸将徇昆阳、定陵、郾,皆下之。多得牛马财物,谷数十万斛,转以馈宛下。莽闻阜、赐死,汉帝立,大惧,遣大司徒王寻、大司空王邑将兵百万,其甲士四十二万人,五月到颍川,复与严尤、陈茂合。初,光武为春陵侯家讼逋租于尤,尤见而奇之。及是时,城中出降尤者言光武不取财物,但会兵计策。尤笑曰:"是美须眉者邪?何为乃如是!"

初,王莽征天下能为兵法者六十三家数百人,并以为军吏;选练武卫,招募猛士,旌旗辎重,千里不绝。时有长人巨无霸,长一丈,大十围,以为垒尉;又驱诸猛兽虎豹犀象之属,以助威武。自秦、汉出师之盛,未尝有也。光武将数千兵,徼之于阳关。诸将见寻、邑兵盛,反走,驰入昆阳,皆惶怖,忧念妻孥,欲散归诸城。光武议曰:"今兵谷既少,而外寇强大,并力御之,功庶可立;如欲分散,势无俱全。且宛城未拔,不能相救,昆阳即破,一日之间,诸部亦灭矣。今不同心胆共举功名,反欲守妻子财物邪?"诸将怒曰:"刘将军何敢如是!"光武笑而起。会候骑还,言大兵且至城北,军陈数百里,不见其后,诸将遽相谓曰:"更请刘将军计之。"光武复为图画成败。诸将忧迫,皆曰:"诺。"时城中唯有八九千人,光武乃使成国上公王凤、廷尉大将军王常留守,夜自与骠骑大将军宗佻、五威将军李轶等十三骑,出城南门,于外收兵。时莽军到城下者且十万,光武几不得出。既到郾、定陵,悉发诸营兵,而诸将贪惜财货,欲分留守之。光武曰:"今若破敌,珍宝万倍,大功可成;如为所败,首领无余,何财物之有!"众乃从。

严尤说王邑曰:"昆阳城小而坚,今假号者在宛,亟进大兵,彼必奔走;宛败,昆阳自服。"邑曰:"吾昔以虎牙将军围翟义,坐不生得,以见责让。今将百万之众,遇城而不能下,何谓邪?"遂围之数十重,列营百数,云车十余丈,瞰临城中,旗帜蔽野,埃尘连天,钲鼓之声闻数百里。或为地道,冲棚橦城。积弩乱发,矢下如雨,城中负户而汲。王凤等乞降,不许。寻、邑自以为功在漏刻,意气甚逸。夜有流星坠营中,昼有云如坏山,当营而陨,不及地尺而散,吏士皆厌伏。

六月己卯,光武遂与营部俱进,自将步骑千余,前去大军四五里而陈。寻、邑亦遣兵数千合战。光武奔之,斩首数十级。诸部喜曰:"刘将军平生见小敌怯,今见大敌勇,甚可怪也!且复居前,请助将军!"光武复进,寻、邑兵却,诸部共乘之,斩首数百千级。连胜,遂前。时伯升拔宛已三日,而光武尚未知,乃伪使持书报城中,云:"宛下兵到。"而阳堕其书。寻、邑得之,不喜。诸将既经累捷,胆气益壮,无不一当百。光武乃与敢死者三千人,从城西水上冲其中坚,寻、邑阵乱,乘锐崩之,遂杀王寻。城中亦鼓噪而出,中外合执,震呼动天地,莽兵大溃,走者相腾践,奔殪百余里间。会大雷风,屋瓦皆飞,雨下如注,滍川盛溢,虎豹皆股战,士卒争赴,溺死者以万数,水为不流。王邑、严尤、陈茂轻骑乘死人度水逃去。尽获其军实辎重,车甲珍宝,不可胜算,举之连月不尽,或燔烧其余。

　　光武因复徇下颍阳。会伯升为更始所害,光武自父城驰诣宛谢。司徒官属迎吊光武,光武难交私语,深引过而已。未尝自伐昆阳之功,又不敢为伯升服丧,饮食言笑如平常。更始以是惭,拜光武为破虏大将军,封武信侯。

　　九月庚戌,三辅豪桀共诛王莽,传首诣宛。更始将北都洛阳,以光武行司隶校尉,使前整修宫府。于是置僚属,作文移,从事司察,一如旧章。时三辅吏士东迎更始,见诸将过,皆冠帻,而服妇人衣,诸于绣镼,莫不笑之,或有畏而走者。及见司隶僚属,皆欢喜不自胜。老吏或垂涕曰:"不图今日复见汉官威仪!"由是识者皆属心焉。

　　及更始至洛阳,乃遣光武以破虏将军行大司马事。十月,持节北度河,镇慰州郡。所到部县,辄见二千石、长吏、三老、官属,下至佐史,考察黜陟,如州牧行部事。辄平遣囚徒,除王莽苛政,复汉官名。吏人喜悦,争持牛酒迎劳。进至邯郸,故赵缪王子林说光武曰:"赤眉今在河东,但决水灌之,百万之众可使为鱼。"光武不答,去之真定。林于是乃诈以卜者王郎为成帝子子舆,十二月,立郎为天子,都邯郸,遂遣使者降下郡国。

　　二年正月,光武以王郎新盛,乃北徇蓟。王郎移檄购光武十万户,而故广阳王子刘接起兵蓟中以应郎,城内扰乱,转相惊恐,言邯郸使者方到,二千石以下皆出迎。于是光武趣驾南辕,晨夜不敢入城邑,舍食道傍。至饶阳,官属皆乏食。光武乃自称邯郸使者,入传舍。传吏方进食,从者饥,争夺之。传吏疑其伪,乃椎鼓数十通,绐言邯郸将军至,官属皆失色。光武升车欲驰;既而惧不免,徐还坐,曰:"请邯郸将军入。"久乃驾去。传中人遥语门者闭之。门长曰:"天下讵可知,而闭长者乎?"遂得南出。晨夜兼行,蒙犯霜雪,天时寒,面皆破裂。至呼沱河,无船,适遇冰合,得过,未毕数车而陷,进至下博城西,遑惑不知所之。有白衣老父在道旁,指曰:"努力!信都郡为长安守,去此八十里。"光武即驰赴之,信都太守任光开门出迎。世祖因发旁县,得四千人,先击堂阳、贳县,皆降之。王莽和成卒正邳彤亦举郡降。又昌城人刘植,宋子人耿纯,各率宗亲子弟,据其县邑,以奉光武。于是北降下曲阳,众稍合,乐附者至有数万人。复北击中山,拔卢奴。所过发奔命兵,移檄边部,共击邯郸,郡县还复响应。南击新市、真定、元氏、防子,皆下之,因入赵界。

　　时王郎大将李育屯柏人,汉兵不知而进,前部偏将朱浮、邓禹为育所破,亡失辎重。光武在后闻之,收浮、禹散卒,与育战于郭门,大破之,尽得其所获。育还保城,攻之不下,于是引兵拔广河,会上谷太守耿况、渔阳太守彭宠各遣其将吴汉、寇恂等将突骑来助击王郎,更始亦遣尚书仆射谢躬讨郎,光武因大飨士卒,遂东围钜鹿。王郎守将王饶坚守,月余不下。郎遣将倪宏、刘奉率数万人救钜鹿,光武逆战于南栾,斩首数千级。四月,进围邯郸,连战破之。王月甲辰,拔其城,诛王郎。收文书,得吏人与郎交关谤毁者数千章。光武不省,会诸将军烧之,曰:"令反侧子自安。"

　　更始遣侍御史持节立光武为萧王,悉令罢兵诣行在所。光武辞以河北未平,不就征。自是始贰于更始。

　　是时长安政乱,四方背叛。梁王刘永擅命睢阳,公孙述称王巴蜀,李宪自立为淮南王,秦丰自号楚黎王,张步起琅玡,董宪起东海,延岑起汉中,田戎起夷陵,并置将帅,侵略郡县。又别号诸贼铜马、大肜、高湖、重连、铁胫、大抢、尤来、上江、青犊、五校、檀乡、五幡、五楼、富平、获索等,各领部曲,众合数百万人,所在寇掠。

光武将击之，先遣吴汉北发十郡兵。幽州牧苗曾不从，汉遂斩曾而发其众。秋，光武击铜马于鄡，吴汉将突骑来会清阳。贼数挑战，光武坚营自守，有出卤掠者，辄击取之，绝其粮道。积月余日，贼食尽，夜遁去，追至馆陶，大破之。受降末尽，而高湖、重连从东南来，与铜马余众合，光武复与大战于蒲阳，悉破降之，封其渠帅为列侯。降者犹不自安，光武知其意，敕令各归营勒兵，乃自乘轻骑按行部陈。降者更相语曰："萧王推赤心置人腹中，安得不投死乎！"由是皆服。悉将降人分配诸将，众遂数十万，故关西号光武为"铜马帝"。赤眉别帅与大彤、青犊十余万众在射犬，光武进击，大破之，众皆散走。使吴汉、岑彭袭杀谢躬于邺。

青犊、赤眉贼入函谷关，攻更始。光武乃遣邓禹率六裨将引兵而西，以乘更始、赤眉之乱。时更始使大司马朱鲔、舞阴王李轶等屯洛阳，光武亦令冯异守孟津以拒之。

建武元年春正月，平陵人方望立前孺子刘婴为天子，更始遣丞相李松击斩之。光武北击尤来，大抢、五幡于元氏，追至右北平，连破之。又战于顺水北，乘胜轻进，反为所败。贼追急，短兵接，光武自投高岸，遇突骑王丰，下马授光武，光武抚其肩而上，顾笑谓耿弇曰："几为虏嗤。"弇频射却贼，得免。士卒死者数千人，散兵归保范阳。军中不见光武，或云已殁，诸将不知所为。吴汉曰："卿曹努力！王兄子在南阳。何忧无主？"众恐惧，数日乃定。贼虽战胜，而素慑大威，客主不相知，夜遂引去。大军复进至安次，与战，破之，斩首三千余级。贼入渔阳，乃遣吴汉率耿弇、陈俊、马武等十二将军追战于潞东，及平谷，大破灭之。

朱鲔遣讨难将军苏茂功温、冯异、寇恂与战，大破之，斩英将贾强。于是诸将议上尊号。马武先进曰："天下无主。如有圣人承敝而起，虽仲尼为相，孙子为将，犹恐无能有益。反水不收，后悔无及。大王虽执谦退，奈宗庙社稷何！宜且还蓟即尊位，乃议征伐。今此谁贼而驰骛击之乎？"光武惊曰："何将军出是言？可斩也！"武曰："诸将尽然。"光武使出晓之，乃引军还至蓟。

夏四月，公孙述自称天子。光武从蓟还，过范阳，命收葬吏士。至中山，诸将复上奏曰："汉遭王莽，宗庙废绝，豪杰愤怒，兆人涂炭。王与伯升首举义兵，更始因其资以据帝位，而不能奉承大统，败乱纲纪、盗贼日多，群生危蹙。大王初征昆阳，王莽自溃，后拔邯郸，北州弭定；叁分天下而有其二，跨州据土，带甲百万。言武力则莫之敢抗，论文德则无所与辞。臣闻帝王不可以久旷，天命不可以谦拒，惟大王以社稷为计，万姓为心。"光武又不听。行到南平棘，诸将复固请之。光武曰："寇贼未平，四面受敌，何遽欲正号位乎？诸将且出。"耿纯进曰："天下士大夫捐亲戚，弃土壤，从大王于矢石之间者，其计固望其攀龙鳞，附凤翼，以成其所志耳。今功业即定，天人亦应，而大王留时逆众，不正号位，纯恐士大夫望绝计穷，则有去归之思，无为久自苦也。大众一散，难可复合。时不可留，众不可逆。"纯言甚诚切，光武深感，曰："吾将思之。"

行至鄗，光武先在长安时同舍生强华自关中奉《赤伏符》，曰："刘秀发兵捕不道，四夷云集龙斗野，四七之际火为主。"群臣因复奏曰："受命之符，人应为大，万里合信，不议同情，周之白鱼，曷足比焉？今上无天子，海内淆乱，符瑞之应，昭然著闻，宜答天神，以塞群望。"光武于是命有司设坛场于鄗南千秋亭五成陌。

六月己未，即皇帝位。燔燎告天，禋于六宗，望于群神。其祝文曰："皇天上帝，后土神祇，眷顾降命，属秀黎元，为人父母，秀不敢当。群下百辟，不谋同辞，咸曰：'王莽篡位，秀发愤兴兵，破王寻、王邑于昆阳，诛王郎、铜马于河北，平定天下，海内蒙恩。上当天地之心，下为元元所归。'谶记曰：'刘秀发兵捕不道，卯金修德为天子。'秀犹固辞，至于再，至于三。群下佥曰：'皇帝大命，不可稽留。敢不敬承。'"于是建元为建武，大赦天下，改鄗为高邑。

是月，赤眉立刘盆子为天子。

甲子，前将军邓禹击更始定国公王匡于安邑，大破之，斩其将刘均。秋七月辛未，拜前将军邓禹为大司徒。丁丑，以野王令王梁为大司空。壬午，以大将军吴汉为大司马，偏将军景丹为骠骑大将军，大将军耿弇为建威大将军，偏将军盖延为虎牙大将军，偏将军朱祐为建义大将军，中坚将军杜茂为大将军。时宗室刘茂自号"厌新将军"，率众降，封为中山王。

己亥，幸怀。遣耿弇率强弩将军陈俊军五社津，备荥阳以东。使吴汉率朱祐及廷尉岑彭、执金吾贾复、扬化将军坚镡等十一将军围朱鲔于洛阳。

八月壬子，祭社稷。癸丑，祠高祖、太宗、世宗于怀宫，进幸河阳。更始廪丘王田立降。

九月，赤眉入长安，更始奔高陵。辛未，诏曰："更始破败，弃城逃走，妻子裸袒，流冗道路。朕甚愍之。今封更始为淮阳王。吏人敢有贼害者，罪同大逆。"甲申，以前密令卓茂为太傅。辛卯，朱鲔举城降。

冬十月癸丑，车驾入洛阳，幸南宫却非殿，遂定都焉。遣岑彭击荆州群贼。

十一月甲午，幸怀。刘永自称天子。十二月丙戌，至自怀。

赤眉杀更始，而隗嚣据陇右，卢芳起安定。破虏大将军叔寿击五校贼于曲梁，战殁。

二年春正月甲子朔，日有食之。大司马吴汉率九将军击檀乡贼于邺东，大破降之。庚辰，封功臣皆为列侯，大国四县，余各有差。下诏曰："人情得足，苦于放纵，快须臾之欲，忘慎罚之义。惟诸将业远功大，诚欲传于无穷，宜如临深渊，如履薄冰，战战慄慄、日慎一日，其显效未詶，名籍未立者，大鸿胪趣上，朕将差而录之。"博士丁恭议曰："古帝王封诸侯不过百里，故利以建侯，取法于雷，强干弱枝，所以为治也。今封诸侯四县，不合法制。"帝曰："古之亡国，皆以无道，未尝闻功臣地多而灭亡者。"乃遣谒者即授印绶，策曰："在上不骄、高而不危，制节谨度，满而不溢，敬之戒之。传尔子孙，长为汉藩。"壬午，更始复汉将军邓晔、辅汉将军于匡降，皆复爵位。壬子，起高庙，建社稷于洛阳，立郊兆于城南，始正火德，色尚赤。

是月，赤眉焚西京宫室，发掘园陵，寇掠关中。大司徒邓禹入长安，遣府掾奉十一帝神主，纳于高庙。

真定王杨、临邑侯让谋反，遣前将军耿纯诛之。二月己酉，幸修武。大司空王梁免。壬子，以太中大夫宋弘为大司空。遣骠骑大将军景丹率征虏将军祭遵等二将军击弘农贼，破之，因遣祭遵围蛮中贼张满。渔阳太守彭宠反，攻幽州牧朱浮于蓟。延岑自称武安王于汉中。辛卯，至自修武。

三月乙未，大赦天下，诏曰："顷狱多冤人，用刑深刻，朕甚愍之。孔子云：'刑罚不中，则民无所措手足。'其与中二千石、诸大夫、博士、议郎议省刑法。"

遣执金吾贾复率二将军击更始郾王尹遵，破降之。

骁骑将军刘植击密贼，战殁。遣虎牙大将军盖延率四将军伐刘永。夏四月，围永于睢阳。更始将苏茂杀淮阳太守潘蹇而附刘永。

甲午，封叔父良为广阳王，兄子章为太原王，章弟兴为鲁王，春陵侯嫡子祉为城阳王。五月庚辰，封更始元氏王歆为泗水王，故真定王杨子得为真定王，周后姬常为周承休公。癸未，诏曰："民有嫁妻卖子欲归父母者，恣听之。敢拘执，论如律。"

六月戊戌，立贵人郭氏皇后，子强为皇太子，大赦天下。增郎、谒者、从官秩各一等。丙午，封宗子刘终为淄川王。

秋八月，帝自将征五校。丙辰，幸内黄，大破五校于羛阳，降之。

遣游击将军邓隆救朱浮，与彭宠战于潞，隆军败绩。盖延拔睢阳，刘永奔谯。破虏将军邓奉据淯阳反。

九月壬戌，至自内黄。骠骑大将军景丹薨。延岑大破赤眉于杜陵。关中饥，民相食。

冬十一月，以廷尉岑彭为征南大将军，率八将军讨邓奉于堵乡。

铜马、青犊、尤来余贼共立孙登为天子于上郡。登将乐玄杀登，以其众五万余人降。遣偏将军冯异代邓禹伐赤眉。使太中大夫伏隆持节安辑青徐二州，招张步降之。

十二月戊午，诏曰："惟宗室列侯为王莽所废，先灵无所依归，朕甚愍之。其并复故国。若侯身已殁，属所上其子孙见名尚书，封拜。"

是岁，盖延等大破刘永于沛西。初，王莽末，天下旱蝗，黄金一斤易粟一斛；至是野谷旅生，麻菽尤盛，野蚕成茧，被于山阜，人收其利焉。

三年春正月甲子，以偏将军冯异为征西大将军，杜茂为骠骑大将军。大司徒邓禹及冯异与赤眉战于回溪，禹、异败绩。征虏将军祭遵破蛮中，斩张满。辛巳，立皇考南顿君已上四庙。壬午，大赦天下。闰月乙巳，大司徒邓禹免。

冯异与赤眉战于崤底，大破之，余众南向宜阳，帝自将征之。己亥，幸宜阳。甲辰，亲勒六军，大陈戎马，大司马吴汉精卒当前，中军次之，骁骑、武卫分陈左右。赤眉望见震怖，遣使乞降。丙午，赤眉君臣面缚，奉高皇帝玺绶，诏以属城门校尉。戊申，至自宜阳。己酉，诏曰："群盗纵横，贼害元元，盆子窃尊号，乱惑天下。朕奋兵讨击，应时崩解，十余万众束手降服，先帝玺绶归之王府。斯皆祖宗之灵，士人之力，朕曷足以享斯哉！其择吉日祠高庙，赐天下长予当为父后者爵，人一级。"

二月己未，祠高庙，受传国玺。刘永立董宪为海西王，张步为齐王。步杀光禄大夫伏隆而反。幸怀。遣吴汉率二将军击青犊于轵西，大破降之。

三月壬寅，以大司徒司直伏湛为大司徒。彭宠陷蓟城，宠自立为燕王。帝自将征邓奉，幸堵阳。夏四月，大破邓奉于小长安，斩之。冯异与延岑战于上林，破之。吴汉率七将军与刘永将苏茂战于广乐，大破之。虎牙大将军盖延围刘永于睢阳。

五月己酉，车驾还宫。乙卯晦，日有食之。

六月壬戌，大赦天下。耿弇与延岑战于穰，大破之。

秋七月,征南大将军岑彭率三将军伐秦丰,战于黎丘,大破之,获其将蔡宏。

庚辰,诏曰:"吏不满六百石,下至墨绶长、相,有罪先请。男子八十以上,十岁以下,及妇人从坐者,自非不道,诏所名捕,皆不得系。当验问者即就验。女徒雇山归家。"

盖延拔睢阳,获刘永,而苏茂、周建立永子纡为梁王。

冬十月壬申,幸春陵,祠园庙,因置酒旧宅,大会故人父老。十一月乙未,至自春陵。涿郡太守张丰反。

是岁,李宪自称天子。西州大将军隗嚣奉奏。建义大将军朱祐率祭遵与延岑战于东阳,斩其将张成。

四年春正月甲申,大赦天下。二月壬子,幸怀。壬申,与至自怀。

遣右将军邓禹率二将军与延岑战于武当,破之。

夏四月丁巳,幸郿。己巳,进幸临平。遣大司马吴汉击五校贼于箕山,大破之。

五月,进幸元氏。辛巳,进幸卢奴。遣征虏将军祭遵率四将军讨张丰于涿郡,斩丰。

六月辛亥,车驾还宫。

七月丁亥,幸谯。遣捕虏将军马武、偏将军王霸围刘纡于垂惠。

董宪将贲休以兰陵城降,宪围之。虎牙大将军盖延率平狄将军庞萌救贲休,不克,兰陵为宪所陷。

秋八月戊午,进幸寿春。太中大夫徐恽擅杀临淮太守刘度,恽坐诛。遣扬武将军马成率三将军伐李宪。九月,围宪于舒。

冬十月甲寅,车驾还宫。太傅卓茂薨。

十一月丙申,幸宛。遣建义大将军朱祐率二将军围秦丰于黎丘。十二月丙寅,进幸黎丘。

是岁,征西大将军冯异与公孙述将程焉战于陈仓,破之。

五年春正月癸巳,车驾还宫。二月丙午,大赦天下。

捕虏将军马武、偏将军王霸拔垂惠。乙丑,幸魏郡。壬申,封殷后孔安为殷绍嘉公。

彭宠为其苍头所杀,渔阳平。

大司马吴汉率建威大将军耿弇击富平,获索贼于平原,大破降之。复遣耿弇率二将军讨张步。

三月癸未,徙广阳王良为赵王,始就国。平狄将军庞萌反,杀楚郡太守孙萌而东附董宪。

遣征南大将军岑彭率二将军伐田戎于津乡,大破之。

夏四月,旱、蝗。河西大将军窦融始遣使贡献。

五月丙子,诏曰:"久旱伤麦。秋种未下,朕甚忧之。将残吏未胜,狱多冤结,元元愁恨,感动天气乎?其令中都官、三辅、郡、国出系囚,罪非犯殊死一切勿案,见徒免为庶人。务进柔良,退贪酷,各正厥事焉。"

六月,建义大将军朱祐拔黎丘,获秦丰;而庞萌、苏茂围桃城。帝时幸蒙,因自将征之。先理兵任城,乃进救桃城,大破萌等。

秋七月丁丑,幸沛,祠高原庙。诏修复西京园陵。进幸湖陵,征董宪。又幸蕃,遂攻董宪于昌虑,大破之。

八月己酉,进幸郯,留吴汉攻刘纡、董宪等,车驾转徇彭城、下邳。吴汉拔郯,获刘纡;汉进围董宪、庞萌于朐。

冬十月,还,幸鲁,使大司空祠孔子。

耿弇等与张步战于临淄,大破之。帝幸临淄,进幸剧。张步斩苏茂以降,齐地平。

刘秀统一吴东作战经过示意图

初起太学。车驾还宫,幸太学,赐博士弟子各有差。

十一月壬寅,大司徒伏湛免,尚书令侯霸为大司徒。

十二月,卢芳自称天子于九原。西州大将军隗嚣遣子恂入侍。交阯牧邓让率七郡太守遣使奉贡。诏复济阳二年徭役。是岁,野谷渐少,田亩益广焉。

六年春正月丙辰,改舂陵乡为章陵县。世世复徭役,比丰、沛,无有所豫。辛酉,诏曰:"往岁水旱蝗虫为灾,谷价腾跃,人用困乏。朕惟百姓无以自赡,恻然愍之。其命郡国有谷者,给禀高年、鳏、寡、孤、独及笃癃、无家属贫不能自存者,如《律》。二千石勉加循抚,无令失职。"扬武将军马成等拔舒、获李宪。

二月,大司马吴汉拔朐,获董宪、庞萌,山东悉平。诸将还京师,置酒赏赐。

三月,公孙述遣将任满寇南郡。

夏四月丙子,幸长安,始谒高庙,遂有事十一陵。遣虎牙大将军盖延等七将军从陇道伐公孙述。

五月己未,至自长安。

隗嚣反,盖延等因与嚣战于陇坻,诸将败绩。

辛丑,诏曰:"惟天水、陇西、安定、北地吏人为隗嚣所诖误者,又三辅遭难赤眉,有犯法不道者,自殊死以下,皆赦除之。"

六月辛卯,诏曰:"夫张官置吏,所以为人也。今百姓遭难,户口耗少,而县官吏职所置尚繁,其令司隶、州牧各实所部,省减吏员。县国不足置长吏可并合者,上大司徒、大司空二府。"于是条奏并省四百余县,吏职减损,十置其一。

代郡太守刘兴击卢芳将贾览于高柳,战殁。初,乐浪人王调据郡不服。秋,遣乐浪太守王遵击之,郡吏杀调降。

遣前将军李通率二将军,与公孙述将战于西城。破之。

夏,蝗。秋九月庚子,赦乐浪谋反大逆殊死已下。丙寅晦,日有食之。

冬十月丁丑,诏曰:"吾德薄不明,寇贼为害,强弱相陵,元元失所。《诗》云:'日月告凶,不用其行。'永念厥咎,内疚于心。其敕公卿举贤良,方正各一人;百僚并上封事,无有隐讳;有司修职,务遵法度。"

十一月丁卯,诏王莽时吏人没入为奴婢不应旧法者,皆免为庶人。

十二月壬辰,大司空宋弘免。癸巳,诏曰:"顷者师旅未解,用度不足,故行什一之税。今军士屯田,粮储差积。其令郡国收见田租三十税一,如旧制。"隗嚣遣将行巡寇扶风,征西大将军冯异拒破之。

是岁,初罢郡国都尉官,始遣列侯就国。匈奴遣使来献,使中郎将报命。

七年春正月丙申,诏中都官、三辅、郡、国出系囚,非犯殊死,皆一切勿案其罪。见徒免为庶人。耐罪亡命,吏以文除之。

又诏曰:"世以厚葬为德,薄终为鄙,至于富者奢僭,贫者单财,法令不能禁,礼义不能止,仓卒乃知其咎。其布告天下,令知忠臣、孝子、慈兄、悌弟薄葬送终之义。"

二月辛巳,罢护漕都尉官。

三月丁酉,诏曰:"今国有众军,并多精勇,宜且罢轻车、骑士、材官、楼船士及军假吏,令还复民伍。"公孙述立隗嚣为朔宁王。

癸亥晦,日有食之,避正殿,寝兵,不听事五日。诏曰:"吾德薄致灾,谪见日月,战慄恐惧,夫何言哉!今方念怨,庶消厥咎。其令有司各修职任,奉遵法度,惠兹元元。百僚各上封事,无有所讳。其上书者,不得言圣。"

夏四壬午,诏曰:"比阴阳错谬,日月薄食。百姓有过,在予一人,大赦天下。公、卿、司隶、州牧举贤良、方正各一人,遣诣公车,朕将览试焉。"

五月戊戌,前将军李通为大司空。甲寅,诏吏人遭饥乱及为青、徐贼所略为奴婢下妻,欲去留者,恣听之。敢拘制不还,以卖人法从事。是夏,连雨水。汉忠将军王常为横野大将军。

八月丁亥,封前河间王邵为河间王。隗嚣寇安定,征西大将军冯异、征虏将军祭遵击却之。

冬,卢芳所置朔方太守田飒、云中太守乔扈各举郡降。是岁,省长水、射声二校尉官。

八年春正月,中朗将来歙袭略阳,杀隗嚣守将而据其城。夏四月,司隶校尉傅抗下狱死。隗嚣攻来歙,不能下。闰月,帝自征嚣,河西太守大将军窦融率五郡太守与车驾会高平。陇右溃,隗嚣奔西城,遣大司马吴汉、征南大将军岑彭围之;进幸上邽,不降,命虎牙大将军盖延、建威大将军耿弇攻之。颍川盗贼寇没属县,河东守守兵亦叛,京师骚动。

秋,大水。八月,帝自上邽晨夜东驰。九月乙卯,车驾还宫。庚申,帝自征颍川盗贼,皆降。安丘侯张步叛归琅玡,琅玡太守陈俊讨获之。戊寅,至自颍川。

冬十月丙午,幸怀。十一月乙丑,至自怀。

公孙述遣兵救隗嚣,吴汉、盖延等还军长安。天水、陇西复反归嚣。

十二月,高句丽王遣使奉贡。是岁大水。

九年春正月,隗嚣病死,其将王元、周宗复立嚣子纯为王。徙雁门吏人于太原。

三月辛亥,初置青巾左校尉官。公孙述遣将田戎、任满据荆门。

夏六月丙戌,幸缑氏,登辕辕。遣大司马吴汉率四将军击卢芳将贾览于高柳,战不利。

秋八月,遣中郎将来歙监征西大将军冯异等五将军讨隗纯于天水。

骠骑大将军杜茂与贾览战于繁畤,茂军败绩。是岁,省关都尉,复置护羌校尉官。

十年春正月,大司马吴汉率捕虏将军王霸等五将军击贾览于高柳,匈奴遣骑救览,诸将与战,却之。修理长安高庙。

夏,征西大将军冯异破公孙述将赵匡于天水,斩之。征西大将军冯异薨。

秋八月己亥,幸长安,祠高庙,遂有事十一陵。戊戌,进幸湔。隗嚣将高峻降。

冬十月,中郎将来歙等大破隗纯于落门,其将王元奔蜀,纯与周宗降,陇右平。

先零羌寇金城、陇西,来歙率诸将击羌于五溪,大破之。

庚寅,车驾还宫。是岁,省定襄郡,徙其民于西河。泗水王歙薨。淄川王终薨。

十一年春二月己卯,诏曰:"天地之性人为贵。其杀奴婢,不得减罪。"

三月己酉,幸南阳;还,幸章陵,祠园陵。城阳王祉薨。庚午,车驾还宫。

闰月,征南大将军岑彭率三将军与公孙述将田戎、任满战于荆门,大破之,获任满。威虏将军冯骏围田戎于江州,岑彭遂率舟师伐公孙述,平巴郡。

夏四月丁卯,省大司徒司直官。先零羌寇临洮。

六月,中郎将来歙率扬武将军马成破公孙述将王元、环安于下辩。安遣间人刺杀中朗将来歙。帝自将征公孙述。秋七月,次长安。八月,岑彭破公孙述将侯丹于黄石。辅威将军臧宫与公孙述将延岑战于沈水,大破之。王元降。至自长安。癸亥,诏曰:"敢炙灼奴婢,论如律,免所炙灼者为庶。"

冬十月壬午,诏除奴婢射伤人弃市律。

公孙述遣间人刺杀征南大将军岑彭。马成平武都,因陇西太守马援击破先零羌,徙致天水、陇西、扶风。十二月,大司马吴汉率舟师伐公孙述。

是岁,省朔方牧,并并州。初断州牧自还奏事。

十二年春正月,大司马吴汉与公孙述将史兴战于武阳,斩之。

三月癸酉,诏陇、蜀民被略为奴婢自讼者,及狱官未报,一切免为庶。夏,甘露降南行唐。六月,黄龙见东阿。

秋七月,威虏将军冯骏拔江州,获田戎。九月,吴汉大破公孙述将谢丰于广都,斩之。辅威将军臧宫拔涪城,斩公孙恢。大司空李通罢。

冬十一月戊寅，吴汉、臧宫与公孙述战于成都，大破之。述被创，夜死。辛巳，吴汉屠成都，夷述宗族及延岑等。

十二月辛卯，扬武将军马成行大司空事。

是岁，九真徼外蛮夷张游率种人内属，封为归汉里君。省金城郡属陇西。参狼羌寇武都，陇西太守马援讨降之。诏边吏力不足战则守，追虏料敌不拘以逗留法。横野大将军王常薨。遣骠骑大将军杜茂将众郡施刑屯北边，筑亭候，修烽燧。

刘秀灭蜀之战示意图

十三年春正月庚申，大司徒侯霸薨。戊子，诏曰："往年已敕郡国，异味不得有所献御，今犹未止，非徒有豫养导择之劳，至乃烦忧道上，疲费过所。其令太官勿复受。明敕下以远方口实所以荐宗庙，自如旧制。"

二月，遣捕虏将军马武屯虖沱河以备匈奴。卢芳自五原亡入匈奴。

丙辰，诏曰："长沙王兴、真定王得、河间王邵、中山王茂，皆袭爵为王，不应经义。其以兴为临湘侯,得为真定侯,邵为乐成侯,茂为单父侯。"其宗室及绝国封侯者凡一百三十七人。丁巳,降赵王良为赵公,太原王章为齐公,鲁王兴为鲁公。庚午,以殷绍嘉公孔安为宋公,周承休公姬武为卫公。省并西京十三国:广平属钜鹿,真定属常山,河间属信都,城阳属琅邪,泗水属广陵,淄川属高密,胶东属北海,六安属庐江,广阳属上谷。

三月辛未,沛郡太守韩歆为大司徒。丙子,行大司空马成罢。

夏四月,大司马吴汉自蜀还京师,于是大飨将士,班劳策勋。功臣增邑更封,凡三百六十五人。其外戚恩泽封者四十五人。罢左右将军官。建威大将军耿弇罢。

益州传送公孙述瞽师、郊庙乐器、葆车、舆辇,于是法物始备。时兵革既息,天下少事,文书调役,务从简寡,至乃十存一焉。

甲寅,冀州牧窦融为大司空。五月,匈奴寇河东。秋七月,广汉徼外白马羌豪率种人内属。九月,日南徼外蛮夷献白雉、白兔。

冬十二月甲寅,诏益州民自八年以来被略为奴婢者,皆一切免为庶人;或依托为人下妻,欲去者,恣听之;敢拘留者,比青、徐二州以略人法从事。复置金城郡。

十四年春正月,起南宫前殿。匈奴遣使奉献,使中郎将报命。

夏四月辛巳,封孔子后志为褒成侯。越巂人任贵自称太守,遣使奉计。秋九月,平城人贾丹杀卢芳将尹由来降。是岁,会稽大疫。莎车国、鄯善国遣使奉献。

十二月癸卯,诏益、凉二州奴婢,自八年以来自讼在所官,一切免为庶人,卖者无还直。

十五年春正月辛丑,大司徒韩歆免,自杀。丁未,有星孛于昴。汝南太守欧阳歙为大司徒。建义大将军朱祐罢。丁未,有星孛于营室。

二月,徙雁门、代郡、上谷三郡民,置常山关、居庸关以东。

初,巴蜀既平,大司马吴汉上书请封皇子,不许,重奏连岁。三月,乃诏群臣议。大司空融、固始侯通、胶东侯复、高密侯禹、太常登等奏议曰:"古者封建诸侯,以藩屏京师。周封八百,同姓诸姬并为建国,夹辅王室,尊事天子,享国永长,为后世法。故诗云'大启尔宇,为周室辅'。高祖圣德,光有天下,亦务亲亲,封立兄弟诸子,不违旧章。陛下德横天地,兴复宗统,虏德尝勋,亲睦九族,功臣宗室,咸蒙封爵,多受广地,或连属县。今皇子赖天,能胜衣趋拜,陛下恭谦克让,抑而未议,群臣百姓,莫不失望,宜因盛夏吉时,定号位,以广藩辅,明亲亲,尊宗庙,重社稷,应古合旧,厌塞众心。臣请大司空上舆地图,太常择吉日,具礼仪。"制曰:"可。"

夏四月戊申,以太牢告祠宗庙。丁巳,使司空融告庙,封皇子辅为右翊公,英为楚公,阳为东海公,康为济南公,苍为东平公,延为淮阳公,荆为山阳公,衡为临淮公,焉为左翊公,京为琅邪公。癸丑,追谥兄伯升为齐武公,兄仲为鲁哀公。

六月庚午,复置屯骑、长水、射声三校尉官;改青巾左校尉为越骑校尉。诏下州郡检核垦田顷亩及户口年纪,又考实二千石长吏阿枉不平者。冬十一月甲戌,大司徒欧阳歙下狱死。十二月庚午,关内侯戴涉为大司徒。卢芳自匈奴入居高柳。是岁,骠骑大将军杜茂免。虎牙大将军盖延薨。

十六年春二月,交阯女子征侧反,略有城邑。三月辛丑晦,日有蚀之。

秋九月,河南尹张伋及诸郡守十余人,坐度田不实,皆下狱死。

郡国大姓及兵长、群盗处处并起,攻劫在所,害杀长吏。郡县追讨,到则解散,去复屯结。青、徐、幽、冀四州尤甚。冬十月,遣使者下郡国,听群盗自相纠擿,五人共斩一人者,除其罪。吏虽逗留回避故纵者,皆勿问,听以擒讨为效。其牧守令长坐界内盗贼而不收捕者,又以畏愞捐城委守者,皆不以为负,但取获贼多少为殿最,唯蔽匿者乃罪之。于是更相追捕,贼并解散。徙其魁帅于它郡,赋田受禀,使安生业。自是牛马放牧,邑门不闭。卢芳遣使乞降。十二月甲辰,封芳为代王。

初,王莽乱后,货币杂用布、帛、金、粟。是岁,始行五铢钱。

十七年春正月,赵公良薨。二月乙未晦,日有食之。

夏四月乙卯,南巡狩,皇太子及右翊公辅、楚公英、东海公阳、济南公康、东平公苍从,幸颍川,进幸叶、章陵。五月乙卯,车驾还宫。六月癸巳,临淮公衡薨。秋七月,妖巫李广等群起据皖城,遣虎贲中郎将马援、骠骑将军段志讨之。九月,破皖城,斩李广等。冬十月辛巳,废皇后郭氏为中山太后,立贵人阴氏为皇后。进右翊公辅为中山王,食常山郡。其余九国公,皆即旧封进爵为王。

甲申,幸章陵。修园庙,祠旧宅,观田庐,置酒作乐,赏赐。时宗室诸母因酣悦,相与语曰:"文叔少时谨信,与人不款曲,唯直柔耳,今乃能如此!"帝闻之,大笑曰:"吾理天下,亦欲以柔道行之。"乃悉为春陵宗室起祠堂。有五凤凰见于颍川之郏县。十二月,至自章陵。是岁,莎车国遣使贡献。

十八年春二月,蜀郡守将史歆叛,遣大司马吴汉率二将军讨之,围成都。

甲寅,西巡狩,幸长安。三月壬午,祠高庙,遂有事十一陵。历冯翊界,进幸蒲坂,祠后土。夏四月癸酉,车驾还宫。

甲戌,诏曰:"今边郡盗谷五十斛,罪至于死,开残吏妄杀之路,其蠲除此法,同之内郡。"

遣伏波将军马援率楼船将军段志等击交阯贼征侧等。

甲申,幸河内。戊子,至自河内。五月,旱。卢芳复亡入匈奴。

秋七月,吴汉拔成都,斩史歆等。壬戌,赦益州所部殊死已下。

冬十月庚辰,幸宜城。还,祠章陵。十二月乙丑,车驾还宫。是岁,罢州牧,置刺史。

十九年春正月庚子,追尊孝宣皇帝曰中宗。始祠昭帝、元帝于太庙,成帝、哀帝、平帝于长安,春陵节侯以下四世于章陵。

妖巫单臣、傅镇等反,据原武,遣太中大夫臧宫围之。夏四月,拔原城,斩臣、镇等。

伏波将军马援破交阯,斩征侧等。因击破九真贼都阳等,降之。

闰月戊申,进赵、齐、鲁三国公爵为王。

六月戊申,诏曰:"春秋之义,立子以贵。东海王阳,皇后之子,宜承大统。皇太子强,崇执谦退,愿备藩国。父子之情,重久违之。其以强为东海王,立阳为皇太子,改名庄。"

秋九月,南巡狩。壬申,幸南阳,进幸汝南南顿县舍,置酒会,赐吏人,复南顿田租岁。父老前叩头言:"皇考居此日久,陛下识知寺舍,每来辄加厚恩,愿赐复十年。"帝曰:"天下重器,常恐不任,日复一日,安敢远期十岁乎?"吏人又言:"陛下实惜之,何言谦也?"帝大笑,复增一岁。进幸淮阳、梁、沛。

西南夷寇益州郡,遣武威将军刘尚讨之。越巂太守任贵谋叛。十二月,刘尚袭贵,诛之。是岁,复置函谷关都尉。修西京宫室。

二十年春二月戊子,车驾还宫。夏四月庚辰,大司徒戴涉下狱死。大司空窦融免。

五月辛亥,大司马吴汉薨。匈奴寇上党、天水,遂至扶风。

六月庚寅,广汉太守蔡茂为大司徒,太仆朱浮为大司空。壬辰,左中郎将刘隆为骠骑将军,行大司马事。乙未,徙中山王辅为沛王。秋,东夷韩国人率众诣乐浪内附。

冬十月,东巡狩,甲午,幸鲁,进幸东海、楚、沛国。

十二月,匈奴寇天水。壬寅,车驾还宫。是岁,省五原郡,徙其吏人置河东。复济阳县徭役六岁。

二十一年春正月,武威将军刘尚破益州夷,平之。

夏四月,安定属国胡叛,屯聚青山,遣将兵长史陈䜣讨平之。

秋,鲜卑寇辽东,辽东太守祭肜大破之。

冬十月,遣伏波将军马援出塞击乌桓,不克。匈奴寇上谷、中山。

其冬,鄯善王、车师王等十六国皆遣子入侍奉献,愿请都护。帝以中国初定,未遑外事,乃还其侍子,厚加赏赐。

二十二年春闰月丙戌,幸长安,祠高庙,遂有事十一陵。二月己巳,至自长安。夏五月乙未晦,日有食之。

秋七月,司隶校尉苏邺下狱死。

九月戊辰,地震裂。制诏曰:“日者地震,南阳尤甚。夫地者,任物至重,静而不动者也。而今震裂,咎在君上。鬼神不顺无德,灾殃将及吏人,朕甚惧焉。其令南阳勿输今年田租刍稿。遣谒者案行,其死罪系囚在戊辰以前,减死罪一等;徒皆弛解钳,衣丝絮。赐郡中居人压死者棺钱,人三千。其口赋逋税而庐宅尤破坏者,勿收责。吏人死亡,或在坏垣毁屋之下,而家羸弱不能收拾者,其以见钱谷取佣,为寻求之。”

冬十月壬子,大司空朱浮免。癸丑,光禄勋杜林为大司空。

是岁,齐王章薨。青州蝗。匈奴奥鞬日逐王比遣使诣渔阳请和亲,使中郎将李茂报命。乌桓击破匈奴,匈奴北徙,幕南地空。诏罢诸边郡亭候吏卒。

二十三年春正月,南郡蛮叛,遣武威将军刘尚讨破之,徙其种人于江夏。

夏五月丁卯,大司徒蔡茂薨。秋八月丙戌,大司空杜林薨。九月辛未,陈留太守玉况为大司徒。冬十月丙申太仆张纯为大司空。高句丽率种人诣乐浪内属。

十二月,武陵蛮叛,寇掠郡县,遣刘尚讨之,战于沅水,尚军败殁。

是岁,匈奴奥鞬日逐王比率部曲遣使诣西河内附。

二十四年春正月乙亥,大赦天下。

匈奴奥鞬日逐王比遣使款五原塞,求扞御北虏。

秋七月,武陵蛮寇临沅,遣谒者李嵩、中山太守马成讨蛮,不克,于是伏波将军马援率四将军讨之。诏有司申明旧制阿附蕃王法。

冬十月,匈奴奥鞬日逐王比自立为南单于,于是分为南、北匈奴。

二十五年春正月，辽东徼外貊人寇右北平、渔阳、上谷、太原，辽东太守祭肜招降之。乌桓大人来朝。

南单于遣使诣阙贡献，奉蕃称臣；又遣其左贤王击破北匈奴，却地千余里。三月，南单于遣子入侍。戊申晦，日有食之。伏波将军马援等破武陵蛮于临沅。冬十月，叛蛮悉降。夫余王遣使奉献。是岁，乌桓大人率众内属，诣阙朝贡。

二十六年春正月，诏有司增百官奉。其千石已上，减于西京旧制；六百石已下，增于旧秩。

初作寿陵。将作大匠窦融上言园陵广袤，无虑所用。帝曰："古者帝王之葬，皆陶人瓦器，木车茅马，使后世之人不知其处。太宗识终始之义，景帝能述遵孝道，遭天下反覆，而霸陵独完受其福，岂不美哉！今所制地不过二三顷，无为山陵陂池，裁令流水而已。"

遣中郎将段郴授南单于玺绶，令入居云中，始置使匈奴中郎将，将兵卫护之。南单于遣子入侍，奉奏诣阙。于是云中、五原、朔方、北地、定襄、雁门、上谷、代八郡民归于本土。遣谒者分将施刑补理城郭。发遣边民在中国者，布还诸县，皆赐以装钱，转输给食。

二十七年夏四月戊午，大司徒玉况薨。

五月丁丑，诏曰："昔契作司徒，禹作司空，皆无'大'名。其令二府去'大'。"又改大司马为太尉。骠骑大将军行大司马刘隆即日罢，以太仆赵憙为太尉，大司农冯勤为司徒。益州郡徼外夷蛮率种人内属。北匈奴遣使诣武威乞和亲。

冬，鲁王兴、齐王石始就国。

二十八年春正月己巳，徙鲁王兴为北海王，以鲁国益东海。赐东海王强虎贲、旄头、钟虡之乐。

夏六月丁卯，沛太后郭氏薨，因诏郡县捕王侯宾客，坐死者数千人。

秋八月戊寅，东海王强、沛王辅、楚王英、济南王康、淮阳王延始就国。

冬十月癸酉，诏死罪系囚皆一切募下蚕室，其女子宫。北匈奴遣使贡献，乞和亲。

二十九春二月丁巳朔，日有食之。遣使者举冤狱，出系囚。庚申，赐天下男子爵，人二级；鳏、寡、孤、独、笃癃、贫不能自存者粟，人五斛。

夏四月乙丑，诏令天下系囚自殊死已下及徒各减本罪一等，其余赎罪输作各有差。

三十年春正月，鲜卑大人内属，朝贺。

二月，东巡狩。甲子，幸鲁，进幸济南。闰月癸丑，车驾还宫。有星孛于紫宫。

夏四月戊子，徙左翊王焉为中山王。五月，大水。赐天下男子爵，人二级；鳏、寡、孤、独、笃癃、贫不能自存者粟，人五斛。秋七月丁酉，幸鲁国。复济阳县是年徭役。冬十一月丁酉，至自鲁。三十一年夏五月，大水。

戊辰，赐天下男子爵，人二级；鳏、寡、孤、独、笃癃、贫不能自存者粟，人六斛。癸酉晦，日有食之。是夏，蝗。秋九月甲辰，诏令死罪系囚皆一切募下蚕宝，其女子宫。是岁，陈留雨谷，形如稗实。北匈奴遣使奉献。

中元元年春正月，东海王强、沛王辅、楚王英、济南王康、淮阳王廷、赵王盱皆来朝。丁卯，东巡狩。二月己卯，幸鲁，进幸太山。北海王兴，齐王石朝于东岳。辛卯，柴望岱宗，登封太山；甲午，禅于梁父。三月戊辰，司空张纯薨。

夏四月癸酉,车驾还宫。己卯,大赦天下。复嬴、博、梁父、奉高,勿击今年田租刍稿。改年为中元。行幸长安。戊子,祀长陵。五月乙丑,至自长安。

六月辛卯,太仆冯鲂为司空。乙未,司徒冯勤薨。

是夏,京师醴泉涌出,饮之者固疾皆愈,惟眇、蹇者不瘳。又有赤草生于水崖。郡国频上甘露。群臣奏言:"地祗灵应而朱草萌生。孝宣帝每有嘉瑞,辄以改元,神爵、五凤、甘露、黄龙,列为年纪,盖以感致神祗,表彰德信。是以化致升平,称为中兴。今天下清宁,灵物仍降。陛下情存损挹,推而不居,岂可使祥符显庆,没而无闻?宜令太史撰集,以传来世。"帝不纳。常自谦无德,每郡国所上,辄抑而不当,故史官罕得记焉。秋,郡国三蝗。冬十月辛未,司隶校尉东莱李䜣为司徒。

甲申,使司空告祠高庙曰:"高皇帝与群臣约,非刘氏不王。吕太后贼害三赵,专王吕氏,赖社稷之灵,禄、产伏诛,天命几坠,危朝更安。吕太后不宜配食高庙,同桃至尊。薄太后母德慈仁,孝文皇帝贤明临国,子孙赖福,延祚至今。其上薄太后尊号曰高皇后,配食地祗。迁吕太后庙主于园,四时上祭。"

十一月甲子晦,日有食之。是岁,初起明堂、灵台、辟雍,及北郊兆域。宣布图谶于天下。复济阳、南顿是年徭役。参狼羌寇武都,败郡兵,陇西太守刘旰遣军救之,及武都郡兵讨叛羌,皆破之。

二年春正月辛未,初立北郊,祀后土。东夷倭奴国王遣使奉献。

二月戊戌,帝崩于南宫前殿,年六十二。遗诏曰:"朕无益百姓,皆如孝文皇帝制度,务从约省。刺史、二千石长吏皆无离城郭,无遣吏及因邮奏。"

初,帝在兵间久,厌武事,且天下疲耗,思乐息肩。自陇、蜀平后,非儆急,未尝复言军旅。皇太子尝问攻战之事,帝曰:"昔卫灵公问陈,孔子不对,此非尔所及。"每旦视朝,日仄乃罢。数引公卿、郎、将讲论经理,夜分乃寐。皇太子见帝勤劳不怠,承间谏曰:"陛下有禹汤之明,而失黄老养性之福,愿颐爱精神,优游自宁。"帝曰:"我自乐此,不为疲也。"虽身济大业,兢兢如不及,故能明慎政体,总揽权纲,量时度力,举无过事。退功臣而进文吏,戢弓矢而散马牛,虽道未方古,斯亦止戈之武焉。

【译文】

世祖光武皇帝讳名秀,字文叔,南阳郡蔡阳县人,汉高祖第九代孙子,出自汉景帝所生长沙定王刘发的那个支系。刘发生春陵节侯刘买,刘买生郁林太守刘外,刘外生钜鹿都尉刘回,刘回生南顿令刘钦,刘钦生光武。光武九岁时成了孤儿,由叔父刘良收养。他身高七尺三寸,须眉浓秀,大嘴,高鼻梁,额骨隆起,生性喜欢种植庄稼,而哥哥刘伯升好行侠养士,曾讥笑光武经营农业,把他比作汉高祖的哥哥刘仲。王莽天凤年间,光武来到长安,拜师学习《尚书》,略通大义。

王莽末年,天下连年闹蝗灾,盗贼蜂起,地皇三年,南阳发生饥荒,各家的宾客大多去偷盗抢劫。光武为逃避官吏躲到新野,顺便在宛城出售粮食。宛人李通等人用图谶鼓动光武说:"刘氏复兴,李氏为辅。"光武起初不敢答应,然而暗自思量哥哥伯升一向结交无业游民,必将发动起义,况且王莽败亡的征兆已经明显,天下正在动荡起来,于是同李通等人定下大计，从此就购置兵刃弩箭。十月，与李通从弟李轶等起兵于宛城，当时他二十八岁。

十一月，有彗星出现在张星星区。光武于是率领宾客回到舂陵。当时伯升已经聚众起兵。起初，各家子弟十分恐惧，都逃散躲藏起来，说："伯升要害我们。"等到看见光武身着武将的绛衣大冠，都吃惊地说："谨慎厚道的人也干这种事。"这才稍微心安了一些。伯升于是请来新市军和平林军，同他们的主帅王凤、陈牧一道向西进攻长聚。光武开始骑牛，杀死新野尉后才得以骑马，进占并屠戮了唐子乡，又杀死了湖阳尉。军中瓜分财物不均，众人愤恨不平，想反攻刘姓各部。光武收敛起宗族成员所得到的财物，全部给了他们，众人才喜悦起来。进占棘阳后，与王莽前队大夫甄阜、属正梁丘赐交战于小长安，汉军被打得大败，退守棘阳。

更始元年正月初一，汉军重又与甄阜、梁丘赐交战于沘水西岸，大败敌军，斩杀了甄阜、梁丘赐。伯升又在淯阳击败王莽的纳言将军严尤和秩宗将军陈茂，进而包围了宛城。二月初一，拥立刘圣公为天子，以伯升为大司徒，光武为太常偏将军。三月，光武另与一些将领征讨昆阳、定陵、郾等地，全都攻占下来，缴获大批的牛马和财物，粮食数十万斛，转运到了宛城城下，王莽获悉甄阜、梁丘赐战死，汉帝已经登基，十分恐惧。派遣大司徒王寻、大司空王邑统兵百万，可以作战的士兵为四十二万人。五月，抵达颍川，又和严尤、陈茂会合。当初，光武曾替舂陵侯家向严尤申诉拖欠租赋事。严尤召见后，很欣赏他的风度。到此时，汉军城中出来投降严尤的人说光武不掠夺财物，只是筹划军事策略。严尤笑道："是那位须眉俊美的人吗？他怎么竟做这种事！"

起初，王莽征调天下精通兵法的六十三家学派中的数百人，一并任用为军吏；又选拔训练卫兵，招募猛士，组成庞大的军队开赴战场，各种军旗和军用物资在千里大道上络绎不绝。当时军中有巨人叫巨无霸，身高一丈，腰大十围，任命为垒尉；又驱赶各种猛兽如虎、豹、犀牛、大象之类，以助军威。自秦汉以来，出征的军队如此声势浩大，还从未有过。光武率领数千名士兵，巡逻到阳关。众将领见到王寻、王邑军容盛大，转而顺原路撤退，奔回昆阳城，全都心惊胆战，忧虑后方的妻子儿女，想分别返回各自原来驻守的城池。光武建议道："现在士兵和军粮都很少，而外敌强大，合力抵御他们，或许可以立功；如果力量分散，势必全都难以保全。而且宛城尚未夺取，主力不能前来救援，昆阳一旦被攻破，一日之间，各部也将被消灭，今天不同心协力共同谋取功名，反而要去守护各自的妻子儿女和财物吗？"众将发怒道："刘将军怎敢这样说话！"光武笑着起身走了。恰巧侦察的骑兵回来，说王莽大军将进抵城北，军队绵延数百里，看不见后尾。众将领窘迫地相互商量说："还是重新请刘将军来商议对策吧。"光武再度剖析成败得失。众将忧虑窘迫，都同声称是。当时城中只有八九千人，光武便让成国上公王凤、廷尉大将军王常留守昆阳，晚上自己同骠骑大将军宗佻、五威将军李轶等十三人骑马，出昆阳城南门，到外地调集兵马。这时王莽军队来到城下的近十万人，光武等人几乎不能出城。他们到了郾、定陵，调动各营所有兵马，而那些将领贪恋钱财，想分兵留守它。光武说："现在如果能够击败敌人，所得珍宝是已有的万倍，大功可以告成；如果被莽军打败，脑袋都没有了，还用什么财物！"大家这才听从了他的命令。

严尤劝说王邑说:"昆阳城小但坚固,现在假冒帝号的人在宛城,速派大兵前往,他们一定逃走;宛城敌人被打败了,昆阳自然降服。"王邑说:"我过去以虎牙将军的身份围攻翟义,因为没能将他生擒,所以受到责备。今天率领百万大军,遇到敌人据守的城池而不能攻取,如何交代?"于是围绕昆阳城设下数十道防线,建立成百座营盘,竖起云车高十余丈,靠近昆阳俯视城中,各类旗帜遮盖了田野,人马搅得尘埃满天,敲鼓击钲的军乐声传出数百里之远。莽军有的挖掘地道攻城,有的用冲车撞城和用篷车攀城。大批弓弩手连续不断发射,箭如雨下,城中军民不得不背着门板而汲水。王凤等人乞求投降,遭到拒绝。王寻、王邑自以为胜利已为时不远,神态十分安闲,晚上有流星坠落在王莽军营地之中,白天有云,形如山丘,从营盘上空直落而下,离地一尺左右才崩散开来,莽军将士全部都匍匐在地上。

　　六月初一,光武即与各部人马一齐进发,自己亲率步、骑兵一千余人,在离莽军大约四五里的地方排开阵势。王寻、王邑也派兵数千人前来交战。光武冲击敌营,斩下数十名敌军首级。其他各部将士高兴地说:"刘将军平生见到小股敌人就害怕,今天遇到强敌却勇猛无畏,真叫人奇怪!还是继续在前,请让我们帮助将军!"光武再次进攻,王寻、王邑派出的军队又退去,义军各部一同乘机进攻,杀死莽军数百近千人。义军连续获胜,继续向昆阳进军。此时伯升攻取宛城已有三天了,而光武还不知道,于是派人伪装成宛城的使者携带书信通知昆阳守军,说:"宛城的救兵即刻赶到。"却故意失落了这封书信。王寻、王邑得知后,十分不快。义军众将领屡战屡捷,胆气更壮,无不以一当百。光武就与三千名敢死队员,从城西涉水直扑莽军的中军,王寻、王邑的阵势大乱,义军一鼓作气打垮敌军,于是杀死了王寻。昆阳守军也击鼓呐喊着冲杀出来,内外夹击,喊杀声惊天动地,莽军大溃退,逃跑的士兵互相践踏,死尸僵卧在百余里的路上。恰逢雷声大作,狂风骤起,屋瓦全被风刮得乱飞,暴雨如注,滍水水势猛涨,吓得虎豹都四肢颤抖,士兵们争着渡河,淹死的人以万计,河水为之断流。王邑、严尤、陈茂轻装骑马踏着死尸渡河逃走。

义军全部缴获了莽军的各种军用物资，兵车、盔甲和珍宝，多得无法计算，运了几个月都没运完，有人把剩余的物资烧掉了。

光武再接再厉夺取颍阳。恰在此时伯升被更始帝所杀害，光武从父城赶回宛城请罪。伯升司徒府的属吏迎接光武并表示慰问，光武不便述说心里话，只能沉痛地引咎自责而已。他未曾自我表白昆阳的功劳，又不敢为伯升服丧，吃饭说笑如同平时一样。更始因此心中有愧，便任命光武为破虏大将军、封武信侯。

九月初三，三辅的豪杰共同杀死了王莽，将首级送到宛城。更始帝将北上建都洛阳，以光武兼管司隶校尉事，命他前去整修宫室和官府。于是光武任命了属吏，写好文书发到各属县，行使起督促文书，察举非法的职责，一切按照汉朝的旧规定办事。当时三辅地区的官吏和士人到洛阳城东迎接更始帝，看见诸位将军经过，都是头上戴帻，身穿如同妇女所穿的衣裳，即诸于和绣䘿之类，无不感到可笑，甚至有人害怕不吉利而走掉了。等到看见司隶校尉的部下，都高兴得不知如何是好。老年的官吏有的流着泪说："不料想今天还能重新看到汉朝官员的威仪！"从此有识之士都倾心于光武。

待更始帝到达洛阳，就派光武以破虏将军的身份代理大司马事务。十月，持节向北渡过黄河，镇抚河北各州郡。所到郡县，便接见二千石、长吏、三老、官属，下至一般佐史，考察治政得失，如同州牧巡行辖区一样。他一到某地就审查释放囚徒，革除王莽苛政，恢复汉朝官吏的名称。吏民欢欣鼓舞，争着带上牛肉和酒，迎接慰劳光武一行人。进抵邯郸，原赵缪王之子刘林劝说光武道："赤眉军现在在河东，只要决堤放水淹他们，百万赤眉军全可以让他们成为鱼。"光武不理睬，又前往真定。刘林于是诡称卜者王郎是成帝的儿子刘子舆，在十二月，拥立王郎为天子，建都邯郸，并派遣使者劝降了许多郡国。

二年正月，光武鉴于王郎一兴起就比较强大，于是向北攻取蓟县。王郎下达快递文书，悬赏十万户侯捉拿光武。而原广阳王之子刘接于蓟城中起兵，以响应王郎。城内很混乱，谣言四起，人人惊恐，说邯郸使者刚刚到达，二千石以下官吏都前去迎接。于是光武急忙坐车南逃，无论白天黑夜都不敢进入城市，吃住全在道旁。到达饶阳，部下全断了炊。光武就自称是邯郸使者，进入传舍。传舍的官吏刚送进食物，光武的随从因为饥饿，争抢食物。传吏怀疑他们是伪装的使者，就击鼓数十下，假称邯郸的将军来到，光武的部下都大惊失色。光武上车想跑，既而害怕出不去，慢慢回到座位，说："请邯郸的将军进来。"过了许久才驾车离去。传舍中的人远远地喊守护城门的人关闭大门。门长说："天下形势还难预料，而能随便关闭长者吗？"于是光武得以从南门离去。他们日夜兼程，冒着霜雪，天气正寒冷，脸都冻裂了。到了呼沱河，没有船只，恰遇河水结冰，得以通过，还没全部过完而后面的几辆车陷入河中，进抵下博县城西，彷徨犹豫不知该向何方。有一个白衣老人在路边，指示说："努力！信都郡仍忠于刘玄，离这里八十里。"光武立即奔赴信都。信都太守任光开门出迎。世祖因此征发附近各县的兵卒，得到四千人。先攻打堂阳、贳县，全都降服。王莽和成卒正邳彤也率全郡归降。又昌城人刘植、宋子人耿纯，各领宗亲子弟，占领各自的县城，以拥戴光武。于是北上迫降下曲阳，兵马初步集结，乐意投靠的人达到数万人。接着向北进攻中山，夺取卢奴。所过之处调发"奔命"兵，向周围各郡传递文书，要求共同打击邯郸势力，郡县又再次响应号召。又南下进攻新市、真定、元氏、防子,都占领下来,因此进入赵国地界。

当时王郎大将李育驻扎在柏人,汉兵不知情况而进军,前部偏将军朱浮、邓禹被李育打败,丧失了辎重。光武在后面听说此事,收容了朱浮、邓禹的溃散的士兵,与李育大战于柏人的外城城门,大获全胜,全部夺回了被李育缴获的物资。李育退守城池,光武攻不下它,就率军夺取广阿。恰好上谷太守耿况、渔阳太守彭宠各派他们的将领吴汉、寇恂等人统帅突骑来协助攻打王郎,更始帝也派遣尚书仆射谢躬讨伐王郎,光武因而大肆犒劳士兵,于是东进围困钜鹿。王郎守将王饶坚守,经过一个多月仍攻打不下。王郎派将军倪宠、刘奉领兵数万援救钜鹿,光武迎战于南栾,斩杀数千人。四月,围攻邯郸,连战连胜。五月初一,攻取邯郸,处死王郎。收缴文书,得到自己部下向王郎联络或诽谤自己的信件数千封。光武不查看,集合众将当面把信烧掉,说:"让为此事担忧的人心安。"

更始帝派侍御史持节封光武为萧王,命令他遣散军队回到更始帝身边。光武以河北地区尚未平定为由推辞,不应征召,从此开始脱离更始帝。

那时长安政治混乱,四方背叛。梁王刘永专命于睢阳,公孙述称王于巴、蜀,李宪自立为淮南王,秦丰自号楚黎王,张步起事于琅玡,董宪起事于东海,延岑起事于汉中,田戎起事于夷陵,都各任命将帅,侵占郡县。又有各种名号的贼兵如铜马、大肜、高湖、重连、铁胫、大抢、尤来、上江、青犊、五校、檀乡、五幡、五楼、富平、获索等,各自率领部队,人数合计达数百万人,在当地劫掠。

光武将攻击诸寇贼,先派遣吴汉到北方征发十郡兵马。幽州牧苗曾不听从调兵,吴汉就斩杀苗曾而征发了他的部下。秋天,光武进攻铜马于鄡县,吴汉率领突骑来到清阳会合。贼兵多次挑战,光武坚守营垒,贼兵有出外抢掠的人,就发兵消灭他们,断绝了贼兵的粮道。累计过了一月有余,贼兵粮食吃光,乘夜色逃去,光武追击到馆陶,大败贼军。接受投降一事尚未结束,而高湖、重连军从东南方前来,与铜马残部会合,光武又与他们大战于蒲阳,全部打败并降服了他们,封他们首领为列侯。降人仍然心中不安,光武懂得他们的心意,命令他们各自回营整顿队伍,于是自己轻装骑马一一巡视各部队列。降人互相道说:"萧王以赤心待我等,我等怎能不以死报效呢!"从此都顺服。光武把降人全部分配给各位将领,士兵于是多达数十万,因而关西称光武为"铜马帝"。赤眉一个别帅与大肜、青犊军共十万人驻扎射犬,光武进击,大败他们,各军全都逃散。派吴汉、岑彭袭杀谢躬于邺城。

青犊、赤眉贼开进函谷关,进攻更始帝。光武就派遣邓禹率领六员副将引兵向西进发,以利用更始、赤眉相争的动乱机会。当时更始帝派大司马朱鲔、舞阴王李轶等屯守洛阳,光武也命令冯异据守孟津予以抗衡。

建武元年春正月,平陵人方望拥立原来的孺子刘婴为天子,更始帝派遣丞相李松进攻并斩杀了他们。光武帝北上进攻尤来、大抢、五幡军于元氏,追击到右北平,连续打败他们。又战于顺水之北,乘胜冒进,反而被打败。贼兵追击得很紧,短兵相接,光武自己从高坡上跳下去,遇到突骑王丰,王丰下马让给光武,光武扶着王丰的肩膀上马,回过头来笑着对耿弇说:"几乎被敌人所耻笑!"耿弇频频射箭击退贼兵,得以幸免。光武的士兵死了数千人,散兵回来后退守范阳。军中不见光武,有人说他已战死,众将不知如何是好。吴汉说:"大家努力!萧王哥哥的儿子在南阳,何愁没有主公?"众人恐惧,几天以后才安定下来。贼兵虽然取胜,但平素折服于汉军军威,客主双方互不摸底,晚上就撤走了。大军重又前进到安次,与敌交锋,击败他们,斩首三千余级。贼兵退入渔阳,于是派遣吴汉率领耿弇、陈俊、马武等十二位将军追击于潞县之东,一直进抵平谷,大败并消灭了贼军。

朱鲔派遣讨难将军苏茂进攻温县,冯异、寇恂与他们交锋,大败敌军,斩杀苏茂的将领贾强。于是众将商议给光武上尊号,马武先向光武进言:"天下无主。如果有圣人利用天下凋敝的时候崛起,我们虽有仲尼为相,孙子为将,也恐怕难有作为。泼水难收,后悔无及。大王虽然执意谦让,叫宗庙社稷怎么办!应该返回蓟县登基,再商议征伐的事情。否则现在能说谁是逆贼而放手攻打他们呢?"光武震惊地说:"将军为何说出这样的话?该斩首了!"马武说:"众将领都这样说。"光武让他出去劝说众将。于是引军回到蓟县。

夏四月,公孙述自称天子。光武从蓟县返回,路过范阳,下令收葬以前阵亡的将士。抵达中山,众将又上奏说:"汉朝遭遇王莽之乱,宗庙废弃,祭祀断绝,豪杰愤怒,兆民惨遭涂炭。大王与伯升首举义兵,更始凭靠你们的努力才得以占有帝位,而不能维护好大业,破坏搅乱了纲纪,盗贼日益增多,百姓处于危难和窘境之中。大王初征昆阳,王莽不战自溃;后来夺取邯郸,河北的州郡归顺平定;三分天下而有其二,据有数州领土,军队多达百万。谈武力没有人敢于对抗,论文德更是无可挑剔。臣等听说帝王之位不可以长久空着,天命不可以谦让拒绝,愿大王一心以社稷为重,以百姓为念。"光武又不听从。行进到南平棘,众将又坚决地请求光武登基。光武说:"贼寇尚未平定,四面受敌,怎么能立即考虑正号位的事呢?诸位将军暂且出去吧。"耿纯又进来说:"天下士大夫丢弃亲戚,别离故土,追随大王于箭石横飞的战场,他们的打算原本是想攀龙鳞,附凤翼,以实现建功立业的志向。现在功业已成,天人也相应合,而大王拖延良机而违逆众心,不定尊号,我恐怕士大夫失去希望,没有办法,就会有离去而归家的想法,不愿长此苦守下去。大军一旦离散,难以再度招集。良机不可久留,众心不可违背。"耿纯言辞十分诚挚恳切,光武深受感动,说:"我将考虑这件事。"

进抵鄗城,与光武过去同在长安居住求学的强华从关中送来赤伏符,符文是:"刘秀发兵捕不道,四夷云集龙斗野,四七之际火为主。"群臣因而再次上奏道:"承受天命之符,与之相应的人当居大位,相距万里而符信相合,不经商议而情思相同,周代的白鱼之信,何足相比!现今上无天子,海内混乱,符瑞所示,昭然若揭,应该顺从天神的意愿,以满足大家的希望。"光武于是命令有关部门设立坛场于鄗县城南千秋亭的五成陌。

六月二十二日,即皇帝位。烧柴祭告上天,升烟以享六宗,望祭群神。祭祀祝文说:"皇天上帝,后土神祇,垂青于我而降下天命,将百姓托付给我刘秀,为人父母,秀不敢当。手下群臣,不谋而合,都说:'王莽篡位,刘秀发愤起兵,破王寻、王邑于昆阳,杀王郎、铜马于河北,平定天下,海内蒙受恩惠。上应天地之心,下为百姓所归。'谶记说:'刘秀发兵捕不道,卯金修德为天子。'秀仍然坚辞,以至于一而再,再而三。群臣都说:'皇天大命,不可拖延。'敢不恭敬受命。"于是定年号为建武,大赦天下,改鄗县名为高邑。

这个月,赤眉军拥立刘盆子为天子。

二十七日，前将军邓禹攻击更始定国公王匡于安邑，大败王匡，斩杀将领刘均。秋天七月五日，拜前将军邓禹为大司徒。十一日，以野王令王梁为大司空。十六日，以大将军吴汉为大司马，偏将军景丹为骠骑大将军，大将军耿弇为建威大将军，偏将军盖延为虎牙大将军，偏将军朱祐为建义大将军，中坚将军杜茂为大将军。当时宗室刘茂自号"厌新将军"，率众投降，封为中山王。

（八月）初三，驾临怀县，派遣耿弇率领强弩将军陈俊驻扎五社津，守备荥阳以东。派吴汉率领朱祐以及廷尉岑彭、执金吾贾复、扬化将军坚镡等十一位将军，围困朱鲔于洛阳。

八月十六日，祭祀社稷。十七日，拜祭高祖、太宗、世宗于怀县离宫。进抵河阳，更始廪丘王田立归降。

九月，赤眉军攻入长安，更始帝逃到高陵。六月，诏书说："更始失败，弃城逃走，妻子儿女裸露，流散道路。朕非常怜悯他们。今天封更始为淮阳王。吏民有敢于伤害他们的，罪与大逆相同。"十九日，以原密县县令卓茂为太傅。二十六日，朱鲔举城投降。

冬天十月十八日，车驾进入洛阳，来到南宫却非殿，于是定都于此。派岑彭进攻荆州群贼。

十一月三十日，驾临怀县。刘永自称天子。十二月十一日，从怀县返回洛阳。

赤眉军杀死更始帝，而隗嚣占据陇右，卢芳起兵于安定。破虏大将军叔寿进攻五校贼于曲梁，战死。

二年春天正月初一，有日食。大司马吴汉率领九位将军进攻檀乡贼于邺城的东边，大败并降服了他们。十七日，封全部功臣为列侯，大国有四县，其余各有等差。下诏说："人情得到满足，常被放纵所苦，为快一时的欲望，忘却应当谨慎对待刑法的宗旨。只因诸位将军功业远大，真诚希望能传之无穷，应当像面临深渊，或脚踏薄冰一样，战战慄慄，一天比一天谨慎。凡有显著功劳而未得到报答，没有列入封侯名册的人，大鸿胪迅速奏上，朕将分别封赏他们。"博士丁恭议论说："古时候帝王分封诸侯，地不超过百里，所以有利于建侯，取法于雷卦，实行强干弱枝，以此来把国家治理好。现在封给诸侯四县，不符合法制。"光武帝说："古代凡是灭亡的国家，都是因为无道，没听说是因为功臣封地多而亡国的。"于是派遣谒者立即颁发印绶，策文说："在高位而不骄傲，位虽高而没有危险；约束自己遵守法度，势虽盈满也不会溢出。要谨慎小心地对待此事，传爵位给你的子孙，长久成为汉朝的藩属。"十九日，更始的复汉将军邓晔、辅汉将军于匡投降，都恢复原有爵位。某日，筑起高庙，建社稷坛于洛阳，立郊兆坛于城南，开始以火德为正，以赤色为上色。

这个月，赤眉焚烧西京的宫室，挖掘园陵，抢掠关中。大司徒邓禹进入长安，派司徒府官吏护送西汉十一帝的神主，放入高庙。

真定王刘杨、临邑侯刘让谋反，派遣前将军耿纯杀了他们。二月十六日，驾临修武。大司空王梁被免除职务。十九日，以太中大夫宋弘为大司空。派遣骠骑大将军景丹率领征虏将军祭遵等二位将军进攻弘农贼，打败了他们，因而派遣祭遵围攻蛮中贼张满。渔阳太守彭宠造反，攻打幽州牧朱浮于蓟县。延岑自称武安王于汉中。某日，从修武返回三月某日,大赦天下,诏书说:"近来狱中多有冤屈的人,用刑深刻,朕非常怜悯他们。孔子说:'刑罚不得当,那么百姓的手脚就慌得不知所措。'和中二千石、诸大夫、博士、议郎商议削减刑法。"

派遣执金吾贾复率领二位将军进攻更始郾王尹遵,打败并降服了他。

骁骑将军刘植进攻密县贼,战死。派遣虎牙大将军盖延率领四位将军讨伐刘永。夏四月,包围刘永于睢阳。更始将领苏茂杀死淮阳太守潘蹇而依附刘永。

二日,封叔父刘良为广阳王,兄子刘章为太原王,刘章弟刘兴为鲁王,春陵侯正妻之子刘祉为城阳王。

五月十九日,封更始元氏刘歆为泗水王,原真定王刘杨之子刘得为真定王,周朝后代姬常为周承休公。二十二日,诏书说:"百姓有被迫嫁出的女儿,卖掉的儿子想回到父母身边的,任凭他们抉择。敢于扣留不放的,按律论处。"

六月七日,立贵人郭氏为皇后,儿子刘强为皇太子,大赦天下。增加郎、谒者、从官的官阶各一等。十五日,封宗子刘终为淄川王。

秋八月,光武帝亲自率军征伐五校。二十六日,驾临内黄,大败五校于羛阳,降服了他们。派遣游击将军邓隆救援朱浮,与彭宠交战于潞县,邓隆战败。盖延夺取睢阳,刘永逃到谯县。破虏将军邓奉占据淯阳反叛。

九月二日,从内黄返回京师。骠骑大将军景丹死了。延岑大败赤眉于杜陵。关中饥荒,百姓相食。

冬十一月,以廷尉岑彭为征南大将军,率领八位将军讨伐邓奉于堵乡。

铜马、青犊、尤来剩余贼军共同于上郡拥立孙登为天子。孙登将领乐玄杀死孙登,率领他的部下五万余人投降。派遣偏将军冯异代替邓禹讨伐赤眉。让太中大夫伏隆持节安集青、徐二州,招降张步归顺。

十二月三十日,诏书说:"宗室列侯被王莽所废黜,先祖灵魂无所归依,朕十分哀愍。一并恢复他们的故国。如果列侯已经身亡,所在郡县将他的子孙的名字上报到尚书那里,予以封拜。"

这一年,盖延等大败刘永于沛县之西。起初,王莽末年,天下闹旱灾、蝗灾,黄金一斤换小米一斛;到这时野谷丛生,麻和菽尤其多,野蚕结茧,覆盖在山岗之上,百姓从中得到好处。

三年春天正月初六,以偏将军冯异为征西大将军,杜茂为骠骑大将军。大司徒邓禹和冯异与赤眉战于回溪,邓禹、冯异被击败。征虏将军祭遵攻破蛮中,杀了张满。二十三日,立皇父南顿君以上四庙。二十四日,大赦天下。闰月十八日,大司徒邓禹被免职。

冯异与赤眉战于崤底,大败赤眉,赤眉残部向南逃往宜阳,光武帝亲自率军征讨他们。十二日,驾临宜阳。十七日,亲自统辖六军,大量布置兵马,大司马吴汉的精兵排列于前,中军在其后,骁骑、武卫分列左右。赤眉望见后震惊恐怖,派出使者请投降。十九日,赤眉君臣反绑双臂,献上高皇帝玺印绶带,光武命令交付城门校尉。二十一日,从宜阳回到洛阳。二十二日,诏书说:"群盗纵横,残害百姓,刘盆子窃据尊号,扰乱迷惑天下。

朕出兵征伐,立刻土崩瓦解,十余万人束手降服。先帝的玺印归于王府。这都是仰仗祖宗之灵,士人之力,朕怎么配有此荣耀!选择吉日祭祀高庙,赏赐天下长子并将成为父亲后嗣的人以爵位,每人一级。"

华阳、嵳底之战示意图

二月二日,祭祀高庙,接受传国玺。刘永立董宪为海西王,张步为齐王。张步杀死光禄大夫伏隆而造反。驾监怀县。派遣吴汉率领二位将军攻击青犊于轵县之西,大败并降服了他们。

三月十六日,以大司徒司直伏湛为大司徒。彭宠攻陷蓟城,自立为燕王。光武帝亲自率兵征伐邓奉,抵达堵阳。夏四月,大败邓奉于小长安,斩了他。冯异与延岑战于上林,击破了他。吴汉率领七位将军与刘永将领苏茂战于广乐,大败茂军。虎牙大将军盖延围困刘永于睢阳。

五月二十四日,车驾回宫。三十日,有日食。

六月七日,大赦天下。耿弇与延岑战于穰县,大败岑军。

秋七月,征南大将军岑彭率三位将军讨伐秦丰,战于黎丘,大败丰军,俘获他的将领蔡宏。

(八月)二十六日,诏书说:"官吏不满六百石,下至墨绶县长、国相,有罪需处置必先请示。男子八十岁以上,十岁以下,只要不是犯了不道罪,或下诏具名特捕的人,都不许囚禁。应当查问的立即接受查问。女犯出钱雇山的可以放回家。"

盖延攻占睢阳,俘获刘永,而苏茂、周建拥立刘永的儿子刘纡为梁王。

冬天十月十九日,驾临春陵,祭祀陵园祖庙,因而摆酒于旧住宅,广招故友和父老聚会。十一月十二日,从春陵返京。涿郡太守张丰造反。

这一年,李宪自称天子。西州大将军隗嚣上书。建义大将军朱祐率祭遵与延岑交战于东阳,斩杀延岑的将领张成。

四年春天元月二日,大赦天下。

二月初一,驾临怀县。二十一日从怀县抵京师。派遣右将军邓禹率领二位将军与延岑战于武当,打败了延岑。

夏天四月七日,驾临郓城。十九日,驾临临平。派遣大司马吴汉进攻五校贼于箕山,大败五校。

五月,驾临元氏。初一,驾临卢奴。派遣征虏将军祭遵率领四位将军讨伐张丰于涿郡,斩了张丰。

六月二日,车驾还洛阳宫。

七月八日,驾临谯县。派遣捕虏将军马武、偏将军王霸围攻刘纡于垂惠。

董宪将领贲休以兰陵城归降,董宪围困了该城。虎牙大将军盖延率平狄将军庞萌援救贲休,未成功,兰陵被董宪所攻陷。

秋天八月十日,驾临寿春。太中大夫徐恽擅自杀死临淮太守刘度,徐恽因此被处死。派遣扬武将军马成率领三位将军讨伐李宪。九月,围困李宪于舒城。

冬天十月七日,车驾回到洛阳宫中。太傅卓茂死了。

十一月十九日,驾临宛城。派遣建义大将军朱祐率二位将军围攻秦丰于黎丘。十二月二十日,驾临黎丘。

这一年,征西大将军冯异与公孙述的将领程焉交战于陈仓,打败了他。

五年春天正月十七日,车驾回到洛阳宫中。二月初一,大赦天下。捕虏将军马武、偏将军王霸攻取垂惠。二十日,驾临魏郡。二十七日,封殷朝后人孔安为殷绍嘉公。

彭宠被他的苍头奴所杀死,渔阳平定。

大司马吴汉率建威大将军耿弇进攻富平,获索贼等于平原郡,大败并降服他们。又派耿弇率领二位将军征讨张步。

三月八日,改封广阳王刘良为赵王,开始前往封国。平狄将军庞萌造反,杀死楚郡太守孙萌而东去投靠董宪。派遣征南大将军岑彭率领二位将军讨伐田戎于津乡,大败田戎。

夏四月,天旱,有蝗灾。河西大将军窦融开始派遣使者进贡。

五月二日,诏书说:"久旱伤害麦子,秋粮未能下种,朕十分忧虑。是因为将领残暴,官吏不胜任,狱中多有冤枉之人,百姓既愁又恨,而引起天气失调吗?命令中都官、三辅、郡、国释放关押的因犯,不是犯殊死之罪的人一概不再追究,现有的囚徒免罪为百姓。务必选用和柔贤良的人为官吏,斥退贪婪残暴的官吏,各自处理好政事。"

六月,建义大将军朱祐攻取黎丘,俘获秦丰;而庞萌、苏茂围困了桃城。光武帝当时驾临蒙县,因而亲自率兵征讨庞萌等。先整顿兵马于任城,才进而援救桃城,大败庞萌等军。

秋天七月四日,驾临沛县,祭祀高祖原庙。下诏修复西京的园陵。进而驾临湖陵,征讨董宪。又驾临蕃县,于是进攻董宪于昌虑,大败董宪。

八月六日,进而驾临郯县,留吴汉攻打刘纡、董宪等人,车驾转而攻取彭城、下邳。吴汉攻占郯县,俘获刘纡;吴汉进而围攻董宪、庞萌于朐县。

冬十月,开始回京,驾临鲁国,派大司空祭祀孔子。

耿弇等与张步交战于临淄,大败张步。光武帝驾临临淄,进而驾临剧县。张步杀苏茂来投降,齐地平定。

初建太学。车驾回到洛阳宫中,驾临太学,赏赐博士弟子各有等差。

十一月初一,大司徒伏湛被免职,尚书令侯霸为大司徒。

十二月,卢芳于九原自称天子。西州大将军隗嚣派遣儿子隗恂入侍。交阯牧邓让率领七郡太守派遣使者进贡。诏书免除济阳二年的徭役。这一年,野生谷物逐渐减少,田地更加广泛开垦出来。

六年春天正月十六日,改春陵乡为章陵县。世世代代免除徭役,如同丰、沛一样,没有差遣。二十一日,诏书说:"去年水、旱、蝗虫为灾,粮价飞涨,民用物品缺乏。朕因百姓没有东西养活自己,忧伤地怜悯他们。命令郡国有粮食的,分发给年事已高的人,鳏夫、寡妇、孤儿、没有后代的老人和有痼疾或残废的人,无家可归贫困不能自谋生存的人,按《律》所规定的办理。二千石官员要尽力加以抚慰,不要出现失职现象。"扬武将军马成等人攻取舒城。俘获李宪。

二月,大司马吴汉夺取朐城,俘获董宪、庞萌,山东全部平定。众将军领回到京师,安排酒宴并颁行赏赐。

三月,公孙述派遣将军任满侵犯南郡。

夏天四月八日,驾临长安,首次拜谒高庙,于是逐个祭祀十一陵。派遣虎牙大将军盖延等七位将军从陇道讨伐公孙述。

五月二十一日,从长安回到洛阳。

隗嚣反叛,盖延等因此与隗嚣交战于陇坻,众将被打败。

某日,诏书说:"天水、陇西、安定、北地各郡官吏百姓被隗嚣诱入歧途的人,又三辅遭赤眉之难时,犯有不道罪的人,从殊死罪以下,全部予以赦免。"

六月二十四日,诏书说:"设官置吏,是为了管理百姓。现在百姓遭难,户口减少,而县级官吏设置仍很烦冗,命令司隶校尉,州牧各自核实所辖各部,裁减官员。县、国不足以安置长吏而可以合并的,上报大司徒、大司空二府。"于是分别上奏合并削减四百余县,吏职裁撤,十留其一。

代郡太守刘兴于高柳进攻卢芳将领贾览,战死。起初,乐浪人王调占据乐浪郡不归服。秋天,派遣乐浪太守王遵进攻他,郡吏杀死王调投降。

派遣前将军李通率领二位将军,与公孙述的将军交战于西城,打败了他们。

夏天,有蝗灾。秋天九月四日,赦免乐浪郡犯谋反、大逆、殊死罪以下的犯人。三十日,有日食。

冬天十月十一日,诏书说:"我德薄不明智,寇贼为害,强弱相陵,百姓失所。《诗经》说:'日月显示凶兆,不按其道运行。'长久考虑这一灾祸,心中很内疚。敕令公卿荐举贤良，方正各一人；百官都可以呈上密封的奏章，不要有所隐讳；各自办理职责内的事务，务必遵守法度。"

十一月某日，诏命王莽时吏民被罚为奴婢而不合乎旧有法律规定的，都释放为百姓。

十二月二十七日，大司空宋弘被免职。二十八日，诏书说："此前战事不断，费用不足，所以实行十一之税。现在军队屯田，粮食储备略有增加。命令郡国收取田租实行三十税一，如同旧制。"隗嚣派遣将领行巡侵犯扶风，征西大将军冯异抵御并击败了他。

这一年，初次废除郡国都尉官。开始派遣列侯前往各自的封国。匈奴派使者来进贡，让中郎将回报。

七年春天正月初二，诏命中都官、三辅、郡、国释放囚犯，不是犯死罪的人，都一律不再追究他的罪。现有囚徒释放为平民。犯耐罪而逃亡的人，官吏行文免除他们的罪名。

又下诏说："世上以厚葬为有德，薄葬为鄙陋，以至于富有的人奢侈无度，贫穷者耗尽资财，法令不能禁止。礼义不能劝阻，战乱时坟墓被盗挖，才明白厚葬的祸害。布告天下，叫大家知道忠臣、孝子、慈兄、悌弟薄葬送终的道理。"

二月十七日，废除护漕都尉官。

三月四日，诏书说："现在国家有众多的军队，并且大多精壮勇武，应当暂且遣散轻车、骑士、材官、楼船士以及临时设置的军吏，令他们重新成为百姓。"公孙述立隗嚣为朔宁王。

三十日，有日食，光武避开正殿，停止军事行动，不听政事五天。诏书说："我德薄招来灾祸，谴责见于日月，战慄恐惧，还能说什么呢！现在正在考虑自己的过失，希望能消弭灾祸。命令官吏各自负起职责，遵守法令制度，加恩惠给百姓。众官僚各自呈上密封奏章，不要有所隐讳。凡上书的人，不得称我圣明。"

夏天四月十九日，诏书说："近年阴阳错乱，出现日食、月食、百姓有过失，责任全在我一人，大赦天下。公、卿、司隶、州牧荐举贤良、方正各一人，叫他们前往公车报到，朕将亲自召见考察他们。"

五月六日，前将军李通为大司空。二十二日，诏命吏民因遭遇饥荒战乱以及被青、徐二州贼人劫掠为奴婢或小妾的人，愿意离去或留下的，听任其便。敢于拘留不放的，以卖人法处置。这年夏天，出现连阴雨。以汉忠将军王常为横野大将军。

八月二十六日，封前河间王刘邵为河间王。隗嚣侵犯安定，征西大将军冯异、征虏将军祭遵打退了他们。

冬天，卢芳所任命的朔方太守田飒、云中太守乔扈各自举郡投降。这一年，撤销长水、射声二校尉官。

八年春正月，中郎将来歙袭击略阳，杀死隗嚣守将而占领了该城。夏天四月，司隶校尉傅抗下狱死。隗嚣进攻来歙，不能攻陷城池。闰月，光武帝亲自讨伐隗嚣，河西大将军窦融率领五郡太守与车驾相会于高平。陇右溃败，隗嚣逃到西城，派遣大司马吴汉、征南大将军岑彭围困了西城；车驾进抵上邽，敌军不降，命虎牙大将军盖延、建威大将军耿弇攻打敌军。颍川盗贼侵占属县，河东郡的守军也叛变了，京师骚动。

秋天，发了大水。八月，光武帝从上邽日夜东进。九月初一，车驾回到洛阳宫中。六日,光武帝亲自征讨颍川盗贼,盗贼全部投降了。安丘侯张步叛逃回琅玡,琅玡太守陈俊征讨并俘获了他。二十四日,从颍川回到京师。

冬天十月二十二日,驾临怀县。十一月二日,从怀县回到京师。

公孙述派兵援救隗嚣,吴汉、盖延等回到长安驻扎。天水、陇西重又叛变归顺隗嚣。

十二月,高句丽王派使者进贡。这一年闹大水。

九年春天正月,隗嚣病死,他的将领王元、周宗又拥立隗嚣的儿子隗纯为王。迁移雁门郡吏民到太原。

三月某日,初次设置青巾左校尉官。公孙述派遣将军田戎、任满据守荆门。

夏天六月六日,驾临缑氏,登上辕辕山。派遣大司马吴汉率四位将军打败卢芳的将领贾览于高柳,战斗不利。

秋天八月,派遣中郎将来歙监督征西大将军冯异等五位将军讨伐隗纯于天水。

骠骑大将军杜茂与贾览交战于繁畤,杜茂被战败。这一年,撤销关都尉,重新设置护羌校尉官。

十年春正月,大司马吴汉率领捕虏将军王霸等五位将军进攻贾览于高柳,匈奴派骑兵援救贾览,众将同他们交战,击退了他们。修理长安的高庙。

夏天,征西大将军冯异打败公孙述将领赵匡于天水,斩杀了他。征西大将军冯异病死。

秋天八月二十五日,驾临长安,祭祀高庙,于是又祭十一陵。二十四日,进而驾临汧县。隗嚣将领高峻投降。

冬十月,中郎将来歙等人大败隗纯于落门,隗纯的将领王元逃奔蜀地,隗纯与周宗投降,陇右平定。

先零羌人侵犯金城、陇西,来歙率领众将进攻羌人于五溪,大败羌人。

十七日,车驾回到洛阳宫中。这一年,撤销定襄郡,迁移该郡百姓到西河。泗水王刘歙死了。淄川王刘终死了。

十一年春天二月八日,诏书说:"天地之性以人为贵。杀奴婢,不许减罪。"

三月九日,驾临南阳;返回的路上,驾临章陵,祭祀园陵。城阳王刘祉死了。三十日,车驾回到洛阳宫中。

闰月,征南大将军岑彭率领三位将军与公孙述将领田戎、任满交战于荆门,大败他们,俘获了任满。威虏将军冯骏围困田戎于江州,岑彭率领水军征伐公孙述,平定巴郡。

夏四月二十八日,撤销大司徒司直官。先零羌人侵犯临洮。

六月,中郎将来歙率领扬武将军马成打败公孙述的将领王元、环安于下辩。环安派遣间谍刺杀了中郎将来歙。光武帝亲自率军征讨公孙述。秋天七月,临时驻扎长安。八月,岑彭击败公孙述的将领侯丹于黄石。辅威将军臧宫与公孙述将领延岑交战于沈水,大败岑军。王元投降。车驾从长安回到洛阳。

二十六日,诏书说:"敢于烧灼奴婢的人,按律论罪。赦免被烧灼的人为平民。"

冬天十月某日,下诏废除奴婢射伤人要弃市的律令。

公孙述派间谍刺杀了征南大将军岑彭。马成平定武都,依靠陇西太守马援击败先零羌,将羌人分别迁到天水、陇西、扶风三郡。十二月,大司马吴汉率领水军讨伐公孙述。

这一年,撤销朔方牧,并入并州。初次停止州牧亲自进京奏事。

十二月春正月,大司马吴汉与公孙述将领史兴交战于武阳,斩了他。

三月九日,诏命陇、蜀百姓被掠卖为奴婢而自己到官府鸣冤的人,以及狱官未处理的,一概免为平民。夏天,甘露降于南行唐。六月,黄龙出现于东阿。

秋七月,威虏将军冯骏攻取江州,俘获田戎。九月,吴汉大败公孙述的将领谢丰于广都,斩了他。辅威将军臧宫夺取涪城,斩了公孙恢。大司空李通被罢免。

冬天十一月十八日,吴汉、臧宫与公孙述交战于成都,大败述军。公孙述受伤,夜里死去。二十一日,吴汉血洗成都,诛灭公孙述的宗族以及延岑等人。

十二月初一,扬武将军马成代理大司空事务。

这一年,九真境外蛮夷人张游率领种族民众内附,封为归汉里君。撤销金城郡划归陇西。参狼羌侵犯武都,陇西太守马援讨伐并降服了他们。诏命边地官员力量不足以出战的就固守,追击敌虏根据敌情以决定进退,不受逗留法的约束。横野大将军王常死了。派遣骠骑大将军杜茂率各郡驰刑徒驻屯北方边疆,建筑亭候,修造烽燧。

十三年春天正月初一,大司徒侯霸死了。二十九日,诏书说:"往年已敕命郡国,地方特产不许有所贡献,现在仍未停止,非但有预先饲养选择的劳顿,还导致频频递送于路上,使所经过的地方劳扰破费。命令太官不再接受贡品,明确告诫地方远方的膳食只用来献给宗庙,自应按照旧规定办理。"

二月,派遣捕虏将军马武屯守呼沱河以防御匈奴。卢芳从五原逃亡到匈奴。二十七日,诏书说:"长沙王刘兴、真定王刘得、河间王刘邵、中山王刘茂,都袭爵为王,不符合经义。以刘兴为临湘侯,刘得为真定侯,刘邵为乐成侯,刘茂为单父侯。"刘氏皇族及原封国撤销而后代封侯的共计一百三十七人。二十八日,降赵王刘良为赵公,太原王刘章为齐公、鲁王刘兴为鲁公。(三月)十一日,以殷绍嘉公孔安为宋公,周承休公姬武为卫公。省并西京十三国:广平国属钜鹿,真定国属常山,河间国属信都,城阳国属琅玡,泗水国属广陵,淄水国属高密,胶东国属北海,六安国属庐江,广阳国属上谷。

三月十二日,沛郡太守韩歆为大司徒。十七日,代理大司空事务的马成被免职。

夏四月,大司马吴汉从蜀地返回京师,于是大宴将士,并普遍慰劳将士,以策书记录下他们的功勋。功臣增加食邑重新封拜,凡三百六十五人。因外戚恩泽受封的人有四十五人。废除左右将军官。建威大将军耿弇被罢免。

益州传送来公孙述的瞀师、用于郊庙礼仪的乐器、葆车、舆辇,于是皇帝的车马仪仗才开始齐备。当时战争已经停息,天下很少有警事,公文的往来和差役的调遣,力求从简从少,以至于仅有过去的十分之一。

二十六日,以冀州牧窦融为大司空。五月,匈奴侵犯河东。秋七月,广汉境外的白马羌首领率领他的族人内附。九月,日南境外蛮夷进贡白雉、白兔。

冬天十二月三十日,诏命益州百姓自建武八年以来被掠卖为奴婢的人,全部释放为平民;有依托他人为妾的,愿意离去,听任离去;敢于扣留不放的,按照青、徐二州的前例以掠人法处置。重新设置金城郡。

十四年春正月，建起南宫前殿。匈奴派遣使者进贡，命中郎将报聘。

夏天四月二十九日，封孔子后人孔志为褒城侯。越巂人任贵自称太守，派遣使者上报民户簿籍。秋九月，平城人贾丹杀死卢芳将领尹由来降。这一年，会稽郡闹瘟疫。莎车国、鄯善国派遣使者进贡。

十二月某日，诏命益、凉二州奴婢，从建武八年以来向所在地方官提出申诉的人，一律释放为平民，被卖者无须偿还卖身钱。

十五年春天正月二十三日，大司徒韩歆被免职，自杀。二十九日，有彗星出现在昴星一带。汝南太守欧阳歙为大司徒。建义大将军吴祐被罢免。二十九日，有彗星出现于营室星区。

二月，迁徙雁门、代郡、上谷三郡的百姓，安置到常山关、居庸关以东。

起初，巴蜀已平定，大司马吴汉上书请求分封皇子，不许，连续几年反复上奏。三月，才诏命群臣商议。大司空窦融、固始侯李通、胶东侯贾复、高密侯邓禹、太常登等的奏议说："古代封建诸侯，用来藩卫京师。周代封侯八百，同姓诸姬氏都因此建国，辅佐王室，尊事天子，享国久长，成为后世的法范。所以《诗经》说：'大开你的领地，成为周王室的辅弼。'汉高祖圣德，君临天下，也务必亲亲，分封兄弟和诸子，不违背过去的规定。陛下圣德通贯天地，恢复了刘氏的大统，褒扬宿德，奖励功勋，和睦九族，功臣和宗室都蒙受封爵，大多授予广大的封地，有的拥有数县。现今皇子仰仗天恩，已能穿成人衣冠出入迎拜，陛下恭廉克让，有意压制而不让论议封爵，群臣百姓无不失望。应当在此盛夏吉时，定下号位，以增广藩辅，明示亲亲之道，尊宗庙，重社稷，应古法，合旧规，满足大家的心愿。臣等请求由大司空送上舆地图，由太常选择吉日，安排礼仪。"制书说："可以。"

夏天四月二日，以太牢祭告宗庙。十一日，派大司空窦融祭告先祖，封皇子刘辅为右翊公，刘英为楚公，刘阳为东海公，刘康为济南公，刘苍为东平公，刘延为淮阳公，刘荆为山阳公，刘衡为临淮公，刘焉为左翊公，刘京为琅玡公。七日，追谥帝兄伯升为齐武公，帝兄仲为鲁哀公。

六月二十五日，重新设置屯骑、长水、射声三个校尉官；改青巾左校尉为越骑校尉。诏下州郡核实垦田亩数和户口年龄，并查实二千石长吏中徇私舞弊的人。冬天十一月初一，大司徒欧阳歙下狱死。十二月二十七日，关内侯戴涉为大司徒。卢芳从匈奴进占高柳。这一年，骠骑大将军杜茂被免职。虎牙大将军盖延死了。

十六年春天二月，交阯女子征侧造反，占据城邑。三月三十日，有日食。

秋九月，河南尹张伋以及诸郡太守十余人，由于丈量田亩不实，都被下狱处死。

郡国大姓以及私人武装首领、群盗在各地纷纷起兵，在当地攻杀抢劫，杀害长吏。郡县派兵追击，兵马一到他们就逃散，兵马一走他们又集结在一起。青、徐、幽、冀四州尤为严重。冬十月，派遣使者到郡国，允许群盗自相揭发，五人共同斩杀一人的，免去他们的罪。官吏虽然曾经犯有拖延、回避、放纵的过失，都不追究，允许以讨伐盗贼来弥补。州牧、郡太守、县令、县长中因治内有盗贼而不去搜捕的，又有因畏惧放弃城池、擅离职守的，都不认为是失职，只按他们现在俘获盗贼多少来考察政绩的优劣，唯独藏匿盗贼的人才予以治罪。于是官吏们争相追捕盗贼，盗贼一并瓦解。迁徙盗贼的首领到其他郡，分给土地和粮食,让他们安心生产。从此以后牛马可以安心放牧,城门也可以不关闭。卢芳派遣使者来请求投降。十二月某日,封卢芳为代王。

起初,王莽之乱以后,布、帛、金、粟都可以当货币用。这一年,开始通行五铢钱。

十七年春正月,赵公刘良死了。二月三十日,有日食。

夏天四月某日,巡视南方,皇太子和右翊公刘辅、楚公刘英、东海公刘阳、济南公刘康、东平公刘苍随行,驾临颍川,进而驾临叶县、章陵。五月二十一日,车驾返回洛阳宫中。六月二十九日,临淮公刘衡死了。秋七月,妖巫李广等聚众占据皖城,派遣虎贲中郎将马援、骠骑将军段志讨伐他们。九月,攻破皖城,斩杀李广等人。冬天十月十九日,废皇后郭氏为中山太后,立贵人阴氏为皇后。进封右翊公刘辅为中山王,食常山郡的赋税。其余九个国公,都依据旧封晋爵为王。

二十二日,驾临章陵。修缮园庙,祭祀旧居,视察田地房舍,摆酒作乐,颁发赏赐。当时宗室中的女性长辈由于酒喝得高兴了,互相说道:"文叔小的时候恭谨诚实,待人不殷勤,只是温和罢了。今天竟能如此!"光武帝听说后,大笑道:"我治理天下,也想用柔道行事。"于是为春陵的宗室都建起祠堂。有五只凤凰出现在颍川郡的郏县。十二月,从章陵返回京师。这一年,莎车国派遣使者进贡。

十八年春二月,蜀郡守将史歆叛变,派遣大司马吴汉率领二位将军讨伐,包围了成都。

某日,巡视西方,驾临长安。三月某日,祭祀高庙,于是逐一祭拜十一陵。经过冯翊郡界,进而驾临蒲坂,祭祀后土。夏天四月十四日,车驾返回洛阳宫中。

十五日,诏书说:"当今边郡偷盗粮食五十斛,论罪可判处死刑,开酷吏妄杀之路,废除此法,处理和内郡相同。"

派遣伏波将军马援率领楼船将军段志等进攻交阯征侧等人。

二十五日,驾临河内。二十九日,从河内回到京师。五月,有旱灾。卢芳重新逃入匈奴。

秋七月,吴汉攻取成都,斩了史歆等人。某日,赦免益州辖区犯殊死罪以下的罪徒。

冬天十月二十四日,驾临宜成。回来的路上,祭祀了章陵。十二月十日,车驾回到宫中。这一年,废除州牧官,改置刺史。

十九年春天正月十五日,追尊孝宣皇帝为中宗。开始祭祀昭帝、元帝于太庙,祭祀成帝、哀帝、平帝于长安,祭祀春陵节侯以下四世于章陵。

妖巫单臣、傅镇等造反,占据原武,派遣太中大夫臧宫围攻他们。夏天四月,夺取原武,斩了单臣、傅镇等人。

伏波将军马援击败交阯贼,斩了征侧等人。接着击败九真贼都阳等人,降服了他们。

闰月二十五日,进封赵、齐、鲁三国公爵为王。

六月二十六日,诏书说:"《春秋》大义,立皇后的儿子为太子。东海王刘阳是皇后儿子,应该继承大统。皇太子刘强崇尚谦让之道,愿意退居藩国地位。父子的情谊,应以不长久违背儿子的心愿为重。以刘强为东海王,立刘阳为皇太子,改名为刘庄。"

秋九月,巡视南方。二十一日,驾临南阳,进而驾临汝南郡顿县县衙,摆酒聚会,赏赐吏民,免征南顿县田租一年。父老上前叩头说:"皇上的父亲担任南顿县令时间很长,陛下熟悉这个县衙,每次一来就施加厚恩,希望能降恩免征十年的赋税。"光武帝说:"我享有天下重器,常常害怕不能胜任,过一天算一天,怎么敢预定十年这么远呢?"吏民又说:"陛下实际上是舍不得,为什么说得这样谦恭呢?"光武帝大笑,又增免一年。进而驾临淮阳、梁、沛等地。

西南夷侵犯益州郡,派遣武威将军刘尚讨伐他们。越巂太守任贵谋反。十二月,刘尚袭击任贵,杀了他。这一年,重新设置函谷关都尉。修复西京的宫室。

二十年春天二月十日,车驾返回宫中。夏天四月三日,大司徒戴涉被下狱处死。大司空窦融被免职。

五月四日,大司马吴汉死了。匈奴侵犯上党、天水,直至扶风。

六月十四日,广汉太守蔡茂为大司徒,太仆朱浮为大司空。十六日,左中郎将刘隆为骠骑将军,代理大司马事务。十九日,改封中山王刘辅为沛王。秋天,东夷韩国人率众到乐浪郡内附。

冬天十月,巡视东方。二十日,驾临鲁国,进而驾临东海、楚、沛等国。

十二月,匈奴侵犯天水。二十八日,车驾回到宫中。这一年,撤销五原郡,迁移该郡吏民,安置到河东。免除济阳县徭役六年。

二十一年春正月,武威将军刘尚击败益州夷人,平定该地。

夏四月,安定属国胡人叛变,屯聚在青山,派遣将兵长史陈诉讨伐平定了他们。

秋天,鲜卑侵犯辽东,辽东太守祭肜大败鲜卑。

冬十月,派遣伏波将军马援出塞攻击乌桓,未取胜。匈奴侵犯上谷、中山。

这年冬天,鄯善王、车师王等十六国都派遣儿子入侍皇帝,并进献贡品,请求设置都护。光武帝因中国刚刚安定,顾不上境外的事情,于是送还他们的侍子,给予优厚的赏赐。

二十二年春天闰月十九日,驾临长安,祭祀高庙,于是逐一祭祀十一陵。二月某日,从长安回到京师。夏天五月三十日,有日食。

秋七月,司隶校尉苏邺死于狱中。

秋九月,地震造成地裂。下诏说:"日前有地震,南阳尤为严重。大地,承受物体极重,所以静而不动。而今震裂,罪在君上。鬼神不顺从无德的人,灾祸降到吏民的头上,朕十分恐惧。令南阳不必交今年的田租和饲草。派遣谒者巡察。凡死罪囚犯在地震那天以前定罪的,减死罪一等,囚徒全都解去脚镣,穿上丝绵衣服。赐给郡中被压死的人以棺材钱,每人三千。凡人头税和拖欠的田租而房屋损坏尤其严重的,不再收取。吏民死亡,或者还压在断垣毁屋下面,而家人羸弱不能收敛的,官府就出钱粮雇人,为他们寻找。"

冬天十月十九日,大司空朱浮被免职。二十日,光禄勋杜林为大司空。

这一年,齐王刘章死了,青州有蝗灾。匈奴奥鞬日逐王比派遣使者到渔阳请求和亲,派中郎将李茂回报。乌桓击败匈奴,匈奴北迁,大漠以南空虚。诏命撤去边郡亭候的吏卒。

二十三年春正月，南郡蛮人造反，派武威将军刘尚征伐击败了他们，迁移蛮族人到江夏。

夏天五月八日，大司徒蔡茂死了。九月十三日，陈留太守玉况为大司徒。冬天十月九日，太仆张纯为大司空。高句丽率族人到乐浪归附。

十二月，武陵蛮人造反，抢掠郡县，派刘尚去讨伐，交战于沅水，军败，刘尚战死。

这一年，匈奴奥鞬日逐王比率领部下并派使者到西河郡归附。

二十四年春天正月十九日，大赦天下。

匈奴鞬日逐王比率领部下并派遣使者到五原塞通好，请求替汉朝抵御北匈奴。

秋天七月，武陵蛮侵犯临沅，派遣谒者李嵩、中山太守马成讨伐蛮人，未能取胜，于是伏波将军马援率领四位将军去征伐。诏有关部门申明过去制定的阿附蕃王法。

冬天十月，匈奴奥鞬日逐王比自立为南单于，于是分化为南、北匈奴。

二十五年春天正月，辽东境外貊人侵犯右北平、渔阳、上谷、太原，辽东太守祭肜招降了他们。乌桓首领来朝见。

南单于派遣使者到京都进贡，自称藩臣；又派他的左贤王打败北匈奴，开地一千余里。三月，南单于派子入侍。三十日，有日食。伏波将军马援等击败武陵蛮人于临沅。冬天十月，反叛的蛮人全部投降。夫余王派遣使者进贡。这一年，乌桓首领率众内属，到京师朝贡。

二十六年春天正月，诏命有关部门增加百官的俸禄。千石以上，少于西汉旧制；六百石以下，多于旧俸禄。

初建寿陵。将作大匠窦融上书说园陵广袤，不必计较花费。光武帝说："古时候帝王的葬具，都是陶俑瓦器，木车草马，让后世的人不知道墓室的所在。太宗懂得生死真义，景帝能谨遵孝道，遭遇大乱的变故之后，而唯独霸陵有幸保全，岂不是美事！今所建墓地不许超过二、三顷，不堆土为山陵，不修池，只要不存水就可以了。"

派遣中郎将段彬授予南单于玺印绶带。令他居云中，开始设置使匈奴中郎将一职，率兵保护南单于。南单于派儿子入侍，奉奏章来到京师。于是云中、五原、朔方、北地、定襄、雁门、上谷、代等八个郡的百姓回到了本土。派遣谒者分别带着弛刑徒修补整治城郭。发送尚在中原地区的边民，陆续返回各县，都赐给治装费，转运粮食供给他们。

二十七年夏天四月二十一日，大司徒玉况死了。

五月十一日，诏书说："过去契担任司徒，禹担任司空，都没有'大'字。命令二府去掉'大'字。"又改大司马为太尉。骠骑大将军行大司马事的刘隆当天被罢免，以太仆赵熹为太尉，大司农冯勤为司徒。益州郡境外蛮夷率族人内属。北匈奴派遣使者到武威乞求和亲。

冬天，鲁王刘兴、齐王刘石开始前往封国。

二十八年春天正月某日，徒封鲁王刘兴为北海王，把鲁国加封给东海王。赐给东海王刘强虎贲武士、骑兵仪仗、以木架钟磬设礼乐。

夏天六月七日，沛国太后郭氏死了，于是下诏郡县捕捉王侯的宾客，受牵连而死的有数千人。

秋天八月十九日,东海王刘强、沛王刘辅、楚王刘英、济南王刘康、淮阳王刘延开始前往封国。

冬天十月十五日,诏命死罪囚徒都一律叫到蚕室受腐刑,女子受宫刑。北匈奴派遣使者进贡,乞求和亲。

二十九年春天二月初一,有日食。派遣使者清理冤狱,释放囚徒。四日,赐给天下男子以爵位,每人二级;赐给鳏夫、寡妇、孤儿、无子女的老人、有痼疾或残废的人、贫困不能自保的人以粮食,每人五斛。

夏天四月十日,诏命天下关押起来的殊死罪以下的囚犯直到一般的刑徒减去原罪一等,其余的罪可用钱财赎罪或罚劳役各有差别。

三十年春正月,鲜卑头领内属,入朝庆贺。

二月,巡视东方。十三日,驾临鲁国,进而驾临济南。闰月十三日,车驾回到洛阳宫中。有彗星出现于紫宫星区。

夏天四月九日,徙封左翊王刘焉为中山王。五月,发生严重水灾。赐给天下男子以爵位,每人二级;赐给鳏夫、寡妇、孤儿、无子女的老人、有痼疾或残废的人、贫困不能自保的人以粮食,每人五斛。秋天七月某日,驾临鲁国。免除济阳县当年的徭役。冬天十一月某日,从鲁国回到京师。

三十一年夏天五月,发生严重水灾。

二十五日,赐给天下男子以爵位,每人二级;赐给鳏夫、寡妇、孤儿、无子女的老人、有痼疾或残废的人、贫困不能自保的人以粮食,每人六斛。三十日,有日食。这年夏天,闹蝗灾。秋天九月三日。诏令死罪囚犯都一律募集到蚕室接受腐刑,女子接受宫刑。这一年,陈留下了谷子雨,形状像稗草籽。北匈奴派遣使者进贡。

中元元年春天正月,东海王刘强、沛王刘辅、楚王刘英、济南王刘康、淮阳王刘延、赵王刘盰都来朝见光武帝。二十八日,巡视东方。二月十日,驾临鲁国,进而驾临泰山。北海王刘兴、齐王刘石朝见光武帝于东岳。二十二日,焚柴望祭岱宗,登临泰山,聚土为坛而祭天;二十五日在梁父打扫干净场地而祭地。三月三十日,司空张纯死了。

夏天四月五日,车驾回到洛阳宫中。十一日,大赦天下。免征嬴、博、梁父、奉高等地的徭役,不交今年的田租和饲草。改年号为中元。驾临长安。二十日,祭祀长陵。五月二十八日,从长安回到洛阳。

六月二十四日,太仆冯鲂为司空。二十八日,司徒冯勤死了。

这年夏天,京师发现有甘美的泉水涌出,喝了这泉水的人所有顽症都可以痊愈,唯有盲人、跛人不能治。又有赤草长在水边。郡国频频报告发现甘露。群臣上奏道:"地神显灵而朱草萌生。孝宣帝每有嘉瑞,就改年号,神爵、五凤、甘露、黄龙,都用来纪年,这是为了把感应送达天地神灵,表彰德信。因此化为升平,称作中兴。当今天下清平安宁,灵物不断降世。陛下心存谦虚退让,推辞而不愿自应瑞征,然而怎么可以让吉祥的符应和明显的喜庆湮没而无闻呢?应当命令太史把祥瑞记录编集起来,传给后世。"光武帝不同意。他常常自己谦称无德,每当郡国上奏祥瑞,就压下而不接受,因此史官很少能记载下来。秋天,有三个郡国出现蝗灾。冬天十月六日,司隶校尉东莱人李䜣为司徒。

十九日,派司空告祭高庙说:"高皇帝与群臣约定,非刘氏不封王。吕太后残害三个赵王,擅自封吕氏为王,仰仗社稷之灵,吕禄、吕产被诛除,天命几乎旁落,危急的朝廷重新安定。吕太后不应该配享高庙,与至尊同在祖庙。薄太后德性仁慈,孝文皇帝贤明治国,子孙仰赖他们的福荫,延续皇祚至今。上薄太后尊号为高皇后,配享地神。迁吕太后庙主到园寝,四时上祭。"

十一月三十日,有日食。这一年,初建明堂、灵台、辟雍,以及北郊兆域。宣布图谶于天下。免除济阳、南顿本年的徭役。参狼羌人侵犯武都,打败郡兵,陇西太守刘旴派兵援救武都,与武都郡兵一起讨伐反叛的羌人,全都打败了他们。

二年春天正月初八,开始建立北郊,祭祀后土。东夷倭奴国国王派来使者进贡。

二月五日,光武帝死于南宫前殿,享年六十二岁。遗诏说:"朕无益于百姓,全照孝文皇帝制度,后事务必节省。刺史、二千石长吏都不要离开城池,不要派属史或用邮传上书致哀。"

当初,武光帝久在军中,讨厌战争,而且知道天下疲惫不堪,盼望安定的生活。自从陇、蜀平定以后,不是紧急情况,未曾再谈论军事。皇太子曾经问起攻战的事情。光武帝说:"过去卫灵公问战阵,孔子不回答,这种事不是你所该做的。"他每天一大早就上朝,日头偏西才退朝。多次召见公卿、郎将讲论经书的道理,夜半时分才睡觉。皇太子见到光武帝勤劳不息,找机会劝说道:"陛下具有夏禹、商汤的贤明,而没有黄帝、老子养性的福气,希望能保养精神,优游自宁。"光武帝说:"我自己乐意这样,不为此感到劳累。"虽然亲身建立大业,却兢兢业业如同能力不够一样,所以能贤明慎重地对待国事,总揽大权,量时度力,所办的事没有什么过失。他辞退功臣而任用文官,收藏起弓箭而放马牛回归民间,虽然治国之道未能和古代圣贤的时候相比,这也算是配得上止息干戈的"武"字了。

献帝本纪

【题解】

东汉献帝刘协,生于光和四年(181)。其母王美人被何皇后毒死,故由董太后抚养长大。中平六年(189),灵帝死,立其兄刘辩为帝,封刘协为陈留王。在外戚与宦官的激烈斗争中,董卓控制了中央政权,废除少帝刘辩,立刘协为帝,是为汉献帝。从此年仅九岁的刘协,开始了他作为傀儡皇帝的漫长生涯。董卓死后,王允、吕布主持朝政,刘协又成为他们的傀儡。后王允被杀,献帝又落入李傕郭汜的手中。兴平二年(195),李傕、郭汜内讧,李傕将献帝劫去。不久,献帝在李傕部将杨奉、牛辅的部曲董承等的护卫下,摆脱了李、郭的控制,逃往弘农。又辗转东行到达洛阳,落入曹操之手。曹操利用献帝"挟天子以令诸侯",挟持献帝迁都许昌。从此,献帝在曹氏父子的夹持下度过了余生。建安二十五年(220),曹操病死,其子曹丕袭爵为魏王。就在这一年,曹丕逼献帝逊位,自称天子,东汉政权最后灭亡。献帝废后被封为山阳公,又过十四年献帝死去,终年五十四岁,以汉天子礼仪葬于禅陵,谥号为孝献帝。

【原文】

孝献皇帝讳协,灵帝中子也。母王美人,为何皇后所害。中平六年四月,少帝即位,封帝为渤海王,徙封陈留王。

九月甲戌,即皇帝位,年九岁。迁皇太后于永安宫。大赦天下。改昭宁为永汉。丙子,董卓杀皇太后何氏。

初令侍中、给事黄门侍郎员各六人。赐公卿以下至黄门侍郎家一人为郎,以补宦官所领诸署,侍于殿上。乙酉,以太尉刘虞为大司马。董卓自为太尉,加铁钺、虎贲。丙戌,太中大夫杨彪为司空。甲午,豫州牧黄琬为司徒。遣使弔故太傅陈蕃、大将军窦武等。冬十月乙巳,葬灵思皇后。白波贼寇河东,董卓遣其将牛辅击之。

汉献帝刘协

十一月癸酉,董卓自为相国。十二月戊戌,司徒黄琬为太尉,司空杨彪为司徒,光禄勋荀爽为司空。省扶风都尉,置汉安都护。诏除光熹、昭宁、永汉三号,还复中平六年。

初平元年春正月,册东州郡起兵以讨董卓。辛亥,大赦天下。癸酉,董卓杀弘农王。白波贼寇东郡。二月乙亥,太尉黄琬、司徒杨彪免。庚辰,董卓杀城门校尉伍琼、督军校尉周。以光禄勋赵谦为太尉,太仆王允为司徒。丁亥,迁都长安。董卓驱徙京师百姓悉西入关,自留顿毕圭苑。壬辰,白虹贯日。三月乙巳,车驾入长安,幸未央宫。乙酉,董卓焚洛阳宫庙及人家。戊午,董卓杀太傅袁隗、太仆袁基,夷其族。

夏五月,司空荀爽薨。六月辛丑,光禄大夫种拂为司空。

大鸿胪韩融、少府阴脩、执金吾胡母班、将作大匠吴修、越骑校尉王瑰安集关东,后将军袁术、河内太守王匡各执而杀之,唯韩融获免。董卓坏五铢钱,更铸小钱。

冬十一月庚戌,镇星、荧惑、太白合于尾。

是岁,有司奏,和、安、顺、桓四帝无功德,不宜称宗;又恭怀、敬隐、恭愍三皇后并非正嫡,不合称后,皆请除尊号。制曰:"可。"孙坚杀荆州刺史王叡,又杀南阳太守张咨。

二年春正月辛丑,大赦天下。二月丁丑,董卓自为太师。

袁术遣将孙坚与董卓将胡轸战于阳人,轸军大败。董卓遂发掘洛阳诸帝陵。夏四月,董卓入长安。六月丙戌,地震。秋七月,司空种指免,光禄大夫济南淳于嘉为司空。太违法赵谦罢,太常马日磾为太尉。九月,岂尤旗见于角、亢。冬十月壬戌,董卓杀卫尉张温。十一月,青州黄巾寇太山,太山太守应劭击破之。黄巾转寇渤海,公孙瓒与战于东光,复大破之。是岁,长沙有人死经月复活。

三年春正月丁丑,大赦天下。

袁术遣将孙坚攻刘表于襄阳,坚战殁。袁绍及公孙瓒战于界桥,瓒军大败。夏四月辛巳，诛董卓，夷三族。司徒王允隶尚书事，总朝政，遣使者张种抚慰山东。青州黄巾击杀兖州刺史刘岱于东平。东郡太守曹操大破黄巾于寿张，降之。五月丁酉，大赦天下。丁未，征西将军皇甫嵩煨骑将军。

董卓部曲将李傕、郭汜、樊稠、张济等反，攻京师。六月戊午，陷长安城，太常种拂、太仆鲁旭、大鸿胪周奂、城门校尉崔烈、越骑校尉王颀并战身，吏民死者万余人。李傕等并自为将军。已未，大赦天下。

李傕杀司隶校尉黄琬，甲子，杀司徒王允，皆灭其族。丙子，前将军赵谦为司徒。

秋七月庚子，太尉马日磾为太傅，录尚书事。八月，遣日磾及太仆赵岐，持节慰抚天下。车骑将军皇甫嵩为太尉。司徒赵谦罢。

九月，李傕自为车骑将军，郭汜后将军，樊稠右将军，张济镇东将军。济出屯弘农。甲申，司空淳于嘉为司徒，光禄大夫杨彪为司空，并录尚书事。冬十二月，太尉皇甫嵩免。光禄大夫周忠为太尉，参录尚书事。

四年春正月甲寅朔，日有食之。丁卯，大赦天下。三月，袁术杀扬州刺史陈温，据淮南。长安宣平城门外屋自坏。夏五月癸酉，无而雷。六月，扶风大风，雨雹。华山崩裂。太尉周忠免，太仆朱俊为太尉，录尚书事。下邳贼阙宣自称天子。雨水。遣侍御史裴茂讯诏狱，原轻系。六月辛丑，天狗西北行。九月甲午，试儒生四十余人，上第赐位郎中，次太子舍人，下第者罢之。诏曰："孔子叹'学之不讲'，不讲则所识日忘。今耆儒年逾六十，去离本土，营求粮资，不得专业。结童入学，白首空归，长委农野，永绝荣望，朕甚愍焉。其依科罢者，听为太子舍人。"冬十月，太学行礼，车驾幸永福城门，临观其仪，赐博士以下各有差。辛丑，京师地震。有星孛于天市。司空杨彪免，太常赵温为司空。公孙瓒杀大司马刘虞。十二月辛丑，地震。司空赵温免，乙巳，卫尉张喜为司空。是岁，琅邪王容薨。

兴平元年春正月辛酉，大赦天下，改元兴平。甲子，帝加元服。二月壬午，追尊谥皇妣王氏为灵怀皇后，甲申，改葬于文昭陵。丁亥，帝耕于藉田。

三月，韩遂、马腾与郭汜、樊稠战于长平观，遂、腾败绩，左中郎将刘范、前益州刺史种劭战殁。夏六月丙子，分凉州河西四郡为雍州。丁丑，地震；戊寅，又震。乙巳晦，日有食之，帝避正殿，寝兵，不听事五日。大蝗。秋七壬子，太尉朱俊免。戊午，太常杨彪为太尉，录尚书事。

三辅大旱，自四月至于是月。帝避正殿请雨，遣使者洗囚徒，原轻系。是时谷一斛五十万，豆麦一斛二十万，人相食啖，白骨委积，帝使侍御史侯汶出太仓米豆，为饥人作糜粥，经日而死者无降。帝疑赋恤有虚，乃亲于御坐前量试作糜，乃知非实，使侍中刘艾出让有司。于是尚书令以下皆诣省阁谢，奏收侯汶考实。诏曰："未忍致汶于理，可杖五十。"自是之后，多得全济。八月，冯翊羌叛，寇属县，郭汜、樊稠击破之。九月，桑复生椹，人得以食。司徒淳于嘉罢。冬十月，长安市门自坏。以卫尉赵温为司徒，录尚书事。十二月，分安定、扶风为新平郡。

是岁，扬州刺史刘繇与袁术将孙策战于曲阿，繇军败绩，孙策遂据江东。太傅马日磾薨于寿春。

二年春正月癸丑，大赦天下。二月乙亥，李傕杀樊稠而与郭汜相攻。三月丙寅，李傕胁帝幸其营,焚宫室,夏四月甲午,立贵人伏氏为皇后。丁酉,郭汜攻李傕,矢乃御前。是日,李傕移帝幸北坞。大旱。五月壬午,李傕自为大司马。六月庚午,张济自陕来和,汜。秋七月甲子,车驾东归,郭汜自为车骑将军,杨定为后将军,杨奉为兴义将军,董承为安集将军,并侍送乘舆。张济为骠骑将军,还屯陕。八月甲辰,幸新丰。冬十月戊戌,郭汜使其将伍习夜烧所幸学舍,逼胁乘舆。杨定、杨奉与郭汜战,破之。壬寅,幸华阴,露次道南。是夜有赤气贯紫宫,张济复反,与李傕、郭汜合。十一月庚午,李傕、郭汜等追乘舆,战于东涧,王师败绩,杀光禄勋邓泉、卫尉士孙瑞、廷尉宣播、大长秋苗祀、步兵校尉魏桀、侍中朱展、射声校尉沮俊。壬申,幸曹阳,露次田中。杨奉、董承引白波帅胡才、李乐、韩暹及匈奴左贤王去卑,率师奉迎,与李傕等战,破之。十二月庚辰,车驾乃进。李傕等复来追战,王师大败,杀略宫人,少府田芬、大司农张义等皆战殁。进幸陕,夜度河。乙亥,幸安邑。

是岁,袁绍遣将麴义与公孙瓒战于鲍丘,瓒军大败。

建安元年春正月癸酉,郊礼上帝于安邑,大赦天下,改元建安。二月韩暹攻卫将军董承。夏六月乙未,幸闻喜。秋七月甲子,车驾至洛阳,幸故中常侍赵忠宅。丁丑,郊祀上帝,大赦天下,已卯,谒太庙。八月辛丑,幸南宫杨安殿。癸卯,安国将军张杨为大司马,韩暹为大将军,杨奉为车骑将军。

是时,宫室烧尽,百官披荆棘,依墙壁间,州郡各拥强兵,而委输不至,群僚饥乏,尚书郎以下自出采稆,或饥死墙壁间,或为兵士所杀。辛亥,镇东将军曹操自领司隶校尉,录尚书事。曹操杀侍中台崇、尚书冯硕等。封卫将军董承为辅国将军,伏完等十三人为列侯,赠沮俊为弘农太守。庚申,迁都许。己巳,幸曹操营。九月,太尉杨彪、司空张喜罢。冬十一月丙戌,曹操自为司空,行车骑将军事,百官总己以听。

二年春,袁术自称天子。三月,袁绍自为大将军。夏五月,蝗。秋九月,汉水溢。是岁饥,江淮间民相食。袁术杀陈王宠。孙策遣使奉贡。

三年夏四月,遣谒者裴茂率中郎将段煨讨李傕,夷三族。吕布叛。冬十一月,盗杀大司马张杨。十二月癸酉,曹操击吕布于徐州,斩之。

四年春三月,袁绍攻公孙瓒于易京,获之。卫将军董承为车骑将军。夏六月,袁术死。是岁,初置尚书左右仆射。武陵女子死十四日复活。

五年春正月,车骑将军董承、偏将军王服、越骑校尉种辑受密诏诛曹操,事泄。壬午,曹操杀董承等,夷三族。秋七月,立皇子冯为南阳王。壬午,南阳王冯薨。

九月庚午朔,日有食之。诏三公举至孝二人,九卿、校尉、郡国守相各一人。皆上封事,靡有所讳。曹操与袁绍战于官度。绍败走。冬十月辛亥,有星孛于大梁。

东海王祗薨。是岁,孙策死,弟权袭其余业。

六年春二月丁卯朔,日有食之。

七年夏五月庚戌,袁绍薨。

于寘国献驯象。是岁,越巂男子化为女子。

八年冬十月己巳,公卿初迎冬于北郊,总章始复备八佾舞。

初置司直官,督中都官。九年秋八月戊寅,曹操大破袁尚,平冀州,自领冀州牧。冬十月,有星孛于东井。十二月,赐三公已下金帛各有差。自是三年一赐,以为常制。

十年春正月,曹操破袁谭于青州,斩之。夏四月,黑山贼张燕率众降。秋九月,赐百官尤贫者金帛各有差。十一年春正月,有星孛于北斗。

三月,曹操破高干于并州,获之。秋七月,武威太守张猛杀雍州刺史邯郸商。

是岁,立故琅玡王容子熙为琅玡王。齐、北海、阜陵、下邳、常山、甘陵、济北、平原八国皆除。

十二年秋八月,曹操大破乌桓于柳城,斩其蹋顿。

冬十月辛卯,有星孛于鹑尾。乙巳,黄巾贼杀济南王赟。十一月,辽东太守公孙康杀袁尚、袁熙。

十三年春正月,司徒赵温免。夏六月,罢三公官。置丞相、御史大夫。癸巳,曹操自为丞相。秋七月,曹操南征刘表。八月丁未,光禄勋郗虑为御史大夫。壬子,曹操杀太中大夫孔融,夷其族。是月,刘表卒,少子琮立,琮以荆州降操。冬十月癸未朔,日有食之。曹操以舟师伐孙权,权将周瑜败之于乌林、赤壁。

十四年冬十月,荆州地震。

十五年春二月乙巳朔,日有食之。

十六年秋九月庚戌,曹操与韩遂、马越战于渭南,遂等大败,关西平。是岁,赵王赦薨。

十七年夏五月癸未,诛卫尉马腾,夷三族。六月庚寅晦,日有食之。

秋七月,洧水、颍水溢。螟。八月,马超破凉州,杀刺史韦康。九月庚戌,立皇子熙为济阴王,懿为山阳王,邈为济北王,敦为东海王。冬十二月,星孛于五诸侯。

十八年春正月庚寅,复《禹贡》九州。夏五月丙申,曹操自立为魏公,如九锡。大雨水。徙赵王珪为博陵王。是岁,岁星、镇星、荧惑俱入太微。彭城王和薨。

十九年,夏四月,旱。五月,雨水。刘备破刘璋,据益州。冬十月,曹操遣将夏侯渊讨朱建于枹罕。获之。十一月丁卯,曹操杀皇后伏氏,灭其族及二皇子。

二十年春正月甲子,立贵人曹氏为皇后。赐天下男子爵,人一级,孝悌、力田二级。赐诸王侯公卿以下谷各有差。秋七月,曹操破汉中,张鲁降。

二十一年夏四月甲午,曹操自进号魏王。

五月己亥朔,日有食之。秋七月,匈奴南单于来朝。是岁,曹操杀琅玡王熙,国除。

二十二年夏六月,丞相军师华歆为御史大夫。冬,有星孛于东北。是岁大疫。

二十三年春正月甲子,少府耿纪、丞相司直韦晃起兵诛曹操,不克,夷三族。三月,有星孛于东方。

二十四年春二月壬子晦,日有食之。夏五月,刘备取汉中。

秋七月庚子,刘备自称汉中王。八月,汉水溢。冬十一月,孙权取荆州。

二十五年春正月庚子,魏王曹操薨。子丕袭位。二月丁未朔,日有食之。三月改元延康。

冬十月乙卯,皇帝逊位,魏王丕称天子。奉帝为山阳公,邑一万户,位在诸侯王上,奉事不称臣,受诏不拜,以天子车服郊祀天地,宗庙、祖、腊皆如汉制,都山阳之浊鹿城。四皇子封王者,皆降为列侯。

明年,刘备称帝于蜀,孙权亦自王于吴,于是天下遂三分矣。

魏青龙二年三月庚寅,山阳公薨。自逊位至薨,十有四年,年五十四,谥孝献皇帝。八月壬申,以汉天子仪葬于禅陵,置园邑令丞。

太子早卒,孙康立五十一年,晋太康六年薨。子瑾立四年,太康十年薨。子秋立二十年,永嘉中为胡贼所杀。国除。

论曰:"传称鼎之为器,虽小而重,故神之所宝,不可夺移。至今负而趋者,此亦穷运之归乎! 天厌汉德久矣,山阳其何诛焉!"

赞曰:献生不辰,身播国屯。终我四百,永作虞宾。

【译文】

东汉献帝名刘协,是汉灵帝的中子,刘协的母亲王美人被何皇后杀害,中平六年四月,少帝刘辩即位,封刘协为勃海王,后又迁封为陈留王。

九月甲戌日,刘协即皇帝位,当时才九岁。把皇太后迁到永安宫。大赦全国犯人。改年号昭宁为永汉。丙子日,董卓杀死皇太后何氏。

开始规定侍中、给事黄门侍郎各六名。赐给公卿以下至黄门侍郎每家一人作郎,用来补充宦官所领管的各个部门,并在殿上侍奉。乙酉日,任命太尉刘虞为大司马。董卓自封为太尉,外加铁钺仪仗、虎贲卫士。丙戌日,太中大夫杨彪升为司空。甲午日,豫州牧黄琬升为司徒。派遣使臣到祠庙祭吊已故太傅陈蕃、大将军窦武等。冬季十月乙巳日,为灵思皇后举行葬礼。白波贼侵犯河东,董卓派遣他的将领牛辅前去攻打。

十一月癸酉日,董卓自封为相国。二十月戊戌日,司徒黄琬升为太尉,司空杨彪升为司徒,光禄勋荀爽升为司空。裁去扶风都尉,设置汉安都护。颁布诏书除去光熹、昭宁、永汉三个年号,仍然恢复中平六年的年号。

初平元年春正月,崤山以东各州郡起兵讨伐董卓。辛亥日,大赦全国犯人。癸酉日。董卓杀死了弘农王。白波贼又侵犯东郡。

二月乙亥日,罢免太尉黄琬、司徒杨彪。庚辰日,董卓杀死城门校尉伍琼、督军校尉周珌。任命光禄勋赵谦为太尉,太仆王允为司徒。丁亥日,将都城迁到长安。董卓驱赶京城内的百姓全部向西迁移入关内。自己留在毕圭苑屯驻。壬辰日,白色长虹穿过太阳。

三月乙巳日,皇帝御驾驶入长安,到达未央宫。己酉日,董卓放火焚烧洛阳城内的宫殿,庙宇及民房。戊午日,董卓杀害了太傅袁隗、太仆袁基,并诛杀了他们的族人。

夏五月,司空荀爽去世。六月辛丑日,任命光禄大夫种拂为司空。大鸿胪韩融、少府阴修、执金吾胡母班、将作大匠吴修、越骑校尉王安团集在关东,后将军袁术,河内太守王匡分别将他们逮捕并杀害,唯独韩融幸免。董卓废除五铢钱,改铸小钱使用。

冬季十一月庚戌日,镇星、荧惑、太白三颗星在苍龙七宿的第六宿尾相汇合。

这一年,有关部门奏报,和帝穆宗、安帝恭宗、顺帝敬宗、桓帝威宗四位皇帝因为没什么功德,称号为宗不适宜,又因为和帝母亲恭怀皇后、安帝的祖母敬隐皇后、顺帝母亲恭憨皇后并非嫡妻,称为皇后也不适宜,请求将他们的尊号都除去。刘协批示:"可以"。孙坚杀死荆州刺史王叡,又杀死南阳太守张咨。

初平二年春正月辛丑日,大赦全国犯人。二月丁丑日,董卓自封为太师。

袁术派遣大将孙坚与董卓的大将胡轸在阳人大战,胡轸的军队大败。于是董卓挖掘了在洛阳诸帝王的陵墓。夏季四月,董卓进入长安。六月丙戌日,发生地震。秋季七月,司空种拂免官,光禄大夫济南淳于嘉升为司空。太尉赵谦免职,太常马日磾升为太尉。

九月,蚩尤旗星出现在苍龙星角、亢星中。冬十一月壬戌日,董卓杀死卫尉张温。十一月,青州黄巾军侵犯太山,被太山太守应劭击败。黄巾军转而侵犯渤海,与公孙瓒大战于东光,再次被打败。这年,长沙有人死了一月后又复活。

初平三年春正月丁丑日,大赦全国犯人。袁术派遣大将孙坚到襄阳攻打刘表,孙坚战死。袁绍与公孙瓒在界桥相战,公孙瓒的军队大败。

夏四月辛巳日,杀死董卓,并诛杀了他的三族。司徒王允总领尚书事,掌管朝政,派遣使臣张种去崤山以东安抚慰问。

青州黄巾军攻打兖州,在东平杀死兖州刺史刘岱。东郡太守曹操在寿张攻打黄巾军,黄巾军投降。

五月丁酉日,大赦全国犯人。丁未日,征西将军皇甫嵩升为车骑将军。

董卓的部下将领李傕、郭汜、樊稠、张济等谋反,攻打京师。六月戊午日,攻陷京城长安,太常种拂、太仆鲁旭、大鸿胪周奂、城门校尉崔烈、越骑校尉王颀都战死,官吏百姓死了一万余人。李傕诸人都自封为将军。已未日,大赦全国犯人。李傕杀死司隶校尉黄琬,甲子日,又杀死司徒王允,将两家族人一并诛杀。丙子日,前将军赵谦升为司徒。

秋七月庚子日,大尉马日磾升为太傅,总领尚书事。八月,派遣马日磾与太仆赵岐,持符节前往全国各地慰问安抚。车骑将军皇甫嵩升为太尉。罢免司徒赵谦。

九月,李傕自封勾车骑将军,郭汜为后将军,樊稠为右将军,张济为镇东将军。张济出兵屯驻弘农。甲申日,司空淳于嘉升为司徒,光禄大夫杨彪升为司空,都总领尚书事。冬十二月,太尉皇甫嵩初免官。光禄大夫周忠升为太尉,参与总领尚书事。

初平四年春正月禄一甲寅日,出现日食。丁卯日,大赦全国犯人。

三月,袁术杀害扬州刺史陈温,占据淮南。长安宣平城门外有房屋自己倒塌。

夏五月癸酉日,天空有雷声但没有阴云。六月,扶风刮起大风,并下雨加冰雹。华山出现山崩。太尉周忠被免官,太仆朱俊为太尉,总领尚书事。下邳的贼人阙宣自称天子。

大雨,派遣御史裴茂审讯奉皇帝命令拘禁的犯人,酌情从轻处理。六月辛丑日,西北出现天狗星。

九月甲午日,儒生四十余人参加考试,考试成绩最优等的赐为郎中,差一点的为太子舍人,落第者罢免官职。并颁布诏书说:"孔子曾叹息'所学的不讲习'。不讲习,所学的知识就会逐日忘记。现在这些老年儒生已年过六十,背井离乡,为生存奔波,不能专心于所学知识。从幼小时入学,直到头发白了空空而归,长年地从事田间劳作,断绝了做官的念头,我非常同情他们。依照规定应罢官的人,仍保留为太子舍人。"冬十月,皇帝到太学巡视,车驾到永福城门,观看太学生们的礼仪,分别等级赏赐博士以下的人。辛丑日,京城发生地震,彗星扫过天市星。司空杨彪被罢免,太常赵温升为司空。公孙瓒杀死大司马刘虞。十二月辛丑日,发生地震。司空赵温被免官。乙巳日,卫尉张喜升为司空。这一年,琅琊王刘容去世。

兴平元年春正月辛酉日,大赦全国犯人,改年号为兴平。甲子日,皇帝举行加冕礼。二月壬午日,追封皇母谥号为灵怀皇后,甲申日,将皇母改葬在文昭陵。丁亥日,皇帝耕种籍田。

三月,韩遂、马腾和郭汜、樊稠在长平观大战,韩遂、马腾战败,左中郎将刘范、前益州刺史种邵战死。夏六月丙子日,分凉州河西四郡为雍州。丁丑日,发生地震;戊寅日,再次地震。乙巳晦,有日食出现,皇帝不去正殿,停止用兵,五天不上朝听政。有严重蝗虫灾害。秋七月壬子日,太尉朱俊被免职。戊午日,太常杨彪升为太尉,总领尚书事。

京城周围三辅地区发生严重的旱灾,自四月开始,直到这月。皇帝不去正殿,请求降雨,派遣使者释放囚徒,酌情从轻处理。这时,一斛谷价值五十万钱,一斛豆麦价值二十万钱,人吃人,四处堆积着白骨。皇帝派侍御史侯汶取出太仓的米豆,给饥饿的人做粥,过了一天死者仍没减少。皇帝怀疑发放的救济有虚假,于是亲自在御坐前叫人量米做粥,才知果然有假,派遣侍中刘艾责备有关部门。于是,尚书令以下所有官吏到宫中谢罪,奏请拘捕侯汶审问。颁布诏书说:"不忍心将侯汶交大理司治罪,可以杖打五十。"自此以后,多数人得到救济活了下来。八月,冯翊羌叛乱,侵犯所属各县,郭汜、樊稠战胜了叛军。九月,桑树又结出桑葚,饥民有东西可吃。司徒淳于嘉罢免。冬季十月,长安市门自己塌坏。任命卫尉赵温为司徒,总领尚书事务。十二月,将安定、扶风分出划为新平郡。

这一年,扬州刺史刘繇与袁术的大将孙策在曲阿大战,刘繇的军队大败,孙策乘胜占据江东。太傅马日䃅日阽与太仆在寿春去世。

兴平二年春正月癸丑日,大赦全国犯人。二月乙亥日,李傕因杀死樊稠而与郭汜相互攻打。三月丙寅日,李傕胁迫皇帝到他的军营中,并放火焚烧了宫室。夏季四月甲午日,立贵人伏氏为皇后。丁酉日郭汜攻打李傕,箭射到了皇帝的在前。这一日,李傕将皇帝转移到北坞。发生严重的旱灾。五月壬午日,李傕自封为大司马。六月庚午日,张济从陕西来为李傕、郭汜和好。秋七月甲子日,皇帝车驾东归。郭汜自封为车骑将军,杨定为后将军、杨奉为兴义将军、董承为安集将军,一起护送皇帝车驾。任命张济为骠骑将军,仍然屯驻陕西。八月甲辰日,皇帝到新丰。冬十月戊戌日,郭汜派他的将伍习趁夜晚放火焚烧了皇帝居住的学舍。胁迫皇帝车驾起程。杨定,杨奉与郭汜大战,郭汜战败。壬寅日,皇帝到华阴,露宿在大道南面。这天夜里,有红光贯穿紫微星区。张济再次反叛,与李傕、郭汜汇合。十一月庚午日,李傕、郭汜等追赶皇帝车驾,在东涧相战,皇帝军队惨败,杀死了光禄勋邓泉、卫尉士孙瑞、廷尉宣播、大长秋苗祀、步兵校尉魏桀、侍中朱展、射声校尉沮俊。壬申日,皇帝到曹阳,露宿在田野中。杨奉、董承带领白波军将领胡才、李乐、韩迟及匈奴左贤王去卑,率军队迎接皇帝,与李傕等大战,李傕大败。十二月庚辰日,皇帝车驾前行。李傕等又追来相战,皇帝军队大败,李傕等残杀抢劫宫人,少府田芬、大司农张义等都战死。皇帝继续前行,到达陕西,夜晚渡过共河。乙亥日,到达安邑。

这一年,袁绍派遣将领麹义与公孙瓒在鲍丘大战,公孙瓒的军队惨败。

建安元年春正月癸酉日,在安邑郊外祭礼上帝,大赦全国犯人,改年号为建安元年。三月,韩暹攻击卫将军董承。夏六月乙示日,皇帝到达闻喜。秋七月甲子日,皇帝车驾到洛阳,到已故中常侍赵忠的府中,丁丑日,在郊外祭礼上帝,大赦全国犯人。已犯日,朝拜太庙。八月辛丑日,皇帝到南宫杨安殿。癸卯日,安国将军张杨升为大司马,韩暹升为大将军,杨奉升为车骑将军。

这时,宫室都被烧光,百官披荆斩棘,在墙壁之间栖身。各州郡都拥有强大的军队与朝廷对抗,该运送的粮食又不到,群臣饥饿疲乏,尚书郎以下的官吏自己出来采集野谷充饥,有的饿死在墙壁之间,有的被士兵杀死。辛亥日,镇东将军曹操自封司隶校尉,总领尚书事务。曹操杀死侍中台崇,尚书冯硕等人。任命卫将军董承为辅国将军,封伏完等十三人为列侯,任命沮俊为弘农太守。庚申日,廷都城到许。己巳日,皇帝到曹操军营中。九月,罢免太尉杨彪、司空张喜。冬十一月丙戌日,曹操自封为司空,行使车骑将军的职权,总领百官。

建安二年春季,袁术自称为天子。三月,袁绍自封为大将军。夏五月,发生蝗虫灾害。秋九月,汉水泛滥。

这年发生饥荒,江、淮地区的百姓相互蚕食。袁术杀死陈王宠。孙策派遣使者各朝廷进贡。

建安三年夏四月,派遣谒者裴茂率领中郎将段煨讨伐李傕,并诛杀其三族。吕布叛乱。冬十一月,强盗杀死大司马张扬。十二月癸酉日,曹操在徐州袭击吕布,杀死了吕布。

建安四年秦三月,袁绍在易京攻打公孙瓒,将其俘虏。卫将军董承升为车骑将军。夏六月,袁术去世。

这一年,开始设置尚书左右仆射,武陵一女子死了十四天又复活了。

建安五年春正月,轻骑将军董承、偏将军王服、越骑校尉种辑接受皇帝的密诏诛杀曹操,事情泄露。壬午日,曹操杀列董承等人,并诛杀其三族。秋七月,立皇子刘冯为南阳王。壬午日,南阳王刘冯去世。九月庚午日初一,有日食出现。颁布诏书命令三公推举最孝顺的二人,九卿、校尉、郡国守相各推举一人。让被推举的人上书,畅所欲言。

曹操与袁绍在官渡大战,袁绍战败逃走。

冬十月辛亥日,彗星扫过大梁星区。东海王刘祗去世。

这一年,孙策去世,其弟孙权承袭孙策的事业。

建安六春二月丁卯初一日,有日食出现。

建安七年夏五月庚戌日,袁绍去世。于寘国贡献驯象。这一年,越嶲有一男子变为女子。

建安八年冬季十月己巳日,公卿在北郊开始举行迎冬祭礼。乐宫又开始准备八佾舞。开始设置司直官,监督中都官。

建安九年秋八月戊寅日,曹操大败袁尚,平安冀州,自封为冀州牧。冬十月,彗星扫过东井星区。十二月,按不同等级赏赐给三公以下官吏金钱布帛。自此以后每三年赏赐一次,成为常规。

建安十年春正月,曹操在青州打败袁谭,杀死了他。夏四月,黑山贼寇张燕率领部下反降朝廷。秋九月,按不同等级赏赐特别贫穷的官吏金钱和布帛。

建安十一年春季正月,彗星扫过北斗星。三月,曹操在并州战败高干,将其俘虏。秋七月,武威太守张猛杀死雍州刺史邯郸商。这一年,立已故琅琊王刘容的儿子刘熙为琅琊王。齐、北海、阜陵、下邳、常山、甘陵、济阴、平原八国都废除。

建安十二年秋八月,曹操在柳城打败乌桓,并将其首领杀死。冬十月辛卯日,彗星扫过鹑尾星。乙巳日,黄巾贼杀死济南王刘赟。十一月,辽东太守公孙康杀死袁尚、袁熙。

建安十三年春正月,司徒赵温被免职。夏六月,取消三公官职,设置丞相、御史大夫。癸巳日,曹操自封为丞相。秋七月,曹操南征刘表。八月丁未日,光禄勋郗虑升为御史大地。壬子日,曹操杀死太中大夫孔融,诛杀其族人。这一月,刘表去世,小儿子刘琮继位。刘琮带荆州投降曹操。冬十月癸未初一日,有日食现象。曹操用水军攻打孙权,孙权的将领周瑜在乌林、赤壁打败曹军。

建安十四年冬十月,荆州发生地震。

建安十五年春二月乙巳初一日,有日食发生。

建安十六年秋九月庚戌日,曹操与韩遂、马超在渭地大战,韩遂等大败,曹操平定关西。这一年,赵王刘赦去世。

建安十七年夏五月癸未日,杀死卫尉马腾,并诛杀其三族。六月庚寅日,有日食列象出现。秋七月,洧水、颍水泛滥。发生虫灾。八月,马超攻破凉州,杀死凉州刺史韦康。九月庚戌日,立皇子刘熙为济阴王,刘懿为山阳王,刘邈为济北王,刘郭为东海王。冬十二月,彗星扫过五诸侯星区。

建安十八年春正月庚寅日,恢复禹贡所载九州。夏五月丙申日,曹操自立为魏公,加九锡。下大暴雨。将赵王刘珪迁为博陵王。这一年,岁星、镇星、火星都进入太微星区。彭城王刘和去世。

建安十九年,夏四月,天大旱。五月,有雨。刘备攻破刘璋,占据益州。

冬十月,曹操派遣将领夏侯渊去枹罕讨伐宋建,将其俘虏。十一月丁卯日,曹操杀害皇后伏氏,并杀死其族人和二位皇子。

建安二十年春正月甲子日,立曹贵人为皇后。赐全国男子爵位一级,推举的孝悌、力田者二级。按不同等级赏赐各王侯公卿以下的人谷物。秋七月,曹操攻下汉中,张鲁投降。

建安二十一年夏四月甲午日,曹操自称魏王。五月己亥初一日,有日食出现。秋七月,匈奴南单于来朝见。这一年,曹操杀死琅琊王刘熙。封国被废除。

建安二十二年夏六月,任命丞相军师华歆为御史大夫。冬季。彗星在东北方出现。这一年发生严重瘟疫。

建安二十三年春正月甲子日,少府耿纪、丞相司直韦晃起兵杀曹操,没有成功,结果曹操诛杀了耿纪、韦晃的三族。三月,彗星在东方出现。

建安二十四年春二月壬子日,有日食出列。夏五月,刘备攻取汉中。秋七月庚子日,刘备自称为汉中王。八月,汉水泛滥。冬十一月,孙权攻取荆州。

建安二十五年春正月庚子日,魏王曹操去世。其子曹丕继位。二月丁未初一日,有日食出现。三月,改年号为延康。冬十月乙卯日,皇帝让位,魏王曹丕称天子,尊奉皇帝为山阳公,封邑一万户,地位在诸侯王之上,奏报事情不必称臣,接受诏书不必行拜礼,可用天子的车驾衣服参加郊祀天地的仪式,祭祀宗庙、祭祖、腊祭都仍依从汉代制度,都城定在山阳的浊鹿城。皇帝四个封王的儿子,都降为列侯。

第二年,刘备在蜀称帝,孙权在吴也自称为王。于是天下形成三分之势。

魏青龙二年三月庚寅日,山阳公去世。从让位到死共十四年,死时五十四岁,谥号孝献皇帝。八月壬申日,以汉朝天子的礼仪在禅陵入葬,设置园中邑令丞。

太子早死。孙子刘康在位五十一年,晋太康六年去世。儿子刘瑾在位四年,太康十年去世。儿子刘秋在位二十年,永嘉年间被胡贼杀死,封国废除。

评讼说:"史传说鼎这个器物,虽然小但很重,所以被神化为宝物,不能夺走。到了让人背着逃走时,国运也就到了尽头!上天对汉朝的德行厌倦很久了,山阳公又有什么罪过呢!"

议论说:"汉献帝生不逢时,身处动荡,国遇艰难。结束了汉刘王朝四百年的历史,山阳公永远做魏的宾客。"

光烈阴皇后传

【题解】

阴丽华(公元4~64年),东汉光武帝刘秀的皇后,是历史上著名的美人。阴氏为人恭俭仁孝,能谦让,深得刘秀宠爱。故能在郭皇后被废后立为皇后。

【原文】

光烈阴皇后讳丽华,南阳新野人。初,光武适新野,闻后美,心悦之,后至长安,见执金吾车骑甚盛,因叹曰:"仕宦当作执金吾,娶妻当得阴丽华。"更始元年六月,遂纳后于宛当成里,时年十九。及光武为司隶校尉,方西之洛阳,令后归新野。及邓奉起兵,后兄识为之将,后随家属徙淯阳,止于奉舍。

光武即位,令侍中傅俊迎后,与胡阳、宁平主诸宫人俱到洛阳,以后为贵人。帝以后雅性宽仁,欲崇以尊位。后固辞,以郭氏有子,终不肯当,故遂立郭皇后。建武四年,从征彭宠,生显宗于元氏。九年,有盗劫杀后母邓氏及弟诉。帝甚伤之,乃诏大司空曰:"吾微贱之时,娶于阴氏,因将兵征伐,遂各别离,幸得安全,俱脱虎口,以贵人有母仪之美,宜立为后,而固辞弗敢当,列于媵妾。朕嘉其义让,许封诸弟。未及爵土,而遭患逢祸。母子同命,愍伤于怀。《小雅》曰:'将恐将惧,惟予与汝。将安将乐,汝转弃予。'风人之戒,可不慎乎?其追爵谥贵人父陆为宣恩哀侯,弟诉为宣义恭侯,以弟就嗣哀侯后。及尸枢在堂,使太中大夫拜授印绶,如在国列侯礼。魂而有灵,嘉其宠荣!"

十七年,废皇后郭氏而立贵人。制诏三公曰:"皇后怀执怨怼,数违教令,不能抚循它子,训长异室。宫闱之内,若见鹰鹯。即无《关雎》之德,而有吕、霍之风。岂可托以幼孤,恭承明祀,今遣大司徒涉、宗正吉持节,其上皇后玺绶,阴贵人乡里良家,归自微贱。'自我不见,于今三年。'宜奉宗庙,为天下母。主者详案旧典,时上尊号。异常之事,非国休福,不得上寿称庆。"后在位恭俭,少嗜玩,不喜笑谑,性仁孝,多矜慈。七岁失父,虽已数十年,言及未曾不流涕。帝见,常叹息。

显宗即位,尊后为皇太后。永平三年

阴丽华

冬,帝从太后幸章陵,置酒旧宅,会阴、邓故人诸家子孙,并受赏赐。七年,崩,在位二十四年,年六十,合葬原陵。

明帝性孝爱,追慕无已。十七年正月,当谒原陵,夜梦先帝、太后如平生欢。既寤,悲不能寐。即案历,明旦日吉,遂率百官及故客上陵。其日,降甘露于陵树,帝令百官采取以荐。会毕,帝从席前伏御床,视太后镜奁中物,感动悲涕,令易脂泽装具。左右皆泣,莫能仰视焉。

【译文】

光烈阴皇后名叫丽华,南阳郡新野县人。当初,汉光武帝到新野去,听说阴皇后是美人,心里很喜欢她。后来光武帝到了长安,见到执金吾出行时车马随从很多,便感叹道:"做官要做执金吾,娶妻要娶阴丽华。"更始元年六月,汉武帝就在宛城当成里娶阴丽华为妻。当时阴丽华十九岁。到光武帝做司隶校尉时,准备向西到洛阳去,叫阴皇后回到新野。到邓奉起兵的时候,皇后的哥哥阴识做邓奉的将军。阴皇后随着家属们移居淯阳,住在邓奉家中。

汉光武帝当了皇帝后,命令侍中傅俊去迎接阴皇后。她和湖阳公主、宁平公主及各位宫女全到了洛阳,以后被封为贵人。光武帝由于皇后性情文雅、宽厚仁爱。想要给她至尊的皇后地位。阴皇后坚决推辞,因为郭皇后生有皇子,始终不肯接受皇后的封号,所以就立了郭皇后。建武四年,阴皇后跟随光武帝去征伐彭宠,在元氏生了汉明帝。建武九年,有强盗劫走并杀死了阴皇后的母亲邓氏和弟阴䜣。光武帝非常伤心,就给大司空下诏说:"我贫贱的时候,娶了阴氏,接着就领兵征伐,便各自分离。幸运的是都能安全活下来,都脱离了虎口。由于阴贵人有国母的美好仪容,应该立为皇后,但她却坚决推辞,不敢承当,位于妾侍之中。朕对她的仁义谦让称赞不已,允许封她的各个弟弟。但他们还没有得到爵位和封地,却遭到灾祸,母子同时丧命,我心中非常悲伤。《小雅》中讲:'面临恐惧危险时,只有我和你在一起,将要得到安乐时,你反而抛弃了我。'诗人的告诫,能够不慎重对待吗? 现在追赠爵位和谥号,阴贵人的父亲阴陆封为宣恩哀侯,弟弟阴訢为宣义恭侯,让弟弟阴就继承哀侯的爵位。趁灵柩还停在堂上时,派太中大夫去授予印信和绶带,采用对在封国的列侯一样的礼仪。如果有魂灵的话,也该赞美这种恩宠和荣耀啊!"

建武十七年,废黜了皇后郭氏而立阴贵人为皇后。光武帝给三公下诏书说:"皇后心怀怨恨不满,多次违反教诲和训令,不能抚育教导其他的皇子,教训别的皇子成长。后宫里面好像见到鹞鹰一样。皇后既没有《关雎》中赞颂的后妃之德,反而有吕后、霍氏的歪风,怎么可以把幼小的孤儿托付给她,让她承受恭敬的祭祀呢? 现在派大司徒戴涉、宗正刘吉拿着符节,去让皇后交出皇后的玺印绶带。阴贵人是农村的良家出身,在我贫贱的时候嫁给我。'从我离开她不能见面,到现在已经三年。'应该把她奉入宗庙,做天下的母后。主管的官员要详细查验旧典章,根据它按时奉上尊号。这是异常的特殊情况,不是国家的幸福吉祥,不得祝寿称颂吉庆。"阴皇后在位时恭敬俭朴,很少有喜爱的珍玩,不喜欢开玩笑。她性情仁义孝顺,非常慈爱,怜悯别人。阴皇后七岁时失去了父亲,虽然已经有几十年了,但谈起来时没有一次不流眼泪。光武帝见了后,经常为此叹息。

汉明帝即位时,尊奉阴皇后为皇太后。永平三年冬天,明帝跟着阴太后到章陵去,在旧宅院中摆设酒宴,把阴氏、邓氏等各家旧亲友的子孙们叫来聚会。他们全都受到了赏赐。永平七年,阴太后去世,在位共二十四年,六十岁,和光武帝合葬在原陵。

汉明帝的生性孝顺慈爱,思念父母没有尽头。永平十七年正月,该去拜谒原陵,汉明帝在夜里梦见先帝和太后,象在世时一样欢乐。明帝醒过来后,悲痛得不能入睡,马上就查历书,第二天是吉日,就率领百官和旧日的宾客去上陵。当天,陵墓的树上降下了甘露。明帝命令百官收集甘露献给帝、后祭祀。祭祀过后,明帝从座席上向前俯伏在御床上,看太后梳妆镜匣里的物品,感动不已,痛哭流涕,命令换了胭脂油膏等梳妆用品。侍从官员们都哭了,没有人能抬起头来看。

明德马皇后传

【题解】

马氏(? ~79 年),东汉著名功臣马援的小女儿。由于家庭失势受权贵欺侮,被堂兄送入宫中,侍奉太子。汉明帝即位后,被封为贵人,后由于品德出众,被册封为皇后。马氏是东汉著名的贤后,博学多才,仁慈恭谨,又极为俭朴。她对自己亲属严加约束,奉公守法,并协助政务,使国家安定,颇受后人赞颂。

【原文】

明德马皇后讳某,伏波将军援之小女也。少丧父母,兄客卿敏惠早夭,母蔺夫人悲伤发疾慌惚。后时年十岁，干理家事，敕制僮御，内外谘禀，事同成人。初，诸家莫知者，后闻之，咸叹异焉。后尝久疾，太夫人令筮之。筮者曰："此女虽有患状而当大贵，兆不可言也。"后又呼相者使占诸女。见后，大惊曰："我必为此女称臣。然贵而少子，若养它子者得力，乃当逾于所生。"

初，援征五溪蛮，卒于师。虎贲中郎将梁松、黄门侍郎窦固等因谮之。由是家益失势，又数为权贵所侵侮。后从兄严不胜忧愤，白太夫人绝窦氏婚，求进女掖庭。乃上书曰："臣叔父援孤恩不报，而妻子特获恩全，戴仰陛下，为天为父。人情既得不死，便欲求福，窃闻太子、诸王妃匹未备。援有三女，大者十五、次者十四、小者十三，仪状发肤，上中以上。皆孝顺小心，婉静有礼。愿下相工，简其可否。如有万一，援不朽于黄泉矣。又援姑姊妹并为成帝婕妤，葬于延陵。臣严幸得蒙恩更生，冀因缘先姑，当充后宫。"由时选后入太子宫。时年十三。奉承阴后，傍接同列，礼则修备。上下安之。遂见宠异，常居后堂。

显宗即位，以后为贵人。时后前母姊女贾氏亦以选入，生肃宗。帝以后无子，命令养之。谓曰："人未必当自生子，但患爱养不至耳。"后于是尽心抚育，劳悴过于所生。肃宗亦孝性淳笃，恩性天至，母子慈爱，始终无纤介之间。后常以皇嗣未广，每怀忧叹，荐达左右，若恐不及。后宫有进见者，每加慰纳。若数所宠引，辄增隆遇。永平三年春，有司奏立长秋宫，帝未有所言。皇太后曰："马贵人德冠后宫，即其人也。"遂立为皇后。

先是数日，梦有小飞虫无数赴著身，又入皮肤中而复飞出。既正位宫闱，愈自谦肃。身长七尺二寸，方口，美发。能诵《易》，好读《春秋》《楚辞》，尤善《周官》《董仲舒书》。常衣大练，裙不加缘。朔望诸姬主朝请，望见后袍衣疏粗，反以为绮縠，就视，乃笑。后辞曰："此缯特宜染色，故用之耳。"六宫莫不叹息。帝尝幸苑囿离宫，后辄以风邪露雾为戒，辞意款备，多见详择。帝幸濯龙中，并召诸才人，下邳王已下皆在侧，请呼皇后。帝笑曰："是家志不好乐，虽来无欢。"是以游娱之事希尝从焉。

十五年，帝案地图，将封皇子，悉半诸国。后见而言曰："诸子裁食数县，于制不已俭乎？"帝曰："我子岂宜与先帝子等乎？岁给二千万足矣。"时楚狱连年不断，囚相证引，坐系者甚众。后虑其多滥，乘间言及，恻然。帝感悟之，夜起仿徨，为思所纳，卒多有所降宥。时诸将奏事及公卿校议难平者，帝数以试后。后辄分解趣理。各得其情，每于侍执之际，辄言及政事，多所毗补，而未尝以家私干。故宠敬日隆，始终无衰。

及帝崩，肃宗即位。尊后曰皇太后。诸贵人当徙居南宫，太后感析别之怀，各赐王赤绶，加安车驷马，白越三千端，杂帛二千匹，黄金十斤。自撰《显宗起居注》，削去兄防参医药事。帝请曰："黄门舅旦夕供养且一年，既无褒异，又不录勤劳，无乃过乎！"太后曰："吾不欲令后世闻先帝数亲后宫之家，故不著也。"

建初元年，帝欲封爵诸舅，太后不听。明年夏，大旱。言事者以为不封外戚之故，有司因此上奏，宜依旧典。太后诏曰："凡言事者皆欲媚朕以要福耳。昔王氏五侯同日俱封，其时黄雾四塞，不闻澍雨之应。又田蚡、窦婴，宠贵横恣，倾覆之祸，为世所传。故先帝防慎舅氏，不令在枢机之位，诸子之封，裁令半楚、淮阳诸国，常谓：'我子不当与先帝子等。'今有司奈何欲以马氏比阴氏乎！吾为天下母，而身服大练，食不求甘，左右但著帛布，无香薰之饰者，欲身率下也。以为外亲见之，当伤心自敕，但笑言太后素好俭。前过濯龙门上，见外家问起居者，车如流水，马如游龙，仓头衣绿，领袖正白，顾视御者，不及远矣。故不加谴怒，但绝岁用而已，冀以默愧其心，而犹懈怠，无忧国忘家之虑。知臣莫如君，况亲属乎？吾岂可上负先帝之旨，下亏先人之德，重袭西京败亡之祸哉！"固不许。

帝省诏悲叹，复重请曰："汉兴，舅氏之封侯，犹皇子之为王也。太后诚存谦虑，奈何令臣独不加恩三舅乎？且卫尉年尊，两校尉有大病，如令不讳，使臣长抱刻骨之恨。宜及吉时，不可稽留。"

太后报曰："吾反覆念之，思令两善。岂徒欲获谦让之名，而使帝受不外施之嫌哉！昔窦太后欲封王皇后之兄，丞相条侯言受高祖约，无军功，非刘氏不侯。今马氏无功于国，岂得与阴、郭、中兴之后等邪？常观富贵之家，禄位重叠，犹再实之木，其根必伤。且人所以愿封侯者，欲上奉祭祀，下求温饱耳。今祭祀则受四方之珍，衣食则蒙御府余资，斯岂不足，而必当得一县乎？吾计之孰矣，勿有疑也。夫至孝之行，安亲为上，今数遭变异，谷价数倍，忧惶昼夜，不安坐卧，而欲先营外封，违慈母之拳拳乎！吾素刚急，有匈中气，不可不顺也。若阴阳调和，边境清静，然后行子之志。吾得当含饴弄孙，不能复关政矣。"

时新平主家御者失火，延及北阁后殿。太后以为己过，起居不欢。时当谒原陵。自引备不慎，惭见陵园，遂不行。初，太夫人葬，起坟微高，太后以为言，兄廖等即时减削。其外亲有谦素义行者，辄假借温言，赏以财位。如有纤介则先见严恪之色，然后加谴。其美车服不轨法度者。便绝属籍，遣归田里。广平、钜鹿、乐成王车骑朴素，无金银之饰，帝以白太后，太后即赐钱各五百万。于是内外从化，被服如一，诸家惶恐，倍于永平时，及置织室，蚕于濯龙中，数往观视，以为娱乐。常与帝旦夕言道政事，及教授诸小王，论议经书，述叙平生，雍和终日。

四年，天下丰稔，方垂无事，帝遂封三舅廖、防、光为列侯，并辞让，愿就关内侯。太后闻之，曰："圣人设教，各有其方，知人情性莫能齐也。吾少壮时，但慕竹帛，志不顾命。今虽已老，而复'戒之在得'，故日夜惕厉，思自降损。居不求安，食不念饱。冀乘此道，不负先帝。所以化异兄弟，共同斯志，欲令瞑目之日，无所复恨。何意老志复不从哉？万年之日长恨矣！"廖等不得已，受封爵而退位归第焉。

太后其年寝疾，不信巫祝小医，数敕绝褥祀。至六月，崩。在位二十三年，年四十余。合葬显节陵。

【译文】

明德马皇后名叫某，是伏波将军马援的小女儿，少年时父母都去世了。她的哥哥马客卿聪明灵敏，很早就死了，她的母亲蔺夫人由于悲伤得了病，神志不清。马皇后当时才十岁，管理家中事务，指挥使用仆人，内外事务都要向她请示报告，她处理起来和成年人一样。当初，各家都不知道这种情况，以后听说了，全都感叹她不一般。马皇后曾经病了很长时间。太夫人让巫师占卜。卜筮的人说："这个女子虽然有病，但应该有极大的富贵，卦象不能对人说呀！"以后又叫来相面的人让他给各个女儿看相。相面的人见到马皇后，大吃一惊，说："我一定会向这个女子称臣。但是她尊贵却缺少儿子，如果抚养别人的儿子，得到他帮助，就会比自己生的儿子还有用。"

当初，马援征讨五溪的蛮夷部族，在军中去世。虎贲中郎将梁松、黄门侍郎窦固等人趁机说他的坏话，从此马家逐渐失势，又多次被权贵欺侮。马皇后的堂兄马严非常愤怒，忧心忡忡，禀告了太夫人，与窦氏废除婚约，请求把马援的女儿送入宫中。马严就上奏章说："臣子的叔父马援辜负了陛下的恩典，未能报答，而他的妻子儿女蒙受特殊的恩典被保全生命，感念陛下，把陛下当作上天和父亲。人们的心理是能免除死难后就想要求得幸福。臣子私下听说太子和各亲王的王妃还没有配备全。马援有三个女儿，大的十五岁，第二个十四岁，小的十三岁。她们的容貌仪表头发肌肤，都在上中等，全都孝顺谨慎，安静柔和，有礼貌。愿意让她们到相面挑选妃子的官员处，去判断一下她们可不可以入宫。如果万一被取上，马援在黄泉之下也永垂不朽了。又有马援的姑姑姐妹二人同时做成帝的婕妤，葬在延陵。臣子马严幸运地蒙受恩典，得以再生，希望能借先姑的缘故，让她们选入后宫。"因此把马皇后选入太子宫中。当时十三岁。马皇后侍奉阴皇后，和同级的妃嫔们交好，礼仪十分周到。宫中上下都和她和睦相处。因此就受到特殊的恩宠，经常居住在后堂中。当时马皇后前母姐姐的女儿贾氏也被选进宫，生了肃宗汉章帝。汉明帝因为马皇后没有儿子，命令她抚养汉章帝，对她说："人不一定非要自己生儿子，只怕爱护养育得不周到罢了。"马皇后于是尽心尽力地抚育汉章帝，比对自己亲生儿子还劳累。汉章帝也有纯真的孝心，天生知道体谅母恩。母子之间慈爱无比，始终没有一丝一毫的不和。马皇后经常为皇子不够多担心伤叹，把侍奉的嫔妃们推荐给皇帝，唯恐皇帝不接受。后宫中有被皇帝召见的，马皇后就去慰问安顿她们。如果是多次被皇帝召去宠幸的，就更给她增加丰厚的待遇。永平三年春天，有关官署上奏章请设立长秋宫。皇帝还没有说话。皇太后说："马贵人的品德在后宫中最高尚，就是她吧。"于是把马贵人立为皇后。

立皇后的前几天，马皇后梦见有无数小飞虫飞来落在身上，又钻入皮肤中，然后再飞出来。她做了皇后掌管后宫以来，自己更加谦虚严肃。马皇后身高七尺二寸，口形端正，头发美丽，能背诵《易经》，喜爱读《春秋》《楚辞》，尤其喜好《周官》《董仲舒书》。她经常穿着粗布帛的衣服，裙上不缀加缘边。每到月初月中，各个妃子公主们来朝见，远远望见皇后的衣袍质地粗疏，反而以为是细密软薄的纱罗，到跟前一细看，都笑了。皇后婉言说道："这种粗帛只适宜染颜色，所以穿用它。"六官嫔妃没有一个不叹息的。明帝曾经到园林离宫等地去。马皇后就用会招致风邪，受露水云雾侵袭来劝诫皇帝，言语情意深切又周到，所以大多被明帝体会和采纳。明帝到濯龙园中去，把所有才人品秩的妃子都召来，下邳王以下的皇子都在身边，请求叫皇后来。皇帝笑着说："这一位生性不喜欢玩乐，即使来了也不会欢快。"因此娱乐游玩的事皇后就很少跟着去了。

永平十五年，汉明帝查看地图，将要封皇子，全把他们的封国减少一半土地。马皇后看到后对他说："各个皇子才有几个县的食邑，按照制度对比，不是太俭省了吗?"明帝说："我的儿子怎么能和先帝的儿子相等呢?每年供给他们二千万钱就足够了。"当时楚地的犯罪案件连年不断，囚犯们互相牵扯，因此被捕入狱的人非常多。皇后担心抓人又多又草率,乘空闲时对汉明帝说起,很难过。汉明帝被感动,醒悟过来,夜晚起来徘徊思索,考虑皇后的劝谏,最后多次降旨宽大罪犯。当时各个将领上奏的事和公卿们争议较大难以确定的事,明帝曾多次用以试探皇后的看法。皇后就分析情况的情理,都能找出它们的实质。皇后常常在侍奉皇帝的时候,就谈到政事,很多地方有所弥补,但从未用自家的私事干扰过皇帝。所以皇帝对她的宠爱和尊敬日益加深,始终没有衰减。

到汉明帝去世后,肃宗汉章帝即位,尊奉马皇后为皇太后。各个贵人应该移居到南宫去。马太后感伤要和大家离别,赐给她们亲王的红色绶带,另加四匹马拉的轿车,三千段白色的越布,两千匹各色丝绸,十斤黄金。她自己撰写《显宗起居注》,删去了她哥哥马防参与医治的事。汉章帝请求说:"任黄门官的舅舅每天从早到晚服侍先帝,将近一年之久,既没有特别的褒奖,又不记录他的勤劳事迹,这不是太过分了吗?"马太后说:"我不想让后代的人看到先帝几次亲近后宫皇后的家。所以不写上他。"

建初元年,汉章帝想要给各个舅舅封爵。太后不答应。第二年夏天,大旱。议论朝政的官员认为这是不封皇后亲戚的缘故。有关官府因此上奏,认为应该依照过去的典章封赠。太后下诏书说:"凡是议论朝政的全想向我献媚以谋求福利。过去王莽家族同一天被封了五个侯,当时天空中布满了黄雾,也没听说有下透雨的应验。又有田蚡、窦婴等人,受宠后显贵无比,任意横行,招致覆灭的灾祸,被世代相传。所以先帝慎重地防范舅舅们,不让他们担任关键的机要位置。各个皇子的封国,只允许相当于楚国、淮阳国等国的一半。他常说:'我的儿子不应该和先帝的儿子相等。'现在有关官府为什么要用马氏去比附阴氏呢?我作为天下的母后,而身穿粗帛衣服,食物不要求甘美。身边的侍从只穿布帛衣服,没有薰香等修饰装扮,这是因为我要以自己的榜样给下面做表率。我以为外面的亲属见到后,应该伤心,进而检查自己,但他们只是笑话太后一直喜好俭朴。前些时从濯龙门经过,看到外面亲戚来问候起居的,车辆像流水一样源源不断,骏马象飞龙一样矫健,仆人都穿着绿色的袖套,领口袖口雪白。回过头来看看自己的车夫,都远远不如他们。所以我没有怒斥他们,只是断绝了每年给他们的钱粮而已。我希望以这种默默地批评使他们心中羞愧,但他们还懈怠下去,没有为国担忧忘掉小家的想法。做臣子的人没有谁能比得上君主,何况是亲属呢?我怎么可以上负先帝的意旨,下亏先人的德行,再次遭受西汉失败亡国的灾祸啊!"坚决不允许封亲属爵位。

汉章帝看到诏书后悲叹不已,再次请求说:"汉朝兴起后,皇帝的舅舅们封侯,就和皇子封王一样。太后确实心中谦虚,但为什么让我单单不给三个舅舅加恩呢?而且卫尉舅舅年龄大了。两个校尉舅舅又有大病,假如不幸死去,会使我永远怀有铭心刻骨的悔恨。应该赶在吉时封爵,不可以拖延停止。"

马太后回答说:"我反复考虑这件事,想让它两全其美。难道只是想获得谦让的名声,而让皇帝受到不施恩给亲戚的猜疑吗?过去窦太后想封王皇后的哥哥,丞相条侯周亚夫说:承受过高祖的誓约,没有军功的人,不是刘氏不能封侯。现在马氏对国家没有功劳,怎能和阴氏、郭氏等中兴时期的皇后相等同呢?我常见到富贵人家,官位重叠,就像果实过多的树木一样,它的树根一定会受伤害。而且人们愿意被封为侯的原因,只是为了能祭祀祖先,求得温饱罢了。现在外戚们祭祀时用上四方的珍奇物品,衣食依靠皇帝府库中剩余的钱财,难道这些还不满足,而必须要得到一个县吗?我已经反复思考过了,不要再犹豫。最大的孝顺行为是使亲人安心。现在连续遭到变异,粮食价格上涨了几倍,我日夜惊慌,忧心忡忡,坐卧不安。你怎么却先想着给外戚封爵,违背慈母的拳拳之心呢?我一向急躁刚直,胸中有气,不能不让它通顺。如果能阴阳调和,边境上清静无事,然后再去实行你的想法。那时我就只含着糖块逗孙子玩,不再过问朝政了。"

当时新平公主家里的车夫引起火灾,一直烧到宫中的北阁后殿。马太后认为这是自己的过失,心情不愉快。当时应该去拜谒原陵,马太后认为是自己防备管理中不谨慎,愧见陵园,就没有去。当初,太夫人埋葬时,起的坟墓稍微高了一点。马太后为此说了一下,她的哥哥马廖等人马上就削去了坟高出的部分,她的亲属们有人具有谦虚朴素的德行,马太后就用好话勉励,赏给他财物和官位;如果有人犯了一点小错,马太后就先表露出严峻的神情,然后加以责备。那些追求华丽的车马服饰,不遵守法度的人,马太后就从亲属的名籍上除去他们,打发他们回家乡去。广平王、钜鹿王、乐成王的车马朴素,没有金银饰物。汉章帝把这种情况告诉太后,太后就赏给他们每人五百万钱。于是宫内外都遵从马太后的教化,服装穿着统一,各家亲贵都谨慎小心,比永平年间还好。马太后就设置了织室,在濯龙园中养蚕。她多次去视察,把这当作娱乐。马太后经常和皇帝在早晚谈论政务,并教各个小王子念书,议论经书,讲述自己的生平经历,整天沉浸在和睦安宁的气氛中。

建初四年,天下丰收,各地和边境都平安无事,汉章帝就封三个舅舅马廖、马防、马光为列侯。他们全都推辞,愿意做关内侯。马太后听到后,说:"圣人设立教育时,各人有各自的方法,是他们懂得人的性情不能完全一致。我青少年时,只想能名传青史,不计较生命的长短。现在虽然年纪已老,却又能'在贪取方面告诫自己',所以我日夜警惕,想要减少自己的贪求,居住不追求安适,吃饭不想着吃饱。希望根据这样的道义做,能不辜负先帝。所以教导兄弟们,共同保持这个志向,想要让我在闭上眼睛的时候,再没有什么遗憾。为什么不顺从老人的这些志向呢?让我在去世的时候悔恨不已!"马廖等人不得已,只好接受封爵后就辞去官职回家了。

马太后在建初四年患病。她不相信巫祝和非正式的医术,多次下令制止给她祈祷和求神。到了六月,便去世了。她在位二十三年,去世时四十多岁,与汉章帝合葬在显节陵中。

和熹邓皇后传

【题解】

邓绥(80~121),汉和帝刘肇的皇后。她是东汉重臣太傅邓禹的孙女。父亲邓训是护羌校尉,母亲阴氏是汉光武帝阴皇后的堂侄女。邓绥自幼通晓经史、孝顺勤谨,又有见识,而且容貌美丽,永元七年被选入宫。她小心守法,处处谦让,具有封建社会称颂的女子美德。阴后因巫术诅咒被废后,汉和帝便将她立为皇后。汉和帝死后,她能抚育幼帝,执掌朝政。提倡节俭,体恤民情,并且能严格管束家人,教育子孙,兢兢业业地治理国家,使得东汉王朝在多年水旱灾害和边境战乱中仍能平安维持,取得天下太平、农业丰收的成就,可以说是古代历史上罕见的女政治家之一。

【原文】

和熹邓皇后讳绥,太傅禹之孙也。父训,护羌校尉。母阴氏,光烈皇后从弟女也。后年五岁,太傅夫人爱之,自为剪发。夫人年高目冥,误伤后额。忍痛不言。右左见者怪而问之。后曰:"非不痛也。太夫人哀怜为断发,难伤老人意,故忍之耳。"六岁能史书,十二通《诗》《论语》。诸兄每读经传,辄下意难问。志在典籍,不问居家之事。母常非之,曰:"汝不习女工以供衣服,乃更务学,定当举博士邪?"后重违母言,昼修妇业,暮诵经典。家人号曰:"诸生。"父训异之,事无大小,辄与详议。

永元四年,当以选入,会训卒,后昼夜号泣,终三年不食盐菜,憔悴毁容,亲人不识之。后尝梦扪天,荡荡正青,若有钟乳状,乃仰嗽饮之。以讯诸占梦,言尧梦攀天而上,汤梦及天而咶之,斯皆圣王之前占,吉不可言。又相者见后惊曰:"此成汤之法也。"家人窃喜而不敢宣。后叔父陔言:"常闻活千人者,子孙有封。兄训为谒者,使修石臼河,岁活数千人。天道可信,家必蒙福。"初,太傅禹叹曰:"吾将百万之众,未尝妄杀一人,其后世必有兴者。"

七年,后复与诸家子俱选入宫。后长七尺二寸,姿颜姝丽,绝异于众。左右皆惊。八年冬,入掖庭为贵人,时年十六。恭肃小心,动有法度。承事阴后,夙夜战兢。接抚同列,常克己以下之。虽宫人隶役,皆加恩借。帝深嘉爱焉。及后有疾,特令后母兄弟入视医药,不限以日数。后言于帝曰:"宫禁至重,而使外舍久在内省,上令陛下有幸私之讥,下使贱妾获不知足之谤。上下交损,诚不愿也。"帝曰:"人皆以数入为荣,贵人反以为忧,深自抑损,诚难及也。"每有宴会,诸姬贵人竞自修整,簪珥光采,袿裳鲜明,而后独著素,装服无饰。其衣有与阴后同色者,即时解易,若并时进见,则不敢正坐离立,行则偻身自卑。帝每有所问,常逡巡后对,不敢先阴后言。帝知后劳心曲体,叹曰:"修德之劳,乃如是乎!"后阴后渐疏,每当御见,辄辞以疾。时帝数失皇子,后忧继嗣不广,恒垂涕叹息,数选进才人,以博帝意。

阴后见后德称日盛,不知所为,遂造祝诅,欲以为害。帝尝寝病危甚,阴后密言:"我得意,不令邓氏复有遗类。"后闻,乃对左右流涕言曰:"我竭诚尽心以事皇后,竟不为所祐,而当获罪于天。妇人虽无从死之义,然周公身请武王之命,越姬心誓必死之分,上以报帝之恩,中以解宗族之祸,下不令阴氏有人豕之讥。"即欲饮药,宫人赵玉者固楚之,因诈言属有使来,上疾已愈。后信以为然。乃止。明日,帝果瘳。

十四年夏,阴后以巫蛊事废,后请救不能得,帝便属意焉,后愈称疾笃,深自闭绝。会有司奏建长秋宫,帝曰:"皇后之尊,与朕同体,承宗庙,母天下,岂易哉!唯邓贵人德冠后庭,乃可当之。"至冬,立为皇后。辞让者三,然后即位。手书表谢,深陈德薄,不足以充小君之选。是时,方国贡献,竞求珍丽之物,自后即位,悉令禁绝,岁时但供纸墨而已。帝每欲官爵邓氏,后辄哀请谦让,故兄骘终帝世不过虎贲中郎将。

元兴元年，帝崩，长子平原王有疾，而诸皇子夭没，前后十数，后生者辄隐秘养于人间。殇帝生始百日，后乃迎立之。尊后为皇太后，太后临朝。和帝葬后，宫人并归园，太后赐周、冯贵人策曰："朕与贵人托配后庭，共欢等列，十有余年。不获福祐，先帝早弃天下，孤心茕茕，靡所瞻仰，夙夜永怀，感怆发中。今当以旧典分归外园，惨结增叹，燕燕之诗，曷能喻焉！其赐贵人王青盖车，采饰辂，骖马各一驷，黄金三十斤，杂帛三千匹，白越四千端。"又赐冯贵人王赤绶，以未有头上步摇、环佩，加赐各一具。"

是时新遭大忧，法禁未设。宫中亡大珠一箧，太后念，欲考问，必有不辜。乃亲阅宫人，观察颜色，即时首服。又和帝幸人吉成，御者共枉吉成以巫蛊事，遂上掖庭考讯，辞证明白。太后以先帝左右，待之有恩，平日尚无恶言，今反若此，不合人情，更自呼见实核，果御者所为。莫不叹服，以为圣明。常以鬼神难征，淫祀无福，乃诏有司罢诸祠官不合典礼者。又诏赦除建武以来诸犯妖恶，及马、窦家属所被禁锢者，皆复之为平人。减大官、导官、尚方、内者服御珍膳靡丽难成之物。自非供陵庙，稻粱米不得导择，朝夕一肉饭则已。旧太官汤官经用岁且二万万，太后敕止，日杀省珍费，自是裁数千万。及郡国所贡，皆减其过半。悉斥卖上林鹰犬。其蜀、汉钘器九带佩刀，并不复调。止画工三十九种。又御府、尚方、织室锦绣、冰纨、绮縠、金银、珠玉、犀象、瑇瑁、雕镂玩弄之物，皆绝不作。离官别馆储峙米备薪炭，悉令省之。又诏诸园贵人，其宫人有宗室同族若羸老不任使者，令园监实核上名，自御北宫增喜观阅问之，恣其去留，即日免遣者五六百人。

及殇帝崩，太后定策立安帝，犹临朝政。以连遭大忧，百姓苦役，殇帝康陵方中秘藏，及诸工作，事事减约，十分居一。

诏告司隶校尉、河南尹、南阳太守曰："每览前代外戚宾客，假借威权，轻薄谲狯，至有浊乱奉公，为人患苦。咎在执法怠懈，不辄行其罚故也。今车骑将军骘等虽怀敬顺之志，而宗门广大，姻戚不少，宾客奸猾，多干禁宪。其明加检敕，勿相容护。"自是亲属犯罪，无所假贷。太后愍阴氏之罪废，故其徙者归乡，敕还资财五百余万。永初元年，爵号太夫人为新野君，万户供汤沐邑。

二年夏，京师旱。亲幸洛阳寺录冤狱。有囚实不杀人而被考自诬，羸困舆见，畏吏不敢言，将去，举头若欲自诉。太后察视觉之，即呼还问状，具得枉实，即时收洛阳令下狱抵罪。行未还宫，澍雨大降。

三年秋，太后体不安，左右忧惶，祷请祝辞，愿得代命。太后闻之，即谴怒，切敕掖庭令以下，但使谢过祈福，不得妄生不祥之言。旧事，岁终当飨遣卫士，大傩逐疫。太后以阴阳不和，军旅数兴，诏飨会勿设戏作乐，减逐疫魅子之半，悉罢象橐驼之属。丰年复故。太后自入宫掖，从曹大家受经书，兼天文、算术，昼省王政，夜则诵读，而患其谬误，惧乖典章，乃博选诸儒刘珍等及博士、议郎、四府掾史五十余人，诣东观雠校传记、事毕奏御，赐葛布各有差。又诏中官近臣于东观受读经传，以教授宫人，左右习诵，朝夕济济。及新野君薨，太后自侍疾病，至乎终尽，忧哀毁损，事加于常。赠以长公主赤绶，东园秘器，玉衣绣衾，又赐布三万匹，钱三千万。骘等遂固让钱布不受。使司空持节护丧事，仪比东海恭王，谥曰敬君。太后谅暗既终。久旱。太后比三日幸洛阳，录囚徒，理出死罪三十六人，耐罪八十人，其余减罪死右趾已下至司寇。

七年正月，初入太庙，斋七日，赐公卿百僚各有差。庚戌，谒宗庙，率命妇群妾相礼仪，与皇帝交献亲荐，成礼而还。因下诏曰："凡供荐新味，多非其节，或郁养强孰，或穿掘萌牙，味无所至而夭折生长，岂所以顺时育物乎！传曰：'非其时不食。'自今当奉祠陵庙及给御者，皆须时乃上。'凡所省二十三种。

自太后临朝，水旱十载，四夷外侵，盗贼内起。每闻人饥，或达旦不寐，而躬自减彻，以救灾厄，故天一下复平，岁还丰穰。

元初元年，平望侯刘毅以太后多德政，欲令早有注记，上书安帝曰："臣闻《易》载羲农而皇德著，《书》述唐虞而帝道崇，故虽圣明，必书功于竹帛，流音于管弦。伏惟皇太后膺大圣之姿，体乾坤之德，齐踪虞妃。比迹任姒。孝悌慈仁，允恭节约，杜绝奢盈之源，防抑逸欲之兆。正位内朝，流化四海。及元兴、延平之际，国无储副、仰观乾象，参之人誉，援立陛下为天下主，永安汉室，绥静四海。又遭水潦，东州饥荒。垂恩元元，冠盖交路，菲薄衣食，躬率群下，损膳解骖，以赡黎苗，恻隐之恩，犹视赤子。克己引愆，显扬仄陋。崇晏晏之政，敷在宽之数。兴灭国，继绝世，录功臣，复宗室。追还徙人，蠲除禁锢。政非惠和，不图于心。制非旧典，不访于朝。弘德洋溢，充塞宇宙。洪泽丰沛，漫衍八方。华夏乐化，戎狄混并。丕功著于大汉，硕惠加于生人。巍巍之业，可闻而不可及。荡荡之勋，可诵而不可名。古之帝王，左右置史。汉之旧典，世有注记。夫道有夷崇，治有进退。若善政不述，细异辄书，是为尧汤负洪水大旱之责，而无咸熙假天之美；高宗成王有雊雉迅风之变，而无中兴康宁之功也。上考《诗》《书》，有虞二妃，周室三母，修行佐德，思不逾阈。未有内遭家难，外遇灾害，览总大麓，经营天物，功德巍巍若兹者也。宜令史官著《长乐宫注》《圣德颂》，以敷宣景耀，勒勋金石，县之日月，摅之罔极，以崇陛下烝烝之孝。"帝从之。

六年，太后诏征和帝弟济北、河间王子男女年五岁以上四十余人，又邓氏近亲子孙三十余人，并为开邸第，教学经书，躬自监试。尚幼者，使置师保，朝夕入宫，抚循诏导，恩爱甚渥。乃诏从兄河南尹豹、越骑校尉康等曰："吾所以引纳群子，置之学官者，实以方今承百王之敝，时俗浅薄，巧伪滋生，《五经》衰缺，不有化导，将遂陵迟，故欲褒崇圣道，以匡失俗。传不云乎：'饱食终日，无所用心，难矣哉！'今末世贵戚食禄之家，温衣美饭，乘坚驱良，而面墙术学，不识臧否，斯故祸败所从来也。永平中，四姓小侯皆令入学，所以矫俗厉薄，反之忠孝，先公既以武功书之竹帛，兼以文德教化子孙，故能束修，不触罗网。诚令儿曹上述祖考休烈，下念诏书本意，则足矣。其勉之哉！"

康以太后久临朝政，心怀畏惧，托病不朝。太后使内人问之。时宫婢出入，多能有所毁誉，其耆宿者皆称中大人，所使者乃康家先婢，亦自通中大人。康闻，诟之曰："汝我家出，尔敢尔邪！"婢怒，还说康诈疾而言不逊。太后遂免康官，遣归国，绝属籍。

永宁二年二月，寝病渐笃，乃乘辇于前殿，见侍中、尚书，因北至太子新所缮宫。还，大赦天下，赐诸园贵人、王、主、群僚钱布各有差。诏曰："朕以无德，托母天下，而薄祐不天，早离大忧。延平之际，海内无主，元元匈匈运，危于累卵。勤勤苦心，不敢以万乘为乐。上欲不欺天愧先帝，下不违人负宿心，诚以济度百姓，以安刘氏。自谓感彻天地，当蒙福祚，而丧祸内外，伤痛不绝。顷以废病沈带，久不得侍祠。自力上原陵，加咳逆唾血。遂至不解。存亡大分，无可奈何。公卿百官，其勉尽忠恪，以辅朝廷。"三月崩。在位二十年，年四十一。合葬顺陵。

【译文】

和熹邓皇后名叫绥，太傅邓禹的孙女。她的父亲邓训，任护羌校尉；母亲阴氏，是光烈皇后的堂侄女。邓皇后五岁时，太傅夫人喜爱她，亲自给她剪头发。太傅夫人年龄大了，眼睛不好使，误剪伤了邓皇后的额头。邓皇后忍着痛不出声。旁边侍从的人见到后很惊讶，就去问她。她说："我不是不痛，太夫人喜爱我给我剪发，恐怕让老人伤心，所以忍住疼了。"

邓皇后六岁能读史书，十二岁通晓《诗经》和《论语》。每当几个哥哥读经传时，她就提出问题来问。邓皇后的志向在学习典籍，不过问日常过日子的事。她的母亲常批评她不对，说："你不学习妇女的手工，供给衣服穿用，却反过来做学问，难道想靠你去考博士吗？"邓皇后不愿违背母亲的话，就在白天学习妇女的手工，夜晚诵读经典。家里的人把她叫作"书生"。父亲邓训觉得她不寻常，不论大事小事，都和她详细议论。

永元四年，邓皇后应该被选入宫中，正遇上邓训去世，邓皇后日夜哭泣号叫，一直服丧三年，没有吃有盐的菜，憔悴得面容都变了，亲

邓绥

人也认不出来。邓皇后曾经梦见自己摸到天，天色青青，浩荡无边，好像有石钟乳一样的地方。邓皇后就仰起脸来用嘴接天的乳汁喝。家人用这个梦去询问占梦的人，他们说尧梦见过爬到天上去，汤梦见自己上了天去舔它，这些都是以前有过的圣王占卜结果，这种吉兆贵不可言。又有相面的人见到邓皇后，惊讶地说："这是成汤才有过的骨骼啊！"家人私下里欣喜但不敢说出来。邓皇后的叔父邓陔说："我常听说救活一千人性命的人，子孙可以封爵。我哥哥邓训做谒者时，朝廷派他去修石臼河，每年救活几千人。天的法则可以相信，我家必定会蒙受福祉。"当初，太傅邓禹叹息道："我率领上百万的军队，从没有随便杀过一个人，我的后代一定会有让家族兴旺的人。"

永元七年，邓皇后又和各家的女子一起被选入宫中。邓皇后身高七尺二寸，容貌体态非常美丽，绝对与众不同，周围的人都感到惊讶。永元八年冬天，邓皇后进入掖庭做了贵人，当时十六岁。她恭敬严肃，小心谨慎，举动都符合礼法要求。她侍奉阴皇后，昼夜小心，兢兢业业。她关心同品位的嫔妃，经常约束自己谦让别人，即使是宫女奴仆，她也全部加以爱惜，给以恩惠。皇帝非常喜爱她，倍加赞赏。在邓皇后有病时，特别命令她的母亲兄弟进宫来看护，照料医药，不限定日期。邓皇后对汉和帝说："皇宫的防卫至关重要，而让外面的家人长期到宫内来，上面会使陛下受到宠幸偏爱的讥讽，下面让贱妾遭到

不肯知足的诽谤。上下一齐受到损害,我确实不愿意这样。"汉和帝说:"别人全以多次入宫为荣誉,贵人却为它担忧,深深地约束和降低自己的要求,确实是别人难以做到的。"每当有宴会时,各个嫔妃贵人都争着修饰自己,发簪耳环等首饰闪闪发光,衣裳鲜艳明亮。而只有邓皇后一个人穿素淡的衣服,身上没有饰物。她的衣服有时和阴皇后颜色相同,就马上脱下来换别的衣服。如果她和皇后同时觐见皇帝,就不敢坐在正面,站立时也离开阴皇后一段距离,行走时就把身子弯曲下来,显出自己地位低下。当汉和帝有问题询问时,邓皇后经常退在后面,最后回答,不敢抢在阴皇后的前面说话。汉和帝知道邓皇后委屈自己,操心费力,叹息说:"修养德行的劳累,竟达到了这种地步啊!"以后阴皇后逐渐被疏远,每当皇帝要邓皇后去侍奉时,她就推辞说有病。当时皇帝几次丧失皇子,邓皇后担心皇帝的继承人不多,常常流着眼泪叹息,多次挑选才人进献皇帝,以博得皇帝满意。

阴皇后见到称赞邓皇后德行的赞誉越来越多,不知该怎么办,就用巫术诅咒,想要危害邓皇后。汉和帝曾经病得很厉害。阴皇后在暗地里讲:"我得意后,不让邓家再留下一个人!"邓皇后听说后,就对身边的侍从流着眼泪说:"我竭尽诚心侍奉皇后,想不到没有得到她的保护,却会从上天获得罪罚。妇女虽然没有跟丈夫一起死的道理,然而周公请求用自身换回武王的性命,越姬在心中发誓一定为楚王而死。上可以报答皇帝的恩德,中可以解除宗族的灾祸,下不会让阴氏讽刺我变成人彘。"就想要喝毒药,宫女赵玉坚决阻拦她,便骗她说有使节来说皇上的病已经痊愈了。邓皇后相信了,就停止服毒。第二天,皇帝的病果然全好了。

永元十四年夏天,阴皇后由于用巫术诅咒并下蛊的事情被废黜。邓皇后请求救她没能成功。汉和帝就更看重她。邓皇后就借口病重深深地把自己和外界隔绝开来。正遇上有关官府上奏请求设立长秋宫。汉和帝说:"皇后的尊贵和朕本人相同,要承奉宗庙,做天下的母后,难道是容易的吗?只有邓贵人的德行在后宫中属第一,可以承当皇后的重任。"到了冬天,封邓贵人为皇后。邓皇后再三推辞,然后才就任皇后位。她亲手写信上奏,表示感谢,极力陈述自己德行微薄,不足以充当皇后的职位。当时,各个方国进贡时,争着寻求珍奇华丽的物品送上,自从邓皇后即位,就命令全部禁止,每年只在年底供给纸、墨就行了。汉和帝经常想要给邓家人封官封爵,邓皇后就苦苦哀求,表示谦让,所以她的哥哥邓骘到汉和帝去世时也不过是一个虎贲中郎将。

元兴元年,汉和帝去世,长子平原王有病,而前前后后有十几个皇子很早就病死了。于是后来生的皇子就悄悄地隐藏起来,在民间抚养。殇帝生下来才一百天,邓皇后就把他接来立为皇帝。尊崇邓皇后为皇太后。太后上朝执政。汉和帝入葬后,宫女们都送到园陵去。邓太后赐给周贵人、冯贵人的策命上说:"朕和贵人被安排在后宫中,品位相同,共同欢乐,有十几年了。没有获得福祐,先帝早早地抛弃了天下离去,我心中孤单寂寞,没有办法瞻仰先帝,日日夜夜都在深切地怀念,由衷地痛苦感伤。现在要按照旧日的典章把你们分到外面的园陵居住,惨痛在胸中凝结,更增加了我的伤叹,'燕燕于飞'的诗篇,如何能比喻这种心情呢?现在赐给贵人国王用的青盖车,车轮用彩色装饰,各配有四匹驾车的马,赐黄金三十斤,各色绸帛三千匹,白色的越布四千段。"又赐给冯贵人国王的红色绶带,由于她们没有头上的首饰步摇和玉环、玉佩饰,加赐给她们每种一套。

当时刚遭到大丧事，没有设立法规制度。宫中丢失了一盒子大珍珠。邓太后考虑拷问这件事，一定会冤枉无罪的人。她就亲自查问宫女，观察她们的脸色，偷珍珠的人当时就招供认罪了。又有汉和帝宠幸的一个人叫吉成。给皇帝驾车的驭手们一起冤枉吉成进行用巫术诅咒和下蛊的活动，就把他关入掖庭的监狱拷问。供词和旁证都很明白了。邓太后认为他是先帝的亲侍，先帝待他有恩惠，平日里从没有过恶言恶语，现在反而这样做，不符合人之常情，就把这个人叫来亲自核查实情，果然是驾车的驭手们所制造的。人们没有一个不感叹佩服，认为皇太后圣明。邓太后经常认为鬼神难以证实，各种不合礼制的祭祀不会求得福祗，就下诏书命令有关官府查禁各个不符合典章礼仪的祠官。又下诏书赦免了建武年以来被关押的所有犯有妖法罪的人和马家、窦家的家属，把他们全免罪为平民。邓皇太后还减少了大官、导官、尚方、内者各监署中供皇帝皇后使用的珍奇食物和奢侈华丽、难以制作的器物，规定除了供奉陵寝宗庙以外，稻米、谷米都不得精舂细择，每天早晚间只吃一顿有肉的饭，过去太官汤官每一年的费用将近二万万钱。太后下令后，每天逐渐减少珍奇食品的费用，从此每年才用几千万。连各郡国的贡品，太后也全都把它们减少了一多半。上林苑中的鹰犬也全部被卖掉。蜀郡和汉中的嵌银漆器、九带佩刀等，全都不再征调。停止了三十九种画工。还有御府、尚方、织室等处的锦绣、透明的纱罗、起花的绸缎、金银器、珠玉器、犀角象牙器、玳瑁器等雕刻制造的珍奇玩物，全停止制作。离宫别馆中储存的米谷干粮柴草木炭等，邓太后命令把它们全部裁减掉。邓太后又下诏书给各园中的贵人，告诉她们，宫女里家中有亲属和族人，本身又年老体弱不能胜任使役的，让园监核查确实后报上名来。邓太后亲自到北宫的增喜观去查看询问她们，任凭她们离去或留下，当天就遣送出宫五六百名宫女。

到了殇帝去世后，邓太后确定了立安帝为皇帝，她还主持朝政。由于接连有大丧事，百姓苦于服劳役，汉殇帝的康陵墓穴中的随葬品和修建等各项工程全都加以削减，只占原来规定的十分之一。

邓太后下诏书告诉司隶校尉、河南尹和南阳太守说："我常看到以前朝代的皇亲家里的宾客们假借主人的威望和权力，轻薄狂妄，不守秩序，甚至有人扰乱国家法律制度，给人民造成危害。造成这种状况的原因，过失在于执法官员懈怠放松，不立刻对他们进行处罚。现在车骑将军邓骘等人虽然心怀恭敬顺从，但是他们宗族人口众多，结成婚姻的亲戚不少，宾客们为人奸猾，经常触犯法令。你们应该加以明确检查，发布训令，不要和他们互相包庇祖护。"从此皇帝的亲属犯罪，再没有宽大和庇护的现象了。邓太后哀怜阴氏因为犯罪被废黜，赦免了她家被流放的人，让他们同家乡去，命令还给他们五百多万钱的资产。永初元年，给邓太夫人封爵，爵号新野君，封给她供给沐浴费用的食邑一万户。

永初二年夏天，京城地区闹旱灾。邓太后亲自到洛阳的官署去查实冤狱。有个囚犯确实没有杀人而被拷打，被迫谎称杀了人。他身体衰弱无力，被用车拉来见太后，又害怕官吏，不敢说话，将要离开时，抬起头来好像要有话说。邓太后看到后觉得他想说话，就把他叫回来问情况，把他受冤枉的全部事实都问出来了，当时便把洛阳令抓起来关进监狱抵罪。邓太后还没有回到宫里，一场大雨就及时地由天而降。

永初三年秋天，邓太后身体不好，亲近侍从们惶恐不安，祈祷神灵，请求用自己的生命换回太后的健康。邓太后听说了，马上发怒，责备她们，严厉地命令掖庭令以下各级宫官，只可以为自己的过失道歉，祈求福祉，不能随便讲不吉利的话。旧日的惯例是，每年年底要举行宴会，招待该退役的卫士，举行大傩的仪式，驱逐病害。太后由于阴阳不和、有天灾，又多次进行战争，下诏书命令宴会不要举办戏剧舞乐，减少一半驱逐疫鬼的少年演员，把大象、骆驼这些仪仗用的动物都撤销了。丰收的年岁中才恢复原状。邓太后自从进入后宫后，向曹大家学习经书，兼学天文和算术。她白天处理国家大事，夜晚就读书，但还担心经书会有错误，害怕违反了典章制度，就广泛挑选有学问的大儒刘珍等人，以及博士、议郎、四府掾史等五十多人，到东观来校对传记。校对工作完成后奏报上来，赐给他们不同数量的葛布。又下诏书让宫中的近侍官员到东观学习经传，用来教授宫女们，宫中侍从们都学习背诵经书，每天早晚济济一堂。在新野君去世时，邓太后亲自去照顾她的病，一直到她咽气。邓太后为母亲去世非常哀痛，身体受损害。守丧的举动比常人还要认真。赠给她母亲长公主的红色绶带、少府东园署制作的丧葬用品、玉衣、绣花被，又赐给邓家布三万匹、钱三千万。邓骘等人就坚决推辞，不接受钱和布匹。邓太后派司空带着符节去护卫新野君的丧事，礼仪形式和东海恭王相同，赠谥号为敬君。邓太后的守丧期满以后，气候长久干旱，太后丧期刚过三天就到洛阳去，查验囚徒，清理出处死刑的罪犯三十六人，处徒刑的罪犯八十人，其余都减轻刑罚，死刑改为斩去右趾至徒刑的处罚。

永初七年正月，邓太后开始进入太庙，戒斋七天，赐给公卿百官们不同等级的物品。庚戌那一天，拜见宗庙，率领贵妇和妃妾们协助行礼。和皇帝共同献祭，亲自酌酒祭祀，仪式完成后回到宫中。接着下诏书说："凡是供献的新鲜食物祭品，大多不是该在这个时节成熟的，有的在屋里养育，强迫它成熟，有的挖出地洞取它的萌芽，滋味还没有长完全却使它的生长遭到夭折。这难道是顺应天时养育万物的方法吗？传记上讲：'不是应该成熟的时节不吃它。'从今天起用来供奉陵园宗庙祭祀以及供皇宫的食物，全都要等到成熟的时节才送上来。"一共减去了二十三种食品。

自从邓太后掌管朝政，闹了十年水灾、旱灾，境外四方的夷狄部族侵犯汉朝，国内盗贼兴起。邓太后一听说有人挨饿，有时会整夜睡不着觉，而自己带头减少供给，来救助遭受灾害的地区，所以天下又恢复到安宁和平，年景又获得丰收。

元初五年，平望侯刘毅因为太后施行了很多德政，想让它们尽早记录下来，向汉安帝上奏章说："臣下听说《易经》记录了伏羲、神农而显示出三皇的德行，《尚书》记述了唐尧、虞舜而提高了五帝的道义，所以即使是圣明的君主也一定要在竹帛上记录下他们的功勋，用管弦歌唱他们的德音。我想到皇太后天生有伟大圣人的姿容，具有乾坤的德行，和虞妃的踪迹相同，可与任姒的事迹相比拟。太后孝顺友爱，慈祥仁和，恭谨节约。杜绝了奢侈浪费的根源，控制并防止了追求安逸享乐的征兆。在内宫登上正位，把教化传布到四海。到了元兴、延平年间，国家没有继承人，太后仰观天象，结合人们的称誉，把陛下推举上来立为天下的君主，使汉朝永远安定，四海平静。又遭到水涝灾害，东方的土地闹饥荒。她给芸芸众生降下恩惠，官吏们都在路上奔忙。她自己的衣食简单朴素，亲自给官员们做榜样。她减少膳食，取消拉车的边马，用来赡养平民百姓。她对百姓心怀恻隐，就如同对待自己的儿子一样。她约束自己，把罪过归到自己身上，明确地公布自己的过失和不足，提倡和平安乐的政治，推广宽松的教化。太后使灭亡的国家兴起，让断绝了的世系接续，记录功臣的功绩，恢复宗室的地位。太后把流放的人追回来，免除禁锢。不是和平有益的政策，不在心中考虑，不是旧日的典章制度，不在朝廷上讨论。广泛的仁德洋溢在人间，充满了宇宙；深厚的恩泽大量降临全国，流散传播到四面八方。华夏的礼乐教化，把戎狄部落也同化合并到一起。太后伟大的功劳在汉朝显赫，巨大的恩惠施加给人民。巍巍功业，可以听到而无法赶上；浩荡勋绩，可以传颂而无法形容。古代的帝王，身边设有史官；汉代的旧典章规定，世代都有记录。道德有被推崇的时候，也有被破坏的时候，政治有前进也有后退。如果这种美好的政绩不记述下来，不把小事和变化都马上记录下来，这就会造成尧、汤去担负产生洪水和大旱灾的罪责，却不知道他们普救众生、与天相等的美德；会只说殷高宗、周成王引起野鸡在鼎耳上鸣叫和狂风大作的变异，却不知道他们中兴殷商，安定天下的功劳。考察古代的《诗》《书》二经，有虞氏的两个妃子，周朝的三个母后，修养德行，辅佐有德性的君王，思想不超越宫门。但还没有过像太后这样，内遭家中的丧事，外遇天下灾害不断，总管国家政事，经营天下万物，建立起崇高功德的人。应该命令史官编写《长乐宫注》和《圣德颂》，以广泛宣扬太后的光辉事迹，把功勋刻写在铜器和石碑上。和日月一样悬挂在天空，无穷无尽地散发光芒。用来显示陛下诚挚的孝心。"汉安帝答应了。

元初六年，邓太后下诏书征诏汉和帝的弟弟济北王、河间王的五岁以上的子女，一共四十多人，又召来邓氏近亲的子孙三十多人，都为他们设置了住所，教他们读经书，亲自监考。年龄还小的子孙，就设置有老师和保姆，每天早晚进宫来，邓太后抚育教导他们，非常疼爱他们。并下诏书给堂兄河南尹邓豹、越骑校尉邓康等人说："我把孩子们招收来，放在学校读书的原因，实际上是由于现在处于承继了历代帝王弊病的时代，世上流行的风俗浮浅轻薄，取巧做假的现象滋生，《五经》的道义衰落缺乏，不加以教化和引导，就会逐渐消亡。所以想要褒奖和推崇圣贤之道，用来纠正不良习俗。经传上不是说过吗：'饱食终日，无所用心，这就太难了啊！'现在传到末代的贵族皇亲等吃国家俸禄的人家，衣服温暖，食物精美，坐着坚固的车子，驱赶着骏马，而让他们面壁读书，就不知道可否了。这就是灾祸和失败产生的根源。永平年间，樊郭阴马四个姓氏的皇亲侯爵子弟全被命令入学，用以矫正风俗、革除轻薄，恢复到忠孝的根本上来。先祖父邓禹既能立下武功，记录在史书上，还用文化道德教育子孙，所以能约束住子孙，不触犯国家的法律。真能让孩子们上继承祖先的美好功德，下理解我诏书的根本意图，就足够了，你们要努力啊！"

邓康由于太后长期临朝执政，心怀畏惧，借口有病不上朝。太后派宫女去探问他的病情。当时宫女们出入宫廷，能在很多方面对某个人加以称赞或诋毁，其中年纪大的宫女都称作中大人。这次派去的是邓康家原来的婢女，她也自己通报说是中大人。邓康听说后，斥责她说："你是从我家中出去的，竟敢称中大人？"婢女愤怒了，回宫就说邓康装病骗人，言语又不恭敬。太后就罢免了邓康的官职。让他回到封国去，从亲属名籍上取消了他的名字。

永宁二年二月，邓太后患病逐渐加重，就乘坐车辆到了前殿，接见侍中、尚书们，接着向北到了太子新修缮的住所。回来后，大赦天下，赐给各园陵的贵人，亲王、公主和百官们钱币布匹，各自有不同的数量。诏书说："朕用没有道德的身体做天下的母后，而上天没有给我一点保佑，很早就遭受到先帝去世的忧伤。延平年间，海内没有君主，百姓们遭受厄运，危如累卵。朕勤勤恳恳，劳心费力，不敢因为是君主而享乐；上不想欺瞒天神，愧对先帝；下不想违背人民的希望。诚心诚意地拯救百姓，以安定刘氏的天下。自己认为诚心可以达到天地之间，应该享受福气。但却宫中遇丧事，宫外遭灾祸，痛苦悲伤不能断绝。不久前因为沉绵病患，很久没有能去侍奉宗祠，就勉强去原陵，因此增加了咳嗽吐血的病症，发展到无法治疗。生死存亡是天地间的大法则，无可奈何。公卿百官们，要努力尽忠，来辅佐朝廷。"三月，邓太后去世，在位二十年，四十一岁。合葬在顺陵里面。

刘玄、刘盆子传

【题解】

西汉末年，政治腐败，土地急剧兼并，农民流亡，或沦为奴隶。王莽篡汉，复古改制，更加激化了原有的农民与地主的矛盾，农民纷纷揭竿而起，在诸多起义队伍中，绿林与赤眉势力最为强大。天凤年间，荆州一带连年饥荒，新市(湖北北京山东北)人王匡、王凤发动起义，颖川(今河南禹县)人王常、成丹和南阳(今河南南阳市)人马武等也率众参加，因为活动在绿林山(今湖北荆门西)中，所以被称为"绿林军"。绿林军在发展中，由于旧的传统意识的限制，公元23年2月，拥立刘氏宗室中的刘玄为皇帝，建元更始。在有名的昆阳之战中，绿林军打垮了王莽军的主力。接着一路进克洛阳，又进兵长安。长安城内发生暴动，王莽被杀，结束了新莽政权。公元24年初，刘玄迁都长安。刘玄昏庸腐化，任人非当。公元25年9月，赤眉攻入长安，刘玄旋即被缢杀。

在绿林军起义后不久，琅玡(今山东诸城)人樊崇在莒县(今山东莒县)起义。附近的逢安、徐宣、谢禄、杨音都率部与樊崇会合。为与敌军相区分，起义军涂红眉毛，故称"赤眉军"。赤眉军最高领导人称"三老"，其次称"从事"，再次称"卒史"，士兵间以"巨人"相称。没有文书、旗帜、部曲、号令，"以言辞为约束"。公元23年，绿林军攻克洛阳后，赤眉军将领曾一度接受刘玄的列侯封号。公元24年，更始政权西迁长安，赤眉与更始政权分裂，进攻关中。樊崇、逢安从武关(今陕西丹凤东南)进发，徐宣、谢禄从陆浑关(今河南嵩县东北)进发，公元25年正月，两路军队会师弘农(今河南灵宝市北)。在向长安进军途中，拥立汉宗室后裔刘盆子为帝，年号建业，七月攻下长安，杀死刘玄。但翌年关中发生严重灾荒，被迫引兵东去。公元27年，赤眉军被刘秀打败，樊崇率刘盆子等人投降，赤眉军瓦解。

绿林、赤眉农民起义虽然失败了，但对历史的发展产生了深远的影响。它推翻了新莽政权，打击了豪族地主，制止了土地兼并的恶性膨胀，冲击了奴隶制残余，对尔后东汉初期农业生产的恢复和发展起了积极作用。

【原文】

刘玄字圣公,光武族兄也。弟为人所杀,圣公结客欲报之。客犯法,圣公避吏于平林。吏系圣公父子张。圣公诈死,使人持丧归舂陵,吏乃出子张,圣公因自逃匿。

王莽末,南方饥馑,人庶群入野泽,掘凫茈而食之,更相侵夺。新市人王匡、王凤为平理诤讼,遂推为渠帅,众数百人。于是诸亡命马武、王常、成丹等往从之;共攻离乡聚,臧于绿林中,数月间至七八千人。地皇二年,荆州牧某,发奔命二万人攻之,匡等相率迎击于云杜,大破牧军,杀数千人,尽获辎重,遂攻拔竟陵。转击云杜、安陆,多略妇女,还入绿林中,至有五万余口,州郡不能制。

三年,大疾疫,死者且半,乃各分散引去。王常、成丹西入南郡,号下江兵;王匡、王凤、马武及其支党朱鲔、张卬等北入南阳,号新市兵:皆自称将军。七月,匡等进攻随,未能下。平林人陈牧、廖湛,复聚众千余人,号平林兵,以应之。圣公因往从牧等,为其军安集掾。

是时光武及兄伯升亦起舂陵,与诸部合兵而进。四年正月,破王莽前队大夫甄阜、属正梁丘赐,斩之,号圣公为更始将军。众虽多而无所统一,诸将遂共议立更始为天子。二月辛巳,设坛场于淯水上沙中,陈兵大会。更始即帝位,南面立,朝群臣。素懦弱,羞愧流汗,举手不能言。于是大赦天下,建元曰更始元年。悉拜置诸将,以族父良为国三老,王匡为定国上公,王凤成国上公,朱鲔大司马,伯升大司徒,陈牧大司空,余皆九卿、将军。五月,伯升拔宛。六月,更始入都宛城,尽封宗室及诸将,为列侯者百余人。

更始忌伯升威名,遂诛之,以光禄勋刘赐为大司徒。前钟武侯刘望起兵,略有汝南。时王莽纳言将军严尤、秩宗将军陈茂既败于昆阳,往归之。八月,望遂自立为天子,以尤为大司马,茂为丞相。王莽使太师王匡、国将哀章守洛阳。更始遣定国上公王匡攻洛阳,西屏大将军申屠建、丞相司直李松攻武关,三辅震动。是时海内豪杰翕然响应,皆杀其牧守,自称将军,用汉年号,以待诏命,旬月之间,遍于天下。

长安中起兵攻未央宫。九月,东海人公宾就斩王莽于渐台,收玺绶,传首诣宛。更始时在便坐黄堂,取视之,喜曰:"莽不如是,当与霍光等。"宠姬韩夫人笑曰:"若不如是,帝焉得之乎?"更始悦,乃悬莽首于宛城市。是月,拔洛阳,生缚王匡、哀章,至,皆斩之。十月,使奋威大将军刘信击杀刘望于汝南,并诛严尤、陈茂。更始遂北都洛阳,以刘赐为丞相。申屠建、李松自长安传送乘舆服御,又遣中黄门从官奉迎迁都。二年二月,更始自洛阳而西。初发,李松奉引,马惊奔,触北宫铁柱门,三马皆死。

初,王莽败,唯未央宫被焚而已,其余宫馆一无所毁。宫女数千,备列后庭,自钟鼓、帷帐、舆辇、器服、太仓、武库、官府、市里,不改于旧。更始既至,居长乐宫,升前殿,郎吏以次列庭中。更始羞怍,俯首刮席不敢视。诸将后者,更始问掳掠得几何,左右侍官皆宫省久吏,各惊相视。

李松与棘阳人赵萌说更始,宜悉王诸功臣。朱鲔争之,以为高祖约,非刘氏不王。更始乃先封宗室太常将军刘祉为定陶王,刘赐为宛王,刘庆为燕王,刘歙为元氏王,大将军刘嘉为汉中王,刘信为汝阴王;后遂立王匡为比阳王,王凤为宜城王,朱鲔为胶东王,卫尉大将军张卬为淮阳王,廷尉大将军王常为邓王,执金吾大将军廖湛为穰王,申屠建为平氏王,尚书胡殷为随王,柱天大将军李通为西平王,五威中郎将李轶为舞阴王,水衡大将军成丹为襄邑王,大司空陈牧为阴平王,骠骑大将军宋佻为颍阴王,尹尊为郾王。唯朱鲔辞曰:"臣非刘宗,不敢干典。"遂让不受。乃徙鲔为左大司马,刘赐为前大司马,使与李轶、李通、王常等镇抚关东。以李松为丞相,赵萌为右大司马,共秉内任。

更始纳赵萌女为夫人,有宠,遂委政于萌,日夜与妇人饮宴后庭。群臣欲言事,辄醉不能见,时不得已,乃令侍中坐帷内与语。诸将识非更始声,出皆怨曰:"成败未可知,遽自纵放若此!"韩夫人尤嗜酒,每侍饮,见常侍奏事,辄怒曰:"帝方对我饮,正用此时持事来乎!"起,抵破书案。赵萌专权,威福自己。郎史有说萌放纵者,更始怒,拔剑击之。自是无复敢言。萌私忿会议中,引下斩之,更始救请,不从。时李轶、朱鲔擅命山东,王匡、和张卬横暴三辅。其所授官爵者,皆群小贾竖,或有膳夫庖人,多著绣面衣、锦袴、襜褕,诸于,骂詈道中。长安为之语曰:"灶下养,中郎将。烂羊胃,骑都尉。烂羊头,关内侯。"

军帅将军豫章李淑上书谏曰:"方今贼寇始诛,王化未行,百官有司宜慎其任。夫三公上应台宿,九卿下括河海,故天工人其代之。陛下定业,虽因下江、平林之势,斯盖临时济用,不可施之既安。宜厘改制度,更延英俊,因才授爵,以匡王国。今公卿大位莫非戎陈,尚书显官皆出庸伍,资亭长、贼捕之用,而当辅佐纲维之任。唯名与器,圣人所重。今以所重加非其人,望其毗益万分,兴化致理,譬犹缘锦,所宜至虑。惟割既往谬妄之失,思隆周文济济之美。"更始怒,系淑诏狱。自是关中离心,四方怨叛。诸将出征,各自专置牧守,州郡交错,不知所从。十二月,赤眉西入关。

三年正月,平陵人方望立前孺子刘婴为天子。初,望见更始政乱,度其必败,谓安陵人弓林等曰:"前定安公婴,平帝之嗣,虽王莽篡夺,而尝为汉主。今皆云刘氏真人,当更受命,欲共定大功,何如?"林等然之,乃于长安求得婴,将至临泾立之。聚党数千人,望为丞相,林为大司马。更始遣李松与讨难将军苏茂等击破,皆斩之。又使苏茂拒赤眉于弘农,茂军败,死者千余人。三月,遣李松会朱鲔与赤眉战于蓩乡,松等大败,弃军走,死者三万余人。

时王匡、张卬守河东,为邓禹所破,还奔长安。与诸将议曰:"赤眉近在郑、华阴间,且暮且至。今独有长安,见灭不久,不如勒兵掠城中以自富,转攻所在,东归南阳,收宛王等兵。事若不集,复入湖池中为盗耳。"申屠建、湛等皆以为然,共入说更始。更始怒不应,莫敢复言。及赤眉立刘盆子,更始使王匡、陈牧、成丹、赵萌屯新丰,李松军掫,以拒之。

张卬、廖湛、胡殷、申屠建与御史大夫隗嚣合谋,欲以立秋日膢时共劫更始,俱成前计。侍中刘能卿知其谋,以告之。更始托病不出,召张卬等。卬等皆入,将悉诛之,唯隗嚣不至。更始狐疑,使卬等四人且待于外庐。卬与湛、殷疑有变,遂突出,独申屠建在,更始斩之。卬与湛、殷遂勒兵掠东西市。昏时,烧门入,战于宫中,更始大败。明旦,将妻子车骑百余,东奔赵萌于新丰。

更始复疑王匡、陈牧、成丹与张卬等同谋,乃并召入,牧、丹先至,即斩之。王匡惧,将兵入长安,与张卬等合。李松还从更始,与赵萌攻匡、卬于城内。连战月余,匡等败走,更始徙居长信宫。赤眉至高陵，匡等迎降之，遂共连兵而进。更始守城，使李松出战，败，死者二千余人，赤眉生得松。时松弟泛为城门校尉，赤眉使使谓之曰："开城门，活汝兄。"泛即开门。九月，赤眉入城，更始单骑走，从厨城门出。诸妇女从后连呼曰："陛下，当下谢城！"更始即下拜，复上马去。

初，侍中刘恭以赤眉立其弟盆子，自系诏狱；闻更始败，乃出，步从至高陵，止传舍。右辅都尉严本，恐失更始为赤眉所诛，将兵在外，号为屯卫而实囚之。赤眉下书曰："圣公降者，封长沙王。过二十日，勿受。"更始遣刘恭请降，赤眉使其将谢禄往受之。十月，更始遂随禄肉袒诣长乐宫，上玺绶于盆子。赤眉坐更始，置庭中，将杀之。刘恭、谢禄为请，不能得，遂引更始出。刘恭追呼曰："臣诚力极，请得先死"。拔剑欲自刎，赤眉帅樊崇等遽共救止之，乃赦更始，封为畏威侯。刘恭复为固请，竟得封长沙王。更始常依谢禄居，刘恭亦拥护之。

三辅苦赤眉暴虐，皆怜更始，而张卬等以为虑，谓禄曰："今诸营长多欲篡圣公者。一旦失之，合兵攻公，自灭之道也。"于是禄使从兵与更始共牧马于郊下，因令缢杀之。刘恭夜往收藏其尸。光武闻而伤焉，诏大司徒邓禹葬于霸陵。

有三子：求、歆、鲤。明年夏，求兄弟与母东诣洛阳，帝封求为襄邑侯，奉更始祀；歆为谷孰侯，鲤为寿光侯。求后徙封咸阳侯。求卒，子巡嗣，复徙封濩泽侯。巡卒，子姚嗣。

论曰："周武王凤兵甾孟津，退而还师，以为纣未可伐，斯时有未至者也。汉起，驱轻黠乌合之众，不当天下万分之一，而旌旃之所拂及，书文之所通被，莫不折戈顿颡，争受职命。非唯汉人余思，固亦几运之会也。夫为权首，鲜或不及。陈、项且犹未兴，况庸庸者乎！

刘盆子者，太山式人，城阳景王章之后也。祖父宪，元帝时封为式侯，父萌嗣。王莽篡位，国除，因为式人焉。

天凤元年，琅琊海曲有吕母者，子为县吏，犯小罪，宰论杀之。吕母怨宰，密聚客，规以报仇。母家素丰，资产数百万，乃益酿醇酒，买刀剑衣服。少年来酤者，皆赊与之，视其乏者，辄假衣裳，不问多少。数年，财用稍尽，少年欲相与偿之。吕母垂泣曰："所以厚诸君者，非欲求利，徒以县宰不道，枉杀吾子，欲为报怨耳。诸君宁肯哀之乎！"少年壮其意，又素受恩，皆许诺。其中勇士自号猛虎，遂相聚得数十百人，因与吕母入海中，招合亡命，众至数千。吕母自称将军，引兵还攻破海曲，执县宰。诸吏叩头为宰请。母曰："吾子犯小罪，不当死，而为宰所杀。杀人当死，又何请乎？"遂斩之，以其首祭子冢，复还海中。

后数岁，琅琊人樊崇起兵于莒，众百余人，转入太山，自号三老。时青、徐大饥，寇贼蜂起，众盗以崇勇猛，皆附之，一岁间至万余人。崇同郡人逢安，东海人徐宣、谢禄、杨音，各起兵，合数万人，复引从崇。共还攻莒，不能下，转掠至姑幕，因击王莽探汤侯田况，大皮之，杀万余人，遂北入青州，所过虏掠。还至太山，留屯南城。初，崇等以困穷为寇，无攻城徇地这社。众既寝盛，乃相与为约：杀人者死，伤人者偿创。以言辞为约束，无文书、旌旗、部曲、号令。其中最尊者号三老，次从事，次卒史，泛相称曰巨人。王莽遣平均公廉丹、匡军，杀万余人，追至无盐，廉丹战死，王匡走。崇又引其兵十余万，复还围莒，数月。或说崇曰："莒，父母之国，奈何攻之？"乃解去。时吕母病死，其众分入赤眉、青犊、铜马中。赤眉遂寇东海，与王莽沂平大尹战，败，死者数千人，乃引去，掠楚、沛、汝南、颍川，还入陈留，攻拔鲁城，转至濮阳。

会更始都洛阳，遣使降崇。崇等闻汉室复兴，即留其兵，自称渠帅二十人，随使者至洛阳降更始，皆封为列侯。崇等既未有国邑，而留众稍有离叛，乃遂亡归其营，将兵入颍川，分其众为二部，崇与逢安为一部，徐宣、谢禄、杨音为一部。崇、安攻拔长社，南击宛，斩县令；而宣、禄等亦拔阳翟，引之梁，击杀河南太守。赤眉众虽数战胜，而疲敝厌兵，皆日夜愁泣，思欲东归。崇等计议，虑众东向必散，不如西攻长安。更始二年冬，崇、安自武关，宣等从陆浑关，两道俱入。三年正月，俱至弘农，与更始诸将连战克胜，众遂大集。乃分万人为一营，凡三十营，营置三老、从事各一人。进至华阴。

军中常有齐巫鼓舞祠城阳景王，以求福助。巫狂言景王大怒，曰："当为县官，何故为贼？"有笑巫者辄病，军中惊动。时方望弟阳怨更始杀其兄，乃逆说崇等曰："更始荒乱，政令不行，故使将军得至于此。今将军拥百万之众，西向帝城，而无称号，名为群贼，不可以久。不如立宗室，挟义诛伐。以此号令，谁敢不服？"崇等以为然，而巫言益甚。前及郑，乃相与议曰："今迫近长安，而鬼神如此，当求刘氏共尊立之。"六月，遂立盆子为帝，自号建世元年。

初，赤眉过式，掠盆子及二兄恭、茂，皆在军中。恭少习《尚书》，略通大义，及随崇等降更始，即封为式侯。以明经数言事，拜侍中，从更始在长安。盆子与茂留军中，属右校卒史刘侠卿，主刍牧牛，号曰牛吏。及崇等欲立帝，求军中景王后者，得七十余人，唯盆子与茂及前西安侯刘孝最为近属。崇等议曰："闻古天子将兵称上将军。"乃书札为符曰"上将军"，又以两空札置笥中，遂于郑北设坛场，祠城阳景王。诸三老、从事皆大会陛下，列盆子等三人居中立，以年次探扎。盆子最幼，后探得符，诸将乃皆称臣拜。盆子时年十五，被发徒跣，敝衣赭汗，见众拜，恐畏欲啼。茂谓曰："善藏符。"盆子即齧折弃之，复还依侠卿。侠卿为制绛单衣、半头赤帻、直綦履，乘轩车大马，赤屏泥，绛襜络，而犹从牧儿遨。

崇虽赶快勇力而为众所宗，然不知书数。徐宣故县狱吏，能通《易经》。遂共推宣为丞相，崇御史大夫，逢安左大司马，谢禄右大司马，自杨音以下皆为列卿。

军及高陵，与更始叛将张卬等连和，遂攻东都门，入长安城，更始来降。

盆子居长乐宫，诸将日会论功，争言欢呼，拔剑击柱，不能相一。三辅郡县营长遣使贡献，兵士辄剽夺之。又数虏暴吏民，百姓保壁，由是皆复固守。至腊日，崇等乃设乐大会，盆子坐正殿，中黄门持兵在后，分卿皆列坐殿上。酒未行，其中一人出刀笔书谒欲贺，其余不知书者起请之，各各屯聚，更相背向。大司农杨音按剑骂曰："诸卿皆老佣也！今日设君臣之礼，反更殽乱，儿戏尚不如此，皆可格杀！"更相辩斗，而兵众遂各逾宫斩关，入掠酒肉，互相杀伤。卫尉诸葛稚闻之，勒兵入，格杀百余人，乃定。盆子惶恐，日夜啼泣，独与中黄门共卧起，唯得上观阁而不闻外事。

时掖庭中宫女犹有数百千人，自更始败后，幽闭殿内，掘庭中芦菔根，捕池鱼而食之，死者因相埋于宫中。有故祠甘泉乐人，尚共击鼓歌舞，衣服鲜明，见盆子叩头言饥。盆子使中黄门禀之米，人数斗。后盆子去，皆饿死不出。

刘恭见赤眉众乱，知其必败，自恐兄弟俱祸，密教盆子归玺绶，习为辞让之言。建武二年正月朔,崇等大会,刘恭先曰:"诸君共立恭弟为帝,德诚深厚。立且一年,寇乱日甚,诚不足以相成。恐死而无所益,愿得退为庶人,更求贤知,唯诸君省察。"崇等谢曰:"此皆崇等罪也。"恭复固请。或曰:"此宁式侯事邪!"恭惶恐起去。盆子乃下床解玺绶,叩头曰:"今设置县官而为贼如故。吏人贡献,辄见剽劫,流闻四方,莫不怨恨,不复信向。此皆立非其人所致,愿乞骸骨,避贤圣。必欲杀盆子以塞责者,无所离死。诚冀诸君肯哀怜之耳!"因涕泣嘘唏。崇等及会者数百人,莫不哀怜之,乃皆避席顿首曰:"臣无状,负陛下。请自今已后,不敢复放纵。"因共抱持盆子,带以玺绶。盆子号呼不得已。即罢出,各闭营自守,三辅翕然,称天子聪明。百姓争还长安,市里且满。

后二十余日,赤眉贪财物,复出大掠。城中粮食尽,遂收载珍宝,因大纵火烧宫室,引兵而西。过祠南郊,车甲兵马最为猛盛,众号百万。盆子乘王车,驾三马,从数百骑。乃自南山转掠城邑,与更始将军严春战于郿,破春,杀之,遂入安定、北地。至阳城、番须中,逢大雪,坑谷皆满,士兵冻死,乃复还,发掘诸陵,取其宝货,遂污辱吕后尸。凡贼所发,有玉匣殓者率皆如生,故赤眉得多行淫秽。大司徒邓禹时在长安,遣兵击之于郁夷,反为所败,禹乃出之云阳。九月,赤眉复入长安,止桂宫。

时汉中贼延岑出散关,屯杜陵,逢安将十余万人击之。邓禹以逢安精兵在外,唯盆子与羸弱居城中,乃自往攻之。会谢禄救至,夜战槀街中,禹兵败走。延岑及更始将军李宝合兵数万人,与逢安战于杜陵。岑等大败,死者万余人,宝遂降安,而延岑收散卒走。宝乃密使人谓岑曰:"子努力还战,吾当于内反之,表里合势,可双破也。"岑即还挑战,安等空营击之,宝从后悉拔赤眉旌帜,更立己幡旗。安等战疲还营,城郭皆空,白骨蔽野,遗人往往聚为营保,各坚守不下。赤眉虏掠无所得,十二月,乃引而东归。众尚二十余万,随道复散。

光武乃遣破奸将军侯进等屯新安,建威大将军耿弇等屯宜阳,分为二道,以要其还路。敕诸将曰:"贼若东走,可引宜阳兵会新安;贼若南走,可引新安兵会宜阳。"明年正月,邓禹自河北度,击赤眉于湖,禹复败走,赤眉遂出关南向。征西大将军冯异破之于崤底。帝闻,乃自将幸宜阳,盛兵以邀其走路。

赤眉忽遇大军,惊震不知所为,乃遣刘恭乞降,曰:"盆子将百万众降,陛下何以待之?"帝曰:"待汝以不死耳。"樊崇乃将盆子及丞相徐宣以下三十余人肉袒降。上所得传国玺绶,更始七尺宝剑及玉璧各一。积兵甲宜阳城西,与熊耳山齐。帝令县厨赐食,众积困馁十余万人皆得饱饫。明旦,大陈兵马临洛水,令盆子君臣列而观之。谓盆子曰:"自知当死不?"对曰:"罪当应死,犹幸上怜赦之耳。"帝笑曰:"儿大黠,宗室无蚩者。"又谓崇等曰:"得无悔降乎?朕今遣卿归营勒兵,鸣鼓相攻,决其胜负,不欲强相服也。"徐宣等叩头曰:"臣等出长安东都门,君臣计议,归命圣德。百姓可与乐成,难与图始,故不告众耳。今日得降,犹去虎口归慈母,诚欢诚喜,无所恨也。"帝曰:"卿所谓铁中铮铮,佣中佼佼者也。"又曰:"诸卿大为无道,所过比例夷灭老弱,溺社稷,汙井灶。然犹有三善:攻破城邑,周遍天下,本故妻妇无所改易,是一善也;立君能用宗室,是二善也;馀贼立君,迫急皆持其首降,自以为功,诸卿独完全以付朕,是三善也。"乃令各与妻子居洛阳,赐宅人一区,田二顷。

其夏，樊崇、逢安谋反，诛死。杨音在长安时，遇赵王良有恩，赐爵关内侯，与徐宣俱归乡里，卒于家。刘恭为更始报杀谢禄，自系狱，赦不诛。

帝怜盆子，赏赐甚厚，以为赵王郎中。后病失明，赐荥阳均输官地，以为列肆，使食其税终身。

赞曰："圣以靡闻，假我风云。始顺归历，终然崩分。赤眉阻乱，盆子探符。虽盗皇器，乃食均输。

【译文】

刘玄，字圣公，是刘秀的族兄。弟弟被人杀死，圣公结交宾客打算报仇。宾客触犯法令，圣公逃避官吏到了平林。官吏囚禁了圣公的父亲子张。圣公假死，派人护丧回到舂陵，官吏于是放了子张，圣公自己逃跑藏匿起来。

王莽末年，南方闹饥荒，百姓成群结队来到荒野沼泽地，挖掘乌芋吃，互相抢夺食物。新市人王匡、王凤公正地为人调解纠纷，于是被推举为头领，聚众数百人。这时逃亡在外的马武、王常、成丹等人前去投奔他；他们一起攻打离乡聚，藏匿在绿林山中，几个月的时间人数达七八千人。地皇二年，荆州牧某人调发兵士两万人攻打他们，王匡等率兵在云杜迎击，大败荆州牧的军队，杀死几千人，缴获了所有军用物资，于是攻下竟陵县，又转而攻打云杜、安陆，大量掠取妇女，回到绿林山中，人数达到五万多口，州郡无法管制。

牵马图

地皇三年，大规模地发生瘟疫，死者近半，于是各自率人马分散离去。王常、成丹向西进入南郡，称作"下江兵"；王匡、王凤、马武和他们的支党朱鲔、张卬等向北进入南阳，称作"新市兵"，他们都自称为将军。七月，王匡等进攻随县，没有攻下。平林人陈牧、廖湛又聚众一千多人，称作"平林兵"，来响应王匡等人。圣公于是前去跟随陈牧等人，作了他们军中的安集掾。

这时候，刘秀和他的兄弟伯升也起兵舂陵与各部联合进兵。四年正月，击败王莽前队大夫甄阜、属正梁丘赐的军队，杀了甄阜和梁丘赐，称圣公为更始将军。各部人员虽然众多，却没有统一的领导，众将于是共同商议立更始将军为天子。二月辛巳，在淯水的沙滩上设置坛场，列兵会盟。更始将军即帝位，面南而立，接受群臣朝见。刘玄平时性格懦弱，此时羞愧流汗，举着手说不出话来。于是大赦天下，立年号为更始元年。官封各个将领，封族父刘良为国家三老，王匡为定国上公，王凤为成国上公，朱鲔为大司马，刘伯升为大司徒，陈牧为大司空，剩下的人都封作九卿、将军。五月，伯升攻下宛城。六月，更始进入宛城定都，赐封全部宗室和将领，封为列侯的有一百多人。

更始忌恨伯升的威望和声名，就杀了他，任命光禄勋刘赐为大司徒，原钟武侯刘望起兵，占据了汝南。当时王莽的纳言将军严尤、秩宗将军陈茂兵败昆阳，前去归附刘望。八月，刘望就自立为天子，任用严尤为大司马，陈茂为丞相。王莽派太师王匡、国将哀章镇守洛阳。更始派遣定国上公王匡攻打洛阳，西屏大将军申屠建、丞相司直李松攻打武关，三辅震动。这时，海内豪杰都起来响应，都杀了当地的牧守，自称为将军，使用汉朝的年号，以等待天子的命令，十月一日之间，遍布天下。

长安城内也起兵攻打未央宫。九月，东海人公宾就在渐台杀了王莽，收取了天子的印玺，把王莽的首级送到宛城。更始这时正在便殿黄堂，取了王莽的头看视，高兴地说："王莽不是这样，应该与霍光一样。"宠姬韩夫人笑着说："若不是这样，皇帝怎能得到他呢？"更始大喜，把王莽的头颅悬挂在宛城闹市。这月，攻克洛阳，活捉了王匡、哀章，押至宛城，杀了这二人。十月，派奋威大将军刘信攻打汝南杀了刘望，又杀了严尤、陈茂。更始于是向北定都洛阳，以刘赐为丞相。申屠建、李松从长安送来君王的车马和服饰，又派中黄门侍从官奉迎更始迁都长安。二年二月，更始从洛阳西行。刚出发，李松侍奉引路，又受惊狂奔，撞上了北宫铁柱门，三匹马都死了。

当初，王莽贵败，只有未央宫被烧罢了，其余的宫馆都没有被烧毁。几千宫女，都在后宫，钟鼓、帷帐、舆辇、器服、太仓、武库、官府、市区，一切照旧。更始到了长安，住在长乐宫，在前殿坐定，郎吏依次列于庭中。更始羞惭，低着头脸贴座席不敢下视。后到的众将，更始问他们掳掠了多少东西，左右侍从官都是宫廷旧吏，个个都惊讶地相互对视。

李松和棘阳人赵萌劝说更始，应该全部分封功臣为王。朱鲔和他们争论，认为高祖规定，不是刘姓不可以封王。更始就先封宗室太常将军刘祉为定陶王，刘赐为宛王，刘庆为燕王，刘歙为元氏王，大将军刘嘉为汉中王，刘信为汝阴王；后来又立王匡为比阳王，王凤为宜城王，朱鲔为胶东王，卫尉大将军张卬为淮阳王，廷尉大将军王常为邓王，执金吾大将军廖湛为穰王，申屠建为平氏王，尚书胡殷为随王，柱天大将军李通为西平王，五威中郎将李轶为舞阳王，水衡大将军成丹为襄邑王，大司空陈牧为阴平王，骠骑大将军宋佻为颍阴王，尹尊为郾王。只有朱鲔推辞说："我不是刘氏宗族，不敢触犯法典。"推让不接受王位。于是改任朱鲔为左大司马、刘赐为前大司马，派他们和李轶、李通、王常等镇守关东。任命李松作丞相，赵萌作右大司马，共同执掌朝中政务。

更始以赵萌的女儿为夫人，宠爱她，便把政事交付给赵萌，日夜和妇人在后宫宴饮。群臣要禀奏事情，常常酒醉不能接见，遇到万不得已的时候，就命侍中坐在帷帐内和群臣对答。众将认出并非更始的声音，出来都抱怨说："成败还不知道，就放纵自己到这种地步！"韩夫人特别嗜好饮酒，每次陪饮，看见常侍禀奏事情，就生气地说："皇帝正和我对饮，就这个时候来奏事吗！"起身，击破书案。赵萌专权，自己作威作福。郎吏有说赵萌放纵的，更始大怒，拔剑刺他。从这以后没有人敢再说话的。赵萌暗中忌恨侍中，拉下去杀了他，更始替他求情，赵萌不听从。当时李轶、朱鲔在山东擅自发号施令，王匡、张卬横行三辅。他们授给官爵的人，都是小人商贾，还有厨夫，大多穿着华美的衣服，锦制之套裤、短衣、妇人的上衣，在道上骂骂咧咧。长安人评论他们说："厨役作了中郎将，烂羊胃作了骑都尉，烂羊头作了关内侯。"

军帅将军豫章人李淑上书进谏说："现今贼寇刚刚消灭，天子的德化还没有推行，百官的任用应该慎重。三公上应三台，丸卿下法河海，因此天道之行之事由人代行。陛下奠定基业，虽然借着下江、平林的力量，但这是临时利用，不能实行了就安定下来一成不变，应该改变制度，另选用伟异有俊才的人，按照才能授给官爵，来辅佐国家。现在公卿高官都是行伍出身，尚书显官都出自平庸之辈，只能当亭长、捕贼掾。而今却担当了辅佐国家的重任。只有爵号和车舆服饰，是圣人所重视的。现在你以所应重视的送给不应得到的人，希望他多少有些帮助，使国家教化昌盛，政治清明，就好比循着树找鱼，登上山采珠。海内人士看见这种情况，就有窥伺忖度汉天子之位的。我不是有所憎恶而求得进升，只是替陛下痛心这种行动。让不高明的匠人砍削大木裁制美锦，会毁坏了高大的木材和美锦，应当极周密地考虑。只有改正以往荒簸廖愚妄的过失，考虑尊崇周文王时人才济济的美盛业绩。"更始大怒，把李淑囚禁狱中。从这以后关中离心离德，四方怨声载道，背叛更始。众将出征，各自擅自设置牧守，州郡交错，不知服从哪一方。十二月，赤眉军西进入关。

三年正月，平陵人方望拥立先帝幼子刘婴为天子。以前，方望看见更始政局混乱，推测他一定失败，对安陵人弓林等说："原先的安定公刘婴，是平帝的继承人，虽然被王莽篡夺了王位，但曾经做过汉朝的君主。现在都说刘氏中获得天道的'真人'。应当再次接受上天之命，我想共同建立大业，怎么样？"弓林等同意他的话，就在长安找到刘婴，把他带到临泾拥立他为天子。聚集几千人，方望为丞相，弓林为大司马。更始派李松和讨难将军苏茂等打败了他们，将他们全部杀掉。又派苏茂在弘农抵御赤眉军，苏茂的军队失败了，死去一千多人。

三月，派李松汇合朱鲔与赤眉军在蓩乡展开战斗，李松等大败，抛下军队逃跑，死者达三万多人。

当时王匡、张卬镇守河东，被邓禹击破，跑回长安。张卬和众将商议说："赤眉近在郑县、华阴之间早晚就要到来。现在唯有长安，不久将被消灭，不如率兵抢掠城中，使自己富足，再回头攻打我们所在之地，向东回南阳，收集宛王等人的兵马。事情如果不成功，再入江湖中为盗。"申屠建、廖湛等都认为他说得对，一起入宫说服更始。更始生气不同意，便不敢再说了。等到赤眉拥立刘盆子，更始就派王匡、陈牧、成丹、赵萌驻招兵买马在新丰，李松驻军掫城，赤抵御赤眉。

张卬、廖湛、胡殷、申屠建等与御史大夫隗嚣合谋，想在立秋日祭祀时一起劫持更始，共同完成先前的计谋。侍中刘能卿得知他们的计划，就告诉了更始。更始托病不出宫，召见张卬等人。张卬等人都进入宫内，更始将要把他们都杀死，唯独隗嚣没到。更始犹豫不决，让张卬等四人暂且在外面的房子里等待。张卬和廖湛、胡殷怀疑有变故，便突围出来，只有申屠建留下，更始杀了他。张和廖湛、胡殷便率兵抢掠东西市场。黄昏时分，烧毁宫门入内，在宫中交战，更始大败。第二天早晨，率妻子儿女车骑一百多，向东投奔在新丰的赵萌。

更始又怀疑王匡、陈牧、成丹和张卬等人合谋，便同时召见他们。陈牧、成丹先到，更始就杀了他们。王匡惧怕，率兵进入长安，和张卬等合。李松仍跟随更始，和赵萌一起在城内攻打王匡、张卬。接连交战一个多月，王匡等人失败逃走，更始迁居长信宫。赤眉军到了高陵，王匡等人迎接并投降了赤眉，于是合兵前进。更始守城，派李松出战，兵败，战死二千多人，赤眉活捉了李松。当时李松的弟弟李泛为城门校尉，赤眉派使者对李泛说："打开城门，就让你哥哥活下来。"李泛就打开了城门。九月，赤眉军入城，更始独自骑马逃走，从厨城门出来。众妇女跟在他后面连声呼喊："陛下，应当下马与城辞别"。更始就下马叩拜，又上马离去。

起初，侍中刘恭因为赤眉拥立他的弟弟刘盆子，自囚狱中，听说更始失败，就出了狱，徒步跟从到高陵，住以驿站所设的房舍中。右辅都尉严本害怕失去更始被赤眉杀死，率兵在外，号称屯兵宿卫实际上囚禁了他。赤眉下书说："圣公归降，封为长沙王。过了二十日，就不受降了。"更始派刘恭前去请求投降，赤眉派他的将领谢禄前往受降。十月，更始便跟随谢禄袒身来长乐宫，向刘盆子献上天子印玺。赤眉致罪更始，置于庭院之中，要杀死他。刘恭、谢禄为他请求赦罪，没有获准，赤眉便把更始带了出去。刘恭追着喊道："我确实尽力了，请允许我先死。"拔剑要自杀，赤眉统帅樊崇等急忙一起制止他，于是赦免了更始，封为畏威侯。刘恭又为他坚决奏请，终于封为长沙王。更始常常靠近谢禄居住，刘恭也保护他。

三辅苦于赤眉的暴眶，都同情更始，张卬等顾虑此事，对谢禄说："现在各军首领有很多人想夺取圣公。一旦失去他，会汇合兵马攻打您，这是自取毁灭的道路。"于是谢禄派跟从的士兵和更始一起在郊外牧马，就授令绞杀了更始。刘恭夜晚前往收埋了尸体。光武帝听说了很伤心，下诏让大司徒邓禹把他埋在霸陵。

更始有三个儿子：求、歆、鲤。第二年夏季，求兄弟和母亲东行到了洛阳，光武帝封求为襄邑侯，让他祭祀更始；歆为谷孰侯，鲤为寿光侯。求后来改封为咸阳侯。求死后，他的儿子巡继位，又改封为濩泽侯。巡死后，他的儿子姚嗣立。

评论说：周武王到孟津阅兵，回来后调还军队，认为纣还不能讨伐，时机还没有成熟。汉起兵时，率仓卒聚集起来的轻装精锐、凶猛狡黠的士兵，不抵天下力量的万分之一，然而旌旗所指，檄文所达，都弃文叩首，争着接受命令。这不仅是因为汉朝人想念汉朝的思绪，原也与机遇有关。但是作为首事之人，很少有不遭祸患的。陈胜、项羽况且还没有成功，何况平庸之辈！

刘盆子，太山式县人，城阳景王章的后代。祖父刘宪，元帝时被封为式侯，父亲刘萌继承了侯位。王莽篡位，废除了封国，便成为式县人。

天凤元年，琅玡海曲有吕母这个人，儿子做县吏，犯了小黑暗，县令定罪杀他。吕母怨恨县令，暗地聚集宾客，计划报他。吕母家一向富裕，财产数百万，于是更多地酿造醇酒，买刀剑。少年来酤酒，都赊给他们，看到他们有贫寒的，就借给他们衣裳，不计数量。数年后，钱财快用尽了，少年要一起偿还她。吕母流着泪说："我之所以厚待各位，不是想要谋求好处，只因为县令不仁，冤枉地杀死了我的儿子，我要为我的儿子报仇，你们可愿意怜悯他?"少年认为她的心意悲壮,平时又受她的恩惠,就都同意了。这些人中的勇士自称"猛虎",聚集了百十来人,便和吕母进入海中,召集亡命之徒,人员达到数千。吕母自称将军,率兵回来攻破海曲县,捉住县令。各官吏叩头替县令讨命。吕母说:"我的儿子犯了小罪,不应当处死,却被县令杀了。杀人应当处死,又有什么可请命的呢?"于是杀了县令,用他的首级祭奠儿子的坟墓,然后又回到大海中。

数年后,琅玡人樊崇在莒县起兵,有一百多人,辗转进入太山,自称"三老"。当时青、徐州闹饥荒,寇贼蜂起,众交界贼认为樊崇勇猛,一年之间人数达一万多人。和樊崇同郡的人逢安,东海人徐宣、谢禄、杨音,各自起兵,聚合有数万,又都投奔跟从樊崇。一起回来进攻莒县,没有攻下,转而抢掠到姑幕县,攻打王莽的探汤侯田况,大败田况,杀了一万多人,于是向北进入青州,所到之处一路掠夺。回到太山,驻兵南城县。当初,樊崇等人因为穷困而成为寇贼,没有攻城略地的策略。人马已经渐盛,下相互约定:杀人者死,伤人者根据伤势进行偿还。用口头言语作为约束,没有文书、旌旗、编制、号令。军中最尊贵的人物称三老,其次称为从事,再次称为卒史,普遍在互相以巨人相称。王莽派平均公廉丹、太师王匡攻打樊崇。樊崇等想作战,害怕他的士兵和王莽的士兵相混淆,就都把眉毛涂成朱色以相识别,因此号称赤眉。赤眉大败廉丹、王匡的军队,杀了一万多人,追到无盐,廉丹战死,王匡逃走。樊崇又率他的军队十多万人,再次回去围攻莒县数月。有人劝告樊崇说:'莒,养育我们的地方,如何能攻打它?"于是带兵离去。当时吕母病死,她的部下分别加入赤眉、青犊、铜马军中。赤眉于是攻打东海,和王匡的沂平郡守交战,战败,死了几千人,便率兵离去,掠压楚、沛、汝南、颍川,回到陈留,攻下鲁城,辗转到濮阳。

正好更始定都洛阳,派使者劝降樊崇。樊崇等听说汉室复兴,就留下他的士兵,自己带领将领二十多人,随从使者到洛阳归降更始,都封为列侯。樊崇等既没有封国,而留下的士兵又渐渐叛离,樊崇于是逃回自己的营地,率兵进入颍川,把他的士兵分成两部,樊崇和逢安是一部,徐宣、谢禄、杨音为另一部。樊崇、逢安攻下长社,向南攻打宛,杀了县令;而徐宣、谢禄等也攻克了阳翟,率兵到梁,击败并斩杀了河南太守。赤眉军虽然数战都取胜了,但是疲惫不堪,厌倦了作战,都日夜愁苦哭泣,想要东归。樊崇等商议,考虑到军队东去必然会士兵离散,不如向西攻打长安。更始二年冬,樊崇、逢安从武关,徐宣等从陆浑关,两路一同进发。三年正月,都到了弘农,和更始众将连着打了几仗,都取得了胜利,于是士兵大规模地集结在一起。分一万人为一营,共三十营,每营设置三老、从事各一人。进发到华阴。

军中常有齐地巫师打着鼓跳着舞祭祀城阳景王来求得赐福保佑。巫师狂言乱语说景王大怒,说道:"当作天子,为何作盗贼?"有讥笑巫师的人就患病,军中惊讶骚动。当时,方望的弟弟方阳怨更始杀了他的兄长,就劝樊崇等人:"更始荒废紊乱,政令不能推行,所以才让将军到今天的地步。现在你拥有百万士兵,向京城西进,却没有称号,号分上是群贼,不能长久,不如拥立汉宗室,依靠道义进行讨伐。用这来号令天下,谁敢不服?"樊崇等认为他说得对,而巫师的活就更加厉害了。前进到达郑县,共同商议说:"现在迫近长安,而鬼神的意志是这样,应该寻找到刘氏共同拥立他。"六月,拥立刘盆子为帝,自己建立年号为建世元年。

当初,赤眉经过式县,掠取了刘盆子和他的两位兄长刘恭、刘茂,都在军中。刘恭年少时学习《尚书》粗通大义,等到随从樊崇等人归降更始,就被封为式侯,因通经多次陈奏政事,被任命为侍中,跟随更始在长安。刘盆子和刘茂留在军中,隶属右校卒史刘侠卿,主管割草牧牛,称作牛吏。等到樊崇等人要拥立天子,在军中寻求景王的后代,得到七十多人,只有刘盆子和刘茂以及原西安侯刘孝是景王最近的族属。樊崇等人商议说:"听说古时天子率兵称为上将军。"于是以简为符,上书"上将军",又把两个没有字的简放在小箱子中,便在郑县的北面设立坛场,祭祀城阳景王。各位三老、从事都集合在台阶下,刘盆子等三人站立在中间,按年岁大小依次去摸符札。刘盆子最小,最后摸着符,众将都向他叩拜称臣。刘盆子当时十五岁,披散着头发,光着脚,破旧衣服被汗水浸渍成赤黄色,看见众人叩拜他,惊恐得想要哭。刘茂对他说:"好好收藏符。"刘盆子就咬断符扔掉了它,又回去依附刘侠卿。刘侠卿给他置办了绛色单衣,红色空顶帻巾,刺有文饰的鞋,让他乘坐轩车大马,车的横木前有赤色挡泥饰物,有以交络为饰的绛色车帷,但刘盆子仍然跟着牧童游玩。

樊崇虽然因为勇猛而起家,被众人推举为头领,但他不识字。徐宣原是县狱吏,能够通晓《易经》。于是共同推举徐宣为丞相,樊崇为御史大夫,逢安为左大司马,谢禄为右大司马,自杨音以下都为列卿。军陈到了高陵,与更始的叛将张印等联合,便进攻东都门,进入长安城,更始前来投降。

刘盆子住在长乐宫,众将天天聚合在一起讨论功劳,大呼小叫地争辩,拔剑击柱,不能统一。三辅郡县的营长派使者进献物品,士兵就抢掠物品。又屡次掠夺官吏和平民,百姓修筑堡垒,从此都又坚守自卫。到了腊日,樊崇等设乐大宴众将,刘盆子坐在正殿,中黄门手持兵器在他身后,公卿都排列着坐在殿上。酒还没有喝,其中一人拿出刀笔书写名帖打算恭贺,其他不识字的人起来请他书写自己的姓名,一伙一伙地聚集,相互背向着背。大司农杨音按剑骂道:"各位都是老雇工之辈!今日已设立君臣的礼仪,反而乱成一团,小孩子做游戏还不是这样,你们都该杀!"诸将互相辩论争斗,而士兵就各自跳进宫内,斩断门闩,入内抢夺酒肉,互相杀伤。卫尉诸葛稚听说了这件事,率兵入宫,杀了一百多人,才平息下来。刘盆子恐慌,日夜啼哭,只和中黄门一同起卧,仅在高阁,而不闻不问外事。

当时后宫中宫女还有近千人,从更始战败后,禁闭在后宫殿内,挖院中的芦菔根,抓汉中的鱼吃,死去的宫女就相互埋在宫中。甘泉宫原来祭祀的乐人,还共同击鼓歌舞,衣服鲜艳明丽,看见刘盆子便叩头说腹饥。刘盆子派中黄门赐予他们米,每人几斗。后来刘盆子离去,他们都饿死了不出来。

刘恭看到赤眉军混乱,知道他们必然失败,他害怕兄弟都要有灾祸降临,就暗地教刘盆子归还印玺,学习辞让帝位的言辞。建武二年正月初一,樊崇等大规模聚会,刘恭首先说:"诸位共同拥立我弟弟作君王,恩德确实深厚。拥立我弟弟将近一年了,混乱却一天比一天加剧,他确实不值得你们扶持。恐怕死也没有什么益处,希望贬退他为百姓,再寻求贤能的人作君主,望诸位考虑。"樊崇等致歉说:"这都是樊崇等人的罪过。"刘恭又坚决请求。有人说:"这届是你式侯的事呢!"刘恭惶恐地起身离去。刘盆子便下床解下印玺,叩头说："现在虽然设置了天子却依然像以前一样做贼寇。官吏贡奉物品，就被抢劫掠夺，四面八方听说了，没有不怨恨的，人心不再归向。这都是君主没有立对才造成的，我希望退位，给圣贤让路。如果一定要杀死盆子来抵塞罪责，我也不逃避死亡。恳请诸位能可怜同情我！"于是痛哭流涕。樊崇和聚会的几百人，没有不哀怜他的，便都离座叩头说："臣不肖，辜负了陛下。从今以后，不敢再放纵。"于是一起抱起刘盆子，给他佩戴上印玺。刘盆子哭喊不止。众将聚会结束后出来，各自关闭军垒戍守，三辅安宁，称赞天子聪明。百姓争着回长安，市内又拥满了人群。

二十多天后，赤眉贪图财物，又出来大肆掠夺。城中粮食耗尽了，就收拾装载珍宝，放火烧了宫室，率兵西去。在南郊祭天后，兵马车甲最为盛猛，号称百万之众。刘盆子乘坐王车，用三匹马驾驶，身后跟从几百骑兵。从南山起辗转掠夺城邑，和更始的将军严春在郿县交战，打败了严春，杀了他，于是进入安定、北地。到达阳城、番须一带，遇上大雪，山谷积满了雪，士兵有很多人冻死，于是军队又回来，挖掘各个陵墓，取墓中宝物，污辱吕后尸体。凡是他们挖掘的陵墓，有用玉匣入殓的尸体都像活着的人一样，所以赤眉得以有很多淫秽行径。大司徒邓禹当时在长安，派兵在郁夷出击赤眉，反被赤眉打败，邓禹就前往云阳。九月，赤眉又进入长安，停留在桂宫。

当时，汉中贼寇延岑从散关出来，屯兵杜陵，逢安率十多万人攻打他。邓禹乘逢安率精兵在外，只有刘盆子和老弱兵士在城中，就亲自前去攻打长安。正遇上谢禄救兵来到，在槁街展开夜战，邓禹士兵战败逃走。延岑和更始的将军李宝汇合士兵数万人，和逢安在杜陵作战。延岑等大败，战死一万多人，李宝就投降了逢安，而延岑则招集溃散的士兵逃走。李宝于是偷偷派人对延岑说："你奋力回来挑战，我会在内部反叛他们，里外势力联合，可以大败他们。"延岑就回来挑战，逢安等全军出色，大惊乱逃，各自投身河流山谷，死了十多万人，逢安和几千人逃回长安。当时三辅闹饥荒，人吃人，城郭都空无人烟，白骨掩蔽原野，遗存于世的人往往结为营寨，各自坚守，攻打不下来。赤眉掳掠毫无所获，十二月，就率兵东归，士兵还有二十多万人，随着又在路上散去了一些人。

光武帝派遣破奸将军侯进等驻兵新安，建威大将军耿弇等驻兵宜阳，分为两路，来切断赤眉的归路。命令众将说："贼寇如果东去，可率宜阳兵会于新安；贼寇如果南去，可率新安兵会于宜阳。"第二年正月，邓禹从黄河北渡，和赤眉在湖县交战，邓禹又失败逃走，赤眉便出关南行。征西大将军冯异在崤底打败了赤眉。光武帝听说了，就亲自率兵来到宜阳，以强大兵力拦截赤眉的退路。

赤眉突然遇见大军，震惊得不知如何应付，便派刘恭请求投降，说："刘盆子率百万军队投降，陛下怎么对待呢？"光武帝说："以不死来对对待你们。"樊崇就率刘盆子及丞相徐宣以下三十多人裸露着身子投降。献上得到的传国印玺，更始的一支七尺宝剑和一个玉璧。在宜阳城西堆积兵器甲胄，和熊耳山一样高。光武帝命县厨赏赐食物，士兵多日困乏饥饿，十多万都能饱食一顿。第二天早上，在洛水边上兵马大规模地摆开阵势，让刘盆子君臣列队观看。光武帝对刘盆子说："你认为自己该不该死？"回答说："论罪应当死，还希望陛下可怜我免去一死。"光武帝笑着说："你很狡黠，宗室，没有不聪慧的。"又对樊崇等说："有没有后悔投降？我现在派你回军营率兵，击鼓互相攻打，决定胜负，不必勉强顺服。"徐宣等叩头说:"我们出长安东都门,君臣商议,归命圣德君主。百姓可以同他们一同享受成功,却难于一起创业,所以沿有告示民众。今天能够归降,犹如离开虎口回到慈母身边,确实十分高兴,没有什么可悔恨的。"光武帝说:"你可说是铁中刚硬的,无能者中的出众人才。"又说:"你们还干没有道义的事情,经过的地方都屠灭老弱,毁坏土、谷神庙,把汲水和做饭的地方弄污秽了。但还有三个长处,攻破城邑,行遍天下,原先的妻子没有更换,是第一个长处;拥立君主能用皇家宗室,是第二个长处;其余的贼寇拥立君主,情况紧急就都拿着他们君主的头颅投降,自认为立功了,而唯独你们把君主毫无伤害地交付给我,这是第三个长处。"便让他们各自和妻子儿女住在洛阳,赐予每人房屋一处,田二顷。

这年夏天,樊崇、逢安谋反,被杀。杨音在长安时,对赵王良有恩,赐爵为关内侯,和徐宣都回到乡里,死于家中。刘恭为更始报仇杀了谢禄,自己拘系入狱,被赦免不加诛杀。

光武帝怜悯刘盆子,给予的赏赐非常丰厚,任命他为赵王郎中。后来生病失明,赐给他荥阳均输官地,用来设置店铺,使他终身收税。

赞辞说:圣公初起时没有名声,是借中光风云之便。开始是顺应天道的,但最终分崩离析。赤眉是凭借暴乱,刘盆子摸着了符而为帝。虽然盗得天位,最终还是靠均输官地为生。

来歙传

【题解】

来歙(? ~35)东汉初年的著名将帅。字君叔,南阳新野(今属河南)人。出身于世家,从小就受到很好的教育。初依更始政权,后归附刘秀,任太中大夫,出生入死,往说隗嚣归顺东汉王朝。隗嚣反叛后,来歙在建武八年(32)袭取略阳,并在这里坚守达半年之久,使隗嚣消耗了大量有生力量,失去了战争的主动权。因为来歙攻守有功,光武帝给予他赐坐特席,位居诸将之首的殊荣。建武九年,来歙以中郎将率冯异、耿㪍、盖延、马成、刘尚等五将军讨伐隗纯(隗嚣之子)于天水,破隗纯于洛门(今甘肃省陇西县东南)。建武十年(34),来歙又率盖延、刘尚、马援等三将军击破羌兵于金城(今甘肃兰州市西北),缴获甚多,从此凉州至京师之路乃通。之后来歙又开仓救济灾民,于是陇右安定。建武十一年,来歙与诸将入蜀,攻打公孙述,初战告捷,乘胜追击,途中被分孙述所派刺客暗杀。光武帝特赐策文,追赠为征羌侯,谥号叫节侯。来歙的一生,勇武壮烈,为人诚信,颇有远见,能攻善守,具有将帅之才,攻战连年,平定羌陇,对东汉的统一做出了巨大的贡献。

【原文】

来歙字君叔,南阳新野人也。六世祖汉,有才力,武帝世,以光禄大夫副楼船将军杨仆，击破南越、朝鲜。父仲，哀帝时为谏大夫，娶光武祖姑，生歙。光武甚亲敬之，数共往来长安。

汉兵起，王莽以歙刘氏外属，乃收系之，宾客共篡夺，得免。更始即位，以歙为吏，从入关。数言事不用，以病去。歙女弟为汉中王刘嘉妻，嘉遣人迎歙，因南之汉中。更始败，歙劝嘉归光武，遂与嘉俱东诣洛阳。

帝见歙，大欢，即解衣以衣之，拜为太中大夫。是时方以陇、蜀为忧，独谓歙曰："今西州未附，子阳称帝，道里阻远，诸将方务关东，思西州方略，未知所任，其谋若何？"歙因自请曰："臣尝与隗嚣相遇长安。其人始起，以汉为名。今陛下圣德隆兴，臣愿得奉威名，开以丹青之信，嚣必束手自归，则述自亡之势，不足图也。"帝然之。建武三年，歙始使隗嚣。五年，复持节送马援，因奉玺书于嚣。既还，复往说嚣，嚣遂遣子恂随歙入质；拜歙为中郎将。时山东略定，帝谋西收嚣兵，与俱伐蜀，复使歙喻旨。嚣将王元说嚣，多设疑故，久尤豫不决。歙素刚毅，遂发愤质责嚣曰："国家以君知臧否，晓废兴，故以手书畅意。足下推忠诚，遣伯春委质，是臣主之交信也。今反欲用佞惑之言，为族灭之计，叛主负子，违背忠信乎？吉凶之决，在于今日。"欲前刺嚣，嚣起入，部勒兵，将杀歙，歙徐杖节就车而去。嚣愈怒，王元劝嚣杀歙，使牛邯将兵围守之。嚣将王遵谏曰："愚闻为国者慎器与名，为家者畏怨重祸。俱慎名器，则下服其命；轻用怨祸，则家受其殃。今将军遣子质汉，内怀它志，名器逆矣；外人有议欲谋汉使，轻怨祸矣。古者列国兵交，使在其间，所以重兵贵和而不任战也，何况承王命籍重质而犯之哉？君叔虽单车远使，而陛下之外兄也。害之无损于汉，而随以族灭。昔宋执楚使，遂有析骸易子之祸。小国犹不可辱，况于万乘之主，重以伯春之命哉！"歙为人有信义，言行不违，及往来游说，皆可案复，西州士大夫皆信重之，多为其言，故得免而东归。

八年春，歙与征虏将军祭遵袭略阳，遵道病还，分遣精兵随歙，合二千余人，伐山开道，从番须、回中径至略阳，斩嚣守将金梁，因保其城。嚣大惊曰："何其神也！"乃悉兵数万人围略阳，斩山筑堤，激水灌城。歙与将士固死坚守，矢尽，乃发屋断木以为兵。嚣尽锐攻之，自春至秋，其士卒疲弊。帝乃大发关东兵，自将上陇，嚣众溃走，围解。于是置酒高会，劳赐歙，班坐绝席，在诸将之右，赐歙妻缣千匹。诏使留屯长安，悉监护诸将。

歙因上书曰："公孙述以陇西、天水为藩蔽，故得延命假息。今二郡平荡，则述智计穷矣。宜益选兵马，储积资粮。昔赵之将帅多贾人，高帝悬之以重赏。今西州新破，兵人疲馑，或招以财谷，则其众可集。臣知国家所给非一，用度不足，然有不得已也。"帝然之。于是大转粮运，诏歙率征西大将军冯异、建威大将军耿弇、虎牙大将军盖延、扬武将军马成、武威将军刘尚入天水，击破公孙述将田弇、赵匡。明年，攻拔落门，隗嚣支党周宗、赵恢及天水属县皆降。

初王莽世，羌虏多背叛，而隗嚣招怀其酋豪，遂得为用。及嚣亡后，五谿、先零诸种数为寇掠，皆营堑自守。州郡不能讨。歙乃大修攻具，率盖延、刘尚及太中大夫马援等进击羌于金城，大破之，斩首虏数千人，获牛羊万余头，谷数十万斛。又击破襄武贼傅栗卿等。陇西虽平，而人饥，流者相望。歙乃倾仓廪，转运诸县，以赈赡之，于是陇右遂安，而凉州流通焉。

十一年，歙与盖延、马成进攻公孙述将王元、环安于河池、下辨，陷之，乘胜遂进。蜀人大惧，使刺客刺歙，未殊，驰召盖延。延见歙，因伏悲哀，不能仰视。歙叱延曰："虎牙何敢然！今使者中刺客，无以报国，故呼巨卿，欲相属以军事，而反效儿女子涕泣乎！刃虽在身，不能勒兵斩公邪！"延收泪强起，受所诫。歙自书表曰："臣夜人定后，为何人所贼伤，中臣要害。臣不敢自惜，诚恨奉职不称，以为朝廷羞。夫理国以得贤为本，太中大夫段襄，骨鲠可任，愿陛下裁察。又臣兄弟不肖，终恐被罪，陛下哀怜，数赐教督。"投笔抽刃而绝。

帝闻大惊，省书揽涕，乃赐策曰："中郎将来歙，攻战连年，平定羌、陇，忧国忘家，忠孝彰著。遭命遇害，呜呼哀哉！"使太中大夫赠歙中郎将、征羌侯印绶，谥曰节侯，谒者护丧事。丧还洛阳，乘舆缟素临吊送葬。以歙有平羌、陇之功，故改汝南之当乡县为征羌国焉。

子褒嗣。十三年，帝嘉歙忠节，复封歙弟由为宜西侯。褒子棱，尚显宗女武安公主。棱早殁，褒卒，以棱子历为嗣。

【译文】

来歙，字君叔，南阳新野人。他的六世先祖来汉，颇有才智。武帝时，从光禄大夫作楼船将军杨仆的副手，打败南越、朝鲜。父亲来仲，哀帝时充当谏大夫，娶光武帝父亲的姐妹为妻，生育了来歙。光武帝对来歙十分亲近和尊敬，多次一起在长安和南阳之间来来往往。

新朝末年，刘縯、刘秀起兵于南阳，举起了复兴汉室的旗帜，王莽因为来歙是刘氏的外亲，于是下令逮捕他，由于宾客共同奋起把他夺回，才幸免于难。刘玄登极，改元更始，任用来歙充当吏掾，并随之进入关中。来歙就军国大事，曾数次进言，但均未被采用。因此，托病辞官离去。来歙的妹妹是汉中王刘嘉之妻，刘嘉派人迎接来歙，因此来歙向南来到汉中。更始帝失败后，来歙劝说刘嘉归附光武帝，于是就和刘嘉一起向东来到洛阳。

光武帝看见来歙，非常高兴，立即脱下所披襜襦给来歙穿，并任命来歙充当太中大夫。这时，隗嚣、公孙述各据陇、蜀、拥兵自立。对此，光武帝深以为忧。他独自对来歙说："现在隗嚣占据西州，尚未归附，公孙述在蜀地自称皇帝，路途遥远艰险，将领们正致力于函谷关以东，对于西州全盘的计划和策略，尚无成熟的见解，你的见解何如？"来歙乘机自己请求说："我曾与隗嚣在长安相遇，这个人开始起事，以拥汉为名。现在陛下圣明德能盛大兴旺，我愿能够尊奉您威严的命令，手持您明若丹青的手书，前往陇地，隗嚣必然束手亲自来归。那么公孙述自趋灭亡的趋势，不可逆转，对他不值得谋取。"光武帝以为他的话是对的。建武三年，来歙开始出使，到隗嚣占据的西州去。建武五年，来歙又持节送马援回归，乘机恭敬地捧着玺书给隗嚣。回来以后，又前往劝说隗嚣归汉。隗嚣于是派遣他的儿子隗恂跟随来歙到洛阳做人质。光武帝任命隗嚣充当中郎将。当时，太行山以东地区大体平定，光武帝策划向西接受隗嚣的部队，与隗嚣共同伐蜀，又派来歙为使，再次往喻隗嚣，令其发兵，夹击公孙述。隗嚣部将王元劝谏隗嚣。隗嚣反复考虑，疑虑重重，很长时间不能决断。来歙一向刚强坚毅，于是愤然责备隗嚣说："朝廷因为君知得失,识废兴,因此将手书畅示足下。足下曾效忠国家,遣子入侍,这是君臣互相信任的标志。现在反而听信佞惑之言,做灭族的策划,叛君负子,忠信何在? 吉凶之抉择,在于今天。"想向前刺杀隗嚣,隗嚣站起入内,部署整顿军队,将要杀死来歙。来歙不慌不忙,杖节出庭,登车而去。隗嚣更加恼怒,王元劝隗嚣杀掉来歙,隗嚣于是命令部将牛邯追赶来歙,并将来歙包围。隗嚣部将王遵规劝说:"我愚昧,听说治理国家不可妄授车服爵号,治理家庭害怕怨恨增加人祸。不忘授车服爵号,那么臣下服从君主的命令;轻易使用怨恨,那么家庭就要遭祸殃。现在将军派遣儿子到汉朝作人质,而内心怀有其他的志向,这是对名和器的背叛;局外之人对您有想算计汉朝使者的议论,这是轻易招怨惹祸。古时候诸侯国打仗,使者在他们之间,这是重视军队,以和为贵,不放纵战争的缘由,何况是侵犯承担王命,借重于人质的人呢? 君叔虽然是单车远道前来出使,但是他是陛下的外兄。杀害他对于汉朝没有什么损失,然而伴随而来的却是灭族,从前宋国捉拿楚的使者,于是召来劈开人骨头当柴烧,互相交换孩子吃的祸殃,对小国还不可以侮辱,何况是对于万乘之尊的君主呢? 您要以伯春的生命为重啊!"来歙为人有信义,言行一致,以及来往多方活动,陈述自己的建议、主张,希望被采纳,都可以核实,西州的读书人和做官的都信任尊重他,多替他说话,所以得免于难而东回。

建武八年的春天,来歙与征虏将军祭遵奉命率军往袭略阳,祭遵中途生病回去了,分派精兵随从来歙,合计二千余人,伐山开路,从番须、回中直达略阳,斩隗嚣守将金梁,夺取了这座城池,然后守卫着它。隗嚣大为震惊,说:"怎么这样神速!"于是出动所有的部队和万人围攻略阳,挖山上的土石修筑堤坝,企图引水灌城,来歙和将士们誓死坚守,箭射完了,就拆除房屋把木头断开作为武器。隗嚣用全部精锐部队攻城,从春天到秋天,他的士兵疲劳困顿。光武帝于是大规模调集函谷关以东部队,自己亲自统率,进军陇上,隗嚣的部众溃败逃走,对略阳的包围解除了。于是光武帝进入略阳,置酒举行盛宴,慰劳、赏赐来歙,把席位单独设在将领们的上首。赐给来歙的妻子一千匹绸缎。诏命来歙留住长安,监护所有将领。

来歙乘机上书说:"公孙述把陇西、天水作为屏障,所以能够苟延残喘。现在这两郡能够平定,公孙述则无计可施了。我们宜于多征调兵马,储备粮草。从前赵国的将帅多商人,高祖用重金奖赏降将。现在西州刚刚破败,军民疲劳饥饿,如果用金钱粮食招引他们,那当地军民能够很快集结起来。我知道国家所要供给的不只是一支军队,财政困难。然而这样做也是万不得已。"光武帝认为是对的。于是大量转运粮食,诏命来歙统率征西大将军冯异、建威大将军耿�019、虎牙大将军盖延、扬武将军马成、武威将军刘尚,攻入天水,打垮公孙述部将田�019、赵匡。第二年,攻取洛门,隗嚣党羽周宗、赵恢以及天水辖县都投降了。

当初王莽当权的时候,羌虏多数背叛,而隗嚣招诱怀柔他的酋豪,于是得以为自己所使用。等到隗嚣败亡以后,五嵠、先零诸种多次侵扰抢掠,都挖掘壕沟自己守卫,州郡不能讨伐。来歙就大量修理进攻的器具,率领盖延、刘尚及太中大夫马援等在金城攻打羌人,把羌人打得大败,斩首几千人,缴获牛羊一万余头、谷物几十万斛。又打垮襄武县的贼人傅栗卿等。陇西虽然平定,而人饥饿,流离以就食的人相望于道,来歙就尽仓库所有,将粮食转运各县,用来救济饥民,于是陇右趋于安定,而凉州的道路也打通了。

建武十一年,来歙与盖延、马成进攻公孙述部将王元、环安于河池、下辨、并攻陷了这两个地方,于是乘胜追击。蜀郡人十分恐慌,公孙述派刺客刺杀来歙,刀中要害,但没有马上气绝。来歙命人紧急召见盖延。盖延看到来歙被刺的样子,伏地哀痛,不能抬头。来歙斥责盖延说:"你怎么敢这个样子!现在我被刺客刺中,不能报效国家,才叫你来,要把军政大事托付给你,你却像小孩子一样哭个没完!刀虽然在我身上,我就不能统率军队杀了你吗?"盖延擦干眼泪,勉强起身接受嘱托。来歙亲手书写奏章,说:"我在夜深人静的时候,不知被什么人刺伤,已中要害。我不敢痛惜自己,只恨没有尽到职责,给朝廷带来羞辱。治理国家以任用贤才为根本,太中大夫段襄,忠诚正直,可以重用,望陛下裁决明察。我的兄弟们不贤,最终恐怕犯法判罪,还请陛下可怜他们,时常教诲监督。"写罢,扔掉笔,拔出凶器,气绝身亡。

光武帝听到消息,极为震惊,一面看奏章,一面流泪。于是赐给策文说:"中郎将来歙,连续多年攻城野战,平定羌人、陇西,为国担忧,忘却自家,忠孝双全,彰明显著,不幸被害,唉,悲哀呀!"命太中大夫追赠来歙中郎将、征羌侯印绶,谥号叫节侯,谒者护送灵车。灵车回到洛阳,光武帝乘车、身穿丧服、亲临吊丧、送葬。因为来歙有平定羌人、陇西的功劳,所以改汝南的当乡县为征羌国。

来歙的儿子来褒继承了他的爵位。建武十三年,光武帝表彰来歙的忠诚和气节,又封来歙的弟弟来由充当宜西侯。来褒的儿子来棱,娶显宗女武安公主为妻。来棱早死,来褒去世,用来棱的儿子来历做继承人。

马援传

【题解】

马援(前14~49)东汉初名将。字文渊。扶风茂陵(今陕西兴平东北)人。出身官宦世家。新莽时曾任郡都邮。因私纵重罪囚,亡命北地,从事田牧,役属宾客数百家。绿林、赤眉起义爆发后,任新城大尹(汉中太守)。王莽败死,避地凉州,投奔当地军阀隗嚣。刘秀称帝后,马援往归之,并为刘秀谋划,协助刘秀击溃隗嚣。建武十一年(35),任陇西太守,缮甲兵,修城廓,劝耕牧,平定陇右诸羌。建武十六年(40),高回朝廷,升为虎贲中郎将(禁卫将军)。次年,交阯郡征侧、征贰聚兵反抗东汉王朝。九真、日南、合浦蛮、夷起而响应。马援又被授予"伏波将军"的称号,率军南下,水陆并进,平定二征,并进击征侧余部都羊等,悉平岭南,因功封新息侯。马援行军所过,常常为郡县修治城郭,穿渠灌溉,以利百姓。并与越人申明旧制以约束他们。此后,匈奴、乌桓侵扰三辅,马援以男儿当"死于边野,马革裹尸"自誓,自愿请求出征。建武二十四年(48),马援又以六十二岁的高龄,领兵远征武陵、五溪蛮。次年,病死军中。永平初年,汉明帝将马援女立为皇后。但因明帝禁外戚之家封侯与政,故马援未得入云台二十八将。至建初三年(78),马援被追谥为忠成侯。著有《铜马相法》，并铸作铜马，以为名马法式。

【原文】

马援字文渊，扶风茂陵人也。其先赵奢为赵将，号曰马服君，子孙因为氏。武帝时，以吏二千石自邯郸徙焉。曾祖父通，以功封重合侯，坐兄何罗反，被诛，故援再世不显。援三兄况、余、员，并有才能，王莽时皆为二千石。

援年十二而孤，少有大志，诸兄奇之。尝受《齐诗》，意不能守章句，乃辞况，欲就边郡田牧。况曰："汝大才，当晚成。良工不示人以朴，且从所好。"会况卒，援行服期年，不离墓所，敬事寡嫂，不冠不入庐，后为郡督邮，送囚至司命府，因有重罪，援哀而纵之，遂亡命北地。遇赦，因留牧畜，宾客多归附者，遂役属数百家。转游陇汉间，常谓宾客曰："丈夫为志，穷当益坚，老当益壮。"因处田牧，至有牛马羊数千头，谷数万斛，既而叹曰："凡殖货财产，贵其能施赈也，否则守钱房耳。"乃尽散以班昆弟故旧，身衣羊裘皮绔。

马援

王莽末，四方兵起，莽从弟卫将军林广招雄俊，乃辟援及同县原涉为掾，荐之于莽。莽以涉为镇戎大尹，援为新成大尹。及莽败，援兄员时为增山连率，与援俱去郡，复避地凉州。世祖即位，员先诣洛阳，帝遣员复郡，卒于官。援因留西州，隗嚣甚敬重之，以援为绥德将军，与决筹策。

是时公孙述称帝于蜀，嚣使援往观之。援素与述同里闬，相善，以为既至当握手欢如平生，而述盛陈陛卫，以延援入，交拜礼毕，使出就馆，更为援制都布单衣、交让冠，会百官于宗庙中，立旧交之位。述鸾旗旄骑，警跸就车，磬折而入，礼飨官属甚盛，欲授援以封侯大将军位。宾客皆乐留，援晓之曰："天下雄雌未定，公孙不吐哺走迎国士，与图成败，反修饰边幅，如偶人形。此子何足久稽天下士乎？"因辞归，谓嚣曰："子阳井底蛙耳，而妄自尊大，不如专意东方。"

建武四年冬，嚣使援奉书洛阳。援至，引见于宣德殿。世祖迎笑谓援曰："卿遨游二帝间，今见卿，使人大惭。"援顿首辞谢，因曰："当今之世，非独君择臣也，臣亦择君矣。臣与公孙述同县，少相善。臣前至蜀，述陛戟而后进臣。臣今远来，陛下何知非刺客奸人，而简易若是？"帝复笑曰："卿非刺客，顾说客耳。"援曰："天下反复，盗名字者不可胜数。今见陛下，恢廓大度，同符高祖，乃知帝王自有真也。"帝甚壮之，援从南幸黎丘，转至东海。及还，以为待诏，使太中大夫来歙持节送援西归陇右。

隗嚣与援共卧起，问以东方流言及京师得失。援说嚣曰："前到朝廷，上引见数十，每接宴语，自夕至旦，才明勇略，非人敌也。且开心见诚，无所隐伏，阔达多大节，略与高帝同。经学博览,政事文辩,前世无比。"嚣曰:"卿谓何如高帝?"援曰:"不如也。高帝无可无不可;今上好吏事,动如节度,又不喜饮酒。"嚣意不怿,曰:"如卿言,反复胜邪?"然雅信援,故遂遣长子恂入质,援因将家属随恂归洛阳。居数月而无它职任。援以三辅地旷土沃,而所将宾客猥多,乃上书求屯田上林苑中,帝许之。

会隗嚣用王元计,意更狐疑,援数以书记责譬于嚣,嚣怨援背己,得书增怒,其后遂发兵拒汉。援乃上疏曰:"臣援自念归身圣朝,奉事陛下,本无公辅一言之荐,左右为容之助。臣不自陈,陛下何因闻之。夫居前不能令人轻,居后不能令人轩,与人怨不能为人患,臣所耻也。故敢触冒罪忌,昧死陈诚,臣与隗嚣,本实交友。初,嚣遣臣东,谓臣曰:'本欲为汉,愿足下往观之。于汝意可,即专心矣。'及臣还反,报以赤心,实欲导之于善,非敢谮以非义。而嚣自挟奸心,盗憎主人,怨毒之情遂归于臣。臣欲不言,则无以上闻。愿听诣行在所,极陈灭嚣之术,得空匈腹,申愚策,退就陇亩,死无所恨。"帝乃召援计事,援具言谋画。因使援将突骑五千,往来游说嚣将高峻、任禹之属,下及羌豪,为陈祸福,以离嚣支党。

援又为书与嚣将杨广,使晓劝于嚣,曰:

"春卿无恙,前别冀南,寂无音驿。援间还长安,因留上林,窃见四海已定,兆民同情,而季孟闭拒背叛,为天下表的,常惧海内切齿,思相屠裂,故遗书恋恋,以致恻隐之计。乃闻季孟归罪于援,而纳王游翁谄邪之说,自谓函谷以西,举足可定,以今而观,竟何如邪?援间至河内,过存伯春,见其奴吉从西方还,说伯春小弟仲舒望见吉,欲问伯春无它否,竟不能言,晓夕号泣,婉转尘中。又说其家悲愁之状,不可言也。夫怨仇可刺不可毁,援闻之,不自知泣下也。援素知季孟孝爱,曾、闵不过。夫孝于其亲,岂不慈于其子?可有子抱三木,而跳梁妄作,自同分羹之事乎?季孟平生自言所以拥兵众者,欲以保全父母之国而完坟墓也,又言苟厚士大夫而已。而今所欲全者将破亡之,所欲完者将毁伤之,所欲厚者将反薄之。季孟尝折愧子阳而不受其爵,今更共陆陆,欲往附之,将难为颜乎?若复责以重质,当安从得子主给是哉!往时子阳独欲以王相待,而春卿拒之;今者归老,更欲低头与小儿曹共槽枥而食,并肩侧身于怨家之朝乎?男儿溺死何伤而拘游哉!今国家待春卿意深,宜使牛孺卿与诸耆老大人共说季孟,若计画不从,真可引领去矣。前披舆地图,见天下郡国百有六所,奈何欲以区区二邦以当诸夏百有四乎?春卿事季孟,外有君臣之义,内有朋友之道。言君臣邪,固当谏争;语朋友邪,应有切磋。岂有知其无成,而但萎腲咋舌,又手从族乎?及今成计,殊尚善也;过是。欲少味矣。且来君叔天下信士,朝廷重之,其意依依,常独为西州言。援商朝廷,尤欲立信于此,必不负约。援不得久留,愿急赐报。"

广竟不答。

八年,帝自西征嚣,至漆,诸将多以王师之重,不宜远入险阻,计攇豫未决,会召援,夜至,帝大喜,引入,具以群议质之。援因说隗嚣将帅有土崩之势,兵进有必破之状。又于帝前聚米为山谷,指画形势,开示众军所从道径往来,分析曲直,昭然可晓。帝曰:"虏在吾目中矣。"明旦,遂进军至第一,嚣众大溃。

九年,拜援为太中大夫,副来歙监诸将平凉州。自王莽末,西羌寇边。遂入居塞内,金城属县多为虏有。来歙奏言陇西侵残，非马援莫能定。十一年夏，玺书拜援陇西太守。援乃发步骑三千人，击破先零羌于临洮，斩首数百级，获马牛羊万余头。守塞诸羌八千余人诣援降。诸种有数万，屯聚寇钞，拒浩蛉隘。援与扬武将军马成击之。羌因将其妻子辎重移阻于允吾谷，援乃潜行间道，掩赴其营。羌大惊坏，复远徙唐翼谷中，援复追讨之。羌引精兵聚北山上，援陈军向山，而分遣数百骑绕袭其后，乘夜放火，击鼓叫噪，虏遂大溃，凡斩首千余级。援以兵少，不得穷追，收其谷粮畜产而还。援中矢贯胫，帝以玺书劳之，赐牛羊数千头，援尽班诸宾客。

是时，朝臣以金城破羌之西，涂远多寇，议欲弃之。援上言，破羌以西城多完牢，易可依固；其田土肥壤，灌溉流通。如今羌在湟中，则为害不休，不可弃也。帝然之，于是诏武威太守，令悉还金城客民。归者三千余口，使各反旧邑。援奏为置长吏，缮城郭，起坞候，开导水田，劝以耕牧，郡中乐业。又遣羌豪杨封譬说塞外羌，皆来和亲。又武都氐人背公孙述来降者，援皆上复其侯王君长，赐印绶，帝悉从之。仍罢马成军。

十三年，武都参狼羌与塞外诸种为寇，杀长吏。援将四千余人击之，至氐道县，羌在山上，援军据便地，夺其水草，不与战，羌遂穷困，豪帅数十万户亡出塞，诸种万余人悉降，于是陇右清静。

援务开恩信，宽以待下，任吏以职，但总大体而已。宾客故人，日满其门。诸曹时白外事，援辄曰："此丞、掾之任，何足相烦。颇哀老子，使得遨游。若大姓侵小民，黠羌欲旅距，此乃太守事耳。"傍县尝有报仇者，吏民惊言羌反，百姓奔入城郭。狄道长诣门，请闭城发兵，援时与宾客饮，大笑曰："烧虏何敢复犯我。晓狄道长归守寺舍，良怖急者，可床下伏。"后稍定，郡中服之。视事六年，征入为虎贲中郎将。

初，援在陇西上书，言宜如旧铸五铢钱。事下三府，三府奏以为未可许，事遂寝。及援还，从公府求得前奏，难十余条，及随牒解释，更具表言，帝从之，天下赖其便。援自还京师，数被进见。为人明须发，眉目如画。闲于进对，尤善述前世行事。每言及三辅长者，下至闾里少年，皆可观听。自皇太子、诸王侍闻者，莫不属耳忘倦。又善兵策，帝常言"伏波论兵，与我意合"，每有所谋，未尝不用。

初，卷人维汜，讹言称神，有弟子数百人，坐伏诛。后其弟子李广等宣言汜神化不死，以诳惑百姓。十七年，遂共聚会徒党，攻没皖城，杀皖侯刘闵，自称"南岳大师"。遣谒者张宗将兵数千人讨之，复为广所败。于是使援发诸郡兵，合万余人，击破广等，斩之。

又交阯女子征侧及女弟征贰反，攻没其郡，九真、日南、合浦蛮夷皆应之，寇略岭外六十余城，侧自立为王。于是玺书拜援伏波将军，以扶乐侯刘隆为副，督楼船将军段志等南击交阯。军至合浦而志病卒，诏援并将其兵。遂缘海而进，随山刊道千余里，十八年春，军至浪泊上，与贼战，破之，斩首数千级，降者万余人。援追征侧等至禁谿，数败之，贼遂散走。明年正月，斩征侧、征贰，传首洛阳。封援为新息侯，食邑三千户。援乃击牛酾酒，劳飨军士。从容谓官属曰："吾从弟少游常哀吾慷慨多大志，曰：'士生一世，但取衣食裁足，乘下泽车，御款段马，为郡掾史，守坟墓，乡里称善人，斯可矣。致求盈余，但自苦耳。'当吾在浪泊，西里间，虏未灭之时，下潦上雾，毒气重蒸，仰视飞鸢跕跕堕水中，卧念少游平生时语，何可得也！今赖士大夫之力，被蒙大恩，猥先诸君纡佩金紫，且喜且惭。"吏士皆伏称万岁。

援将楼船大小二千余艘,战士二万余人,进击九真贼征侧余党都羊等,自无功至居风,斩获五千余人,峤南悉平。援奏言西于县户有三万二千,远界去庭千余里,请分为封溪、望海二县,许之。援所过辄为郡县治城郭,穿渠灌溉,以利其民。条奏越律与汉律驳者十余事,与越人申明旧制以约束之,自后骆越奉行马将军故事。

二十年秋,振旅还京师,军吏经瘴疫死者十四五。赐援兵车一乘,朝见位次九卿。

援好骑,善别名马,于交阯得骆越铜鼓,乃铸为马式,还上之。因表曰:"夫行天莫如龙,行地莫如马,马者甲兵之本,国之大用。安宁则以别尊卑之序,有变则以济远近之难。昔有骐骥,一日千里,伯乐见之,昭然不惑。近世有西河子舆,亦明相法。子舆传西河仪长孺,长孺传茂陵丁君都,君都传成纪杨子阿,臣援尝师事子阿,受相马骨法。考之于行事,辄有验效。臣愚以为传闻不如亲见,视景不如察形。今欲形之于生马,则骨法难备具,又不可传于后。孝武皇帝时,善相马者东门京铸作铜马法献之,有诏立马于鲁班门外,则更名鲁班门曰金马门。臣谨依仪氏䩭,中帛氏口齿,谢氏唇鬐,丁氏身中,备此数家骨相以为法。"马高三尺五寸,围四尺五寸。有诏置于宣德殿下,以为名马式焉。

初,援军还,将至,故人多迎劳之,平陵人孟冀,名有计谋,于坐贺援。援谓之曰:"吾望子有善言,反同众人邪?昔伏波将军路博德开置七郡,裁封数百户;今我微劳,猥飨大县,功薄赏厚,何以能长久乎?先生奚用相济?"冀曰:"愚不及。"援曰:"方今匈奴、乌桓尚扰北边,欲自请击之。男儿要当死于边野,以马革裹尸还葬耳,何能卧床上在儿女子手中邪?"冀曰:"谅为烈士,当如此矣。"

还月余,会匈奴、乌桓寇扶风、援以三辅侵扰,园陵危逼,因请行,许之。自九月至京师,十二月复出屯襄国。诏百官祖道。援谓黄门郎梁松、窦固曰:"凡人为贵,当使可贱,如卿等欲不可复贱,居高坚自持,勉思鄙言。"松后果以贵满致灾,固亦几不免。

明年秋,援乃将三千骑出高柳,行雁门、代郡、上谷障塞。乌桓候者见汉军至,虏遂散去,援无所得而还。

援尝有疾,梁松来候之,独拜床下,援不答。松去后,诸子问曰:"梁伯孙帝婿,贵重朝廷,公卿已下莫不惮之,大人奈何独不为礼?"援曰:"我乃松父友也。虽贵,何得失其序乎?"松由是恨之。

二十四年,武威将军刘尚击武陵五溪蛮夷,深入,军没,援因复请行。时年六十二,帝愍其老,未许之。援自请曰:"臣尚能被甲上马。"帝令试之。援据鞍顾眄,以示可用。帝笑曰:"矍铄哉是翁也!"遂遣援率中郎将马武、耿舒、刘匡、孙永等,将十二郡募士及驰刑四万余人征五溪。援夜与送者诀,谓友人谒者杜愔曰:"吾受厚恩,年迫余日索,常恐不得死国事。今获所愿,甘心瞑目,但畏长者家儿或在左右,或与从事,殊难得调,介介独恶是耳。"明年春,军至临乡,遇贼攻县,援迎击,破之,斩获二千余人,皆散走入竹林中。

初,军次下隽,有两道可入,从壶头则路近而水险,从充则涂夷而运远,帝初以为疑。及军至,耿舒欲从充道,援以为弃日费粮,不如进壶头,搤其喉咽,充贼自破。以事上之,帝从援策。三月,进营壶头,贼乘高守隘,水疾,船不得上,会暑甚,士卒多疫死,援亦中病,遂困,乃穿岸为室,以避炎气。贼每升险鼓噪,援辄曳足以观之,左右哀其壮意,莫不为之流涕。耿舒与兄好畤侯弇书曰:"前舒上书当先击充,粮虽难运而兵马得用,军人数万争欲先奋。今壶头竟不得进,大众怫郁行死,诚可痛惜。前到临乡,贼无故自致,若夜击之,即可殄灭。伏波类西域贾胡,到一处辄止,以是失利。今果疾疫,皆如舒言。"弇得书,奏之。帝乃使虎贲中郎将梁松乘驿责问援,因代监军。会援病卒,松宿怀不平,遂因事陷之。帝大怒,追收援新息侯印绶。

初,兄子严、敦并喜讥议;而通轻侠客。援前在交阯,还书诫之曰:"吾欲汝曹闻人过失,如闻父母之名,耳可得闻,口不可得言也。好论议人长短,妄是非正法,此吾所大恶也,宁死不愿闻子孙有此行也。汝曹知吾恶之甚矣,所以复言者,施衿结褵,申父母之戒,欲使汝曹不忘之耳。龙伯高敦厚周慎,口无择言,谦约节俭,廉公有威,吾爱之重之,愿汝曹效之。杜季良豪侠好义,忧人之忧,乐人之乐,清浊无所失,父丧致客,数郡毕至,吾爱之重之,不愿汝曹效也。效伯高不得,犹为谨敕之士,所谓刻鹄不成尚类鹜者也。效季良不得,陷为天下轻薄子,所谓画虎不成反类狗者也。讫今季良尚未可知,郡将下车辄切齿,州郡以为言,吾常为寒心,是以不愿子孙效也。"季良名保,京兆人,时为越骑司马。保仇人上书,讼保"为行浮薄,乱群惑众,伏波将军万里还书以诫兄子,而梁松、窦固以之交结,将扇其轻伪,败乱诸夏。"书奏,帝召责松、固,以讼书及援诫书示之,松、固叩头流血,而得不罪。诏免保官。伯高名述,亦京兆人,为山都长,由此擢拜零陵太守。

初,援在交阯,常饵薏苡实,用能轻身省欲,以胜瘴气。南方薏苡实大,援欲以为种,军还,载之一车。时人以为南土珍怪,权贵皆望之。援时方有宠,故莫以闻。及卒后,有上书谮之者,以为前所载还,皆明珠文犀。马武与於陵侯侯昱等皆以章言其状,帝益怒。援妻孥惶惧,不敢以丧还旧茔,裁买城西数亩地槁葬而已。宾客故人莫敢吊会。严与援妻子草索相连,诣阙请罪。帝乃出松书以示之,方知所坐,上书诉冤,前后六上,辞甚哀切,然后得葬。

又前云阳令同郡朱勃诣阙上书曰:

臣闻王德圣政,不忘人之功,采其一美,不求备于众。故高祖赦蒯通而以王礼葬田横,大臣旷然,咸不自疑。夫大将在外,谗言在内,微过辄记,大功不计,诚为国之所慎也。故章邯畏口而奔楚,燕将据聊而不下。岂其甘心末规哉,悼巧言之伤类也。

窃见故伏波将军新息侯马援,拔自西州,钦慕圣义,间关险难,触冒万死,孤立群贵之间,傍无一言之佐、驰深渊,入虎口,岂顾计哉!宁自知当要七郡之使,徼封侯之福邪?八年,车驾西讨隗嚣,国计狐疑,众营未集,援建宜进之策,卒破西州。及吴汉下陇,冀路断隔,唯独狄道为国坚守,士民饥困,寄命漏刻。援奉诏西使,镇慰边众,乃招集豪杰,晓诱羌戎,谋如涌泉,势如转规,遂救倒县之急,存几亡之城,兵全师进,因粮敌人,陇、冀略平,而独守空郡,兵动有功。师进辄克。诛锄先零,缘入山谷,猛怒力战,飞矢贯胫。又出征交阯,土多瘴气,援与妻子生诀,无悔吝之心,遂斩灭征侧,克平一州。间复南讨,立陷临乡,师已有业,未竟而死,吏士虽疫,援不独存。夫战或以久而立功,或以速而致败,深入未必为得,不进未必为非。人情岂乐久屯绝地,不生归哉!唯援得事朝廷二十二年,北出塞漠,南度江海,触冒害气,僵死军事,名灭爵绝,国土不传。海内不知其过,众庶未闻其毁,卒遇三夫之言,横被诬罔之谗,家属杜门,葬不归墓,怨隙并兴,宗亲怖慄。死者不能自列,生者莫为之讼,臣窃伤之。

夫明主酹于用赏,约于用刑。高祖尝与陈平金四万斤以间楚军,不问出入所为,岂复疑以钱谷间载?夫操孔父之忠而不能自免于谗,此邹阳之所悲也。《诗》云:"取彼谗人,投界豺虎。豺虎不食,投界有北。有北不受,投界有昊。"此言欲令上天而平其恶。唯陛下留思竖儒之言,无使功臣怀恨黄泉。臣闻《春秋》之义,罪以功除;圣王之祀,臣有五义。若援,所谓以死勤事者也。愿下公卿平援功罪,宜绝宜续,以厌海内之望。

臣年已六十,常伏田里,窃感栾布哭彭越之义,冒陈悲愤,战慄阙庭。

书奏,报,归田里。

勃字叔阳,年十二能诵《诗》《书》。常候援兄况。勃衣方领,能矩步,辞言娴雅,援裁知书,见之自失。况知其意,乃自酌酒慰援曰:"朱勃小器速成,智尽此耳,卒当从汝禀学,勿畏也。朱勃未二十,右扶风请试守渭城宰,及援为将军,封侯,而勃位不过县令。援后虽贵,常待以旧恩而卑侮之,勃愈身自亲,及援遇谗,唯勃能终焉。肃宗即位,追赐勃子谷二千斛。

初,援兄子壻王磐子石,王莽从兄平阿侯仁之子也。莽败,磐拥富资居故国,为人尚气节而爱士好施,有名江淮间。后游京师,与卫尉阴兴、大司空朱浮、齐王章共相友善,援谓姊子曹训曰:"王氏,废姓也。子石当屏居自守,而反游京师长者,用气自行。多所陵折,其败必也。"后岁余,磐果与司隶校尉苏邺、丁鸿事相连,坐死洛阳狱。而磐子肃复出入北宫及王侯邸第。援谓司马吕种曰:"建武之元,名为天下重开。自今以往,海内日当安耳,但忧国家诸子并壮,而旧防未立,若多通宾客,则大狱起矣。卿曹戒慎之!"及郭后薨,有上书者,以为肃等受诛之家,客因事生乱,虑致贯高、任章之变。帝怒,乃下郡县收捕诸王宾客,更相牵引,死者以千数。吕种亦豫其祸,临命叹曰:"马将军诚神人也!"

永平初,援女立为皇后,显宗图画建武中名臣、列将于云台,以椒房故,独不及援。东平王苍观图,言于帝曰:"何故不画伏波将军像?"帝笑而不言。至十七年,援夫人卒,乃更修封树,起祠堂。

建初三年,肃宗使五官中郎将持节追策,谥援曰忠成侯。四子:廖,防,光,客卿。客卿幼而歧嶷,年六岁,能应接诸公,专对宾客,尝有死罪亡命者来过,客卿逃匿不令人知。外若讷而内沈敏。援甚奇之。以为将相器,故以客卿字焉。援卒后,客卿亦夭没。

【译文】

马援字文渊,扶风茂陵人。他的祖先赵奢当过赵国的将军,爵号叫马服君,子孙因此以"马"为姓。汉武帝时,马家因为吏二千石的身份被从邯郸迁移到了茂陵。曾祖父马通,因为有功劳被封为重合侯,由于参与哥哥马何罗反叛,被处以死刑,所以马援父祖辈的官位不显达。马援的三个哥哥分别叫马况、马余、马员,都有才干,王莽执政时都位居二千石。

马援十二岁时成了孤儿,年轻时就胸怀大志,哥哥们对他都感到惊异。曾拜师学习《齐诗》。心中不愿专注于分析经书的章节和句读的学问,就告别了马况,打算到边郡地区去饲养牲畜。马况说:"你有大的才能,久后必然成功,好的工匠不会把未经加工的材料拿出来给人看,姑且做你爱好做的事情去吧。"恰巧碰上马况去世,马援服丧一年,不离开墓地;恭敬地侍奉守寡的嫂嫂,衣冠不整绝不进寡嫂的房屋。后来当郡督邮,一次押送囚犯到司命府,囚犯犯有重罪,马援出于同情而释放了囚犯,他就逃跑到了北地郡。遇到大赦,就留在那里放牧牲畜,大多数宾客前来投奔,于是受他役使归属他的有几百家。他辗转游历于陇西、汉阳之间,曾经对宾客说:"大丈夫立志,处境愈穷困,意志愈更坚定,年纪虽老,而志气更加豪壮。"他根据地理环境和自然条件,因地制宜地经营农牧业,以至拥有牛、马、羊几千头,谷物几万斛。过了不久之后又叹息说:"凡是增加财货,贵在能实施赈济,否则就是守钱奴。"于是把牲畜粮食都分给了兄弟和旧友,穿上羊皮袍裤。

王莽末年,四方义军起事,王莽堂弟卫将军王林广招英雄俊杰,就征召并授予马援及其同县人原涉为掾吏,并推荐到王莽那里。王莽任用原涉为镇戎大尹,任用马援为新成大尹。等到王莽失败,马援的哥哥马员当时任增山连率,与马援一同离开郡所,重新到凉州地方避难。光武帝刘秀即位,马员首先前往洛阳投奔刘秀,皇帝派马员回到原来所在的郡任太守,死在任上。马援仍然留在西州,隗嚣非常敬重也,任用马援为绥德将军,参与筹划大计。

这时候公孙述在蜀地称帝,隗嚣指使马援前往观察他的为人。马援以往和公孙述同住一个闾里之内,互相友好,以为到了以后公孙述必然会与他握手言欢,如同过去那样。而公孙述却在宫殿台阶上布置了大批卫士,才命人请马援上殿,相互行跪拜礼完毕,便让马援前往馆驿,重新为马援缝制了锦布禅衣和交让冠,会集百官于祖庙之中,为马援设置了旧友的座位。公孙述在鸾旗和旄头骑兵警卫引导下,清道以后乘车前来,又在群臣如磬一样屈身恭迎下步入祖庙,设宴款待百官下属非常丰盛。打算授予马援封侯和大将军之位。马援的宾客都乐意留下。马援开导他们说:"天下成败未定,公孙述不是求贤心切,唯恐怠慢,去走迎国内才能出众的人,同他们谋划成功大计,反而像布帛修整边幅一样讲究礼仪,如同偶像一般。这种人怎么能长久留住天下的士人呢?"因此告辞回去了。对隗嚣说:"公孙子阳是个井底之蛙,而狂妄自大,不如专心投靠东方。"

建武四年冬天,隗嚣让马援送书信到洛阳。马援到达,被引见到宣德殿上。光武帝迎面笑着对马援说:"卿奔走周旋于两个皇帝之间,今天看见卿,令人大感惭愧。"马援拜跪在地上,引头至地,只作短暂的接触,就立即举起,表示道歉,接着说:"当今之世,并不只是君选择臣,臣也可以选择君。臣与公孙述是同县人,小时候互相友好。臣这之前到蜀地,公孙述在宫殿外台阶上设武士而后召见臣。臣今天从远方前来,陛下怎么能知道我不是刺客奸细,而如此松懈呢?"光武帝又笑了,说:"卿不是刺客,而是说客罢了。"马援说:"天下动乱无常,窃据帝王名号的无法计算。今天见到陛下,宽宏大度,与汉高祖相同,才知帝王自有真命。"光武帝非常欣赏他的勇气。马援跟从光武帝南下驾临黎丘,转而到达东海。等到返回京师,任用马援为待诏,让太中大夫来歙持节送马援西归陇右。

隗嚣与马援一同起居,询问东方的传言和京师施政的得失。马援对隗嚣说:"前番到朝廷,皇上引见数十次,每次相对闲谈,从傍晚一直谈到天亮,他干练精明,勇武而有谋略,不是一般人所能对等的。而且坦白直率,真心诚意地与人接触,无所隐匿,豁达多大节,大致与高祖相同。博览经书,施政办事,文辞雄辩,前世无人可比。"隗嚣说:"卿以为比汉高祖如何？"马援说："不如高祖，高祖没有什么可以，也没有什么不可以，当今的皇上爱好吏事，做事按规则，有分寸，又不喜好饮酒。"隗嚣心中不高兴，说："如卿所说，不是反而超过了高祖吗？"然而他向来信任马援；所以就送长子隗恂为人质。马援因而带领家属跟随隗恂回到洛阳。住了几个月而没有任命他什么职务。马援认为三辅土地宽广肥沃，而自己所带领的宾客人数众多，就上书请求到上林苑里屯田，光武帝答应了他。

恰巧碰上隗嚣听信王元的建议，（对投靠刘秀）内心更加多疑不定。马援几次用书信责备劝说隗嚣，隗嚣怨恨马援背叛自己，得到信后更加恼怒，之后就起兵抵御汉朝。马援就上疏说："臣马援自己思忖归属圣朝，侍奉陛下以后，没有上公辅弼大臣一句推荐的话，也没身旁近臣相接纳的帮助。臣不自己上言，陛下又能由于何种原因听到我的意见。身居人前不能令人器重，身居人后不能令人推崇，与人结怨也不能被人所忧虑，这是臣耻辱的地方。因此才敢于担着触犯忌讳获罪的风险，冒死陈述诚意，臣与隗嚣，本来实在相交友好。当初，隗嚣派臣东来，对臣说：'本来就打算辅佐汉朝，愿足下前去考察，如果你认为可以归附，那我就专心投奔。'等臣返回后，对他报以红心，确实是打算引他向善，并不敢用欺诈陷他于不义。而隗嚣自怀阴险的心，如盗贼憎恨主人，仇恨之情于是发泄到臣的身上。臣想如果不上言，那么就无法让皇上了解真情。愿听从召唤前往皇上起居所在的处所，详细陈述消灭隗嚣的办法，得以倒尽肺腑之言，申明无知的计策，然后退归田亩，死也无所怨恨。"光武帝于是召马援商讨征伐隗嚣的事情，马援说出了他的全部策划。因而让马援率领精锐骁勇之骑兵部队五千，来往劝说隗嚣的将领高峻、任禹等人，以及羌人的首领，采纳自己的政治主张，为他们陈述利害得失，以离间隗嚣的党羽。

马援又写信给隗嚣的将领杨广，让他劝告隗嚣，信上说：

"春卿别来无有疾病灾祸。从前在冀县以南分别，迄今杳无音信。马援闲暇之时回到长安，因而屯留在上林。我看见天下大局已定，亿万百姓看法一致，而季孟闭关反叛，已成为天下指责的对象。常常害怕海内之间切齿仇恨，想要互相屠杀，所以寄信表达依依不舍的情意，献上同情你的解救之策。且听说季孟归罪于我马援，而采纳王游翁献媚邪恶的主张，自以为函谷关以西，抬一抬脚就可以平定，以今天的形势来看，竟是如何呢？马援我闲暇时到了河内，顺路探望了伯春，见到他的奴仆吉刚从西方回来，说伯春的小弟弟伯舒见到吉刚，打算问伯春有没有危险，却不能说出口，早晚大声哭，辗转徘徊在路上。又说到他家悲苦愁闷的情况，难于用语言表达出来。仇人可杀不可辱。马援听说以后，不知不觉流下泪来。马援素来知道季孟孝长爱幼，曾子、闵子骞不过如此。孝顺他的双亲，岂能不慈爱他的儿子？可是儿子正遭囚禁，而父亲却强横妄动，这不是吃用他儿子肉做的羹一样吗？季孟平素自己说所以聚集兵马，是打算用来保全父母居住的故乡而使祖坟完好，又说只想厚待做官的和读书人罢了。而现在他所打算保全的将遭破坏，他所打算完好的将被毁伤，他所打算厚待的反而将被冷遇。季孟曾经折辱公孙子阳而不接他封的爵位，今天却改而平庸无能，打算前往依附他，这不是感到难为情吗？如果公孙述再向他索取重要的人质，当从哪里派一个子女给他呢！以往的时候，公孙子阳只打算以王爵相待，而春卿你拒绝了，现在辞官养老，难道打算低头与小儿同槽而食，并肩侧身于仇家的朝廷中吗？男儿淹没而死何必因忧伤而害怕游水呢！现在国家对待春卿情意深厚，应该让牛孺卿与各位元老豪杰共同劝说季孟,如果不听劝告,完全可以转身离他而去。不久前披阅地图,看见天下郡和封国共一百零六处,奈何想以小小的陇、蜀二方之地去抗华夏一百零四个郡国呢?春卿臣事季孟,外有君臣的情义,内有朋友的道德。就君臣而论,自然应当规劝;以朋友而言,也应有所切磋。岂有明明知道他不能成功,而一味怯懦不言,拱手跟他踏上族灭的道路呢?及早拿定主义,不失从善;失去这个机会,恐怕没有多少滋味了。况且来君叔是天下著名的守信用的人,朝廷器重他,他心中也对你们恋恋不舍,常独自一人给西州说好话。马援揣测朝廷,尤其想以此事树立信誉,一定不会负约。马援不能长久等待,希望尽快赐以回音。"

马援聚米成山图

杨广竟不答复。

建武八年,光武帝亲自西征隗嚣。

到达漆县,众将领多数人认为王师因亲征而贵重,不应该长途跋涉,深入险要的地方,计策犹豫未决。恰巧碰上被召唤的马援晚上到达,光武帝十分高兴,让人带领他进见,把众将的意见告诉他,请他定夺。马援趁机说隗嚣将帅之间已呈现土崩瓦解之势,一旦进兵,就会势如破竹。又在光武帝面前堆米粒而成山谷,指画山川形势,摆出各路大军进退往来的路线,分析得深入细致,明白易懂。光武帝说:"敌人已全在我眼里了。"第二天早晨,就进军到第一城。隗嚣的部队大溃败。

建武九年,任命马援为太中大夫,协助来歙,监督指挥众将平定凉州。从王莽末年以来,西羌侵扰边境,于是入居塞内。金城郡管辖的县多数被羌人所占有。来歙上奏说陇西受羌人的侵犯和破坏,不是马援去不能平定。建武十一年夏季,光武帝下玺书任用马援为陇西太守。马援就调动步、骑兵三千人,在临洮打败了先零羌,杀敌几百人,俘获马牛羊一万多只。守卫要塞的众羌人八千余人去到马援大营向他投降。羌人各部还有数万人,聚集起来抢掠,在浩亹(告门)据守要隘进行抵抗。马援和扬武将军马成进击他们。羌人就把他们的妻子儿女和物资转移到允吾谷,壅塞道路,阻止汉军。马援率领部队暗中抄小路前进,出其不意,袭击羌人的营地。羌人大为惊恐,又远远迁徙到唐翼谷中,马援重新追踪讨伐他们。羌人带领精兵聚集在北山之上,马援向北山摆开阵势,而另外派出几百名骑兵绕道袭击羌人的后方,乘着黑夜放起大火。拼命擂鼓,大声呐喊。羌人于是大溃败,共斩羌人首级一千多级。马援因为所率兵少,不能穷追羌人,收取了他们的粮食牲畜而回。在这次战斗中,马援的小腿肚子被箭射穿,光武帝下玺书慰劳他,赐给他牛羊几千只，马援全分给了众客人。

这时，朝廷一般大臣认为金城郡破羌县以西领土，路途遥远而多敌寇，便共同商议，打算抛弃这个地方。马援上书说，破羌以西城池多数完整牢固，很容易凭借它来固守；那一带土地肥沃，灌溉便利。如果让羌人留在湟中，就会贻害无穷，不可放弃该地。光武帝听从了他的意见，于是下诏武威太守，令他全部放回从金城郡迁进武威的客居民户。归来的客户有三千多人，让他们各自返回旧邑。马援上奏为各县设置地方官，修缮城郭，建筑起坞壁亭候，开渠引水，灌溉农田，鼓励人们耕作畜牧，郡中从此安居乐业。又派遣羌人豪族杨封说服塞外羌人，都来和亲。又有武都的氐人背叛公孙述前来投降的，马援都报告朝廷，恢复他们侯王郡长的地位，赐给印绶，光武帝全部照准了。于是撤回了马成的军队。

建武十三年，武都参狼羌与塞外各部羌人犯境，杀掉了长史。马援统领四千多名军士进击他们，抵达氐道县。羌人在山上，马援的军队占据了军事上的有利地形，夺取了羌人的水源和草地，不跟他们交战。羌人于是陷于困境，参狼羌首领带领几十万户逃出塞外，各部羌人有一万多人都投降了，于是陇右一带战事平息，社会安定。

马援致力于广施恩惠和树立威信，对待下属宽容，任用下级官吏时，让他们有职有权，自己只处理大事、要事罢了。客人和旧友，每天都挤满了他的家。众曹官员有时前来报告外面发生的事情，马援总是说："这都是丞、掾的责任，何必来麻烦我呢！还是怜念一下我这个老头子，叫我清闲清闲吧。如果豪强侵吞百姓，狡黠的羌人打算闹事，这才是我太守该办的事。"附近的县曾发生复仇的事件，官吏和贫民惊慌地传言说羌人造反了，百姓跑进城里。狄道长来到马援家门外，请求关闭城门，发兵征讨。马援当时正在和宾客饮酒，大笑说："烧羌哪还敢再来进犯我们呢！去告诉狄道长，叫他赶快回去看好官舍。如果谁怕得要死，叫他伏在床下躲起来好了。"后来城里渐渐平静下来，郡中人都十分佩服马援。马援治理陇西六年，被调回朝廷，升为虎贲中郎将。

当初，马援在陇西上书，说应当像过去一样统一铸造五铢钱。这件事转到了三府（指太尉、司徒、司空三公府），三府上奏认为不行，事情就搁置起来了。等到马援调回朝廷以后，从三公府里找到了自己先前的奏章，见上面批有十余条非难意见，便一一加以解释，并再次具表上书。光武帝听从了他的建议，天下通过统一货币得到好处。马援自从回到京师，多次被召见。马援其人长得须发光亮，容貌如画，应对熟练，尤其善于陈述前代所做的事情。每说到三辅显贵的人，下到闾里少年，都如见其人，如闻其声。包括皇太子、诸侯王等随侍在光武帝身边旁听的人，没有不注意倾听，忘记疲劳的。又善于兵书战策，光武帝常说："伏波论兵，与我内心想的相符合。"每次有所策划，光武帝不曾不采纳。

起初，卷县人维汜，妖言称神，有弟子几百人，因此被处于死刑。后来他的弟子李广等宣称维汜已经化身为神，并没有死掉，用来欺骗和迷惑百姓。建武十七年，就一起聚集会合弟子党羽，攻陷皖城，杀死皖侯刘闵，自称"南岳大师"。派遣谒者张宗率兵几千人讨伐他们，又被李广所打败。于是派马援调动各郡兵马，集合一万多人，打垮李广等人，并杀了他们。

又，交阯女子征侧和她的妹妹征贰造反，攻陷所在郡，九真、日南、合浦的蛮夷都响应她们,侵夺五岭以南六十多座城池,征侧自立为王。于是玺书任马援为伏波将军,以扶乐侯刘隆为辅佐,监督指挥楼船将军段志等南击交阯。大军到达合浦,段志病死了。光武帝下诏命马援兼领水师。于是沿着海滨进军,逢山开道一千余里。建武十八年春天,大军来到浪泊山上,与贼兵交战,打垮了他们,斩首几千级,投降的有一万多人。马援追击征侧等人到禁溪,多次打败了他们,贼兵于是四散逃走。第二年正月,杀征侧、征贰,传首级到洛阳。赐封马援为新息侯,享用三千户的赋税。马援于是杀牛斟酒,犒劳将士。他从容对下属说:"我堂弟马少游曾怜悯我慷慨多大志,说:'读书人生一世,只求衣食温饱,乘短毂车,骑行动迟缓的马,做郡中小吏,斯守祖宗坟墓,被乡里称作积善之人,这就可以了。追求多余的东西,只能自讨苦吃。'当我在浪泊、西里之间,敌人还未消灭的时候,下有沼泽,上有雾气,毒气熏蒸,仰望飞鹰,挣扎着坠落水中,躺着想起马少游平日说过的话,哪里能得到呢!今天仰仗士大夫们的力量,蒙受大恩,先于各位君子佩戴朱紫,既高兴又惭愧。"吏士们都伏地欢呼万岁。

马援统率大大小小的楼船二千余艘、战士二万余人,进攻九真郡贼人征侧的残余党羽都羊等人,从无功追到居风,杀死俘获五千多人,峤南一带全部平定。马援上奏说西于县有三万二千户,边远地区距离县城一千余里,请求分为封溪、望海二县,皇帝允许了。马援所过之处总是为当地郡县修建城廓,开渠灌溉,以便利当地百姓。他逐条上奏越地法律与汉朝法律互相违背的情况十余事,与越族人申明旧法制以约束他们。从此以后,骆越奉行马将军成例。

建武二十年秋季,马援整顿军队回到京师。军吏因瘴疫死去的有十分之四五。赐给马援兵车一乘,朝见时与九卿同列。

马援爱好骑马,善于鉴别名马,在交阯得到骆越铜鼓,铸成好马模型,回来后献给皇上。趁机上表说:"在天上行走,没有像龙一样的。在地上行走,没有像马一样。马是军队之本,国家大有用处的东西。安宁时可以用来区别尊卑的次第,动乱时可以援救远近发生的危难。以往有匹马叫骐骥,一日可行千里,伯乐看见了它,指明它是良马而不被它落魄的形象所迷惑。近代有西河的子舆,也精于相马的方法。子舆把相马的方法传给西河的仪长孺,仪长孺又传给茂陵的丁君都,丁君都又传给成纪的杨子阿,臣马援曾经师承杨子阿,接受相马骨法的真传。考察相马实践,总有实际成效。臣愚昧认为传闻不如亲见,观远景不如察近形。今日打算用活马来反映名马的标准。而骨法难以完全具备,又不可能传之于后世。孝武皇帝的时候,有个善于相马的叫东门京的人曾铸造铜马模型,献给武帝,有诏令立铜马于鲁班门外,就把鲁班门的名称改为金马门。臣谨依据仪氏的相马头法,中帛氏的相马口齿法,谢氏的相马唇和马鬣法,丁氏的相马腹法,备齐这几家骨相的标准做成模型。"铜马高三尺五寸,身围四尺五寸。有诏书令放置在宣德殿下,以为名马样式。

当初,马援军回还,快要到洛阳的时候,旧友大都前去迎接和慰劳他,平陵人孟冀,以有计谋闻名,也在迎贺马援的客人中。马援对他说:"我是希望您来进良言的。现在您也这样恭维我,不是混同一般人了吗?过去伏波将军路博德开辟了七郡(实为九郡)疆土,才分封了几百户;如今我只有这么一点微薄的功劳,却辱没他人,受封大县,功薄而赏厚,怎么能长久呢？先生能用什么办法来帮我一把呢？"孟冀说："这是我想都没有想到的问题。"马援说："当今匈奴，乌桓还在骚扰北方边境，我打算自己请求率领军队攻打他们。男儿若死应当死在边野，用马革裹尸，送回来安葬了事，怎么能躺在床上，在儿女子手中消磨时光呢？"孟冀说："人们真要想成为一个建功立业、视死如归的人，就应当像你讲的这样呵！"

马援从交阯回京师一月有余，又恰巧碰上匈奴、乌桓入侵扶风。马援因为三辅受到侵扰，汉家园陵遇到危险，因此就请求出征，光武帝批准了他的请求。从九月到京师，十二月又离京去屯守襄国，光武帝诏令百官为马援钱行。马援对黄门侍郎梁松，窦固说："凡人富贵的时候，还要能够过卑贱的生活才行。像卿等不想再居于卑贱的地位，居高位而顽固自负，还是好好想想我的鄙薄之言。"梁松后来果然因为富贵盛满而招致灾祸，窦固也几乎难以幸免。

次年秋天，马援带领三千骑兵，从高柳出发，巡行雁门、代郡、上谷各险障要塞。乌桓侦探见汉军来到，敌虏于是四散逃走，马援没有什么缴获就回来了。

马援曾经有病，梁松来问候他，独自拜于床下，马援并不还礼。梁松离开以后，儿子们问道："梁伯孙是皇上的女婿，在朝廷中地位尊贵而重要，公卿以下没有不害怕的。大人为什么对他独不以礼相待呢？"马援说："我是梁松父亲的朋友，他虽然贵重，怎么能在长幼之序上有失呢？"梁松从此憎恨马援。

建武二十四年，武威将军刘尚进攻武陵五溪的蛮夷，刘尚轻敌冒进，结果全军覆没。马援因此再次请求出征。这时他年已六十二岁，光武帝怜惜他年老，没有允许。马援自己请求说："臣还能披甲上马！"光武帝让他试试。马援飞身上马，抓着马鞍，回过头来，看着光武帝以表示可以被任用。光武帝笑道："真是个勇武的老头子啊"于是派遣马援率领中郎将马武、耿舒、刘匡、孙永等人，指挥十二郡招募来的士兵以及刑徒共四万余人讨伐五溪蛮夷。马援夜晚与送他的人告别，对友人谒者杜愔说："我受国家厚恩，年已垂暮，活不长了，常常担忧不能为国献身；今天能够如愿以偿，就是死了我也甘心瞑目。我现在担心一些权贵子弟或者在身边掣肘，或者与他们共事，实在难以协调，耿耿于怀，唯独厌恶这一点啊！"

建武二十五年春季，马援进军到武陵临乡，遇到贼兵攻县，马援迎击，打败了他们，杀死和俘获二千余人。蛮夷都分散逃跑进入竹林之中。

当初，军队驻扎在下隽，有两条道路可以进发；从壶头山走，路近，但山高水险；从充县走，路途平坦，但运送军需却遥远。光武帝当初对此也很犹豫。等到军队到达时，耿舒打算从充县走，马援认为那会拖延时间，耗费军粮，不如进入壶头，扼着对方的咽喉，充县的贼兵不攻自溃。马援把两个进军方案都上报了朝廷。光武帝采取了马援的方案。三月，进据壶头，贼寇登高守险，水流湍急，船只难以前进。恰巧碰上天气炎热，士兵中多数人得病而死。马援也得了病，于是困难重重，只好凿石为屋，以避暑热。贼寇每次登上险要地带，击鼓呐喊，马援总是拖着双脚出来观察动静，身旁的人同情他的壮烈气概，没有不为之落泪的。耿舒给他的哥哥好畤侯耿弇写信，说："先前舒上书说应当攻打充县，粮食虽然难运而兵马可以使用起来，几万军人争当先锋。如今到了壶头，竟然不能前进，大众忧闷将死,实在使人痛惜。以前我军到达临乡,贼兵无故自来,如果在夜间袭击他们,立即可以消灭之。伏波将军就像西域胡商一样,到一个地方总是停留下来,因此失利。现在大军果然遇到疾疫,完全像我当初预料的一样。"耿舒得到信,向光武帝上奏。光武帝于是派遣虎贲中郎将梁松乘驿车前往责问马援,趁机接替他监军。恰巧碰上马援病死,梁松旧恨未消,于是利用此事陷害马援。光武帝勃然大怒,追回没收了马援的新息侯印绶。

当初,马援哥哥的儿子马严、马敦都喜欢做尖刻的议论,而且结交秉性轻狂的侠客。马援以前在交阯的时候,回信告诫他们说:"我希望你们听到了别人过失,就好像听到父母的名字一样,耳朵可以听着,嘴巴不能乱说。喜欢议论人家长短,狂妄地评定时政的是非,这是我最讨厌的。我宁死也不愿听说自己的子孙有这种行为。你们知道我最痛恨这一点,所以再次提醒,因为我们是一衣相连的血亲,申明父母的劝诫,打算让你们不忘记罢了。尤伯高为人敦厚周到谨慎,所说的话无可挑剔,谦逊节俭,廉洁公正而有威信,我爱戴他,敬重他,希望你们仿效他。杜季良豪侠仗义,忧他人之忧,乐他人之乐,处事轻重适宜,父亲的丧礼招来吊唁的客人,几个郡的人都到了。我爱戴他、敬重他,但不愿你们效法他。仿效龙伯高而达不到,还算是个恭谨的读书人,所谓刻天鹅不成还像鸭嘛;学杜季良而学不好,堕落为天下的轻薄儿,就是人们所说的画虎不成反象犬了。迄今为止杜季良的前途还不可以知道,郡太守一上任总是对他咬牙切齿,州郡都说他的坏话,我常常为此寒心,因此不愿子孙仿效他。"季良,名保,京兆人,当时为越骑司马。杜保的仇人上书,告杜保:"行为轻薄,或惹乱群众,伏波将军万里回信以告诫兄子,而梁松、窦固却因此和他交结,将会煽动轻浮、虚伪的人,败坏和扰乱国家。"此书上奏后,光武帝召见梁松、窦固,予以责备,用上告信和马援劝诫兄子的信给他们看,梁松、窦固叩头流血,才得以没有获罪。皇帝下诏,免去杜保的官职。龙伯高名述,也是京兆人,当山都县县长,因此被提拔任命为零陵太守。

起初,马援在交阯,常吃薏苡籽,吃了能轻身益气,消除杂念,可以除去瘴气对身体的危害。南方薏苡籽大,马援打算留作种子,回师时装了一车。当时一般世俗人认为装的是南国的珍奇宝物,权贵们都忌妒他。马援当时正受到光武帝的宠信,没有人敢在光武帝面前去告他。等到马援死后,就有人上书诬告他,以为以前载回的,都是明亮的珍珠和有纹彩的犀牛角。马武和于陵侯侯昱等人全上奏章告发这件事,光武帝更加恼怒。马援的妻子儿女惊惶恐惧,不敢把马援的遗体运回故乡家族的墓地安葬,只在洛阳西郊买了几亩地,草草掩埋了事。马援生前的宾客旧友谁也不敢来吊丧会葬。马严的和马援的妻子自己用草绳连带着捆绑起来,前往宫阙前请罪。光武帝于是拿出梁松的奏书给他们看,他们才知道被处罚的原因,上书诉说冤情,前后六次,言辞非常哀伤悲切,然后才得以迁葬故乡。

又前云阳令与马援同郡的朱勃到宫阙前上书说:

臣听说圣明贤德的帝王理政,不忘人臣的功勋,采用他的某一方面的美德,不苛求他具备很多优点。所以汉高祖赦免蒯通而用王礼殡葬田横,大臣心境开朗,都不自己怀疑自己。大将在外,谗言在内,小过总是记下,大功却不计算,这实在是国家所应当避免的。

由于这种情况的存在,所以章邯害怕谗言而投降了项羽,燕国的将军保守聊城而不敢回国。难道是他们的甘心出此下策吗?实在是痛心巧言的伤害善人啊。

我看见原伏波将军新息侯马援,出身西州,钦慕皇上的圣德仁义,历经艰险,甘冒万死,孤立于众权贵之间,身旁没有一句话的帮助,奔驰深渊,深入虎口,难道是为自己打算吗!难道他自己知道会担任七郡的使命,获取封侯的福分吗?建武八年,皇上西征隗嚣,国家决策多疑未定,众军没有集中,马援提出进军的建议,终于攻取了西州。等到吴汉从陇右撤回,进入冀县的道路隔断,只有狄道为国坚守,士民饥饿困乏,命在旦夕。马援奉诏出使西方,安抚慰问边地民众,于是召集豪杰,劝诱羌戎,计谋如泉涌出,战势如转圆轨,便解救了边地的倒悬之急,保存了几乎陷落的城池,部队保全而挥师进击,取敌人的粮食而食,陇、冀大体平定,而独守空郡,兵一行动便有战功,师一进击就能取胜,诛锄先零,追入山谷,奋勇力战,飞箭穿过小腿。又出征交阯,当地瘴气很多,马援与妻子儿女生死诀别,没有悔恨的心,于是杀灭征侧,平定交州。以后再次南征,立刻攻陷临乡,出师已有业绩,事业未成而身先死,将士虽染疾病,而马援也没有独存。战争或者以持久而建立功勋,或者以速决而招致失败,深入进击不一定就正确,迟疑不进不一定就不正确。人情难道是乐意长久驻扎在遥远荒凉的地方,不想生还吗?只是马援侍奉朝廷二十二年,北出塞外大漠,南越长江大海,触冒害人的瘴气,僵死在战场之上,名位爵禄丧失了,食邑不能传给后人。海内不知道他的过失,老百姓没听说他的丑行。突然受到三个人言辞的攻击,横遭诬蔑不实的诽谤,实属闭门不敢与人来往,遗体不能葬入祖坟,怨恨嫌隙一齐袭来,宗族亲属战战兢兢,死者不能自己洗刷冤枉,生者不能为他申辩冤枉,臣暗自悲伤。

明主乐于用赏,而节简用刑。汉高祖曾给陈平黄金四万斤以离间楚军,不问他如何使用,难道能够再次怀疑他把钱粮贪污了吗?具有孔夫子的忠诚品行而不能免于谗言的伤害,这是邹阳之所以悲哀的事。《诗经》说:"抓着那个造谣的人,扔给豺虎饱肚皮。豺呀虎呀不吃他,扔到北方不毛地。不毛地也不接受,扔给老天去追究。"这是说打算让上天来评定他的罪恶。希望陛下能注意想一想我这个无知儒生的话,不要使功臣怀恨于九泉之下。臣听说《春秋》的经义,罪过可以用功劳来抵消,圣王的祭祀礼仪,为臣的做到五义就可配享祭祀了。像马援,就是其中所说的死于勤王之事的人。愿下令公卿评议马援的功劳罪过,该断的断,该续的续,以满足海内的愿望。

臣年已花甲,常隐居民间,栾布不顾禁令哭祭无辜被杀的功臣彭越,我受他正义之举的感染,冒着死罪陈述心中的悲慎,战战兢兢于宫阙之前。

书奉上,得回报,回到乡里。

朱勃字叔阳,十二岁就能朗诵《诗经》《书经》,曾经探望马援的哥哥马况。朱勃穿方领服装,动作都中规矩,说话沈静文雅,马援才能识字,见了朱勃他若有所失。马况知道他的内心活动,于是亲自斟酒安尉马援说:"朱勃小才之人,其成就早,智慧能力,已经到顶了,终究会向你讨教,不要怕他。"朱勃不到二十岁,右扶风太守请他试作渭城县宰,等到马援成为将军,封了侯爵,而朱勃位不过县令。马援后来虽然富贵,常以旧友对待朱勃而又爱戏弄他。朱勃愈益与他亲近。等到马援遭谗言被陷害时,只有朱勃能保全朋友之道。肃宗即位,追赐给朱勃的儿子谷物二千斛。

当初,马援哥哥的女婿王磐字子石,是王莽堂兄平阿侯王仁的儿子。王莽失败后,王磐拥有大量资财住在原封国,为人崇尚气节而爱结交读书人,喜好施舍,闻名长江、淮河之间。后来游历京师,与卫尉阴兴、大司空朱浮、齐王刘章一起相互友好亲善。马援对姐姐的儿子曹训说:"王氏,废黜的姓氏。子石本当闭门自守,反而结交京师的豪侠权贵,任性妄为,多次凌辱面折他人。他的失败是必然的。"过了一年多,王磐果然与司隶校尉苏邺、丁鸿所犯的事相株连,因而死在洛阳监狱里。而王磐的儿子王肃,又出入北宫和王侯的府第。马援对司马吕种说:"建武这个年号,标志着天下重新开辟一个时代。从今以后,海内当日益安定。只是担忧皇帝的儿子们一起长大,而诸王子不许交通宾客的旧法制未曾重申,如果多交结宾客,那么大狱就兴起了。你们要警惕和慎重对待啊!"等到郭皇后去世,有人上书,认为王肃等被诛杀的罪臣家的人,宾客趁机作乱,恐怕会造成贯高、任章一类的事变。光武帝勃然大怒,就下令郡县搜捕各王的宾客,互相牵连招引,为此而死的有一千余人。"吕种也遭到此祸,临死时叹息说:"马将军真是神人啊!"

永平初年,马援的女儿被立为皇后,显宗命人在南宫云台画建武时期的名臣、名将的画像,因为是外戚的缘故,只不画马援。东平王刘苍观看画像,对明帝说:"为什么不画伏波将军的像?"明帝笑而不答。到了永平十七年,马援的夫人去世,才重新修整坟墓,植树以为标记,建立祠堂。

建初三年,隶宗派五官中郎将拿着节追封,赐马援谥号为忠成侯。马援有四个儿子,即:马廖、马防、马光、马客卿。马客卿幼年才华横溢,六岁的时候,就能应酬接待贵客们,单独应对宾客。曾经有一个犯死罪逃亡的人前来投靠,马客卿将他窝藏起来不让人知道。他外表好像质朴且不善言辞,而内心却冷静且聪敏。马援非常惊奇,认为是将相的材料,所以用客卿作字。马援去世后,马客卿也夭折了。

桓谭传

【题解】

桓谭(公元前23年~公元56年),字君山,汉沛国相(今安徽淮南市相山)人。汉成帝、哀帝、平帝时位不过郎,王莽时为掌乐大夫,汉光武帝时官至议郎给事中。著有《新论》二十九篇,已佚。他是东汉时杰出的思想家。王充对他推崇备至,称孔子为素王,称他为素丞相,并将《新论》与《春秋》相提并论。本篇传文简述了桓谭的生平,阐明了他的"咸以仁义正道为本",反对以"奇怪虚诞"治世的主张,突出了他从现实社会出发,敢冒天下之大不韪,自始至终反对作为统治思想的谶讳神学,既不迎合王莽,也不屈服于汉光武帝,置生死于度外的唯物主义思想家的大无畏精神。

【原文】

桓谭字君山,沛国相人也。父成帝时为太乐令。谭以父任为郎,因好音律,善鼓琴。

博学多通,遍习《五经》,皆诂训大义,不为章句。能文章,尤好古学,数从刘歆、杨雄辩析疑异。性嗜倡乐,简易不修威仪,而喜非毁俗儒,由是多见排抵。

哀、平间,位不过郎。傅皇后父孔乡侯晏深善于谭。是时,高安侯董贤宠幸,女弟为昭仪,皇后日已疏,晏嘿嘿不得意。谭进说曰:"昔武帝欲立卫子夫,阴求陈皇后之过,而陈后终废,子夫竟立。今董贤至爱而女弟尤幸,殆将有子夫之变,可不忧哉!"晏惊动,曰:"然,为之奈何?"谭曰:"刑罚不能加无罪,邪枉不能胜正人。夫士以才智要君,女以媚道求主。皇后年少,希更艰难,或驱使医巫,外求方技,此不可不备。又君侯以后父尊重而多通宾客,必借以重势,贻致讥议。不如谢遣门徒,务执谦悫,此修己正家避

桓谭

祸之道也。"晏曰"善"。遂罢遣常客,入白皇后,如谭所戒。后贤果风太医令真钦,使求傅氏罪过,遂逮后弟侍中喜,诏狱无所得,乃解,故傅氏终全于哀帝之时。及董贤为大司马,闻谭名,欲与之交。谭先奏书于贤,说以辅国保身之术,贤不能用,遂不与通。当王莽居摄篡弒之际,天下之士,莫不竞褒称德美,作符命以求容媚,谭独自守,默然无言。莽时为掌乐大夫,更始立,召拜太中大夫。

世祖即位,徵待诏,上书言事失旨,不用。后大司空宋弘荐谭,拜议郎给事中,因上疏陈时政所宜,曰:

臣闻国之废兴,在于政事;政事得失,由乎辅佐。辅佐贤明,则俊士充朝,而理合世务;辅佐不明,则论失时宜,而举多过事。夫有国之君,俱欲兴化建善,然而政道未理者,其所谓贤者异也。昔楚庄王问孙叔敖曰:"寡人未得所以为国是也。"叔敖曰:"国之有是,众所恶也,恐王不能定也。"王曰:"不定独在君,亦在臣乎?"对曰:"君骄士,曰士非我无从富贵;士骄君,曰君非士无从安存。人君或至失国而不悟,士或至饥寒而不进。君臣不合,则国是无从定矣。"庄王曰:"善。愿相国与诸大夫共定国是也。"盖善政者,视俗而施教,察失而立防,威德更兴,文武迭用,然后政调于时,而躁人可定。昔董仲舒言:"理国譬若琴瑟,其不调者则解而更张。"夫更张难行,而拂众者亡,是故贾谊以才逐,而朝错以智死。世虽有殊能而终莫敢谈者,惧于前事也。

且设法禁者,非能尽塞天下之奸,皆合众人之所欲也,大抵取便国利事多者,则可矣。夫张官置吏,以理万人,县赏设罚,以别善恶,恶人诛伤,则善人蒙福矣。今人相杀伤,虽已伏法,而私结怨仇,子孙相报,后忿深前,至于灭户殄业,而俗称豪健,故虽有怯弱,犹勉而行之,此为听人自理而无复法禁者也。今宜申明旧令,若已伏官诛而私相伤杀者,虽一身逃亡,皆徙家属于边。其相伤者,加常二等,不得雇山赎罪。如此,则仇怨自解,盗贼息矣。

夫理国之道,举本业而抑末利,是以先帝禁人二业,锢商贾不得宦为吏,此所以抑并兼长廉耻也。今富商大贾,多放钱货,中家子弟,为之保役,趋走与臣仆等勤,收税与封君

比入,是以众人慕效,不耕而食,至乃多通侈靡,以淫耳目。今可令诸商贾自相纠告,若非身力所得,皆以赃界告者。如此,则专役一己,不敢以货与人,事寡力弱,必归功田亩。田亩修,则谷入多而地力尽矣。

又见法令决事,轻重不齐,或一事殊法,同罪异论,奸吏得因缘为市,所欲活则出生议,所欲陷则与死比,是为刑开二门也。今可令通义理明习法律者,校定科比,一其法度,班下郡国,蠲除故条。如此,天下知方,而狱无怨滥矣。

书奏,不省。

是时帝方信谶,多以决定嫌疑。又酺赏少薄,天下不时安定。谭复上疏曰:

臣前献瞽言,未蒙诏报,不胜愤懑,冒死复陈。愚夫策谋,有益于政道者,以合人心而得事理也。凡人情忽于见事而贵于异闻。观先王之所记述,咸以仁义正道为本,非有奇怪虚诞之事。盖天道性命,圣人所难言也。自子贡以下,不得而闻,况后世浅儒,能通之乎! 今诸巧慧小才伎数之人,增益图书,矫称谶记,以欺惑贪邪,诖误人主,焉可不抑远之哉! 臣谭伏闻陛下穷折方士黄白之术,甚为明矣;而乃欲听纳谶记,又何误也! 其事虽有时合,譬犹卜数只偶之类。陛下宜垂明听,发圣意,屏群小之曲说,述《五经》之正义,略雷同之俗语,详通人之雅谋。

又臣闻安平则尊道术之士,有难则贵介胄之臣。今圣朝兴复祖统,为人臣主,而四方盗贼未尽归伏者,此权谋未得也。臣谭伏观陛下用兵;诸所降下,既无重赏以相恩诱,或至虏掠夺其财物,是以兵长渠率,各生狐疑,党辈连结,岁月不解。古人有言曰:“天下皆知取之为取,而莫知与之为取。”陛下诚能轻爵重赏,与士共之,则何招而不至,何说而不释,何向而不开,何征而不克! 如此,则能以狭为广,以迟为速,亡者复存,失者复得矣。

帝省奏,愈不悦。

其后有诏会议灵台所处,帝谓谭曰:“吾欲以谶决之,何如?”谭默然良久,曰:“臣不读谶。”帝问其故,谭复极言谶之非经。帝大怒曰:“桓谭非圣无法,将下斩之。”谭叩头流血,良久乃得解。出为六安郡丞,意忽忽不乐,道病卒,时年七十余。

初,谭著书言当世行事二十九篇,号曰《新论》,上书献之,世祖善焉。《琴道》一篇未成,肃宗使班固绩成之。所著赋、诔、书、奏,凡二十六篇。

元和中,肃宗行东巡狩,至沛,使使者祠谭冢,乡里以为荣。

【译文】

桓谭字君山,是沛国相县人。父亲在汉成帝时为太乐令。桓谭因父亲的功绩被保任为郎,因而爱好音乐,善于弹琴。博学而且多能。普遍研习《五经》,注重解释大意,不讲求章句。擅长写文章,尤其喜好古文字,屡次跟刘歆、扬雄辩析疑义。生性嗜好歌舞艺人的音乐,简慢而不修边幅,喜欢非难诋毁俗儒,因此时常遭到攻击。

哀帝、平帝年间,官位没有超过郎。傅皇后的父亲孔乡侯傅晏对桓谭十分友善。这时高安侯董贤受皇帝宠幸,妹妹为昭仪,傅皇后已日渐被疏远,傅晏默默不得意。桓谭进言道:“从前武帝想立卫子夫为皇后,暗地里寻求陈皇后的过失,结果陈皇后被废,卫子夫终于被立为皇后。如今董贤倍受宠爱而妹妹更受宠幸,大概将要发生卫子夫那样的变故,怎不令人忧虑呢!"孔乡侯傅晏十分震惊,说:"是这样,怎么办呢?"桓谭回答说:"刑罚不能加到无罪的人身上,邪枉不能胜过正直的人。士人凭借才智取信于君王,女子凭借妩媚邀宠于夫主。皇后年少,很少经历艰难,有人会驱使医巫,外求方技,这不可不加以防备。又君侯您由于是皇后的父亲十分尊贵而交往众多宾客,必定会借用显赫的权势,招来非议,不如谢绝遣散门徒,努力保持谦逊诚恳,这是修身正家避祸的好办法。"孔乡侯晏回答说:"太好了。"于是遣散宾客,入内禀明皇后,正如桓谭告诫的那样。后来董贤果然暗示太医令真钦,让他寻求傅氏的罪过,于是逮捕皇后的弟弟侍中傅喜,奉诏审理没有收获,才算了事,所以傅氏在整个哀帝时期得以保全。至董贤为大司马,听说桓谭的名声,想和他结交。桓谭先上书董贤,用辅国保身的办法进行劝说,董贤未能采纳,于是没有和他交往。当王莽摄政弑君篡权的时候,天下的士人,没有不竞相称颂道德纯美,造符命进行奉承谄媚以求欢心的,唯独桓谭坚守己志,默然无言。王莽时为掌乐大夫。更始立为皇帝,召拜为太中大夫。

光武帝即位,征为待诏,因上书论事违背旨意,没有被任用。后来大司空宋弘荐举桓谭,拜议郎给事中,于是上书陈述当时政治应该采取的措施说:

我听说国家的兴废在于政事,政事的得失出自辅佐。辅佐贤明,那么出色的士人充满朝廷,而理论与社会形势相符合;辅佐不贤明,那么理论不合时宜,而措施多失误。大凡治理国家的君主,都想振兴教化确立善政,然而政治没有搞好,是由于他们所谓的贤不一样啊。从前楚庄王问孙叔敖说:"用来治理国家的大政方针,我还没有得到。"叔敖回答说:"国家有大政方针,是众人所厌恶的,恐怕君王您不能确定啊。"庄王说:"不能确定只在于君主,也在于臣下吗?"回答说:"君主对士人十分傲慢,说士人没有我就无法富贵;士人对君主十分傲慢,说君主没有士人就无法安存。有的君主直至丧失国家还不觉悟,有的士人直至饥寒交迫还不做官。君臣不和,那么国家的大政方针就无法确定了。"庄王说:"太好了。愿丞相与诸位大夫共同确定国家的大政方针。"原来所谓善政,就是要根据世俗而施行教化,考察失误而制定防范措施,威德兼施,文武并用,然后政治适宜于时势,那么不守本分的人便可安定下来。从前董仲舒说:"治理国家好比弹奏琴瑟,对那些不协调的弦就解开然后重新调整。"重新调整不容易办到,而违背众人的却遭灭亡,所以贾谊因才智被贬逐,而朝错因才智遭杀身。世上虽存在具有特殊才能的人,却没有一个敢于进言,原因在于惧怕重踏前人的覆辙啊。

况且制订法律禁令,并非能够全面制止天下的奸邪,普遍符合众人的欲望,大抵采用对国家对事情有较多好处的就行了。设置官吏,是为了治理万民,悬赏施罚,是为了区别善恶。恶人被杀伤,那么善人就得福了。如今人们相互杀伤,虽然已经伏法,但私自结下怨仇,子孙相互报复,后来的怨恨比从前更深,甚至灭绝满门,倾家荡产,可是世俗却称作豪杰,所以尽管有的十分怯弱,还勉强这样做,这是听凭人们自行其是而不再有法律禁令了啊。现在应申明旧令,如果已经伏法还私下相互伤杀的,虽然只身逃亡,也应将家属全都流放到边境地区。那些相互杀伤的,要比常刑加倍惩罚,不准雇人替罪。这样一来,那么怨仇自然解开,盗贼也就没有了。

治理国家的原则,是提倡农业而抑制工商业,因此汉高祖对从事两种职业的人加以限制,约束商贾不准做官为吏,这是为了抑制兼并,勉励廉耻。如今富商大贾,大量放贷钱物,中等家庭的子弟,做他们的佣工,奔走和仆人一样勤快,收取的利息和享有封地的贵族的收入相等,因此众人羡慕效法,不耕而食,甚至大量贩运奢侈浪费的东西,用来淫乱人们的耳目。现在可以让商贾们相互检举揭发,如果不是自己劳动所得,便将赃物全部奖给告发的人。像这样,就只能自己一人奔走,不敢将货物委托他人,事情少,力量弱,必定回到田亩劳作。田亩修整好,那么谷物收成多而地力就得到充分利用了。

又见按法令判决案件,轻重不一,或同一事件所用法令不同,同一罪行定罪两样,奸猾的官吏得机会上下其手,想放条生路的就提出不该死的意见,想进行陷害的就与死罪相提并论,这叫作刑开二门。现在可让精通义理、明习法律的,审定案例,统一法度,向下颁布到郡国,废除旧的条例。像这样,天下有法可依,那么狱讼就没有冤枉和不当了。

奏章奉上,没有下落。

这时皇帝正迷信谶记,多用来决定疑难。又俸禄薄,赏赐少,天下长期难于安定。桓谭又上疏说:

我上次进献不明事理的言论,未蒙诏书回答,不胜烦闷,冒死进一步陈述。愚蠢的人出谋划策,之所以对政事有好处,是因为合人心而得事理。大凡人之常情对眼前的事情容易忽略,对奇异的传闻特别重视。观察先王的记述,咸以仁义正道为本,没有奇怪虚诞的事情。原来天道和性命,是圣人很少谈论的。从子贡以下,都没有能够听到,何况后世浅薄的儒生,能够将天道性命搞清楚吗?如今各种耍小聪明、小才干、掌握方技术数的人,夸张符命,假托谶记,用欺骗邪恶的手段,贻误君主,怎能不压制疏远他们呢!臣桓谭伏闻陛下穷究挫败方士的炼金术,实在太高明了;但却想听从接纳谶记,又为何如此失策呢!谶记所说的事虽然有时应验,但就好比卜卦得奇数偶数是一样的。陛下应当集中圣明的听觉,开启圣明的思想,屏弃群小的邪说,阐述《五经》的正义,不理雷同的俗语,详察通人的良谋。

臣又听说天下太平就尊重有道德学术的士人,天下危难就崇尚披甲冠胄的臣子。如今圣朝复兴祖宗的传统,作为臣民的主子,而四方盗贼没有全部归顺,这是因为没有掌握权谋的缘故。臣桓谭伏观陛下用兵,对所有投降和占领的地方,既不施重赏用恩德加以诱导,有时甚至还掳掠抢夺那里的财物,因此长官头领各自产生怀疑,结成朋党,成年累月不能拆散。古人说过:"天下都知道取之为取,而没有人知道与之为取。"陛下真能轻视爵禄进行重赏,和士人共同享用,那么哪里有召唤而不到来的,哪里有解释而不明白的,哪里有向前而不畅通的,哪里有征讨而不克服的!果真这样,那么就能以狭为广,以迟为速,亡者复存,失者复得了。

皇帝察看奏章,更加不高兴。

后来下诏聚众研究灵台的建造地址,皇帝问桓谭:"我想用谶语做出决定,怎么样?"桓谭沉默很长时间,回答说:"臣不读谶。"皇帝问他什么缘故,桓谭再次极力说明谶语不是经典。皇帝大怒说:"桓谭诽谤圣人,无法无天,拉下去杀了。"桓谭叩头流血,过了好长时间才得到宽恕。贬为六安郡丞,心思恍惚,闷闷不乐,在路上病死了,时年七十多岁。

当初,桓谭著书论说当代行事共二十九篇,称为《新论》,上书敬献,光武帝十分赞赏。

《琴道》一篇没有完成,汉章帝命班固续成。所著赋、诔、书、奏共二十六篇。

元和中,汉章帝往东方巡视,来到沛地,命使者到桓谭的墓前祭奠,乡里以此为荣。

郅恽传

【题解】

郅恽,东汉汝南郡西平(今河南舞阳县南)人,字君章。他在西汉末是研习文经学的儒生,精通天文占算。在王莽时,他以天象示警为根据敢于上书劝王莽退位。在汝南任功曹时,他竟当众揭穿受奖官吏的骗局,让太守下不来台。等当了汉光武帝的臣子,他的憨直开始有所收敛,虽然曾拒绝夜猎归来的皇帝进入城门,但谏章却很是敦厚了。而后来光武帝喜新厌旧,废了共患难的郭皇后,郅恽不但不加谏阻,反而劝太子识相引退,这憨直已经改向圆滑了。

【原文】

郅恽字君章,汝南西平人也。年十二失母,居丧过礼。及长,理《韩诗》《严氏春秋》,明天文历数。

王莽时,寇贼群发,恽乃仰占玄象,叹谓友人曰:“方今镇、岁、荧惑并在汉分翼、轸之域,去而复来,汉必再受命。福归有德,如有顺天发策者,必成大功。”时左队大夫逯并素好士,恽说之曰:“当今上天垂象,智者以昌,愚者以亡。昔伊尹自鬻辅商,立功全人。恽窃不逊,敢希伊尹之踪,应天人之变。明府傥不疑逆,俾成天德。”并奇之,使署为吏。恽不谒,曰:“昔文王拔吕尚于渭滨,高宗礼傅说于岩筑,桓公取管仲于射钩,故能立弘烈,就元勋。未闻师相仲父,而可为吏位也。非窥天者不可与图远。君不授骥以重任,骥亦俯首裹足而去耳。”遂不受署。

西至长安,乃上书王莽曰:“臣闻天地重其人,惜其物,故运机衡,垂日月,含元包一,甄陶品类,显表纪世,图录豫设。汉历久长,孔为赤制,不使愚惑,残人乱时。智者顺以成德,愚者逆以取害,神器有命,不可虚获。上天垂戒,欲悟陛下,令就臣位,转祸为福。刘氏享天永命,陛下顺节盛衰,取之以天,还之以天,可谓知命矣。若不早图,是不免于窃位也。且尧舜不以天显自与,故禅天下,陛下何贪非天显以自累也。天为陛下严父,臣为陛下孝子。父教不可废,子谏不可拒,惟陛下留神。”莽大怒,即收系诏狱,劾以大逆。犹以恽据经谶,难即害之,使黄门近臣胁恽,令自告狂病恍忽,不觉所言。恽乃瞑目詈曰:“所陈皆天文圣意,非狂人所能造。”遂系须冬,会赦得出,乃与同郡郑敬南遁苍梧。

建武三年,又至庐江,因遇积弩将军傅俊东徇扬州。俊素闻恽名,乃礼请之,上为将兵长史,授以军政。恽乃誓众曰:“无掩人不备,穷人于厄,不得断人支体,裸人形骸,放淫妇女。”俊军士犹发冢陈尸,掠夺百姓。恽谏俊曰:“昔文王不忍露白骨,武王不以天下易一人之命,故能获天地之应,克商如林之旅。将军如何不师法文王,而犯逆天地之禁,多伤人害物，虐及枯尸，取罪神明？今不谢天改政，无以全命。愿将军亲率士卒，收伤葬死，哭所残暴，以明非将军本意也。"从之，百姓悦服，所向皆下。

七年，俊还京师，而上论之。恽耻以军功取位，遂辞归乡里。县令卑身崇礼，请以为门下掾。恽友人董子张者，父先为乡人所害。及子张病，将终，恽往候之。子张垂殁，视恽，歔欷不能言。恽曰："吾知子不悲天命，而痛仇不复也。子在，吾忧而不手；子亡，吾手而不忧也。"子张但目击而已。恽即起，将客遮仇人，取其头以示子张。子张见而气绝。恽因而诣县，以状自首。令应之达，恽曰："为友报仇，吏之私也。奉法不阿，君之义也。亏君以生，非臣节也。"趋出就狱。令跣而追恽，不及，遂自至狱，令拔刃自向以要恽曰："子不从我出，敢以死明心。"恽得此乃出，因病去。

久之，太守欧阳歙请为功曹。汝南旧俗，十月飨会，百里内县皆赍牛酒到府宴饮。时临飨礼讫，歙教曰："西部督邮繇延，天资忠贞，禀性公方，摧破奸凶，不严而理。今与众儒共论延功，显之于朝。太守敬嘉厥休，牛酒养德。"主簿读教，户曹引延受赐。恽于下坐愀然前曰："司正举觥，以君之罪，告谢于天。案延资性贪邪，外方内员，朋党构奸，罔上害人，所在荒乱，怨讟并作。明府以恶为善，股肱以直从曲，此既无君，又复无臣，恽敢再拜奉觥。"歙色惭动，不知所言。门下掾郑敬进曰："君明臣直，功曹言切，明府德也，可无受觥哉？"歙意少解，曰："实歙罪也，敬奉觥。"恽乃免冠谢曰："昔虞舜辅尧，四罪咸服，谗言弗庸，孔任不行，故能作股肱，帝用有歌。恽不忠，孔任是昭，豺虎从政，既陷诽谤，又露所言，罪莫重焉。请收恽、延，以明好恶。"歙曰："是重吾过也。"遂不宴而罢。恽归府，称病，延亦自退。

郑敬素与恽厚，见其言忤歙，乃相招去，曰："子廷争繇延，君犹不纳。延今虽去，其势必还。直心无讳，诚三代之道。然道不同者不相为谋，吾不能忍见子有不容君之危，盍去之乎！"恽曰："孟轲以强其君之所不能为忠，量其君之所不能为贼。恽业已强之矣，障君于朝，既有其直，而不死职，罪也。延退而恽又去！不可。"敬乃独隐于弋阳山中。居数月，歙果复召延，恽于是乃去。从敬止，渔钓自娱，留数十日。恽志在从政，既乃喟然而叹，谓敬曰："天生俊士，以为人也，鸟兽不可与同群。子从我为伊吕乎？将为巢许，而父老尧舜乎？"敬曰："吾足矣，初从生步重华于南野，谓来归为松子，今幸得全躯树类，还奉坟墓，尽学问道，虽不从政，施之有政，是亦为政也。吾年耄矣，安得从子？子勉正性命，勿劳神以害生。"恽于是告别而去，敬字次都，清志高世，光武连徵不到。

恽遂客居江夏教授，郡举孝廉，为上东城门候。帝尝出猎，车驾夜还，恽拒关不开。帝令从者见面于门间，恽曰："火明辽远。"遂不受诏。帝乃回从东中门入。明日，恽上书谏曰："昔文王不敢槃于游田，以万人惟忧，而陛下远猎山林，夜以继昼，其如社稷宗庙何？暴虎冯河，未至之戒，诚小臣所窥忧也。"书奏，赐布百匹，贬东中门候为参封尉。

后令恽授皇太子《韩诗》，侍讲殿中。及郭皇后废，恽乃言于帝曰："臣闻夫妇之好，父不能得之于子，况臣能得之于君乎？是臣所不敢言。虽然，愿陛下念其可否之计，无令天下有议社稷而已。"帝曰："恽善恕己量主，知我必不有所左右而轻天下也。"后既废，而太子意不自安，恽乃说太子曰："久处疑位，上违孝道，下近危殆。昔高宗明君，吉甫贤臣，及有纤介，放逐孝子。《春秋》之义，母以子贵。太子宜因左右及诸皇子引愆退身，奉养母氏,以明圣教,不背所生。"太子从之,帝竟听许。

恽再迁长沙太守。先是长沙有孝子古初,遭父丧未葬,邻人失火,初匍匐木枢上,以身扞火,火为之灭。恽甄异之,以为首举。后坐事左转芒长,又免归,避地教授,著书八篇。以病卒。子寿。

【译文】

郅恽,字君章,汝南郡西平人。十二岁时他就失去了母亲,居丧哀过于礼。等到长大,他治《韩诗》《严氏春秋》,明习天文历数。

王莽时,盗贼纷然而起,郅恽就仰观天象,叹息着对朋友说:"如今镇星、岁星、荧惑星都在汉分野的翼、轸二宿之界,去了又回来,汉家必然再次承受天命。而福归于有德者,如果有顺应天道而起的,必成大功。"当时左队大夫逯并一向礼贤好士,郅恽向他进说道:"如今上天垂示星象,智者因之而昌兴,愚者因之而灭亡。郅恽不逊,敢企及于伊尹之踪迹,顺应天人之变化。明府如果不认为这是悖逆之说,就请助成天德。"逯并很欣赏他,就署他为郡吏。郅恽不拜谒,说:"往昔周文王拔擢吕尚于渭水之滨,殷高宗礼敬傅说于岩筑之役,齐桓公录用管仲于射钩之怨,所以也都能立丰功,成元勋。我没有听说过师相、仲父而可待以属吏之位的。不能仰窥天象的,就不可以和他共图远行,您不授骏马以重任,骏马也将俯首裹足而离去。"于是他没有接受署任。

郅恽西行至长安,便上书王莽道:"臣闻天地重视世上之人,珍惜世上之物,所以运作机衡,垂象日月,浑元一气,创造万物,预作图箓,安排世代。汉朝历年久长,孔子为做光德尚赤之制,使人不会被迷惑,以致残害人民,扰乱天时。智者顺之以成功德,遇者逆之以招祸害,天子的宝位是有天命注定,不能凭空占有的。上天垂象警戒,是想开悟陛下,让陛下回到臣子之位,转祸为福。刘氏享有天赐的永命,陛下顺应进节的盛衰,取之于天,还之于天,就可以说是知命了。如果陛下不早做打算,就不免成为窃位了。况且尧、舜都不因为是天赐之命而给予自家,所以禅让天下,陛下为什么以并非天赐之命而做自己的累赘呢?天是陛下的严父,臣为陛下的孝子。父亲的教诲不可废弃,儿子的忠谏不可推拒,望陛下三思。"王莽大怒,立即把郅恽逮捕关押进诏狱,劾以大逆不道之罪。但因为致恽引据经书和谶纬,王莽还难于就把他杀死,便让黄门近侍威胁郅恽,叫他自己承认是狂病恍惚,不知道自己说的是什么。郅恽便瞪眼骂道:"我所陈述的都是天象显示的圣意,不是狂人所能编造的!"于是就把他关押起来,等待冬天行刑,因赶上赦令得以释放,就和同郡的郑敬隐居到南方的苍梧山。

汉光武帝建武三年,郅恽又到了庐江,于是遇上积弩将军傅俊向东略地扬州。傅俊一向知道郅恽的名,便以礼聘请,举荐为将兵长史,交给他军政。郅恽便率众立誓道:"不准掩袭无防备者,穷追走投无路者,不得断残人的肢体,裸露人的形骸,奸淫妇女。"傅俊的士兵仍然掘坟陈尸,掠夺百姓。郅恽劝谏傅俊说:"往昔周文王不忍心让白骨暴露,周武王不肯因天下而轻视一人的性命,所以才能得到天地的感应,击败商朝如森林一般稠密的军队。将军为什么不效法文王,而触犯天地的禁规,大量伤人害物,虐及枯骨,得罪神明呢?如果不向天地谢罪而改变军政,就无法保全自己的性命。希望将军亲自为士卒的表率,收养伤残,埋葬死者,对被残害的人表示哀悼,以表明这不是将军的本意。"傅俊照他说的做了,百姓悦服,所向之处无不归顺。

建武七年,傅俊回到京城,荐举郅恽而论其功。郅恽以因军功取官为耻,便辞归乡里。县令卑躬厚礼,请求郅恽做他的掾属。郅恽的朋友董子张,其父此前被同乡的人所杀害。等到董子张病倒,将要死去的时候,郅恽前往探视。董子张就要死了,眼睛看着郅恽,抽泣着说不出话来。郅恽说:"我知道你不是为寿终悲伤,而是没有能复仇痛苦。你活在世上,我为你心忧而不能动手;你要去世,我就动手而不必心忧了。"董子张只能用眼望着他而已。郅恽当即起身,带宾客遮杀仇人,取来头颅让董子张看。董子张看后就断气了。郅恽于是到县中,具状自首。县令故意拖延好久才见,郅恽说:"为朋友报仇,是属吏我的私情;奉法不屈,是您的职责。为了自己活着而让您的品行有亏,这不合我的立身准则。"趋出自投入狱。县令顾不得穿鞋就追出去,没有追上,便亲自到监狱中,拔出刀向着自己,胁迫郅恽说:"你如果不答应我从监狱中出去,我就以死表明心迹。"郅恽到此时才出狱,后来借病去职。

过了些时候,汝南太守欧阳歙聘请他做郡功曹。汝南的旧俗,在每年十月举行大宴会。百里以内的属县都要携带牛酒到郡府宴饮。时临宴前的礼仪完毕,欧阳歙说:"西部督邮繇延,天资忠贞,禀性公正,摧毁奸凶,不严苛而政理。现在与众儒一起论繇延之功,表彰于朝廷。太守为嘉奖他的卓越政绩,赐牛酒以养德。"主簿读教令,户曹领繇延接受奖赏。郅恽从下座愀然起身向前道:"请司仪举起酒觥(罚酒所用的酒具),把您的过错上告于天。按繇延资性贪邪,表面方正而内实圆滑,结朋党,营奸私,欺罔君上,为害黎民,所在之处一片荒凉扰乱,怨恨和祸乱一起兴起。明府以恶为善,您的部下以正直迁就邪曲,这既无君上,又无臣下,郅恽敢再拜奉上酒觥。"欧阳歙面色惭愧惶乱,不知说什么才好。门下掾吏郑敬进前说:"君上英明,臣下才会刚直,功曹说的话很恳切,这是明府有德,能不接受酒觥吗?"欧阳歙的情绪稍微缓和下来,说:"这确实是我的过错,我敬受此觥。"郅恽便摘冠谢罪道:"往昔虞舜辅佐帝尧,四凶(共工、欢兜、三苗、鲧,传说中当时的四个凶人)全部服罪,谗言不被采纳,奸佞不能得逞,所以他才能尽到股肱之责,而帝尧为之歌咏。是我不忠于职守,才使得奸佞昭显,豺虎为政,不仅使您受到指责,而且当众受窘,我的罪过实在太重了。请逮捕我和繇延,以昭明好恶。"欧阳歙说:"这是更加重我的过错呀。"结果没有进行宴会就解散了。郅恽回到府中,就告了病假,繇延也自己引退了。

郑敬一向与郅恽交情深厚,见他用言语忤犯了欧阳歙,就召他前来,说:"你当庭争辩繇延的事,主公还不肯采纳。繇延现在虽然离去,但看他的势头是一定要回来的。存心正直而无所忌讳,这确实是上古三代的道德。然而道不同者不相为谋,我不能忍心看见你有不被所容的危险,你为什么不离开呢!"郅恽说:"孟轲以勉力促使其君所不能为者为忠,以认定其君所不能行者为贼。我业已勉力促使他做了。阻拦君上于朝,则已经有了忠直之名,但如果不能死于其职,是有罪的。繇延已经去职而我又离去,这是不对的。"郑敬便独自隐居于弋阳山中。过了几个月,欧阳歙果然又召回繇延,郅恽于是就离去,随郑敬所止,以钓鱼自娱,留住了数十天。郅恽的志向在于从政,不久就喟然而叹,对郑敬说:"天生下俊杰之士,是为了百姓,不可与鸟兽同群。你是跟我一起去做伊尹、吕尚呢,还是做巢父、许由，当尧、舜的百姓呢？"郑敬说："我已经知足了。我本为只想追随大舜于苍梧（意思是为皇帝效力），功成归来则做赤松子一样的隐士，如今有幸能够保全自己并且有了后嗣，还乡奉守祖先的坟墓，从事学问，隐遁求道，虽然没有从政，这也合乎为政的宗旨。我年纪已经老迈了，怎么能跟从你而去呢？你勉力端正性命的意义，不要劳神以戕害生命。"郅恽于是告别而去。郑敬字次都，志趣清高，远超于世，汉光武帝连连征聘他都不去。

于是郅恽客居于江夏教授生徒，郡中举他为孝廉，任命为看管洛阳上东城门的官员。光武帝曾经出外行猎，夜里才回都城，郅恽紧闭城门不开。光武帝命令随从和他相见于城门间。郅恽说："你们火炬的光明延伸得很远。"不接受光武帝的命令。光武帝便改从东中门入城。第二天，郅恽上书谏道："往昔周文王不敢游乐于田猎，唯以万民为忧。而陛下远猎于山林，夜以继日，将把社稷宗庙置于何处？暴虎冯河，要对灾祸预先警诫，这实在是小臣的忧虑。"书奏上，光武帝赏赐他布百匹，贬东中门的官员为参封县尉。

后来光武帝命令郅恽教授皇太子《韩诗》，侍讲于殿中，及至郭皇后被废，郅恽便上言于光武帝道："臣听说夫妇之好，连父亲都管不了儿子，何况臣子能管君王吗？这本是我所不敢言进的。虽然如此，仍希望陛下能考虑这样是否恰当，不要让天下人对社稷有所议论。"光武帝说："郅恽善于以宽厚之心体谅君主，知道我不会被人所左右而忘记天下的。"郭后被废以后，太子的心很不安，郅恽便说服太子道："你长久地使自己处于犹疑之位，上则违背孝道，下则濒临危殆。往昔殷高宗是明君，尹吉甫是贤臣，因为纤芥之故，还把自己的孝顺的儿子放逐了。《春秋》之义，母亲因儿子而贵。太子应该通过左右和诸皇子引咎退位，奉养母亲，以申明圣教，不要悖逆自己的父亲。"太子照郅恽说的做了，光武帝竟然批准了太子退位的请求。

郅恽再迁为长沙太守。此前长沙有个叫古初的孝子，父亲死了还没有埋葬，邻居失火，古初匍匐在棺材上，用身体捍御大火，火竟因此而熄灭了。郅恽觉得很神异，就把他优先举荐为孝廉。后来郅恽因事故贬为芒县县长，又被免官归家，隐居教授，著书八篇。因病去世。他的儿子名叫郅寿。

杜诗传

【题解】

杜诗（？～38），东汉河内汲县（今河南汲县西南）人，字君公。早年曾经任郡功曹，后任更始政权大司马府属吏，此后归附光武帝刘秀。先后任侍御史、成皋令、沛郡及汝南郡尉。迁任南阳太守，所到皆有政绩。南阳人称其为"杜母"。他还根据前人的经验，制造水排，利用水的力量带动鼓风机，进行冶铁铸造。此法比欧洲早一千多年。杜诗不仅有政治才能，而且任官廉洁，死后贫困无田宅，丧无所归。

【原文】

杜诗,字君公,河内汲人也。少有才能,仕郡功曹,有公平称。更始时,辟大司马府。建武元年,岁中三迁为侍御史,安集洛阳。时将军萧广放纵兵士,暴横民间,百姓惶扰,诗敕晓不改,遂格杀广,还以状闻。世祖召见,赐以棨戟,复使之河东,诛降逆贼杨异等。诗到大阳,闻贼规欲北度,乃与长史急焚其船,部勒郡兵,将突骑趁击,斩异等,贼遂剪灭。拜成皋令,视事三岁,举政尤异。再迁为沛郡都尉,转汝南都尉,所在称治。

七年,迁南阳太守。性节俭而政治清平,以诛暴立威,善于计略,省爱民役。造作水排,铸为农器,用力少,见功多,百姓便之。又修治陂池,广拓土田,郡内比室殷足。时人方于召信臣,故南阳为之语曰:"前有召父,后有杜母"。

诗自以无劳,不安久居大郡,求欲降避功臣,乃上疏曰:

陛下亮成天工,克济大业,偃兵修文,群帅反旅,海内合和,万世蒙福,天下幸甚。唯匈奴未譬圣德,威侮二垂,陵虐中国,边民虚耗,不能自守。臣恐武猛之将虽勤,亦未得解甲囊弓也。夫勤而不息亦怨,劳而不休亦怨,怨恨之师,难复责功。臣伏睹将帅之情,功臣之望,冀一休足于内郡,然后即戎出命,不敢有恨。臣愚以为"师克在和不在众"。陛下虽垂念北边,亦当颇泄用之。昔汤武善御众,故无忿鸷之师。陛下起兵十有三年,将帅和睦,士卒凫藻。今若使公卿郡守出于军垒,则将帅自厉;士卒之复,比于宿卫,则戎士自百。何者?天下已安,各重性命,大臣以下,咸怀乐土,不�321其功而厉其用,无以劝也。陛下诚宜虚鈌数郡,以俟振旅之臣,重复厚赏,加于久役之士。如此,缘边屯戍之师,竞而忘死,乘城拒塞之吏,不辞其劳,则烽火精明,守战坚固。圣王之政,必因人心。今猥用愚薄,塞功臣之望,诚非其宜。

臣诗伏自惟忖,本以史吏一介之才,遭陛下创制大业,贤俊在外,空乏之间,超受大恩牧养不称,奉职无效,久窃禄位,今功臣怀愠,诚惶诚恐。八年,上书乞避功德,陛下殊恩,未许放退。臣诗蒙恩尤深,义不敢苟冒虚请,诚不胜至愿,愿退大郡,受小职。及臣齿壮,力能经营剧事,如使臣将必有补益,复受大位,虽析珪授爵,所不辞也。惟陛下哀矜!

帝惜其能,遂不许之。

诗雅好推贤,数进知名士清河刘统及鲁阳长董崇等。初,禁网尚简,但以玺书发兵,未有虎符之信,诗上疏曰:"臣闻兵者国之凶器,圣人所慎。旧制发兵,皆以虎符,其余征调,竹使而已。符第合会,取为大信,所以明著国令,敛持威重也。间者发兵,但用玺书,或以诏令;如有奸人诈伪,无由知觉。愚以为军旅尚兴,贼虏未珍,征兵郡国,宜有重慎,可立虎符,以绝奸端。昔魏之公子,威倾邻国,犹假兵符以解赵围,若无如姬之仇,则其功不显。事有烦而不可省,费而不得已;盖谓此也。"书奏,从之。

诗身虽在外,尽心朝廷,谠言善策,随事献纳。视事七年,政化大行。十四年,坐遣客为弟报仇被征,会病卒。司隶校尉鲍永上书言诗贫困无田宅,丧无所归。诏使治丧郡邸,赙绢千匹。

【译文】

杜诗,字君公,河内汲县人。年轻时有才能,在郡里任官为功曹,以公平著称。更始政权时，被征辟为大司马府官员。建武元年，在一年中迁升三次至侍御史，负责安定洛阳。当时将军萧广放纵士兵不法，在城里横行霸道，百姓惶恐惊扰。杜诗晓谕萧广，仍不改悔，于是将萧广击杀，回京后把情况向光武帝奏报。光武帝召见他，赐给他棨戟，又派他巡视河东，去招降和诛杀反叛的贼人杨异等。杜诗抵达大阳，听说贼人企图北渡，于是与长史迅速焚毁船只，调集部署郡中士兵，派骑兵突袭贼兵，杀死杨异等人，贼兵因此被消灭。拜授为成皋县令，任官三年，政绩优异。又迁升为沛郡都尉，转任汝南都尉。所到之处，都有政绩。

建武七年，升任南阳太守。他生活节俭，施政清正平和，以诛杀强暴树立威信，他还擅长计划谋略，减少和爱惜民力劳役。又设计制作水排，铸造农具，使用的力量少，收效多，百姓很便利。此外，还修建池塘，广泛开垦土地，郡中家家户户都丰足富实。当时人们把他比作召信臣，所以南阳人赞颂他说："先前有召父，后来有杜母。"

杜诗自认为没有功劳，不应长期任大郡长官，请求降职，以避让职位给功臣，于是上疏说：

陛下卓越地完成一项伟大的工作，成就了一番宏伟的功业，收藏好兵器治理国家，众将都返回朝廷，全国和睦一家，千秋万代都将蒙受您创造的幸福，这是天下极大的幸事。只有匈奴还未被圣德感化，威胁着西、北两处边境地区，肆意欺凌我国百姓，边境居民深受其害，不能自己保护自己。臣下担心威武勇猛的将领虽然勤奋守卫边境，也未必能够脱下盔甲，收藏起弓箭。勤奋而无止息将会有怨言，劳累而不得休息也会有不满，有怨愤的军队，难以再督责它立功。臣观察将帅的心情，功臣的期望，都盼着不再打仗，满足于在内地郡中任官，然后再受命出征，他们才不会有怨愤的情绪。臣下认为"出师成功在于团结而不在人多"，陛下虽然顾虑北部边境之事，也应当和缓地调用军队。先前汤武善于驾驭部队，所以从不因一时愤怒而出兵。陛下起兵已十三年，将帅和睦，士卒欢悦。如今若是使公卿郡守都出自军人，则将帅将会自我勉励；士卒的优待与宿卫一样，则士卒会勇气百倍。为什么？因为国家已经安定，人人都重视自己的性命，大臣以下官员，都怀恋乐土，不根据功劳给予报酬，而督责他们尽力，是不大可能的。陛下应该留下几个郡守的职位，以便拜任那些得胜班师的大臣，再出丰厚的奖赏，给那些长期服役的士卒。这样，边境地区驻守的军队，会争着舍生忘死；守城护塞的官吏，定能不辞劳苦；从而使得烽火准确，防守坚固。圣明的君王施政，必定要依据人的心理。现今杂用了一些愚昧、德行浅薄的人，断绝了功臣的期望，实在不适宜。

臣下杜诗暗自思忖，本来是掾史属吏之才，正值陛下创立大业，贤良能干的人都在外打仗，朝廷里人才缺乏之际，特殊地受到极大恩宠，但教化百姓不称职，任官又没有功绩，长期窃居官位，使得功臣心怀不满，我实在惶恐不安。建武八年的时候，曾上书请求退位让给有功之人，陛下加给我特殊的恩典，不允许辞职。臣杜诗蒙受的恩德极深，道义使得我不能担当假意请求辞职之名，如果不能实现（辞职）的愿望，那么臣愿辞退大郡的官职，担任低一些的职务。若是臣下身体强壮，有能力处理繁杂艰难的事务，而且任用臣下杜诗的确有所补益，再授以较高官职，虽然授予爵位，也不推辞。恳请陛下哀怜体谅！光武帝爱惜他的才能，所以没有同意这个请求。

杜诗喜好推举贤才，多次举荐知名士人清河人刘统以及鲁阳长董崇等人。当初，法令制度还很简单，只是以皇帝的玺书调兵，没有虎符作凭信，杜诗上疏说："臣下听说军队是国家的凶器，圣人对此极慎重。依照旧制度，发兵都以虎符作凭信，其余的征调，仅用竹制的令牌。符信会合无误，作为信用，这为的是证明国家的命令，以表示重视，加强威信。先前发兵，只是用玺书，如果有奸邪的人欺瞒作假，也无法知道。我认为军事行动仍在进行，贼人尚未消灭，从各郡国征调军队，应该慎重，可以设置虎符，以杜绝奸人作恶之源。先前魏国的公子无忌，威德远播邻国，仍要借助兵符，才能解救对赵国的包围，如果如姬没有杀父之仇，公子无忌也不能成功。事情应该复杂，便不可减省，繁费出于不得已，说的就是这个道理。"上书奏报，建议被采纳。

杜诗虽然在外地任官，仍然尽心于朝廷大事，有忠正的言论，好的建议，都随时进献上奏。任官七年，政令教化大大推行。建武十四年，因为派宾客为弟弟报仇，被征召问罪，正巧因病去世。司隶校尉鲍永上奏说杜诗家中贫困，没有田宅，死后无处下葬。诏令在郡中官邸治丧，并赐一千匹绢办丧事。

孔奋传

【题解】

孔奋，字君鱼，东汉初扶风茂陵（今陕西西安西北）人。少年时跟随刘歆学《春秋左氏传》。遭王莽之乱，与老母和幼弟到河西地区躲避兵乱。东汉建武五年（后29），任河西大将军窦融官署议曹掾，守姑臧长。任职四年，虽在富庶地区为官，财产却无所增，为时人所笑。侍奉母亲极孝。他自己生活极俭，却寻求珍膳侍奉老母。后任武都太守，告病去官后，死于家中。所到之处，以廉洁著称。

【原文】

孔奋，字君鱼，扶风茂陵人也。曾祖霸，元帝时为侍中。奋少从刘歆受《春秋左氏传》，歆称之，谓门人曰："吾已从君鱼受道矣。"遭王莽乱，奋与老母幼弟避兵河西。建武五年，河西大将军窦融请奋署议曹掾，守姑臧长；八年，赐爵关内侯。时天下扰乱，唯河西独安，而姑臧称为富邑，通货羌胡，市日四合，每居县者，不盈数月辄至丰积。奋在职四年，财产无所增；事母孝谨，虽为俭约，奉养极求珍膳；躬率妻子，同甘菜茹。时天下未定，士多不修节操，而奋力行清洁，为众所笑，或以为身处脂膏，不能以自润，徒益苦辛耳。奋既立节，治贵仁平，太守梁统深相敬待，不以官属礼之，常迎于大门，引入见母。

陇、蜀既平，河西守令咸被征召，财货连毂，弥竟川泽。唯奋无资，单车就路，姑臧吏民及羌胡更相谓曰："孔君清廉仁贤，举县蒙恩，如何今去，不共报德！"遂相赋敛牛马器物千万以上，追送数百里。奋谢之而已，一无所受。

既至京师，除武都郡丞。时陇西余贼隗茂等夜攻府舍，残杀郡守，贼畏奋追急，乃执其妻子，欲以为质。奋年已五十，唯有一子，终不顾望，遂穷力讨之；吏民感义，莫不倍用命焉。郡多氐人，便习山谷，其大豪齐钟留者，为群氐所信向。备乃率厉钟留等令要遮钞击，共为表里。贼窘惧逼急，乃推奋妻子以置军前，冀当退却，而击之愈厉，遂擒灭茂等，奋妻子亦为所杀。世祖下诏褒美，拜为武都太守。

奋自为府丞，已见敬重，及拜太守，举郡莫不改操。为政明断，甄善疾非，见有美德，爱之如亲，其无行者，忿之若仇，郡中称为清平。弟奇，游学洛阳，奋以奇经明当仕，上病去官，守约乡闾，卒于家。奇博通经典，作《春秋左氏删》。奋晚有子嘉，官至城门校尉，作《左氏说》云。

【译文】

孔奋，字君鱼，扶风茂陵人。曾祖孔霸，在汉元帝时任侍中。孔奋少年时随从刘歆学习《春秋左氏传》，刘歆称赞他，对学生说："我已从君鱼那里学到了大道。"遭王莽之乱，孔奋与老母亲和幼弟到河西地区躲避兵祸。建武五年，河西将军窦融邀请孔奋为自己官署的议曹掾，担任守姑臧长。八年，赐爵位为关内侯。当时天下纷扰混乱，唯有河西地区较安定，姑臧被人们称为富县。这里与羌胡通商贸易，每天有四次集市。每一任县官，没有几个月便都富裕起来。孔奋任职四年，财产却一点没有增加。他侍奉母亲非常孝敬谨慎，虽然自己生活俭朴，却极力以美食孝敬母亲。亲自带着妻子儿女一同以普通饭菜为食。当时全国仍未安定，士大夫都不注重操守，而孔奋却尽力以清廉行事，因此被众人所笑，有的人说他身处富庶地区，不能使自己富裕起来，只是徒然自讨苦吃。孔奋注重节操，施政以仁义平和为本，太守梁统对他深为敬重，不以官属的礼节对待他，常到大门口迎接，领入内室引见给自己的母亲。

陇西和蜀地被平定后，河西地区的太守、县令都被征召入京，官员的财物连车满载，塞满了山川。只有孔奋没有资财，乘一辆空车上路。姑臧的官员百姓以及羌胡都说："孔君清廉仁义贤惠，全县都蒙受他的恩惠，他如今离去，我们为什么不报答他的恩德！"于是共同凑集收敛了成千上万的牛马器物，追了数百里送给孔奋。孔奋只是拜谢而已，一点都不接受。

孔奋抵达京城后，授职为武都郡丞。当时陇西残余的贼人隗茂等人在深夜攻击官府残杀了郡太守。贼人害怕孔奋穷追不舍，于是抓住他的妻子儿女，企图作为人质。孔奋当时年已五十，只有一个儿子，但他一心为国，毫不被贼人所动，仍尽力征讨。官员、百姓被他的精神所感动，都拼力与贼人作战。郡中居住着许多氐人，熟悉山川道路，大首领齐钟留，深为氐人信赖。孔奋便率领督励齐钟留等人，命他们在要道阻击抄掠贼兵，与官军互相呼应，里应外合，贼人窘迫惶恐，被逼急了，于是把孔奋的妻子儿女推到阵前，希望孔奋退兵，而孔奋却攻击得更加急迫，终于擒获消灭了隗茂等人，但他的妻子和子女却被贼人所杀。光武帝因此而下诏褒扬赞赏了孔奋，拜他为武都太守。

孔奋在任府丞时，已深受官民敬重，他担任太守后，全郡的人都以他为榜样，修行操守。孔奋施政清明有决断，甄别和表扬善行，痛疾错误行为。见到人有美德，爱之如同亲人；对不良行为，则疾恶如仇，郡中的人都称他清廉公平。他的弟弟孔奇，曾在洛阳求学。

孔奋认为孔奇熟悉经典,应当为官,他自己则称病辞官,居于家乡,在家中去世。孔奇博通经典,著有《春秋左氏删》。孔奋晚年有儿子名孔嘉,官至城门校尉,著有《左氏说》。

张堪传

【题解】

张堪,字君游,南阳宛(今河南南阳)人,为南阳大姓。光武帝刘秀未起事时,对张堪节操甚为赞美。后由来歙推荐,召拜为郎中,再拜蜀郡太守。当时光武帝派吴汉征公孙述,因粮草不足欲退兵,张堪力谏止之。平公孙述后,汉军入蜀,张堪先入城,检阅府库,收其珍宝,悉条例上报,秋毫无私;慰抚官民,蜀地百姓大悦。后任渔阳太守,教民致富,外抗匈奴,颇有政绩,卒于官。

【原文】

张堪字君游,南阳宛人也。为郡族姓。堪早孤,让先父余财数百万与兄子。年十六,受业长安,志美行厉,诸儒号曰"圣童"。

世祖微时,见堪志操,常嘉焉。及即位,中郎将来歙荐堪,召拜郎中,三迁为谒者。使送委输缣帛,并领骑七千匹,诣大司马吴汉伐公孙述,在道追拜蜀郡太守。时汉军余七日粮,阴具船欲遁去。堪闻之,驰往见汉,说述必败、不宜退师之策。汉从之,乃示弱挑敌,述果自出,战死城下。成都既拔,堪先入据其城,检阅库藏,收其珍宝,悉条例上言,秋毫无私。慰抚吏民,蜀人大悦。

在郡二年,征拜骑都尉。后领骠骑将军杜茂营,击破匈奴于高柳,拜渔阳太实。捕击奸猾,赏罚必信,吏民皆乐为用。匈奴尝以万骑入渔阳,堪率数千骑奔击,大破之,郡界以静。乃于狐奴开稻田八千余顷,劝民耕种,以致殷富。百姓歌曰:"桑无附枝,麦穗两岐。张君为政,乐不可支。"视事八年,匈奴不敢犯塞。

帝尝召见诸郡计吏,问其风土及前后守令能否。蜀郡计掾樊显进曰:"渔阳太守张堪昔在蜀,其仁以惠下,威能讨奸。前公孙述破时,珍宝山积,捲握之物,足富十世,而堪去职之日,乘折辕车,布被囊而已。"帝闻,良久叹息,拜显为鱼复长。方征堪,会病卒,帝深悼惜之,下诏褒扬,赐帛百匹。

【译文】

张堪,字君游,南阳宛人,为郡中的大姓。张堪早年成为孤儿,把先父的财产一百余万都让给了侄子。十六岁时,在长安求学,志向美雅,能够自励,儒生们都称他为"圣童"。

光武帝没有显赫时,了解张堪的志向和节操,经常称赞褒扬。即位之后,中郎将来歙推荐张堪,征召拜为郎中,经三次迁升为谒者。派他负责运输缣帛,并送战马七千匹,交吴汉讨伐公孙述,在途中追任他为蜀郡太守。当时吴汉的军队仅剩下七天的军粮,暗中准备船只要撤兵。张堪听说后，急忙驰驱至吴汉那里，论述公孙述必败，不应退兵之策。吴汉采纳了他的建议，于是显示软弱引诱敌兵，公孙述果然亲自率兵出战，结果在城下被击杀。成都被攻克之后，张堪首先占据城池，检查府库所藏财物，收敛珍宝，全部列出名单上报，一点都没有装入自己腰包。他安慰招抚城中的官员百姓，蜀地之人非常欢悦。

张堪在蜀郡任职两年，被征召回京，拜为骑都尉，后又领骠骑将军杜茂军营，在高柳击败匈奴，拜为渔阳太守。他在渔阳追捕打击奸猾之徒，赏罚必倍，官员百姓都乐意为他所用。匈奴曾出动一万名骑兵入侵渔阳，张堪率骑兵数千名奔袭攻击，大败敌兵，渔阳界内从此安定无事。于是他令百姓在狐奴开垦稻田八千余顷，劝谕百姓耕种，因此使郡中殷实富庶起来。百姓做歌说："桑树无乱枝，麦穗有双歧，张君施政，百姓乐不可支。"任渔阳太守八年，匈奴不敢入侵边塞。

皇帝曾召见各郡负责财政的官吏，向他们询问风土人情及前后任职的守令有没有能力。蜀郡计掾樊显进奏说："渔阳太守张堪先前在蜀地，广施仁政，官民深得恩惠；威令严明，奸邪多被惩治。先前公孙述被消灭时，珍宝堆积得像山一样，他掌握的财物，足可使十代成为巨富，但张堪离去时，只乘了一辆车辕折坏的车子，身带些布口袋而已。"皇帝听说，叹息了很久，拜樊显为鱼复县长。正要征召张堪，不巧他却病故了，皇帝深为痛惜，下诏予以褒扬，赐给他家帛一百匹。

羊续传

【题解】

羊续（142~189），东汉太山平阳（今山东新泰东南）人，字兴祖。其父在桓帝时曾任太常。羊续以忠臣子孙拜郎中，后去官，辟为大将军窦武官署，窦武败后，因党锢之祸被禁锢十年。党禁解，辟太尉府，四迁为庐江太守。后又任南阳太守，征入为太常。所在施政清平，深受官民爱戴，为官清廉俭朴，府中资藏仅布衾、盐、麦数斛而已。卒于太常任上，年仅四十八岁。

【原文】

羊续，字兴祖，太山平阳人也。其先七世两千石卿校，祖父侵，安帝时司隶校尉；父儒，桓帝时太常。续以忠臣子孙拜朗中，去官后，辟大将军窦武府。及武败，坐党事禁锢十余年，幽居守静，及党禁解，复辟太尉府，四迁为庐江太守。后扬州黄巾贼攻舒，焚烧城郭，续发县中男子二十以上，皆持兵勒陈，其小弱者，悉使负水灌火。会集数万人，并势力战，大破之，郡界平。后安风贼戴风等作乱，续复击破之，斩首三千余级，生获渠帅，其余党辈原为平民，赋与佃器，使就农业。

中平三年，江夏兵赵慈反叛，杀南阳太守秦颉，攻没六县。拜续为南阳太守，当入郡界，乃羸服间行，侍童子一人，观历县邑，采问风谣，然后乃进。其令长贪洁，吏民良猾，悉逆知其状，郡内惊竦，莫不震慑，乃发兵与荆州刺史王敏共击慈，斩之，获首五千余级，属县余贼并诣续降，续为上言，宥其枝附。贼既清平，乃班宣政令，候民病利，百姓欢服。时权豪之家多尚奢丽，续深疾之，常弊衣薄食，车服羸败。府丞尝献其生鱼，续受而悬于庭；丞后又进之，续乃出前所悬者以杜其意。续妻后与子秘俱往郡舍，续闭门不内，妻自将秘行。其资藏唯有布衾、敝衹裯、盐、麦数斛而已。顾敕秘曰："吾自奉若此，何以资尔母乎？"使与母俱归。

六年，灵帝欲以续为太尉，时拜三公者，皆输东园礼钱千万，令中使督之，名为"左骓"其所之往，辄迎致礼敬，厚加赠赂。续乃坐使人于单席，举缊袍以示之曰："臣之所资，唯斯而已。"左骓白之，帝不悦，以此故不登公位。而征曲太常，未及行，会病，时年四十八；遗言薄敛，不受赠遗。旧典，二千石卒官赙百万，府丞焦俭遵续先意，一无所受，诏书褒美，敕太山太守以府赙钱赐续家云。

【译文】

羊续，字兴祖，太山平阳人，他的祖先七代都曾任二千石级别的公卿或校尉。祖父羊侵，汉安帝时任司隶校尉。父亲羊儒，汉桓帝时任太常。羊续因为是忠臣子孙受拜郎中，离任后，被征辟至大将军窦武的幕府任官。窦武因事被治罪，羊续因党锢之事，被禁锢不许为官十余年，在家中闭门不出，静居自守。党禁解除后，再被征辟至太尉府任官，经四次迁升为庐江太守。以后扬州黄巾军攻打舒城，放火焚烧城郭，羊续调发县里二十岁以上的男子，都发给兵器上阵，年幼体弱者，让他们全部担水灭火。共调数万人，齐心奋战，大败敌兵，庐江郡界内得以平定。此后安风的贼人戴风等人作乱，羊续又率兵将其击溃，斩杀三千余人，生擒其首领，其余的党羽原为平民，羊续发给生产工具，让他们回乡务农。

中平三年，江夏兵卒赵慈反叛，杀死南阳太守秦颉，攻陷了六个县。朝廷拜羊续为南阳太守。他进入南阳郡界内，便化装成平民间道而行，仅带一名随侍童子，了解各县情况，询问风俗民情，然后才去上任。各县的令长贪猾还是廉洁，官民善良还是奸邪，他都有了较清楚的认识，郡中人惊奇震恐，都被他所慑服。于是调兵与荆州刺史王敏一同进攻赵慈，将其斩首，俘获贼众五千余人。因而使所属各县的残余贼人都到羊续那里请降。羊续上报朝廷，宽免了那些随从作乱的人。贼人清剿平定之后，羊续在郡中颁布政令，为百姓兴利除害，百姓都欢悦佩服。当时有权势者及富豪人家都崇尚奢侈华丽，羊续对此深为憎恶，因而常常身穿破旧的衣服，乘用的车马也很简陋。府丞曾向他贡献活鱼，羊续收下后却悬挂在庭院之中；府丞后来又向他献鱼，羊续便把先前悬挂的那些鱼拿给他看，以告诫他以后不要再献。羊续的妻子和儿子羊秘后来到郡中官邸找他，羊续却拒之门外，他的妻子只好带着羊秘回去。羊续所有物品只有布制的衣服、破旧的短衣，数斛盐和麦而已。羊续对儿子羊秘说："我自己用的东西只有这些，用什么来养活你的母亲呢？"因而把羊秘和他的母亲送走了。

中平六年，汉灵帝准备任命羊续为太尉。当时拜任三公的人，都要向东园交纳礼钱上千万，灵帝命令宦官监督此事，名之为"左骓"。监督此事的宦官所到之处，都要上等礼节相迎，并丰厚地给予贿赂。而羊续却让他坐在单席上，举起旧棉絮做的袍子给他看说：

"臣下的家产,仅有这件袍子而已。"这个宦官报告了灵帝,灵帝很不高兴,羊续因此而没有登上三公之位。又征召他任太常,还未成行,不巧病故了,当时年仅四十八岁。留下遗言要薄葬,不要接受朝廷赐赠。依照旧制,二千石级的官员去世,要赠钱一百万办丧事。府丞焦俭遵照羊续的遗嘱,一文钱都没有接受。灵帝下诏予以赞扬,敕令太山太守把官府办丧事的钱赐给羊续的家人。

梁冀传

【题解】

梁冀(? ~159 年),东汉安定乌氏(今甘肃平凉西北)人,字伯卓,是有名的大奸臣。他的两个妹妹是汉顺帝、汉桓帝的皇后。他生长在富贵之家,从小游手好闲,不务正业。因为是贵戚,所以开始走上官场。永和六年(141 年),继承其父梁商为大将军。顺帝死后,梁太后临朝。梁冀操权把柄,为所欲为,势倾朝野,百官少敢违令。他先后立冲、质、桓三帝,独专朝政几近二十年。质帝称他是"跋扈将军",即被鸩死。太尉李固、杜乔不称其意,均被诬害。他和他的妻子都穷奢极欲,拓林建苑,方圆近千里,制等王家。桓帝心中早已不平。梁冀两个当皇后的妹妹死后,桓帝与中常侍单超等借机诛灭了梁冀一家,"百家莫不称庆"。

【原文】

冀字伯卓,为人鸢肩豺目,洞精䀏眄,口吟舌言,裁能书计。少为贵戚,逸游自恣。性嗜酒,能挽满、弹棋、格五、六博、蹴鞠、意钱之戏,又好臂鹰走狗,骋马斗鸡。初为黄门侍郎,转侍中,虎贲中郎将,越骑、步兵校尉,执金吾。永和元年,拜河南尹。冀居职暴恣,多非法,父商所亲客洛阳令吕放,颇与商言及冀之短,商以让冀,冀即遣人于道刺杀放。而恐商知之,乃推疑于放之怨仇,请以放弟禹为洛阳令,使捕之,尽灭其宗亲,宾客百余人。

商薨未及葬,顺帝乃拜冀为大将军,弟侍中不疑为河南尹。及帝崩,冲帝始在襁褓,太后临朝,诏冀与太傅赵峻、太尉李固参录尚书事。冀虽辞不肯当,而侈暴滋甚。冲帝又崩,冀立质帝。帝少而聪慧,知冀骄横,尝朝群臣,目冀曰:"此跋扈将军也。"冀闻,深恶之,遂令左右进鸩加煮饼,帝即日崩。

复立桓帝,而枉害李固及前太尉杜乔,海内嗟惧。建和元年,益封冀万三千户,增大将军府举高第茂才,官属倍于三公。又封不疑为颍阳侯,不疑弟蒙西平侯,冀子胤襄邑侯,各万户。和平元年,重增封冀万户,并前所袭合三万户。

弘农人宰宣素性佞邪,欲取媚于冀,乃上言大将军有周公之功,今既封诸子,则其妻宜为邑君。诏遂封冀妻孙寿为襄城君,兼食阳翟租,岁入五千万,加赐赤绂,比长公主。寿色美而善妖态,作愁眉,啼粧,堕马髻,折腰步,龋齿笑,以为媚惑。冀亦改易舆服之制,作平上轺车,坍帻,狭冠,折上巾,拥身扇,狐尾单衣。寿性钳忌,能制御冀,冀甚宠惮之。

初，父商献美人友通期于顺帝，通期有微过，帝以归商，商不敢留而出嫁之，冀即遣客盗还通期。会商薨，冀行服，于城西私与之居。寿伺冀出，多从仓头，篡取通期归，截发刮面，笞掠之，欲上书告其事。冀大恐，顿首请于寿母，寿亦不得已而止。冀犹复与私通，生子伯玉，匿不敢出。寿寻知之，使子胤掠灭友氏。冀虑寿害伯玉，常置复壁中。冀爱监奴秦宫，官至太仓令，得出入寿所。寿见宫，辄屏御者，托以言事，因与私焉。宫内外兼宠，威权大震，刺史、二千石皆谒辞之。

梁冀

冀用寿言，多斥夺诸梁在位者，外以谦让，而实崇孙氏宗亲。冒名而为侍中、卿、校尉、郡守、长吏者十余人，皆贪叨凶淫，各遣私客籍属县富人，被以它罪，闭狱掠拷，使出钱自赎，资物少者至于死徒。扶风人士孙奋居富而性吝，冀因以马乘遗之，从贷钱五千万奋以三千万与之，冀大怒，乃告郡县，认奋母为其守藏婢，云盗白珠十斛、紫金千斤以叛，遂收考奋兄弟，死于狱中，悉没资财亿七千余万。其四方调发，岁时贡献，皆先输上第于冀，乘舆乃其次焉。吏人赍货求官请罪者，道路相望。冀又遣客出塞，交通外国，广求异物。因行道路，发取伎女御者，而使人复乘势横暴，妻略妇女，殴击吏卒，所在怨毒。

冀乃大起第舍，而寿亦对街为宅，殚极土木，互相夸竞。堂寝皆有阴阳奥室，连房洞户。柱壁雕镂，加以铜漆；窗牖皆有绮疏青琐，图以云气仙灵。台阁周通，更相临望；飞梁石蹬，陵跨水道。金玉珠玑，异方珍怪，充积臧室。远致汗血名马。又广开园囿，采土筑山，十里九坂，以像二崤，深林绝涧，有若自然，奇禽驯兽，飞走其间，冀、寿共乘辇车，张羽盖，饰以金银，游观第内。多从倡伎，鸣钟吹管，酣讴竟路。或连继日夜，以骋娱恣。客到门不得通，皆请谢门者，门者累千金。又多拓林苑，禁同王家，西至弘农，东界荥阳，南极鲁阳，北达河、淇，包含山薮，远带丘荒，周旋封域，殆将千里。又起菟苑于河南城西，经互数十里，发属县卒徒，缮修楼观，数年乃成。移檄所在调发生菟，刻其毛以为识，人有犯者，罪至刑死。尝有西域贾胡，不知禁忌，误杀一兔，转相告言，坐死者十余人。冀二弟尝私遣人出猎上党，冀闻而捕其宾客，一时杀三十余人，无生还者。冀又起别第于城西，以纳奸亡。或取良人，悉为奴婢，至数千人，名曰“自卖人”。

元嘉元年，帝以冀有援立之功，欲崇殊典，乃大会公卿，共议其礼。于是有司奏冀入朝不趋，剑履上殿，谒赞不名，礼仪比萧何；悉以定陶、咸阳余户增封为四县，比邓禹；赏赐金钱、奴婢、采帛、车马、衣服、甲第，比霍光；以殊元勋。每朝会，与三公绝席。十日一入，平尚书事。宣布天下，为万世法。冀犹以所奏礼薄，意不悦。专擅威柄，凶恣日积，机事大小，莫不谘决之。宫卫近侍，并所亲树，禁省起居，纤微必知。百官迁召，皆称到冀门牋檄谢恩，然后敢诣尚书。下邳人吴树为宛令，之官辞冀，冀宾客布在县界，以情托树。树对曰："小人奸蠹，比屋可诛。明将军以椒房之重，处上将之位，且崇贤善，以补朝阙。宛为大都，士之渊薮，自侍坐以来，未称一长者，而多托非人，诚非敢闻！"冀嘿然不悦。树到县，遂诛杀冀客为人害者数十人，由是深怨之。树后为荆州刺史，临去辞冀，冀为设酒，因鸩之，树出，死车上。又辽东太守侯猛，初拜不谒，冀托以它事，乃腰斩之。

时郎中汝南袁著，年十九，见冀凶纵，不胜其愤，乃诣阙上书曰："臣闻仲尼叹凤鸟不至，河不出图，自伤卑贱，不能致也。今陛下居得致之位，又有能致之资，而和气未应，贤愚失序者，势分权臣，上下壅隔之故也。夫四时之运，功成则退，高爵厚宠，鲜不致灾。今大将军位极功成，可为至戒，宜遵悬车之礼，高枕颐神，传曰'木实繁者，披枝害心'。若不抑损权盛，将无以全其身矣。左右闻臣言，将侧目切齿，臣特以童蒙见拔，故敢忘忌讳。昔舜、禹相戒无若丹朱，周公戒成王无如殷王纣，愿除诽谤之罪，以开天下之口。"书得奏御，冀闻而密遣掩捕著。著乃变易姓名，后托病伪死。结蒲为人，市棺殡送。冀廉问知其诈，阴求得，笞杀之，隐蔽其事。学生桂阳刘常，当世名儒，素善于著，冀召补令史以辱之。时太原郝絜、胡武，皆危言高论，与著友善。先是絜等连名奏记三府，荐海内高士，而不诣冀，冀追怒之，又疑为著党，敕中都官移檄捕前奏记者并杀之，遂诛武家，死者六十余人。絜初逃亡知不得免，因舆榇奏书冀门。书入，仰药而死，家乃得全。及冀诛，有诏以礼祀著等。冀诸忍忌，皆此类也。

不疑好经书，善待士，冀阴疾之，因中常侍白帝，转为光禄勋。又讽众人共荐其子胤为河南尹。胤一名胡狗，时年十六，容貌甚陋，不胜冠带，道路见者，莫不蚩笑焉。不疑自耻兄弟有隙，遂让位归第，与弟蒙闭门自守。冀不欲令与宾客交通，阴使人变服至门，记往来者。南郡太守马融、江夏太守田明，初除，过谒不疑，冀讽州郡以它事陷之，皆髡笞徙朔方。融自刺不殊，明遂死于路。

永兴二年，封不疑子马为颍阴侯，胤子桃为城父侯。冀一门前后七封侯，三皇后，六贵人，二大将军，夫人、女食邑称君者七人，尚公主者三人，其余卿、将、尹、校五十七人。在位二十余年，穷极满盛，威行内外，百僚侧目，莫敢违命，天子恭己而不得有所亲豫。帝既不平之。延熹元年，太史令陈授因小黄门徐璜，陈灾异日食之变，咎在大将军，冀闻之，讽洛阳令收考授，死于狱。帝由此发怒。

初，掖庭人邓香妻宣生女猛，香卒，宣更适梁纪。梁纪者，冀妻寿之舅也。寿引进猛入掖庭，见幸，为贵人，冀因欲认猛为其女以自固，乃易猛姓为梁。时猛姊婿邴尊为议郎，冀恐尊沮败宣意，乃结刺客于偃城，刺杀尊，而又欲杀宣。宣家在延熹里，与中常侍袁赦相比。冀使刺客登赦屋，欲入宣家。赦觉之，鸣鼓会众以告宣，宣驰入以白帝，帝大怒，遂与中常侍单超、具瑗、唐衡、左悺、徐璜等五人成谋诛冀。

冀心疑超等，乃使中黄门张恽入省宿，以防其变，具瑗敕吏收恽，以辄从外入，欲图不轨。帝因是御前殿，召诸尚书入，发其事，使尚书令尹勋持节勒丞郎以下皆操兵守省阁，敛诸符节送省中。使黄门令具瑗将左右厩驺、虎贲、羽林、都候剑戟士，合千余人，与司隶校尉张彪共围冀第。使光禄勋袁盱持节收冀大将军印绶，徙封比景都乡侯。冀及妻寿即日皆自杀。悉收子河南尹胤、叔父屯骑校尉让，乃亲从卫尉淑、越骑校尉忠、长水校尉戟等，诸梁及孙氏中外宗亲送诏狱，无长少皆弃市。不疑，蒙先卒。其它所连及公卿列校刺史二千石死者数十人，故吏宾客免黜者三百余人，朝廷为空，唯尹勋、袁盱及廷尉邯郸义在焉。是时事卒从中发，使者交驰，公卿失其度，官府市里鼎沸，数日乃定，百姓莫不称庆。收冀财货，县官斥卖，合三十余万万，以充王府，用减天下税租之半。散其苑圃，以业穷民。录诛冀功者，封尚书令尹勋以下数十人。

【译文】

梁冀，字伯卓。他生得肩膀像老鹰般上耸，双目如豺狼般直竖，两只豆眼直勾勾的，大舌头说话含混不清，谈不上学问，只不过能够写字计数而已。他自小身为贵戚，恣意游荡，生性好喝酒，能拉强弓，精通弹棋、格五、六博、蹴鞠、猜枚等游戏，还喜好架鹰走狗，驰马斗鸡。他开初担任黄门侍郎，转官为侍中，虎贲中郎将，越骑校尉，步兵校尉，执金吾。

永和元年，他官拜河南尹。梁冀在职残暴恣肆，多行非法。他父亲梁商所亲信的宾客洛阳县令吕放，对梁商很讲了一些梁冀的毛病，梁商责备梁冀，梁冀就派人在道路上刺杀了吕放。而他又怕梁商知道，便推指吕放的一个仇人有杀人嫌疑，要求把吕放的弟弟吕禹任命为洛阳县令，让他追捕吕放的仇人，把那人的亲族、宾客共一百多人全部杀死。

梁商去世以后，还没有葬埋，汉顺帝就拜梁冀为大将军，他弟弟侍中梁不疑为河南尹。及至顺帝去世，冲帝还在襁褓中，太后临朝听政，命梁冀和太傅赵峻、太尉李固参录尚书事。梁冀虽然推辞不敢当，可是奢侈暴虐得更厉害了。冲帝又死了，梁冀便扶立质帝，质帝年少而聪慧，知道梁冀骄横，有一次朝见群臣，便评论梁冀说："那是个跋扈将军！"梁冀听说了，很是憎恶，就命令左右亲信呈进加毒药的煮饼，质帝当天就死了。

他又扶立汉桓帝，而害死了李固以及前太尉杜乔，海内之人，嗟叹惊惧。建和元年，增封梁冀一万三千户，增加大将军府举荐的高第茂才的人数，他的官府属员比三公多一倍。又封梁不疑为颍阳侯，梁不疑的弟弟梁蒙为西平侯，梁冀的儿子梁胤为襄邑侯，各封万户。和平元年，再增封梁冀万户，加上以前所世袭和增封的共合三万户。

弘农人宰宣，生性邪佞，想取媚于梁冀，便上言说大将军有周公辅佐成王一般的功勋，如今既已经把他的儿子封侯，那么他的妻子也应该封为邑君。于是降诏封梁冀的妻子孙寿为襄城郡，兼食阳翟的租税，每年改入五千万，加赐赤绂，仪仗服制与长公主相同。孙寿生得很美而善作妖媚之态，创兴"愁眉"（一种细而曲直的描眉式样）、"啼妆"（化妆时在眼睛下描画得好像刚刚哭过）、"堕马髻"（侧在一边的发髻）、"折腰步"（故意做出身体倦怠而腰肢纤弱的步态）、"龋齿笑"（好像牙疼而略带愁苦的笑容），以为媚惑。梁冀也变更舆服之制，创设车盖上平而带有屏障的车，低矮的帻，狭窄的冠，上角折起的头巾，大可遮身的扇，后裾曳地如狐尾的单衣。孙寿生性猜忌而好钳制人，能控制驾驭梁冀，梁冀很是宠爱而又忌惮她。

早先，梁商曾献给顺帝一个叫友通期的美女，友通期犯了点儿小过错，顺帝便把她送还给梁商，梁商不敢自己留下，就把她嫁了出去，而梁冀又派门客把她偷偷抢了回来。正好这时梁商去世，梁冀便换上出门的服装，在城西偷偷与她同居。孙寿窥伺着梁冀外出，便带有很多奴仆，强行把友通期带回家来，割断她的头发，划破她的脸，痛打一顿，并想上书皇帝告发此事。梁冀害怕极了，磕着头请求孙寿的母亲说情，孙寿也不得已而作罢。

但梁冀依然与友通期私通，生了个儿子叫伯玉，藏着不敢让他出来。不久孙寿知道，就让自己的儿子梁胤诛灭了友氏。梁冀恐怕孙寿杀伯玉，经常把他藏在夹墙中。梁冀宠爱掌管事的奴才秦宫，提拔他当了太仓令，允许他随意出入孙寿的居处。孙寿见了秦宫，就屏隔左右，借故有事要说，便与他私通起来。秦宫内外兼宠，威权大震，刺史、郡守来京城，都要向他拜谒和辞别。

梁冀听从孙寿的话，罢斥了许多梁家在位的人，向外显示自己的谦让，而实际上把孙氏的宗族抬举上去。孙家冒名而为侍中、卿、校尉、郡守、县令有十余人，个个贪婪凶淫，他们安排自己的亲信奴客把县里的富人拉出名单，然后给他们安上罪名，关押拷打，逼迫他们出钱赎出自己，出钱少的往往落得处死或流放。扶风有个叫士孙奋的，富有而吝啬，梁冀便给他送去一匹马，然后找他"借贷"五千万。士孙奋只给了三千万。梁冀大怒，就告到郡县，硬说士孙奋的母亲是自己家掌管财物的婢女，说她偷珍珠十斛、紫金千斤而叛逃，于是收捕考掠士孙奋兄弟，死于狱中，把他家的一亿七千万资产全部吞没。那些四面八方征调、岁时节令贡献的物品，都是先把上等的送给梁冀，其次才是皇帝的。官吏带着金钱向他求官请罪的，道路上络绎不绝。梁冀又派遣门客私出边塞，勾结外国，求取各种珍异之物。他借着出行的机会，调取伎女侍者，还指使手下仗势横暴，抢掠妇女，殴打吏卒，所到之处，怨毒丛起。

梁冀便大造宅第，而孙寿也在街对面建造宅第，极尽土木之豪奢，互相夸耀竞争。厅堂寝室都有阴阳深室，房屋互相连通。屋柱墙壁都雕镂花纹，加以铜饰髹漆。窗房上都镂刻成锦绮连琐之纹，绘画上云气仙灵之图，高台巍阁，周绕连通，互相临望；飞桥石磴，陵跨曲水。金玉珠玑，异国珍奇，充塞藏室。还从远方弄到汗血名马。他又大肆开辟园囿，运土筑山，十里九坂，以模仿二崤山，深林绝涧，犹如天然，奇禽驯兽，飞走其间。梁冀和孙寿一起乘坐辇车，张起羽盖，装饰以金银，游览于宅第之内，大群的歌女乐伎随从着，鸣钟吹管，一路笙歌，有时夜以继日，恣意行乐。客人到了门前不能得到通报，只得向守门的送礼，守门人富累千金。他又开拓林苑，设禁如同皇家，西至弘农，东界荥阳，南至鲁阳，北抵黄河、淇水，包容山林，远括丘野，四周环绕，封界几乎有千里。他又建兔苑于河南县的城西，连绵数十里。征调属县的士卒刑徒，修建楼台宫观，历时数年才竣工。发放公文于所在，征调活兔，剪刻其毛以为标志，有人触犯其兔，罪至于处刑致死。曾经有个西域的胡人商贾，不知道禁忌，误杀了一只兔子，转相告发，坐罪而死者十余人。梁冀的二弟曾经私自派人出猎于上党，梁冀听说了，就追捕其宾客，一下子杀死三十余人，没有一个生还。梁冀又在洛阳城西建造另外的府邸，以收容奸人及亡命之徒。他还掠取良家子女，全部变成自己的奴婢，数达几千人，称之为"自卖人"。

元嘉元年，桓帝因为梁冀有扶立自己的功劳，想崇以特殊的礼遇，便大集公卿，一起讨论其礼仪。于是有司上奏：梁冀入朝不必趋步，可以佩剑着履上殿，谒赞不称其名，礼仪比于萧何；把定陶、咸阳所余之户全部增封给梁冀，以足四县之数，比于邓禹；赏赐金钱、奴婢、彩帛、车马、衣服、府邸，比于霍光，以显示其特殊的功勋。每次朝会，与三公座席要分开。十日一入政府，评议尚书事务。这些都宣布于天下，为万世不变之法。梁冀还觉得所奏的礼遇太薄，心里很不高兴。他专擅威权，凶恣日甚，机要之事无论大小，都必须向他报告，由他裁决。宫廷中的卫士，皇帝的近侍，都是他亲自安排，所以宫禁中的细微琐事他无不悉知。百官的委任和召见，都先到梁冀家中投书谢恩，然后才敢去尚书省。下邳人吴树被任命为宛县令，上任前去向梁冀辞行。梁冀的宾客分布在宛县界内，他便以私情托付吴树照顾。吴树回答说："小人蠹贼，人人得以诛之。贤明的将军您以皇帝戚属之重，处大将军之位，应该推崇贤良，以弥补朝廷之缺。宛县为大都会，是士人丛聚的渊薮，但自从我认识你以来，没有听见你举荐过一位长者，而托付给我的都不是好东西，这确实不是我希望听到的！"梁冀默然，很不高兴。吴树到县之后，便诛杀了数十名为害百姓的梁冀的宾客，由此梁冀恨透了他。后来吴树被委任为荆州刺史，临行时向梁冀辞别。梁冀为他设宴，借机下毒，吴树出门，死在车上。还有辽东太守侯猛，初次拜官不来谒见梁冀，梁冀便以其他的事为借口，腰斩了他。

当时的一个郎中，汝南人袁著，年方十九，见梁冀凶恶无忌，不胜愤怒，便向皇帝上书道："臣闻孔子感叹凤凰不至，黄河不出现图书，为自己的地位卑贱不能致天下于太平而伤心。今陛下身居可致太平之位，又有能致太平之资，而祥和之气未有感应，贤愚之人位置颠倒者，是因为势力旁落于权臣，上下壅塞不通的缘故。一年四季的运行更替，是功成则退；长期拥有崇高的爵位和厚重的恩宠，很少不因此导致灾祸的。如今大将军位极人臣，功业成就，可以把这话作为鉴戒，应该遵照退休之礼，高枕养神。古书中说：'树木的果实太繁盛，就会压折树枝而伤害树心。'如果不对过盛的权势实行抑制和削减，就将无法保全他的身家性命了。有人听了我的话，可能将侧目切齿，但我以无知少年独受主上的提拔，所以敢于不顾忌讳。往昔大舜告诫大禹不要像丹朱一样傲慢，周公告诫成王不要像殷纣王一样失道，希望废除所谓'诽谤之罪'，以使天下之人畅所欲言。"这书得以奏达皇帝，梁冀知道了，便秘密派人逮捕袁著。袁著便改变姓名，后来又借病装死，结蒲草为人形，买个棺材发殡葬埋。梁冀调查知道是作假，便秘密追捕到袁著，活活地笞杖而死，然后隐藏其事。太学生桂阳刘常，为当世的名儒，与袁著一向交好，梁冀把他召来当令史以示侮辱。当时太原郝絜、胡武，都好作危言高论，与袁著很友善。此前郝絜等人联名向三府(指丞相、太尉、御史大夫)上奏记，推荐海内名士，而不求见梁冀，梁冀追恨起这事，又怀疑他是袁著一党，敕令中都官发布公文，追捕以前上奏记的人，全部杀死，于是诛灭胡武全家，死者六十余人。郝絜开初还逃亡，后来知道无法逃免，便用车拉着棺材奏书于梁冀之门，书奏入，他便饮毒药而死，他的家属才得以保全。及至梁冀被诛，有诏旨以礼祭祀袁著等人。梁冀的各种残忍猜忌之事，都与此相类似。

梁不疑好读经书，礼待士人，梁冀暗下很嫉恨他，便通过中常侍禀白桓帝，把梁不疑改官为光禄勋。他又示意众人一起推荐自己的儿子梁胤为河南尹。梁胤一名胡狗，当时才十六岁，容貌丑陋，官服都穿得不像样子，在道路上见到他的，无不嗤笑。梁不疑以兄弟不和为耻，就让出河南尹的位子，回归府第，与弟弟梁蒙闭门自守。梁冀不愿意让他们与宾客来往，暗暗派人化装到他们门口，记录来往客人的名单。南郡太守马融、江夏太守田明，刚刚被任命，前去谒见梁不疑。梁冀便示意州郡以其他的事陷害他们，都被髡箝笞杖，流放到朔方郡。马融自杀未遂。田明死于路途之上。

永兴二年，封梁不疑之子梁马为颍阴侯，梁胤之子梁桃为城父侯。梁冀一门前后有七人封侯，出了三个皇后，六个贵人，两个大将军，夫人、女儿享受封邑而称君者有七人，娶公主者三人，其余为九卿、将军、大尹、校尉者有五十七人，在位二十余年，隆盛至极，威行朝廷内外，百官侧目而视，莫敢违命，天子谦恭自处而不得有所干预。桓帝心中已经愤愤不平。到延熹元年，太史令陈授通过小黄门徐曹，陈述灾异日食之天变，咎责在于大将军。梁冀知道了，示意洛阳令收捕考掠陈授，致死于狱中。桓帝因此发怒。

开初，掖庭署人邓香的妻子宣，生了女儿邓猛，邓香死后，宣改嫁给梁纪。梁纪是梁冀的妻子孙寿的舅父，孙寿引进邓猛进入后宫，得到桓帝的宠爱，封为贵人。梁冀想认邓猛为自己的女儿以加强自己的地位，便改邓猛姓梁。当时邓猛的姐夫邴尊为议郎，梁冀担心邴尊会说服宣改变主意，不同意改姓的事，就组织刺客在偃城刺杀邴尊，还想刺杀宣。宣家住在延熹里，与中常侍袁赦是邻居。梁冀派的刺客爬上袁赦的屋顶，想入进宣家。袁赦觉察了，擂鼓聚众以告诉宣。宣驰马入宫报告了桓帝。桓帝大怒，便与中常侍单超、具瑗、唐衡、左悺、徐璜等五人策划诛杀梁冀。

梁冀心里怀疑单超等人，便派中黄门张恽进入尚书省值宿，以防备事变，具瑗敕令官吏逮捕张恽，因其突然从外入内，必然是图谋不轨。桓帝于是驾临前殿，召诸尚书入宫，发露其事，派尚书令尹勋持节杖，部勒丞郎以下，全部持兵器守护省阁，收敛所有符节印信送往省中。又派黄门令具瑗率领左右厩驺(骑兵)、虎贲、羽林、都候的剑戟士，共千余人，与司隶校尉张彪一起包围梁冀的府第。派光禄勋袁盱持节杖收取梁冀的大将军印绶，改封为比景都乡侯。梁冀及妻子孙寿当日全都自杀。又把梁冀的儿子河南尹梁胤、叔父屯骑校尉梁让，堂兄弟卫尉梁淑、越骑校尉梁忠、长水校尉梁戟等全部收捕，梁氏以及孙氏堂表亲戚逮送诏狱，无论年纪大小，全部斩首弃市。梁不疑和梁蒙此前已经去世。其他牵连处死的公卿、校尉、刺史、郡守有数十人。故吏宾客被黜免有三百余人，朝廷为之一空，唯有尹勋、袁盱及廷尉邯郸义还在朝。当时事变从宫中突然发起，使者穿梭奔驰，公卿失去常度，官府市井一片鼎沸，几天后才安定下来，百姓无不欢庆。没收了梁冀的财产，由官府拍卖，折合三十余万万，用以充实国家府库，可以减收天下租税的一半。分散梁冀的苑囿，以供穷苦百姓耕作。记录诛除梁冀有功者，封尚书令尹勋以下数十人。

贾逵传

【题解】

贾逵(公元30~101年)，字景伯，西汉初年卓越的政论家贾谊的九世孙。他精通儒经、历法。汉章帝时，他曾奉命组织了一次对历法的讨论和修订。他综合了讨论的结果，上奏皇帝。由于他的意见非常重要，《续汉书·律历志》的作者大量摘录了他的言论，载入《律历志》。

贾逵首先是个古文经学家。当时荒诞的谶纬学说流行，古文经学家多不信谶纬，桓谭因此被流放，死在路上。贾逵本不信谶纬，他为了给自己的学术争地位，竟附会说，《左传》所说，刘累是唐尧之后，刘累的后代也姓范，后来姓刘的住在秦国，姓范的回到晋国（按：见《左传昭公二十九年》及《左传文公十三年》）。这就证明了图谶所说刘氏是尧的后裔。贾逵的附会使《左传》得到了皇帝的承认，立于学官，而贾逵也因此升了官。《后汉书》作者论及此事，认为是很可悲的。

【原文】

贾逵字景伯，扶风平陵人也。九世祖谊，文帝时为梁王太傅。曾祖父光，为常山太守，宣帝时以吏二千石自洛阳徙焉。父徽，从刘歆受《左氏春秋》，兼习《国语》《周官》。又受《古文尚书》于涂恽，学《毛诗》于谢曼卿，作《左氏条例》二十一篇。

逵悉传父业，弱冠能诵《左氏传》及《五经》本文，以《大夏侯尚书》教授，虽为古学，兼通五家《谷梁》之说。自为儿童，常在太学，不通人间事。身长八尺二寸，诸儒为之语曰："问事不休贾长头"。性恺悌，多智思，俶傥有大节。尤明《左氏传》《国语》，为之《解诂》五十一篇，永平中，上疏献之。显宗重其书，写藏秘馆。

时有神雀集宫殿官府，冠羽有五彩色，帝异之，以问临邑侯刘复，复不能对。荐逵博物多识，帝乃召见逵，问之。对曰："昔武王终父之业，鸑在岐，宣帝威怀戎狄，神雀仍集，此胡降之征也。"帝敕兰台给笔札，使作《神雀颂》，拜为郎，与班固并校秘书，应对左右。

肃宗立，降意儒术，特好《古文尚书》《左氏传》。建初元年，诏逵入讲北宫白虎观、南宫云台。帝善逵说，使发出《左氏传》大义长于二传者。逵于是具条奏之曰：

臣谨摘出《左氏》三十事尤著明者，斯皆君臣之正义，父子之纪纲。其余同《公羊》者什有七八，或文简小异，无害大体。至如祭仲、纪季、伍子胥、叔术之属，《左氏》义深于君父，《公羊》多任于权变，其相殊绝，固以甚远，而冤抑积久，莫肯分明。

臣以永平中上言《左氏》与图谶合者，先帝不遗刍荛，省纳臣言，写其传诂，藏之秘书。建平中，侍中刘歆欲立《左氏》，不先暴论大义，而轻移太常，恃其义长，诋挫诸儒，诸儒内怀不服，相与排之。孝哀皇帝重逆众心，故出歆为河内太守。从是攻击《左氏》，遂为重仇。至光武皇帝，奋独见之明，兴立《左氏》《谷梁》，会二家先师不晓图谶，故令中道而废。凡所以存先王之道者，要在安上理民也。今《左氏》崇君父，卑臣子，强干弱枝，劝善戒恶，至明至切，至直至顺。且三代异物，损益随时，故先帝博观异家，各有所采。《易》有施、孟，复立梁丘，《尚书》欧阳，复有大小夏侯，今三传之异亦犹是也。又《五经》家皆无以证图谶明刘氏为尧后者，而《左氏》独有明文。《五经》家皆言颛顼代黄帝，而尧不得为火德。《左氏》以为少昊代黄帝，即图谶所谓帝宣也。如令尧不得为火，则汉不得为赤。其所发明，补益实多。

陛下通天然之明，建大圣之本，改元正历，垂万世则，是以麟凤百数，嘉瑞杂沓。犹朝夕恪勤，游情《六艺》，研机综微，靡不审核。若复留意废学，以广圣见，庶几无所遗失矣。

书奏，帝嘉之，赐布五百匹，衣一袭，令逵自选《公羊》严、颜诸生高才者二十人，教以《左氏》，与简纸经传各一通。

逵母常有疾，帝欲加赐，以校书例多，特以钱二十万，使颍阳侯马防与之。谓防曰："贾逵母病，此子无人事于外，屡空则从孤竹之子于首阳山矣。"

逵数为帝言《古文尚书》与经传《尔雅》诂训相应，诏令撰《欧阳、大小》夏侯《尚书古文》同异。逵集为三卷，帝善之。复令撰《齐》《鲁》《韩诗》《毛诗》异同。并作《周官解故》。迁逵为卫士令。八年，乃诏诸儒各选高才生，受《左氏》《谷梁春秋》《古文尚书》《毛诗》，由是四经遂行于世。皆拜逵所选弟子及门生为千乘王国郎，朝夕受业黄门署，学者皆欣欣羡慕焉。

和帝即位，永元三年，以逵为左中郎将。八年，复为侍中，领骑都尉。内备帷幄，兼领秘书近署，甚见信用。

逵荐东莱司马均、陈国汝郁，帝即征之，并蒙优礼。均字少宾，安贫好学，隐居教授，不应辟命。信诚行乎州里，乡人有所计争，辄令祝少宾，不直者终无敢言。位至侍中，以老病乞身，帝赐以大夫禄，归乡里。郁字叔异，性仁孝，及亲殁，遂隐处山泽。后累迁为鲁相，以德教化，百姓称之，流人归者八九千户。

逵所著经传义诂及论难百余万言，又作诗、颂、诔、书、连珠、酒令凡九篇，学者宗之，后世称为通儒。然不修小节，当世以此颇讥焉，故不至大官。永元十三年卒，时年七十二。朝庭愍惜，除两子为太子舍人。

论曰：郑、贾之学，行乎数百年中，遂为诸儒宗，亦徒有以焉尔。桓谭以不善谶流亡，郑兴以逊辞仅免，贾逵能附会文致，最差贵显。世主以此论学，悲矣哉！

【译文】

贾逵字景伯，扶风平陵人（今陕西凤翔县）。他的九世祖父是贾谊，汉文帝时，当过梁王的太傅。贾逵的曾祖父贾光，是常山太守，汉宣帝时因为是二千石俸禄的级别，从洛阳迁到了扶风。他的父亲贾徽，跟刘歆学习《左传》，兼学《国语》《周官》，又跟涂恽先生学习《古文尚书》，跟谢曼卿先生学《毛诗》，著《左氏条例》二十一篇。

贾逵完全继承了父业，年少时就能诵读《左氏传》和《五经》本文，并以《大夏侯尚书》教人。虽然他从事的是古文经学，也兼通五家《谷梁传》的学说，从儿童时期开始，他就一直在太学里，所以不懂人情世故。他身高八尺二寸，诸位儒士们都说他是："问事不休贾长头"。他性情和蔼、活泼，思想单纯。但远见卓识有大节。尤其精通《左传》《国语》，著《左传解诂》《国语解诂》共五十一篇。永平年间（公元58年），他写了一道奏章，把著书献给皇上，汉明帝很重视他的著作，让人抄写出来，收藏在国家图书档案馆里。

曾一度有神雀聚集在宫殿和官府中，头上的羽毛五彩纷呈。皇帝感到奇怪，就问临邑侯刘复，刘复不能够回答，就推荐贾逵，说他知识渊博，通晓万物。于是皇帝就召见了贾逵相问。贾逵回答说："以往武王完成了他父亲的大业，凤凰在岐山鸣叫，宣帝的威德降服了戎狄，神雀云集，这是胡人要投降的征兆啊。"于是皇帝下令在兰台赐给他笔和纸，让他作《神雀颂》，任命他为郎，和班固一起校勘整理国家的秘密藏书。侍候在皇帝左右，以随时回答各种问题。

肃宗即位，注意儒家学说，尤其喜好《古文尚书》《左氏传》。建初元年，诏令贾逵在北宫的白虎观和南宫的云台讲学。皇帝欣赏他的学说。让他说出《左氏传》的大义比《公羊传》和《谷梁传》高超的地方。贾逵于是逐条向皇帝上奏道：

臣认真地摘出《左传》中明显见长的三十件事，都是讲君臣大义和父子纲纪的。其余《公羊》相同的十有七八。或文字简略小有区别，但于大体无妨。至于祭仲、纪季、伍子胥、叔术们的事，《左氏》的用意着重于君臣父子，《公羊》则多崇尚权变，它们的用意悬殊，确实是非常辽远。而《左传》受冤枉被压抑天长日久，没有人肯替它辩白。

臣在永平年间曾向皇上进言，讲《左传》与图谶相合的地方。先帝不遗弃我这个山野村夫，听取采纳了我的意见，让我写了《左传解诂》收藏在图书档案馆里。建平年间，侍中刘歆，想把《左传》立于学官。他事先没有广泛宣传《左传》的大义，而是轻易地给太常写了一封信，仗着自己的理由充足，批评驳斥儒生们。儒生们心中不服，一起排斥《左传》。孝哀皇帝不愿违背众人心意，所以把刘歆调出京城，去做河内太守。从此以后，《左传》被攻击，成为众人的仇敌。到了光武皇帝，他奋起那独到的明察卓见，兴立《左传》《谷梁传》于学官，偏又遇上这两家的大师都不懂得图谶，所以又令中途废弃。凡是要留存先王之道的，关键在于能使政局稳定，百姓治理。如今《左氏》崇尚君父，卑弱臣子，让主干强大，枝条柔弱，劝人行善，戒备作恶。都说得非常明了，非常深切。意思非常正确，论说又非常合理。况三代事情有所不同，随着时代的不同而有增加或减少，所以先帝博观各家学说，并都有所采纳。关于《周易》，国家立有施家学派和孟家学派，以后又立梁丘学派。《尚书》，国家立有欧阳学派，后来又立大、小夏侯两派。现在三传的差异，也应该用这个办法处理。还有《五经》各家学说，都不能证明图谶所说刘氏是尧的后代，唯独《左氏》有明确的文字。《五经》家们都说颛顼代替了黄帝，因而尧不能为火德。《左传》则以为是少昊代替黄帝，就是图谶所说的帝宣。如果让尧不能为火德，那么汉也不能为火德。《左传》中讲的这些话，补益实在很多。

陛下有天一样的明察，建树了大圣人的根本。改革年号，纠正历法，为千秋万世树立了榜样。所以有数以百计的麟凤出现，非常多的吉祥征兆。但还是从早到晚认真勤奋地用心于"六艺"，研究入细入微，处处都精审细核。如果再留意一下废弃的学问，来扩大圣上的明见，那就差不多再没有遗漏的学问了。

贾逵将奏章呈给皇上，皇帝非常称赞，赏赐给他布一百匹，衣服一套，并让贾逵从研究《公羊》的严、颜两家中选拔高才生二十名，教授《左传》。每人给竹简、纸张，《春秋》《左传》各一份。

贾逵的母亲常有病，皇帝想赐给他一点钱，但校书的人多，不好明加赏赐，所以特地拿了二十万钱让颍阳侯马防转交给他。皇帝对马防说："贾逵母亲有病，这位先生在外边又没有交往。总这么穷，就会像伯夷、叔齐一样饿死在首阳山啦。"

贾逵多次对皇帝说，《古文尚书》和《春秋》《左传》以及《尔雅》，它们的意思相通。皇帝就让他撰写欧阳、大夏侯、小夏侯这三家在《今文尚书》和《古文尚书》中观点的异同，贾逵写了三卷，皇帝认为写得很好。又令撰写《齐诗》《鲁诗》《韩诗》和《毛诗》的异同。并做了《周官解故》。提升贾逵为卫士令。建初八年(公元83年)诏令所有儒家学派各自选拔高才生，学习《左传》《谷梁春秋》《古文尚书》《毛诗》。从此，这四种经就广泛流传于世。贾逵选拔的弟子及门生都被任命为千乘王国郎，从早到晚在黄门公署中学习，学者们都非常的羡慕。

和帝即位后,在永元三年(公元92年),任命贾逵为左中郎将。永元八年(公元96年)又任命为侍中,兼骑都尉,成为在皇帝左右的近臣,并兼管档案部门及其他接近皇帝的部门,非常受信用。

贾逵推荐东莱司马均,陈国汝郁,皇帝立即征用他们,并加以优待。司马均、字少宾,安于贫穷,好学上进,隐居教书,(过去)不接受朝廷要他做官的诏命。他的诚实信用传遍全州。乡里人如果发生争执,总要让他们拿少宾来起誓。理屈的就不敢说话了。他官职做到侍中,后因年老有病,申请退休,皇帝赐他以大夫的俸禄回归故里。汝郁,字叔异,性情仁慈、孝顺,父母去世后,他就隐居于山林江湖。后来不断提升,一直做到鲁国的相,以德行教化人民,百姓们非常称赞他。流亡的人回乡的有八九千户。

贾逵所著的经传注疏以及论文有一百多万字,又做了诗、颂、诔、书、连珠、酒令等共九篇。学者们尊奉为楷模。后世称他为通儒。然而他不修小节,受到当时人们的讥讽,所以他做不了大官。永元十三年去世(公元101年),享年七十二岁。朝廷怜惜他的逝世,封他的两个儿子为太子舍人。

评论说:郑兴,贾逵的学问,流行数百年,成为儒者宗奉的楷模,只是由于某种原因罢了。桓谭因为不擅长图谶而被流放。郑兴用言词搪塞才免于死罪。贾逵能牵强附会,相比之下他算最显贵啦。作为皇帝,这样地对待学术,可悲啊!

班彪传

【题解】

班彪(3~54年),字叔皮,扶风安陵(今陕西咸阳东北)人,东汉史学家。东汉初,因病免官后全力从事文学研究和著述。他认为褚少孙、刘向、刘歆、杨雄等人对《史记》的续补水平太低,不足以承继前史;而杨雄、刘歆等在续作中多褒美伪新,恐其误后惑众,所以他采集旧事,旁贯异闻,作《史记后传》百余篇。今《后传》虽不存,但其内容大部分被《汉书》所吸收,现在《汉书》中的元、成二帝本纪和韦贤、翟方进等传中还保留有《后传》原文的痕迹。《后传》为《汉书》的成功奠定了良好的基础。班彪对前史的得失写过一篇评论,后人称为《前史得失论》。它表明了班彪对有史官以来直到《史记》一系列历史著作的看法,显示了他正统的儒家思想。因为这篇文章最早按时间线索勾勒出了我国早期文学的状况,并进行了原则性的批评,所以它是我国第一个史学史的提纲,其批评原则和一些具体意见对后代史学批评产生了深远的影响。

【原文】

班彪字叔皮,扶风安陵人也。祖况,成帝时为越骑校尉。父稚,哀帝时为广平太守。

彪性沉重好古。年二十余,更始败,三辅大乱。时隗嚣拥众天水,彪乃避难从之。嚣问彪曰:"往者周亡,战国并争,天下分裂,数世然后定。意者从横之事复起于今乎?将承运迭兴,在于一人也？愿生试论之。"对曰:"周之废兴,与汉殊异。昔周爵五等,诸侯从政,本根既微,枝叶强大,故其末流有从横之事,势数然也。汉承秦制,改立郡县,主有专己之威,臣无百年之柄。至于成帝,假借外家,哀、平短祚,国嗣三绝,故王氏擅朝,因窃号位。危自上起,伤不及下,是以即真之后,天下莫不引领而叹。十余年间,中外骚扰,远近俱发,假号云合,咸称刘氏,不谋同辞。方今雄杰带州域者,皆无七国世业之资,而百姓讴吟,思仰汉德,已可知矣。"嚣曰:"生言周、汉之势可也;至于但见愚人习识刘氏姓号之故,而谓汉家复兴,疏矣。昔秦失其鹿,刘季逐而羁之,时人复知汉乎？"

彪既疾嚣言,又伤时方艰,乃著《王命论》,以为汉德承尧,有灵命之符,王者兴祚,非诈力所致,欲以感之,而嚣终不寤,遂避地河西。河西大将军窦融以为从事,深敬待之,接以师友之道。彪乃为融画策事汉,总西河以拒隗嚣。

班彪

及融征还京师,光武问曰:"年上章奏,谁与参之？"融对曰:"皆从事班彪所为。"帝雅闻彪才,因召入见,举司隶茂才,拜徐令,以病免。后数应三公之命,辄去。

彪既才高而好述作,遂专心史籍之间。武帝时,司马迁著《史记》,自太初以后,阙而不录,后好事者颇或缀集时事,然多鄙俗,不足以踵继其书。彪乃继采前史遗事,傍贯异闻,作后传数十篇,因斟酌前史而讥正得失。其略论曰:

唐虞三代,《诗》《书》所及,世有史官,以司典籍,暨于诸侯,国自有史,故孟子曰"楚之《梼杌》,晋之《乘》,鲁之《春秋》,其事一也。"定哀之间,鲁君子左丘明论集其文,作《左氏传》三十篇,又撰异同,号曰《国语》,二十一篇,由是《乘》《梼杌》之事遂闇,而《左氏》《国语》独章。又有记录黄帝以来至春秋时帝王、公侯、卿大夫,号曰《世本》,一十五篇。春秋之后,七国并争,秦并诸侯,则有《战国策》三十三篇。汉兴定天下,太中大夫陆贾记录时功,作《楚汉春秋》九篇。孝武之世,太史令司马迁采《左氏》《国语》,删《世本》《战国策》,据楚、汉列国时事,上自黄帝,下讫获麟,作本纪、世家、列传、书、表凡百三十篇,而十篇缺焉。迁之所记,从汉元至武以绝,则其功也。至于采经摭传,分散百家之事,甚多疏略,不如其本,务欲以多闻广载为功,论议浅而不笃。其论术学,则崇黄老而薄《五经》;序货殖,则轻仁义而羞贫穷;道游侠,则贱守节而贵俗功;此其大敝伤道,所以遇极刑之咎也。然善述序事理,辩而不华,质而不野,文质相称,盖良史之才也。诚令迁依《五经》之法言,同圣人之是非。意亦庶几矣。

夫百家之书,犹可法也。若《左氏》《国语》《世本》《战国策》《楚汉春秋》《太史公书》,今之所以知古,后之所由观前,圣人之耳目也。司马迁序帝王则曰本纪,公侯传国则曰世家,卿士特起则曰列传。又进项羽、陈涉而黜淮南、衡山,细意委曲,条例不经。若迁之著作,采获古今,贯穿经传,至广博也。一人之精,文重思烦,故其书刊落不尽,尚有盈辞，多不齐一。若序司马相如，举郡县，著其字，至萧、曹、陈平之属，及董仲舒并时之人，不记其字，或县而不郡者，盖不暇也。今此后篇，慎核其事，整齐其文，不为世家，唯纪、传而已。传曰："杀史见极，平易正直，《春秋》之义也。"

彪复辟司徒玉况府。时东宫初建，诸王国并开，而官属未备，师保多阙。彪上言曰：

孔子称"性相近，习相远也"。贾谊以为"习与善人居，不能无为善，犹生长于齐，不能无齐言也。习与恶人居，不能无为恶，犹生长于楚，不能无楚言也"。是以圣人审所与居，而戒慎所习。昔成王之为孺子，出则周公、邵公、太史佚，入则大颠、闳夭、南宫括、散宜生，左右前后，礼无违者，故成王一日即位，天下旷然太平。是以《春秋》"爱子教以义方，不纳于邪。骄奢淫逸，所自邪也"。《诗》云："诒厥孙谋，以宴翼子。"言武王之谋遗子孙也。

汉兴，太宗使晁错导太子以法术，贾谊教梁王以《诗》《书》。及至中宗，亦令刘向、王褒、萧望之、周堪之徒，以文章儒学保训东宫以下，莫不崇简其人，就成德器。今皇太子诸王，虽结发学问，修习礼乐，而傅相未值贤才，官属多阙旧典。宜博选名儒有威重明通政事者，以为太子太傅，东宫及诸王国，备置官属。又旧制，太子食汤沐十县，设周卫交戟，五日一朝，因坐东箱，省视膳食，其非朝日，使仆、中允旦旦请问而已，明不媟黩，广其敬也。

书奏，帝纳之。后察司徒廉为望都长，吏民爱之。建武三十年，年五十二，卒官。所著赋、论、书、记、奏事合九篇。二子：固，超。

论曰：班彪以通儒上才，倾侧危乱之间，行不逾方，言不失正，仕不急进，贞不违人，敷文华以纬国典，守贱薄而无闷容。彼将以世运未弘，非所谓贱，焉耻乎？何其守道恬淡之笃也！

【译文】

班彪字叔皮，扶风安陵人。祖父班况，成帝时为越骑校尉。父亲班稚，哀帝时为广平太守。

班彪生性深沉庄重，爱好学习古书。二十多岁时，更始皇帝刘玄兵败，长安及周围左冯翊，右扶风地区混乱不堪。当时隗嚣在天水聚集百姓，班彪于是为避难跟随了他。隗嚣问班彪："过去东周灭亡，列国共同争夺霸权，天下分裂，几百年才平定下来。是不是合纵连横的事情在今天又重新出现了？会不会有承受时运，纷纷兴起，最后总归于一人的情况？希望先生试论一下。"班彪回答说："周朝的废兴，与汉的情况很不一样。过去，周朝的爵位分为五等，各诸侯从事政事，这样国家政权的根基就很微弱，而枝叶却很强壮，所以在周朝末年就会出现合纵连横的事情，这是形势命运所必然的。汉代接用秦朝的制度，改立郡县制，主上有独揽一切的权威，大臣们却没有能掌握百年的权力。到了成帝时期，凭借外戚来管理国政，哀帝、平帝在位时间短促，这三帝都没有接续皇位的继承人，所以王氏能够专擅朝政，并顺势窃夺帝位。危机起于朝廷，并未伤及百姓。所以自王莽正式即皇位之后，天下百姓没有不为汉朝中衰叹息，并殷切盼望复兴的。十多年间，朝内的、外的、远处的、近处的动荡骚乱，全都出现了，假借号令，四处聚集，全都称自己是刘氏后裔，没有预谋却说法一样。如今统领州郡的英雄豪杰，都没有七国诸侯那样有世代功业的资本，而百姓的讴歌吟诵中，都思念敬慕汉皇的恩德，天下的形势据此便已经可以看出了。"隗嚣："先生所谈周朝、汉代的形势还是对的；至于仅仅看到那些愚蠢的人沿用刘氏姓号做标志的缘故，便说刘汉能够复兴，则远离实际了。过去秦国失去帝位，刘季追逐并夺取了它，那时的人也知道有汉朝吗？"

班彪既厌恶隗嚣的言论，又忧虑当时国情的险恶，于是作《王命论》，认为汉是接继尧德，有神灵天命所示的符瑞，帝王建立王位，并不是使用权谋和暴力的结果，试图以此说动他，但隗嚣始终不醒悟，于是班彪就到河西躲避去了。河西大将军窦融让他做自己的从事，非常敬仰地对待他，并建立起老师和朋友的友谊。班彪于是对窦融奉卫汉朝出谋划策，让他统管西河一带以抗拒隗嚣。

后来窦融奉命回到京师，光武帝问他："你所交来的章表奏疏，有谁参与了策划和书写？"窦融回答说："都是我的从事班彪做的。"光武帝平素已耳闻班彪的才华，于是召他进京，推举为司隶茂才，任命为徐县县令，因为有病而免去官职。此后，他多次执行三公给予的命令，事情办完后，就离职回家。

班彪才华杰出，又爱好著述，于是一心一意于史籍的攻读、研究。汉武帝时，司马迁著的《史记》从太初年以后的事，都没有记载。后来有许多喜欢撰述历史的人纷纷搜录记载时事，但大多鄙陋浅俗，不能够作为《史记》的续篇。班彪于是继续采集以前史籍中的关于西汉历史的史料，旁征博引，征引多种材料，撰写《后传》几十篇，顺便又研核以前的史籍，批评失误，肯定成绩。他的评论大体上说：

唐虞三代，《诗》《书》所涉及到的，世代都有史官，来掌管典籍。至于诸侯，每国也都有自己的史官，所以《孟子》中说："楚国的《梼杌》，晋国的《乘》，鲁国的《春秋》；它们都同样是记载时事的。"定公、哀公之际，鲁国的君子左丘明集合讨论这些著作，作《左氏传》三十篇，又收集和《左传》相同或不相同的记载，撰为一书，称《国语》二十一篇。从此以后，《乘》《梼杌》记载的事情便湮灭无闻了，而仅有《左氏》《国语》彰显天下。又有一部记载黄帝以来至春秋时帝王公侯卿大夫史事的书，叫《世本》，一十五篇。春秋以后，七国争夺霸主，秦国最后统一了诸侯，于是又出现了《战国策》三十三篇。汉朝建国，平定天下，太史大夫陆贾记述当时的功业，作《楚汉春秋》九篇。汉武帝的时候，太史令司马迁采录《左氏》《国语》，删削《世本》《战国策》，根据楚、汉之际各国时事，上自黄帝，下迄获麟，作本纪、世家、列传、书、表共一百三十篇，其中有十篇后来散佚了。司马迁的记载，从汉代建元至武帝止是他的功绩所在。至于采摭经传，分别保留其他多家史籍记述的事情，则有很多疏阔缺漏之处，不如原书，他一心只想以广泛地记录各种传闻、逸事为此书的优势，评议则肤浅不实。讨论学术，则崇尚黄老之学而不看重《五经》之说；记述经济活动，则轻视仁义道德而以贫贱为耻辱；记述游侠，则以守节为低贱，而尊重功利，这些都是损害原则的大错误，是他遭遇极刑惩罚的原因所在。但司马迁善于条理，叙述史事，讲道理而不浮华，记事属实却不粗俗，文字与内容协调，这是良史之才啊！倘若司马迁能够依凭《五经》的准则，与圣人同是非，想来就差不多了吧。

过去的许多著述，还是值得效法的。如《左氏》《国语》《世本》《战国策》《楚汉春秋》

《太史公书》，是现在得以知道古代，后世得以了解前世的根据，是圣人闻知天大事的耳目。司马迁记载帝王的叫本纪，记载公侯世袭的叫世家，记载卿、士及杰出人物的叫列传。《史记》提高项羽、陈涉的地位，却贬低淮南王、衡山王这些皇室成员的地位，详细地记录项羽、陈涉的兴衰始末，这种体例就不符合原则。像司马迁《史记》这样的著作，采古今史事，贯通经传的记载，非常广博。司马迁以一个人的精力，要著的书籍却是文字繁多，线索纷乱，所以《史记》有修改不完全的地方，还有一些多余的词句，体例、文字多不够整齐划一。比如他叙述司马相，写出他所属的郡县，写出司马相如的字，对于萧何、曹参、陈平这些人，以及与他同时代的董仲舒，就不再记载他们的字，有的只记县而不记郡，这大约是来不及统一文字所致。现在我著的《后篇》，谨慎地核对史实，文字整齐划一，不做世家，只作本纪、列传。传上说："编纂史书，要简练到不能再简练的程度，按照事情的实际情况朴实地叙述，这就是《春秋》的指导思想。"

班彪再次被征辟到司徒玉况的府内担任职务。当时东宫刚刚建立，诸王国同时开始分封，但官未完备，师保多数空缺。班彪于是上书说：

孔子说"人性情本相近，因为习染不同，便相差很远"。贾谊认为"习惯与善人住在一起，就不能不做善事，犹如生长在齐国，就不能没有齐的方言一样。习惯与恶人住在一起，就不能不做恶事，犹如生长在楚国，不能没有楚的方言一样"。所以圣人要仔细观察和他居住在一起的人，而谨慎地对待自己的习惯。过去周成王还是小孩子的时候，出则有周公、邵公、太史佚等人陪伴，入则有大颠、闳夭、南宫括、散宜生等人环绕，左右前后，没有违背礼的人，所以周成王一旦即位，天下就旷然太平。因此《春秋》有这样的话："爱护儿子就教他为义的方法，不要让他被邪气所困扰。骄奢淫逸，这些都是他自身产生的邪恶。"《诗》中说："留给孙子以善谋，以安敬之道为儿子增加才能。"说的是周武王将自己的谋略留给了子孙。

汉朝兴起之后，文帝让晁错用法家的理论教导太子，贾谊用《诗经》《尚书》教育梁王。到了中宗，也命令刘向、王褒、萧望之、周堪等人，用文章、儒学训导东宫以下的子弟，没有不崇敬这些人而备德成器的。现在皇太子和诸侯王虽然从小就开始学习，进修礼乐，但傅相没有贤才担任，官属没按旧的制度配备完整。应当广泛地选择有威信、稳重又通晓政事的名儒，让他们担任太子太傅，东宫及诸王国，把官属配备完整。又按照原有的制度，太子有十个县的赋税作为汤沐的用费，住地有兵严密防卫，太子五天朝见一次皇上，坐在东厢房，省视供给皇上的膳食，不是朝见皇上的那几天，只是要派太子仆、中允每天早上去皇上那里问安，这样做是为了表明不轻慢、增加太子的敬意。

书谏上奏之后，皇上采纳了这些意见。后来，司徒玉况因为班彪廉洁而推荐他，班彪担任了望都长，受到官吏和民众的喜爱。建武三十年，班彪五十二岁，死在望都任上。他所写的赋、论、书、记、奏共有九篇。他有两个儿子，一个名固，一个名超。

议论说：班彪以他博通儒学的上等才能，倾侧在危乱之间，行动不超越原则，言谈不丧失正理，做官不争于升迁，作风正派又不违背人意，铺陈自己的文采以完善国家制度，恪守低贱菲薄但没有苦闷的容颜。他是认为皇朝还没兴旺发达，自己不是一般意义上的"贱"，怎么会感到耻辱呢？班彪为固守原则而恬淡是多么真诚啊！

班固传

中华传世藏书

【题解】

班固(32～92年),字孟坚,扶风安陵(今陕西咸阳东)人,东汉前期杰出的史学家和文学家。他的父亲班彪去世之后,他因感父亲所著的《史记后传》"所续前史未详",就"潜精研思,欲就其业",被人告发私作国史而下狱,经其弟上书说明了他著作的意旨才免于罪,被任为兰台令史,迁校书郎。他在完成了部分东汉史书写作之后,奉诏继续编写西汉史,完成了著名的《汉书》。

《汉书》创立了纪传体史书的新格局。班固改变了司马迁立纪的本意,完全以皇帝为中心,一帝一纪,确立了纪传体本纪"书君上以显国统"的后代"正史"的模式。他还抛弃了《史记》"世家"体例,将皇帝以下的人物尽纳入列传之中,以时间先后顺序为主,先专传、合传、次类传,再次以边疆各族传,以"贼臣"王莽居传末;整齐了列传的标题。他新创了三个表,其中《百官公卿表》很有价值,是我国"正史"专篇记载官制的滥觞。《汉书》的志,取法于《史记》的"书"而有很大的发展,对典章制度的记载起了继往开来的作用。

班固

在内容上《汉书》以"博洽"著称。其中尤以"十志"卓越。它们详细地记载西汉封建专制政体的国家职能,叙述了高祖草创、文景修饬、武帝强化和完善等历史过程,也在一定程度上揭露了封建统治的残酷和虚伪。另外,《汉书》文辞富赡,句多排偶,整齐工丽,文章温文尔雅,严谨蕴藉,也是可诵可读的文学作品。

在思想上《汉书》以神化王权和封建等级秩序为首要任务,又在一些方面能够以人文主义的观点去考察、总结西汉历史的兴衰成败,表现出了一种"二重真理观"。从总体看,《汉书》基本上被"天人感应""皇权神授"的神学目的论所桎梏着。这些都大大限制了他进步史观的伸延,也就压抑了他在学术上的更大成就。

【原文】

固字孟坚。年九岁,能属文诵诗赋,及长,遂博贯载籍,九流百家之言,无不穷究。所学无常师,不为章句,举大义而已。性宽和容众,不以才能高人,诸儒以此慕之。

永平初,东平王苍以至戚为骠骑将军辅政,开东阁,延英雄。时固始弱冠,奏记说

二十五史 后汉书

苍曰：

将军以周、邵之德，立乎本朝，承休明之策，建威灵之号，昔在周公，今也将军，《诗书》所载，未有三此者也。传曰："必有非常之人，然后有非常之事；有非常之事，然事有非常之功。"固幸得生于清明之世，豫在视听之末，私以蝼螘，窃观国政，诚美将军拥千载之任，蹑先圣之踪，体弘懿之姿，据高明之势，博贯庶事，服膺《六艺》，白黑简心，求善无厌，采择狂夫之言，不逆负薪之议。窃见幕府新开，广延群俊，四方之士，颠倒衣裳。将军宜详唐、殷之举，察伊、皋之荐，令远近无偏，幽隐必达，期于总览贤才，收集明智，为国得人，以宁本朝。则将军养志和神，优游庙堂，光名宣于当世，遗烈著于无穷。窃见故司空掾桓梁，宿儒盛名，冠德州里，七十从心，行不逾矩，盖清庙之光晖，当世之俊颜也。京兆祭酒晋冯，结发修身，白首无违，好古乐道，玄默自守，古人之美行，时俗所莫及。扶风掾李育，经明行著，教授百人，客居杜陵，茅室土阶。京兆、扶风二郡更请，徒以家贫，数辞病去。温故知新，论议通明，廉清修絜，行能纯备，虽前世名儒，国家所器，韦、平、孔、翟，无以加焉。宜令考绩，以参万事。京兆督邮郭基，孝行著于州里，经学称于师门。政务之绩，有绝异之效。如得及明时，秉事下僚，进有羽翮奋翔之用，退有杞梁一介之死。凉州从事王雍，躬卞严之节，文之以术艺，凉州冠盖，未有宜先雍者也。古者周公一举则三方怨，曰"奚为而后己"。宜及府开，以慰远方。弘农功曹史殷肃，达学洽闻，才能绝伦，诵《诗》三百，奉使专对。此六子者，皆有珠行绝才，德隆当世，如蒙征纳，以辅高明，此山梁之秋，夫子所为叹也。昔卞和献宝，以离断趾，灵均纳忠，终于沉身，而和氏之璧，千载垂光，屈子之篇，万世归善。愿将军隆照微之明，信日昃之听，少屈威神，咨嗟下问，令尘埃之中，永无荆山、汨罗之恨。

苍纳之。

父彪卒，归乡里。固以彪所续前史未详，乃潜精研思，欲就其业。既而有人上书显宗，告固私改作国史者。有诏下郡，收固系京兆狱，尽取其家书。先是扶风人苏朗伪言图谶事，下狱死。固弟超恐固为郡所核考，不能自明，乃驰诣阙上书，得召见，具言固所著述意，而郡亦上其书。显宗甚奇之，召诣校书部，除兰台令史，与前睢阳令陈宗、长陵令尹敏、司隶从事孟异共成《世祖本纪》。迁为郎，典校秘书。固又撰功臣、平林、新市、公孙述事，作列传、载记二十八篇，奏之，帝乃复使终成前所著书。

固以为汉绍尧运，以建帝业，至于六世，史臣乃追述功德，私作本纪，编于百王之末，侧于秦、项之列，太初以后，阙而不录，故探撰前记，缀集所闻，以为《汉书》。起元高祖，终于孝平王莽之诛，十有二世，二百三十年，综其行事，傍贯《五经》，上下洽通，为《春秋》考纪、表、志、传凡百篇。固自永平中始受诏，潜精积思二十余年，至建初中乃成。当世甚重其书，学者莫不讽诵焉。

自为郎后，遂见亲近。时京师修起宫室，濬缮城隍，而关中耆老犹望朝廷西顾。固感前世相如、寿王、东方之徒，造构文辞，终以讽劝，乃上《两都赋》，盛称洛邑制度之美，以折西宾淫侈之论。其辞曰：

有西都宾问于东都主人曰："盖闻皇汉之初经营也，尝有意乎都河洛矣。辍而弗康，实用西迁，作我上都。主人闻其故而觌其制乎？"主人曰："未也。愿宾摅怀旧之蓄念，发思古之幽情,博我以皇道,弘我以汉京。"宾曰:"唯唯。"

汉之西都,在于雍州,实曰长安。左据函谷、二崤之阻,表以太华、终南之山。右界褒斜、陇首之险,带以洪河、泾、渭之川。华实之毛,则九州之上腴焉;防御之阻,则天下之奥区焉。是故横被六合,三成帝畿,周以龙兴,秦以虎视。及至大汉受命而都之也,仰寤东井之精,俯协《河图》之灵,奉春建策,留侯演成,天人合应,以发皇明,乃眷西顾,实惟作京。于是睎秦领,睋北阜,挟酆灞,据龙首,图皇基于亿载,度宏规而大起,肇自高而终平,世增饰以崇丽,历十二之延祚,故穷奢而极侈。建金城其万雉,呀周池而成渊,披三条之广路,立十二之通门。内则街衢洞达,闾阎且千,九市开场,货别隧分,人不得顾,车不得旋,阗城溢郭,傍流百廛,红尘四合,烟云相连。于是既庶且富,娱乐无疆,都人士女,殊异乎五方。游士拟于公侯,列肆侈于姬、姜。乡曲豪俊游侠之雄,节慕原、尝,名亚春、陵,连交合众,骋骛乎其中。

若乃观其四郊,浮游近县,则南望杜、霸,北眺五陵,名都对郭,邑居相承。英俊之城,绂冕所兴,冠盖如云,七相五公。与乎州郡之豪杰,五都之货殖,三选七迁,充奉陵邑,盖以强干弱枝,隆上都而观万国。封畿之内,厥土吉里,逴荦诸夏,兼其所有。其阳则崇山隐天,幽林穹谷,陆海珍藏,兰田美玉,商、洛缘其隈,鄠、杜滨其足,源泉灌注,陂池交属,竹林果园,芳草甘木,郊野之富,号曰近蜀。其阴则冠以九嵏,陪以甘泉,乃有灵宫起乎其中。秦、汉之所极观,渊、云之所颂叹。于是乎存焉。下有郑、白之沃,衣食之源,隥封五万,疆场绮分,沟塍刻镂,原隰龙鳞,决渠降雨,荷锸成云,五谷垂颖,桑麻敷棻。东郊则有通沟大漕,溃渭洞河,泛舟山东,控引淮、湖,与海通波。西郊则有上囿禁苑,林麓薮泽,陂池连乎蜀、汉,缭以周墙,四百余里,离宫别馆,三十六所,神池灵沼,往往而在。其中乃有九真之麟,大宛之马,黄支之犀,条枝之鸟,逾昆仑,越巨海,殊方异类,至三万里。

其宫室也,体象乎天地,经纬乎阴阳,据坤灵之正位,放太、紫之圆方。树中天之华阙,丰冠山之朱堂,因瑰材而究奇,抗应龙之虹梁,列棼橑以布翼,荷栋桴而高骧。雕玉瑱以居楹,裁金璧以饰珰,发五色之渥采,光焰朗以景彰。于是左城右平,重轩三阶,闺房周通,门闼洞开,列钟虡于中庭,立金人于端闱,仍增崖而衡阈,临峻路而启扉。徇以离殿别寝,承以崇台闲馆,焕若列星,紫宫是环。清凉宣温,神仙长年,金华玉堂,白虎麒麟,区宇若兹,不可殚论。增槃业峨,登降炤烂,殊形诡制,每各异观,乘茵步辇,唯所息宴。后宫则有掖庭椒房,后妃之室,合欢增成,安处常宁,茝若椒风,披香发越,兰林蕙草,鸳鸾飞翔之列。昭阳特盛,隆乎孝成,屋不呈材,墙不露形,裹以藻绣,络以纶连,随侯明月,错落其间,金钉衔璧,是为列钱;翡翠火齐,流耀含英,悬黎垂棘,夜光在焉。于是玄墀釦切,玉阶彤庭,硬碱采致,琳珉青荧,珊瑚碧树,周阿而生。红罗飒缅,绮组缤纷,精曜华烛,俯仰如神。后宫之号,十有四位,窈窕繁华,更盛迭贵,处乎斯列者,盖以百数。左右廷中,朝堂百僚之位,萧曹魏邴,谋谟乎其上。佐命则垂统,辅翼则成化,流大汉之恺悌,荡亡秦之毒螫。故令斯人扬乐和之声,作画一之歌,功德著于祖宗,膏泽洽于黎庶。又有天禄石渠,典籍之府,命夫谆诲故老,名儒师傅,讲论乎《六艺》,稽合乎同异。又有承明金马,著作之庭,大雅宏达,于兹为群,元元本本,周见洽闻,启发篇章,校理秘文。周以钩陈之位,卫以严更之署,总礼官之甲科,群百郡之廉孝。虎贲赘衣,阍尹阍寺,陛戟百重,各有攸司。周庐千列，徼道绮错。辇路经营，修涂飞阁。自未央而连桂宫，北弥明光而绲长乐，陵墱道而超西墉，混建章而外属，设璧门之凤阙，上枍棳而栖金雀。内则别风之嶕峣，眇丽巧而竦擢，张千门而立万户，顺朋阳以开阖。尔乃正殿崔巍，层构厥高，临乎未央，经骀荡而出馺娑，洞枍诣与天梁，上反宇以盖戴，激日景而纳光。神明郁其特起，遂偃蹇而上跻，轶云雨于太半，虹霓回带于棼楣，虽轻迅与僄狡，犹愕眙而不敢阶。攀井干而未半，目眴转而意迷，舍栌槛而却倚，若颠坠而复稽，魂怳怳以失度，巡回涂而下低。既惩惧于登望，降周流以彷徨，步甬道以萦纡，又杳窱而不见阳。排飞闼而上出，若游目于天表，似无依而洋洋。前唐中而后太液，揽沧海之汤汤，扬波涛于碣石，激神岳之嶈嶈，滥瀛洲与方壶，蓬莱起乎中央。于是灵草冬荣，神木丛生，岩峻崔崒，金石峥嵘。抗仙掌以承露，擢双立之金茎，轶埃壒之混浊，鲜颢气之清英。骋文成之丕诞，驰五利之所刑，庶松乔之群类，时游从乎斯庭，实列仙之攸馆，匪吾人之所宁。

尔乃盛娱游之壮观，奋大武乎上囿，因兹以威戎夸狄，耀威而讲事。命荆州使起鸟，诏梁野而驱兽，毛群内阗，飞羽上覆，接翼侧足，集禁林而屯聚。水衡虞人，理其营表，种别群分，部曲有署。罘罔连纮，笼山络野，列卒周匝，星罗云布。于是乘舆备法驾，帅群臣，披飞廉，入苑门。遂绕酆鄗，历上兰，六师发逜，百兽骇殚，震震爚爚，雷奔电激，草木涂地，山渊反覆，蹂躏其十二三，乃拗怒而少息。尔乃期门佽飞，列刃钻镞，要趹追踪，鸟惊触丝，兽骇值锋，机不虚掎，弦不再控，矢无单杀，中必叠双，飑飑纷纷，矰缴相缠，风毛雨血，洒野蔽天。平原赤，勇士厉，猨狄失木，豺狼慑窜。尔乃移师趋险，并�潜秽，穷虎奔突，狂兕触蹶。许少施巧，秦成力折，掎僄狡，扼猛噬，脱角挫脰，徒搏独杀。狭师豹，拖熊螭，顿犀犛，曳豪罴，超迥壑，越峻崖，蹶巉岩，钜石隤，松柏仆，丛林摧，草木无余，禽兽殄夷。于是天子乃登属玉之馆，历长杨之榭，览山川之体势，观三军之杀获，原野萧条，目极四裔，禽相镇厌，兽相枕藉。然后收禽会众，论功赐胙，陈轻骑以行炰，腾酒车而斟酌，割鲜野食，举燧命爵。飨赐毕，劳逸齐，大辂鸣鸾，容与徘回，集乎豫章之宇，临乎昆明之池。左牵牛而右织女，似云汉之无崖，茂树荫蔚，芳草被堤，兰茝发色。晔晔猗猗，若摛锦布绣，烛耀乎其陂。玄鹤白鹭，黄鹄鵁鶄，鸧鹛鸧鹍，凫鸥鸿雁，朝发河海，夕宿江汉，沈浮往来，云集雾散。于是后宫乘锐总路，登龙舟，张凤盖，建华旗，祛黼帷，镜清流，靡微风，澹淡浮。櫂女讴，鼓吹震，声激越，𫍲厉天，鸟群翔，鱼阛渊。招白闲，下双鹄，揄文竿，出比目。抚鸿幢，御矰缴，方舟并鹜，俛仰极乐。遂风举云摇，浮游普览，前乘秦领，后越九嵕霤，东薄河华，西涉岐雍，宫馆所历，百有余区，行所朝夕，储不改供。礼上下而接山川，究休祐之所用，采游童之欢谣，第从臣之嘉颂。于斯之时，都都相望，邑邑相属，国藉十世之基，家承百年之业，士食旧德之名氏，农服先畴之畎亩，商修族世之所鬻，工用高曾之规矩，粲乎隐隐，各得其所。

若臣者，徒观迹乎旧墟，闻之乎故老，什分而未得其一端，故不能遍举也。"

主人喟然而叹曰："痛乎风俗之移人也！子实秦人，矜夸馆室，保界河山，信识昭襄而知始皇矣，恶睹大汉之云为乎？夫大汉之开原也，旧布衣以登皇极，由数期而创万世，盖六籍所不能谈，前圣靡得而言焉。当此之时，功有横而当天，讨有逆而顺人，故娄敬度势而献其说，萧公权宜以拓其制。时岂泰而安之哉？计不得以已也。吾子曾不是睹，顾耀后嗣之末造,不亦暗乎?今将语子以建武之理,永平之事,监乎太清,以变子之或志。

往者王莽作逆,汉祚中缺,天人致诛,六合相灭。于时之乱,生民几亡,鬼神泯绝、壑无完柩,郭冈遗室,原野猒人之肉,川谷流人之血,秦、项之灾犹不克半,书契已来未之或纪也。故下民号而上愬,上帝怀而降鉴,致命于圣皇。于是圣皇乃握乾符,阐坤珍,披皇图,稽帝文,赫尔发愤,应若兴云,霆发昆阳,凭怒雷震,遂超大河,跨北岳,立号高邑,都建河洛。绍百王之荒屯,因造化之荡涤,体元立制继天而作。系唐统,接汉绪,茂育群生,恢复疆宇,勋兼乎在昔,事勤乎三五。岂特方轨并迹,纷纶后辟,理近古之所务,蹈一圣之险易去尔哉?且夫建武之元,天地革命,四海之内,更造夫妇,肇有父子,君臣初建,人伦实始,斯乃虑羲氏之所以基皇德也。分州土,立市朝,作舟车,造器械,斯轩辕氏之所以开帝功也。龚行天罚,应天顺人,斯乃汤武之所以昭王业也。迁都改邑,有殷宗中兴之则焉;即土之中,有周成隆平之制焉。不阶尺土一人之柄,同符乎高祖。克己复礼,以奉终始,允恭乎孝文。宪章稽古,封岱勒成,仪炳乎世宗。案《六经》而校德,妙古昔而论功,仁圣之事既该,帝王之道备矣。

至于永平之际,重熙而累洽,盛三雍之上仪,修衮龙之法服,敷洪藻,信景铄,扬世庙,正予乐。入神之和允洽,君臣之序既肃。乃动大路,尊皇衢,省方巡狩,穷览万国之有无,考声教之所被,散皇明以烛幽。然后增周旧,修洛邑,翩翩巍巍,显显翼翼,光汉京于诸夏,总八方而为之极。是以皇城之内,宫室光明,阙庭神丽,奢不可逾,俭不能侈。外则因原野以作苑,顺流泉而为沼,发苹藻以潜鱼,丰圃草以毓兽,制同乎梁驺,义合乎灵囿。若乃顺时节而搜狩,简车徒以讲武,则必临之以《王制》,考之以《风雅》。历《驺虞》,览《驷驖》,嘉《车攻》,采《吉日》,礼官正仪,乘舆乃出。于是发鲸鱼,铿华钟,登玉辂,乘时龙,凤盖飒洒,和鸾玲珑,天官景从,寝威盛容。山灵护野,属御方神,雨师泛洒,风伯清尘,千乘雷起,万骑纷纭,元戎竟野,戈铤彗云,羽旄扫霓,旌旗拂天。焱焱炎炎,扬光飞文,吐焰生风,吹野燎山,日月为之夺明,丘陵为之摇震,遂集乎中囿,陈师案屯,骈部曲,列校队,勒三军,誓将帅。然后举烽伐鼓,以命三驱,轻车霆发,骁骑电骛,游基发射,范氏施御,弦不失禽,彂不诡遇,飞者未及翔,走者未及去。指顾倏忽,获车已实,乐不极般,杀不尽物,马踠余足,士怒未泄,先驱复路,属车案节。于是荐三牺,效五牲,礼神祇,怀百灵,觐明堂,临辟雍,扬缉熙,宣皇风,登灵台,考休征。俯仰乎乾坤,参象乎圣躬,目中夏而布德,眄四裔而抗棱。西荡河源,东澹海漘,北动幽崖,南跃朱垠。殊方别区,界绝而不邻,自孝武所不能征,孝宣所不能臣,莫不陆詟水慄,奔走而来宾,遂绥哀牢,开永昌,春王三朝,会同汉京。是日也,天子受四海之图籍,膺万国之贡珍,内抚诸夏,外接百蛮。乃盛礼乐供帐,置乎云龙之庭,陈百僚而赞群后,究皇仪而展帝容。于是庭实千品,旨酒万钟,列金罍,班玉觞,嘉珍御,大牢飨。尔乃食举《雍》彻,太师奏乐,陈金石,布丝竹,钟鼓铿锵,管弦晔煜。抗五声,极六律,歌九功,舞八佾,《韶》《武》备,太古毕,四夷间奏,德广所及,《僸》《佅》《兜离》,罔不具集。万乐备,百礼暨,皇欢浃,群臣醉,降烟煴,调元气,然后撞钟告罢,百僚遂退。

于是圣上睹万方之欢娱,久沐浴乎膏泽,惧其侈心之将萌,而怠于东作也,乃申旧章,下明诏,命有司,班宪度,昭节俭,示大素。去后宫之丽饰,损乘舆之服御,除工商之淫业,兴农桑之上务。遂令海内弃末而反本，背伪而归真，女修织纴，男务耕耘，器用陶匏，服尚素玄，耻纤靡而不服，赋奇丽而不珍，捐金于山，沉珠于渊。于是百姓涤瑕荡秽而镜至清，形神寂漠，耳目不营，嗜欲之原灭，廉正之心生，莫不优游而自得，玉润而金声，是以四海之内，学校如林，庠序盈门，献酬交错，俎豆莘莘，下舞上歌；蹈德咏仁。登降饫宴之礼既毕，因相与嗟叹玄德，谠言弘说，咸含和而吐气，颂曰：'盛哉乎斯世'！

　　今论者但知诵虞夏之《书》，咏殷周之《诗》，讲羲、文之《易》，论孔氏之《春秋》，罕能精古今之清浊，究汉德之所由，唯子颇识旧典，又徒驰骋乎末流。温故知新已难，而知德者鲜矣！且夫辟界西戎，险阻四塞，修其防御，孰与处乎土中，平夷洞达，万方辐凑？秦领九嵕，泾渭之川，曷若四渎五岳，带河溎洛，图书之渊？建章甘泉，馆御列仙，孰与灵台明堂，统和天人？太液昆明，鸟兽之囿，曷若辟雍海流，道德之富？游侠逾侈，犯义侵礼，孰与同履法度，翼翼济济也？子徒习秦阿房之造天，而不知京洛之有制也；识函谷之可关，而不知王者之无外也。"

　　主人之辞未终，西都宾矍然失容，逡巡降阶，慄然意下，捧手欲辞。主人曰："复位，今将喻子五篇之诗。"宾既卒业，乃称曰："美哉乎此诗！义正乎杨雄，事实乎相如，非唯主人之好学，盖乃遭遇乎斯时也。小子狂简，不知所裁，既闻正道，请终身诵之。"其诗曰：

　　《明堂诗》：于昭明堂，明堂孔阳；圣皇宗祀，穆穆煌煌。上帝宴飨，五位时序；谁其配之，世祖光武。普天率土，各以其职；猗与缉熙，允怀多福。

　　《辟雍诗》：乃流辟雍，辟雍汤汤；圣皇莅止，造舟为梁。幡幡国老，乃父乃兄；抑抑威仪，孝友光明。于赫太上，示我汉行；鸿化惟神，永观厥成。

　　《灵台诗》：乃经灵台，灵台既崇；帝勤时登，爰考休征。三光宣精，五行布序；习习祥风，祁祁甘雨。百谷溱溱，庶卉蕃芜；屡惟丰年，于皇乐胥。

　　《宝鼎诗》：岳修贡兮川效珍，吐金景兮歊浮云。宝鼎见兮色纷缊，焕其炳兮被龙文。登祖庙兮享圣神，昭灵德兮弥亿年。

　　《白雉诗》：启灵篇兮披瑞图，获白雉兮效素乌。发皓羽兮奋翘英，容絜朗兮于淳精。章皇德兮侔周成，永延长兮膺天庆。

　　及肃宗雅好文章，固愈得幸。数入读书禁中，或连日继夜。每行巡狩，辄献上赋颂，朝廷有大议，使难问公卿，辩论于前，赏赐恩宠甚渥。固自以二世才术，位不过郎，感东方朔、杨雄自论，以不遭苏、张、范、蔡之时，作《宾戏》以自通焉。后迁玄武司马。天子会诸儒讲论《五经》，作《白虎通德论》，令固撰集其事。

　　时北单于遣使贡献，求欲和亲，诏问群僚。议者或认为"匈奴变诈之国，无内向之心，徒以畏汉威灵，逼惮南虏，故希望报命，以安其离叛。今若遣使，恐失南虏亲附之欢，而成北狄猜诈之计，不可"。固议曰："窃自惟思，汉兴已来，旷世历年，兵缠夷狄，尤事匈奴。绥御之方，其涂不一，或修文以和之，或用武以征之，或卑下以就之，或臣服而致之。虽屈申无常，所因时异，然未有拒绝弃放，不与交接者也。故自建武之世，复修旧典，数出重使，前后相继，至于其末，始乃暂绝。永平八年，复议通之。而廷争连日，异同纷回，多执其难，少言其易。先帝圣德远览，瞻前顾后，遂复出使，事同前世。以此类推，未有一世阙而不修者也。今乌桓就阙，稽首译官，康居、月氏，自远而至，匈奴离析，名王来降，三方归服，不以兵威，此诚国家通于神明自然之征也。臣愚以为宜依故事，复遣使者，上可继五凤、甘露致远人之会，下不失建武、永平羁縻之义。虏使再来，然后一往，既明中国主在忠信，且知圣朝礼义有常，岂可逆诈示猜，孤其善意乎？绝之未知其利，通之不闻其害。设后北虏稍强，能为风尘，方复求为交通，将何所及？不若因今施惠，为策近长。"

固又作《典引篇》，述叙汉德。以为相如《封禅》，靡而不典，杨雄《美新》，典而不实，盖自谓得其致焉。其辞曰：

太极之原，两仪始分，烟烟煴煴，有沉而奥，有浮而清。沉浮交错，庶类混成。肇命人主，五德初始，同于草昧，玄混之中。喻绳越契，寂寥而亡诏者，《系》不得而缀也。厥有氏号，绍天阐绎者，莫不开元于大昊皇初之首，上哉琼乎，其书犹可得而修也。亚斯之世，通变神化，函光而未曜。

若夫上稽乾则，降承龙翼，而炳诸《典》《谟》，以冠德卓踪者，莫崇乎陶唐。陶唐舍胤而禅有虞，虞亦命夏后，稷契熙载，越成汤武。股肱既周，天乃归功元首，将授汉刘。俾其承三季之荒末，值亢龙之灾孽，悬象暗而恒文乖，彝伦斁而旧章缺。故先命玄圣，使缀学立制，宏亮洪业，表相祖宗，赞扬迪哲，备哉灿烂，真神明之式也。虽前圣皋、夔、衡、旦密勿之辅，此兹褊矣。是以高、光二圣，辰居其域，时至气动，乃龙见渊跃。拊翼而未举，则威灵纷纭，海内云蒸，雷动电燎，胡缵莽分，不苡其诛。然后钦若上下，恭揖群后，正位度宗，有于德不台渊穆之让，靡号师矢敦奋拏之容。盖以膺当天之正统，受克让之归运，蓄炎上之烈精，蕴孔佐之弘陈云尔。

洋洋乎若德，帝者之上仪，诰誓所不及已。铺观二代洪纤之度，其赜可探也。并开迹于一匮，同受侯甸之所服，奕世勤民，以伯方统牧。乘其命赐彤弧黄戚之威，用讨韦、顾、黎、崇之不格。至乎三五华夏，京迁镐亳，遂自北面，虎离其师，革灭天邑。是故义士伟而不敦，《武》称未尽，《护》有惭德，不其然与？然犹于穆猗那，翕纯皦绎，以崇严祖考，殷荐宗祀配帝，发祥流庆，对越天地者，焉奕乎千载。岂不克自神明哉？诞略有常，审言行于篇籍，光藻朗而不渝耳。

矧夫赫赫圣汉，巍巍唐基，泝测其源，乃先孕虞育夏，甄殷陶周，然后宣二祖之重光，袭四宗之缉熙。神灵日烛，光被六幽，仁凤翔乎海表，威灵行于鬼区，慝亡迥而不泯，微胡琐而不颐。故夫显定三才昭登之绩，匪尧不兴，铺闻遗策在下之训，匪汉不弘。厥道至乎经纬乾坤，出入三光，外运混元，内浸豪芒，性类循理，品物咸亨，其已久矣。

盛哉！皇家帝世，德臣列辟，功君百王，荣镜宇宙，尊无与抗。乃始虔巩劳谦，兢兢业业，贬成抑定，不敢论制作。至令迁正黜色宾监之事焕扬宇内，而礼官儒林屯朋笃论之士而不传祖宗之仿佛，虽去优慎，无乃葸欤！

于是三事岳牧之僚，金尔而进曰：陛下仰监唐典，中述祖则，府蹈宗轨。躬奉天经，惇睦辩章之化洽。巡靖黎蒸，怀保鳏寡之惠浃。燔瘗县沉，肃祇群神之礼备。是以来仪集羽族于观魏，肉角驯毛宗于外囿，扰缁文皓质于郊，升黄晖采鳞于沼，甘露宵零于丰草，三足轩翥于茂树。若乃嘉谷灵草，奇兽神禽，应图合谍，究祥极瑞者。朝夕坰牧，日月邦畿，卓荦乎方州，羡溢乎要荒。昔姬有素雉、朱乌、玄秬、黄麦之事耳，君臣动色，左右相趋，济济翼翼，峨峨如也。盖用昭明寅畏，承釐怀之福。亦以宠灵文武，贻燕后昆，覆以懿铄，岂其为身而有颛辞也？若然受之，宜亦勤恁旅力，以充厥道，启恭馆之金縢，御东序之秘宝，以流其占。

夫图书亮章，天哲也；孔猷先命，圣孚也；体行德本，正性也；逢吉丁辰，景命也。顺命以创制，定性以和神，答三灵之繁祉，展放唐之明文，兹事体大而允，寤寐次于圣心。瞻前顾后，岂蔑清庙惮救天乎？伊考自邃古，乃降戾爱兹，作者七十有四人，有不俾而假素，罔光度而遗章，今其如台而独阙也！

是时圣上固已垂精游神，包举艺文，屡访群儒，谕咨故老，与之乎斟酌道德之渊源，肴核仁义之林薮，以望元符之臻焉。既成群后之谠辞，又悉经五繇之硕虑矣。将绁万嗣，炀洪晖，奋景炎，扇遗风，播芳烈，久而愈新，用而不竭，汪汪乎丕天之大律，其畴能亘之哉？唐哉皇哉，皇哉唐哉！

固后以母丧去官。永元初，大将军窦宪出征匈奴，以固为中护军，与参议。北单于闻汉军出，遣使款居延塞，欲修呼韩邪故事，朝见天子，请大使。宪上遣固行中郎将事，将数百骑与虏使俱出居延塞迎之。会南匈奴掩破北庭，固至私渠海，闻虏中乱，引还。及窦宪败，固先坐免官。

固不教学诸子，诸子多不尊法度，吏人苦之。初，洛阳令种兢尝行，固奴干其车骑，吏椎呼之。奴醉骂，兢大怒，畏宪不敢发，心衔之。及窦氏宾客皆逮考，兢因此捕系固，遂死狱中。时年六十一。诏以谴责兢，抵主者吏罪。

固所著《典引》《宾戏》《应讥》、诗、赋、铭、诔、颂、书、文、记、论、议、六言，在者凡四十一篇。

【译文】

班固字孟坚。他九岁时，就能写文章、诵诗和赋。长大后，逐渐博贯群书，对九流百家的著作，没有不彻底钻研的。他学习没有一定的老师，不为章句之学，只是抓住学问的主要意义而已。他生性宽和容众，不以自己的才能去压制别人，诸位儒生因此而敬慕他。

永平初年，东平王刘苍因为至亲的关系以骠骑将军的名义助理国政，开东阁，延英雄。当时班固正年少，就上书给刘苍说：

将军您以周公、邵公的德行，屹立于本朝，承继了美好明智的策略，建立了威武灵祥的称号，过去是周公（有此殊荣），今天是将军，《诗经》和《尚书》所记载的，没有第三个人有此事了。《传》上说："必有非常之人，然后有非常之事，有非常之事，然后有非常之功。"班固我有幸生在这清明之世，安乐地处在视听范围之外，私下用蝼蚁般短浅的目光，悄悄地观察国政，真诚地赞美将军担负着千载以来的重任，踏着先圣周公的足迹，摆开舒展美好的姿态，雄踞贵宠的地位，博贯一切事务，服膺《六艺》，区分黑白是非，求善无厌，甚至对狂夫的言语也加以选择，不违背对民众的诺言。我看见您新开了幕府，广泛地延揽俊杰，四方的士人，（匆忙归附，）甚至穿颠倒了衣裳。将军应当详细考察唐尧、唐汤对皋陶、伊尹的举荐，让无论远近都不偏废，隐居的一定得到显达，寄希望于总揽贤才，聚集明智，为国得人，使本朝获得安宁。（达到了这一目标，）将军您就可以养志和神，悠游庙堂，光辉的名字在当代传扬，巨大的影响在后代将连绵不尽。

我看原来担任过司空掾的桓梁，是老成博学的读书人，在州里德高望重，已经七十岁了，能够从心所欲，行为不逾越法则，是参与助祭清庙的最佳人选、当代的俊美之士。京兆祭酒晋冯，从小修身，头白了也不改初衷，他好古乐道，默默地坚持，具有古代美好的行为，社会上的人没有赶得上他的。扶风掾李育，通晓经典行为卓著，教授一百个学生，客居在杜陵，住的茅屋，连阶梯也是土造的。京兆、扶风两个郡相继请他为官，因为家贫，他几次都借故有病而辞归了。温故知新，议论通达明晰，遵循廉洁原则，行为和才能都兼备，虽然是前世的名儒，国家所器重的人，没有一个可以和现在的韦贤、平当、孔光、翟方进比的。应当让他们主持考绩，由此而让他们参与更多的事务。京兆督邮郭基，他孝顺的行为在州里很著名，经学方面受到老师同学的赞扬，政务方面的成绩有绝然不同于人的效果。如果郭基能到将军身边，让他做您秉笔的僚属，那么进一步他将会如鸿鹄高飞有大用，退一步说他会在危急之时奋不顾身为国像杞梁一样战斗而死。凉州从事王雍，躬行卞严一般的节义，倘若增强礼乐方面的修养，凉州的达官贵人们就没能超过他们的了。古代的周公一举兵就有三国埋怨，说："为什么把我们安排在后面呢。"请将军尽快开府理事，以慰远方。弘农功曹史殷肃，广闻博学，才能绝伦，能够吟诵《诗经》三百篇，奉使对答如流。（韦贤、平当、孔光、翟方进、王雍、殷肃）这六位先生，都有卓越的行为绝代的才能，他们的道德高尚闻名当代，如蒙将军征纳任用，作为将军您的辅佐，这就是孔子感叹山梁的雌雄一样，正遇上了他们的活动的好时候呵。过去卞和献宝，被施加了刖刑；屈原尽忠报国，最终自沉于汨罗江，但和氏璧却千年以后也放射出光芒，屈原的文章万代以后也受到赞赏。但愿将军继续发射照耀细微的光明，发扬周公那种太阳偏西了还来不及吃饭的勤恳精神，屈尊委威，不耻下问，让茫茫尘世之中，永远再没有卞和、屈原那种遗恨。刘苍采纳了班固的意见。

父亲班彪去世以后，班固回到了家乡。班固认为班彪所续的前朝史不详细，就潜心研究，想完成父亲未竟的事业。不久有人上书明帝，告发班固私自改作国史。明帝有诏书下到郡时，逮捕了班固关进京兆府的监狱里。把他家的书也全部拿走了。原先扶风人苏朗造假图谶到处散布流言，关进监狱中死去了。班固的弟弟班超怕班固被郡县里栲问，班固不能自己辩护清楚，就奔赴到京城上书，得到了明帝的召见。班超把班固著作的意图完全向明帝做了说明，而这时候郡里也上书（说明班固著作的本意）。明帝认为班固是奇才，就召他在校书部工作，任命他为兰台令史。班固与前任睢阳令的陈宗、长陵令尹敏、司徒从事孟异共同完成了《世祖本纪》。提升班固为郎官，做典校秘书的工作。他又写了功臣、平林、新市、公孙述等列传、载记共二十八篇，上奏明帝。明帝就让他重新去完成以前他所写的著作。

班固认为汉代继承的是帝尧的气运，在这个基础上建立了皇帝的基业，帝位传到第六位皇帝汉武的时候，史臣司马谈和司马迁就追述皇家的功德，私作本纪，将大汉朝的历史编在百王之末，置于秦朝和项羽之侧，太初年以后的事，又付之阙如不予载录，因此他研究以往的史书，搜集所闻，写成了《汉书》。《汉书》从汉高祖写起，到汉平帝之世及王莽被诛杀结束，共十二世，二百三十年，全书条理行事，依靠并贯彻《五经》，上下博通，写了如《春秋》经一样形式的帝纪、表、志、传一共一百篇。班固自永平年代中期受诏，潜精积思二十年，到建初年才完成。当时的人很重视他写的书，学者没有不诵读的。

班固自从为郎官以后，渐渐得到皇上的亲近。当时京师建造宫室，疏通城壕，而关中父老还是盼望朝廷西顾。班固有感于前代司马相如、吾丘寿王、东方朔之流创作文章，归结到讽劝，于是给皇上献上了《两都赋》。他在文中盛赞洛阳宫室制度的完美，以此来驳斥西宾主张淫侈的理论，《两都赋》是这样的：

有西都来的宾客问东都主人说："我仿佛听说过大汉最初经营的时候，曾经打算建都洛阳。因为那里不安稳所以才没有在洛阳建都，为了寻求一个合适的地方，于是西迁，建筑成大汉的首都。请问主人听说过其中的原因并且看见建都的制度吗？"东都主人说："我没有听说过也没看见。请贵客启怀旧的蓄念，发思古之幽情，让我把广博无边的皇道阐述一番，把宏伟的大汉都城描绘一二。"宾客说："好吧，好吧。"

班固《两都赋》序

大汉的西都，位于雍州之地，名叫长安。险要的函谷关、崤山雄踞它的左侧，大华山、终南山是它的屏障。褒斜谷、陇首山位于它的右侧，连带着黄河、泾水和渭水。这里的草木，是九州之中最茂盛的；可作为防御的险阻，是天下最深不可测的。所以长安由西向东可以控制四方上下，因此才成为了周朝、秦朝、汉朝的京都。周朝是因为龙而兴起的，秦朝是以猛虎般的暴力成就的。到了大汉朝受了天命而建都在这里，仰观五星聚于东井的祥瑞，俯合《河图》所显示的神灵，娄敬立议，张良实施，天人合应，激发了高祖，于是神驰入关，在长安兴建京城。于是望秦岭，视北阜，傍酆水和霸水，倚靠龙首山，策划亿万年皇帝的基业，确定宏伟的规模而大兴土木，从高祖肇始终于平帝，世代增建、雕饰让它更加壮丽，经历了十二位皇上的努力，所以长安显得穷奢而极侈。坚固的城墙高万丈，扩大的水池成了深渊，铺了三条宽阔的道路，建立了十二道城门。城内街道四通八达，居民住宅区的大门不下千数，九个集市开市，货物整齐地摆放道边，人们来不及细看，车子不能够调头，来往的人们充满了城郭，市场旁边邸舍连着邸舍，尘土高高地扬起，烟雾与云霞相连。这时候长安既庶且富，快乐得没有边际，都人士女，和五方的其他人有显著的差别；在长安的游士都像公侯一样，卖货的女子比大国女子还奢侈。乡曲豪俊游侠英雄，仰慕平原君、孟尝君的气节、名声压过了春申君和信陵君，广为结交朋友，在长安城中奔走不暇。

如果我们到长安的四郊看看，到它邻近的县邑去游览游览，那就可以南望杜陵和霸陵，北眺长陵、安陵、阳陵、茂陵、平陵等五陵，名都所对的城郭，这些县邑里住着的人都与京城中的人相关。这里是产生英雄俊杰的地方，许多当大官的人从这里兴起，产生过七个丞相五个公，真是冠盖如云！把这些地方让给州郡的豪杰居住，让它成为如同洛阳、邯郸、临淄、宛城、成都等五都一样的商业中心，选三等人七次迁徙，扩充陵邑，是为了强干弱枝，繁荣皇都而俯视万国。在京畿之内，沃野千里，超绝中国，兼有各地的出产。在长安南面有蔽天的崇山，幽深的树林深谷，埋藏着陆地和海中的珍宝，蓝田有美玉，商县及上洛在山曲之中，鄠县和林县枕着南山的山麓，山泉灌溉着庄稼，池塘星罗棋布，到处是一片片的竹林果园、芳草甘木，郊区田野的富裕，号称与巴蜀相近。长安的北边有高峻的九嵕山，陪伴它的有甘泉山，有灵宫在其中耸立。这些都是秦、汉时代最为壮观的景象，引起过王褒和扬雄的颂叹，从那时候起就流传至今。在九嵕山和甘泉山下有郑国渠和白渠所滋养的沃野，是衣食的来源。天子畿内的五万井，疆界如丝织物的花纹般向四方延伸，沟洫和田畦交错如镂。原隰如像龙鳞，打开水渠就如同降雨，农夫扛起锸就仿佛是一片片的云彩，五谷的穗都垂着头，茂盛的桑麻铺满了大地。在长安的东郊则有交通天下的水路，沟通渭水和黄河，打开黄河又与江、淮相连，舟船可以直通山东，水道可以引来淮河、洪泽湖的物产，长安的东面就通过黄河与大海的波涛连通了。长安的西面则有皇上的林苑，山麓的林木、畦地、池塘，与巴蜀、汉中相连，有围墙将它们绕围起来，共有四百余里长，其中有离宫别馆，共三十六所，神池和灵沼，就在这些离宫别馆之间。在离宫别馆里，有九真郡所献的麟，由大宛得来的马，黄支所贡的犀，条支送来的鸟，它们越过昆仑山，渡过大海，各方的奇珍异类都不远千里而来，最远的来自三万里之外。

长安的宫室建筑，布局如像天地，按照阴阳安排，依据坤灵定正位，模仿太微星座的方正，紫宫星座的圆形。耸立起中天华美的门阙，扩建了山上的红色庙堂，用珍贵的材料穷尽奇妙，驾起如应龙、长虹般的曲梁，排列起椽子覆盖屋顶，用粗大的栋把它们支撑起来。雕刻玉石作为柱基，剪裁金玉装饰瓦珰，它们闪射着五色，在阳光的照耀下更加光彩夺目。于是就在堂屋的左右阶上铺砖，两层地板三层阶，修建小门让各部分相互沟通，敞开大门，在中庭悬挂起大钟，在宫殿的正门排列起金人，为了增加障碍而横起门槛，在险峻的路上安置了门扉。在宫殿周围建立起了离宫别寝，附设有高台闲馆，光辉灿烂如同星星环绕着紫微宫一样。清凉殿、宣室殿、中温室殿、神仙殿、长年殿、金华殿、大玉堂殿、白虎殿、麒麟殿，范围如此之大，就不可能都一一详说了。盘曲伟峨，上下璀璨，殊形诡制，每一座殿宇都不相同，皇上坐着褥子垫着的辇上，到这些地方去休息宴饮。后宫住的地方有掖庭、椒房，后妃住的地方有合欢、增成、安宁、常宁、迥若、椒风、披香、发越、兰林、蕙草、鸳鸾、飞翔等室。其中以昭阳殿特别繁盛，在孝成帝时最为兴隆，它的建构材料不外露，墙不显现出形状，都用绣花的丝织品包裹青丝缓带缠绕着，随侯所得的珍宝，错落其间；黄金做钉上镶嵌着玉璧，像钱一样罗列着；翡翠和明珠，流动着光辉，像悬黎和垂棘那样的宝珠，在夜里也闪耀着光芒。这个宫殿的地上用黑漆涂刷，次等的玉石砌成，碝石和碱石文理细密，琳石和珉石含着柔和的光，珊瑚做成的假树，植立殿曲。穿红衣的侍女垂着长袖，有花纹的缓带随风飘舞，精美的装饰闪闪烁烁，时俯时仰恍若神女一样。后宫的名号，有十四等，幽娴美丽，一个比一个显贵，处在这个序列中的，大约有数百人。在朝廷的左右，是百官的朝位，萧何、曹参、魏相、丙吉等丞相，在那里谋划。他们佐助帝命就建立大业，辅翼皇上就完成教化，大汉的欢乐和平易的政治从这里流布全国，亡秦的毒螫在这里遭到涤荡。所以人们扬起和谐的音乐，创作出了"划一"的歌曲，功德归于祖宗，恩泽施于黎庶。又有天禄阁、石渠阁，是收藏典籍的地方，任命谆谆诲人不倦的老人、有名的儒学大师,在这里讲论《六艺》,探讨各种学说。又有承明和金马门,是著作的场所,高雅君子和宏达的士人,在这里聚集,原原本本地将他们广博的见闻写出来,阐发以往文章的思想,校理秘府所藏的书籍。周围有紫微星座的外星似的位置,有夜以继日的官署守卫着,它们总管着礼官所司的考试大权,集合着天下百郡的孝廉。虎贲、赘衣、阍尹、阍寺,一层又一层的执戟之士,都各有职责。宿卫的数千房屋环绕宫殿,传徼的道路纵横交错。皇上的辇路,长长地伸向远方,两旁时时闪现出台阁。它把未央宫和桂宫连结起来,北面通向明光宫和长乐宫,登上阶级越过西城,把建章宫又连结起来,在那里设置了凤阙的璧门,在殿堂的最高处栖息着金雀。建章宫内有高高的别风阙,华丽奇巧拔地而起,设立了千门万户,依照晨昏阴阳而开闭。这里的前殿巍峨,重叠高耸,俯视未央宫,经过骀荡殿而出驱娑殿,穿过枍诣殿与天梁殿,看见的都是飞檐盖顶,阳光把它们的影子投映在殿内。神明台在葱郁的林中耸立,指向蓝天像是还在上升一样,积雨云只是飘浮在它的半高处,彩虹在它的梁栋间回旋,虽然使人感到轻松飘飘欲仙,还是因为它太高心中惊诧而不敢上登。攀上井干楼还不到一半的地方,就使人头昏目眩,倘不再倚扶楼上的栏杆,就像是从高处落下来又暂时停住了一般,神魂飘浮没有归宿,只好顺着上来的路而下去。既然害怕登高远望,下来之后就在周围徜徉,踏上弯弯曲曲的甬道,又被深深的林荫所吞没见不到阳光。打开楼阁上的门走出来,就像放目天外,人仿佛无依无靠不知所归。前面是唐中后面是太掖池,包容了大海的广阔,好像这里滚动着碣石的波涛,激荡着海中神山的云雾,瀛洲和方壶山都被云埋雾葬了,只有蓬莱山还耸立在中央。在这里灵草在冬天也长得很茂盛,神木密密麻麻,高大挺拔,闪着金光的石头峥嵘排列。在这里挺立着(武帝所立的)仙人掌承受着甘露,支撑它的是两根闪闪发光的铜柱,它远离了尘埃的混浊,搜集着大气的精华。它们尽情地显示着文成将军李少翁的荒诞,体现出五利将军栾大的方法,差不多与神农时的雨师赤松子和周灵王时的王子乔同一类型的人,时常跟从皇上在这里游览,实在是各位神仙美好的处所,而不是我们这种凡人所休憩的地方。

在这里洋溢着娱乐游览的壮观景象,振奋人的射御在上苑展开,用这些活动来威慑戎狄,讲习武事而耀武扬威。命令荆州进贡鸟,下诏梁地的山野捕来了兽,把兽群安顿在苑囿之中,让百鸟在空中翱翔,鸟儿翅膀接着翅膀遮天蔽日,野兽太多连脚也难以安插,都集中在森林中聚居。水衡和虞人,管理着这里的事务,区分鸟兽的种类,各种工作人员都属于相应的机构。捕兽的网结一个连着一个,笼山罩地;列队的军士密密围了一个圈,仿佛星罗云布。于是皇上起驾,率领着群臣,经过飞廉馆,进入上林苑的大门。这样,他们绕过鄠、镐,经上兰观,军队一齐展开,百兽惊惧,冲突奔走,犹如雷奔电击,踏平了草木,震动着山渊,杀射了十分之二三的野兽,才暂且抑制军队的怒气而稍做休息。这些军士都是期门、佽飞,他们或手持刀枪或挎着弓箭,跟着奔逃的鸟兽追赶,使惊慌的鸟儿投入了罗网,恐惧的野兽遇上了锋芒。他们的弩机绝不虚发,弓弦绝不拉第二次,箭没有只射中一个目标的,必然射中一双,鸟儿纷纷坠落,箭尾系的丝绳与箭相互纠缠,羽毛飘飞鸟血如雨,洒满了山野遮住了天空。平原被染红了,勇士的斗志仍然旺盛,猿和狖被吓得离开了树木,豺狼害怕得只好逃窜。这时候皇上就移师向险要处逼近,并踏入榛芜之林,被紧逼的猛虎东奔西突,疯狂的兕跳起来用角乱顶。军士像许少一样施用巧计,像秦成一样有力量使野兽折服,抓住较小的,捉住凶猛的,折断了它们的角,扭断了它们的脖子,空手与它们搏斗而将它们扼杀。于是挟着小豹,拖着熊,拉着犀,曳着罴,跨过了回转的沟壑,越过悬崖,跳过巉岩,巨大的岩石粉碎了,松柏倒下了,丛林毁坏了,草木没有了生机,禽兽也都被杀尽了。于是天子就登上属玉观,走上长杨宫的台榭,观览山川的景象,看三军杀死和生擒的鸟兽,萧条的原野上,极目四望,只见被射死的飞禽层层叠压,野兽纵横相枕。然后收拾飞禽会合众人,论功行赏,轻骑列队以颁发带毛的肉,酒车来往而供应斟酌,割下鲜美的野味在野外烹食,举着火把应命捧杯。赏赐、宴会结束后,劳与逸得以均和,于是皇上的大辂车鸣着金铃,从容地回旋于山野,又至豫章观里集会,而对着昆明池。(昆明池中亭亭玉立着两个石像,)左边是牵牛,右边是织女,池水像天河一样广阔无边,周围茂密的树叶罩下清凉的绿荫。芳香的草覆盖着池堤,兰草和迥草透出润泽,茂盛婆娑,如像展开的锦缎铺开的彩绣,倒映在池水之中。黑鹤白鹭、黄鹄、鱼鹝、鹳雀、鸽鸹、鸧鸹、鸿、凫鹥、鸿雁,清晨从黄河入海处出发,黄昏时就到了长江、汉水住宿,沉浮往来,仿佛是云集雾散一般。这时候,后宫嫔妃就坐着卧车,登上龙舟,张开凤盖,竖起彩旗,拉上蟂纹的帷幕,以清澈的池水为镜,沐浴着微风,让淡雅的裙衫随飞飘舞。划船的少女唱起了歌,伴奏的音乐跟着响了起来,声音高昂激越,在天空回荡,引来了鸟群翱翔,鱼儿在水中偷看。举起弓箭,射下两只鹄;伸出翠羽为饰的鱼竿,钓上一条比目鱼。手抚船楼粗大的支柱,身挎弓矢,两只船在池中急驶,极尽俯仰的快乐。乘风破浪乱了水中的云彩,信舟观览,向前可以越过秦岭,向后可越过九嵕山,向东可以靠近黄河、华山,向西可以跋涉到岐山、雍县,所经过的宫馆,有一百多处,朝夕停留的地方,都提供一样的供给。祭祀天地山神,探究用什么东西才能得到保佑,采集游童欢乐的歌谣,评赏从臣的颂歌。在这个时候,都市与都市相望,城邑连着城邑,国家有十世雄厚基础,家庭继承着百年以来的事业,士人靠先辈的德行名声为食,农夫耕种着先人的田地,商人经营着祖辈所从事的行业,工人使用着曾祖所用过的工具,时代的光辉就来自于这隐隐约约的继承之甲,使社会成员都能各得其所。

像我这样的人,只不过是从旧墟中观察,听老人们述说,那时的情况我知道的连十分之一也不到,所以不能全部描述出来。

东都主人又喟然叹息说:"社会风气使人发生变化太令人痛心了!先生确实是秦人,矜夸馆室,守河山之险自以为界,熟知秦昭王、襄王和始皇帝,哪里看见大汉的兴起呢?大汉开始的时候,是依靠布衣的奋斗而登上皇帝之位的,争战数年而开创了万代的基业,大概这种事在《六经》中都没谈到过,前代的圣人都没说过的。那个时候,汉高祖功劳显赫天象也有显示,讨伐叛逆顺应了民心,所以娄敬从形势考虑而向高祖说明了自己的看法,萧何权衡利益而创造了建都的制度。当时难道是为了奢泰而苟安吗?是不得已而为之呵。我的先生您看不见这些,反而炫耀后嗣子孙末代所建造的东西,不是太不明白了吗?现在我要告诉您光武帝建武年间的情理,明帝永平年间的事情,以无为为镜,这样来改变您的不同看法。"

过去王莽逆乱,汉朝的国运中断了,天人共诛,全国相灭。那时候的动乱,民众几乎都要死去,鬼神都快泯绝了,山谷里没有完整的灵枢,外城没有留下的房屋,原野饮食人肉,川谷流淌着人血,秦朝和项羽造成的灾害还不到它的一半,有文字记载以来都没有这样的记载。因此下民哭号乞求上天,上帝悯怜百姓而下视四海,授命给光武帝。于是光武帝手执上天之命符,讲解祥瑞,披露图纬之文,考察上帝的文书,赫然发愤,天下响应如云涌动,迅雷滚过昆阳,盛怒震动天地。这样光武帝渡过了黄河,占据了北岳,即位于高邑,建都于洛阳。他承负了百王以来的大难,靠天地而荡污涤垢,从头开始建立制度,按照天意而大肆兴作。东汉继承了唐尧的统序,接续了西汉的事业,繁衍教育民众,恢复疆土,勋功是以往时代的总和,做事比三皇五帝更辛勤。难道光武帝仅仅是重新一统了天下,杂糅了百王的优点,从事近古以来所从事的事务,而陷在过去一个圣王所遇到的理乱形势之中吗?而且建武初年,天地发生了变革,四海之内,夫妇重新组合,开始有了正常的父子关系,君臣的关系初步建立,人伦的观念实际上才重新开始,这就像虑羲氏为皇时所凭借的社会情况一样。光武帝分州土,立市朝,作舟车,造器械,这就像轩辕氏建立帝业时所做的贡献一样。光武帝躬行天罚,应天顺人,这就像商汤和周武王光大帝王的大业一样。改城迁都,这是有殷代的盘庚为榜样;就天下之中。有周成王兴盛隆平时的制度可作遵循。光武帝没有借助尺土之封,一人之权,和汉高祖一样。克己复礼,始终遵循这个原则,光武帝同汉文帝一样。光武帝以古代圣王为法则,封泰山并勒石记功,其礼仪发扬了武帝时的制度。按照《六经》来检查自己的德行,颂扬过去的圣德而论评功勋,仁者圣人所做的事已经全都做完,帝王应该有的原则就具备了。

至于永平年间,在社会安定、政治清明的基础上,在明堂、辟雍、灵台这三处举行了盛大的皇家仪式,制订了新的服饰制度,发布了诏书,申明了美好的前景,为光武帝上尊号叫代祖,依照谶文改“大乐”为“大予乐”。人和神的关系融洽了,君臣的尊卑得到了严肃。于是启动了皇帝的专用车大路,沿着驰道,巡视各地,调查各国的物产,考察汉朝声教的覆盖面,让皇上的光明照亮那些幽暗的地方。然后在周代已有建筑的基础上扩建,修整洛阳,把它变得雄伟壮丽,繁华端庄,让汉朝的京城在中国闪射出光辉,从中央总揽四面八方。这样一来,皇城之内的宫室就宽敞明亮,门阙高大庭院秀丽,奢侈并没超过限度,节俭也并不过分。城外则将就原野修建了苑囿,顺引流泉而挖了水池,培养了浮萍、水藻让鱼深藏,种植了茂盛的草类而养育野兽,制度与古代梁邹那样的天子之田相同,道义与周文王的灵囿一样。如果遇上按时节举行的军事检阅和狩猎,率领战车步卒讲习武事,就必定按《王制》所规定的办事,用《风》《雅》的诗句作为检查的根据。看过《驺虞》诗,览毕《四骐》诗,赞扬了《车攻》诗,采撷了《吉日》诗,礼官进行完所有的仪式,皇上才乘车出发。这时推动了鲸鱼形的杵,撞击黄钟,登上了玉车,驾起高大的马,张开潇洒的风盖,鸾铃叮当作响,百官跟从,一派威武盛大的景象。山神在野外守护,嘱托四方之神共同防御,雨师在路上洒了水,风伯清扫了尘埃,千乘像雷霆一样涌起,万骑浩浩荡荡,战车在原野上竞相奔驰,戈矛拔开了云层,帽顶上的毛羽扫荡着天空的虹霓,旌旗把天空都遮满了。光芒闪烁,五彩斑斓,像狂风卷裹着火焰,燃遍了原野山峦,日月都失去了光明,丘陵为之摇撼。于是在囿中集结,三军排列整齐,部曲的小方阵组成了校尉的大方阵,整理队伍,让将帅们誓师。然后举起烽火击打战鼓,行了三驱之礼,轻车就像雷霆一样迅疾,骁骑犹如闪电一样划过,跟养由基一样的神射手发射出了箭矢,跟赵简子的御车范氏一样的人驾着车,开了弓就不会射不着禽,驾车绝有不符合礼,飞的东西来不及飞起,跑的东西来不及离去。指顾之间,装猎物的车已经填满了,欢乐并不过分,杀伤并不绝尽,马尚有余力,士卒的怒气还未完全发泄,先锋队已经踏上了归途,跟随的车子已经缓缓起程。于是用三牲祭天地宗庙,用五牲祭天,礼拜天神地神,缅怀诸神,诸侯们在明堂朝见,降临辟雍,传播光明,宣扬皇风,登上灵台,考察美好德行的征验。仰观天俯察地,参考天子,按照中国的状况而布施惠德,依据四夷的情况而加威。涤荡了西面的黄河源头,廓清了东面的深海,震动了北方的幽山深谷,越过了南方红色的界线。各方的不同区域,远在边界之外的国家,汉武帝所不能征讨的,汉宣帝所不能使之臣服的,不管是陆地和水中的国家莫不感到害怕,急忙赶来宾服。于是云南的哀牢安定了,永昌得到了开发,春天正月初一,各地的王都前来朝见,在汉朝的京城会合。在这一天,天子接受四海之内的文书,接纳万国所贡的珍品,对内抚慰中国,对外交接诸蛮。就在帷帷中陈列盛大的乐队、礼器,安置在云龙门的庭院中,文武百官排列整齐后再请诸王侯,举行皇帝的仪式而展示皇上的风采。这时候,庭中堆满了千百种东西,一杯又一杯的甜酒,金杯玉盏错综排开,桌上摆着八珍食品,堆着牛、羊、猪肉。在这里吃完饭后歌唱《诗经》中的《雍》,太师奏乐,金石之类的打击乐一字儿排开,丝竹之类的弦乐有条有理地布置,钟、鼓铿锵,管弦和鸣。宫、商、角、徵、羽五声高扬,极尽黄钟、太蔟、姑洗、蕤宾、夷则、无射六律之妙,歌颂金、木、水、火、土、谷、正德、利用、厚生九功,跳起《八佾》舞,尧舜的《韶》周武王的《武》乐都演奏到了,远古的音乐也都完全得以展示。四夷的音乐作为间奏,汉朝的恩德所施的地方,北方的《伶》、东方的《侏》、西方的《兜离》等音乐,没有不具备的。千万种音乐都演奏完了,一百种仪礼都进行完毕,皇上欣然自得,群臣都醉了,天降下了祥和阴阳二气,调和了人的精神,然后撞钟宣告宴会结束,文武百官于是退下。

这时候圣明的皇上看见了四面八方的欢娱景象,(他们)长期沐浴着大汉的恩泽,害怕他们将萌动侈惰之心,而荒怠了耕作,就重申旧的典章,下达圣明的诏书,命各主管部门,颁布规定,明确节俭的要求,说明节俭的重要性。皇上去掉了后宫华丽的装饰,减少了自己车乘的御者,清除了多余的工商业,兴盛农垦这一首要的事业。这样一来就使得海内各地的人都弃末而反本,背伪而归真了。女人学习纺织缝衽,男人从事耕耘,用具使用陶器,衣服穿白、黑色,以穿纤巧华靡的衣服为耻而不穿(这种衣服),以奇特美丽为低贱而不看重(这些东西),把金子抛弃到山里,把宝珠扔进深渊。这样一来,百姓们洗心革面镜子就自然照不出瑕秽,形与神都安定下来,耳朵和眼睛都不寻求新鲜的东西,过分欲望产生的根本原因消灭了,廉正之心就产生了,没有不悠哉游哉自得其乐,面色发出仁者玉一般地光润,声音都似有德者那样清朗。所以四海之内,郡国、县道的学校如林,乡村的小学学生盈门,大家相互不断劝酒,盛置肉的几、盘摆得到处都是,下面跳着舞,上面唱着歌,歌唱舞蹈德和仁。出席私宴的礼节,进行完毕之后,就相互感叹自然无为的素质,美好的言辞宏大的道理,都充满了平和而流露出满足,歌颂说"繁荣昌盛呵这个时代"!

现在议论的人只知道诵读虞夏时代的《尚书》,吟咏殷周时代的《诗经》,讲解伏羲、文王的《易经》,论说孔子的《春秋》,很少能通古今的善恶,了解大汉朝德行的来由。只有先生您颇理解过去的典章,但又徒然在诸子之间驰骋。温故知新已经是很难的事,而能够知道德行的人就更少了！而且远远地以西戎为界。四面都有险阻，修构四面的山关，哪里比得过处在国土的中间，平坦洞达，万方如辐之凑于毂呢？秦岭、九嵕山，泾水和渭水这样的河山，哪里能比得上长江、黄河、淮河、济水四渎和泰山、衡山、华山、恒山、嵩山五岳，以黄河为带溯洛水而处，是出"图"和"书"的水渊呢？建章宫、甘泉宫，设台进御诸仙，哪一个能比过灵台、明堂那样统和天人呢？太掖池、昆明池，充满鸟兽的苑囿，哪里像广阔的陆地面临大海，那样的富有道德？游侠奢侈，犯义侵礼，哪里比得上都遵守法度，恭恭敬敬、互尊自重呢？先生徒然晓得秦朝的阿房宫高入云天，而不知东京洛阳已有建都的规模；只知道函谷可以立关，而不知为王的人是不分内外的。"

东都主人的话还没说完，西都宾惊奇地望着东都主人连脸色都变了。他徘徊下阶，恐惧得没有生气，拱起手想说点什么。东都主人说："请您回到座位上坐下呢。现在我将告诉您五篇诗歌。"

西都宾听完了这五篇诗作，就称赞说："真美啊这些诗！它们的含义比杨雄的赋更合乎道义，比司马相如的赋更符合事实，这不仅得力于东都主人您的好学，大约也是因为遇上了这个时代吧。我太粗陋薄学，不知道怎样正确地判断是非，既然听到了先生你听说的正确的道义，请允许我终身吟诵这些诗篇。"这些诗篇是：

《明堂诗》："光辉的时堂，明堂宽敞明亮；它是神圣的祭祀的地方，庄严肃穆灿烂辉煌。上帝在这里享宴，五帝在这里按方位享受祭祀，谁人来配祭？他就是世祖光武帝。普天之下率土之滨，都各人按照自己的身份前来助祭；美好恭敬熙熙攘攘，求来了大福大吉。"

《辟雍诗》："在辟雍中荡舟，辟雍中的水欢快地跳荡；神圣的皇上莅临这里，用船架起了浮桥。白发苍苍的老人，皇上都把他们看成自己的父兄；堂堂皇上的威仪，孝敬友待他们，这种行为真是磊落光明。上古立德的贤圣之人呵，你们的德行在我们汉朝得到了贯彻遵行；改造这个世界只有依靠神灵的威力，永远显示着这些伟大的成就。"

《灵台诗》："策划建筑灵台，把它建筑得又大又高。皇上勤劳按时登临，在这里考察美好的征验，日月星辰洒下了光明，阴阳五行合恰地运行；清风习习，细雨飘洒。百谷苗壮，庄稼繁茂；连年丰收，皇上真是有才有智！"

《宝鼎诗》："三山五岳都准备贡献啊河川献出了珍宝，吐射出金光啊映照着天上的浮云。宝鼎出现在人世间呵色彩斑斓陆离，闪耀着光芒呵通体雕刻的龙纹。安置在祖庙的宝鼎啊享受着神圣的祭祀，发扬光大神灵的威德啊亿万年。"

《白雉诗》："开启了《洛书》呵打开了祥瑞的《河图》，获得了白雉啊献出了素鸟。展开了洁白的翅膀呵翘尾奋飞，体态明洁呵精淳神清。宣扬皇上的德行呵跟当年周成王一样，永远保有天下啊享受上天的庆祝。"

后来遇上了爱好文章的汉章帝，班固就更加得到宠信，多次到皇宫中给皇上读书，有时候甚至连续几天几夜。每次皇上巡视外地，他就献上赋、颂。朝廷有重大的事情议论，皇上让他诘问公卿，在皇上面前展开辩论，对班固的赏赐恩宠很厚。班固自以为有两代人的学问才识积累，而官位超不过郎官，对东方朔、杨雄对自己的议论很有感触，悔恨自己没遇上苏秦、张仪、范雎、蔡泽所处的时代，于是作了《宾戏》以自荐。后来升任班固做了玄武门的司马官。皇上与诸儒生讲论《五经》,班固作了《白虎通德论》,皇上又命令他把当时时论的情况撰写成文。

当时北单于派遣使臣前来贡献,请求与汉朝和亲,皇上诏问群臣。议论的人有的认为:"匈奴是善于欺骗狡猾的国家,没有归服汉朝的心意,只是畏惧汉朝的威望,被南匈奴追逼,所以希望汉朝回访(借助汉朝)来安定他们众叛亲离的局面。现在我们如派遣使臣前去,恐怕会失去南匈奴亲附我们的友好,而助成了北匈奴(狐假虎威)的奸诈之计,不能与北匈奴和亲。"班固议论说:"我个人考虑,自从汉朝兴起以来,旷世历年,军事上都与夷狄纠缠,尤其是与匈奴之间的事最多。安抚、防御的方法,手段不一样,或者用政治手段与他们讲和,或者用武力征讨他们,或者卑下地迁就他们,或者他们臣服汉朝。虽然屈伸没有一定的情况,原因因时而异,但是没有拒绝与他们的往来而放任他们、不与他们交接的。所以自从光武一朝开始,就重新整顿原有的典制,多次派出使者,以至使者前后相继,一直到光武帝后期,才开始暂时地断绝了与他们之间的关系。永平八年,又重新议论与他们通好。当时在朝廷上争论了好几天,不同意见杂然纷呈,多持与匈奴通好困难的意见,很少说与他们结好的容易的一方面。先帝(汉明帝)圣明,高瞻远瞩,于是又派出使者,与匈奴的关系恢复到跟从前一样了。以此推知,没有一世放弃而不发展与匈奴关系的。现在乌桓国来朝,向翻译官稽首;康居、月氏,自远而来;匈奴分崩离析;有名的国王来降服,(西、北、南)三主的人都前来归服,都是在没有使用武力的情况下出现了,这实在是国家与神相交通的自然的征验呵。臣愚蠢地认为应该依照过去的成例,再派使者去匈奴,这样从远处说可以继承五凤、甘露年间接待远方归服之人的精神,从近处讲不抛弃建武、永平年间实行羁縻政策的意义。外族使者来两次,我们派使者去一次,既可以说明中国是以忠、信为主的,又可以使他们知道圣明的汉朝礼义是有一定的,岂可叛背、狡猾、辜负了我们的好意呢?不与匈奴往来我不知道有什么好处,与他们通好我没有听说什么害处。假若北匈奴稍微强大,能够兴风作浪,那时候再寻求与他们通好,哪里来得及呢?不如借助现在的情势施予恩惠,从眼前和长远来制订对待他们的策略。"

班固又做了《典引篇》,叙述汉朝的德属继承。他认为司马相如的《封禅赋》,文字虽然绮丽但体裁没有什么根据,杨雄的《美新赋》,文体虽然有所根据但事实虚伪,大约是他自己以为达到了各方面的最高成就。《典引篇》说:

混沌之气处于原始状况,阴阳就开始划分出来了,阴阳之气升腾缭绕,有的下沉而变得混浊,有的上浮而变得清新。下沉的和上浮的相互交错,就形成了万物。于是才开始任命天子,(木、火、金、土、水)五德才开始运行,都是处于草创暧昧的状态,处在幽玄混沌之中。结绳记事和有文字记载之前,寂寥而无文诰,是因为《易·系辞》不可能得到以留传下来。那时候有氏号,继天开陈于后,莫不以太昊(庖羲氏)为帝王的开端,所以关于遥远的上古的书籍,还是可以进行修纂的。黄帝以后的时代,虽通变神化,(但因缺乏记载,所以)蕴涵的光辉还没被宣扬开来。

假若从上稽考天的原则,往下根据稷、契等为尧的羽翼的事实,从《尧典》《皋陶谟》看,为道德之冠首,踪迹之卓异者,没有比陶唐氏更高的了。陶唐舍其胤子丹朱而禅让给有虞氏,有虞氏也舍其子商均而禅让给夏禹,稷、契在尧、舜之朝广立事功。于是成就了其子孙汤,武的事业。他们重大的影响支持了周朝的事业,上天于是归功尧,又将授刘汉以帝位。上天使刘汉皇朝继承三王的丧败,把它置于《易》上所说的"亢龙有悔"的灾难之中,日月暗淡无光运行失常,美好的伦理衰落而原有的典章制度缺乏。所以上天先就命令玄圣孔子,让他辍学而为汉家建立法制,发扬信义光大事业,表彰刘家的祖宗,赞扬蹈履哲智之君,一切都具备了显得那么光辉灿烂,真是神明所制定的法则呵。虽然皋陶、夔、伊尹、周公等缜密的辅佐,比起孔子来都算不上什么了。所以高祖、光武帝二位圣明的皇上,像北斗星一样居于自己的位置,高祖聚彤云于砀山,光武发佳气于白水。(高祖、光武帝)像雄鸡一样还未振翅,天下英雄就纷纷而起,海内就云蒸霞涌,雷鸣电闪,胡亥自缢、王莽就被杀死了,高祖、光武帝甚至用不着亲自动手。然后他们敬顺天地,礼待诸侯,在即帝位之前,都有己德不能嗣成帝功的谦言,有此渊深穆敬的礼让,而没有号令陈师、敦迫奋武麾旌的态度。这原因就是:汉朝是理所当然的正统,接受了尧的归运,蓄积了火德的精气,蕴藏着孔子这位辅佐光明正大的期望。

大汉朝如此的美德,可以说是五帝时代最光辉的模范,是用不着使用诰和誓的。遍观殷、周二代大大小小的法度,其幽深是可以探知的。他们都从一小块地方发迹,同受侯、甸的封号为诸侯,重世勤民,以方伯身份统领州牧。他们凭借受命得赐赤弓和黄金装饰的斧的威势,讨伐韦、顾、黎、崇等国不来朝的逆行。华夏经多次变动,周武王迁都于镐、商汤迁都于亳,于是以臣下身份,调动如虎、螭般勇猛的军队,革灭了天子之都。所以义士对汤、武的作为感到惊异而认为并不敦厚,周武王的音乐《武》未尽善,商汤的音乐《护》有愧于德,不是有他们自己的道理吗?然而诗歌中对他们有许多美好的赞叹,有华美谐和节奏鲜明的乐曲将他们颂扬,尊祖严父,宗祀配天于明堂之中,发祯祥以流泽子孙,德配天地,千载以来连绵不绝。岂不是显示出他们的是理所当然的神明吗?(殷周二代政化之迹)大略有一定的规矩,周密的言辞著于《诗》《书》之中,文藻光彩朗明而前后一致。

况且显赫神圣的汉朝,建立在巍峨的唐尧的基础之上,逆流探源,它是孕育于虞夏,造就于殷周,然后发出了高祖、世祖的光芒,继之以太宗(文帝)、代宗(武帝)、中宗(宣帝)、显宗(明帝)的光明。神灵如太阳一样照耀,光辉洒满了大地,仁义的风吹拂到天涯海角,威武的精神激励着遥远的边区,凶恶者无远而不灭,微细者无论多少也不养。所以升天之功,非尧不能兴;广泛宣传《尧典》对后代子孙的训诫,非汉朝不能宏大。它的原则精神到达了整顿乾坤,稳定日、月、星的正常运行,大到调度天地,小到深入毫芒的程度。万物生育,顺应天理,莫不亨通,这种状况已经由来已久了。

于是三公及百官,都进言说:陛下上以尧的典章为鉴,以祖宗的法则为法则,遵循先辈的轨道行动。躬奉孝道,以深厚的感情和睦兄弟之间关系。巡狩各地抚慰百姓、广泛地施予鳏寡孤独恩惠。祭祀天地山川,恭敬地侍奉群神的礼仪完具无缺。所以凤凰引来了百鸟在门阙聚集,麒麟带领着兽群集中在外囿,温驯的白虎出现在郊外,飞舞的黄龙从沼泽中升起,甘露在夜里洒满了茂盛的草叶,有三只脚的鸟儿在茂密的树林中上下飞翔。至于嘉谷灵草,奇兽神禽,与瑞图相应与史谍相符,大吉大祥的,每个朝夕都出现在郊野,每天每月都出现在这个国家,在这块土地上卓绝出众,盈溢到了最荒凉的地区。过去周朝有白雉、朱鸟、黑黍、黄麦的事情出现,君臣都之为动容,左右相随,聚在一起小心翼翼、诚惶诚恐，表现出端庄盛美的仪容。大约是用这样的姿态表明敬畏之心，承受神灵所赐予的福运。并且以光宠文王武王的德行，把它传给后代子孙，继续发扬他们的美德，岂止是为了自己而有自专之辞呢？汉朝理所当然地承继了这一切，也应当时刻不忘他们的期望努力发奋，以充实这一原刚，打开恭馆中用金绳捆着的椟子，拿出东序中珍藏的秘宝，而进行普遍的占卜。

《河图》《洛书》确实、明白，是天的智慧；孔子的图书、遗命，是圣人的信任；躬行道德的根本（孝道），是端正人性；逢吉祥之代，当封禅之时，是天子所受的大命。顺从天命以创立制度，稳定人性以协和神灵，报答天、地、人之神所多次给予的福瑞，展开效法唐尧封禅的明文，这件事情重大而允当，无论醒着还是睡者都萦绕在皇上的心里。瞻前顾后，（一味推让，）岂不是轻视祖宗而难正天命吗？从远古开始考察，迄于今世，封禅的共有七十四人，其中虽有天下不使其封禅而假为竹素之文者，没有发扬法度而弃其文章而不封禅者，现在轮到了我们为何使其独缺（不封禅）呢！

这时候圣上（章帝）既已倾注精神，全面掌握文化，屡次访求儒者，倾听故老的意见，与他们讨论斟酌道德的渊源，探索仁义的深刻道理，以这样的行动来追求瑞符所显示的前景的完善。既听从各诸侯的直言，又根据占卜的兆辞广泛地思考。将要延续万代，弘扬光辉，振奋博大的火德，激发以往的遗风，传播浓烈的芳香，久而愈新，用而不竭，深沉浩荡的上天的大法，谁能使它完美无缺地施行呢？只有唐尧呵，只有大汉呵！

班固后来因为母亲的丧事而离职。永元初年，大将军窦宪出征匈奴，用班固为中护军，并参与议事。北单于听到汉军出征的消息，派遣使者叩访居延塞，想如像过去呼韩邪一样与汉朝修好，朝见天子，请求汉朝派使臣。窦宪派遣班固代行中郎将的权力，率领数百名骑兵与匈奴使者一起出居延塞迎接北匈奴单于。正遇上南匈奴击破了北匈奴的王庭，班固到了私渠海，听到了这一匈奴战乱的消息，就带领众人回到了塞内。到后来窦宪战败了，班固因连坐最先免去了官职。

班固对他的手下人不加管教，他的手下人不遵守法度，小吏们感到很恼火。当初，洛阳令种兢在路上行走，班固的家奴扰乱种兢的车辆马匹，小吏持椎大声向他呼喊。班固的家奴借酒醉而叫骂，种兢大怒。只是因为畏惧窦宪而不敢发作，只好怀恨在心。到窦宪的宾客都遭到逮捕审问时，种兢因为旧恨而抓了班固并把他关了起来，班固于是死在了监狱之中。他死的那年有六十一岁。皇上下诏谴责种兢，种兢处罚了主其事的小吏而搪塞过去了。

班固所著的《典引》《宾戏》《应讥》、诗、赋、铭、诔、颂、书、文、记、论、议、六言等作品，留下来的共有四十篇。

第五伦传

【题解】

第五伦，字伯鱼，东汉京兆长陵（今陕西咸阳东北）人。先世为战国田氏，后徙西汉园陵，便以迁徙次序为姓。东汉初，被京兆尹阎兴召为主簿，后任铸钱掾，领长安市，百姓悦服。建武二十七年(后51)，举孝廉，补淮阳国医工长。光武帝召之，有政见，拜会稽太守。虽为二千石官，亲自锄草养马，妻子为炊。受俸禄仅留一月粮，其余皆助百姓之贫者。后任蜀郡太守。所至皆有政声，举荐贫者为属官，多至两千石。章帝初，代牟融为司空，奏请削弱马、窦等外戚权势。第五伦奉公尽节，言事不阿附；性质悫，少文采，任官以贞洁著称，当时人也比作西汉的贡禹。

【原文】

第五伦，字伯鱼，京兆长陵人也。其先齐诸田，诸田徙园陵者多，故以次第为氏。伦少介然有义行，王莽末，盗贼起，宗族闾里争往附之。伦乃依险固筑营壁，有贼，辄奋厉其众，引强持满以拒之，铜马、赤眉之属前后数十辈，皆不能下。伦始以营长诣郡尹鲜于褒，褒见而异之，署为吏。后褒坐事左转高唐令，临去，握伦臂诀曰："恨相知晚。"

伦后为乡啬夫，平徭赋，理怨结，得人欢心。自以为久宦不达，遂将家属客河东，变名姓，自称王伯齐。载盐往来太原、上党，所过辄为粪除而去，陌上号为道士，亲友故人莫知其处。数年，鲜于褒荐之于京兆尹阎兴，兴即召伦为主簿，时长安铸钱多奸巧，乃署伦为督铸钱掾，领长安市。伦平铨衡，正斗斛，市无阿枉，百姓悦服。每读诏书，常叹息曰："此圣主也，一见决矣。"等辈笑之曰："尔说将尚不下，安能动万乘乎？"伦曰："未遇知己，道不同故耳。"

建武二十七年举孝廉，补淮阳国医工长，随王之国。光武召见，甚异之。二十九年，从王朝京师，随官属得会见。帝问以政事，伦因此酬对政道。帝大悦。明日，复特召入，与语至夕。帝戏谓伦曰："闻卿为吏箠妇公，不过从兄饭，宁有之邪？"伦对曰："臣三娶妻皆无父，少遭饥乱，实不敢妄过人食"。帝大笑。伦出，有诏以为扶夷长。未到官，追拜会稽太守。虽为二千石，躬自斩刍养马，妻执炊爨。受俸裁留一月粮，余皆贱贸与民之贫羸者，会稽俗多淫祀，好卜筮，民常以牛祭神，百姓财产以之困匮。其自食牛肉而不以荐祠者，发病且死先为牛鸣，前后郡将莫敢禁。伦到官，移书属县，晓告百姓，其巫祝有依托鬼神诈怖愚民，皆案论之。有妄屠牛者，吏辄行罚。民初颇恐惧，或祝诅妄言，伦案之愈急，后遂断绝，百姓以安。永平五年坐法征，老少攀车叩马，啼呼相随，日裁行数里，不得前。伦乃伪止亭舍，阴乘船去。众知，复追之，及诣廷尉，吏民上书守阙者千余人。是时显宗方案梁松事，亦多为松讼者。帝患之，诏公车，诸为梁氏及会稽太守上书者勿复受。会帝幸廷尉录囚徒，得免归田里。身自耕种，不交通人物。

数岁，拜为宕渠令，显拔乡佐玄贺，贺后为九江、沛二郡守，以清洁称，所以化行，终于大司农。伦在职四年，迁蜀郡太守。蜀地肥饶，人吏富实，掾史家资多至千万，皆鲜车怒马，以财货自达。伦悉简其丰赡者遣还之，更选孤贫志行之人以处曹任。于是争赇抑绝，文职修理。所举吏多至九卿、二千石，时以为知人。视事七岁，肃宗初立，擢自远郡，代牟融为司空。帝以明德太后故，尊崇舅氏马廖，兄弟并居职任。廖等倾身交结，冠盖之士争赴趣之。伦以后族过盛，欲令朝廷抑损其权，上疏曰："臣闻忠不隐讳，直不避害。不胜愚狷，昧死陈表。书曰：'臣无作威作福，其害于而家，凶于而国。'传曰：'大夫无境外之交，束脩之馈。'近代光烈皇后，虽友爱天至，而卒使阴就归国，徙废阴兴宾客；其后梁、窦之家，互有非法，明帝即位，竟多诛之。自是洛中无复权戚，书记请托一皆断绝。又譬诸外戚曰：'苦身待士，不如为国，戴盆望天，事不两施。'臣常刻著五臧，书著诸带。而今之议者，复以马氏为言。窃闻卫尉廖以布三千匹，城门校尉防以钱三百万，私赡三辅衣冠，知与不知，莫不毕给。又闻腊日亦遗其在洛中者钱各五千。越骑校尉光，腊用羊三百头，米四百斛，肉五千斤。臣愚以为不应经义，惶恐不敢不闻。陛下情欲厚之，亦宜所以安之，臣今言此，诚欲上忠陛下，下全后家，裁蒙省察。"及马防为车骑将军，当出征西羌，伦又上疏曰："臣愚以为贵戚可封侯以富之，不当职事以任之。何者？绳以法则伤恩，私以亲则违宪。伏闻马防今当西征，臣以太后恩仁，陛下至孝，恐卒有纤介，难为意爱。闻防请杜笃为从事中郎，多赐财帛。笃为乡里所废，客居美阳，女弟为马氏妻，恃此交通，在所县令苦其不法，收系论之。今来防所，议者咸致疑怪。况乃以为从事，将恐议及朝廷。今宜为选贤能以辅助之，不可复令防自请人，有损事望。苟有所怀，敢不自闻。"并不见省用。

伦虽峭直，然常疾俗吏苛刻，及为三公，值帝长者，屡有善政，乃上书褒称盛美，因以劝成风德，曰："陛下即位，躬天然之德，体晏晏之姿，以宽弘临下。出入四年，前岁诛刺史、二千石贪残者六人，斯皆明圣所鉴，非群下所及。然诏书每下宽和而政急不解，务存节俭面奢侈不止者，咎在俗敝，群下不称故也。光武承王莽之余，颇以严猛为政，后代因之，遂成风化。郡国所举，类多辨职俗吏，殊未有宽博之选以应上求者也。陈留令刘豫，冠军令驷协，并以刻薄之姿，临人宰邑，专念掠杀，务为严苦，吏民愁怨，莫不疾之。而今之议者反以为能，违天心，失经义，诚不可不慎也。非徒应坐豫、协，亦当宜遣举者。务进仁贤以任时政，不过数人，则风俗自化矣。臣尝读书记，知秦以酷急亡国，又目见王莽亦以苛法自灭，故勤勤恳恳，实在于此。又闻诸王主贵戚，骄奢逾制，京师尚然，何以示远？故曰：'其身不正，虽令不从。'以身教者从，以言教者讼；夫阴阳和，岁乃丰；君臣同心，化乃成也。其刺史、太守以下，拜除京师及道出洛阳者，宜皆召见，可因博问四方，兼以观察其人。诸上书言事有不合者，可但报归田里，不宜过加喜怒，以明在宽。臣愚不足采。"及诸马得罪归国，而窦氏始贵，伦复上疏曰："臣得以空虚之质，当辅弼之任；素性驽怯，位尊爵重；拘迫大义，思自策厉，虽遭百死，不敢择地，又况亲遇危言之世载！今承百王之敝，人尚文巧，咸趋邪路，莫能守正。伏见虎贲中郎将窦宪，椒房之亲，典司禁兵，出入省闼，年盛志美，卑谦乐善，此诚其好士交结之方。然诸出入贵戚者，类多瑕衅禁锢之人，尤少守约安贫之节，士大夫无志之徒更相贩卖，云集其门。众煦飘山，聚蚊成雷，盖骄佚所从生也。三辅论议者，至云以贵戚废锢，发复以贵戚浣濯之；犹解酲当以酒也。诐险趣执之徒，诚不可亲近。臣愚愿陛下中宫严敕宪等闭门自守，无妄交通士大夫，防其未萌，虑于无形，令宪永保福禄，君臣交欢，无纤介之隙，此臣之至愿也。"

伦奉公尽节，言事无所依违，诸子或时谏止，辄叱遣之。吏人奏记及便宜者，亦并封上，其无私若此。性质悫，少文采，在位以贞白称，时人方之前朝贡禹。然少蕴藉，不修威仪，亦以此见轻。或问伦曰："公有私乎？"对曰："昔人有与吾千里马者，吾虽不受，每三公有所选举，心不能忘，而亦终不用也。吾兄子常病，一夜十往，退而安寝；吾子有疾，虽不省视而竟夕不眠。若是者,岂可谓无私乎?"连以老病上疏乞身,元和三年,赐策罢,以二千石奉终其身,加赐钱五十万,公宅一区。后数年卒,时年八十余,诏赐秘器、衣衾、钱布。

【译文】

第五伦,字伯鱼,京兆长陵人。他的祖先是战国时齐国的田氏。田氏在西汉初迁徙至皇帝陵园的很多,所以以迁徙的次序作为姓氏。第五伦少年时耿介而好义气。王莽末年,盗贼四起,宗族乡亲争着依附第五伦。第五伦于是在险要之处修筑堡垒,贼人来后,他便率众引弓持矛坚守自卫。先后有铜马、赤眉的军兵数十部围攻他们,都无法攻克。第五伦开始以营垒首领去见郡长官鲜于褒,鲜于褒见到他后,很欣赏他的才干,征为自己的属吏。后来鲜于褒因过失降职为高唐县令,临行时,握着第五伦的手告别说:"只恨与你相知太晚。"

第五伦后来任乡里啬夫,均平徭役,调解怨怼,很得乡里人欢心。他自认为长久任官不能升迁,于是带着家人迁居河东郡,改名变姓,自称王伯齐。载盐来往于太原、上党之间,所过之处,都把粪便打扫干净才离去,路人都称他为有道之士。亲友和过去的熟人却不知他在哪里。多年以后,鲜于褒把他推荐给京兆尹阎兴,阎兴当即征召他为主簿。当时长安铸钱的官吏多要奸弄巧,阎兴任命第五伦为督铸钱掾,管理长安的市场。第五伦统一衡器,纠正斗斛,市场上再没有弄虚作假,欺骗买主之事,百姓欢悦叹服。他每次读诏书,常常叹息说:"这是圣明的君主,见他一面,便可以决大事。"同僚们笑他说:"你连州将都无法说服,怎么能说动万乘的君王呢?"第五伦说:"是因为没有遇到知己,道不同的缘故。"

建武二十七年,被举为孝廉,补任淮阳国的医工长,随同淮阳王到他的封国。光武帝召见他,深感他与众不同。建武二十九年,随从淮阳王至京城,与其他官属一同被接见,光武帝向他询问政事,第五伦趁机对奏为政之道,光武帝非常高兴。第二天,又特地召见他入宫,和他一直谈到天黑。光武帝和第五伦开玩笑说:"听说爱卿曾殴打岳父,不让兄长和你一起吃饭,有这种事吗?"第五伦回答说:"臣三次娶妻都没有父亲。少年时曾遭饥荒之苦,实在不敢随便请人吃饭。"光武帝大笑。第五伦出京,有诏令任命他为扶夷县长,还没有到任,又追任为会稽太守。他虽然身为二千石一级的官员,仍然亲自锄草喂马,妻子下炊做饭。所得到的俸禄,也只留下一个月的口粮,其余的都低价卖给贫苦百姓。会稽地区风俗,多滥设祀庙,喜欢占卜。民众常常杀牛祭神,百姓的财产因此困乏,那些自己食用牛肉而祭祀的人,发病将死时,先做出牛鸣。先后几任郡长官都不敢禁止杀牛祭祀的作法。第五伦到任以后,给各属县发布文书,晓谕百姓,凡是巫祝有依托鬼神以诈术恐吓愚昧百姓者,都要捉拿问罪。胡乱杀牛的人,官吏都必须给予处罚。民众开始时都很恐惧,有的巫祝胡言乱语地加以诅咒,第五伦却追查得更紧,以后便逐渐绝灭了,百姓得以安定。永平五年,第五伦因触犯法令被征召,郡中的老少百姓攀住他的车子,拉着马,啼哭着跟随,每天只能走几里路,无法赶路。第五伦于是假装住在亭舍里,却暗中乘船离去了。众人知道后,又前来追赶。及至被送到廷尉,官民到京城上书为他求情的有千余人。当时汉明帝正审理梁松的案子,也有很多人为梁松申冤。明帝深为不安,下诏给公车司马令，令其不要再接收为梁松和会稽太守申诉的上书。后碰巧明帝巡查廷尉监狱，审录囚犯，第五伦得以免罪，放归田里。他亲自下田耕种，不与官宦来往。

数年之后，他又被任为宕渠县令，举荐乡中佐吏玄贺为官。玄贺后来先后任九江、沛郡两郡的郡守，以清正廉洁著称，所到之处，教化得以推行，官至大司农。第五伦任职四年，迁升为蜀郡太守。蜀郡田地肥沃，官民富裕，掾史家中的资财多至千万，都乘坐漂亮的车子，以高头大马驾车，很多人因为有财产得以担任官职。第五伦把家境丰足的官吏全部精简掉遣送回家，改选孤弱贫寒有节操的人担任属吏。从此争相贿赂之风便被禁绝了，官员的职守得到整饬。他所举荐的人多官至九卿或二千石级的官，当时人们都认为他善于识别人才。任蜀郡太守的第七年，汉章帝新继位，把第五伦从边远郡调入朝廷，代替牟融任司空。章帝因为明德太后的缘故，尊崇皇舅马廖，让他们兄弟都居于要职。马廖倾心与达官显贵交往，官员士大夫争相前往依附。第五伦认为太后家族势力太盛，便想让朝廷压抑削减他们的权力。上疏说："臣下听说忠言不用避讳隐瞒，直臣不逃避迫害。臣下不胜狂妄，冒死上疏表白意见。《尚书》说：'臣下不应作威作福，否则将使自家受害，国家也会受损。'《谷梁传》说：'大夫不应在境外与人交往，不应接受一束肉的馈赠。'近代的光烈皇后，虽然非常亲爱自己的家人，但终于让兄弟阴就回到自己的封国，流徙和赶走阴兴的宾客。此后梁家和窦家，都有人犯法，明帝即位之后，多加以诛杀，自此以后洛阳城中不再有手握大权的外戚，通过书信请托的事也都没有了。她又告谕诸家外戚说：'辛苦交结士人，不如一心报效国家，既戴上盆子，又要望天，事情无法两全。'臣下对这些话常铭记在心，书写在佩带上。而今议论又集中在马家。我听说卫尉马廖以三千匹布，城门校尉马防以三百万钱，私下送给三辅的士大夫，不论是否相识，无不赠送。还听说在腊祭之日，又送给洛阳每个士人五千钱；越骑校尉马光，曾在腊祭时用羊三百头，米四百斛，油五千斤。臣认为这不符合经义，心中惶恐得不敢不向陛下报告。陛下本心是厚待他们，但也应设法保证他们的安全。臣今天说这些话，实在要对上忠于陛下，对下保全外戚之家，请陛下检省裁决。"当马防任车骑将军，准备出兵征讨西羌时，第五伦又上疏说："臣下认为对外戚可以封侯使他们富贵，不应当任命官职，委以重任。为什么？对他们绳之以法则损伤恩德，因私人感情恩宠他们又违背国家法令。听说马防如今要西征，臣下认为太后恩德仁厚，陛下极为孝敬，恐怕稍有过失，难以因恩宠而不加惩罚。据说马防请杜笃为从事中郎，赐给他很多钱财绢帛。杜笃在乡里为人们所不齿，寄居在美阳，妹妹是马氏的妻子，依凭这种关系与马家来往，他们所在的县令深为他的不守法令所苦，将其收捕论罪。如今到了马防那里，议论的人都有怀疑，觉得奇怪，何况又以他为从事，我恐怕将会因此议论朝廷。如今应该选拔贤德有能力的人辅助马防，不应让他自己请人，有损于他的事业和前途。我有这些想法，怎敢不上奏给您？"但他的意见都没有被采纳。

第五伦虽然刚烈耿直，然而他也常憎恶庸碌官吏的苛刻。等到升达三公之位，又逢章帝是位忠厚长者，多有良好的政治措施，第五伦于是上疏赞扬美好盛德，借此来勉励教化和德行。上疏说："陛下即位之后亲自推广天生的德性，体现温文的风姿，以宽宏大量对待臣民。即位四年，先后处死六名贪婪、残暴的刺史、二千石级的官员。这些都是英明圣德的裁断,远非各位臣属所能及。然而诏书每次都要求宽和,但施政却仍然不见宽松,务必要求节俭,可奢侈之风仍然不能制止的原因,就在于风俗有弊端,群臣不称职。光武皇帝在王莽动乱之后,多以严厉的法令施政,后代又承袭光武帝的做法,于是形成风气。诸郡和封国举荐的人,大多是只知守职的庸碌官吏,很少有宽厚博爱能够符合圣上要求的人。陈留县令刘豫,冠军县令驷协都是以刻薄的方式来治理百姓;处理政务时,一心想着诛杀,务必使百姓窘迫困苦,官民忧愁怨恨,没有不痛恨的,可现在议论的人却认为他们能干。这是违背上天的意愿,不符合经典义理的,实在是不能不慎重。不应只是将刘豫、驷协治罪,还应当谴责举荐他们的人。若一心进用仁德贤良的人,委任以政务,用不着多少人,风俗自然就会改变过来。臣下曾读史书和记载,知道秦朝因为用法严酷急迫而亡国,又亲眼目睹王莽因为法令苛刻而自我毁灭,所以施政勤勤恳恳,就在于防止重蹈他们的覆辙。又听说诸王、公主、贵戚、骄奢僭越国家制度,京城中尚且这样,又怎么能限制外地人呢?所以说:'自己不端正,虽有命令也无人执行,以身作则进行教育,别人就愿意服从;以言论教训别人,则容易引起争论。阴阳调和了,才会获得丰收;君臣一心,教化就能形成。对刺史、太守以下的官员,任命为京官以及在洛阳之外的,陛下都应召见,可以趁机了解四方的情况,还可观察本人的品行能力。对各位官员上书提出建议,有不合法令政策的,可让他们回归家乡,不应过分地以自己的喜怒而处罚,以明示施政宽厚。臣下的愚见,不足以让陛下采纳。"等到马氏诸人因罪而回到封国,窦氏又开始尊贵了。第五伦又上疏说:"臣下以空虚无能的才智,处于辅佐陛下的职位。素来性情迟钝怯懦,却地位尊贵,爵位很高。因而遵循经典大义,暗自鞭策砥砺,即使处于百死之位,也不敢逃避,又何况身处于清谈高论的时代。如今承袭百王遗留的弊端,人们都崇尚文饰巧言,大多趋于邪路,没有人能守正道。我见虎贲中郎将窦宪,属于后妃的亲属,掌领禁卫军,出入宫廷,正值壮年,志向远大,谦卑而喜好善事,这实在是他喜欢名士并与他们交结的原因。然而那些出入奔走于外戚门下的人,大多品行不端,曾受过法令制裁,特别缺少遵守法令,安于贫穷的气节。士大夫中没有志向之徒更是互相吹捧引见,云集在贵戚的门下。众人一起吹气也会把山吹走,众多蚊子一起叫的声音也如同打雷一样,这就是骄横崎侠产生的原因。三辅地区议论的人甚至说,因为贵戚而被废职禁锢,应当再由贵戚来洗清罪过,犹如用酒来解除醉酒一样。那些阴险诌佞趋炎附势之徒,实在不可亲近。臣认为陛下和皇后应严令窦宪等闭门自守,不得任意交结官吏士人,以防止祸患于尚未萌生之日,思虑灾害尚未发生之时,使窦宪可以永久保住幸福和俸禄,使君臣都欢喜,没有丝毫的隔阂。这是臣下极大的愿望。"

第五伦一心奉公,尽守节操,上书论说政事从不违心阿附。他的儿子们经常劝他不要这样,他都予以训斥;吏员们上奏及直接上奏之事,他都封好上报,第五伦就是这样公正无私。他天性质朴憨厚,没有文采雕饰,任职以贞洁清白著称,当时的人把他比作前代的贡禹。然而他对人对事不太宽容,缺少威严仪表,因此而受人轻视。有人问第五伦说:"您有私心吗?"回答道:"先前有人送我一匹千里马,我虽未接受,每次三公选拔举荐官员时,我心里都无法忘记此事,但始终没有任用此人。我哥哥的儿子常常生病,我一夜前去看望十次,回来后却安然入睡;我的儿子生病,虽然没去看望,却整夜难眠。这样看来,怎么可以说没有私心呢?"他接连以身老体病上疏请求辞职。元和三年,皇帝批准了他的请求,终身给予二千石级官员的俸禄,加赐给钱五十万,公宅一所。此后数年去世,享年八十余岁,诏令赐给安葬的秘器、衣衾和钱布。

寒朗传

【题解】

寒朗(26~109 年),东汉初年的一介儒生,到四十多岁才是朝廷上的一个小官吏。但为了澄清冤狱,置官禄性命于不顾,竟敢和任刑深刻的汉明帝相忤。他宦途短促,政绩无多,但只此一事,就足以使当朝的三公九卿无地自容了。

【原文】

寒朗,字伯奇,鲁国薛人也。生三日,遭天下大乱,弃之荆棘;数日兵解,母往视,犹尚气息,遂收养之。及长,好经学,博通书传,以尚书教授。举孝廉。

永平中,以谒者守侍御史,与三府掾属共考案楚狱颜忠、王平等,辞连及隧乡侯耿建、朗陵侯臧信、护泽侯邓鲤、曲成侯刘建。建等辞未尝与忠、平相见。是时显宗怒甚,吏皆惶恐,诸所连及,率一切陷入,无敢以情恕者。朗心伤其冤,试以建等物色独问忠、平,而二人错愕不能对。朗知其诈,乃上言建等无奸,专为忠、平所诬,疑天下无辜类多如此。帝乃召朗入,问曰:"建等即如是,忠、平何故引之?"朗对曰:"忠、平自知所犯不道,故多有虚引,冀以自明。"帝曰:"即如是,四侯无事,何不早奏,狱竟而久系至今邪?"朗对曰:"臣虽考之无事,然恐海内别有发其奸者,故未敢时上。"帝怒骂曰:"吏持两端,促提下!"左右方引去,朗曰:"愿一言而死。小臣不敢欺,欲助国耳。"帝问曰:"谁与共为章?"对曰:"臣自知当必族灭,不敢多污染人,诚冀陛下一觉悟而已。臣见考囚在事者,咸共言妖恶大故,臣子所宜同疾,今出之不如入之,可无后责。是以考一连十,考十连百。又公卿朝会,陛下问以得失,皆长跪言。旧制大罪祸及九族,陛下大恩,裁止于身,天下幸甚。及其归舍,口虽不言,而仰屋窃叹,莫不知其多冤,无敢悟陛下者。臣今所陈,诚死无悔。"帝意解,诏遣朗出。后二日,车驾自幸洛阳狱录囚徒,理出千余人。后平、忠死狱中,朗乃自系。会赦,免官。复举孝廉。

建初中,肃宗大会群臣,朗前谢恩,诏以朗纳忠先帝,拜为易长。岁余,迁济阳令,以母丧去官,百姓追思之。章和元年,上行东巡狩,过济阳,三老吏人上书陈朗前政治状。帝至梁,召见朗,诏三府为辟首,由是辟司徒府。永元中,再迁清河太守,坐法免。永初三年,太尉张禹荐朗为博士,徵诣公车,会卒,时年八十四。

【译文】

寒朗,字伯奇,鲁国薛县人。他出生三天,遭逢天下大乱,被丢弃到荆棘丛中;几天后兵灾过去,母亲前去探视,见他还有气息,就收养了他。等到长大,他喜好经学,博通书传,教授学生《尚书》。举为孝廉。

汉明帝永平年间,寒朗以谒者代理侍御史,与三府的掾属共同调查楚王刘英一案中的颜忠、王平等人,供词牵连隧乡侯耿建、郎陵侯臧信、护泽侯邓鲤、曲成侯刘建。耿建等人申诉说从来没有见过颜忠、王平。当时汉明帝正在大怒,法吏都很惶恐,凡是供词中所牵连的,都全部逮捕入狱,没有敢以人情宽恕的。寒朗心里很为他们的冤枉难过,试着把耿建等人的外貌特征单独询问颜忠、王平,但二人都错愕不能答对。寒朗知道其中有诈,便上言耿建等人没有奸邪之心,完全是被颜忠、王平所诬陷。可能天下有的人大多像他们一样无辜。明帝便召寒朗入见,问道:"耿建等既然没有奸谋,那么颜忠、王平为什么要牵引他们?"寒郎答道:"颜忠、王平自称所犯之罪大逆不道,所以大量捏造牵引,企图以此开脱自己。"明帝说:"既然如此,四侯就没有罪过了,你为什么不早奏上,一直等到案子审完而长久关押于此呢?"寒朗答道:"我虽然调查他们没有罪,但担心海内另外有别人揭发他们有奸谋,所以我没敢及时上奏。"明帝怒骂道:"小吏手持两端,赶快把他拉下去!"左右正要把他拉走,寒朗道:"希望让我说完一句话再死。小臣不敢欺君,我是为了帮助国家。"明帝问:"你和谁一起写的奏章?"寒朗答道:"我自己知道要为此灭族,不敢牵连多人,确实希望陛下万一觉悟而已。臣见到拷问囚犯的当事官吏,都说造作妖言是大罪,为臣子所应嫉恨,对牵连的人放掉不如关起来,以后可以没有责任。所以拷问一个牵连十个,拷问十个牵连百个。另外公卿朝见时,陛下问以朝政得失,都是长跪而言。旧时规定大罪祸连九族,陛下大恩,只罪及其身,天下幸甚。等他们回到自己家,口中虽然不说,却暗自仰屋长叹,没有不知道此案有很多冤枉的,但不敢与陛下相抵悟。臣今日所述,就是死了也不后悔。"明帝的怒气缓解,诏命寒朗出去。过了两天,明帝亲自前往洛阳监狱过录囚徒,清理出冤枉者千余人。后来颜忠、王平死于狱中,寒朗便自己关押进狱,正值有赦,被免官。又被举孝廉。

建初年间,汉章帝大会群臣,寒朗上前谢恩,章帝因寒朗尽忠于先帝,拜为易县长。过了一年多,迁升为济阳县令,因母丧去职,百姓很是怀念他。章和元年,章帝巡狩东方,路经济阳,三老、吏民上书陈述寒朗以前治理济阳的情况。章帝到了梁国,召见寒朗,诏命三府首先征辟,由此被司徒府征辟。汉和帝永元年间,再升为清河太守,坐法免官。安帝永初三年,太尉张禹举荐寒朗为博士,征他乘公车至京,正好此时他去世了,时年八十四岁。

刘英传

【题解】

刘英,后汉光武之子,封爵楚王,他的命运和历史上大多数王属一样,活命无路,因反叛之名而遭诛杀,到头来又是正名,又是封赠,国虽传于后,但命早归黄泉。封王,并不是一件幸运之事。

【原文】

　　楚王英，以建武十五年封为楚公，十七年晋爵为王，二十八年就国。母许氏无宠，故英国最贫小。三十年，以临淮之取虑、须昌二县益楚国。自显宗为太子时，英常独归附太子，太子特亲爱之。及即位，数受赏赐。永平元年，特封英舅子许昌为龙舒侯。

　　英少时好游侠，交通宾客，晚节更喜黄老，学为浮屠斋戒祭祀。八年，诏令天下死罪皆入缣赎。英遣郎中令奉黄缣白纨三十匹诣国相曰："托在蕃辅，过恶累积，欢喜大恩，奉送缣帛，以赎愆罪。"国相以闻。诏报曰："楚王诵黄老之微言，尚浮屠之仁祠，洁斋三月，与神为誓，何嫌何疑，当有悔吝？其还赎，以助伊蒲塞桑门之盛馔。"因以班示诸国中傅。英后遂大交通方士，作金龟玉鹤，刻文字以为符瑞。

　　十三年，男子燕广告英与渔阳王平、颜忠等造作图书，有逆谋，事下案验，有司奏英招聚奸猾，造作图谶，擅相官秩，置诸侯王公将军二千石，大逆不道，请诛之。帝以亲亲不忍，乃废英，徙丹阳泾县，赐汤沐邑五百户。遣大鸿胪持节护送，使伎人奴婢工技鼓吹悉从，得乘辎轺，持兵弩，行道射猎，极意自娱。男女为侯主者，食邑如故。楚太后勿上玺绶，留住楚宫。

　　明年，英至丹阳，自杀。立三十三年，国除。诏遣光禄大夫持节吊祠，赠赙如法，加赐列侯印绶，以诸侯礼葬于泾。遣中黄门占护其妻子。悉出楚官属无辞语者。制诏许太后曰："国家始闻楚事，幸其不然。既知审实，怀用悼灼，庶欲宥全王身，令保卒天年，而王不念顾太后，竟不自免。此天命也。无可奈何！太后其保养幼弱，勉强饮食。诸许愿王富贵，人情也。已诏有司，出其有谋者，令安田宅。"于是封燕广为折奸侯。楚狱遂至累年，其辞语相连，自京师亲戚诸侯州郡豪杰及考案吏，阿附相陷，坐死徙者以千数。

　　十五年，帝幸彭城，见许太后及英妻子于内殿，悲泣，感动左右。建初二年，肃宗封英子种楚侯，五弟皆为列侯，并不得置相臣吏人。元和三年，许太后薨，复遣光禄大夫持节吊祠，因留护丧事，赗钱五百万。又遣谒者备王官属迎英丧，改葬彭城，加王赤绶羽盖华藻，如嗣王仪，追爵，谥曰楚厉侯。章和元年，帝幸彭城，见英夫人及六子，厚加赠赐。

　　种后徙封六侯。卒，子度嗣。度卒，子枸嗣，传国于后。

【译文】

　　楚王刘英，在建武十五年被光武帝刘秀册封为楚公，十七年晋爵受封为楚王，二十八年到受封的楚国去。母亲许氏不受光武帝刘秀宠爱，因此楚王刘英的封国面积最小。三十年，将临淮、昌阳二县加封为楚国。从显宗刘庄被册立为太子的时候起，楚王刘英就经常单独与太子刘庄相处，太子刘庄特别喜欢他。等到太子刘庄登位为皇帝，楚王刘英多次受到明帝的赏赐。永平元年，特别册封刘英舅舅的儿子许昌为龙舒侯。

　　刘英少年时喜欢游士侠客，与宾客沟通，晚年更加喜欢黄、老的学问，信奉佛教，习学斋戒、祭祀。八年，明帝刘庄下诏，命令全国犯有死罪的人都用缣赎罪。刘英派遣郎中令携带黄缣三十匹到丞相那里说："依靠明帝的恩惠，在楚国作藩属臣子，辅助朝廷，过错与罪行积累了很多,可喜明帝刘庄降下大恩能够以丝缣赎罪,我按照诏命的意思呈送缣帛,用以赎免我的罪过。"国相将刘英以缣赎罪的事奏报明帝刘庄。明帝刘庄下诏还报说:"楚王刘英研读黄、老精微的言论,崇尚佛家的仁慈,清洁斋戒三个月,向神佛发了誓愿。你还有什么为人所憎所疑,还有什么值得悔悟呢?尚且这样,还要以缣赎罪,就用你的缣赠助给伊蒲塞、沙门,作为僧尼的餐宿之费吧。"并且把这件事班示给了各诸侯国,以资各诸侯王借鉴。刘英后来因此而扩大联络了方士,制作金龟玉鹤,并在上面刻了图案和文字作为吉祥的符命。

十三年,有一男子叫燕广,告发刘英与渔阳的王平、颜忠等人伪造图书,有背叛明帝刘庄、谋反朝廷的嫌疑。事发后,明帝下诏调查验证。有司劾奏刘英招延集结奸猾的人,伪造制作图谶,擅自授赐官爵,设置诸侯王公、将军二千石,大逆不道,请诛灭他。明帝刘庄以至亲的缘故,不忍心杀害刘英。于是废除了封赐给刘英的封号和王国,将他迁徙到丹阳泾县,赐给汤沐邑五百户。派遣太鸿胪持汉节护送他们去丹阳泾县,原属他的伎人、奴婢、工技和鼓吹都随同前往,允许他乘坐使用有屏蔽的车辆和辎重衣车,使用兵器弓弩,游行射箭打猎,任其自行享受。他的子女封侯授爵的,食邑依旧没有变化。楚太后不上交玺绶,仍留住在原楚王的宫中。

第二年,刘英到丹阳,自杀。刘英被册封为王三十三年,免王除国。明帝下诏派遣光禄大夫持汉节前往吊祭。馈赠同正常标准,增加授赐给列侯印绶。按诸侯礼仪安葬他在泾县。派遣中黄门保护刘英的妻子和儿女。全部遣散了楚王刘英臣僚中没有明确安置的人。下诏书给许太后说:"朝廷开始听到楚王刘英有大逆不道的事,我想兴许那是不会发生的。后来经过审查验实知道是真的,心内犹如火灼汤煮。我想宽容保护楚王刘英的性命,让他获得保证,享尽天年,而楚王刘英自己不想念顾虑太后,终于自杀不原谅自己。这是天意要使他这样,无可奈何,请太后您要保养好自己,勉强自己多进饮食。许氏都希望楚王刘英为王富贵,这是人之常情。我已下诏给有司,除去参与谋划背叛事件的人外,其余都给安排田地与住宅。"于是,册封燕广为折奸侯。楚国的监狱于是以人满为患,乃至成年累月。其中因为语言与楚王刘英有所关联,而从京师亲戚、诸侯到州郡的豪强杰士受到了官吏的审查,其中因为阿附楚王刘英的都受到了陷害,连坐致死和贬谪降职的数以千计。

十五年,明帝刘庄巡幸彭城,会见许太后和刘英妻子于内殿,悲哭流泪,感动了明帝的左右。建初二年,孝章帝炟册封刘英的儿子刘种为楚侯,五个弟弟都受封为列侯,都不能置丞相、大臣等官吏。元和三年,许太后死,又派遣光禄大夫持汉节吊祭,因而滞留他守护料理丧事,拨钱五百万。又派谒者备办诸侯王所有的丧葬物品,迎娶刘英灵柩,改葬在彭城县。追赐原楚王刘英赤绶羽盖华藻,比同承受诸侯王的葬仪,追赐爵号,谥号楚历侯。章和元年,肃宗孝章帝巡幸彭城县,会见刘英夫人和六个儿子,封赐赠予很多。刘种后来改封六侯。死时由他的儿子刘度继承侯位。刘度死,由他的儿子刘枸继承侯位,传授封国给他的后代子孙。

刘苍传

【题解】

刘苍，封爵东平宪王，汉光武之子。在历代王室中、大多与帝王并系难处，不是因互相争权，就是互不通容，独刘苍以其贤明辅政军，不断提出治国方法，对皇帝、国家都大有贡献。

【原文】

东平宪王苍，建武十五年封东平公，十七年晋爵为王。

苍少好经书，雅有智思，为人美须髯，要带八围，显宗甚爱重之。及即位，拜为骠骑将军，置长史掾史员四十人，位在三公上。

永平元年，封苍子二人为县侯。二年，以东郡之寿张、须昌、山阳之南平阳、橐湖陵五县益东平国。是时中兴三十余年，四方无虞，苍以天下化平，宜修礼乐，乃与公卿共议定南北郊冠冕车服制度，及光武庙登歌八佾舞数，语在《礼乐》《舆服制》。帝每巡狩，苍常留镇，侍卫皇太后。

四年春，车驾近出，观览城第，寻闻当遂校猎河内，苍即上书谏曰："臣闻时令，盛春农事，不聚众兴功。传曰：'田猎不宿，食饮不享，出入不节，则木不曲直。'此失春令者也。臣知车驾今出，事从约省，所过吏人讽诵《甘棠》之德。虽然，动不以礼，非所以示四方也。惟陛下因行田野，循视稼穑，消摇仿佯，弭节而旋。至秋冬，乃振威灵，整法驾，备周卫，设羽旄。《诗》云：'抑抑威仪，惟德之隅'。臣不胜愤懑，伏自手书，乞诣行在所，极陈至城。"帝览奏，即还宫。

苍在朝数载，多所隆益，而自以至亲辅政，声望日重，意不自安，上疏归职曰："臣苍疲驽，特为陛下慈恩覆护，在家备教导之仁，升朝蒙爵命之首，制书褒美，班之四海，举负薪之才，升君子之器。凡匹夫一介，尚不忘箪食之惠，况臣居宰相之位，同气之亲哉！宜当暴骸膏野，为百僚先，而愚顽之质，加以固病，诚羞负乘，辱汙辅将之位，将被诗人'三百赤绂'之刺。今方域晏然，要荒无儆，将遵上德无为之时也，文官犹可并省，武职尤不宜建，昔象封有鼻，不任以政，诚由爱深，不忍扬其过恶。前事之不忘，来事之师也。自汉兴以来，宗室子弟无得在公卿位者。惟陛下审览虞帝优养母弟，遵承旧典，终卒厚恩。乞上骠骑将军印绶，退就蕃国，愿蒙哀怜。"帝优诏不听。其后数陈乞，辞甚恳切。五年，乃许还国，而不听上将军印绶。以骠骑长史为东平太傅，掾为中大夫，令史为王家郎。加赐钱五千万，布十万匹。

六年冬，帝幸鲁，征苍从还京师。明年，皇太后崩，既葬，苍乃归国，特赐宫人奴婢五百人，布二十五万匹，及珍宝服御器物。

十一年，苍与诸王朝京师。月余，还国。帝临送归宫，凄然怀思，乃遣使手诏国中傅曰："辞别之后，独坐不乐，因就车归，伏轼而吟，瞻望永怀，实劳我心，诵及《采菽》，以增叹息。日者问东平王处家何等最乐，王言为善最乐，其言甚大，副是要腹矣。今送列侯印十九枚，诸王子年五岁已上能趋拜者，皆令带之。"

十五年春，行幸东平，赐苍钱千五百万，布四万匹。帝以所作《光武本纪》示苍，苍因上《光武受命中兴颂》。帝甚善之，以其文典雅，特令校书郎贾逵为之训诂。

肃宗即位，尊重恩礼逾于前世，诸王莫与为比。建初元年，地震，苍上便宜，其事留中。帝报书曰："丙寅所上便宜三事，朕亲自览读，反复数周，心开目明，旷然发朦。间吏人奏事，亦有此言，但明智浅短，或谓偿是，复虑为非。何者？灾异之降，缘政而见。今改元之后，年饥人流，比朕之不德感应所致。又冬春旱甚，所被尤广，虽内用克责，而不知所定。得王深策，快然意解。《诗》不云乎：'未见君子，忧心忡忡；既见君子，我心则降。'思惟嘉谋，以次奉行，冀蒙福应。彰报至德，特赐王钱五百万。"

后帝欲为原陵、显节陵起县邑，苍闻之，遽上疏谏曰："伏闻当为二陵起立郭邑，臣前颇谓道路之言，疑不审实，近令从官古霸问涅阳主疾，使还，乃知诏书已下。窃见光武皇帝躬履俭约之行，深睹始终之分，勤勤恳恳，以葬制为言，故营建陵地，具称古典，诏曰：'无为山陵，陂池裁令流水而已。'孝明皇帝大孝无违，奉承贯行。至于自所营创，尤为俭省，谦德之美，于斯为盛。臣愚以园邑之兴，始自强秦。古者丘陇且不欲其著明，岂况筑郭邑，建都郭哉！上违先帝圣心，下造无益之功，虚费国用，动摇百姓，非所以致和气，祈丰年也。又以吉凶俗数言之，亦不欲无故缮修丘墓，有所兴起。考之古法则不合，稽之时宜则违人，求之吉凶复未见其福。陛下履有虞之至性，追祖祢之深思，然惧左右过议，以累圣心。臣苍诚伤二帝纯德之美，不畅于无穷也。惟蒙哀览。"帝从而止。自是朝廷每有疑政，辄驿使谘问。苍悉心以对，皆见纳用。

三年，帝飨卫士于南宫，因从皇太后周行掖庭池阁，乃阅阴太后旧时器服，怆然动容，乃命留五时衣各一袭，乃常所御衣合五十箧，余悉分布诸王主及子孙在京师者各有差。特赐苍及琅玡王京书曰："中大夫奉使，亲闻动静，嘉之何已！岁月骛过，山陵浸远，孤心凄怆，如何如何！间飨卫士于南宫，因阅视旧时衣物，闻于师曰：'其物存，其人亡，不言哀而哀自至。'信矣。惟王孝友之德，亦岂不然！今送光烈皇后假纷帛巾各一，及衣一箧，可时奉瞻，以慰《凯风》寒泉之思，又欲令后生子孙得见先后衣服之制。今鲁国孔氏，尚有仲尼车舆冠履，明德盛者光灵远也。其光武皇帝器服，中元二年已赋诸国，故不复送。并遗宛马一匹，血从前膊上小孔中出。常闻武帝歌天马，沾赤汗，今亲见其然也。顷反虏尚屯，将帅在外，忧念遑遑，未有闲宁。愿王宝精神，加供养。苦言至戒，望之如渴。"

六年冬，苍上疏求朝。明年正月，帝许之。特赐装钱千五百万，其余诸王各千万。帝以苍冒涉寒露，遣谒者赐貂裘，及太官食物珍果，使大鸿胪窦固持节郊迎。帝乃亲自循行邸第，豫设帷床，其钱帛器物无不充备。下诏曰："《礼》云伯父归宁乃国，《诗》云叔父建尔元子，敬之至也。昔萧相国加以不名，优忠贤也。况兼亲尊者乎！其沛、济南、东平、中山四王，赞皆勿名。"苍既至，升殿乃拜，天子亲答之。其后诸王入宫，辄以辇迎，至省阁乃下。苍以受恩过礼，情不自宁，上疏辞曰："臣闻贵有常尊，贱有等威，卑高列序，上下以理。陛下至德广施，慈爱骨肉，既赐奉朝请，咫尺天仪，而亲屈至尊，降礼下臣，每赐宴见，辄兴席改容,中宫亲拜,事过典故。臣惶怖战栗,诚不自安,每会见,蹴踖无所措置。此非所以章示群下,安臣子也。"帝省奏叹息,愈褒贵焉。旧典,诸王女皆封乡主,乃独封苍五女为县公主。

三月,大鸿胪奏遣诸王归国,帝特留苍,赐以秘书、列仙图、道术秘方。至八月饮酎毕,有司复奏遣苍,乃许之。手诏赐苍曰:"骨肉天性,诚不以远近为亲疏,然数见颜色,情重昔时。念王久劳,思得还休,欲署大鸿胪奏,不忍下笔,顾授小黄门,中心恋恋,恻然不能言。"于是车驾祖送,流涕而诀。复赐乘舆服御,珍宝舆马,钱布以亿万计。

苍还国,疾病,帝驰遣名医,小黄门侍疾,使者冠盖不绝于道。又置驿马千里,传问起居。明年正月薨,诏告中傅,封上苍自建武以来章奏及所作书、记、赋、颂、七言、别字、歌诗,并集览焉。遣大鸿胪持节,五官中郎将副监丧,及将作使者凡六人,令四姓小侯诸国王主悉会诣东平奔丧,赐钱前后一亿,布九万匹。及葬,策曰:"惟建初八年三月已卯,皇帝曰:'咨王丕显,勤劳王室,亲受策命,昭于前世。出作蕃辅,克慎明德,率礼不越,傅闻在下。昊天不吊,不报上仁,俾屏余一人,夙夜茕茕,靡所终。今诏有司加赐鸾辂乘马,龙旗九旒,虎贲百人,奉送王行。匪我宪王,其孰离之! 魂而有灵,保兹宠荣。呜呼哀哉!"

立四十五年,子怀王忠嗣。明年,帝乃分东平国封忠弟尚为任城王,余五人为列侯。

忠立一年薨,子孝王敞嗣。元和三年,行东巡守,幸东平宫,帝追感念苍,谓其诸子曰:"思其人,至其乡;其处在,其人亡。"因泣下粘襟,遂幸苍陵,为陈虎贲、鸾辂、龙旗,以章显之,祠以太牢,亲拜祠坐,哭泣尽哀,赐御剑于陵前。初,苍归国,骠骑时吏丁牧、周栩以苍敬贤下士,不忍去之,遂为王家大夫,数十年事祖及孙。帝闻,皆引见于前,既愍其淹滞,且欲扬苍德美,即皆擢拜议郎。牧至齐相,栩上蔡令。永元十年,封苍孙梁为矜阳亭侯,敞弟六人为列侯。敞丧母至孝,国相陈珍上其行状。永宁元年,邓太后增邑五千户,又封苍孙二人为亭侯。敞立四十八年薨,子顷王端嗣。立四十七年薨,子凯嗣;立四十一年,魏受禅,以为崇德侯。

论曰:"孔子称'贫而无谄,富而无骄,未若贫而乐,富而好礼者也'。若东平宪王,可谓好礼者也。或其辞至戚,去母后,岂欲苟立名行而忘亲遗义哉! 盖位疑则隙生,累近则丧大,斯盖明哲之所为叹息。呜呼! 远隙以全忠,释累以成孝,夫岂宪王之志哉! 东海恭王逊而知废,"为吴太伯,不亦可乎!"

【译文】

东平宪王刘苍,光武帝刘秀建武十五年受封为东平公,十七年晋爵为王。

刘苍少年时喜好经书,儒雅有智慧思想,蓄有很美的胡须,腰带八围,显宗明帝刘庄非常喜欢看重他。到明帝刘庄登位,刘苍受拜为骠骑将军,置长史、掾史四十人,地位在三公以上。

永平元年,明帝刘庄册封刘苍的儿子二人为县侯。永平二年,将东郡的寿张、须昌、山阳的南平阳、橐、湖陵共五个县加封给东平国。这时,汉代中兴已经有三十多年,边疆四方没有战乱的危险。刘苍认为天下太平,应当修礼作乐。于是与公卿大臣共同议论制定南、北郊祀的冠带、冕盖、车辆、服饰制度,到光武帝刘秀庙,反复登歌八佾舞。事情记录在《礼乐志》《舆服志》上。明帝刘庄每次巡行狩猎在外,刘苍常留守京师,侍奉和保卫皇太后。

永平四年春天,明帝刘庄出驾刚出宫,准备明帝去观巡游览城中宅第,旋即又听说明帝刘庄去河内校猎。刘苍上书明帝谏阻说:"我听说按照时令季节,盛春时忙于农耕之事,不能够集合很多的人,兴修城郭妨碍农耕。《尚书·五行传》说:'田猎不选择时机,饮食不享;出入没有节制,剥夺农民耕耘的大好时机;及有奸谋,那么树木都不能够任人曲直制作器具',这就是丢掉春天大好时光的结果。我清楚地知道,明帝的车驾现在出宫,应当凡事约束节省些,让所到之处的官与民都歌颂《甘棠》,称道你的德仁。如此这样,那么行动不循礼法,这种非礼的行为就布示给四方让人知道了。除非明帝只是按照惯例巡行田间农耕,视察庄稼的生长情况,稍微逍遥游玩之后,限定时间返回而不尽意驰驱。到了秋天和冬天,才振动威风,祭祀神灵,整饬法驾,齐备周全的卫队,设置羽旄,大行校猎。《诗·大雅》说:'以缜密威风凛凛的仪仗以示严正,那么在朝廷内政上不会有曲直而在朝廷外面会有廉正的天地。'我极为愤怒烦懑,所以亲自手写上书,请求你走到哪里就在哪里止步返回宫中。极力陈述我一片至诚之心。"明帝刘庄看了奏疏,迅速回到宫中。

刘苍在朝廷辅政多年,在许多方面建树有益于朝政,名声与威望越来越高。他思想,于心不安,于是上疏明帝请求辞职回到他的封邑去。说:"臣刘苍疲惫愚钝不堪重用,只不过是借助明帝的慈爱、恩宠和保护,在家里备受了明帝教导的真谛,在朝廷上蒙受了封爵赐予的最高地位,制定诏书予以褒扬美化,并把这种对我的褒扬美化布告四海之内,让全国都知道。推举只能负薪樵采的不才小人,升任了能够乘车掌握大事的君子之位。大凡匹夫小人,尚且不会忘记箪食的恩惠,何况我是居任宰相位置,与明帝同气相亲呢?完全值得为明帝赴死地、暴露尸骨于荒野郊外,成为百姓的表率。而以我的愚钝顽固的资质,加上原本有病,诚心羞于以负薪之才担负了乘车的职位,羞辱和玷污了为将作辅的位置,将受到《诗经·曹风》'三百赤绂',枉为大夫的讥刺。当今国内太平无事,两千里要服、二千五百里荒服之内没有兵警的事。堪称德仁最大,无为而治的年代,文官尚且可以并职省员,武官更是不宜多设。古时候舜的弟弟象受封在有鼻国,不授给他政治,担当治国的职责,诚然是出于对他的深厚的爱心,不忍心暴露他的弱点。前事不忘,后事之师。自从汉朝成立以来,刘氏宗族的子弟没有一个身居在公卿职位上的。请求明帝审察浏览虞帝优侍奉养母亲和弟弟,都是遵守和继承从古以来的典章制度,终于都尽享了厚恩。请求上缴骠骑将军印绶,退职去藩属国家,希望能得到你的同情和怜爱。"明帝下诏褒奖他,不听辞请。此后又多次陈述要求,请求除职去封国,言辞非常恳切。永平五年,才准许他到他的封国去。但是没有准许他呈缴上将军的印绶。明帝任命骠骑长史作东平王的太傅,并擢升为中大夫;任命令史为东平王家郎。增加封赐钱五千万,布帛十万匹。

永平六年冬天,明帝巡幸鲁国,征召刘苍随明帝返回京师。第二年,皇太后去世,安葬以后,刘苍才回他的封国。特意赐给他宫人奴婢五百人,布二十五万匹,和珍宝服饰、御用器物。

永平十一年,刘苍与诸侯王朝见明帝刘庄,到京师。留京师一个多月后,返回封国,明帝刘庄在刘苍临行时送别后回到宫中,意绪悽然,怀思刘苍。于是派使者将明帝亲自书写的诏书送给东平国太傅,说:"辞别东平王刘苍之后,独坐车中,悒郁不乐,因此将就在乘车返回宫中的途中,伏在车轼沉吟,殷切希望永远怀念,用以告慰我的心怀。吟到《诗经·小雅·采菽》的篇章,更加增添了我的叹息。目前询问东平王刘苍居住家中时以什么最为快乐,你说以做善事最为快乐。你说的意思实在宽大,符合我的心意。今天又送给你列侯印十九枚,几个王子凡是年龄在五岁以上能够走动从事迎拜的,都让他们佩带列侯印。"

永平十五年春天,明帝刘庄巡幸东平国,封赐刘苍钱一千五百万,布四万匹。明帝将自己所写的《光武本纪》给刘苍看,刘苍因此呈上了《光武受命中兴颂》。明帝极力称道刘苍的《光武受命中兴颂》,认为他的文章典雅,特意让校书郎贾逵为此文章加以解释。

肃宗孝章帝刘炟登皇帝位,尊重、推恩礼待刘苍超过了前代皇帝,诸王所受的待遇没法与刘苍相比。建初元年,地震发生,刘苍呈上便宜奏章,其时他因事留在宫禁中,章帝刘炟回书说:"丙寅时所送上的便宜三件事,我亲自阅览诵读,反复了多次,才得以心胸开阔,眼睛明亮,旷然启蒙,茅塞顿开。平常官吏奏报事情,也有这样的言论,但是见识短浅,有时感觉到可能说得对,再一考虑又觉得不对。为什么呢?灾害怪异现象的出现,都是由于政治引起的。现在变改年号以后,收成不好使百姓迫于饥寒,逃离他乡,这是我没有德仁遭到报应造成的。在冬天和春天又干旱非常厉害,涉及的范围非常宽广,虽然内库的财用还能够暂时敷衍资费,但是还不清楚将来到底会怎么样。获得了东平王刘苍意旨深章的奏章,使我豁然开朗,有了主张。《诗经·国风》不是说过吗:'没有见到有德有才的好人,我忧心忡忡没有主张;已经见到有德有才的贤士,我的心踏实犹如悬着的石头落了地。'思考再三,只有你的奏章最好。我将照你的计策一一地恭行不悖,希望能得到良好的报应。为表彰报答你至高无上的德仁,特别赐给东平王刘苍钱五百万。"

后来章帝刘炟想要在原陵、显节陵建立县邑,刘苍听到了这件事,立即上疏谏阻说:"适才听说章帝正要在原陵、显节陵建立县邑,我以前相信这是道听途说之言,不足为信,怀疑不真实。近来派人随官僚古霸问候涅阳主病情,派去的人回来了,才知道章帝要建立原陵、显节陵县邑的诏书都颁发了。我私自看到了光武皇帝刘秀躬亲履行省俭节约的做法,深深感受到了他将始与终分别得十分清楚,勤勤恳恳。以丧葬制度而言,人死了就为死者营造陵园,划定墓地,都与古代典章制度相吻合。诏书说:'不要建筑山陵,筑坡造池使之能够疏通流水就行。'孝明帝刘庄非常孝顺,不违背先祖皇帝刘秀的遗训,贯彻光武帝刘秀的主张始终如一。至于他定制为自己建造陵园,尤其更加节约省费。他的谦虚谨慎,德性美好,由此可见达到了极点。我愚钝地认为陵园墓邑的时兴,起自强暴的秦朝。古时候葬死者于丘陵之间为墓而不造坟,不加以标明,哪里还谈得上为死者的坟墓修筑廓邑,建筑陵园,聚众为城呢!章帝刘炟在上违背了先祖皇帝的圣人之心,在下枉作了无益的功事,徒有空耗国家的财用,劳动辛苦百姓。结果不会因此导致国家的和顺,为国民祈求丰收的年成。更以吉凶、习俗、术数来说这件事,也不要没有原因就修缮丘墓,使丘墓通过修缮有所隆起。将这件事用古代的制度来考察,则不合古法,用当前的时事来衡量,则有悖于人民的心愿,用吉凶的术数来索求,则看不到能带来福拜。章帝踵武有虞氏最高的德性,追踪祖祢深奥的思想,然而我害怕章帝的左右侍臣议论过失,因而连累了章帝圣洁的心灵。臣刘苍诚然有感于光武帝刘秀、孝明帝刘庄纯正的美德,不能通达以至无穷无尽。只求蒙你哀宠而阅览。"章帝刘炟听从了刘苍的谏阻,没有再建原陵、显节陵县邑。从此以后,朝廷每次遇有疑难政事,动辄飞马驰使去向刘苍咨询。刘苍潜心对答,都被章帝采纳。

建初三年,章帝犒饷卫士于南宫。就此随皇太后逼走宫中掖庭池阁,乃参观阴太后以前使用的器具和服饰,悽怆动容有所感悟。于是命令保留青春、夏朱、季夏黄、秋白、冬黑五时衣各一件和常用衣共五十箧,其余全部分配给诸王的公主,他们在京师的子孙都各按等次得到分配。特别赐给刘苍和琅玡王刘京诏书说:"中大夫奉命出使,亲自听闻动静,嘉奖他不可以有限度。岁月流逝没有尽头山陵浸远渺渺茫茫,我心里悽怆茫然,不知所以!闲时犒饷卫士于南宫,就此阅览观看了阴太后以前的衣物。我曾听师傅说:'死人的东西还存在,但是东西的主人已经死了,不说悲哀,悲哀也会自然产生。'真是灵念。唯有东平王刘苍、琅玡王刘京以友为孝的德性,难道不是这样!今天送给你光烈皇后的缛纷、帛巾各一条和衣服一箧,可以以供观赏,用以安慰《诗经·国风·凯风》所说'寒泉'那样的思念,又想借此让后代子孙得以看到先祖太后衣服的制度。当今鲁国的孔氏家族,还保留着仲尼使用过的车舆、帽子和鞋子,用以彰明德性高的人,光大其灵而且久远不衰。那些光武帝刘秀使用过的器具、服饰。在中元二年已经赋赠给了诸侯国,因此不再重复赠送。一并遗赠给你的宛马一匹,马的血从前膊上的小孔中流出。曾经听说武帝歌吟天马,沾红汗,现在可以亲自看看是怎么一回事。时下谋反的匈奴族还屯驻在边疆。朝廷的将帅在外成守,我忧心国事,纪念先祖,惶惶不可终日,没有闲暇清宁。希望东平王刘苍、琅玡王刘京保养精神,努力加餐。苦口婆心寄言警戒,怀念你们如饥似渴。"

建初六年冬天,刘苍上奏章帝刘炟,请求朝见。第二年正月,章帝准许了他的请求。特别赐给他衣装钱一千五百万,其他诸侯王各一千万。章帝因为刘苍上京要长途跋涉,冒受寒露之苦,于是派遣谒者送赐给刘苍貂裘皮衣和官官食用的食品珍果,派大鸿胪窦固出宫迎刘苍。章帝就亲自一一检查刘苍下榻的府邸,预设帷帐床铺,其中要使用的钱帛的器物无不全部准备。下诏书说:"《仪礼》说:'伯父归宁你的国家',《诗经·鲁颂》说:'叔父周公封赐伯禽',都是敬重到极点。以前萧何相国受加封于名分之上,用以优待他的忠诚贤达。何况刘苍与朝廷兼有亲戚关系,属于朝廷尊重的人呢!请沛、济南、东平、中山四位侯王,凡是赞歌,不要唱其名称。"刘苍既到,入殿就拜,章帝亲自接答。天子接答后,诸侯王入宫,就用车辇迎进宫里。等入阁门进里屋拜见刘苍以后才回到他们所下榻的地方。刘苍认为受皇恩超过了礼节,内心感到不安,上疏请辞说:"我听说贵国固然要按常规尊崇,贱国要按等级差别施以威仪,卑贱与高尚都有明确的顺序,上与下都要按理行事。章帝高尚的德仁已经广泛布施于我,慈爱家族骨肉,既然已经赐我奉朝请之礼,以我咫尺天仪,却委屈了至尊皇帝,降下架子,礼遇卑贱的臣子。每次受赐给予宴请朝见,动辄兴用席子,改变形容,到中宫中亲自迎拜,这事情僭越了历史上的典章制度。我惶恐害怕,战栗不止,诚心感到不安。每次会见,我想谦让都没有办法,无所适从。这样做并不能用以告诉和示范所有在下面的人,安顿臣僚和子孙。"章帝看过疏奏,叹息刘苍的风节,更加褒奖刘苍,使他尊贵。按照历史的典章制度,诸侯王的女儿都册封为乡主,而单独册封刘苍的五个女儿为县公主。

建初六年三月,大鸿胪上奏章帝刘炟,请示遣送诸侯王返回封国去。章帝特别只留下刘苍,赐给他秘书、列仙图、道术秘方。直到八月份,饮酎完毕,有司又上奏,请示遣送刘苍返回他的封国,章帝才准予他回封国。亲自手书下诏说:"骨肉相亲是人的天性,实在是不会以相隔距离的远与近来决定亲或疏。然而,通过多次会面相见,感情比过去更加深了。思考东平王刘苍长久劳于京师,应该得以还封国休养。想要签署批准大鸿胪请示,要你返回封国的奏章,又舍不得落下笔去,顾盼再三,才将签批的奏章授予小黄门。心中恋恋不舍你返回封国去,情绪恻伤说不出话来。"到这时候才用车驾相送刘苍,流涕泪互相话别。又赐给刘苍马匹、车辆及服饰,所赐珍宝车辆、马匹、钱和布帛,价值数以亿万计。

刘苍回到他的封国,得了重病。章帝刘炟迅速派遣有名的医生去为他治疗。小黄门看顾在病人左右,用以掌握病情奏报章帝。于是往来于京师到东乎国的使者,冠盖繁忙不绝于道路。又设置驿马站在有千里之遥的道路上,用以专门传达问询刘苍的饮食起居的情况。第二年正月,刘苍去世。章帝下诏给中傅,命令呈送刘苍自从建武元年以来所写的章奏和他创作的书、记、赋、颂、七言、别字、诗歌,编辑成册以备章帝御览。派遣大鸿胪持汉节为主、五官中郎将为副监办丧事,及其他供使唤的人共六人,命令四个小侯国的王和县主都集合起来到东平国悼念刘苍,先后赐给东平国王钱一亿,布九万匹。等安葬刘苍以后,朝廷颁发策命说:"在建初八年三月已卯日,章帝刘炟说:'东平宪王刘苍尊贵无比,有功勤劳于王室朝廷,章帝亲授给他策命,已经昭功褒奖在他活着时候。出京师到封国作藩属辅佐朝廷,能够谨言慎行,昌明德仁,循守礼法,不曾僭越,广泛地影响了他的封国人民。上天不好,没有报答这种有至高仁德的人使之长生不老,使人一个人屏蔽在世上,日夜形影相吊,茕茕子立,无以消遣以至终日。今天诏命有司加赐鸾辂乘马,龙旗九旒,虎贲一百人,用以为东平宪王刘苍送行归葬。除了我的东平宪王刘苍,还有谁能接这种礼遇呢!假使东平宪王刘苍的魂魄不散,尚有灵念,请保护汉朝天下永远昌盛繁荣。呜呼哀哉!'"

东平宪王刘苍被册立为王四十五年,他死后,王位由儿子刘忠继承,称怀王。第二年,章帝才划分原来的东平国,册封刘忠的弟弟刘尚为任城王,其余的五个弟弟册封为列侯。

刘忠承继王位一年去世,他的儿子刘敞继承王位,称孝王。元和三年,章帝刘炟巡狩东方封国,巡幸东平宪王刘苍的宫殿,追忆怀念刘苍,对刘苍的几个儿子说:"想到他的为人,来到他的乡里;他的处所还存在,他这个人都已经死了。"因而落泪沾湿了衣襟。寻即巡幸刘苍的陵墓,给他陈列了虎贲、鸾辂龙旗,用以昭彰显示他的尊贵。祭祀刘苍时使用太牢,章帝亲自拜坐祭祀刘苍,哭泣尽其哀悼,赐御剑陈列于陵墓前。先前,刘苍刚就国到东平,任骠骑将军时的属官丁牧、周栩因为刘苍敬爱礼贤属下的人,不忍心离开他,于是作了东平宪王刘苍的家大夫,延续数十年事奉东平国王,他们从祖辈开始直到他们的孙辈,都是从一而终。章帝知道这件事,将他们都引见前殿前。既垂怜于他们忠心耿耿,事奉刘苍,而且想借此宣扬刘苍的德和美,于是都将他们擢升封拜为议郎。丁栩到齐国作丞相,周栩到上蔡作令使。和帝永元十年,册封刘苍的孙子刘梁为矜阳亭侯,孝王刘敞的弟弟六人为列侯。刘敞死了母亲,他最是孝顺,国相陈珍向和帝奏报了他孝顺的行为。安帝刘祜永宁元年,邓太后增加封邑五千户,又册封刘苍的孙子二人为亭侯。刘敞被册立为王四十八年去世,他的儿子顷王刘瑞承继王位。刘瑞册立为王四十七年去世。刘瑞的儿子刘凯继位为王,册立为王四十一年。在曹魏立朝时期,以刘瑞的崇德侯。

传论说:"孔子称'贫无财富而不谄媚乞怜于人,富裕多财而不骄纵于世,不就是要人民安于贫而出于道,居其富而好行礼节。'象东平宪王刘苍那样,可以称得上是居其富而好行礼节的了。像他那样辞别最亲的亲人,离开母后到封国去做藩属佐臣,难道是为了要苟全自己,自立名誉和行端,忘掉至亲,丢掉道义!大凡是居处生疑,那么矛盾就会出现,忧虑牵累迫近了,那么丢掉的东西就会很多。如此,即使是通晓事理的人,都会没有办法两全,只好枉为叹息。呜呼!远离亲戚以便做到完全的忠诚,抛开牵累才能成就孝顺。这难道不是东平宪王刘苍的志趣!东海恭王谦让而清楚应该抛弃什么,象《左传》说的'做个吴太伯,以谦让为怀',不是也可以吗!"

班超传

【题解】

班超(32~102),扶风安陵(今陕西咸阳东北)人。父班彪、兄班固。初为兰台令史,因事免官。永平十六年(73),从窦固击北匈奴,为假司马,将兵别击伊吾,多斩虏,有功。旋奉遣,率吏三十六人出使西域南道鄯善(今新疆若羌一带)使,鄯善专心臣服汉朝。朝廷得到奏报,提升他为军司马。班超又受命出使,永平十七年,班超到达疏勒(今新疆喀什一带),废除为龟兹(今新疆库车一带)所立而非本国人的疏勒王兜题,另立疏勒前王兄子忠为王,深受疏勒国人的拥护。永平十八年,焉耆(今新疆焉耆一带)、龟兹攻杀西域都护陈睦,适逢明帝去世,汉朝尽撤西域屯兵,班超独留疏勒,孤立无援,龟兹、姑墨(今新疆阿克苏一带)不断前来进攻。班超接到章帝命他还朝的诏命,回到玉阗,玉阗王侯等痛哭流涕,抱着班超的马脚,不让他东行,班超不得已复还疏勒。建初八年(83),任命班超为将兵长史。次年,又派遣和恭等率

班超投笔从戎图

兵接受班超指挥。擒杀疏勒王忠。章和元年(87),班超率于阗等国兵打垮莎车,莎车投降,班超于是威震西域。永元二年(90),贵霜王遣副王谢率兵七万越过葱岭进攻班超,班超坚壁清野,谢粮尽援绝,即遣使请罪,超许其撤退,贵霜王从此不敢再犯汉境。永元三年(91),龟兹、姑墨俱降,汉朝廷任用班超为西域都护。永元六年(94),班超率龟兹、鄯善等国兵打垮焉耆,杀其正,替陈睦复仇。于是西域平定,五十多国都遣质子臣属于汉。永元七年(95),封超为定远侯。永元九年(97),班超派遣甘英出使大秦(罗马帝国),至条支国西海(今波斯湾)受阻而还。永元十四年(102),班超回到洛阳,时已七十一岁,被任命为射声校尉,不久因病去世。班超在西域三十一年,平定了城郭诸国的内乱,对外抵御了强敌,捍卫了西部边疆的安全,促进了西域与中原地区政治、经济、文化的交流,保证了丝绸之路的畅通无阻,建立了卓越的功绩。

【原文】

班超字仲升,扶风安陵人,徐令彪之少子也。为人有大志,不修细节。然内孝谨,居家常执勤苦,不耻劳辱。有口辩,而涉猎书传。永平五年,兄固被召诣校书郎,超与母随至洛阳。家贫,常为官佣书以供养。久劳苦,尝辍业投笔叹曰:"大丈夫无它志略,犹当效傅介子、张骞立功异域,以取封侯,安能久事笔研间乎?"左右皆笑之,超曰:"小子安知壮士志哉"其后行诣相者,曰:"祭酒,布衣诸生耳,而当封侯万里之外。"超问其状,相者指曰:"生燕颔虎颈,飞而食肉,此万里侯相也。"久之,显宗问固:"卿弟安在",固对"为官写书,受直以养老母。"帝乃除超为兰台令史。后坐事免官。

十六年,奉车都尉窦固出击匈奴,以超为假司马,将兵别击伊吾,战于蒲类海,多斩首虏而还。固以为能,遣与从事郭恂俱使西域。

超到鄯善,鄯善王广奉超礼敬甚备,后忽更疏懈。超谓其官属曰:"宁觉广礼意薄乎?此必有北虏使来,狐疑未知所从故也。明者睹未萌,况已著邪。"乃召侍胡诈之曰:"匈奴使来数日,今安在乎?"侍胡惶恐,具服其状。超乃闭侍胡,悉会其吏士三十六人,与共饮,酒酣,因激怒之曰:"卿曹与我俱在绝域,欲立大功,以求富贵。今虏使到裁数日,而王广礼敬即废;如令鄯善收吾属送匈奴,骸骨长为豺狼食矣。为之奈何?"官属皆曰:"今在危亡之地,死生从司马。"超曰:"不入虎穴,不得虎子。当今之计,独有因夜以火攻虏,使彼不知我多少,必大震怖,可殄尽也。灭此虏,则鄯善破胆,功成事立矣。"众曰:"当与从事议之。"超怒曰:"吉凶决于今日。从事文俗吏,闻此必恐而谋泄,死无所名,非壮士也!"众曰:"善。"初夜,遂将吏士往奔虏营。会天大风,超令十人持鼓藏虏舍后,约曰:"见火然,皆当鸣鼓大呼。"余人悉持兵弩夹门而伏。超乃顺风纵火,前后鼓噪。虏众惊乱,超手格杀三人,吏兵斩其使及从士三十余级,余众百许人悉烧死。明日乃还告郭恂,恂大惊,继而色动。超知其意,举手曰:"掾虽不行,班超何心独擅之乎?"恂乃悦。超于是召鄯善王广,以虏使首示之,一国震怖。超晓告抚慰,遂纳子为质。还奏于窦固,固大喜,具上超攻效,并求更选使使西域。帝壮超节,诏固曰:"吏如班超,何故不遣而更选乎?今以超为军司马,令遂前功。"超复受使,固欲益其兵,超曰:"愿将本所从三十余人足矣。如有不虞,多益为累。"

是时于寘王广德新攻破莎车,遂雄张南道,而匈奴遣使监护其国,超既西,先至于寘。广德礼意甚疏。且其俗信巫。巫言:"神怒何故欲向汉?汉使有马,急求取以祠我。"广德乃遣使就超请马。超密知其状,报许之,而令巫自来取马。有顷,巫至,超即斩其首以送广德,因辞让之。广德素闻超在鄯善诛灭虏使,大惶恐,即攻杀匈奴使者而降超。超重赐其王以下,因镇抚焉。

时龟兹王建为匈奴所立,倚恃虏威,据有北道,攻破疏勒,杀其王,而立龟兹人兜题为疏勒王。明年者,超从间道至疏勒。去兜题所居槃橐城九十里,逆遣吏田虑先往降之,敕虑曰:"兜题本非疏勒种,国人必不用命,若不即降,便可执之。"虑既到,兜题见虑轻弱,殊无降意。虑因其无备,遂前劫缚兜题。左右出其不意,皆惊惧奔走。虑驰报超,超即赴之,悉召疏勒将吏,说以龟兹无道之状,因立其故王兄子忠为王,国人大悦。忠及官属皆请杀兜题,超不听,欲示以威信,释而遣之。疏勒由是与龟兹结怨。

十八年,帝崩。焉耆以中国大丧,遂攻没都护陈睦。超孤立无援,而龟兹、姑墨数发兵攻疏勒。超守盘橐城,与忠为首尾,士吏单少,拒守岁余。肃宗初即位,以陈睦新没,恐超单危不能自立,下诏征超。超发还,疏勒举国忧恐。其都尉黎弇曰:"汉使弃我,我必复为龟兹所灭耳。诚不忍见汉使去。"因以刀自刭。超还至于寘,王侯以下皆号泣曰:"依汉使如父母,诚不可去。"互抱超马脚,不得行。超恐于寘终不听其东,又欲遂本志,乃更还疏勒。疏勒两城自超去后,复降龟兹,而与尉头连兵。超捕斩反者,击破尉头,杀六百余人,疏勒复安。

建初三年,超率疏勒、康居、于寘、拘弥兵一万人攻姑墨石城,破之,斩首七百级。超欲因此巨平诸国,乃上疏请兵。曰:"臣窃见先帝欲开西城,故北击匈奴,西使外国。鄯善、于寘即时向化。今拘弥、莎车、疏勒、月氏、乌孙、康居复愿归附,欲共并力破灭龟兹,平通汉道。若得龟兹,则西域未服者百分之一耳。臣伏自惟念,卒伍小吏,实愿从谷吉效命绝域,庶几张骞弃身旷野。昔魏绛列国大夫,尚能和辑诸戎,况臣奉大汉之威,而无铅刀一割之用乎?前世议者皆曰取三十六国,号为断匈奴右臂。今西域诸国,自日之所入,莫不向化,大小欣欣,贡奉不绝,唯焉耆、龟兹独未服从。臣前与官属三十六人奉使绝域,备遭艰厄。自孤守疏勒,于今五载,胡夷情数,臣颇识之。问其城郭大小,皆言'倚汉与依天等'。以是效之,则葱岭可通,葱岭通则龟兹可伐。今宜拜龟兹侍子白霸为其国王,以步骑数百送之,与诸国连兵,岁月之间,龟兹可禽。以夷狄攻夷狄,计之善者也。臣见莎车、疏勒田地肥广,草牧饶衍,不比敦煌、鄯善间也。兵可不费中国而粮食自足。且姑墨,温宿二王,特为龟兹所置,既非其种,更相厌苦,其势必有降反。若二国来降,则龟兹自破。愿下臣章,参考行事。诚有万分,死复何恨。臣超区区,特蒙神灵,窃冀未便僵仆,目见西域平定,陛下举万年之觞,荐勋祖庙,布大喜于天下。"书奏,帝知其功可成,议欲给兵。平陵人徐干素与超同志,上疏愿奋身佐超。五年,遂以干为假司马,将驰刑及义从千人就超。

先是莎车以为汉兵不出,遂降于龟兹,而疏勒都尉番辰亦复反叛。会徐干适至,超遂与干击番辰,大破之,斩首千余级,多获生口。超既破番辰,欲进攻龟兹。以乌孙兵强,宜因其力,乃上言:"乌孙大国,控弦十万,故武帝妻以公主,至孝宣皇帝,卒得其用。今可遣使招慰，与共合力。"帝纳之。八年，拜超为将兵长史。假鼓吹幢麾。以徐干为军司马，别遣卫侯李邑护送乌孙使者，赐大小昆弥以下锦帛。

李邑始到于寘，而值龟兹攻疏勒，恐惧不敢前，因上书陈西域之功不可成，又盛毁超拥爱妻，抱爱子，安乐外国，无内顾心。超闻之叹曰："身非曾参而有三至之谗，恐见疑于当时矣。"遂去其妻。帝知超忠，乃切责邑曰："纵超拥爱妻，抱爱子，思归之士千余人，何能尽与超同心乎？"令邑诣超受节度。诏超："若邑任在外者，便留与从事。"超即遣邑将乌孙侍子还京师。徐干谓超曰："邑前亲毁君，欲败西域，今何不缘诏书留之，更遣它吏送侍子乎？"超曰："是何言之陋也！以邑毁超，故今遣之。内省不疚，何恤人言！快意留之，非忠臣也。"

明年。复遣假司马和恭等四人将兵八百诣超，超因发疏勒、于寘兵击莎车。莎车阴通使疏勒王忠，啖以重利，忠遂反从之。西保乌即城。超乃更立其府丞成大为疏勒王，悉发其不反者以攻忠。积半岁，而康居遣精兵救之，超不能下。是时月氏新与康居婚，相亲，超乃使使多赍锦帛遗月氏王，令晓示康居王，康居王乃罢兵，执忠以归其国，乌即城遂降于超。

后三年，忠说康居王借兵，还居损中，密与龟兹谋，遣使诈降于超。超内知其奸而外伪许之。忠大喜，即从轻骑诣超。超密勒兵待之，为供张设乐。酒行，乃叱吏缚忠斩之，因击破其众，杀七百余人，南道于是遂通。

明年，超发于寘诸国兵二万五千人，复击莎车。而龟兹王遣左将军发温宿、姑墨、尉头合五万人救之。超召将校及于寘王议曰："今兵少不敌，其计莫若各散去。于寘从是而东，长史亦于此西归，可须夜鼓声而发。"阴缓所得生口。龟兹王闻之大喜，自以万骑于西界遮超，温宿王将八千骑于东界徼于寘，超知二虏已出，密召诸部勒兵，鸡鸣驰赴莎车营，胡大惊乱奔走，追斩五千余级，大获其马畜财物。莎车遂降，龟兹等因各退散，自是威震西域。

初，月氏尝助汉击车师有功，是岁贡奉珍宝、符拔、师子，因求汉公主。超拒还其使，由是怨恨。永元二年，月氏遣其副王谢将兵七万攻超。超众少，皆大恐。超譬军士曰："月氏兵虽多，然数千里逾葱岭来，非有运输，何足忧邪？但当收谷坚守，彼饥穷自降，不过数十日决矣。"谢遂前攻超，不下，又钞掠无所得。超度其粮将尽，必从龟兹求救，乃遣兵数百于东界要之。谢果遣骑赍金银珠玉以赂龟兹。超伏兵遮击，尽杀之，持其使首以示谢。谢大惊，即遣使请罪，愿得生归。超纵遣之。月氏由是大震，岁奉贡献。

明年，龟兹、姑墨、温宿皆降，乃以超为都护，徐干为长史。拜白霸为龟兹王，遣司马姚光送之。超与光共胁龟兹废其王尤利多而立白霸，使光将尤利多还诣京师。超居龟兹它乾城，徐干屯疏勒。西域唯焉耆、危须、尉犁以前没都护，怀二心，其余悉定。

六年秋，超遂发龟兹、鄯善等八国兵合七万人，及吏士贾客千四百人讨焉耆。兵到尉犁界，而遣晓说焉耆、尉犁、危须曰："都护来者，欲镇抚三国。即欲改过向善，宜遣大人来迎，当赏赐王侯已下，事毕即还。今赐王绫五百匹。"焉耆王广遣其左将北鞬支奉牛酒迎超。超诘鞬支曰："汝虽匈奴侍子，而今秉国之权。都护自来，王不以时迎，皆汝罪也。"或谓超可便杀之。超曰："非汝所及。此人权重于王，今未入其国而杀之，遂令自疑，设备守险,岂得到其城下哉!"于是赐而遣之。广乃与大人迎超于尉犁,奉献珍物。

焉耆国有苇桥之险,广乃绝桥,不欲令汉军入国。超更从它道厉度。七月晦,到焉耆,去城二十里,营大泽中。广出不意,大恐,乃欲悉驱其人共入山保。焉耆左侯元孟先尝质京师,密遣使以事告超,超即斩之,示不信用。乃期大会诸国王,因扬声当重加赏赐,于是焉耆王广、尉犁王泛及北鞬支等三十人相率诣超。其国相腹久等十七人惧诛,皆亡入海,而危须王亦不至。坐定,超怒诘广曰:"危须王何故不到?腹久等所缘逃亡?"遂叱吏士收广、泛等于陈睦故城斩之,传首京师。因纵兵钞掠,斩首五千余级,获生口万五千人,马畜牛羊三十余万头,更立元孟为焉耆王。超留焉耆半岁,慰抚之。于是西域五十余国悉皆纳质内属焉。

明年,下诏曰:"往者匈奴独擅西域,寇盗河西,永平之末,城门昼闭。先帝深愍边萌婴罹寇害,乃命将帅击右地,破白山,临蒲类,取车师,城郭诸国震慑响应,遂开西域,署都护。而焉耆王舜,舜子忠独谋悖逆,恃其险隘,复没都护,并及吏士。先帝重元元之命,惮兵役之兴,故使军司马班超安集于阗以西。超遂逾葱岭,迄县度,出入二十二年,莫不宾从。改立其王,而绥其人。不动中国,不烦戎士,得远夷之和,同异俗之心,而致天诛,蠲宿耻,以报将士之仇。《司马法》曰:'赏不逾月,欲人速睹为善之利也。'其封超为定远侯,邑千户。"

超自以久在绝域,年老思土。十二年,上疏曰:"臣闻太公封齐,五世葬周,狐死首丘,代马依风。夫周齐同在中土千里之间,况于远处绝域,小臣能无依风首丘之思哉?蛮夷之俗,畏壮侮老。臣超犬马齿歼,常恐年衰,奄忽僵仆,孤魂弃捐。昔苏武留匈奴中尚十九年,今臣幸得奉节带金银护西域,如自以寿终屯部,诚无所恨,然恐后世或名臣为没西域。臣不敢望到酒泉郡,但愿生入玉门关。臣老病衰困,冒死瞽言,谨遣子勇随献物入塞。及臣生在,令勇目见中土。"而超妹同郡曹寿妻昭亦上书请超曰:

妾同产兄西域都护定远侯超,幸得以微功特蒙重赏,爵列通侯,位二千石。天恩殊绝,诚非小臣所当被蒙。超之始出,志捐躯命,冀立微功,以自陈效。会陈睦之变,道路隔绝,超以一身转侧绝域,晓譬诸国,因其兵众,每有攻战,辄为先登,身被金夷,不避死亡。赖蒙陛下神灵,且得延命沙漠,至今积三十年。骨肉生离,不复相识。所与相随时人士众,皆已物故。超年最长,今且七十。衰老被病,头发无黑,两手不仁,耳目不聪明,扶杖乃能行。虽欲竭尽其力,以报塞天恩,迫于岁暮,犬马齿索。蛮夷之性,悖逆侮老,而超旦暮入地,久不见代,恐开奸宄之源,生逆乱之心。而卿大夫咸怀一切,莫肯远虑。如有卒暴,超之气力不能从心,便为上损国家累世之功,下弃忠臣竭力之用,诚可痛也。故超万里归诚,自陈苦急,延颈逾望,三年于今,未蒙省录。

妾窃闻古者十五受兵,六十还之,亦有休息不任职也。缘陛下以至孝理天下,得万国之欢心,不遗小国之臣,况超得备侯伯之位,故敢触死为超求哀,丐超余年。一得生还,复见阙庭,使国永无劳远之虑,西域无仓卒之忧,超得长蒙文王葬骨之恩,子方哀老之惠。《诗》云:'民亦劳止,汔可小康,惠此中国,以绥四方。'超有书与妾生诀,恐不复相见。妾诚伤超以壮年竭忠孝于沙漠,疲老则便捐死于旷野,诚可哀怜。如不蒙救护,超后有一旦之变,冀幸超家得蒙赵母、卫姬先请之贷。妾愚戆不知大义,触犯忌讳。书奏,帝感其言,乃征超还。

超在西域三十一岁,十四年八月至洛阳,拜为射声校尉。超素有胸胁疾,既至,病遂加。帝遣中黄门问疾,赐医药。其年九月卒,年七十一。朝廷愍惜焉,使者吊祭,赠赗甚厚。子雄嗣。

初,超被征,以戊己校尉任尚为都护。与超交代。尚谓超曰:"君侯在外国三十余年,而小人猥承君后,任重虑浅,宜有以诲之。"超曰:"年老失智,任君数当大位,岂班超所能及哉!必不得已,愿进愚言。塞处吏士,本非孝子顺孙,皆以罪过徙补边屯。而蛮夷怀鸟兽之心,难养易败。今君性严急。水清无大鱼,察政不得下和。宜荡佚简易,宽小过,总大纲而已。"超去后,尚私谓所亲:"我以班君当有奇策,今所言平平耳。"尚至数年,而西域反乱,以罪被征,如超所戒。

【译文】

班超,字仲升,扶风郡安陵县人,徐县县令班彪的小儿子。为人有大志,不拘小节。然而内心却孝顺恭谨,在家常干重活,勤劳而不怕吃苦,不以劳累为耻辱。很有口才,博览群书。永平五年,班超的哥哥班固被召任校书郎,班超跟母亲随哥哥来到洛阳。家里清贫,班超常常替官府抄写文书来养家糊口。抄写的久了,枯燥乏味,苦不堪言,曾中止抄写放下笔叹息着说:"大丈夫没有别的志向,应当效法傅介子、张骞,在异域立功,以取得封侯,哪能长久在笔砚间讨生活呢!"周围的人都对他发出嗤嗤的笑声。班超说:"你们这些庸庸碌碌的人,哪能理解壮士的志向!"后来前往看相的人那里去,看相的说:"尊驾,你是个穿布衣的儒生,然而当会封侯于万里之外。"班超询问其中的原因,看相的说:"你长着燕子一样的下巴和老虎一样的脖颈,象征要飞而食肉,这是万里封侯的长相。"过了很久,显宗问班固:"你的弟弟在哪里?"班固回答:"替官府抄写文书,得些钱用来奉养老母。"显宗就任命班超为兰台令史,后来因事被免官。

永平十六年,奉车都尉窦固出击匈奴,任用班超充当代理司马,率军另取道进攻伊吾,在蒲类海交战,斩获很多敌军首级而回。窦固认为他有才能,派遣他与从事郭恂一起出使西域。班超来到鄯善,鄯善王广招待班超在礼仪上非常周到,后来忽然变得疏远而懈怠。班超告诉他的下属官员说:"是否觉得广的礼仪已变得淡薄了?这一定是有北方匈奴的使者来到,鄯善王对依附那一方多疑不决的缘故。聪明的人能察觉将要发生的事情,何况现在的事情已经很明白了呢?"

于是,班超把侍候他们的鄯善人找来,诈他说:"匈奴的使者已经来了几天了?他们住在哪里?"侍者张皇失措,实话实说。班超把侍者关了起来。然后召集三十六名部下到一起,与他们一起喝酒,喝到酣畅耳热的时候,趁机激怒部下说:"你们同我都在偏僻遥远的西域,打算建立大功,以便取得富贵。现在匈奴使者才来几天,鄯善王广就对我们如此无礼,如果让鄯善人把我们绑起来送往匈奴,那么我们的躯体就要作豺狼的食物了。对此怎么办呢?"部下都说:"现在处于危险的境地,生死关头,我们全听司马。"班超说:"不进老虎洞,怎能捉到小老虎!根据现在的形势,只有趁黑夜用火攻匈奴使者,让他们不知道我们人数多少,必然会异常震惊恐怖,可以全部被消灭。消灭了这批匈奴使者,那么鄯善就被吓破了胆,我们可以大功告成事业建立了。"大家说:"此事应该和从事商量商量。"班超怒气冲天地说:"成败决定于今天,从事是个普通的文官,他听了这个计划,必然恐惧,而使计谋泄露,我们将一无所成地死去。这绝不是壮士所干的!"众人一致说:"好。"

天刚刚黑,班超就带领部下奔往匈奴的营地。恰巧碰上天空刮起大风,班超命令十个人手里拿着战鼓藏在匈奴使者住房的后面,约定说:"看见火起,都要立即猛力击鼓,大喊大叫。"其余的人都手里拿着兵器弩箭从两面封锁着大门而埋伏下来。班超就顺着风势点起火来,前后埋伏的人击鼓呐喊。匈奴人受惊乱窜,班超亲手格杀三人,部下斩下匈奴使者及其随从士兵三十多人的首级,其余的一百多人都被烧死。第二天,班超才回来告诉了郭恂,郭恂大惊,接着脸色有所变化。班超知道他的意思,举手说:"你虽然没有参加这次行动,但班超哪有心独占这份功劳呢?"郭恂这才高兴起来。

班超

班超于是召见鄯善王广,拿匈奴使者的首级给他看,鄯善全国为之震惊害怕。班超开导安抚鄯善王,鄯善王于是把自己的儿子送往汉朝,作为质子。班超回去以后,把这一胜利向窦固做了汇报。窦固很高兴,详细上报了班超的功劳成效,并请求重新选拔使者出使西域。明帝赏识班超的气节,下诏给窦固说:"有像班超那样的官吏,为什么不派他去而要求另选呢?现在提升班超为军司马,命令他继续完成以前的功业。"班超再次受命出使。窦固打算给他增派士兵,班超说:"愿率领原来跟从我的三十多人就够了,如果出现了什么意外的情况,人多了反而是个累赘。"这时于阗王广德刚刚攻破莎车国,于是称雄于天山南路,而匈奴派遣使者监护他的国家。班超已经出发西进,首先到达于阗。广德接见的礼仪非常不周详。而且该国的风俗迷信神巫。神巫说:"天神发怒了,问为什么要归服汉朝?汉朝的使者有一匹浅黑色的马。赶快把马牵来杀死祭我。"于阗王就派人去向班超讨马。班超暗地里知道了这个消息,回答允许让马,不过要神巫自己来牵马。过了一会儿,神巫来到。班超立即斩下他的首级送给广德,并因此指责他。广德向来听说班超在鄯善时消灭了匈奴使者的事情,非常恐慌,马上攻击杀死匈奴使者而投降班超。班超重赏于阗王及其文臣武将,并乘机安抚他们。当时龟兹王建是匈奴扶持起来的,他依仗匈奴的力量,占据天山北路,并派兵攻破疏勒,杀了他们的国王,而立龟兹人兜题为疏勒王。第二年春天,班超率领部下从抄近的小路来到疏勒。在离兜题居住的槃橐城有九十里的地方,派一个叫田虑的小官去招降兜题,班超指示田虑说:"兜题本不是疏勒人,该国人一定不服从他的命令,他若不立即投降,你就把他抓起来。"田虑只身一人来到槃橐兜题的王宫,兜提看田虑位轻势弱，没有丝毫投降的意思。田虑趁其不备，于是向前劫持并捆绑了他。兜题身旁的人因事出意外，被田虑的突然行动吓得四散逃跑了，田虑把兜题挟在腋下，纵身上马，飞一般地去见班超。班超等人立即扬鞭策马，奔向槃橐城。到了那里，班超把疏勒的文武官员召集起来，向他们宣布龟兹攻灭疏勒的霸道行径和兜题的种种暴虐行为，趁机立了被龟兹杀死的疏勒国王的侄子名叫忠的来做国王，老百姓非常高兴。疏勒新国王忠和他的官吏们一致请求班超，要求把兜题杀掉，班超不同意，打算从此树立威信，放走了兜题。疏勒从此同龟兹结了怨。

永平十八年，明帝去世。焉耆因为中国有国丧，于是攻杀了西域都护陈睦。班超孤立无援，而龟兹、姑墨几次发兵进攻疏勒。班超固守槃橐城，与忠互为首尾。尽管他们兵力单薄，仍然坚守了一年多。肃宗刚刚登极，因为西域都护陈睦刚刚战死，担心班超人单势危不能自保，下诏召班超撤回汉朝。

班超出发撤回汉朝，疏勒举国忧虑恐惧。该国有一个叫黎的都尉说："汉朝的使者一旦抛弃了我们，我们疏勒国就会再一次被龟兹灭亡。实在不忍心看见汉朝的使者离去。"说罢，就用刀自杀了。班超回到于阗，于阗的王侯以下都呼号悲泣，说："我们依靠汉朝使者如同孩子依靠父母一样，实在不可以离我们而去。"互相抱着班超坐骑的脚，使班超无法前行。班超担心于阗国最终不会让他东进，又打算继续完成自己的志向，于是又回到了疏勒。疏勒有两座城在班超离开以后，又投降了龟兹，并和尉头国联合。班超逮捕斩杀了反叛者，打败了尉头国，杀了六百多人，疏勒再度安定下来。

建初三年，班超统率疏勒、康居、于阗，拘弥等国军队一万多人攻打姑墨国的石城，攻破了它，斩首七百级。班超打算趁机平定各国，就上疏请求增派军队，说："臣看见先帝打算开通西域，所以北面进击匈奴，西面出使各国，鄯善、于阗立即归附。而今拘弥、莎车、疏勒、月氏、乌孙、康居又愿意归附，打算共同合力平灭龟兹，打开通往汉朝的道路。如果得到龟兹，那么西域不顺从的只有百分之一了。臣伏地自思，我出身于军队小官，实愿踏着谷吉的足迹，捐躯于偏僻遥远的边地，也许可以像张骞那样弃身于空旷的原野。从前魏绛不过是诸侯国的一个大夫，尚且能够与戎人和好，何况臣凭借大汉的声威，而连铅刀一割的用处都没有吗？前事评议的人都说夺取西域三十六国，称为断匈奴右臂。现在西域各国，从日落之处起，没有不归化的，大小国家喜悦，献物给朝廷不断，只有焉耆、龟兹还没有归服顺从。臣以前和部下三十六人出使偏僻遥远的西域，备遭艰难困苦。自从孤军坚守疏勒，至今已有一年，胡夷的心理，臣很能领会。问西域大小城郭诸国，都说'依靠汉朝与依靠上天相同'。由此证验，那么葱岭之道可以打通；葱岭之道打通了，那么龟兹不就可以讨伐。现在应该任命龟兹侍子白霸为该国国王，以步、骑兵几百人送他前往，与各国的军队联合，年月之间，龟兹可以擒服。用夷狄进攻夷狄，是上等的计策。臣看见莎车、疏勒的土地肥沃宽广，牧草丰盛，不比敦煌、鄯善之间的差，出征的士兵可以不费中国的粮草而自给自足。况且姑墨、温宿二国国王，是被龟兹所扶立，既不是该二国的人，更被该二国人民所厌恶，势必会有反叛、归降的事件发生。如果二国前来投降，那么龟兹不攻自破。希望下发臣的奏章，让大臣参考定计。实在有万分之一可取之处，即使死了又有什么怨恨呢。臣班超渺小，特蒙神灵保佑，暗中希望不要让我现在死去，让我能亲眼看见西域的平定，陛下举起祝贺的酒杯，告大功于祖庙，宣布大喜于天下。"此书奏上，章帝知道这件事可以成功，商议打算派给部队。平陵人徐干素来与班超志同道合，上书愿意奋不顾身辅佐班超。建初五年，于是任用徐干为代理司马，率领驰刑徒和义从一千人前往增援班超。

此前莎车认为汉军不会出塞，于是投降了龟兹，而疏勒国都尉番辰也跟着叛变。恰巧碰上徐干刚到，班超就和徐干进击番辰，大败番辰，斩首一千多级，捕获了许多俘虏。班超已经击败番辰，打算进攻龟兹。认为乌孙的兵力强大，应借助它的力量，就上书说："乌孙是个大国，有士兵十万，所以武帝把公主嫁给乌孙王为妻，到孝宣皇帝的时候，终于得到乌孙的帮助。现在可以派遣使者去招抚他们，与他们齐心合力对付龟兹。"章帝接受了这个建议，建初八年，任命班超为将兵长史，给予大将军的乐队、旗帜和仪仗。任用徐干为军司马，另外派遣卫侯李邑护送乌孙使者，赏赐大小昆弥以下官员锦帛。

李邑才到于阗，正当龟兹进攻疏勒，李邑害怕，不敢前行，因此上书陈述西域的事情不会成功，又大肆毁谤班超拥抱爱妻、爱子，在外国过安乐的生活，没有内顾中国之心。班超听说后，叹息说："我不是曾参却遭到接二连三谗言的攻击，恐怕要受到当朝的怀疑了。"于是休退了他的妻子。章帝知道班超忠诚，于是痛切地责备李邑说："即使班超拥爱妻、抱爱子，想回国的士兵有一千多人，为什么都能同班超一条心呢？"命令李邑前往班超那里接受部署和节制调度，下诏给班超："如果李邑在你那里有可以委派的任务，可以留下来任职。"班超马上派李邑带领乌孙侍子回京师。徐干对班超说："李邑以前亲自诋毁您，打算破坏夺取西域的大计，现在为什么不遵照诏书留下他，换派其他官吏送侍子呢？"班超说："为什么话说得这样粗陋？因为李邑毁谤我班超，所以今天派遣他回去。自己问心无愧，何必担忧别人说什么！图一时内心的痛快而留下他，不是忠臣。"

第二年，又派遣代理司马和恭等四人率兵八百前往班超那里，班超乘机调发疏勒、于阗的军队进攻莎车。莎车暗暗地派使者到疏勒王忠那里，以重利引诱他，忠于是反叛顺从莎车，向西守卫乌即城。班超就另立疏勒国的府丞成大充当疏勒王，全部调发没有反叛的人去进攻忠，双方对峙了半年之久，而康居派遣精兵援救忠，班超不能取胜。当时大月氏新与康居结亲，互相友善，班超就派使者多带锦帛送给大月氏王，让他去说服康居王，康居王于是罢兵，把忠带回到他的国家，乌即城就向班超投降了。

过了三年，忠说动康居王借了军队，回来占据了损中城，秘密地与龟兹策划，派使者向班超伪降。班超内心里知道他的奸计而外表装作答应他的样子。忠大为喜悦，立即率领轻装骑兵前来见班超。班超秘密地安排伏兵以等待忠。为他摆宴奏乐，喝了一会儿酒，便大声呵斥部下把忠绑起来杀掉。趁机袭击打败了他的队伍，杀死七百多人，天山南路于是就畅通无阻了。

次年，班超调集于阗等国的军队二万五千人，再次进攻莎车。而龟兹王派遣左将军调发温宿、姑墨、尉头等国合计五万人援救莎车。班超召集将校和于阗王商议说："现在兵少难以匹敌，对付的计策不如各自散去。于阗的部队从这儿向东，长史也从这里西归，等到夜里以鼓为号，听到鼓声，就各自出发。"消息传开以后，班超暗暗地嘱咐看守俘虏的士兵放松戒备，让被俘的龟兹士兵逃回去报告消息。龟兹王听了大喜，自己带领一万名骑兵在西部边界截击班超，让温宿王率领八千骑兵在东部边界伏击于阗部队。班超得知二支敌军已经出发，秘密召集各部整装，鸡叫时奔赴莎车营地，胡人大惊，慌乱奔跑，追击斩首五千余级，大量缴获马匹、牲畜、钱财和物资。莎车于是投降，龟兹等国的军队因而各自退走四散，从此班超威震西域。

当初，大月氏曾经帮助汉朝进击车师有功，这一年进贡奉献珍宝、符拔和狮子，因而求娶汉朝公主做妻子，班超拒绝了大月氏王的请求，让大月氏的使者回去，因此引起了大月氏王的怨恨。永元二年，大月氏派遣她的副王谢率领部队七万攻打班超。班超的士兵较少，都非常害怕。班超开导士兵说："月氏兵虽然多，然而跋涉几千里翻越葱岭而来，没有给养补充，有什么担忧的呢？但应当坚壁清野，坚守不战，他们饥饿极了自然会来投降，不过几十天就可决定胜负了。"谢于是前来攻打班超，攻不下，便放纵士兵四处抢掠，然而一无所获。班超估计他们的粮食快要用光了，必定向龟兹求救，于是派遣几百名士兵在东部边界截击他们。谢果然派遣骑兵携带金银珠宝美玉等赠送龟兹。班超的伏兵拦击，把他们全杀死，手里拿着他们使者的首级给谢看。谢大为惊恐。马上派遣使者前来请罪，希望能让他们活着回去。班超放回了他们。大月氏因此大受震动，年年岁岁，向汉朝贡献方物。

第二年，龟兹、姑墨、温宿都来投降，于是任用班超充当西域都护府都护，徐干充当长史。任命白霸充当龟兹王，派遣司马姚光护送他。班超与姚光共同胁迫龟兹废掉她的国王尤利多而拥立白霸，让光带领尤利多回到京师。班超居住龟兹它乾城，徐干屯守疏勒。西域只有焉耆、危须、尉犁因为从前曾杀死过都护，怀有二心，其余的国家全部平定。

永元六年，班超于是调集龟兹、鄯善等八国兵合计七万人，以及部下和商人一千四百人讨伐焉耆。部队到达尉犁国界，便派遣使者晓谕焉耆、尉犁、危须说："我们都护前来，是打算安抚三国，如想改过从善，应该派遣高级官员来迎接都护。我们都护自当赏赐王侯以下。事情办完就回师。现在赏赐国王五色丝绸五百匹。"焉耆王广派遣他的左将北犍支牵着牛抬着酒来迎接班超。班超质问北犍支说："你虽然是匈奴侍子，而今却掌握着国家的权力，都护亲自前来，国王不及时出迎，都是你的罪过。"有人向班超建议，要乘机杀掉北犍支。班超说："不是你所能考虑得到的，这个人的权力比国王还大，现在我们还没有进入焉耆，就先把他杀了，那会使他们增疑，严加防备，扼守险要，我们难道能顺利地到达他们的城下吗？"于是赏赐北犍支许多礼物，送他回去。广就和高级官员在尉犁迎接班超，并献上珍奇的礼物。

焉耆国有一座"苇桥"，是进入焉耆的通道，广于是封锁该桥，不打算让汉军进入焉耆国。班超改从其他道路越境。七月的最后一天，到达焉耆，离城二十里，安营在大泽之中。广因出乎意外，大惊失色，于是想丢弃王城，驱赶百姓做掩护，退居山中的城堡里去。焉耆左侯元孟从前曾在京师时作质子，秘密派遣使者把这件事告诉班超，班超马上把他斩杀，表示不相信。于是约定某一天班超要和各国国王见面，还宣扬将要重加赏赐，于是焉耆王广、尉犁王汛和北犍支等三十人相跟着来见班超。焉耆国相腹久等十七人害怕被杀，都逃亡入海里，而危须王也没有赴会。坐下来后，班超怒气冲冲地质问焉耆王广："危须王为什么没有来到？腹久等人为什么逃走？"于是喝令部下把广和汛等人当场捉拿，押到陈睦过去驻守的城址外杀掉，送首级到京师。因而放纵士兵抄掠，斩首五千余级，抓获俘虏一万五千人、马牛羊三十多万头，改立元孟为焉耆王。班超在焉耆留住了半年，安抚他们。

第二年，皇帝下诏说："以往匈奴独占西域，抢掠河西，永平末年，城门白天也须关闭。先帝深深同情边民遭受敌寇杀害，就命令将师出击西部，攻破雪山，兵临蒲类，取得车师，城郭各国受到震慑，纷纷归附，于是开通西域，设置都护，而焉耆王舜、舜的儿子忠独自策划反叛，倚仗该国有险要的关隘，杀害西域都护，并加害到都护的部下。先帝重视平民的生命，害怕再兴兵役，所以派遣军司马班超安抚于阗以西城郭各国。班超于是越过葱岭，抵达悬度，出入二十二年，城郭各国，没有不宾服的。改立各国国王，而安定各国的人民，不动摇中国，不烦调发士兵，使得远方夷人地区，呈现一派和平兴旺的景象，统一不同风俗的人们的心态，而行上天的诛伐，消除过去的耻辱，以报阵亡将士的仇恨。《司马法》说：'奖赏不能拖过一个月，想让人们能迅速看到做善事的好处。'封班超充当定远侯，享受一千户人家的赋税。"

班超自己感到在偏僻遥远的西域住得太久了，年老思念故土。永元十二年，上书说："臣听说太公封在齐国，五代死后都埋葬在周地，狐狸将死头必然向狐穴所在山丘，代郡的马不忘故乡而依恋北风。周、齐两地同在中原，只有千里之隔，何况我处在遥远荒凉的边地，小臣怎能没有依恋北风，头向故土的思念呢？蛮夷的风俗，畏惧壮年人，欺侮老年人。臣班超如狗马变老，牙齿不全，时常害怕风烛残年，经不起风霜，一旦倒下，孤魂弃于他乡。昔日苏武困留匈奴之中有十九年，而今臣有幸得以奉节带印，监管领护西域，如果是以享年终老驻守地，实在无所遗恨，然而恐怕后世人有功业已就而身死异域之讥。臣不敢奢望回到酒泉郡，但愿活着进入玉门关。臣衰老多病，冒死妄言，谨派儿子班勇带着进贡礼物进入塞内。趁臣还活着的时候，让班勇亲眼看见中原的故土。而班超的妹妹、同郡人曹寿的妻子班昭也上书为班超请求说：

妾同胞哥哥西域都护定远侯班超，有幸得以小功特别蒙受重赏，爵位列在通侯，官秩等级二千石。天恩特出，确实不是小臣所应该蒙受的。班超开始出使西域，志在为国献身，希望建立小功，以身报效。恰巧碰上陈睦败死的事变，道路阻隔断绝，班超以一身辗转在偏僻遥远的地区，晓喻开导各国，利用他们的部队，每次战斗，总是冲杀在前，身受金属武器的伤害，不怕死亡。依赖承蒙陛下的神异威灵，才得以在沙漠之地延长寿命，至今累计已达三十年。至亲生离，不再相识。原来跟随他的部下不少，都已经去世。班超年龄最大，今年已经七十岁了。衰老多病，头发全白，双手不听使唤。视觉、听觉不灵敏，扶着手杖才能行走。虽然想竭尽全力，用来报答帝王的恩赐，但困于年迈，如狗马牙齿落尽。蛮夷的习性，狂悖忤逆，欺侮老人。而班超朝夕间可能去世，长久不见有人接替，恐怕会造成为非作歹人的出现，和叛逆作乱之心的滋生。而卿大夫都心怀侥幸，没有人肯做长远的考虑。如果出现突发的暴乱，班超已是力不从心。那么对上亏损国家多世建立的功业，对下抛弃忠臣竭尽全力取得的成果。实在值得痛惜，所以班超万里上书自述心中的甘苦和焦虑，伸着脖颈眺望，至今已有三年，未见审察评议。

妾私下听说古时候十五岁服兵役，六十岁复员，也有休息不再任职的。由于陛下用至孝治天下,所以得到万国的欢心,不遗弃小国的臣属,何况班超已得到侯伯的爵位,所以敢冒死替班超请求怜悯,乞求班超得享余年。一旦得以活着回来,重见宫阙,使国家没有远征的顾虑,西域也无叛乱的忧患,班超得以长久蒙受魏文侯葬骨般的恩宠、田子方哀怜老马般的仁惠。《诗经》说:"人民也真劳苦啦!该让他们躺一躺。爱护京城这些人,因而安抚了四方。"班超有书信与妾活着诀别,恐怕不能再度相见。妾确实伤心班超在壮年之时竭忠尽孝于沙漠之地,疲惫衰老的时候捐躯于空旷的原野之上,实在使人哀痛怜悯。如果得不到救护,班超以后有一天遭遇变故,希望班超一家有幸能得到赵括之母和卫姬那种不受连坐的优待。妾愚直不懂大义,冒犯禁讳。

汉和帝看了班昭的书奏,被她的话所感动,于是调班超回汉。

班超在西域三十一年。永元十四年八月到洛阳,被任命充当射声校尉。班超平素患有胸痛病,回来以后,病情加重。和帝派中黄门探问病情,赐给医药。这年九月病死,享年七十一岁。朝廷怜惜他,派使者前吊祭、所赠葬具非常优厚。子班雄继承爵位。

当初,班超被调回,任用戊己校尉任尚充当都护。与班超办理交接事宜,任尚对班超说:"君侯在外国三十余年,小人卑下而继任君侯的职位,责任重大而计谋思虑肤浅,应该对我有所教诲。"班超说:"我年老昏愦,任君多次担当重要职务,难道是班超所能够企望赶上的吗?实在不得已,愿进愚钝的建议。塞外的吏士,本来不是孝子贤孙,都是因为罪过发配到边地军营中屯田的。而蛮夷怀有鸟兽之心,难抚养而易滋事。现在你性情严急,水清无大鱼,苛察得不到属下的人附和。应当摆脱世务,自求安逸,治理简易,宽宥小过,只抓大原则就行了。"班超离开后,任尚私下对亲信说:"我认为班君会有奇异的计谋相告,今天所说平平而已。"任尚来后几年时间,西域便发生叛乱,因为失职罪被调回,正如班超所告诫的那样。

王充、王符、仲长统传

【题解】

王充(公元 27~约 97 年),字仲任,东汉会稽上虞(今属浙江)人。曾游都城洛阳,在太学师事班彪。家境贫寒,经常到书摊看书,因此博通百家之言。后回乡教书。官至郡功曹、治中,均不得意。他一生的主要精力在于著书立说,不信神,不信鬼,不做圣贤之言的奴隶,批判虚妄,追求真理,毫不畏惧权势,是一位出色的唯物主义无神论思想家。生平及思想主要见于所著的《论衡》。

王符(约公元 85~162 年),字节信,东汉安定临泾(今甘肃镇原)人。他终身隐居著书,研讨治国安民之术,对当时的政治、经济、社会习尚都进行了尖锐的批判,认为社会的祸乱是统治者昏庸造成的,把希望寄托在明君贤臣身上。著作有《潜夫论》,本传选录了五篇。

仲长统(公元 180~220 年),字公理,东汉山阳高平(今山东金乡西北)人。从小好学,生性倜傥,敢于直言,不拘小节,当时人称为狂生。官至尚书郎,曾帮助曹操办理军务。他对当时社会风气的侈靡腐败极为不满,认为富贵产生不仁,荒淫导致昏庸,是世乱的根源所在,并提出各种改变世风的主张。著作有《昌言》,大部分佚失,本传选录了三篇。

【原文】

王充字仲任,会稽上虞人也,其先自魏郡元城徙焉。充少孤,乡里称孝。后到京师,受业太学,师事扶风班彪。好博览而不守章句。家贫无书,常游洛阳市肆,阅所卖书,一见辄能诵忆,遂博通众流百家之言。后归乡里,屏居教授。仕郡为功曹,以数谏争不合去。

充好论说,始若诡异,终有理实。以为俗儒守文,多失其真,乃闭门潜思,绝庆吊之礼,户牖墙壁各置刀笔。著《论衡》八十五篇,二十余万言,释物类同异,正时俗嫌疑。

刺史董勤辟为从事,转治中,自免还家。友人同郡谢夷吾上书荐充才学,肃宗特诏公车征,病不行。年渐七十,志力衰耗,乃造《养性书》十六篇,裁节嗜欲,颐神自守。永元中,病卒于家。

王符字节信,安定临泾人也。少好学,有志操,与马融、窦章、张衡、崔瑗等友善。安定俗鄙庶孽,而符无外家,为乡人所贱。自和、安之后,世务游宦,当涂者更相荐引,而符独耿介不同于俗,以此遂不得升进。志意蕴愤,乃隐居著书三十余篇,以讥当时失得,不欲彰显其名,故号曰《潜夫论》。其指讦时短,讨谪物情,足以观见当时风政,著其五篇云尔。

《贵忠篇》曰:

夫帝王之所尊敬者天也,皇天之所爱育者人也。今人臣受君之重位,牧天之所爱,焉可以不安而利之,养而济之哉?是以君子任职则思利人,达上则思进贤,故居上而下不怨,在前而后不恨也。《书》称"天工人其代之"。王者法天而建官,故明主不敢以私授,忠臣不敢以虚受。窃人之财犹谓之盗,况偷天官以私己乎!以罪犯人,必加诛罚,况乃犯天,得无咎乎?夫五代之臣,以道事君,泽及草木,仁被率土,是以福祚流衍,本支百世。季世之臣,以谄媚主,不思顺天,专杖杀伐。白起、蒙恬,秦以为功,天以为贼;息夫、董贤,主以为忠,天以为盗。《易》曰:"德薄而位尊,智小而谋大,鲜不及矣。"是故德不称,其祸必酷;能不称,其殃必大。夫窃位之人,天夺其鉴,虽有明察之资,仁义之志,一旦富贵,则背亲捐旧,丧其本心,疏骨肉而亲便辟,薄知友而厚犬马,宁见朽贯千万,而不忍贷人一钱,情知积粟腐仓,而不忍贷人一斗,骨肉怨望于家,细人谤讟于道。前人以败,后争袭之,诚可伤也。

历观前政贵人之用心也,与婴儿子其何异哉?婴儿有常病,贵臣有常祸,父母有常失,人君有常过。婴儿常病,伤于饱也;贵臣常祸,伤于宠也。哺乳多则生痫病,富贵盛而致骄疾。爱子而贼之,骄臣而灭之者,非一也。极其罚者,乃有仆死深牢,衔刀都市,岂非无功于天,有害于人者乎?夫鸟以山为卑而增巢其上,鱼以泉为浅而穿穴其中,卒所以得者饵也。贵戚愿其宅吉而制为令名,欲其门坚而造作铁枢,卒其所以败者,非苦禁忌少而门枢朽也,常苦崇财货而行骄僭耳。

不上顺天心,下育人物,而欲任其私智,窃弄君威,反戾天地,欺诬神明。居累卵之危,而图太山之安;为朝露之行,而思传世之功,岂不惑哉!岂不惑哉!

《浮侈篇》曰:

王者以四海为家,兆人为子。一夫不耕,天下受其饥;一妇不织,天下受其寒。今举俗舍本农,趋商贾,牛马车舆,填塞道路,游手为巧,充盈都邑,务本者少,浮食者众。"商邑翼翼,四方是极。"今察洛阳,资末业者什于农夫,虚伪游手什于末业。是则一夫耕,百人食之,一妇桑,百人衣之,以一奉百,孰能供之!天下百郡千县,市邑万数,类皆如此。本末不足相供,则民安得不饥寒?饥寒并至,则民安能无奸轨?奸轨繁多,则吏安能无严酷?严酷数加,则下安能无愁怨?愁怨者多,则咎徵并臻。下民无聊,而上天降灾,则国危矣。

夫贫生于富,弱生于强,乱生于化,危生于安。是故明王之养民,忧之劳之,教之诲之,慎微防萌,以断其邪。故《易》美节以制度,不伤财,不害民。《七月》之诗,大小教之,终而复始。由此观之,人固不可恣也。

今人奢衣服,侈饮食,事口舌而习调欺。或以谋奸合任为业,或以游博持掩为事。丁夫不扶犁锄,而怀丸挟弹,携手上山邀游。或好取土作丸卖之,外不足御寇盗,内不足禁鼠雀。或作泥车瓦狗诸戏弄之具,以巧诈小儿。此皆无益也。

《诗》刺"不绩其麻,市也婆娑"。又妇人不修中馈,休其蚕织,而起学巫祝,鼓舞事神,以欺诬细民,荧惑百姓妻女。嬴弱疾病之家,怀忧愤愤,易为恐惧。至使奔走便时,去离正宅。崎岖路侧,风寒所伤,奸人所利,盗贼所中。或增祸重祟,至于死亡,而不知巫所欺误,反恨事神之晚,此妖妄之甚者也。

或刻画好缯,以书祝辞;或虚饰巧言,希致福祚;或糜折金彩,令广分寸;或断截众缕,绕带手腕;或裁切绮縠,缝絍成幡。皆单费百缣,用功千倍,破牢为伪,以易就难,坐食嘉谷,消损白日。夫山林不能给野火,江海不能实漏卮,皆所宜禁也。

昔孝文皇帝躬衣弋绨,革舄韦带,而今京师贵戚,衣服饮食,车舆庐第,奢过王制,固亦甚矣。且其徒御仆妾,皆服文组彩牒,锦绣绮纨,葛子升越,筒中女布。犀象珠玉,虎魄瑇瑁,石山隐饰,金银错镂,穷极丽靡,转相夸咤。其嫁娶者,车軿数里,缇帷竟道,骑奴侍童,夹毂并引。富者竞欲相过,贫者耻其不逮,一飨之所费,破终身之业。古者必有命然后乃得衣缯丝而乘车马,今虽不能复古,宜令细民略用孝文之制。

古之葬者,厚衣之以薪,葬之中野,不封不树,丧期无数。后世圣人易之以棺椁,桐木为棺,葛采为缄,下不及泉,上不泄臭。中世以后,转用楸梓槐柏杶樗之属,各因方土,裁用胶漆,使其坚足恃,其用足任,如此而已。今者京师贵戚,必欲江南檽梓豫章之木。边远下土,亦竞相放效。夫檽梓豫章,所出殊远,伐之高山,引之穷谷,入海乘淮,逆河泝洛,工匠雕刻,连累日月,会众而后动,多牛而后致,重且千斤,功将万夫,而东至乐浪,西达敦煌,费力伤农于万里之地。古者墓而不坟,中世坟而不崇。仲尼丧母,冢高四尺,遇雨而崩,弟子请修之,夫子泣曰:"古不修墓。"及鲤也死,有棺无椁。文帝葬芷阳,明帝葬洛南,皆不臧珠宝,不起山陵,墓虽卑而德最高。今京师贵戚,郡县豪家,生不极养,死乃崇丧。

或至金缕玉匣，檽梓楩柟，多埋珍宝偶人车马，造起大冢，广种松栢，庐舍祠堂，务崇华侈。案郜毕之陵，南城之冢，周公非不忠，曾子非不孝，以为褒君爱父，不在于聚财，扬名显亲，无取于车马。昔晋灵公多赋以雕墙，《春秋》以为不君；华元、乐举厚葬文公，君子以为不臣，况于群司士庶，乃可僭侈主上，过天道乎？

《实贡篇》曰：

国以贤兴，以谄衰；君以忠安，以佞危。此古今之常论，而时所共知也。然衰国危君，继踵不绝者，岂时无忠信正直之士哉，诚苦其道不得行耳。夫十步之间，必有茂草；十室之邑，必有忠信。是故乱殷有三仁，小卫多君子。今以大汉之广土，士民之繁庶，朝廷之清明，上下之修正，而官无善吏，位无良臣。此岂时之无贤，谅由取之乖实。夫志道者少与，逐俗者多畴，是以朋党用私，背实趋华。其贡士者，不复依其质干，准其才行，但虚造声誉，妄生羽毛。略计所举，岁且二百。览察其状，则德侔颜、冉，详核厥能，则鲜及中人，皆总务升官，自相推达。夫士者贵其用也，不必求备。故四友虽美，能不相兼；三仁齐致，事不一节。高祖佐命，出自亡秦；光武得士，亦资暴莽。况太平之时，而云无士乎！

夫明君之诏也若声，忠臣之和也如响。长短大小，清浊疾徐，必相应也。且攻玉以石，洗金以盐，濯锦以鱼，浣布以灰。夫物固有以贱理贵，以丑化好者矣。智者弃短取长，以致其功。今使贡士必核以实，其有小疵，勿强衣饰，出处语默，各因其方，则萧、曹、周、韩之伦，何足不致，吴、邓、梁、窦之属，企踵可待。孔子曰："未之思也，夫何远之有？"

《爱日篇》曰：

国之所以为国者，以有民也。民之所以为民者，以有谷也。谷之所以丰殖者，以有民功也。功之所以能建者，以日力也。化国之日舒以长，故其民闲暇而力有馀；乱国之日促以短，故其民困务而力不足。舒长者，非谓羲和安行，乃君明民静而力有馀也。促短者，非谓分度损减，乃上暗下乱，力不足也。孔子称"既庶则富之，既富乃教之"。是故礼义生于富足，盗窃起于贫穷；富足生于宽暇，贫穷起于无日。圣人深知力者民之本，国之基也，故务省徭役，使之爱日。是以尧敕羲和，"钦若昊天，敬授民时"。明帝时，公车以反支日不受章奏，帝闻而怪曰："民废农桑，远来诣阙，而复拘以禁忌，岂为政之意乎！"于是遂蠲其制。今冤民仰希申诉，而令长以神自畜，百姓废农桑而趋府廷者，相续道路，非朝晡不得通，非意气不得见。或连日累月，更相瞻视；或转请邻里，馈粮应对。岁功既亏，天下岂无受其饥者乎？

孔子曰："听讼吾犹人也。"从此言之，中才以上，足议曲直，乡亭训吏，亦有任决断者，而类多枉曲，盖有故焉。夫理直则恃正而不桡，事曲则谄意以行赇。不桡故无恩于吏，行赇故见于私法。若事有反覆，吏应坐之。吏以应坐之故，不得不枉之于庭。以赢民之少党，而与豪吏对讼，其势得无屈乎？县承吏言，故与之同。若事有反覆，县亦应坐之。县以应坐之故，而排之于郡。以一民之轻，而与一县为讼，其理岂得申乎？事有反覆，郡亦坐之。郡以共坐之故，而排之于州。以一民之轻，与一郡为讼，其事岂获胜乎？既不肯理，故乃远诣公府。公府复不能察，而当延以日月。贫弱者无以旷旬，强富者可盈千日。理讼若此，何枉之能理乎？正士怀怨结而不见信，猾吏崇奸轨而不被坐，此小民所以易侵苦，而天下所以多困穷也。

且除上天感痛致灾，但以人功见事言之。自三府州郡，至于乡县典司之吏，辞讼之民，官事相连更相检对者，日可有十万人。一人有事，二人经营，是为日三十万人废其业也。以中农率之，则是岁三百万人受其饥者也。然则盗贼何从而销，太平何由而作乎？《诗》云："莫肯念乱，谁无父母？"百姓不足，君谁与足？可无思哉！可无思哉！

《述赦篇》曰：

凡疗病者，必知脉之虚实，气之所结，然后为之方，故疾可愈而寿可长也。为国者，必先知民之所苦，祸之所起，然后为之禁，故奸可塞而国可安也。今日贼良民之甚者，莫大于数赦赎。赦赎数，则恶人昌而善人伤矣。何以明之哉？夫谨敕之人，身不蹈非，又有为吏正直，不避强御，而奸猾之党横加诬言者，皆知赦之不久故也。善人君子，被侵怨而能至阙庭自明者，万无数人；数人之中得省问者，百不过一；既对尚书而空遣去者，复什六七矣。其轻薄奸轨，既陷罪法，怨毒之家冀其辜戮，以解畜愤，而反一概悉蒙赦释，令恶人高会而夸咤，老盗服藏而过门，孝子见仇而不得讨，遭盗觊物而不敢取，痛莫甚焉！

夫养稂莠者伤禾稼，惠奸轨者贼良民。《书》曰："文王作罚，刑兹无赦。"先王之制刑法也，非好伤人肌肤，断人寿命也；贵威奸惩恶，除人害也。故经称"天命有德，五服五章哉，天讨有罪，五刑五用哉"；《诗》刺"彼宜有罪，汝反脱之"。古者唯始受命之君，承大乱之极，寇贼奸轨，难为法禁，故不得不有一赦，与之更新，颐育万民，以成大化。非以养奸活罪，放纵天贼也。夫性恶之民，民之豺狼，虽得放宥之泽，终无改悔之心。且脱重梏，夕还囹圄，严明令尹，不能使其断绝。何也？凡敢为大奸者，才必有过于众，而能自媚于上者也。多散诞得之财，奉之以谄谀之辞，以转驱驰，非有第五公之谦直，孰不为顾哉？论者多曰："久不赦则奸轨炽而吏不制，宜数肆眚以解散之。"此未昭政乱之本源，不察祸福之所生也。

后度辽将军皇甫规解官归安定，乡人有以货得雁门太守者，亦去职还家，书刺谒规。规卧不迎。既入而问："卿前在郡食雁美乎？"有顷，又白王符在门。规素闻符名，乃惊遽而起，衣不及带，屣履出迎，援符手而还，与同坐，极欢。时人为之语曰："徒见二千石，不如一缝掖。"言书生道义之为贵也。符竟不仕，终于家。

仲长统字公理，山阳高平人也。少好学，博涉书记，赡于文辞。年二十余，游学青、徐、并、冀之间，与交友者多异之。并州刺史高干，袁绍甥也，素贵有名，招致四方游士，士多归附。统过干，干善待遇，访以当时之事。统谓干曰："君有雄志而无雄才，好士而不能择人，所以为君深戒也。"干雅自多，不纳其言，统遂去之。无几，干以并州叛，卒至于败。并、冀之士皆以是异统。

统性俶傥，敢直言，不矜小节，默语无常，时人或谓之狂生。每州郡命召，辄称疾不就。常以为凡游帝王者，欲以立身扬名耳，而名不常存，人生易灭，优游偃仰，可以自娱。欲卜居清旷，以乐其志，论之曰："使居有良田广宅，背山临流，沟池环币，竹木周布，场圃筑前，果园树后。舟车足以代步涉之艰，使令足以息四体之役。养亲兼珍之膳，妻孥无苦身之劳。良朋萃止，则陈酒肴以娱之；嘉时吉日，则烹羔豚以奉之。蹰躇畦苑，游戏平林，濯清水，追凉风，钓游鲤，弋高鸿。讽于舞雩之下，永归高堂之上。安神闺房，思老氏之玄虚；呼吸精和，求至人之仿佛。与达者数子，论道讲书，俯仰二仪，错综人物。弹《南风》之雅操,发清商之妙曲。消摇一世之上,睥睨天地之间。不受当时之责,永保性命之期。如是,则可以陵霄汉,出宇宙之外矣。岂羡夫入帝王之门哉!"又作诗二篇,以见其志。辞曰:

飞鸟遗迹蝉蜕亡壳。腾蛇弃鳞,神龙丧角。至人能变,达士拔俗。乘云无辔,骋风无足。垂露成帏,张霄成幄。抗澄当餐,九阳代烛。恒星艳珠,朝霞润玉。六合之内,恣心所欲。人事可遗,何为局促?

大道虽夷,见几者寡。任意无非,适物无可。古来绕绕,委曲如琐。百虑何为,至要在我。寄愁天上,埋忧地下。叛散《五经》,灭弃《风》《雅》。百家杂碎,请用从火。抗志山栖,游心海左。元气为舟,微风为舵。敖翔太清,纵意容冶。

尚书令荀彧闻统名,奇之,举为尚书郎。后参丞相曹操军事。每论说古今及时俗行事,恒发愤叹息,因著论名曰昌言,凡三十四篇,十余万言。

献帝逊位之岁,统卒,时年四十一。友人东海缪袭常称统才章足继西京董、贾、刘、杨。今简撮其书有益政者,略载之云。

《理乱篇》曰:

豪杰之当天命者,未始有天下之分者也。无天下之分,故战争者竞起焉。于斯之时,并伪假天威,矫据方国,拥甲兵与我角才智,程勇力与我竞雌雄,不知去就,疑误天下,盖不可数也。角知者皆穷,角力者皆负,形不堪复伉,势不足复校,乃始羁首系颈,就我之衔绁耳。夫或曾为我之尊长矣,或曾与我为等侪矣,或曾臣虏我矣,或曾执囚我矣。彼之蔚蔚,皆匈詟腹诅,幸我之不成,而以奋其前志,讵肯用此为终死之分邪?

及继体之时,民心定矣。普天之下,赖我而得生育,由我而得富贵,安居乐业,长养子孙,天下晏然,皆归心于我矣。豪杰之心既绝,士民之志已定,贵有常家,尊在一人。当此之时,虽下愚之才居之,犹能使恩同天地,威侔鬼神。暴风疾霆,不足以方其怒;阳春时雨,不足以喻其泽;周、孔数千,无所复角其圣;贲、育百万,无所复奋其勇矣。

彼后嗣之愚主,见天下莫敢与之违,自谓若天地之不可亡也,乃奔其私嗜,骋其邪欲,君臣宣淫,上下同恶。目极角牴之观,耳穷郑、卫之声。入则耽于妇人,出则驰于田猎。荒废庶政,弃亡人物,澶漫弥流,无所底极。信任亲爱者,尽佞谄容说之人也;宠贵隆丰者,尽后妃姬妾之家也。使饿狼守庖厨,饥虎牧牢豚,遂至熬天下之脂膏,斫生人之骨髓。怨毒无聊,祸乱并起,中国扰攘,四夷侵叛,土崩瓦解,一朝而去。昔之为我哺乳之子孙者,今尽是我饮血之寇仇也。至于运徙势去,犹不觉悟者,岂非富贵生不仁,沈溺致愚疾邪?存亡以之迭代,政乱从此周复,天道常然之大数也。

又政之为理者,取一切而已,非能斟酌贤愚之分,以开盛衰之数也。日不如古,弥以远甚,岂不然邪?汉兴以来,相与同为编户齐民,而以财力相君长者,世无数焉。而清洁之士,徒自苦于茨棘之间,无所益损于风俗也。豪人之室,连栋数百,膏田满野,奴婢千群,徒附万计。船车贾贩,周于四方;废居积贮,满于都城。琦赂宝货,巨室不能容;马牛羊豕,山谷不能受。妖童美妾,填乎绮室;倡讴伎乐,列乎深堂。宾客待见而不敢去,车骑交错而不敢进。三牲之肉,臭而不可食;清醇之酎,败而不可饮。睇盼则人从其目之所视,喜怒则人随其心之所虑。此皆公侯之广乐,君长之厚实也。苟能运智诈者,则得之焉;苟能得之者,人不以为罪焉。源发而横流,路开而四通矣。求士之舍荣乐而居穷苦,弃放逸而赴束缚,夫谁肯为之者邪!夫乱世长而化世短。乱世则小人贵宠,君子困贱。当君子困贱之时,跼高天,蹐厚地,犹恐有镇厌之祸也。逮至清世,则复入于矫枉过正之检。老者耄矣,不能及宽饶之俗;少者方壮,将复困于衰乱之时。是使奸人擅无穷之福利,而善士挂不赦之罪辜。苟目能辩色,耳能辩声,口能辩味,体能辩寒温者,将皆以修洁为讳恶,设智巧以避之焉,况肯有安而乐之者邪?斯下世人主一切之愆也。

昔春秋之时,周氏之乱世也。逮乎战国,则又甚矣。秦政乘并兼之势,放虎狼之心,屠裂天下,吞食生人,暴虐不已,以招楚、汉用兵之苦,甚于战国之时也。汉二百年而遭王莽之乱,计其残夷灭亡之数,又复倍乎秦、项矣。以及今日,名都空而不居,百里绝而无民者,不可胜数。此则又甚于亡新之时也。悲夫!不及五百年,大难三起,中间之乱,尚不数焉。变而弥猜,下而加酷,推此以往,可及于尽矣。嗟乎!不知来世圣人救此之道,将何用也?又不知天若穷此之数,欲何至邪?

《损益篇》曰:

作有利于时,制有便于物者,可为也。事有乖于数,法有玩于时者,可改也。故行于古有其迹,用于今无其功者,不可不变。变而不如前,易而多所败者,亦不可不复也。汉之初兴,分王子弟,委之以士民之命,假之以杀生之权。于是骄逸自恣,志意无厌。鱼肉百姓,以盈其欲;报蒸骨血,以快其情。上有篡叛不轨之奸,下有暴乱残贼之害。虽藉亲属之恩,盖源流形执使之然也。降爵削土,稍稍割夺,卒至于坐食奉禄而已。然其污秽之行,淫昏之罪,犹尚多焉。故浅其根本,轻其恩义,犹尚假一日之尊,收士民之用。况专之于国,擅之于嗣,岂可鞭笞叱咤,而使唯我所为者乎?时政凋敝,风俗移易,纯朴已去,智惠已来。出于礼制之防,放于嗜欲之域久矣,固不可授之以柄,假之以资者也。是故收其奕世之权,校其从横之执,善者早登,否者早去,故下土无壅滞之士,国朝无专贵之人。此变之善,可遂行者也。

井田之变,豪人货殖,馆舍布于州郡,田亩连于方国。身无半通青纶之命,而窃三辰龙章之服,不为编户一伍之长,而有千室名邑之役。荣乐过于封君,执力侔于守令,财略自营,犯法不坐,刺客死士,为之投命。至使弱力少智之子,被穿帷败,寄死不敛,冤枉穷困,不敢自理。虽亦由网禁疏阔,盖分田无限使之然也。今欲张太平之纪纲,立至化之基趾,齐民财之丰寡,正风俗之奢俭,非井田实莫由也。此变有所败,而宜复者也。

肉刑之废,轻重无品,下死则得髡钳,下髡钳则得鞭笞。死者不可复生,而髡者无伤于人。髡笞不足以惩中罪,安得不至于死哉!夫鸡狗之攘窃,男女之淫奔,酒醴之贳遗,谬误之伤害,皆非值于死者也。杀之则甚重,髡之则甚轻。不制中刑以称其罪,则法令安得不参差,杀生安得不过谬乎?今患刑轻之不足以惩恶,则假藏货以成罪,托疾病以讳杀。科条无所准,名实不相应,恐非帝王之通法,圣人之良制也。或曰:过刑恶人,可也;过刑善人,岂可复哉?曰:若前政以来,未曾枉害善人者,则有罪不死也。是为忍于杀人,而不忍于刑人也。今令五刑有品,轻重有数,科条有序,名实有正,非杀人逆乱鸟兽之行甚重者,皆勿杀。嗣周氏之秘典,绩吕侯之祥刑,此又宜复之善者也。

《易》曰:"阳一君二臣,君子之道也;阴二君一臣,小人之道也。"然则寡者,为人上者也；众者，为人下者也。一伍之长，才足以长一伍者也；一国之君，才足以君一国者也；天下之王，才足以王天下者也。愚役于智，犹枝之附干，此理天下之常法也。制国以分人，立政以分事，人远则难绥，事总则难了。今远州之县，或相去数百千里，虽多山陵洿泽，犹有可居人种谷者焉，当更制其境界，使远者不过二百里，明版籍以相数阅，审什伍以相连持，限夫田以断并兼，定五刑以救死亡，益君长以兴政理，急农桑以丰委积，去末作以一本业，敦教学以移情性，表德行以厉风俗，核才艺以叙官宜，简精悍以习师田，修武器以存守战，严禁令以防僭差，信赏罚以验惩劝，纠游戏以杜奸邪，察苛刻以绝烦暴。审此十六者以为政务，操之有常，课之有限，安宁勿懈堕，有事不迫遽，圣人复起，不能易也。

　　向者，天下户过千万，除其老弱，但户一丁壮，则千万人也。遗漏既多，又蛮夷戎狄居汉地者尚不在焉。丁壮十人之中，必有堪为其什伍之长，推什长已上，则百万人也。又十取之，则佐史之才已上十万人也。又十取之，则可使在政理之位者万人也。以筋力用者谓之人，人求丁壮；以才智用者谓之士，士贵耆老。充此制以用天下之人，犹将有储，何嫌乎不足也？故物有不求，未有无物之岁也；士有不用，未有少士之世也。夫如此，然后可以用天性，究人理，兴顿废，属断绝，网罗遗漏，拱柙天人矣。

　　或曰：善为政者，欲除烦去苛，并官省职，为之以无为，事之以无事，何子言之云云也？曰：若是，三代不足摹，圣人未可师也。君子用法制而至于化，小人用法制而至于乱。均是一法制也，或以之化，或以之乱，行之不同也。苟使豺狼牧羊豚，盗跖主征税，国家昏乱，吏人放肆，则恶复论损益之间哉！夫人待君子然后化理，国待蓄积乃无忧患。君子非自农桑以求衣食者也，蓄积非横赋敛以取优饶者也。奉禄诚厚，则割剥贸易之罪乃可绝也；蓄积诚多，则兵寇水旱之灾不足苦也。故由其道而得之，民不以为奢；由其道而取之，民不以为劳。天灾流行，开仓库以禀贷，不亦仁乎？衣食有馀，损靡丽以散施，不亦义乎？彼君子居位为士民之长，固宜重肉累帛，朱轮四马。今反谓薄屋者为高，藿食者为清，既失天地之性，又开虚伪之名，使小智居大位，庶绩不咸熙，未必不由此也。得拘挈而失才能，非立功之实也。以廉举而以贪去，非士君子之志也。夫选用必取善士，善士富者少而贫者多，禄不足以供养，安能不少营私门乎？从而罪之，是设机置井以待天下之君子也。

　　盗贼凶荒，九州代作，饥馑暴至，军旅卒发，横税弱人，割夺吏禄，所恃者寡，所取者猥，万里悬乏，首尾不救，徭役并起，农桑失业，兆民呼嗟于昊天，贫穷转死于沟壑矣。今通肥饶之率，计稼穑之入，令亩收三斛，斛取一斗，未为甚多。一岁之间，则有数年之储，虽兴非法之役，恣奢侈之欲，广爱幸之赐，犹未能尽也。不循古法，规为轻税，及至一方有警，一面被灾，未逮三年，校计骞短，坐视战士之蔬食，立望饿殍之满道，如之何为君行此政也？二十税一，名之曰貊，况三十税一乎？夫薄吏禄以丰军用，缘于秦征诸侯，绩以四夷，汉承其业，遂不改更，危国乱家，此之由也。今田无常主，民无常居，吏食日禀，班禄未定，可为法制，画一定科，租税十一，更赋如旧。今者土广民稀，中地未垦；虽然，犹当限以大家，勿令过制。其地有草者，尽曰官田，力堪农事，乃听受之。若听其自取，后必为奸也。

　　《法诫篇》曰：

　　《周礼》六典，冢宰贰王而理天下。春秋之时，诸侯明德者，皆一卿为政。爰及战国，亦皆然也。秦兼天下,则置丞相,而贰之以御史大夫。自高帝逮于孝成,因而不改,多终其身。汉之隆盛,是惟在焉。夫任一人则政专,任数人则相倚。政专则和谐,相倚则违戾。和谐则太平之所兴也,违戾则荒乱之所起也。光武皇帝愠数世之失权,忿强臣则窃命,矫枉过直,政不任下,虽置三公,事归台阁。自此以来,三公之职,备员而已;然政有不理,犹加谴责。而权移外戚之家,宠被近习之竖,亲其党类,用其私人,内充京师,外布列郡,颠倒贤愚,贸易选举,疲笃守境,贪残牧民,挠扰百姓,忿怒四夷,招致乖叛,乱离斯瘼,怨气并作,阴阳失和,三光亏缺,怪异数至,虫螟食稼,水旱为灾。此皆戚宦之臣所致然也。反以策让三公,至于死免,乃足为叫呼苍天,号咷泣血者也。又中世之选三公也,务于清悫谨慎,循常习故者。是妇女之检柙,乡曲之常人耳,恶足以居斯位邪?势既如彼,选又如此,而欲望三公勋立于国家,绩加于生民,不亦远乎?昔文帝之于邓通,可谓至爱,而犹展申徒嘉之志。夫见任如此,则何患于左右小臣哉?至如近世,外戚宦竖请托不行,意气不满,立能陷人于不测之祸,恶可得弹正者哉!曩者任之重而责之轻,今者任之轻而责之重。昔贾谊感绛侯之困辱,因陈大臣廉耻之分,开引自裁之端。自此以来,遂以成俗。继世之主,生而见之,习其所常,曾莫之悟。呜呼,可悲夫!左手据天下之图,右手刎其喉,愚者犹知难之,况明哲君子哉!光武夺三公之重,至今而加甚,不假后党以权,数世而不行,盖亲疏之势异也。母后之党,左右之人,有此至亲之势,故其贵任万世。常然之败,无世而无之,莫之斯鉴,亦可痛矣。未若置丞相自总之。若委三公,则宜分任责成。夫使为政者,不当与之婚姻;婚姻者,不当使之为政也。如此,在位病人,举用失贤,百姓不安,争讼不息,天地多变,人物多妖,然后可以分此罪矣。

或曰:政在一人,权甚重也。曰:人实难得,何重之嫌?昔者霍禹、窦宪、邓骘、梁冀之徒,籍外戚之权,管国家之柄;及其伏诛,以一言之诏,诘朝而决,何重之畏乎?今夫国家漏神明于媒近,输权重于妇党,算十世而为之者八九焉。不此之罪而彼之疑,何其诡邪!

论曰:百家之言政者尚矣,大略归乎宁固根柢,革易时敝也。夫遭运无恒,意见偏杂,故是非之论,纷然相乖。尝试妄论之,以为世非胥、庭,人乖毂饮,化迹万肇,情故萌生,虽周物之智,不能研其推变;山川之奥,未足况其纡险。则应俗适事,难以常条。如使用审其道,则殊涂同会;才爽其分,则一豪以乖。何以言之?若夫玄圣御世,则天同极,施舍之道,宜无殊典。而损益异运,文朴递行。用明居晦,回沉于曩时;兴弋陈俎,参差于上世。及至戴黄屋,服缔衣,丰薄不齐,而致化则一;亦有宥公族,黭国储,宽惨巨隔,而防非必同。此其分波而共源,百虑而一致者也。若乃偏情矫用,则枉直必过。故葛履履霜,敝由崇俭;楚楚衣服,戒在穷赊;疏禁厚下,以尾大陵弱,敛威峻罚,以刻薄分崩。斯《曹》《魏》之刺,所以明乎国风;周、秦末轨,所以彰于微灭。故用舍之端,兴败资焉。是以繁简唯时,宽猛相济。刑书镇鼎,事有可详;三章在令,取贵能约。太叔致猛政之褒,国子流遗爱之涕,宣孟改冬日之和,平阳循画一之法。斯实弛张之弘致,可以徵其统乎!数子之言当世失得皆究矣,然多谬通方之训,好申一隅之说。贵清静者,以席上为腐议;束名实者,以柱下为诞辞。或推前王之风,可行于当年;有引救敝之规,宜流于长世。稽之笃论,将为敝矣。如以舟无推陆之分,瑟非常调之音,不限局以疑远,不拘玄以妨素,则化枢各管其极,理略可得而言与?

赞曰：管视好偏，群言难一。救朴虽文，矫迟必疾。举端自理，滞隔则失。详观时蠹，成昭政术。

【译文】

王充字仲任，会稽上虞人，他的先辈从魏郡元城迁到这里。王充从小便是孤儿，家乡的人称赞他十分孝顺。后来到达京城，在太学学习，师事扶风班彪。喜好博览群书而不死守章句。家中贫穷，没有书籍，经常出入洛阳的集市商店，阅读那里出售的书籍，看一遍就能背诵，因此博通各家各派的学说。后来回归故里，隐居教书。在郡里做官到功曹，因多次进谏争论不合而辞官。

王充喜好发表议论，开始好像十分奇特，与众不同，最终却有充分的理由和事实依据。认为世俗儒生死守书本，大都违背真实情况，于是闭门深思，谢绝喜庆吊唁的礼节，门窗墙壁都安放着书写用的刀笔，撰写《论衡》八十五篇，二十多万言，辨析万事万物的同异，解决当时社会上的各种疑难问题。

刺史董勤征召他为从事，升迁为治中，自己辞官回家。同郡友人谢夷吾上书推荐王充的才能和学识，汉章帝特地下诏书用公车征召他，因为有病而没有成行。年近七十，精力衰减，于是编写《养性书》十六篇，节制嗜好欲望，自己注意保养精神。汉和帝永元（公元89～105年）中，在家中病逝。

王符字节信，安定临泾人。从小好学，有志向操守，与马融、窦章、张衡、崔瑗等十分友好。安定地区社会上鄙视妾生的孩子，而王符母亲家里没有人，被乡里人瞧不起。自汉和帝、安帝之后，世俗致力于外出做官，掌握实权的大官更番相互引荐，而王符却性情耿介，不同于流俗，因此便得不到进升。心情郁闷怨恨，于是隐居著书三十多篇，用来讥刺当时社会的得失，不想显露自己的名声，因此命名为《潜夫论》。书的中心思想在于攻击当时社会的弊端，声讨谴责物理人情，足以看出当时社会的风俗政治，现著录其中的五篇。

《贵忠篇》说：

帝王所尊敬的是天，皇天所爱护养育的是人。如今人臣接受君主委任的重位，治理皇天钟爱的人民，怎么能够不使他们享受安宁而获得利益，养育而救济他们呢？因此君子做官就想着使人民获得利益，向上表达意见就想着荐举贤能，所以在上而下不怨，在前而后不恨。《尚书》说："皇天的职能，人理当代替它完成。"成就王业的人效法皇天而设置官位，所以英明的君主不敢凭私情授官，忠臣不敢凭空而任职。窃取人家的财物尚且称为盗，何况偷取皇天的官位以满足一己的私利呢！用罪恶的手段侵害人，必定加以诛杀惩罚，何况是侵害皇天，怎么会不招灾惹祸呢？唐虞夏商周五代的臣子，用正道侍奉君主，恩泽施及草木，仁爱覆盖大地，因此福祚流传繁衍，宗族延续百世。末代的臣子，用谄媚侍奉君主，不考虑顺从皇天，专门依仗杀伐。白起、蒙恬，秦王朝把他们当作功臣，皇天把他们当作奸贼；息夫、董贤，君主将他们当作忠臣，皇天将他们当作强盗。《周易》说："德薄而位尊，智小而谋大，不遭到惩罚的实在太少了。"因此道德与职位不相称，遭到的祸害必定十分悲惨；才能与职位不相称，蒙受的灾殃必定大得惊人。那些窃据官位的人，皇天夺走他们察看自己的镜子,尽管有善于明察的资质,施行仁义的志向,一旦富贵,就背弃亲朋故旧,丧失他们的本心,疏远骨肉而亲近小人,薄待知心朋友而厚爱走狗坐骑,宁可看着金钱堆积成山,也不肯将一文钱借贷旁人,情知仓库里的存粮腐烂,也不肯把一斗米借贷旁人,骨肉怨恨于家,百姓咒骂于路。前人因此败亡,后人争相沿袭,实在令人痛心啊!

富豪贵族车骑出行图

纵观前代朝廷要人的用心,和幼小的婴儿有什么不同呢?婴儿有经常出现的病痛,贵臣有经常遭到的祸殃,父母有经常出现的失误,君主有经常犯的过错。婴儿经常出现的病痛,是因为吃得过多造成的;贵臣经常遭到的祸殃,是因为过于受宠造成的。哺乳太多就生癫痫病,富贵过头就犯骄横病。溺爱的孩子遭伤害,骄横的臣子被灭亡,并非少数啊!惩罚得最厉害的,便是有的趴着死在大牢里,有的被斩首在大街上,难道不是无功于天,有害于人吗!鸟儿以为山太低便将巢高筑在它的上面,鱼儿以为泉太浅便在它的里面凿穴居住,最终被人们捉住,是因为诱饵的缘故。贵戚希望自己的住宅吉利而替它取了美名,想让住宅的门坚实而制造了铁枢,最终遭到败亡,并非因为苦于禁忌太少和门枢腐朽,而是因为时常苦于崇尚财货和行为骄横不守本分啊!

不上顺天心,下育人物,却想凭借自己个人的小聪明,私下戏弄君主的权威,违背天地,欺诬神明,居累卵之危,却图泰山之安,行若朝露,却想功传万世,难道不是太糊涂了吗!难道不是太糊涂了吗!

《浮侈篇》说:

帝王把天下当作家,把万民当作子。一个农夫不耕种,天下因此有人挨饿;一个妇女不纺织,天下因此有人受冻。如今所有世俗之人放弃农业这个根本,争着去经商谋利,牛马车辆,填塞道路,游手好闲、投机取巧,充满城镇。从事农业生产的少,张嘴吃闲饭的人多。《诗经》上说:"繁华的都城,四方的中心。"现在看看洛阳,从事商业的十倍于农夫,游手好闲的十倍于商人。这就是一个农夫耕种,一百个人吃饭,一个妇女养蚕,一百个人穿衣,用一个人养活一百人,怎能供给得了!天下上百个郡,上千个县,城镇以万计,大都是如此。农商不能满足供给,那么人民怎能不遭受饥寒?饥寒交迫,那么人民怎能不做坏事?做坏事的人太多,那么官吏怎能不严酷?屡遭严法酷刑,那么老百姓怎能不痛苦怨恨?痛苦怨恨的人多了,那么灾祸的征兆便一齐到来。老百姓活不下去,上天又降灾难,那么国家就岌岌可危了!

贫穷是从富裕转化来的,衰弱是从强盛转化来的,祸乱是从太平转化来的,危亡是从安定转化来的。因此英明的君主教养人民，关心他们，慰劳他们，教育他们，开导他们，防微杜渐，以打消他们的不良企图。所以《周易》赞美从节约出发来制定各种规范，不伤财，不害民。《诗经·七月》这首诗，教育人民做各种农活，一年到头终而复始。从这里看来，人本来是不可放纵的。

现在的人，衣着奢华，饮食侈靡，专门搬弄是非，擅长尔虞我诈。有的人以图谋不轨合伙犯禁为业，有的人以嬉戏赌博为事。成年男子不扶犁把锄，却怀夹弹丸，携手上山遨游。有的喜好用土做弹丸出卖，对外不能防御寇盗，对内不能消灭鼠雀。有的造泥车瓦狗等各种供玩乐的器具，用来欺骗小孩。这些都是毫无益处的。

《诗经》中讽刺说："妇女不绩麻，街上舞婆娑。"又妇女不料理家务，放弃养蚕织布，却学做巫婆，装神弄鬼，蒙骗百姓，荧惑百姓妻女。羸弱疾病的人家，心怀忧虑，愁苦不堪，很容易被吓倒。甚至使得他们四处奔走以讨吉利，离开住宅，待在崎岖的山路旁，被风寒所伤，遭奸人暗算，受强盗抢劫。有的加重了灾祸，甚至死亡，却不知是被巫婆欺骗伤害，反而悔恨侍奉鬼神太晚了，这种事情实在荒唐到了极点。

有的人用美丽的绸子剪裁绘画，用来书写祝辞；有的人花言巧语，希望获得福祚；有的人剪碎五彩的缎子，弄成只有分寸的小块；有的人截断各种丝线，缠绕在手腕上；有的人裁剪绮罗，拼缝成幡。所有这些浪费了成百匹的绸缎，花去了成千倍的功夫，把牢固的东西破坏掉变得毫无用处，将简单的事情搞得十分繁难，白吃了好的粮食，消耗宝贵的光阴。山林不能满足野火，江海不能装满漏卮，所有这些都是应当禁止的。

从前汉文帝身穿粗绸，以皮做鞋，用革为带，如今京城贵戚，衣服饮食，车辆房舍，其奢侈程度远远超过帝王规定的制度，实在太不像话了。而且他们的家奴婢妾，都穿戴彩带花绸，锦绣绮纨，精细的葛布、越布、筒中布、犀角、象牙、珠玉、琥珀、玳瑁，雕刻上隐约的山水花纹，镶嵌着金银丝线，穷极奢丽，转相夸耀。那些嫁娶的人，车辆排数里，帷幕遮满道，骑马的家奴，侍候的僮仆，在车旁前呼后拥。富人竞相攀比，穷人羞愧不及，一次宴会的花销，破费一辈子的产业。古人一定要有官职然后才能穿丝绸，乘车马，现在虽然不能复古，也应该令小民稍微效法汉文帝时的规定。

古代埋葬死人，裹上厚厚的草，埋在野外，不起坟，不植树，丧期没有固定的时间。后代的圣人改用棺椁，用桐木做棺材，用葛藤捆紧，掘坑不见泉水，掩土不泄臭味。中世以后，改用楸、梓、槐、柏、杶、樗为棺，都是就地取材，只用胶漆，使它坚固可靠，能够使用，如此而已。如今的京城贵戚，一定要用江南出产的檽、梓、豫章等珍贵木材。边远的小地方，也竞相仿效。檽、梓、豫章这些东西，出产在特别遥远的地方，从高山上砍伐下来，拖到深谷里，弄到大海边，经过淮河，逆黄河，溯洛水，工匠雕刻，连日累月，聚集众人才能移动，使用很多的牛才能运到，重达千斤，动用近万人，东到乐浪，西至敦煌，在上万里的地区费力伤农。古代建墓而不起坟，中世起坟而不高大。孔子死了母亲，坟高四尺，遇雨崩塌，弟子请求修筑，孔子哭泣说："古人不修坟。"到儿子孔鲤死的时候，只有棺，没有椁。汉文帝葬在芷阳，汉明帝葬在洛南，都不埋藏珠宝，不起山陵，坟墓虽然低矮，道德最为高尚。如今京城贵戚，郡县豪家，活着的时候不尽心赡养，死后却大办丧事。有的甚至使用金缕玉匣，选用檽、梓、梗、楠木，大量埋葬珍宝、偶人、车马，筑起高大的坟墓，种植很多松柏,建造房屋祠堂,竭力崇尚奢华。考察周文王、武王在鄗、毕的陵墓,曾子父亲在南城的坟茔,并非周公不忠,曾子不孝,他们以为,表彰君父,不在于大量的财物;光宗耀祖,不取决于车马。从前晋灵公增加赋税,用来装修墙壁,《春秋》认为不像君主的样子;华元、乐举厚葬宋文公,君子认为不像臣子的样子,何况是一般官吏士大夫和庶民,怎能奢侈到僭越君主,违背天道呢?

《实贡篇》说:

国家因贤能兴起,因谄媚衰微;君主因忠臣安宁,因奸佞危亡。这是古今的通论,得到社会的共识。然而衰败的国家,危亡的君主,络绎不绝,哪里是因为当时没有忠信正直的士人呢,实在是苦于他们的主张得不到实行啊。在十步之内,必定有茂盛的草;十户人家居住的地方,必定有忠信之人。因此危乱的殷朝有三位仁人,弱小的卫国君子众多。现在以大汉朝如此广大的领土,士人民众如此众多,朝廷如此清明,上下如此善良正派,而做官的却没有好官,在位的却没有良臣。这哪里是社会上没有贤能,想来是因为使用的人名不符实。原来坚持正道的缺少知己,顺从世俗的同伙众多,因此结党营私,放弃质朴、崇尚浮华。那些荐举士人的,不再根据他们的本质才干,衡量他们的能力操行,只是凭空捏造名誉,胡乱抬高声望。粗略估计举荐的人,每年差不多二百。察看他们的样子,那么品行可与颜渊、冉求比美;认真考核他们的能力,那么很少赶得上中等人,都是伙同追求升官,相互推举引荐。作为士人,重在如何使用,不必要求十全十美。所以孔子的四个弟子虽然都很好,但才能并没有相互兼有;殷朝的三位仁人一起招致,并没有做同样的事情。汉高祖的辅佐之臣,来自灭亡的秦朝;汉光武得到士人,也全靠残暴的王莽。何况太平盛世,能说没有士人吗!

英明君主的诏令好像声音,忠臣的附和好比回响。声响的长短大小,清浊快慢,必定是相互适应的。况且加工玉要用石头,淘洗金子要用盐,洗涤锦缎要用鱼,漂洗布匹要用灰。万物本来就有用贱的治理贵的,用丑的改变好的这种情形。聪明的人弃短取长,以成就自己的功业。现在如果荐举士人都能考核真才实学,他们有点小毛病,不用勉强掩饰,进退语默,各随他们方便,那么萧何、曹参、周勃、韩信之辈,哪里会招致不来,吴汉、邓禹、梁统、窦融之属,立等可得。孔子说:"没有加以考虑啊,哪有什么遥远的呢?"

《爱日篇》说:

国家之所以成为国家,是因为有人民。人民之所以成为人民,是因为有粮食。粮食之所以能丰产,是因为有人的功绩。人的功绩之所以能建立,是因为有充足的时间。太平国家的日子十分漫长,所以人民闲暇而有余力;危乱国家的日子十分短促,所以人民苦于追求而无余力。日子漫长,不是说太阳慢慢移动,乃是君主英明,人民安宁而有余力。日子短促,不是说减损时间刻度,乃是在上位的昏庸,在下位的胡来,没有余力。孔子说:"既然人口众多,就让他们富起来,已经富了,便加强对他们进行教育。"因此礼义的产生是由于富足,盗贼的出现是由于贫穷。富足的产生是由于时间充裕,贫穷的出现是由于没有时间。圣人深刻理解劳力是人民的根本,国家的基础,所以尽力减省徭役,使大家珍惜时间。因此尧命管历法的羲氏、和氏,"恭敬地顺从皇天,慎重地颁布农时。"汉明帝时,接待臣民上书的公车令因凶日不接受奏章,皇帝听说后责怪说:"人民放弃农业生产,老远来到宫门，却又用禁忌来加以限制，难道符合管理政事的本意吗？"于是便取消这种规定。如今冤民渴望申诉，而官吏却以神自居，百姓放弃农业生产赶往官府衙门的，在路上排队等候，非从早到晚得不到通报，非行贿不能被召见。有的连日累月，三番五次探望；有的转请街坊邻居，给被囚禁的送饭，听候召唤。一年的收成已经亏耗，天下怎能没有受饥挨饿的呢？

孔子说："审理诉讼，我和别人差不多。"从这句话看起来，中等才能以上，足以审议是非曲直，乡长、亭长和部吏，也有能胜任判案的，却大都造成冤案，这是有缘故的。理直就凭借正义而不屈，事亏就谄媚阿谀而行贿。不屈所以不会给官吏好处，行贿因此得到法律的偏袒。如果案子有反复，官吏会相应受罚。官吏因为会相应受罚，不得不在公堂上冤枉好人。以无依无靠的贫弱小民，同豪强滑吏对簿公堂，在这种形势之下，怎么会不遭冤屈呢？县官听从小吏的说法，所以和小吏一模一样。如果案子有反复，县官也会相应受罚。县官因为会相应受罚，于是在郡衙里串通一气。以一个微不足道的小民，却同一县的官吏对簿公堂，他的理由难道能得到伸张吗？案子有反复，郡守也会遭到处罚。郡守因为会一起受罚的缘故，便在州衙里串通一气。以一个微不足道的小民，同一郡的官吏对簿公堂，在这种形势之下，难道能获得胜利吗？既然不肯秉公审理，所以才老远来到三公衙门。三公衙门又不能认真核查，当然就拖延日期。贫弱的无法旷日持久，有权有势的富人可以耗满千日。审理诉讼像这个样子，有什么样的冤枉能得到昭雪呢！正直的人满怀怨恨而不能申冤，奸猾的官吏袒护坏人而不受惩罚，这就是小民容易被侵害，而天下人民多困苦贫穷的原因。

姑且排除上天因感伤而降灾不说，只就花费在诉讼上的人工而论。从三公州郡衙门，到乡县主管的官吏，打官司的人，与官司相关联反复审查对质的人，每天差不多有十万人。一个人参与讼事，要两个人帮着应付，这就是每天有三十万人荒废自己的本业。按中等农夫可养活的人口计算，那么这就是每年有三百万人因此要挨饿了。这样一来，盗贼怎样会消灭，太平怎么能实现呢！《诗经》上说："莫肯念乱，谁无父母？"百姓不富有，君主哪来的富有？怎能不想一想呢！怎能不想一想呢！

《述赦篇》说：

凡治疗疾病的，必须知道脉的虚实，气结不散的原因，然后开出药方，所以病能治好而命可延长。治理国家的，必须首先知道人民受苦的原因，灾祸产生的原因，然后加以禁止，所以奸邪可以杜绝而国家能够安宁。现在贼害良民最厉害的，没有超过屡次赦免和赎罪的了。赦免和赎罪频繁，那么恶人嚣张而善人就悲伤了。用什么说明这个问题呢？原来严格要求自己的人，自身不去做坏事，又有的官吏十分正直，不避强暴，而奸猾之徒却对他们横加诬陷，是因为都知道赦免不会太久的缘故。善人君子，被侵害怀恨而能到宫廷自己剖白的，万人中没有几人；这几个人之中能得到尚书省讯问的，百人之中不过一人；已经对簿尚书省而凭空被打发回去的，又占了十分之六七了。那些轻薄奸猾为乱之徒，既然已经沦陷法网，怨恨的人家便希望他们受到法律的制裁，以解除心中的积愤，却反而一概被赦免释放，让恶人大举宴会而放肆夸耀，盗贼老手服藏赃物而经过家门。孝子看见仇人而不能声讨，被盗的人见到东西而不敢索要，悲痛之情没有比这更厉害的了！

养杂草的伤害庄稼,施惠奸邪的贼害良民。《尚书》说:"文王制定刑法,对恶人加以惩办不要赦免。"先王制定刑法,不是喜好损伤人的肌肤,断送人的寿命,而是注重威慑奸邪,惩治恶人,清除害人虫。所以经书称赞"上天赏赐有道德的人,制定五种官服分五种色彩;上天惩治有罪恶的人,制定五种刑法有五种用途"。《诗经》讽刺"他应当判罪,你却将他开脱"。古时候只有最初接受天命的君主,继天下大乱的顶点,盗贼奸邪难于被法令禁止,所以不得不有所赦免,同他们一起更新社会,让万民休养生息,以实现天下太平。并不是以此培养奸邪,姑息罪恶,放纵天贼。性恶的人,是人民中的豺狼,虽然受宽宥、释放之恩,终究没有改悔之意。早上摆脱沉重的枷锁,晚上又回到关押的牢笼,严肃公正的长官,不能使他们永远绝迹。为什么呢?大凡敢于做大坏事的,才能必定有超过众人的地方,而且能够自己取媚于在上位的人。他们大量分发不义之财,用谄媚阿谀之辞进行奉承,以此辗转相互驱使,没有第五公那样清廉正直的品行,谁不为之动心呢?议论的人都说:"长期不赦免,那么奸邪气焰嚣张,而官吏不能制服,应当经常开脱过失将他们释放。"这是没有弄清政治混乱的根本原因,不懂得祸福产生的根源所在啊。

后来度辽将军皇甫规辞官回到安定,乡人中有一位用钱财捐得雁门太守的,亦离职回家,写名片拜见皇甫规。皇甫规躺着不起来迎接。既已进屋,便问道:"你从前当太守时吃雁肉味道好吗?"过一会,又禀报王符在门外。皇甫规素来听说王符的名声,便十分惊讶地赶紧起身,来不及系衣带,拖着鞋出外迎接,拉着王符的手进来,和他坐在一起,高兴极了。当时的人评论说:"但见郡太守,不如一儒生。"是说书生注重道义特别值得推崇。王符终究不做官,最后死在家里。

仲长仲字公理,山阳高平人。从小好学,广泛涉猎各种书籍,擅长文辞。二十多岁,在青州、徐州、并州、冀州之间游学,与他交朋友的都对他另眼相看。并州刺史高干,是袁绍的外甥,向来高贵而有名望,招致四方游学的士人,士人归附的很多。仲长统路过进见高干,高干十分友善地款待,征求对时事的看法。仲长统对高干说:"您有雄心而无雄才,喜好士人而不会选择人,这是我要深切告诫您的。"高干平素自视甚高,不采纳他的意见,仲长统于是离去。没过多久,高干凭借并州叛乱,终于遭到失败。并州、冀州的士人都因此对仲长统另眼相看。

仲长统生性倜傥,敢于直言,不拘小节,默语无常,当时有的人称他为狂生。每逢州里、郡里派人召见,就称病不往。平时认为,凡是游说帝王的,是想以此立身扬名,可是名声不长存,人生易消逝,悠闲自在,可以自得其乐。想选择一个清静空旷的地方居住,以满足自己的愿望,并议论说:"如果居住的地方有良田,有宽敞的宅院,背山临水,沟池环绕,遍地竹木,房前建场圃,屋后造果园。有舟车足以替代步行的艰难,有使唤的人足以摆脱四肢的劳苦。奉养双亲有多种名贵的菜肴,妻儿没有吃苦受累的劳作。高朋云集,就摆酒菜使他们高高兴兴;佳节吉日,就烹猪羊以供奉先人。徘徊于田间林苑,游戏在平地树丛,濯洗清流,追随凉风,垂钓游鲤,仰射飞鸿。在舞雩台下讽诵,歌咏着回到高堂之上。闺房中安心养神,思考老子玄妙莫测心境虚灵的意旨;呼吸精气和气,达到与至人无物无我相仿佛有境界。与几位胸襟开阔的人论道讲书,穷究天地,品评人物,弹奏高雅的《南风》琴曲,发出清高美妙的声音。逍遥于尘世之外,睥睨于天地之间。不承担当代的责任，永保性命以尽天年。像这样，就可以凌驾于霄汉之上，出于宇宙之外了。哪里还羡慕出入帝王之门呢!"又作诗两篇，以表达自己的志向，诗曰：

飞鸟留下足迹，蝉儿脱掉陈壳。腾蛇遗弃鳞甲，神龙解除头角。至人善于应变，达士超越世俗。驾云不用马缰，御风无须双足。垂露形成帷帐，天空便是幄幕。沆瀣当作饮食，太阳权当灯烛。恒星艳丽如珠，朝霞滑润似玉。天地四方之间，听凭心意所欲。人事全可抛弃，哪里还受拘束!

大道虽然很平坦，察见征兆人实少。随心所欲无过错，追随万物不讨好。古来纠缠解不开，委曲求全似锁套。千思百虑又何必，自身想开最重要。愁云寄放在天空，忧思深埋在地下。背叛废置乃《五经》，毁灭抛弃是《风》《雅》。诸子百家大杂烩，请让他们化火花。坚定志向居山林，驰骋心意到天涯。元气姑且当小舟，微风自然做船舵。自由翱翔在太空，纵情打扮全在我。

尚书令荀彧听到仲长统的名声，对他十分赞赏，推荐为尚书郎。仲长统后来曾帮助丞相曹操办理军务。每当议论古今和现实的风气行事，常恼怒叹息，因而写下论著名叫《昌言》，共三十四篇，十馀万言。

汉献帝让位那年，仲长统逝世，时年四十一。友人东海缪袭曾赞美仲长统的才华文章足以承接西汉时的董仲舒、贾谊、刘向、杨雄。现简要摘录他的书中对政事有补益的文字，略加记载。

《理乱篇》说：

顺应天命出现的豪杰，原本没有据有天下的名分。没有据有天下的名分，所以争战便纷纷发生。在这个时候，都假借天威，矫命占据一方自立为国，拥有军队同我较量才能智慧，比试勇气力量与我争高低，不知进退，贻误天下，真是数不胜数。斗智的都穷途末路，斗力的都败下阵来，形不堪复抗，势不足再争，于是才头颈套绳索，到我这儿听从摆布。这些人有的曾是我的尊长，有的曾是我的同辈，有的曾使唤过我，有的曾拘禁过我。他们得意的时候，都在心中咒骂，庆幸我遭到失败，并以此奋力实现他们从前的志向，岂肯把现在这种结果作为终身的名分呢?

到继承皇位的时候，民心已经安定了。普天之下，靠我而得到生存繁衍，因我而得到富贵，安居乐业，养育子孙，天下一片太平景象，全都归心于我了。豪杰的雄心已经消逝，士民的志向已经摆平，最贵的只有固定的一家，最尊的只有一个人。在这个时候，虽然是最愚蠢的人当皇帝，也能使他的恩德如同天地，威望好比鬼神。暴风迅雷，不足以形容他的愤怒;阳春时雨，不足以比喻他的恩泽;周公、孔子几千个，无法再与他的圣明争高下;孟贲、夏育上百万，无法再同他的勇武较长短了。

到后世继承帝位的昏君，见天下无人敢违抗他，自认为像天地那样不会消亡，便放纵自己的私欲，驰骋自己的邪念，君臣公开淫乱，上下一起胡为。目极杂耍游戏，耳穷靡靡之音，入则沉溺女色，出则玩命打猎，荒废政事，抛弃人才，有如洪水泛滥，没有尽头。信任亲爱的人，都是献媚阿谀之徒，受宠极贵的人，全为后妃姬妾之家。让饿狼守庖厨，饥虎管猪圈，便发展到煎熬天下人的脂膏，敲吸活人的骨髓。愤恨绝望，祸乱并起，全国一片混乱，外族侵夺背叛，土崩瓦解，一朝覆亡。从前是我哺养的子孙，如今全成了饮我鲜血的仇敌。直到天命转移，大势已去，仍然不觉悟的，难道不是因富贵产生了不仁，荒淫导致了昏庸吗？存亡因此更替，治乱从此反复，这正是天道永恒的规律。

又管理政事的人，只知采取权宜之计罢了，不能认真思考贤人和愚人的区别，以便揭示国家盛衰的规律。一天天不如古代，越往后差得越远，难道不是这样吗？汉朝兴起以来，相互都是普通百姓，而凭借财力占据统治地位的，世上无计其数。可是清廉纯洁的士人，自己白白在荆棘丛中受苦，对世风世俗一点影响没有。富豪人家的房屋，鳞次栉比数百间，肥沃的田地布满原野，奴婢上千，依附的人以万计。用车船贩货经商，通达四面八方；囤积居奇，遍布都市城镇。珍奇宝物，巨大的房屋容纳不下；马牛羊猪，深山大谷承受不了。妖冶的童仆婢妾，填满华丽的居室；歌舞弹唱的艺人，陈列在幽静的厅堂。宾客等待进见而不敢离开，车辆马匹纵横交错而不敢前行。牛羊猪肉，多到臭不可食；清醇美酒，多到变质不可饮用。稍有顾盼，那么大家就随他的目光探望；略显喜怒，那么大家就迎合他的心意改容。这些都是公侯们的享受，统治者的财富。如果能运用智谋，就可以得到这些东西。如果能得到这些东西，人们便不会认为是一种罪恶。源头一打开便到处横流，道路一铺好便四通八达了。要求士人放弃荣华享受而甘居穷苦，抛开自由自在而自找束缚，谁肯这样做呢！乱世长而治世短。乱世则小人富贵荣宠，君子困穷卑贱。当君子困穷卑贱的时候，在高天下弯腰，在厚地上敛足，还唯恐遭到压迫的灾祸。待到治世，却又深受矫枉过正的限制。老得快死了，不能赶上轻松富裕的社会；年轻的刚步入壮年，又将在衰乱的时代穷愁潦倒。这是让奸人专擅无穷的福利，而善士承担不赦的罪孽。如果眼睛能分辨颜色，耳朵能分辨声音，嘴巴能分辨味道，身体能分辨冷暖，都将把修养洁身当作难言的罪过，想方设法加以避开，哪里会有肯安贫乐道的呢？这正是后世君主权宜处事的过错啊！

从前春秋时代，是周王朝的乱世。到了战国，就更加厉害了。秦始皇利用兼并各国的势头，放纵虎狼般的野心，宰割天下，吞食幸存者，残暴极了，因而招来了楚汉争战的苦难，远远超过了战国时代。汉王朝经历二百年又遇到王莽作乱，计算这次被杀戮死亡的人数，又超过秦始皇、项羽时一倍多。到了今天，著名的都市空虚而无人居住，百里之内绝迹而看不见人的，不可胜数。这就又超过王莽作乱的时候了。可悲啊！不到五百年，出现三次大灾难，中间其他的祸乱尚且不计算在内。越演变越可怕，越往后越残酷，照这样发展下去，可能就达到全部死光的地步了。唉！不知后世圣人将用什么样的办法来拯救社会危难啊！又不知上天如果让这种社会规律发展到了尽头，还想让它走到哪里去呢？

《损益篇》：

措施对社会有利，制度对万物适宜，可加以实行。事情违背礼数，法令忽略现实，应当加以改变。所以在古代推行产生过效益，用在今天没有好处的，不可不进行改变。改变后反而不如从前，替换后反而失败更多的，也不可不加以恢复。汉王朝刚兴起的时候，分别封子弟为王，将士人百姓的性命托付他们，把生杀大权交给他们。因此骄奢放纵，欲望无度。鱼肉百姓，以满足他们的私欲；奸淫骨肉，以发泄他们的情欲。对上有篡逆背叛的不法行为，对下有暴虐凶残的严重危害。虽然是凭借亲属的恩典，但原本也是历史的发展和形势使他们成这个样子的。爵位被降低,封地被削减,权力被慢慢剥夺,最终至于坐食俸禄罢了。但他们的污秽行为,荒淫昏庸的罪行,还是非常多的。所以使他们的根基变浅,对他们的恩义减少,尚且还假借一日的尊贵地位,让士人百姓替他效力,何况是专权于封国,擅自传位于后代的时候,怎能通过鞭打喝骂,便让他们完全听从我的摆布呢?政治衰败,风俗改变,纯朴丧失,奸诈出现。摆脱礼制的约束,纵情于嗜欲之中已经很久了,原本就不该将权柄交给他们,把资本借给他们。因此收回他们世代继承的权力,阻止他们跋扈的势头,优秀的尽快提升,邪恶的及早铲除,所以地方上没有被埋没的士人,朝廷中没有专宠的贵人。这是变革很出色,可以一直推行下去的例子。

井田制被瓦解,豪强经商营利,房产遍布于州郡,田地连片于方国。自身连当小吏的命都没有,却偷偷穿戴只有三公才能享有的彩服,连五户居民的头领都不是,却役使有千户人家的名邑的百姓。荣华享乐超过有封地的贵族,权势等同于郡守县令,财货私营不纳税,违犯法律不受罚,刺客和敢死之士为他卖命。使得力单忠厚的人,被破帘坏,死于他乡而无人收敛,蒙受冤枉,走投无路而不敢控诉。虽然也有法纪松弛的原因,实则乃占有田地不受限制造成的。如今想重振太平社会的纲纪,确立长治久安的基础,平均人民的财富,纠正奢侈的风俗,非实施井田制就实在没有别的出路了。这是变革有失败,而应当恢复旧制的例子。

肉刑被废除,各种罪行便没有相应的惩治标准,不够死刑的就处以髡刑和钳刑,不够髡刑、钳刑的就处以鞭笞。处死的人不能复生,而受髡刑的并没有多大伤害。髡刑和鞭笞不足以惩办犯中等罪行的人,哪里能够不将他们处死呢?偷鸡摸狗,男女淫乱私奔,一般性的贿赂,误伤他人,都是不应当处以死刑的。杀了他们就太重,处以髡刑就太轻。不制订中,等刑法以适合这样的罪行,那么法令怎能不混乱,生杀怎能没有差错呢?如今忧虑刑罚太轻不足以惩治恶人,就虚增赃物以定成死罪,假托病死以掩盖极刑。法律条文中无法找到依据,名实不相符,恐怕不是帝王的通法,圣人的良制吧!有人说:"从重处罚恶人是可以的。从重处罚了好人,哪里能够挽回呢?"回答说:"像前朝以来,从未冤枉杀害过善人,就是因为有罪而不处以死刑。这种做法是对杀人能够容忍,而对处死罪犯不能容忍。现在使五种刑罚有明确的等级,定罪轻重有准确的界限,法律井井有条,定罪与罪行完全相符,不是杀人、叛逆、作乱、乱伦等罪大恶极的人,一概不杀。继承周朝罕见的典籍,接续吕侯制订的刑律,这又是应当恢复旧制的最好例子。"

《易经》说:"阳卦一君二臣,是君子之道;阴卦二君一臣,是小人之道。"如此说来,那么少数人是人上人,多数人是人下人。五户人家的长官,是才能足以管理五户的人;一国的君主,是才能足以掌管一国的人;天下的王,是才能足以称王天下的人。愚人被智者使唤,好比树枝依附树干,这个道理是天下的正常法则。组建国家是为了分头治理百姓,推行政事是为了分头处理事务。百姓离得太远就难于安抚,事务集中一处就不易解决。现在边远地区州府的属县,有的相离数百千里,虽然山陵洿泽很多,仍有可以住人种谷的地方,应当重新划定管辖范围,使远的不超过二百里,把户籍登记清楚以便相互检查,将五户十户的地方组织详细划分以便相互连接帮助,限定农夫的占田数量以杜绝兼并,制订五种刑法以拯救无辜的死亡,增加官员以振兴政事,抓紧农业生产以充实储备,舍弃工商业以专注农业,勉励教学以转变不良性情,表彰德行以改变风俗,考核才干技能以合理安排官员,选择精明强悍的人以学习军事,保养武器以应付战争,严肃法律禁令以防止越轨行为,信守赏罚以落实奖惩,督察游戏以杜绝奸邪,清查苛政以消除烦扰暴虐。确定这十六个方面作为政务,长期坚持实施,定期检查考核,太平时不懈怠,有事时不慌乱,圣人再现,不能变更。

以往,天下户数超过千万,除去其中的老弱,只每户一强壮男子,便有千万人。遗漏的已经不少,在汉朝领域内居住的少数民族还没有计算在内。十个强壮男子中,必有能胜任什长伍长的人,按什长以上计算,就有百万人。又从中取十分之一,那么可做辅佐官吏的人才就超过十万人。又从中取十分之一,那么可以让他们担任政务长官的就有万人。凭借体力发挥作用的称为人,对人要求强壮;凭借智力发挥作用的称为士,对士要重老成。完全按这种规定来使用天下的人,还会有所储备,何必担心不够用呢?所以物品有不去寻求的,没有无物品的时候;士有不去使用的,没有缺乏士人的社会。只有像这样,然后便可以利用人的天性,穷尽人的道理,兴废继绝,网罗遗漏,包容天和人了。

有人说:"善于管理政事的,想清除烦扰苛刻,合并减省官职,以无为求有为,以无事求成功,您为何说出这番话呢?"回答说:如果这样,那么夏商周三代就不值得效法,圣人就不值得学习了。君子利用法制便实现天下大治,小人利用法制就造成天下人乱。都是同一个法制,有的用它实现大治,有的用它造成大乱,是因为做法完全不同啊。倘若用豺狼去放猪羊,用盗跖去管征税,国家昏乱,官吏放肆,那么对法制的损益还有什么议论的呢?百姓待君子然后感化治理,国家待积蓄才没有忧患。君子不是靠亲自从事农业生产来取得衣食的,积蓄不是靠横征暴敛来求得富足的。俸禄如果十分优厚,那么盘剥受贿的罪行才可以消灭;积蓄如果十会充足,那么战争水旱的灾难就不必害怕。所以遵循正道得到俸禄,百姓不认为是奢侈;遵循正道征税,百姓不认为是抢夺。天灾流行,开仓库救济借贷,不也是仁政吗?衣食有富余,减少浪费奢华进行施舍,不也是义举吗?那些居官位为士人百姓长官的君子,本应享受大量的肉食和布帛,乘坐四匹马拉的红轮车子。现在反而说住破房子的才高尚,吃豆叶的才清高,既已丧失天地的本性,又提倡虚伪的名声,使不聪明的人占据高位,使各种事业荒废,未必不是从这里产生的。得到洁身自好的人而失去有才能的人,不是从建立功业的实际出发啊!凭廉洁得到荐举而因贪婪被免职,这不是士君子的本意。选用官吏必须取自善士,善士富的少而穷的多,俸禄不足以供养,怎能不多少做一些营私舞弊的事呢?因此而惩治他们,是设置机关陷阱以等待天下的君子啊!

盗贼灾荒,九州交替发生,饥馑突然出现,军队仓促出征,横征赋税使百姓更加贫穷,剥夺减少小吏的俸禄。可依赖的东西很少,要收取的东西太多,上万里的地区长期匮乏,首尾不能相救,徭役一齐征调,农业荒废,万民向苍天哭喊呼叫,贫穷的流亡死于沟壑。现在按好田的平均产量,计算农业的收入,如果每亩收三斛,每斛征收一斗,并不算多。一岁之间,就有数年的储备,即使征调非法的徭役,放纵奢侈的欲望,大量赏赐受宠幸的人,也不可能用尽。不遵循古代的法制,改为轻税,及至一方有警,一处受灾,不到三年,核算亏空,坐视战士蔬食,立望饿殍满道,做君主的为什么要推行这种政策呢?二十税一，孟子称为是野蛮人的做法，何况三十税一呢？克扣小吏的俸禄以充军用，起因于秦朝征讨诸侯，接着又征讨四夷。汉朝继承秦朝的事业，于是没有更改，使国家遭受危害，正是由此造成的。现在田地没有固定的主人，百姓没有固定的住处，小吏吃每天供给的东西，俸禄的品级没有确定。应当订立法制，统一条例，租税十一，更役赋税依旧不变。如今土广人稀，中等以下土地未能开垦。尽管如此，仍当限制富家大族，不让他们超过规定。凡是长草的田地，一概称为官田，有能力胜任农业劳动的，才允许分配。如果听凭自己占有，将来一定会出现不法行为。

《法诫篇》说：

《周礼》中提支六种立国的法规，是由冢宰掌管以辅佐君主治理天下的。春秋时期，有道德修养的诸侯，都用一位上卿主持国政。到了战国，也都是这样。秦朝兼并天下，便设丞相，用御使大夫作为辅佐。从汉高祖到汉成帝，沿袭不变，大都一辈子坚持到底。汉朝的昌盛，正在于此。任用一人便政事专一，任用数人便相互依赖。政事专一就协调一致，相互依赖就矛盾抵触。协调一致便是太平产生的根源，矛盾抵触便是混乱出现的原因。汉光武帝恼怒几代皇帝丧失权柄，愤恨强臣窃据帝位，矫枉过正，大权不下放，虽设置三公，政事都归台阁管理。从此以后，三公的职位，不过是充数而已。但政事有处理不当的，还是要进行谴责。然而权力移交给外戚之家，宠信遍及于身边的宦者，亲信同党，任用私人，内充京师，外满州郡，颠倒贤愚，舞弊选举，愚蠢无能的人掌管地方，贪婪残暴的人统治百姓，骚扰人民，激怒四夷，招致叛乱，流离疾苦，怨气并作，阴阳失调，日月星辰出现残缺，怪异现象频繁发生，害虫蚕食庄稼，水旱造成灾害。这些都是由外戚宦官当政带来的恶果，反而用来责怪三公，甚至于处死或免职，这实在是令人呼喊苍天，号咷痛哭的事啊！又中古时代选拔三公，努力在清廉谨慎、循规蹈矩的人中寻找。这种人是妇女中的守本分的人，是乡间的平平常常的人，哪里能够胜任那样的职务呢？形势既然像那样，选举又像这样，却想盼望三公为国家建立功勋，为生民做出业绩，不也太遥远了吧！从前汉文帝对邓通，可以说宠爱到了极点，尚且允许申徒嘉施展秉公执法的志向。受信任到这种程度，那么对君主身旁的小臣还有什么可忧虑的呢？到了近代，外戚宦官的请托受阻，馈送得不到满足，马上能陷人于不测的灾祸之中，哪里还谈得上进行弹劾和纠正呢？从前任务重而责罚轻，现在任务轻而责罚重。过去贾谊有感于绛侯周勃被囚禁受辱，因而上书陈述有关大臣廉耻的名分，开了大臣有罪不受刑而自杀的头。从此以后，便成为惯例。继位的君主，生下来就见到这种情形，习以为常，从未有人觉悟。唉，太可悲了！左手握着天下的版图，右手刎自己的脖子，愚蠢的人都知道难办，何况明智的君子呢！汉光武帝剥夺三公的重任，至今更加厉害，不把权柄交给后党，几代以后便行不通，原来是因为亲疏之间的形势大不相同啊。母后的亲族，是不离左右的人，有这种至亲的地位，所以他们贵幸万世。一般大臣的失败，没有一个朝代不出现，却没有一个人引以为鉴，也实在令人痛心啊。不如设置丞相自己总揽大权。如果委任三公，就应分清职责负责将事情办好。任命执政的人，不应和他通婚；通婚的人，不应命他执政。像这样，在位使百姓困穷，荐举任用不是贤人，百姓不安，争讼不息，天地多灾变，人物多妖孽，然后就可以分别承担这些罪行了。

有人说："政事掌握在一个人手中，权力太大了。"回答说："人才实在难得，何必嫌权力太大？从前霍禹、窦宪、邓骘、梁冀之类，凭借外戚的势力，掌管国家的权柄，到他们被处死，用一句话的诏书，第二天早上就解决问题，有多么大的权力值得畏惧呢？如今国家对宦官失于明察，将大权交给外戚，算起来十代当中这样做的占了八九，不惩罚他们却怀疑其他人，多么荒唐啊！"

评论说：诸子百家谈论政事的由来已久，大体归结为巩固根基，变革时弊。遇到国家命运无常，意见便偏颇杂乱，所以对是非的论述，矛盾百出。试着妄加议论，认为社会已不是远古赫胥氏、大庭氏的时代，人们放弃了无私无欲的生活，世风万端，情欲萌生，虽有赅备万物的智慧，也不能弄清其中的推移变化；即使山川那样的奥秘，也不足比喻人心的险恶。那么要适合世俗顺应万事，就不能用一成不变的章程。如果用人深知他的主张，就能达到殊途同归的目的；才能与名分背离，就差之毫厘失之千里。为什么这样说呢？如果有道德的圣人治理社会，效法自然，符合中道，那么振兴还是废除的原则，就不会有不同的规定。而随着时代的不同有所减损或增益，只不过文采与质朴交替施行而已。公开施行还是隐蔽推行，与过去不相一致；动用干戈还是举行祭祀，同前世互有参差。等到做帝王时，无论是乘高贵的黄盖车，还是穿普通的葛布衣，丰俭虽不一样，而实现太平则是相同的。也有的宽宥公族的罪过，而对储君施以黥刑，宽容与惨毒相去甚远，而防止非分之想必然相同。这正是分流共源，百虑一致啊！若果偏离情理，一意孤行，那么便会矫枉过正。所以穿草鞋踏冰霜，其弊来源于过分节俭；衣冠楚楚，警告在于过分穷奢极欲；防范不严，分封太多，就会因尾大不掉，欺凌弱君；横征暴敛，严刑峻法，就会因苛刻薄情而分崩离析。这就是受到《曹风》《魏风》讥刺的对象，在国风中十分鲜明的缘故；周、秦二朝穷途末路，于灭亡的征兆里便特别显著的原因。所以取舍的开始，就隐含着兴盛与失败。因此繁简随时而易，宽猛相互补充。刑书刻在鼎上，事有应该周详；约法三章著为法规，贵在简明易行。由太叔将执政，导致子产对猛政的表扬；因子产遗爱，孔子流下了激动的眼泪。赵盾如夏日般可畏，一改赵衰如冬日般平和；曹参为相，全遵萧何统一的法规。这些的确是一张一弛的大概，可以验证为政的传统了吧！王充、王符、仲长统论说当代得失都很深刻，但大多背离精辟的古训，喜好强调片面的主张。崇尚清静无为的道家，把儒家讲席上的一套看作是迂腐的说教；拘泥于循名责实的名家，把老子的观点看作是荒诞不经的言辞。有的人推行前王的教化，可以在当年实施；有的人援引挽救弊端的法规，应当永世流传。用纯正的道理来考查它们，将会认为是一种弊端了。如果知道舟没有在陆地上推着走的功能，瑟不是只弹奏一个永远不变的声音，不局限在眼前以怀疑远古，不拘泥于黑色以妨害白色，那么致力于天下太平的主要部门各自把握准确的原则，各种治国的方略便可以评说了吧？

赞辞说：一孔之见易偏，众人之言难一，救质朴须文采，矫迟钝必迅急。纲举自然目张，偏执肯定失误。详审现实弊病，成就光大治术。

崔瑗传

【题解】

崔瑗(公元77~142年),字子玉,涿郡安平人。崔氏是两汉南北朝时期的望族,博陵崔氏,历代人才辈出。崔瑗出生在名门世家,他的父亲崔骃是东汉著名学者,博学多才,与班固齐名。他的儿子崔寔也是著名学者,官至尚书,著有《四民月令》《政论》等。崔瑗自幼立志学问,能传父祖家学,通晓天文、律历、数术等学问。官至济北相。

崔瑗也是东汉著名书法家,他善写章草,与杜度齐名,世称"崔杜"。大书法家张芝曾学他的笔法,在当时影响很大。可惜的是今天看不到他的书迹了。著《草书势》及其他著作五十余种。

【原文】

瑗字子玉,早孤,锐志好学,尽能传其父业。年十八,至京师,从侍中贾逵质正大义,逵善待之,瑗因留游学,遂明天官、历数、《京房易传》、六日七分。诸儒宗之。与扶风马融、南阳张衡特相友好。初,瑗兄章为州人,年四十余,始为郡吏。以事系东郡发干狱。狱掾善为《礼》,瑗间考讯时,辄问以《礼》说。其专心好学,虽颠沛必于是。后事释归家,为度辽将军邓遵所辟。居无何,遵被诛,瑗免归。

后复辟车骑将军阎显府。时阎太后称制,显入参政事。先是安帝废太子为济阴王,而以北乡侯为嗣。瑗以侯立不以正,知显将败,欲说令废立,而显日沉醉,不能得见。乃谓长史陈禅曰:"中常侍江京、陈述等,得以嬖宠惑蛊先帝,遂使废黜正统,扶立疏孽。少帝即位,发病庙中,周勃之征,于斯复见。今欲与长史君共求见,说将军白太后,收京等,废少帝,引立济阴王,必上当天心,下合人望。伊、霍之功,不下席而立,则将军兄弟传祚于无穷。若拒违天意,久旷神器,则将以无罪并辜元恶。此所谓祸福之会,分功之时。"禅犹豫未敢从。会北乡侯薨,孙程立济阴王,是为顺帝。阎显兄弟悉伏诛,瑗坐被斥。门生苏祗具知瑗谋,欲上书言状,瑗闻而遽止之。时陈禅

崔瑗

为司隶校尉,召瑗谓曰:"第听祗上书,禅请为之证。"瑗曰:"此譬犹儿妾屏语耳,愿使君勿复出口。"遂辞归,不复应州郡命。

久之,大将军梁商初开莫府,复首辟瑗。自以再为贵戚吏,不遇被斥,遂以疾固辞。

岁中举茂才,迁汲令。在事数言便宜,为人开稻田数百顷。视事七年,百姓歌之。

汉安初,大司农胡广、少府窦章共荐瑗宿德大儒,从政有迹,不宜久在下位。由此迁济北相。时李固为太山太守,美瑗文雅,奉书礼至殷勤。岁余,光禄大夫杜乔为八使,徇行郡国,以臧罪奏瑗,征诣廷尉。瑗上书自讼,得理出。会病卒,年六十六。临终,顾命子寔曰:"夫人禀天地之气以生,及其终也,归精于天,还骨于地。何地不可藏形骸,勿归乡里。其赙赠之物,羊豕之奠,一不得受。"寔奉遗令,遂留葬洛阳。

瑗高于文辞,尤善为书、记、箴、铭,所著赋、碑、铭、箴、颂、《七苏《南阳文学官志》《叹辞》《移社文》《悔祈》《草书势》、《七言》,凡五十七篇。其《南阳文学官志》称于后世,诸能为文者皆自以弗及。瑗爱士,好宾客,盛修肴膳,单极滋味,不问余产。居常蔬食菜羹而已。家无担石储,当世清之。

【译文】

崔瑗字子玉,在他幼年时父亲去世,他专心好学,能继承他父亲崔骃的学业。他十八岁时来到京师洛阳,向侍中贾逵请教经书大义,贾逵待他很好,于是崔瑗留居京师交游问学,因而他通晓天文、律历、数术、《京房易传》、占卜之学,受到学者们的推崇。他和扶风人马融、南阳人张衡友谊很深。当初,崔瑗的哥哥崔章被本州人杀害,崔瑗为兄报仇,亲手杀死仇人,因而逃亡在外,上朝廷大赦,崔瑗回到家乡。家里很穷,崔瑗和他的兄弟们在一起生活了数十年,本乡人都受到他们这种兄友弟爱精神的感化。

崔瑗在四十多岁时,才任为郡衙的办事吏员。后来因事被关进东郡发干县的监狱,监狱长对《礼经》很有研究,崔瑗受审讯之外,常常向监狱长请教《礼经》有关问题。他专心好学,就是身处颠沛流离之中也一心从事学问。后来官司结案回到家乡,被度辽将军邓遵征召在他身边任职。没过多久,邓遵被朝廷处死,崔瑗也被免职,又回到家乡。

后来又被车骑将军阎显征召,在阎府中任职。当时阎太后垂帘听政,阎显入朝参政。在此之先,安帝废黜太子刘保,贬为济阴王,另立北乡侯刘懿为太子。崔瑗认为北乡侯立为太子,不合法统,他预见到阎显将要垮台,想劝说他废黜北乡侯,另立太子,但阎显整天醉生梦死,见不到他。于是崔瑗对长史陈禅说:"中常侍江京、陈述等人,因他们得到先帝的宠幸,把先帝哄得迷迷糊糊,于是废黜了合法的太子,另立旁支子弟。少帝即位时,就在宗庙中犯了病,西汉时征调周勃迎立太子的时机,今天又重新出现。我想和长史您一起求见将军,劝他上奏太后,逮捕江京等人,废黜少帝,迎立济阴王。这样做,一定能上合天意下合民心。象伊尹、霍光那样的功勋,不动声色就可以建立,那么将军的官位爵禄可以子子孙孙地传下去。如果违背了天意,君主的宝座久空,你即使没犯罪也逃不了首恶的罪责。这就是受祸得祸的关键时候,也是建功立业的大好时机。"陈禅听了犹豫不决,不敢听从。恰好北乡侯刘懿这时病死,孙程立济阴王刘保为帝,这就是汉顺帝。阎显兄弟都被处死,崔瑗也被罢免。崔瑗的学生苏祇对崔瑗的谋划了解得一清二楚,想上书皇帝说明这一情况,崔瑗听到后,马上加以制止。当时陈禅任司隶校尉,把崔瑗找来,对他说:"你姑且听任苏祇上书说明,我为你作证。"崔瑗说:"这话像小孩子们说的悄悄话,希望司隶校尉大人不要再说了。"于是辞职回家,再也不应州郡的征召出来做官。

过了很久，大将军梁商建立大将军幕僚机构，首先征召崔瑗。崔瑗认为，如果再次充当外戚贵官的幕僚，如不被重用，仍免不了被罢斥，于是他以有病为词，推辞了。这一年，他被荐举，选拔为秀才，被任为汲县县令。他在知县任内，多次向朝廷上书，提出应实行的政事，他为百姓开垦出几百顷稻田。他在任七年，受到百姓们歌颂。

汉安初年，大司农胡广、少府窦章共同推荐崔瑗是德高望重的大儒，从政期间政绩突出，不应该让这样的人才沉沦下僚，因此升任他为济北国相。当时李固任太山郡太守，他很欣赏崔瑗的学识，不断给崔瑗写信致意。过了一年多，光禄大夫杜乔充任巡察使者，到各地巡视，他向朝廷检举，崔瑗犯有贪污罪，于是崔瑗被送司法机关审理。崔瑗上书自辩，辩明无罪被释。被释放后因病逝世，时年六十六岁。在他临死之前，嘱咐他的儿子崔寔说："人接受天地的恩赐得以生存，人死之后，灵魂归天而去，骨肉葬入大地。哪里黄土不埋人？不要把我的尸体运回故乡。他人赠送东西和羊猪之类的祭品，一律不要接受。"崔寔遵照遗嘱。于是把他埋葬在洛阳。

崔瑗是写文章的高手，尤其擅长写书札、记文、箴文、铭文，著有赋、碑文、铭文、箴文、颂文、《士苏》《南阳文学官志》《叹辞》《移社文》《悔祈》《草书势》、七言等，共五十七篇。他所著的《南阳文学官志》受到后人的称赞，那些擅长写文章的人都自认为赶不上他。崔瑗喜欢读书人，好招待宾客，为客人摆设丰盛的宴席，具备各种美味菜肴，但不过问家里的生计。他平时只是粗茶淡饭而已。因此，家里没有什么积蓄，当时人很称赞他的清廉。

崔寔传

【题解】

崔寔，东汉冀州安平（今河北安平县一带）人，出身名门望族，其先辈崔朝，崔骃等都先后在朝廷做官，然而，到了崔寔以后，崔家便开始衰落了，崔寔的父亲死后，崔寔为了安葬，变卖田宅，结果使得仅有的资产耗尽一空，从此崔寔变得穷困潦倒，只得以酿酒贩卖为生，当时的许多人都因此而讥笑他，他却矢志不改，虽然发不了财，却也因此而自给自足，其实对崔寔影响最大的是他的母亲刘氏，刘氏是个知书达理的良母，后来崔寔在五原任太守时所取的政绩，就与他母经常给他传授在政治上如何统治百姓的道理分不开，崔寔两度做议郎，在东观（皇家图书馆）著述作文，和诸儒博士杂定五经，后又两次出任地方太守，先是在五原（今内蒙古自治区河套以东至山西偏关西北一带地区，治所在今包头市西北），后是在辽东，在五原期间做出了很大的政绩，崔寔在五原的成绩使他后来又被推举到辽东担任太守，但是任期不长。据史料记载，崔寔的著作一共有十五篇之多，除《政论》以外，崔寔还著有《四民月令》，"四民"指的是从事士、农、工、商四种职业的人，"月令"是指这四种职业的人在一年十二个月中每个月所应该做的事情，如耕耘收获，蚕桑丝织，加工酿造，宗教祭祀，文化教育，饮食卫生，交易买卖等等，书中继承了西汉《氾胜之书》所提到的一些内容，但是在某些方面也有新的发展，如书中所谓的"别稻"（即水稻的移栽)和树木的压条繁殖,就是古农书中最早记载,崔寔对于中国传统农学的贡献不仅仅是具体的科技成就,而主要在于他首创了以月令写作农书的先例,这也就使得《四民月令》成为古农书中最早的月令体农书,从而也就奠定了崔寔在中国农业科学技术史上的地位。

【原文】

寔,字子真,一名台,字元始。少沈静,好典籍。父卒,隐居墓侧。服竟,三公并辟,皆不就。

桓帝初,诏公卿郡国举至孝独行之士。寔以郡举,征诣公车,病不对策,除为郎。明于政体,吏才有余,论当世便事数十条,名曰《政论》。指切时要,言辩而确,当世称之。仲长统曰:"凡为人主,宜写一通,置之坐侧。"其辞曰:

"自尧舜之帝,汤武之王,皆赖明哲之佐,博物之臣。故皋陶陈谟而唐虞以兴,伊、箕作训而殷周用隆。及继体之君,欲立中兴之功者,曷尝不赖贤哲之谋乎!凡天下所以不理者,常由人主承平日久,俗渐敝而不悟,政寖衰而不改,习乱安危,怅不自睹。或荒耽嗜欲,不恤万机;或耳蔽箴诲,厌伪忽真;或犹豫歧路,莫适所从;或见信之佐,括囊守禄,或疏远之臣,言以贱废。是以王纲纵弛于上,智士郁伊于下。悲夫!

自汉兴以来,三百五十余岁矣。政令垢玩,上下怠懈,风俗彫敝,人庶巧伪,百姓嚣然,咸复思中兴之救矣。且济时拯世之术,岂必体尧蹈舜然后乃理哉?期于补衮决坏,枝柱邪倾,随形裁割,要措斯世于安宁之域而已。故圣人执权,遭时定制,步骤之差,各有云设。不强人以不能,背急切而慕所闻也。盖孔子对叶公以来远,哀公以临人,景公以节礼,非其不同,所急异务也。是以受命之君,每辄创制;中兴之主,变匡时失。昔盘庚愍殷,迁都易民;周穆有阙,甫侯正刑。俗人拘文牵古,不达权制,奇伟所闻,简忽所见,乌可与论国家之大事哉!故言事者,虽合圣德,辄见掎夺。何者?其顽士暗于时权,安习所见,不知乐成,况可虑始,苟云率由旧章而已。其达者或矜名妒能,耻策非已,舞笔奋辞,以破其义,寡不胜众,遂见摈弃。虽稷、契复存,犹将困焉。斯贾生之所以排于绛、灌,屈子之所以摅其幽愤者也。夫以文帝之明,贾生之贤,绛、灌之忠,而有此患,况其余哉!

量力度德,《春秋》之义。今既不能纯法八代,故宜参以霸政。则宜重赏深罚以御之,明著法术以检之。自非上德,严之则理,宽之则乱。何以明其然也?近孝宣皇帝明于君人之道,审于为政之理,故严刑峻法,破奸轨之胆,海内清肃,天下密如。荐勋祖庙,享号中宗。算计见效,优于孝文。及元帝即位,多行宽政,卒以堕损,威权始夺,遂为汉室基祸之主。政道得失,于斯可监。昔孔子作《春秋》,褒齐桓、懿晋文,吹管仲之功。夫岂不美文、武之道哉?诚达权救敝之理也。故圣人能与世推移,而俗士苦不知变,以为结绳之约,可复理乱秦之绪,"干戚"之舞,足以解平城之围。

夫熊经鸟伸,虽延历之术,非伤寒之理;呼吸吐纳,虽度纪之道,非续骨之膏。盖为国之法,有似理身,平则致养,疾则攻焉。夫刑罚者,治乱之药石也;德教者,兴平之梁肉也。夫以德教除残,是以梁肉理疾也;以刑罚理平,是以药石供养也。方今承百王之敝,值厄运之会。自数世以来,政多恩贷,驭委其辔,马骋其衔,四牡横奔,皇路险倾方将钳勒鞿鞘以救之,岂暇鸣和鸾,清节奏哉？昔高祖令萧何作九章之律,有夷三族之令,黥、劓、斩趾、断舌、枭首,故谓之具五刑。文帝虽除肉刑,当劓者笞三百,当斩左趾者笞五百,当斩右趾者弃市。右趾者既殒其命,笞挞者往往至死,虽有轻刑之名,其实杀也。当此之时,民皆思复肉刑。至景帝元年,乃下诏曰:"加笞与重罪无异,幸而不死,不可为人。"乃定律,减笞轻捶。自是之后,笞者得全。以此言之,文帝乃重刑,非轻之也;以严致平,非以宽致平也。必欲行若言,当大定其本,使人主师五帝而式三王。荡亡秦之俗,遵先圣之风,弃苟全之政,蹈稽古之踪,复五等之爵,立井田之制。然后选稷契为佐,伊吕为辅,乐作而凤凰仪,击石而百兽舞。若不然,则多为累而已。

其后辟太尉袁汤、大将军梁冀府,并不应。大司农羊傅、少府何豹上书寔才美能高,宜在朝廷。召拜议郎,迁大将军冀司马,与边韶、延笃等著作东观。

出为五原太守。五原土宜麻,而俗不知织绩,民冬月无衣,积细草而卧其中,见吏则衣草而出。寔至官,斥卖储峙,为作纺绩、织纴、练之具以教之,民得以免寒苦。是时胡虏连入云中、朔方,杀掠吏民,一岁至九奔命。寔整厉士马,严烽候,虏不敢犯,常为边最。

以病征,拜议郎,复与诸儒博士共杂定"五经"。会梁冀诛,寔以故吏免官,禁锢数年。

时鲜卑数犯边,诏三公举威武谋略之士,司空黄琼荐寔,拜辽东太守。行道,母刘氏病卒,上疏求归葬行丧。母有母仪淑德,博览书传。初,寔在五原,常训以临民之政,寔之善绩,母有其助焉。服竟,召拜尚书。寔以世方阻乱,称疾不视事,数月免归。

初,寔父卒,剽卖田宅,起冢茔,立碑颂。葬讫,资产竭尽,因穷困,以酤酿贩鬻为业,时人多以此讥之,寔终不改。亦取足而已,不致盈余。及仕官,历位边郡,而愈贫薄。建宁中病卒。家徒四壁立,无以殡敛,光禄勋杨赐、太仆彭逢、少府段颎为备棺材葬具,大鸿胪袁隗树碑颂德。所著碑、论、箴、札、七言、祠、文、表、记、书凡十五篇。

【译文】

崔寔,字子真,又名崔台,字元始。年少的时候不爱说笑也不好动,只喜欢读典籍。父亲过世,他隐居墓侧守孝。守完孝后,丞相、太尉,御史大夫三公同时征举他,但他都没有出任。

汉桓帝初年,下令公卿郡国推举非常孝道,而且有独特品行操守的人。经郡里的举荐,崔寔被公车征召。由于不善于对答皇帝的问题,改任职为郎。崔寔对于政治体制非常了解,他的管理才能也是绰绰有余。在一篇名叫《政论》的论文中,他论述了当时熟习常知的事数十条,针砭时弊,切中要害,话虽然巧辩却很正确,受到当世人们的称赞。仲长统说:"凡是为君主者,都应该抄写一份,放在自己的坐旁。"这篇文章写道:

从尧舜帝和汤武王开始,就都依赖英明哲人的辅佐,和博识事物的大臣。因为有皋陶进献谋划所以才有唐虞的兴盛,伊尹作《伊训》、箕子作《洪范》,殷商和周朝才得以强大。以后继位的那些君主中,想要为国家复兴建立功业者,何尝不依赖圣贤哲人的谋略呢！大凡国家不能得到正常的治理,都是由于君主长久习惯于国家的安定局面,社会风气日益败坏而毫无觉悟,政治统治日渐衰败不加改革,对社会动乱和危机习以为常,视而不见。或沉湎于自己的嗜好,放纵自己的欲望,不考虑国家大事;或对规劝和教诲充耳不闻,相信虚假的谎言而忽视真实的事情。或有分歧之处犹犹豫豫,没有主见而无所适从。受到信任的宠臣只知道领取俸禄,默不作声,不求有功,但求无过;被疏远了的忠臣,却因为地位低下,说了也没人听。就这样上面的朝廷纲纪日益松弛,下面的智士仁人则郁郁不得志。多么可悲啊!

自从汉朝建立以来,已有三百五十多年了,政治腐败,上下级官吏玩忽职守,懒惰松懈,社会风气败坏,人们弄虚作假,老百姓担心害怕。大家都在重新考虑振兴国家的办法。那么拯救国家的办法,难道一定得沿袭尧舜时的做法才行吗?我们的目标在于修补已冲决的大堤,扶正已倾斜的支柱,根据形势进行裁定取舍,最终就是要将这个世界置于和平安宁的环境中。所以圣明的君主执掌大权,应该根据所遇到的时势来制定不同的制度,步骤的差别,各有各的安排。不能强人所难,不能不干当务之急的事而去羡慕道听途说的东西。所以孔子对叶公谈关于招徕远方的人民的事,对哀公时则答以君临治理人民,对景公时则以节制繁文缛礼作答。并不是它们之间有什么不同,而是每个国君当务之急的事有所不同。所以开国君主,往往要创立新的制度;而中兴国家的君王,亦要不时地纠正过失。当年盘庚为殷商而忧患的时候,采取了迁移都城来治理老百姓的办法;周穆王有缺点过错的时候,甫侯出来为他纠正刑法。世俗之人拘泥于书本上的记载和古人成法,不懂以权力制治,对于自己听到的总觉得了不起,而对于自己亲眼见到的事实忽视了,怎么可以与这些人来讨论国家大事呢?所以进谏的人,虽然合乎圣德,却常常受到牵制。原因是什么呢?主要是由于顽固的人不懂时事变化,习惯于自己所见到的,连享受胜利的成果都不知道,更何况从事创造性的工作,只不过会一切按既定方针办事而已。有的达官贵人沽名钓誉,嫉贤妒能,羞愧于谋略不是自己所出,就写文章或发表讲话,对人家的道理进行攻击。这些人由于寡不敌众,便被抛弃了。虽是稷和契复生,也将会处于困境。这也就是贾生(谊)之所以受到绛侯(周勃)、灌婴的排挤,屈原之所以慷慨悲歌,抒发自己满腔忧愤的原因。象文帝的开明、贾谊的贤能、周勃、灌婴的忠诚,都有这样的悲剧,况且是其余的人呢?

衡量人的能力和品德操行,这是《春秋》一书中的大义。现在既然不能全盘地仿效三皇五帝,但是可以以齐桓公和晋文公的王霸政治做参考。应当用重赏深罚来控制,用严明的法来约束。假如不是最高尚的德行,严厉则天下太平,松缓则天下大乱。用什么来证明是这样的呢?近来孝宣皇帝就非常清楚君臣之道,懂得如何统治的道理,所以制定严峻的刑法,使为非作歹的奸邪不轨之徒闻风丧胆,海内太平无事,天下清静。他的功勋荐献于宗庙,得享中宗的称号。从实际效果的统计来看,比孝文帝还要好。等到元帝即位,大多实行宽缓的统治,最终遭到破坏和损失,统治的权威开始丧失,就成了给汉家王朝埋下祸根的皇帝。政治统治的得与失,从这里就可看出来。昔日孔子纂修《春秋》,褒扬齐桓公的业绩,赞美晋文公的成就,感叹管仲的功勋。难道不是赞美文、武之道吗?那真是通晓事物变化、拯救弊端的道理呀。所以圣明的人能与时俱进,顺应历史的潮流。而庸俗之士却苦于不知时势变化,以为结绳记事时代约法,可以用来重新治理秦朝散乱的社会秩序,挥舞夏禹时代的兵器,可以解救汉高祖刘邦的平城的白登山之围。

熊经鸟伸这样的体育活动,虽然是延长寿命的方法,但却不是治疗伤寒病的办法。

呼吸吐纳这样的气功运动，虽然也是长寿之道，却不能将断骨续接。治理国家的方法和人注意身体健康的方法一样，平安时就要注意保养，有病了就要进行治疗。刑罚是治理动乱的药物；道德教育是维持太平的养料。如果用德育去消除残暴，就好比用营养品治疗疾病；如果用刑罚去维持太平，就好比用药物给病人提供营养。现在我们承继了历代统治所遗留下来的弊病，正处在一个灾难频仍的时代。从数个世代以来，政治统治过于宽恕，就像驾马放松了缰绳，马嘴脱离了马嚼子，横冲直撞，大路变得不平而又倾斜。正要通过衔木、马辔、车辕来控制奔马以挽救它，那儿管得上马车行走时和谐的铃声和清脆的节奏呢？当年高祖刘邦命令丞相萧何作"九章律"，其中有灭三族的律令，黥（脸上刺字）、劓（割掉鼻子）、斩趾（砍去脚趾）、断舌（割断舌头）、枭首（悬头示众），合称之为"具五刑"。文帝虽然废除了肉刑，应当处以劓刑的改鞭笞三百下，应当砍断左脚指的改为鞭笞五百下，应当砍断右脚指的改为处死刑。断右脚指的固然是丢掉了生命，被鞭抽打的人也往往被打死，虽然名义上是减轻了刑罚，其实还是杀头。那个时候，老百姓希望恢复肉刑。至汉景帝元年（公元前156年），便下诏令说："鞭笞与重罪没有区别，侥幸不死，也不可做人了。"便定下法律，减轻鞭笞和敲打的刑罚。从此以后，受鞭笞之刑的人能保全性命。按这来说，文帝是加重刑罚，而不是减轻刑罚，是以严厉而求得太平，而不是以宽缓求得太平的。如果定要实行这句话的话，应当大大地确定根本，使统治者效法五帝，仿照三王。清除秦朝的旧俗，依照先哲圣人的风范，放弃那种苟且偷全的政策，追随并查考古代的踪迹，恢复五个等级的爵位，建立井田制。然后再选举象稷契、伊、吕那样的人为辅佐。音乐响起来，而凤凰飞舞，石头（打击乐）敲起来，则百兽起舞。如果不这样的话，只会造成许多祸害罢了。

后来太尉袁汤，大将军梁冀官府都要征召崔寔，他都没有答应。大司农羊傅、少府何豹上书推荐崔寔，说他才能大本领高，适宜在朝廷做官。崔寔被征召担任议郎，升职为大将军梁冀府的司马，并与边韶、延笃等一道在东观从事写作。

出任五原（今内蒙古包头市西北）太守。五原的土壤适合种植定麻，但是民间却不知道纺织，老百姓冬天没衣穿，铺垫一些细草，就睡在里面，看见官吏来了，就披着草出来。崔寔到这里上任后，下令出售储备，用来制作纺织、缝纫的工具，进行培训，使百姓得以免除寒冷之苦。这个时候，匈奴经常进犯云中（今内蒙古托克托东北）、朔方（今内蒙古杭锦旗北），烧杀抢掠当地的官吏和老百姓，以至于在一年之中多次逃难。崔寔整顿军队，锻炼士兵，严守烽火台，加紧巡逻，匈奴不敢再来侵犯，崔寔因此而常常评为边疆守备第一。因为有病的缘故被征拜为议郎，重新又与各位儒学博士一道共同选定《五经》。正好又碰上梁冀被判处死刑，崔寔因曾在梁冀府上做过幕吏，被免职，且遭到几年的禁锢。当时鲜卑族多次进犯边境，皇帝下诏三公推举有勇有谋的人才。司马黄琼推荐崔寔，担任辽东太守。在赴任的途中，听到母亲刘氏病故的消息，他便上书请求回家安葬母亲并守孝。崔寔的母亲是个有风范和德行的贤惠女子，她博览群书，知书达理。当初，崔寔在五原做太守的时候，母亲常常教育他如何管理老百姓，崔寔取得好的政绩，其中就有母亲的帮助。守孝完毕后，他又被召拜任尚书。崔寔因为当时正值天下大乱，充满危机，借口有病不能工作，数月之后被罢免回家。

起初，崔寔父亲死的时候，他变卖掉家中田宅，修建父亲的坟墓，立了墓碑，撰文。为他父亲的一生歌功颂德。安葬好了以后，资产耗尽一空，崔寔因穷困便以酿酒贩卖为生。当时的许多人因此而讥笑他，可他却终不改变。做买卖赚的钱够用就行了，不求多有剩余。到当官以后，历次在边疆地区任职，就更加贫困。建宁（公元 168～171 年）病故。死时家徒四壁，屋中空空如也，以至于没有钱用以安葬，还是光禄勋杨赐、太仆袁逢、少府段颍为他置备的棺材葬具，大鸿胪袁隗为他树碑立传，歌功颂德。崔寔一生所写作的碑、论、箴、铭、札、七方、祠、文、表、记、书等等共十五篇。

虞诩传

【题解】

虞诩，生卒年不详，东汉中期名将。东汉陈国武平（今河南柘城南）人，字升卿。出身于官宦之家。少聪慧，早孤，以孝顺祖母闻名乡里。初被征召太尉李脩府，充任郎中。安帝永安四年（110），羌胡进攻并州、凉州时，曾建议李脩任用西州豪杰为属吏，牧守长吏子弟为郎，以消除边患。后任朝歌长，设计镇压宁季领导的农民起义。升任武都太守，平息羌变，召回流亡，赈贷贫民，一郡得以安定。顺帝永建元年（126），为司隶校尉，弹劾中常侍张防弄权，被遣送到左校罚作苦役，不久被释放，任尚书仆射。这时长吏、二千石借"义钱"聚敛，因虞诩上书而止。因为他屡次抵触权贵，曾九次被责备，三次受到刑罚的折磨，然而刚强正直的性情终老不改。永和初年，升任尚书令，后免官。虞诩的一生，主要活动于东汉安帝、顺帝时期，他不仅是历史上有名的勇于揭发，敢犯权贵的刚直之士，更是一位具有高度指挥艺术的军事将领。他为人深沉，胸怀大略，精通兵法而不墨守成规，他巧妙地运用了"兵无常势"的原则，创造了古代战争中的典型战例，丰富了古代战争的指挥艺术，成为我国军事史上有影响的杰出人物。

【原文】

虞诩字升卿，陈国武平人也。祖父经，为郡县狱吏，案法平允，务存宽恕，每冬月上其状，恒流涕随之。尝称曰："东海于公高为里门，而其子定国卒至丞相。吾决狱六十年矣，虽不及于公，其庶几乎！子孙何必不为九卿邪？"故字诩曰升卿。

诩年十二，能通《尚书》。早孤，孝养祖母。县举顺孙，国相奇之，欲以为吏。诩辞曰："祖母，九十，非诩不养。"相乃止。后祖母终，服阕，辟太尉李脩府，拜郎中。

永初四年，羌胡反乱，残破并、凉，大将军邓骘以军役方费，事不相赡，欲弃凉州，并力北边，乃会公卿集议。骘曰："譬若衣败，坏一以相补，犹有所完。若不如此，将两无所保。"议者咸同。诩闻之，乃说李脩曰："窃闻公卿定策当弃凉州，求之愚心，未见其便。先帝开拓土宇，劬劳后定，而今惮小费，举而弃之。凉州既弃，即以三辅为塞；三辅为塞，则园陵单外。此不可之甚者也。谚曰：'关西出将，关东出相'。观其习兵壮勇，实过余州。

今羌胡所以不敢入据三辅，为心腹之害者，以凉州在后故也。其士人所以推锋执锐，无反顾之心者，为臣属于汉故也。若弃其境域，徙其人庶，安土重迁，必生异志。如使豪雄相聚，席卷而东，虽贲、育为卒，太公为将，犹恐不足当御。议者喻以补衣犹有所完，诩恐其疽食侵淫而无限极，弃之非计。"脩曰："吾意不及此。微子之言，几败国事。然则计当安出？诩曰："今凉土扰动，人情不安，窃忧卒然有非常之变。诚宜令四府九卿，各辟彼州数人，其牧守令长子弟皆除为冗官，外以劝厉，答其功勤，内以拘致，防其邪计。"脩善其言，更集四府，皆从诩议。于是辟西州豪杰为掾属，拜牧守长吏子弟为郎，以安慰之。

邓骘兄弟以诩异其议，因此不平，欲以吏法中伤诩。后朝歌贼宁季等数千人攻杀长吏，屯聚连年，州郡不能禁，乃以诩为朝歌长。故旧皆吊诩曰："得朝歌何衰"，诩笑曰："志不求易，事不避难，臣之职也。不遇盘根错节，何以别利器乎"始到，谒河内太守马棱，棱勉之曰："君儒者，当谋谟庙堂，反在朝歌邪？"诩曰："初除之日，士大夫皆见吊勉。以诩诔之，知其无能为也。朝歌者，韩、魏之郊，背太行，临黄河，去敖仓百里，而青、冀之人流亡万数。贼不知开仓招众，劫库兵，守城皋，断天下右臂，此不足忧也。今其众新盛，难与争锋。兵不厌权，愿宽假辔策，勿令有所拘阂而已。"及到官，设令三科以募求壮士，自掾史以下各举所知，其攻劫者为上，伤人偷盗者次之，带丧服而不事家业为下。收得百余人，诩为飨会，悉贳其罪，使入贼中，诱令劫掠，乃伏兵以待之，遂杀贼数百人。又潜遣贫人能缝者，佣作贼衣，以采綖缝其裾为帜，有出市里者，吏辄禽之。贼由是骇散，咸称神明。迁怀令。

后羌寇武都，邓太后以诩有将帅之略，迁武都太守，引见嘉德殿，厚加赏赐。羌乃率众数千，遮诩于陈仓、崤谷，诩即停军不进，而宣言上书请兵，须到当发。羌闻之，乃分钞傍县，诩因其兵散，日夜进道，兼行百余里。令吏士各作两灶，日增倍之，羌不敢逼。或问曰："孙膑减灶而君增之。兵法日行不过三十里，以戒不虞，而今日且二百里，何也"诩曰："虏众多，吾兵少。徐行则易为所及，速进则彼所不测。虏见吾灶日增，必谓郡兵来迎。众多行速，必惮追我。孙膑见弱，吾今示强，势有不同故也。"

既到郡，兵不满三千，而羌众万余，攻围赤亭数十日。诩乃令军中，使强弩勿发，而潜发小弩，羌以为矢力弱，不能至，并兵急攻。诩于是使二十强弩共射一人，发无不中，羌大震，退。诩因出城奋击，多所伤杀。明日悉陈其兵众，令从东郭门出，北郭门入，贸易衣服，回转数周，羌不知其数，更相恐动。诩计贼当退，乃潜遣五百余人于浅水设伏，候其走路。虏果大奔，因掩击，大破之，斩获甚众。贼由是败散，南入益州。诩乃占相地势，筑营壁百八十所，招还流亡，假赈贫人，郡遂以安。

先是运道艰险，舟车不通，驴马负载，僦五致一。诩乃自将吏士，案行川谷，自沮至下辩数十里中，皆烧石翦木，开漕船道，以人僦直雇借佣者，于是水运通利，岁省四千余万。诩始到郡，户裁盈万，及绥聚荒余，招还流散，二三年间，遂增至四万余户。盐米丰贱，十倍于前。坐法免。

永建元年。代陈禅为司隶校尉。数月间，奏太傅冯石、太尉刘熹、中常侍程璜、陈秉、孟生、李闰等，百官侧目，号为苛刻。三府劾奏诩盛夏多拘系无辜，为吏人患。诩上书自讼曰："法禁者俗之堤防，刑罚者人之衔辔。今州曰任郡，郡曰任县，更相委远，百姓怨穷，以苟容为贤,尽节为愚。臣所发举,臧罪非一,二府恐为臣所奏,遂加诬罪。臣将从史鱼死,即以尸谏耳。"顺帝省其章,乃为免司空陶敦。

时中常侍张防特用权势,每请托受取,诩辄案之,而屡寝不报。诩不胜其愤,乃自系廷尉,奏言曰:"昔孝安皇帝任用樊丰,遂交乱嫡统,几亡社稷。今者张防复弄威柄,国家之祸将重至矣。臣不忍与防同朝,谨自系以闻,无令臣袭杨震之迹。"书奏,防流涕诉帝,诩坐论输左校。防必欲害之,二日之中,传考四狱。狱吏劝诩自引,诩曰:"宁伏欧刀以示远近。"宦者孙程、张贤等知诩以忠获罪,乃相率奏乞见。程曰:"陛下始与臣等造事之时,常疾奸臣,知其倾国,今者即位而复自为,何以非先帝乎?司隶校尉虞诩为陛下尽忠,而更被拘系;常侍张防臧罪明正,反构忠良。今客星守羽林,其占宫中有奸臣。宜急收防送狱,以塞天变。下诏出诩,还假印绶。"时防立在帝后,程乃叱防曰:"奸臣张防,何不下殿!"防不得已,趋就东箱。程曰:"陛下急收防,无令从阿母求请。"帝问诸尚书,尚书贾朗素与防善,证诩之罪。帝疑焉,谓程曰:"且出,吾方思之。"于是诩子颉与门生百余人,举幡候中常侍高梵车,叩头流血,诉言枉状。梵乃入言之,防坐徙边,贾朗等六人或死或黜,即日赦出诩。程复上书陈诩有大功,语甚切激。帝感悟,复征拜议郎。数日,迁尚书仆射。

是时长吏,二千石听百姓谪罚者输赎,号为"义钱",托为贫人储,而守令因以聚敛。诩上疏曰:"元年以来,贫百姓章言长吏受取百万以上者,滔滔不绝,谪罚吏人至数千万,而三公、刺史少所举奏,寻永平、章和中,州郡以走卒钱给贷贫人,司空劾案,州及郡县皆坐免黜。今宜遵前典,蠲除权制。"于是诏书下诩章,切责州郡。谪罚输赎自此而止。

先是宁阳主簿诣阙,诉其县令之枉,积六、七岁不省。主簿乃上书曰:"臣为陛下子,陛下为臣父。臣章百上,终不见省。臣岂可北诣单于以告怨乎?"帝大怒,持章示尚书,尚书遂劾以大逆。诩驳之曰:"主簿所讼,乃君父之怨;百上不达,是有司之过。愚蠢之人,不足多诛。"帝纳诩言,笞之而已。诩因谓诸尚书曰:"小人有怨,不远千里,断发刻肌,诣阙告诉,而不为理,岂臣下之义?君与浊长吏何亲,而与怨人何仇乎?"闻者皆惭。诩又上言:"台郎显职,仕之通阶。今或一郡七八,或一州无人。宜令均平,以厌天下之望。"及诸奏议,多见从用。

诩好刺举,无所回容。数以此忤权戚,遂九见谴考,三遭刑罚,而刚正之性,终老不屈。永和初,迁尚书令,以公事去官。朝廷思其忠,复征之,会卒。临终,谓其子恭曰:"吾事君直道,行已无愧,所悔者为朝歌长时杀贼数百人,其中何能不有冤者。自此二十余年,家门不增一口,斯获罪于天也。"

恭有俊才,官至上党太守。

【译文】

虞诩,字升卿,陈国武平人。祖父虞经,充当郡县狱吏,判案执法平允,务必保留宽恕,每年农历十一月向上呈交正式的文书、布告等,常随之流泪。曾经颂扬说:"东海人于公把闾里的门修建的比较高大,而他的儿子于定国结果官至丞相。我判决诉讼案件六十年了,虽然赶不上于公,但也差不多了!子孙为什么一定不能充当九卿呢?"所以给虞诩选取的字叫升卿。

　　虞诩十二岁的时候，能读通《尚书》。小小年纪就父母双亡，成了孤儿，孝敬奉养奶奶。县里推举他为顺孙，陈国国相认为他是非凡出众的人，打算任用他为吏。虞诩推托说："祖母年已九十，不是诩不能奉养。"国相就取消了原来的打算。后来祖母去世了，服丧期满除服，被君主征召到太尉李修府中，任命充当郎中。

　　永初四年，羌豪叛乱，侵扰破坏并州、凉州，大将军邓骘因为军队服役正费钱粮，事情不堪向前看，打算放弃凉州，集中力量对付北方的边患。于是他召集公卿进行商议。邓骘说："这就好比是破衣服，牺牲其中的一件去补另一件，还能得到一件整衣，不然的话，就两件全都不保了。"大家听了此言，只得赞同。虞诩听说了这件事，劝谏李修说："我听说公卿决策，应当放弃凉州，以我看来，未见其便。先帝开拓疆土，历尽辛苦，才取得了这块土地，而现在却因为害怕消耗一点经费，便将它全部丢弃。丢弃凉州以后，便以三辅为边塞；以三辅为边塞，则皇家祖陵墓园便失去屏障而暴露在外，这是极不可行的。俗话说：'函谷关以西出将，函谷关以东出相。'考察当地惯于从军作战和雄壮勇武的民风，确实超过其他州郡。如今羌人、胡人所以不敢占据三辅而在我汉朝心腹之地作乱的缘故，是因为凉州在他们的背后。而凉州人民所以手执兵器，并无反顾之心的缘故，是由于他们归属于汉朝。如果抛弃凉州不管，迁徙那里的人民，人民安于故土而不愿轻易迁居他乡，必然产生叛变的意图。如果使得豪杰聚会，席卷向东，即使是用古代勇士孟贲和夏育当士兵，用姜太公做大将，仍然恐怕难以抵挡。但议者用补破衣做比喻，认为还可以保留一件，而我担心局势正如恶疮，不断侵蚀溃烂而没有止境！放弃凉州不是好的计谋。"李修说："我没有考虑到这些，如果没有你这番话，几乎要坏了国家大事；然而想保凉州，须用什么计策？"虞诩说："今凉州骚动，人心不安，我担忧突然有异乎寻常的事变。实在应该命令朝中的公卿，各自征召该州豪杰数人，作为掾属，又引牧守令长子弟，都授予散官，表面上是一种奖励，用来回报他们父兄的功勋劳绩，而实质上是将他们控制起来，作为人质，以防叛变。"李修赞赏他的意见，再次召集太傅、太尉、司徒、司空等四府进行商议。众人一致同意虞诩的意见。于是征召凉州地区有势力和有影响的人士到四府担任属官，并将当地刺史、太守和其他州郡高级官员的子弟任命为郎，进行安抚。

祭祀图

　　邓骘兄弟因为虞诩持不同意见，放弃凉州的计划未被采纳，所以对虞诩心怀不满，打算用吏法进法陷害。后来朝歌县叛匪宁季等几千人造反，攻杀官吏，聚众作乱连年，州郡官府无法镇压。于是邓骘便任用虞诩充当朝歌县长。虞诩的故人旧友都为他深感忧虑，前来说："调到朝歌后你多么衰老啊！"虞诩笑着说："立志不求容易，做事不避艰难，乃是臣子的职责。不遇到盘根错节，用什么来识别锋利的刀斧呢？"他一到任，便去拜见河内太守马棱。马棱勉励他说:"您是一位儒家学者,应当在朝廷做谋士,为什么如今却到了朝歌呢?"虞诩说:"我上任的第一天,读书人和做官的都慰问、勉励我。以我考虑,这是认为我不能有所作为的缘故。朝歌位于古代韩国与魏国的交界处,背靠太行山,面临黄河,离敖仓不过百里。而青州、冀州逃亡的难民用万数计算。但叛匪却不懂得打开敖仓,用粮食招揽民众,抢劫武库中的兵器,据守成皋,斩断天下的右臂。这说明对他们是不值得忧虑的。如今他们的势力正涨,我们难于强力取胜,兵不厌诈,请允许我放开手脚去对付他们,只不要有所约束阻碍即可。"等到上任以后,虞诩制定了三个等级,用来招募勇士,命掾史以下官员各自就所了解的情况进行保举:行凶抢劫的,属上等;斗殴伤人,盗窃财物的,属中等;穿着丧服不从事生产的,属下等。共收罗了一百多人,虞诩设宴招待他们,将他们的罪行统统赦免,命混入叛匪之中,诱使叛匪进行抢劫,而官府则设下伏兵等待,于是杀死叛匪几百人。虞诩还秘密派遣贫民能缝纫的人,受雇为叛匪制作衣服,这些人用彩线缝制裙衣,作为记号,叛匪穿上以后,有出入市街闾里的,总是被官吏捉拿。叛匪因此惊骇四散,都说有神灵在保护官府,朝歌于是安定。虞诩升任怀令。

后来羌人侵扰武都,邓太后知道虞诩有将帅的韬略,擢调他充任武都太守,并在嘉德殿接见他,厚加赏赐。数千羌军在陈仓崤谷集结,要拦截虞诩。虞诩得知后,立即下令部队停止前进,宣称:"我已上书请求援兵,等授兵到后,再动身出发。"羌军听说了以后,便分头到邻县劫掠。虞诩趁羌军兵力分散的机会,日夜兼程,前进了一百多里。他让官兵每人合作两个灶,以后每日增加一倍,羌军不敢逼近。有人问虞诩说:"从前孙膑使用过减灶的计策,而您却增加灶的数量;兵法说,每日行军不超过三十里,以保持体力,防备意外,而您如今却每天行军将近二百里,这是什么道理?"虞诩说:"敌军兵多,我军兵少,走慢了容易被追上,走快了敌军便不能测知我军的底细。敌军见我军的灶数日益增多,必定认为武都郡已派兵前来接应。我军人数既多,行动又快,敌军必然不敢来追。孙膑是有意向敌人示弱,而我如今是有意向敌人示强,这是由于形势不同的缘故。"

虞诩到达武都郡府以后,查阅郡兵,不满三千,而羌军却有一万余人,围攻赤亭达几十日之久。虞诩便向部队下令,不准使用强弩,只准暗中使用小弩。羌人误认为汉军弓弩力量弱,射不到自己,便集中兵力猛烈进攻。于是虞诩命令每二十只强弩集中射一个敌人,射无不中。羌军大为震恐,退下。虞诩趁胜率领部下出城奋勇追击,杀伤很多敌人。第二天,他集合所有部队,命令他们先从东门出城,再从北门入城,然后改换服装,往复循环多次。羌军不知城内汉军多少,更加惊恐不安。虞诩估计羌军必然撤走,便秘密派遣五百余人在河道浅水处设下埋伏,守候着羌军的逃路。羌军果然大举奔逃,汉军伏兵乘夜截击,大败羌军,斩杀俘虏的敌人数量很多。羌军从此溃败离散,南逃进入益州。于是虞诩查看研究地形,构筑营垒一百八十所,召回流亡的百姓,赈贷贫民,一郡逐渐安定。

永建元年,虞诩接替陈禅充任司隶校尉。几个月内,弹劾太傅冯石、太尉刘熹、中常侍程璜、陈秉、孟生、李闰等人,文武百官都对他不满,纷纷指责他苛刻。于是,三府联名上奏弹劾:"虞诩违反常法,在盛夏大肆逮捕和关押无罪的人,吏民深受其害。"虞诩也向皇帝上书,为自己申辩说:"法令是整齐风俗的堤防,刑罚是驾驭人民的衔铁和缰绳。然而现在的官府，州委任给郡，郡委任给县，层层往下推卸责任，百姓怨恨，投诉无门。并且，当今的社会风气，都以苟且容身为贤能，尽忠职守为愚蠢。我所查获的贪赃枉法案件，多种多样。三府因怕被我举报，于是先来诬陷我。但我决不怕死，我将踏着史鱼的足迹，向皇上尸谏。"顺帝看了虞诩的奏章，把司空陶敦免职。

当时中常侍张防利用权势，接受请托和贿赂，虞诩曾经多次请求将他法办，都没有得到朝廷批准。虞诩不胜愤慨，就自投廷尉监狱，上书顺帝说："过去孝安皇帝任用樊丰，于是废黜皇室正统，几乎使国家灭亡。现在张防又玩弄权势，亡国之祸，将再降临。我不忍心和张防在朝廷同列，谨自囚廷尉狱以报，免得让我重蹈杨震的覆辙！"奏章呈上之后，张防在顺帝面前痛哭流泪，为自己申诉，于是虞诩因罪，被遣送到左校罚作苦役。而张防仍然不肯放过虞诩，必欲置之死地。因此，两天之中，虞诩被传讯拷打四次。狱吏劝告虞诩自杀，虞诩说："我宁愿伏刑人之刀死于市上，让远近的人都知道。"宦官孙程、张贤等知道虞诩因为忠君遭罪，就相继上奏请求面见顺帝，孙程说："陛下开始与我们起事的时候，非常痛恨奸臣，深知任用奸臣，会使国家翻车。而今登基以后，却又自己纵容和包庇奸臣，又怎么能责备先帝不对呢？司隶校尉虞诩为陛下尽忠，却被捉拿关押。中常侍张防贪赃枉法，事实清楚，证据确凿，反而设计陷害忠良。今观天象，客星守羽林，这是宫里有奸臣的征兆。应该火速捉拿张防下狱，以堵塞上天所降的灾异。下诏令虞诩出狱，将印绶归还予他。"当时张防正站立在顺帝背后，孙程大声呵斥张防说："奸臣张防，为什么不下殿去！"张防迫不得已，小步快走，退入东厢房。孙程又对顺帝说："陛下，请马上捉拿张防，不要让他去向您的奶妈求情"顺帝又征求各尚书的意见，尚书贾朗一向与张防友好，证明虞诩有罪。顺帝疑惑不解，对孙程说："你们暂且出去，让我想想。"于是虞诩的儿子虞颛和门生一百多人，举着旗帜，等候拦住中常侍高梵座车，向高梵叩头流血，诉说虞诩被冤枉的情况。高梵回宫后，将这一情况向顺帝做了汇报。结果张防因罪被流放到边疆，尚书贾朗等六人，有的处死，有的罢官，并予当天释放虞诩。孙程又上书陈述虞诩有大功，措辞非常直爽激烈。顺帝感动醒悟，又征召任命虞诩充当议郎。几天后，提为尚书仆射。

这时，长吏、二千石听任百姓犯法后，缴纳用以赎罪之钱，号称"义钱"。贪官污吏假为穷人储存之名，而行聚敛之实。虞诩上疏说："元年以来，平民百姓上书说，六百石以上的官吏索取接受百万以上'义钱'的，匈匈不绝，因犯罪被强迫戍边或罚作劳役的吏民多达几千万，然而三公、刺史却很少有所提出上奏。不久前，永平、章和年间，州郡用走卒钱贷给贫民，司空弹劾考查，州及郡县官吏因此被罢免。现在应该遵循以前的典章制度，免除临时制定的法令、措施。"于是诏书颁发虞诩的奏章，严厉责备州郡。谪罚输赎从此停止。

此前宁阳县主簿赴皇宫上书，申诉该县县令的冤枉，积压六、七年没有察看。主簿于是上书说："我当陛下的儿子，陛下当我的父亲。我的奏章呈上多达百次，始终看不到批复，我难道可以北赴匈奴，向单于报告怨仇吗？"皇帝极为震怒，手拿奏章给尚书看，尚书于是弹劾，以为是大逆不道。虞诩反驳他们说："主簿为人申辩冤屈，也是君父的怨恨；百上不达，是主管官吏的过失。愚蠢之人，不值得多杀。"皇帝采纳了虞诩的建议，仅对宁阳主簿施以笞刑罢了。虞诩趁机对尚书们说："小人有怨，不远千里，断发割肌，赴皇宫报告申诉;而不为他处理,这难着是臣下的义举? 你们与污浊的大官有什么亲,而与怨恨的人有什么仇呢?"听的人都很惭愧。虞诩又上奏说:"台郎是显要的职务,是仕途上显达的台阶。现在有的一郡七、八人,有的一州无一人,应当让各地人数平均,以满足天下的愿望。"以及各奏章,多被听从采用。

虞诩喜爱侦察揭发,无所曲容,屡次因此抵触权贵,于是九次被责备,三次遭受刑罚的折磨,而刚强正直的个性,终老不改。永和初年,升任尚书令,因公事削除官职。朝廷思念他的忠诚,又征召他,恰巧他去世了。临死,对他的儿子虞恭说:"我以正直之道侍奉君主,自己的所作所为没有可惭愧的。所后悔的是充任朝歌长时杀叛匪几百人,其中怎能没有冤枉的。从此二十余年,家里有没有增加一人,这是得罪于天啊!"

虞恭有卓越的才能,做官做到上党太守。

张衡传

【题解】

张衡(公元78~139年),字平子,东汉南阳郡西鄂(今河南召县石桥镇)人,东汉时期的著名科学家和文学家。早年游学长安,后就读于京都洛阳太学。精通五经、六艺,才学出众。曾两度担任太史令,掌管天文、历法等工作十四年之久。阳嘉元年(132年)升任侍中。晚年任河间相(治所在今河北献县东南)、尚书。他一生精力充沛,勇于创新,在天文、历法、地理、机械、仪器制造以及文学等许多领域,都做出了杰出的贡献。

他在前人工作的基础上,创制了我国古代第一台自动的天文仪器——水运浑象。这种仪器十分精巧,并令人信服地验证了浑天说的正确性。还撰有天文学名著《灵宪》。此书认为宇宙是在演化的,其过程可以分为三个阶段,每一个阶段都是其前一阶段长期渐变的结果,而且前后两个阶段又是由突变的方式相衔接的。另外,张衡还认为"宇之表无极,宙之端无穷",这则是关于宇宙无限性的精辟论述。他还认为日月五星在恒星间运动速度的快或

张衡

慢,是由它们离天的远或近决定的,二者间的关系是"近天则迟,远天则速"反映了他关于日月五星与地球的距离有远近的科学观点。并第一次正确解释了月食的成因,说明月光是日光的反照,月食乃因月球进入地影而成。对于陨星和彗星,张衡也有很精彩的论述,他以为陨星原是与日月星一样绕地运行的天体,只是当其运动失去常态时,才自天而降

成为陨石的。并把彗星与恒星相区别,归于五大行星的范畴内。亦即把彗星归于太阳系内的天体,这一认识也是十分可贵的。

张衡曾对恒星进行了长期的观测和统计工作。他把星空共划分成444个星官,计得2500颗恒星,这还不包括他从航海者那里得知的在南半球看到的星宿。这一工作不仅大大超过了石申、甘德的同类工作,而且亦非他的同代人甚至后世人可比拟。

张衡还曾致力于当时历法问题的研究。他在历法问题上的最大贡献是创立了关于黄道宿度和赤道宿度之间换算的方法。张衡的这一研究成果,被刘洪最先引进《乾象历》中,对后世历法产生了很大的影响。

公元132年,张衡制成了世界上第一架地震仪——地动仪,这是他长期致力于地震研究的硕果。据记载,地动仪曾成功地记录了公元138年发生在甘肃的一次强震,证明张衡地动仪的可靠性和准确性。

张衡还研究过地理学,曾撰有《地形图》一卷,其中可能附有地形图,此书一直流传到唐代。在数学方面,他对圆周率、球体积的计算法等问题做了研究,所采用的 $\pi = \sqrt{10} = 3.162$,是当时比较好的一个数值。张衡又是当时有名的文学家,有不少歌赋之作流传于世,其中以《二京赋》尤为著名。他还是一个画家,曾被入列为东汉六大名画家之一。

【原文】

张衡,字平子,南阳西鄂人也。世为著姓。祖父堪,蜀郡太守。衡少善属文,游于三辅,因入京师,观太学,遂通《五经》,贯六艺。虽才高于世,而无骄尚之情。常从容淡静,不好交接俗人。永元中,举孝廉不行,连辟公府不就。时天下承平日久,自王侯以下,莫不逾侈。衡乃拟班固《两都》,作《二京赋》,因以讽谏。精思傅会,十年乃成。文多故不载。大将军邓骘奇其才,累召不应。

衡善机巧,尤致思于天文、阴阳、历算。常耽好《玄经》,谓崔瑗曰:"吾观《太玄》,方知子云妙极道数,乃与《五经》相拟,非徒传记之属,使人难论阴阳之事,汉家得天下二百岁之书也。复二百岁,殆将终乎?所以作者之数,必显一世,常然之符也。汉四百岁,《玄》其兴矣。"

安帝雅闻衡善术学,公车特征,拜郎中,再迁为太史令,遂乃研核阴阳,妙尽璇机之正,作浑天仪,著《灵宪》、《算罔论》,言甚详明。

顺帝初,再转,复为太史令。衡不慕当世,所居之官,辄积年不徙。自去史职,五载复还,乃设客问,作《应间》以见其志云:

有间余者曰:盖闻前哲首务,务于下学上达,佐国理民,有云为也。朝有所闻,则夕行之。立功立事,式昭德音。是故伊尹思君为尧舜,而民处唐虞,彼岂虚言而已哉,必旌厥素尔。咎单、巫咸,寔守王家。申伯、樊仲,实干周邦,服衮而朝,介圭作瑞。厥迹不朽,垂烈后昆,不亦丕欤!且学非以要利,而富贵萃之。贵以行令,富以施惠,惠施令行,故《易》称以"大业"。人以舆服为荣。吾子性德体道,笃信安仁,约己博艺,无坚不钻,以思世路,斯何远矣!曩滞日官,今又原之。虽老氏曲全,进道若退,然行亦以需。必也学非所用,术有所仰,故临川将济,而舟楫不存焉。徒经思天衢,内昭独智,固合理民之式也?故尝见谤于鄙儒。深厉浅揭，随时为义，曾何贪于支离，而习其孤技邪？参轮可使自转，木雕犹能独飞，已垂翅而还故栖，盍亦调其机而铦诸？昔有文王，自求多福。人生在勤，不索何获。曷若卑体屈己，美言以相克？鸣于乔木，乃金声而玉振之，用后勋雪前吝。婞悢不柔，以意谁慙也？

应之曰：是何观同而见异也？君子不患位之不尊，而患德之不崇；不耻禄之不夥，而耻智之不博。是故艺可学，而行可力也。天爵高悬，得之在命，或不速而自怀，或羡旄而不臻，求之无益，故智者面而不思。贴身以徼幸，固贪夫之所为，未得而豫丧也。枉尺直寻，议者讥之，盈欲亏志，孰云非羞？于心有猜，则簋飧饌铺犹不屑餐，旌督以之。意之无疑，则兼金盈百而嫌辞，孟轲以之。士或解裋褐而袭黼黻，或委插筑而据文轩者，度德拜爵，量绩受禄也。输力致庸，受必有阶。

浑元初基，灵轨未纪，吉凶纷错，人用瞳朦。黄帝为斯深惨。有风后者，是焉亮之，察三辰于上，迹祸福乎下，经纬历数，然后天步有常，则风后之为也。当少昊清阳之末，实或乱德，人神杂扰，不可方物，重、黎寔相颛顼而申理之，日月即次，则重、黎之为也。人各有能，因艺授任，鸟师别名，四叔三正，官无二业，事不并济。昼长则宵短，日南则景北。天且不堪兼，况以人该之。夫玄龙，迎夏则陵云而奋鳞，乐时也；涉冬则湮泥而潜蟠，避害也。公旦道行，故制典礼以尹天下，惧教海之不从，有人之不理。仲尼不遇，故论《六经》以俟来辟，耻一物之不知，有事之无范。所考不齐，如何可一？

夫战国交争，戎车竞驱，君若缀旒，人无所丽。烛武悬绁而秦伯退师，鲁连系箭而聊城强析。纵往则合，横来则离，安危无常，要在说夫。咸以得人为枭，失士为尤。故樊哙披帷，入见高祖；高祖踞洗，以对郦生。当此之会，乃鼋鸣而鳖应也。故能同心戮力，勤恤人隐，奄受区夏，遂定帝位，皆谋臣之由也。故一介之策，各有攸建，子长谍之，烂然有第。夫女魃北而鹑火栖，寒冰泮而螭蜃蛰。今也，皇泽宣洽，海外混同，万方亿丑，并质共剂，若修成之不暇，尚何功之可立！立事有三，言为下列；下列且不可庶矣，奚冀其二哉！

于兹搢绅如云，儒士成林，及津者风摅，失涂者者幽僻，遭遇难要，趋偶为幸。世易俗异，事执舛殊，不能通其变，而一度以揆之，斯契船而求剑，守株而伺兔也。冒愧逞愿，必无仁以继之，有道者所不履也。越王勾践事此，故厥绪不永。捷径邪至，我不忍以投步；于进苟容，我不忍以歇肩，虽有犀舟劲楫，犹人涉卬否，有须者也。故亦奉顺敦笃，守以忠信，得之不休，不获不吝。不见是而不惕，居下位而不忧，允上得之常服焉。方将师天老而友地典，与之乎高睨而大谈，孔甲且不足慕，焉称殷彭及周聃！与世殊技，固孤是求。子忧朱泙曼之无所用，吾恨轮扁之无所教也。子睹木雕独飞，愍我垂翅故栖，吾感去蛙附鸱，悲尔先笑而后号也。

斐豹以毙督燔书，礼至以掐国作铭，弦高以牛饩退敌，墨翟以带全城；贯高以端辞显义，苏武以秃节效贞，菩且以飞矰逞巧，詹何以沈钩致精，弈秋以棋局取誉，王豹以清讴流声。仆进不能参名于二立，退又不能群彼数子。愍《三坟》之既颓，惜《八索》之不理。庶前训之可钻，聊朝隐乎柱史。且韫椟以待介，踵颜氏以行止。曾不慊夫晋、楚，敢告诚于知己。

阳嘉元年，复造候风地动仪。以精铜铸成，员径八尺，合盖隆起，形似酒尊，饰以篆文、山龟、鸟兽之形。中有都柱,傍行八道,施关发机。外有八龙,首衔铜丸,下有蟾蜍,张口承之。其牙机巧制,皆隐在尊中,覆盖周密无际。如有地动,尊则振龙,机发吐丸,而蟾蜍衔之。振声激扬,伺者因此觉知。虽一龙发机,而七首不动,寻其方面,乃知震之所在。尝一龙机发而地不觉动,京师学者咸怪其无征,后数日驿至,果地震陇西,于是皆服其妙。自此以后,乃令史官记地动所从方起。

时政事渐损,权移于下,衡因上疏陈事曰:"伏惟陛下宣哲克明,继体承天,中遭倾覆,龙德泥蟠。今乘云高跻,磐桓天位,诚所谓将隆大位,必先伭愿之也。亲履艰难者知下情,备经险易者达物伪。故能一贯万机,靡所疑惑,百揆允当,庶绩咸熙。宜获福祉神祇,受誉黎庶。而阴阳未和,灾眚屡见,神明幽远,冥鉴在兹。福仁褐淫,景响而应,因德降休,乘失致咎,天道虽远,吉凶可见。近世郑、蔡、江、樊、周广、王圣皆为效矣。故恭俭畏忌,必蒙祉祚,奢淫谄慢,鲜不夷戮,前事不忘,后事之师也。夫情胜其性,流连忘返,岂唯不肖,中才皆然。苟非大贤,不能见得思义,故积恶成衅,罪不可解也。向使能瞻前顾后,援镜自戒,则何陷于凶患乎!贵宠之臣,众所属仰,其有愆尤,上下知之。褒美讥恶,有心皆同,故怨讟溢乎四海,神明降其祸辟也。顷年雨常不足,思求所失,则《洪范》所谓'僭恒阳若'者也。惧群臣奢侈,昏踰典式,自下逼上,用速咎征。又前年京师地震土裂,裂者威分,震者人拢也。君以静唱,臣以动和,威自上出,不趣于下,礼之政也。窃惧圣思厌倦,制不专已,恩不忍割,与众共威。威不可分,德不可共。《洪范》曰:'臣有作威作福玉食,害于而家,凶于而国。'天鉴孔明,虽疏不失。灾异示人,前后数矣,而未见所革,以复往悔。自非圣人,不能无过。愿陛下思惟所以稽古率旧,勿令刑德八柄,不由天子。若恩从上下,事依礼制,礼制修则奢僭息,事合宜则无凶咎。然后神望允塞,灾消不至矣。"

初,光武善谶,及显宗、肃宗,因祖述焉。自中兴之后,儒者争学图纬,兼复附以妖言。衡以图纬虚妄,非圣人之法,乃上疏曰:"臣闻圣人明审律历以定吉凶,重之以卜筮,杂之以九宫,经天验道,本尽于此。或观星辰逆顺,寒燠所由,或察龟策之占,巫觋之言,其所因者,非一术也。立言于前,有征于后,故智者贵焉,谓之谶书。谶书始出,盖知之者寡。自汉取秦,用兵力战,功成业遂,可谓大事,当此之时,莫或称谶。若夏侯胜、眭孟之徒,以道术立名,其所述著,无谶一言。刘向父子领校秘书,阅定九流,亦无谶录。成、哀之后,乃始闻之。《尚书》尧使鲧理洪水,九载绩用不成,鲧则殛死,禹乃嗣兴。而《春秋谶》云'共工理水'。凡谶皆云黄帝伐蚩尤,而《诗谶》独以为'蚩尤败,然后尧受命'。《春秋元包》中有公输般与墨,事见战国,非春秋也。又言'别有益州'。益州之置,在于汉世。其名三辅诸陵,世数可知。至于图中讫于成帝。一卷之书,互异数事,圣人之言,势无若是,殆必虚伪之徒,以要世取资。往者侍中贾逵摘谶互异三十余事,诸言谶者皆不能说。至于王莽篡位,汉世大祸,八十篇何为不戒?则知图谶成于哀、平之际也。且《河洛》《六艺》,篇录已定,后人皮傅,无所容篡。永元中,清河宋景遂以历纪推言水灾,而伪称洞视玉版。或者至于弃家业,入山林。后皆无效,而复采前世成事,以为证验。至于永建复统,则不能知。此皆欺世罔俗,以昧势位,情伪较然,莫之纠禁。且律历、卦候、九宫、风角,数有征效,世莫肯学,而竞称不占之书。譬犹画工,恶图犬马而工作鬼魅,诚以实事难形,而虚伪不穷也。宜收藏图谶,一禁绝之,则朱紫无所眩,典籍无瑕玷矣。"

后迁侍中，帝引在帷幄，讽议左右。尝问衡天下所疾恶者。宦官惧其毁己，皆共目之，衡乃诡对而出。阉竖恐终为其患，遂共谗之。

衡常思图身之事，以为吉凶倚伏，幽微难明，乃作《思玄赋》，以宣寄情志。

永和初，出为河间相。时国王骄奢，不遵典宪；又多豪右，共为不轨。衡下车，治威严，整法度，阴知奸党名姓，一时收禽，上下肃然，称为政理。视事三年，上书乞骸骨，征拜尚书。年六十二，永和四年卒。

著《周官训诂》，崔瑗以为不能有异于诸儒也。又欲继孔子《易》说《彖》《象》残缺者，竟不能就。所著诗、赋、铭、七言、《灵宪》《应间》《七辩》《巡诰》《悬图》凡三十二篇。

永初中，谒者仆射刘珍、校书郎刘騊駼等著作东观，撰集《汉记》，因定汉家礼仪，上言请衡参论其事，会并卒，而衡常叹息，欲终成之。及为侍中，上疏请得专事东观。收捡遗文，毕力补缀。又条上司马迁、班固所叙与典籍不合者十余事。又以为王莽本传但应载篡事而已，至于编年月，纪灾祥，宜为元后本纪。又更始居位，人无异望，光武初为其将，然后即真，宜以更始之号建于光武之初。书数上，竟不听。及后之著述，多不详典，时人追恨之。

论曰：崔瑗之称平子曰"数术穷天地，制作侔造化"。斯致可得而言欤！推其围范两仪。天地无所蕴其灵；运情机物，有生不能参其智。故知思引渊微，人之上术。记曰："德成而上，艺成而下。"量斯思也，岂夫艺而已哉？何德之损乎！

赞曰：三才理通，人灵多蔽。近推形算，远抽深滞。不有玄虑，孰能昭晰？

【译文】

张衡，字平子，是南阳郡西鄂县人。世代是有显著名望的家族。祖父名张堪，任蜀郡（今四川成都）太守。张衡少年时就善于写文章，他到故都长安城及其周围的三辅地区（今陕西中部一带）游览考察，后来到京都洛阳，在最高学府太学里学习，故精通《诗》《书》《礼》《易》《春秋》五经，通晓礼、乐、射、御、书、数六艺。他虽学识渊博，才华出众，而不骄傲，也没有自以为超过别人的情形。喜欢过平淡安静的生活，不爱与一般人交往。汉和帝永元年间（公元89~104年），地方上曾推举他做孝廉，他未就任。三公官府连续几次招聘他去做官，他都不去上任。当时国家太平时间较久，从王侯以下的文武百官，没有一个不过分奢侈的。于是张衡模仿班固作的《两都赋》（按：即《西都赋》和《东都赋》），撰著《二京赋》（按：《西京赋》和《东京赋》），因以委婉曲直的语言劝谏朝廷。精心构思文章内容，文句附益综合，历时十年才写成功。他的文章很多，这里不予刊载。大将军邓骘爱慕他的才华，屡次招他进京做官，都被他拒绝了。

张衡擅长机械制作方面的技巧，尤其善于研究天文、阴阳和历算。平时爱好并沉溺于扬雄的《太玄经》之中，他对崔瑗说："我学习《太玄经》，才知道扬雄极妙的天文哲学和天文历法知识，《太玄经》可与《五经》相提并论，不像记载传闻一类的书，使人难以深究阴阳之学，这是汉王朝建立二百年来难得的好书。再过二百年，大概更将完善！所以作者的学问技艺，必然留传于世，这是符合常理的。至汉王朝建立四百年时，玄学一定要兴盛起来。"汉安帝素常听说张衡善于天文历法及阴阳之学，便由公车官署特别征召，授予郎中官职,后又升为太史令。于是就研究核实日月星辰及天体运转规律。他精于天文,以此平定四时,创制了用以观测和计算天体位置的浑天仪,撰写了天文学著作《灵宪》和网罗天地计算的《算罔论》,其论述都很详细明确。

汉顺帝刘保初年,再次变换官职,后来又官复原职,仍任太史令。张衡不羡慕为世所用,所任官职,常常多年不迁升。他曾免去太史令职位,五年后又恢复原职。于是他用设主客问答的文体,撰写《应间》一文,回答别人因他未能升官而引起的非难,以表示自己决心致力科学,不攀权贵的志向,该文说:

有非难我的人说:原来听说从前有作为的人首先从事的是,下学人事,上知天命,辅佐君王治理国家,管理百姓,这样才叫有所作为。听到了圣人的道理,立刻就实行它。所作所为,以表明美好的声誉。因此,伊尹想使君王成为尧、舜一样的贤明君王,使百姓也像生活在尧、舜时代一样,他难道是说说而已吗?不过是必定要表明真心的情志罢了。咎繇单、巫咸,实在是守护殷商王朝的贤臣,申伯、樊仲,实在是护卫周宣王的卿士,穿礼服上朝,是为了吉祥。他们的不朽事迹,其功绩世世代代留传下来,不是非常伟大的吗?且学问只是用来谋求利益,而且要积聚富贵。做官以推行政令,富了要实施仁爱,施行仁爱政通令行,所以《周易·系辞上》称这是"大业"。事物本质之美是凭其外表的花纹表现出来的,植物开花之后才能结出果实,器物依靠精美的雕刻装饰才能成为上等物品,人只有穿戴华贵的衣冠,乘坐上乘的车马,才能显示尊荣。你的品行合乎"德"的标准,而且自身走上正道,坚信实行仁爱,严格要求自己,技艺广博精深,具有一往无前的精神,求得出仕,这何以会是久远的啊!以往就曾长久地任太史令不得升迁,现在又回来担任原职。虽然老子说委曲才能保全自己,前进如同后退,然而还是需要以不进来争取前进的。一定是你的技艺有所缺陷,而且学非所用,因此就出现面对要过河而渡船却没有桨的情况。而白白地锐意钻研天文历法,作浑天仪,著《灵宪》,显示出了独特的智慧,但对治国理民又有何用呢?因此,我曾被见识浅陋的儒生诽谤。涉水时,水深需要把衣服揭到腰带以上,水浅则需要把衣服揭到膝盖以上,自己的行为顺应时俗才合乎道理,为何要贪图支离益的屠龙技术,而去学习那不切实际的技艺呢?你能制造经过机械传动令木人击鼓记载里程的记里鼓车,能制造独自飞行的木雕机械,自己却不能飞黄腾达又返回到原来的史官职位上,为什么不能调整机械使自己也顺利高飞晋升呢?过去有位周文王,自己求得多种福分。人一生成就在于勤奋,不奋斗就没有收获。为什么不委屈一下你自己在技术方面的才能,以获得别人的赞美来取胜世人呢?鸟儿栖身在高大的树上,才能唱出金玉之声,求仕者获得高的位置,才能振扬德音,用今后的功勋来洗刷以前的耻辱。如果刚愎乖戾不顺世人之情,那么试想还会有谁来同情你呢?

我对这些人的答复说:为什么观看到的同一事物而见解不同呢?人格高尚的人不惧怕地位不受尊崇,而惧怕道德不崇高;不齿于俸禄多少,而耻于知识不渊博。所以技艺应该学习,而且要努力地去学习它。天子高悬爵位,谁能得到它则全在于命运,或许不去追求它的反而自己来了,或许渴望得到它的反而达不到目的,苦苦追逐没有益处,因此有见识的人面对它并不总是想着它。自己总想靠侥幸得到荣禄是危险的,那是十分贪婪人的行为,还没有得到就早已丧失掉了。想以小有所屈而获得较大的利益,议论的人对此无不指责,这种为满足欲望而损害志向的行为,谁说不是羞耻的呢?心里怀疑食物来路不正,就是餐具里盛有美味的食品也不愿意吃,爰旌瞀就是这样做的。思想上认为毫无疑问的合理之事,就是给予满百兼金(按:价倍于一般的金)也不疑忌推辞,孟轲就是这样做的。具有某种品质或技能的人,有些脱去粗陋衣服而穿上官员礼服(按:指春秋时卫人宁戚),有些抛弃铁锹和筑墙的木杵而当了官(按:指殷代的传说),根据德能授予官爵,按照功绩受到相应的俸禄。贡献力量,获得功劳,凭借功劳,接受某种禄位。

开天辟地之初,天体运行规律还不清楚,吉祥和凶险之事常常交错在一起。人类因此处于蒙昧状态之中。皇帝为此感到悲惨。其宰相风后,于是明白了原因,通过对宇宙中日、月、星三辰的考察推究,追寻天体运行变化与人间祸福的相应关系,规划整理节气历法,然后认识到自然界的运动变化有一定的规律,这是风后所做的。在少昊清阳的晚期,确实有的人乱了德行,人神混杂纷扰,不能辨别名分,少昊之子重,颛顼之子黎又帮助颛顼对其进行治理整顿,日月按规律顺序排列,这是重、黎所做的。人各有自己的本领和技能,依照技艺委以职务,鸟师少昊以鸟名官,对其名称加以区别,四位叔叔分掌三种官职,每一官职各有专掌之事,数件事情不能同时成功。白天长夜间短,太阳在南则影子在北。天都不能使昼夜相等,阳光和影子同一方向,人又怎能兼容并备呢?那些黑龙,遇到适当生活的夏季,就乘云腾空而舒展开鳞甲生气勃勃地翱翔,这是龙最快乐的生活季节,到了冬季就钻到泥里盘曲地潜伏着,避免受到伤害。文王之子周公能够实现自己的政治主张,故制定礼乐制度以治理天下,就惧怕教训者没有遵循,有人不受其管理约束。孔丘一生未能遇到认识自己才能和抱负的君主而导致自己的政治主张不能实现,所以才著述《诗》《书》《礼》《乐》《易》《春秋》六种儒家经典,以等待后世君主来实行它,而且唯恐有一件事自己没有想到,使那种事没有规范。周公姬旦与孔子所处境遇不同,怎么能一地对待事物呢?

战国时期,诸侯国之间战争不断,冥车像竞赛似的驱使着去打仗,君主像旗帜上的附属品一样成为装饰的东西,随时可以被更换,老百姓一会属这个君主统管,一会儿又属另一个君主统管,无所依附。秦兵围郑,郑伯派烛之武夜里从城墙上用绳子拴着吊下去说秦,而使秦伯退兵;燕将守聊城,齐人久攻不下,鲁仲连写信系在箭上射入城中,燕将阅后自尽而停止了军事行动;战国时,合纵说客苏秦往则各诸侯国联合,连横说客张仪来则各诸侯国又分离,连兵拒秦则安,诸侯分离,独自讨秦则被各个击破。各诸侯国举棋不定,以致安危无常,关键在于游说的人。这些都说明得到人才就能胜利,失去人才就会犯错误。樊哙率诸将闯入内宫,进见汉高祖刘邦,刘邦岔开两腿、边洗脚边召见郦食其,郦食其指出,你想诛灭暴秦,就不应该这样对待长者,于是刘邦向郦食其道歉。当此时机,仍需要君臣相应。如果能同心合力,时常同体恤人民的疾苦,受各诸侯国百姓的拥护,就能够稳定帝位,这都是因为获得了谋臣的帮助。所以,一个普通人的谋划,能建立各自的功勋,司马迁作的《史记》都有所记载,其灿烂的功绩依不同情况,记载得清清楚楚。干旱之神退走了,能兴云作雨的神龙才能在太空翱翔;朝廷的舞乐兴盛了,军队的舞乐就停息了;当盛夏之时,鹑火也退至西位,寒冰凝结的季节,鼋鼍就冬眠了,现在,皇帝的恩惠普遍地润泽人间,国家统一,各地的质、剂等不同贸易券契都通用了,如果还没有功夫去完成著述,还谈得上建立什么功劳！立事有三,即太上立德,其次立功,再其次立言。立言即为著述,是立事中最末一项,如果最末的立言之事的希望不能达到,哪里还能希望达到立德与立功呢！

现在士大夫如天上的云彩,读书的人像树木一样成林,仕途顺利的人意气发舒,得意扬扬;仕进无路的人居于穷乡僻壤,心情抑郁,会有什么样的遭遇难以预测,还是趋吉避凶为好。世界是变化的,习俗千差万别,事物错综复杂,不能顺应事实情况的变化而变化,而用同一尺度去衡量复杂的事物,那就如同刻舟求剑,守株待兔一样了。冒着羞愧而放任心愿,必然要发生无道德的行为,这是有道德修养的人决不会去做的。越王勾践所做的"冒愧逞愿"之事,结果使帝王基业几乎不能长久地相传下去。用巧妙的手段很快达到不正当的目的,我不愿走那样的路,谋求晋升官职,苟且求容,我不愿缩着肩膀去奉承讨好,取悦于别人的赏识,虽有犀牛皮制造的坚舟及劲桨,别人渡河了,我却尚要等待。为人处事只有尊奉自然和顺的原则,恪守忠实笃厚的信条,做官食禄,得之不以为荣,不得不以为耻。对名利视而不见,心中便不会失去清明,身处低位而不忧愁,这确实是具有高尚道德的人所时刻注意的事。正要以天老为师而地典为友,和他们一样具有不同流俗,清高傲岸的态度,黄帝的臣子尚且不足以羡慕,哪里还赞扬殷商时的贤臣彭咸和周聘(按:老子李聃)。我的生活态度与世不同,虽然只自己一人如此,但仍坚持不懈地追求。您担忧朱泙漫的才能不能得到应用,我却恨轮扁的斫轮技艺不能用语言来传授给别人。你看到雕琢成器的木雕能独自高飞,怜悯我不能升迁高官而再次任史官之职,我却感叹你丢弃井底之蛙的固陋之见,却又去迁就鸱鸮嗜好腐鼠的口味,可悲你先笑而后又号哭啊。

斐豹杀掉了督戎,烧掉了丹书;礼至把国子挟着扔到城外,作了记载功绩的铭刻;弦高用牛群犒赏来犯的秦兵,而使之退敌;墨翟用解带为城制止攻宋,而保全了城市;贯高以正辞独自承担罪责,而显示了高尚的道义;苏武被匈奴扣留,持汉节牧羊直到节旄尽落,表现了效汉的忠贞气节;蒲且擅长使用射鸟短箭,而显露出高超的技巧;詹何的钓鱼技术,达到了精妙的地步;弈秋以高妙的棋术,而获得了声誉;王豹因善于唱歌,而名声流传。我前进不能把名字与立德、立功者并列,后退不能和上述的斐豹等人一样。担忧三皇之书《三坟》已经消亡,惋惜八卦之书《八索》没有人整理。期望推究前人的榜样,如且如老子任柱史一样,虽在朝廷为官,但淡泊恬退如同隐居。将美玉藏在木匣中等待识货者,按照颜回出仕与隐居的态度对待自己的进退,连晋、楚那样富裕也不羡慕,敢于以此告诫于挚友。

汉顺帝阳嘉元年,张衡又创制了测定风向和地震方位的候风地动仪。这种仪器是用纯铜铸造而成的,圆径八尺,上有隆起圆盖,外形像一个酒坛子,仪体的外表刻有篆体文字以及山、龟、鸟兽等图形,仪体内部的中央立着一根能做惯性运动的摆柱,连着指向东、西、南、北、东南、东北、西南、西北八个方向的八根横杆,安装着连动的机关枢纽,仪体外部八个方向铸有八条龙,每个龙头朝下,嘴里都各衔有一个铜球,对应于每个龙头的下方铸有八个蟾蜍,都张着嘴准备承接铜球。其内部的构件都巧妙地牵制着,起灵活的传动作用,这些都隐蔽地装在如同酒坛子里面,盖上外盖则周围紧密无缝。如果发生地震,地动仪内的摆柱因此受到振动，触击某一个方向的横杆而发动其他机械，使相应的龙头张开嘴巴吐出铜球，落在下面铜蟾蜍的嘴中，两者相撞时发出很大的响声，监视地动仪的人因此就知道发生了地震。某个方位的地震使一条龙内的机械发动，而其他七条龙头不动，从吐出铜球的那条龙头所指的方向，便可测知地震发生的方向。事实证明，实际地震情况与在地动仪上测到的地震情况完全吻合，据前代文献所记载，当不知道有地震发生的时候，曾经有一条龙机发动而没有感觉到有地震现象，京城的学者们都惊疑张衡的地动仪不灵验。几天以后，官方传达消息的驿卒到来，陇西(今甘肃临洮县一带)果真发生了地震(按:发生在公元138年2月3日，这是世界地震史上第一次被测定的地震)，于是大家都佩服这种仪器精准巧妙。从此以后，便命令史官用这个方法开始记载地震情况。

那时国家政事日渐败坏，皇帝的统治大权落到了外戚与宦官手中。张衡因此向皇帝呈上奏折，陈述这些事情说:"唯有陛下通达的智慧和美好的德行，受到人民敬仰，本应承受天意继承皇位，但中途遭到颠覆，帝王的美德一度被埋没了。今得以迅速升迁，登上至高无上的皇位，正如人们所说，将要登上崇高位置的人，必定是先要经历一番艰难困苦。亲身经历过艰难困苦的人才能知道百姓的疾苦，历经过很多的艰险难易的人才能明辨事物的真伪，所以能处理种种事务，什么问题都能解决，所有的事都能处理得很妥当，政绩显著，诸业兴盛。怪不得神灵赐给福禄，百姓给予荣誉。而今天下人事对立局面未得解决，灾祸不断发生，神灵虽然遥远，但暗地相合的警诫就在眼前。仁政赐福，淫乱降祸，就像影子和声音一样随之而来。注重恩惠道德就会产生美好的结果，坚持过错就会带来祸患。通向天堂的道路虽然遥远，但吉祥和凶恶的事是可以看见的。近代的郑众、蔡伦、江京、樊丰、周广、王圣等人都可以效法。所以，恭敬俭朴、威严禁忌、必受到福气。奢侈荒淫，谄媚怠慢，很少不被杀戮的。记取以往的经验教训，可以作为以后的借鉴。情欲胜过天性，随欲而行，不知回首，难道只是不贤吗？中等才能的人都是如此。假若不是贤达，见有所得不考虑它是否符合道义，积累坏事而成罪过，其罪是不可原谅的。当初假使能瞻前顾后，做事谨慎周到，将前事当成镜子而引以为戒，则怎么能落入凶险灾难的境地呢？高贵宠幸的臣子，大家都敬仰，臣子有罪过，上上下下的人都知道。赞扬美好的事，非难丑恶的事，大家的想法都是一样的。怨恨之言充满四海，神明降其祸害邪僻。常年雨水不充足，反思有什么过失，正如《洪范》书中所说:'国君行为有差错，则出现久旱不雨。'担心群臣穷奢极欲，昏庸地越过法典和礼教，从下面影响到上面，因此加速了灾祸的到来。前年(按:汉顺帝永元三年，即公元128年)，国都洛阳发生地震，山崩地裂，地震的强烈破坏，给震区人民造成严重的灾难。君以静治于前，臣以动治以后，威望出自君主，不趋于下级，是合乎礼治施行的政治。我内心很担心圣上对治理国家的事有懈怠情绪，制度、政令不是完全出于皇帝一人，不能下决心政专于己，让群臣与圣上具有同样的威望。君威不可分于他人，君德不能让别人共有，正如《洪范》中所说:'臣下如擅专威福和美食，就有害于国家。'上天鉴察甚明，虽然离得很远也不遗漏。上天以灾异警示于人，前后已有数次了，但未看出有什么改变，所以灾祸反复出现。自然不是圣人，就不可能没有过失。希望陛下考虑，所以才考察古代率由旧章，不要使驾驭臣下的刑德八柄(按:即君主驾驭臣下的八种手段。《周礼·天官·大宰》:'以八柄诏王驭群臣。一曰爵，以驭其贵;二曰禄,以驭其富;三曰予,以驭其幸;四曰置,以驭其行;五曰生以驭其福;六曰夺,以驭其贫;七曰废,以驭其罪;八曰诛,以驭其过。'),不由天子。如果恩泽都由皇上施给下面,事事依据礼制,礼制完善了,奢侈越轨的行为就不会发生,事情合理相宜就没有凶患过失。然后神灵也因为天下治理恰当,而灾祸消除不会再有了。"

东汉开国之初,汉光武帝刘秀善于用图谶来预言治乱兴废、吉凶得失,到汉明帝、汉章帝,还是效法祖先。刘秀建立东汉,振兴汉朝之后,儒家学者都争先恐后学习宣扬神学迷信的图谶和纬书,并且还加附以迷惑人的妖言邪说。张衡认为图谶和纬书都是虚妄之言,不是圣人的说法,于是向皇帝上疏说:"我听说圣人明确审定阴阳历法以确定吉凶,重视用龟甲和蓍草占卦,同时也采用九宫(按:中央宫加上卦的八宫)的方法占卦,通过天象以验证人事间的吉凶之道,一直都是这样做的。有的是观察星辰运行合乎规律可不符合规律,来确定千万气候寒暖变化的原因,有的是根据龟甲和蓍草的占卦、策问情况而进行吉凶判断,女巫男觋装神弄鬼祈祷预言吉凶,他们这样做的根据,其道理是各不相同的。事先确定各种现象所预示对应的吉凶祸福,然后再以事实去证验,因为一些有知识的人推崇它,所以称之为谶书。谶书开始出现的时候,知道它的人很少,从汉朝代替秦朝,经过激烈的战争才建立汉朝,功成业就,可谓是件大事情,就是在这个时期,尚没有出现图谶之学。如西汉时期的经学家夏侯胜、眭弘等人,都以讲阴阳灾异等学术而闻名,在他们的著述中,没有一句讲谶书的事。西汉的经学家和目录学家刘向、刘歆父子,所领导校订的国家秘藏图书,查阅审定的所谓儒家、道家、阴阳家、法家、名家、墨家、纵横家、杂家、农家九家之学术著作,也没有谶说的记录。汉成帝和汉哀帝之后,才开始听到谶说之言。《尚书》记载上古帝王唐尧命令部落首领鲧治理洪水,鲧用了九年时间而绩业无成,被杀死在羽山,大禹奉首领虞舜之命继续治理江河、兴修水利,获得了成功。而《春秋谶》却说是由名叫共工的人治理的洪水。凡图谶之书都说黄帝讨伐蚩尤,而唯独《诗谶》一书认为是"蚩尤失败,然后是唐尧受命。《春秋元命包》中有公输般与墨翟(墨子)的故事,其事出自战国时期,并非是春秋时代的事情。该书又说"另外有个益州",而益州(今四川境内)的建置始予汉代。长安周围三辅地区的帝王坟墓,历代都可知道。至于谶书图中的内容终止于汉成帝时。同一卷书,几件事前后说法互相矛盾,圣人的言语势必不能像这样的。恐怕一定是一些弄虚作假的人要挟世人,以骗取资财。过去有位在宫廷任侍中之职的贾逵(字景伯,是天文学家和经学家),他曾摘录谶书中互相矛盾的事三十余件,那些宣扬图谶的人都不能解答。至于王莽篡夺汉朝的王位,给西汉造成莫大的祸患,八十卷所谓谶纬之书为什么没有预言而引起人们的戒备?由此可见,图谶纬书形成于西汉哀帝刘欣和平帝刘衍之际。而且《河图络书》(共十五卷)和《六艺》共三十六卷的篇幅,著录已经固定,后人想加上谶纬之说,是不容许轻易改动的。东汉永元年间,清河郡的谶纬学者宋景根据历史记载推测,预言要发生水灾,并且虚妄地说,他很清楚地看见了伏羲氏传给大禹平治水土的玉简。有些人以至于放弃家产,逃往山上,以避水灾。后来都没有应验,于是又重新采取以往已发生过的事,用来作为验证。至于东汉顺帝刘保恢复帝位,谶纬家们也未能预先知道。所以,谶纬之说是欺骗世人、有害风俗的虚妄之言,以此来欺瞒皇上和达官贵族,事情的真假十分显明,不如将其揭露和禁止。何况律历、卦候、九宫、风角之卦占,常常能够得到应验。世人就是不肯学习,而且竟然认为是不可信的。就好像绘画家,实际存在的东西难以画得像,而虚假的东西可以随意乱画,别人不好讲究。应该把收藏的图谶之书,一概严令禁绝使用,才能使正邪不再有所混乱,各种典籍就无缺点和受到玷污了。"

张衡于阳嘉元年(公元132)升任公车司马令侍中,皇帝召引他到自己所住的宫内任职,他在皇帝左右,常以含蓄的语言议论政事,并给予暗示和劝告。皇帝曾问张衡天下有什么憎恨厌恶的事情,宫中的太监们害怕所做的坏事被告发而毁掉自己,都用眼睛看着他,于是张衡未用真话对答而离开。宦官竖子们唯恐日后会有所祸患,索性都在皇帝身边说他的坏话。

张衡常常图谋自身安全之事,认为吉凶之间具有依赖转换关系,其结果难以预测。于是就撰著《思玄赋》,用以宣扬、寄托自己的感情和志向。

汉顺帝刘保永和初年,到诸侯国河间(今河北献县东南)作相。当时河间国王刘政态度骄横,各种设施超过出了与自己身份相应的规定,不遵守制度法令;又有很多豪强大族,也和河间王一样做出不合法度的事。张衡一到任,严明法律,整顿法度,暗中查明奸党的姓名,很快将这些人捉拿归案,于是从上到下的人都规规矩矩,没有人敢再做越轨的事,人们都称颂他对国家政事治理很好。任职三年,上书请求退休,未获允准,被征召授以尚书之职,协助皇帝管理文书等事。东汉永和四年(公元139年)逝世,终年六十二岁。

著有《周官训诂》,崔瑗认为与诸儒生不能有什么不同。张衡又想继孔子研究、解释《周易》所做的《彖》《象》之书尚未完成的部分,遗憾的是最终未能完成。还著有诗、赋、铭、七言、《灵宪》《应间》《七辩》《巡诰》《悬图》等共三十二篇。

汉顺帝永初年中,谒者仆射刘珍、校书郎刘桃验等在洛阳南宫东观从事著作,修撰《汉记》,据此制定汉代的礼仪制度,上书请求张衡参加研究其事,恰巧此时刘珍、刘桃验二人相继逝世了,因而张衡常常因此叹息,想最终完成这件事情。他在做侍中期间,上疏请求允许他专门从事东观的修撰事业,收捡整理遗文,全力继续修撰《汉记》。又条陈司马迁、班固所记叙的与典籍不相符合的事有十多项。还认为王莽传中只应该记载他篡位的事就足矣了,至于逐年逐月记录国家大事及灾祥,宜放在《元后本纪》中。又认为淮阳王刘玄即位,为大家所公认。刘玄于光武帝刘秀初年为将军,然后即皇帝位,所以应该以更始年号建于光武年号之初。多次上书,始终不被采纳。到了后人著述的时候,都不详备,对此人们感到很遗憾。

范晔评论道:崔瑗称颂张衡说:"技术穷究天地,制作和自然造化相同。"他"数术"与"制作"的精巧细密难道能用语言表达出来的吗!推究张衡设计制作浑天仪和候风地动仪的巧夺天工的构思,似乎天地都无法包蕴他的灵秀之气;运用心思制作候风地动仪等机械,世界上任何人的智慧都不能与他相提并论,所以说他的思路深刻精微,是人的智慧在当时所能达到的最高水平。《礼记·乐记》上说:"德行先建立起来,而后技艺才能方能获得发展。"衡量张衡这种才智思虑,难道仅仅是"艺"吗?他的技艺精巧,对德行又有什么损害呢?

范晔称赞说:天、地、人三才之理,本当相通,但人的性灵却多有所蔽,所以很少有人能穷究天地之理的。张衡则近者能推究各种"数术"技艺,远者又能钻研出深奥不易被人知道的规律法则。如果没有深刻悠远的思考,怎么能够如此明晰、清楚呢?

蔡邕传

【题解】

蔡邕(公元132~192年),字伯喈,东汉东留郡圉县(今河南开封市)人。自幼孝敬父母。博学多才,长于词章,又好天文、历数;善弹琴,是著名的音乐家;书法也称名于世。青年时,沉湎于学问,不愿出来做官。汉灵帝时,任为司徒桥玄府吏,后任河平县令,又升为郎中,在东观校书。又升任议郎,于熹平四年和杨赐、马日碑、张驯等人,正定《六经》中的文字讹误,蔡邕亲笔书写上石,立碑于国立大学门外,成为经书的标准版本,在当时影响很大,这就是历史上有名的《熹平石经》。同时,他对东汉时的行政得失,社会情弊也多有建议。他因向灵帝上书,劾及当时的权臣,因堂锢之祸,被投入监狱,流放边地,后遇赦得免,又因怨家陷害,逃亡到吴越地区。

蔡邕

汉灵帝死后,董卓专权,董卓敬重他的才学,召他为官,三日之间,三升其职,后拜官中郎将,因此后世称他为"蔡中郎",在董卓专权期间,对于董卓的胡作非为,他曾多方劝诫。董卓对他很敬重,给他的待遇也很优厚。董卓被杀后,蔡邕因出于个人恩怨,曾表示惋惜,被司徒王允投入狱中。他乞求免他一死,以续成汉史,未被允许,后死于狱中。

他的著作很多没有流传下来。后人辑其诗文为《蔡中郎集》。

【原文】

蔡邕字伯喈,陈留圉人也。六世祖勋,好黄老,平帝时为郿令。王莽初,授以厌戎连率。勋对印绶仰天叹曰:"吾策名汉室,死归其正。昔曾子不受季孙之赐,况可事二姓哉?"遂携将家属,逃入深山,与鲍宣、卓茂等同不仕新室。父棱,亦有清白行,谥曰贞定公。

邕性笃孝,母常滞病三年,邕自非寒署节变,未尝解襟带,不寝寐者七旬。母卒,庐于冢侧,动静以礼。有菟驯扰其室傍,又木生连理,远近奇之,多往观焉。与叔父从弟同居,三世不分财,乡党高其义。少博学,师事太傅胡广。好辞章、数术、天文、妙操音律。

桓帝时,中常侍徐璜、左悺等五侯擅恣,闻邕善鼓琴,遂白天子,敕陈留太守督促发遣。邕不得已。行到偃师，称疾而归。闲居玩古，不交当世。感东方朔《客难》及杨雄、班固、崔骃之徒设疑以自通，乃斟酌群言，趄其是而矫其非，作《释诲》以戒厉云尔。

有务世公子诲于华颠胡老曰："盖闻圣人之大宝曰位，故以仁守位，以财聚人。然则有位斯贵，有财斯富，行义达道，士之司也。故伊挚有负鼎之炫，仲尼设执鞭之言，宁子有清商之歌，百里有豢牛之事。夫如是，则圣哲之通趣，古人之明志也。夫子生清穆之世，禀醇和之灵，覃思典籍，韫椟《六经》，安贫乐贱，与世无营，沈精重渊。抗志高冥，包括无外，综析无形，其已久矣。曾不能拔萃出群，扬芳飞文，登天庭，序彝伦，扫六合之秽匿，清宇宙之埃尘，连光芒于白日，属炎气于景云。时逝岁暮，默而无闻。小子惑焉，是以有云。方今圣上宽明，辅弼贤知，崇英逸伟。不坠于地，德弘者建宰相而裂土，才羡者荷荣禄而蒙赐。盍亦回涂要至，俯仰取容，辑当世之利，定不拔之功，荣家宗于此时，遗不灭之令踪？夫独未之思邪，何为守彼而不通此？"

胡老傲然而笑曰："若公子，所谓睹暧昧之利，而忘昭晢之害；专必成之功，而忽蹉跌之败者已。"公子谡尔敛袂而兴曰："胡为其然也？"胡老曰："居，吾将释汝。昔自太极，君臣始基，有羲皇之洪宁，唐虞之至时。三代之隆，亦有缉熙，五伯扶微，勤而抚之。于斯已降，天网纵，人驰，王涂坏，太极陁，君臣土崩，上下瓦解。于是智者骋诈，辩者驰说，武夫奋略，战士讲锐。电骇风驰，雾散云披，亦诈乖诡，以合时宜。或画一策而绾万金，或谈崇朝而锡瑞珪。连衡者六印磊落，合从者骈组流离。隆贵翕习，积富无崖，据巧蹈机，以忘其危。夫华离蒂而萎，条去干而枯，女冶容而淫，士背道而辜。人毁其满，神疾其邪，利端始萌。害渐亦牙。速速方毂，夭夭是加，欲丰其屋，乃蔀基家。是故天地否闭，圣哲潜形，石门守晨，沮溺耦耕，颜歜抱璞，蘧瑗保生，齐人归乐，孔子斯征，雍渠骖乘，逝而遗轻。夫岂傲主而背国乎？道不可以倾也。

"且我闻之，日南至则黄钟应，融风动而鱼上冰，蕤宾统则微阴萌，蒹葭苍而白露凝。寒暑相推，阴阳代兴，运极则化，理乱相承。今大汉绍陶唐之洪烈，荡四海之残灾，隆隐灭之高，拆缊地之基。皇道惟融，帝猷显丕，泯泯庶类，含甘吮滋。检六合之群品，济之乎雍熙，群僚恭己于职司，圣主垂拱乎两楹。君臣穆穆，守之以平，济济多士，端委缙绅，鸿渐盈阶，振鹭充庭。譬犹钟山之玉，泗滨之石，珪璧不为之盈，采浮磬不为之索。曩者，洪源辟而口隩集，武功定而干戈戢，猃狁攘而吉甫宴。城濮捷而晋凯入。故当其有事也，则蓑笠并载，擐甲扬锋，不给于务；当其无事也，则舒绅缓佩，鸣玉以步，绰有余裕。

"夫世臣、门子，譬御之族，天隆其祜，主丰其禄。抱膺从容，爵位自从，摄须理髯，馀官委贵。其进取也，顺倾转圆，不足以喻其便；逡巡放屣，不足以况其易。夫有逸群之才，人人有优赡之智。童子不问疑于老成，瞳矇不稽谋于先生。心恬澹于守高，意无为于持盈。灿乎煌煌，莫非华荣。明哲泊焉，不失所宁。狂淫振荡，乃乱其情。贪夫殉财，夸者死权。瞻仰此事，体躁心烦。暗谦盈之效，迷损益之数，骋驽骀于修路，慕骐骥而增驱，卑俯乎外戚之门，乞助乎近贵之誉。荣显未副，从而颠踣，下获熏胥之辜，高受灭家之诛。前车已覆，袭轨而骛，曾不鉴祸，以知畏惧。予惟悼哉，害其若是！天高地厚，居而蹐之。怨岂在明，患生不思，战战兢兢，必慎厥尤。

"且用之则行，圣训也；舍之则藏，至顺也。夫九河盈溢，非一块所防；带甲百万，非一勇所抗。今子责匹夫以清宇宙，庸可以水旱而累尧、汤乎？惧烟炎之毁尖，何光芒之敢扬哉！且夫地将震而枢星直，井无景则日阴食，元首宽则望舒胱，侯王肃则月侧匿。是以君子推微达著，寻端见绪，履霜知冰，践露知暑。时行则行，时止则止，清息盈冲，取诸天纪。利用遭泰，可与处否，乐天知命，持神任己。群车方奔乎险路，安能与之齐轨？思危难而自豫，故在贱而不耻。方将骋驰乎典籍之崇涂，休息乎仁义之渊薮，盘旋乎周、孔之庭宇，揖儒、墨而与为友。舒之足以光四表，收之则莫能知其所有。若乃丁千载之运，应神灵之符，阊阖阖，乘天衢，拥华盖而奉皇枢，纳玄策于圣德，宣太平于中区。计合谋从，己之图也；勋绩不立，予之辜也。龟凤山翳，雾露不除，踊跃草莱，祗见其愚。不我知者，将谓之迂。修业思真，弃此焉如？静以俟命，不妒不渝。'百岁之后，归乎其居。'幸其获称，天所诱也。罕漫而已，非己咎也。昔伯翳综声于鸟语，葛卢辩音于鸣牛，董父受氏于豢龙，奚仲供德于衡轭，倕氏兴政于巧工，造父登御于骅骝，非子享土于善圉，狼瞫取右于禽囚，弓父毕精于筋角，欿非明勇于赴流，寿王创基于格五，东方要幸于谈优，上官效力于执盖，弘羊据相于运筹。仆不能参迹于若人，故抱璞而优游。"

于是公子仰首降阶，怩怩而避。胡老乃扬衡含笑，援琴而歌。歌曰："练余心兮浸太清，涤秽浊兮存正灵。和液畅兮神气宁，情志泊兮心亭亭，嗜欲息兮无由生。踔宇宙而遗俗兮，眇翩翩而独征。"

建宁三年，辟司徒桥玄府，玄甚敬待之。出补河平长。召拜郎中，校书东观。迁议郎。邕以经籍去圣久远，文字多谬，俗儒穿凿，疑误后学，熹平四年，乃与五官中郎将堂溪典、光禄大夫杨赐、谏议大夫马日磾、议郎张驯、韩说、太史令单扬等，奏求正定《六经》文字。灵帝许之，邕乃自书丹于碑，使工镌刻立于太学门外。于是后儒晚学，咸取正焉。及碑始立，其观视及摹写者，车乘日千余两，填塞街陌。

初，朝议以州郡相党，人情出周，乃制婚姻之家及两州人士不得对相监临。至是复有三互法，禁忌转密，选用艰难。幽、冀二州，久缺不补。邕上疏曰："伏见幽冀旧壤，铠马所出，比年兵饥，渐至空耗。今者百姓虚县，万里萧条，阙职经时，吏人延属，而三府选举，逾月不定。臣经怪其事，而论者云'避三互'，十一州有禁，当取二州而已。又二州之士，或复限以岁月，狐疑迟淹，以失事会。愚以为三互之禁，禁之薄者，今但申以威灵，明其宪令，在任之人岂不戒惧，而当坐充设三互，自生留阂邪？昔韩安国起自徒中，朱买臣出于幽贱，并以才宜，还守本邦。又张敞亡命，擢授剧州。岂复顾循三互，继以末制乎？三分明知二州之要，所宜速定，当越禁取能，以救时敝；而不顾争臣之义，苟避轻微之科，选用稽滞，以失其人。臣愿陛下上则先帝，蠲除近禁，其诸州刺史器用可换者，无拘日月三互，以差厥中。"书奏不省。

初，帝好学，自造《皇羲篇》五十章，因引诸生能为文赋者。本颇以经学相招，后诸为尺牍及工书鸟篆者，皆加引召，遂至数十人。侍中祭酒乐松、贾护，多引无行趣势之徒，并待制鸿都门下，熹陈方俗间里小事，帝甚悦之，待以不次之位。又市贾小民，为宣陵孝子者，复数十人，悉除为郎中、太子舍人。时频有雷霆疾风，伤树拔木，地震、陨雹、蝗虫之害。又鲜卑犯境，役赋及民。六年七月，制书引咎，诏群臣各陈政要所当施行。邕上封事曰：

臣伏读圣旨，虽周成遇风，讯诸执事，宣王遭旱；密勿祇畏，无以或加。臣闻天降灾异，缘象而至。辟历数发，殆刑诛繁多之所生也。风者天之号令，所以教人也。夫昭事上帝，则自怀多福；宗庙致敬，则鬼神以著。国之大事，实先祀典，天子圣躬所当恭事。臣自在宰府，乃备朱衣，迎气五郊，而车驾稀出，四时至敬，屡委有司，虽有解除，犹为疏废。故皇天不悦，显此诸异。《鸿范传》曰："政悖德隐，厥风发屋折木。"《坤》为地道，《易》称安贞。阴气愤盛，则当静反动，法为下叛。夫权不在上，则霓伤物；政有苛暴，则虎狼食人；贪利伤民，则蝗虫损稼。去六月二十八日，太白与月相迫，兵事恶之。鲜卑犯塞，所从来远，今之出师，未见其利。上违天文，下逆人事。诚当博览众议，从其安者。臣不胜愤满，谨条宜所施行七事表左：

一事：明堂月令，天子以四立乃季夏之节，迎五帝于郊，所以导致神气，祈福丰年，清庙祭祀，追往孝敬，养老辟雍，示人礼化，皆帝者之大业，祖宗所祇奉也。而有司数以蕃国疏丧，宫内产生，乃吏卒小汙，屡生忌故。窃见南郊斋戒，未尝有废，至于它祀，辄兴异议。岂南郊卑而它祀尊哉？孝元皇帝策书曰："礼之至敬，莫重于祭，所以竭心亲奉，以致肃祇者也。"又元和故事，复申先典。前后制书，推心恳恻，而近者以来，更任太史。忘礼敬之大，任禁忌之书，拘信小故，以亏大典。《礼》：妻，妾产者，斋则不入侧室之门。无废祭之文也。所谓宫中有卒，三月不祭者，谓士庶人数堵之室，共处其中耳，岂谓皇居之旷，臣妾之众哉？自今斋制宜如故典，庶答风霆灾妖之异。

二事：臣闻国之将兴，至言数闻，内知己政，外见民情。是故先帝虽有圣明之姿，而犹广求得失。又因灾异，援引幽隐，重贤良、方正、敦朴、有道之选，危言极谏，不绝于朝。陛下亲政以来，频年灾异，而未闻特举博选之旨。诚当思省述修旧事，使抱忠之臣展其狂直，以解《易传》"政悖德隐"之言。

三事：夫求贤之道，未必一涂，或以德显，或以言扬。顷者，立朝之士，曾不以忠信见赏，恒被谤讪之诛，遂使群下结口，莫图正辞。郎中张文，前独尽狂言，圣听纳受，以责三司。臣子旷然，众庶解悦。臣愚以为宜擢文右职，以劝忠謇，宣声海内，博开政路。

四事：夫司隶校尉、诸州刺史，所以督察奸枉，分别黑白者也。伏见幽州刺史杨熹、益州刺史庞芝、凉州刺史刘虔，各有奉公疾奸之心，熹等所纠，其效尤多。馀皆枉桡，不能称职。或有抱罪怀瑕，与下同疾，纲网弛纵，莫相举察，公府台阁，亦复默然。五年制书，议遣八使，又令三公，谣言奏事。是时奉公者欣然得志，邪枉者忧悸失色。未详斯议，所因寝息。昔刘向奏曰："夫执狐疑之计者，开群枉之门；养不断之虑者，来谗邪之口。"今始闻善政，旋复变易，足令海内测度朝政。宜追定八使，纠举非法，更选忠清，平章赏罚。三公岁尽，差其殿最，使吏知奉公之福，营私之祸，则众灾之原，庶可塞矣。

五事：臣闻古者取士，必使诸侯岁贡。孝武之世，郡举孝廉，又有贤良、文学之选，于是名臣辈出，文武并兴。汉之得人，数路而已。夫书画辞赋，才之小者，匡国理政，未有其能。陛下即位之初，先涉经术。听政馀日，观省篇章，聊以游意，当代博弈，非以教化取士之本。而诸生竟利，作者鼎沸。其高者颇引经训风喻之言；下则连偶俗语，有类俳优；或窃成文，虚冒名氏。臣每受诏于盛化门，差次录第，其未及者，亦复随辈皆见拜擢。既加之恩，难复收改，但守奉禄，于义已弘，不可复使理人及仕州郡。昔孝宣会诸儒于石渠，章帝集学士于白虎,通经释义,其事优大,文武之道,所宜从之。若乃小能小善,虽有可观,孔子以为"致远则泥",君子故当志其大者。

六事:墨绶长吏,职典理人,皆当以惠利为绩,日月为劳。褒责之科,所宜分明。而今在任无复能省,乃其还者,多召拜议郎、郎中。若器用优美,不宜处之冗散。如有衅故,自当极其刑诛。岂有伏罪惧考,反求迁转,更相放效,臧否无章?先帝旧典,未尝有此。可皆断绝,以核真伪。

七事:伏见前一切以宣陵孝子为太子舍人。臣闻孝文皇帝制丧服三十六日,虽继体之君,父子至亲,公卿列臣,受恩之重,皆屈情从制,不敢逾越。今虚伪小人,本非骨肉,既无幸私之恩,又无禄仕之实,恻隐思慕,情何缘生?而群聚山陵,假名称孝,行不隐心,义无所依,至有奸轨之人,通容其中。桓思皇后祖载之时,东郡有盗人妻者亡在孝中,本县追捕,乃伏其辜。虚伪杂秽,难得胜言。又前至得拜,后辈被遗;或经年陵次,以暂归见漏;或以人自代,亦蒙宠荣。争讼怨恨,凶凶道路。太子官属,宜搜选令德,岂有但取丘墓凶丑之人?其为不祥,莫与大焉。宜遣归田里,以明诈伪。

书奏,帝乃亲迎气北郊,及行辟雍之礼。又诏宣陵孝子为舍人者,悉改为丞尉焉。光和元年,遂置鸿都门学,画孔子及七十二弟子像。其诸生皆敕州郡三公举用辟召,或出为刺史、太守,入为尚书、侍中,乃有封侯赐爵者,士君子皆耻与为列焉。

时妖异数见,人相惊扰。其年七月,诏召邕与光禄大夫杨赐、谏议大夫马日碑、议郎张华、太史令单扬诣金商门,引入崇德殿,使中常侍曹节、王甫就问灾异及消改变故所宜施行。邕悉心以对。又特诏问曰:"比灾变互生,未知厥咎,朝廷焦心,载怀恐惧。每访群公卿士,庶闻忠言,而各存括囊,莫肯尽心。以邕经学深奥,故密特稽问,宜披露失得,指陈政要,勿有依违,自生疑讳。具对经术,以皂囊封上。"邕对曰:"臣伏惟陛下,圣德允明,深悼灾咎,褒臣末学,特垂访及,非臣蝼蚁所能堪副。斯诚输写肝胆出命之秋,岂可以顾患避害,使陛下不闻至戒哉!臣伏思诸异,皆亡国之怪也。天于大汉,殷勤不已,故屡出妖变,以当谴责,欲令人君感司,改危即安。今灾眚之发,不于它所,远则门垣,近在寺署,其为监戒,可谓至切。虮坠鸡化,皆妇人干政之所致也。前者乳母赵娆,贵重天下,生则赀藏侔于天府,死则丘墓逾于园陵,两子受封,兄弟典郡,续以永乐门史霍玉,依阻城社,又为奸邪。今者道路纷纷,复云有程大人者,察其风声,将为国患。宜高为堤防,明设禁令,深惟赵、霍、以为至戒。今圣意勤勤,思明邪正。而闻太尉张颢,为玉所进。光禄勋姓璋,有名贪浊;又长水校尉赵玹、屯骑校尉盖升,并叨时幸,荣富优足。宜念小人在位之咎,退思引身避贤之福。伏见廷尉郭禧,纯厚老成;光禄大夫桥玄,聪达方直。故太尉刘宠,忠实守正:并宜为谋主,数见访问。夫宰相大臣,君之四体,委任责成,优劣已分,不宜听纳小吏,雕琢大臣也。又尚方工技之作,鸿都篇赋之文,可且消息,以示惟忧。《诗》云:'畏天之怒,不敢戏豫。'天戒诚不可戏也。宰府孝廉,士之高选。近者以辟召不慎,切责三公,而今并以小文超取选举,开请托之门,违明王之典,众心不厌,莫之敢言。臣愿陛下忍而绝之。思惟万机,以答天望。圣朝既自约厉,左右近臣亦宜从化。人自抑损,以塞咎戒,则天道亏满,鬼神福谦矣。臣以愚赣,感激忘身,敢触忌讳,手书具对。夫君臣不密,上有漏言之戒,下有失身之祸。愿寝臣表,无使尽忠之吏,受怨奸仇。"章奏,帝览而叹息,因起更衣,曹节于后窃视之,悉宣语左右,事遂漏露。其为邕所裁黜者,皆侧目思报。

初,邕与司徒刘郃素不相平,叔父卫尉质又与将作大匠阳球有隙。球即中常侍程璜女夫也,璜遂使人飞章言邕、质数以私事请托于郃,郃不听,邕含隐切,志欲相中。于是诏下尚书,召邕诘状。邕上书自陈曰:"臣被召,问以大鸿胪刘郃前为济阴太守,臣属吏张宛长休百日,郃为司隶,又托河内郡吏李奇为州书佐,乃营护故河南尹羊陟、侍御史胡毋班,郃不为用致怨之状。臣征营怖悸,肝胆涂地,不知死命所在。窃自寻案,实属宛、奇,不及陟、班。凡休假小吏,非结恨之本。与陟姻家,岂敢申助私党?如臣父子欲相伤陷,当明言台阁,具陈恨状所缘。内无寸事,而谤书外发,宜以臣对与郃参验。臣得以学问特蒙褒异,执事秘馆,操管御前,姓名状貌,微简圣心。今年七月,召诣金商门,问以灾异,赍诏申旨,诱臣使言。臣实愚赣,唯识忠尽,出命忘躯,不顾后害,遂讥刺公卿,内及宠臣。实欲以上对圣问,救消灾异,规为陛下建康宁之计。陛下不念忠臣直言,宜加掩蔽,诽谤卒至,便用疑怪。尽心之吏,岂得容哉?诏书每下,百官各上封事,欲以改政思谴,除凶致吉,而言者不蒙延纳之福,旋被陷破之祸。今皆杜口结舌,以臣为戒,谁敢为陛下尽忠孝乎?臣季父质,连见拔擢,位在上列。臣被蒙恩渥,数见访逮。言事者因此欲陷臣父子,破臣门户,非复发纠奸伏,补益国家者也。臣年四十有六,孤特一身,得托名忠臣,死有馀荣,恐陛下于此不复闻至言矣。臣之愚冗,职当咎患,但前者所对,质不及闻,而衰老白首,横见引逮,随臣摧设,并入坑陷,诚冤诚痛。臣一入牢狱,当为楚毒所迫,趣以饮章,辞情何缘复闻?死期垂至,冒昧自陈。愿身当辜戮,丐质不并坐,则身死之日,更生之年也。惟陛下加餐,为万姓自爱。"于是下邕、质于洛阳狱,劾以仇怨奉公,议害大臣,大不敬,弃市。事奏,中常侍吕强愍邕无罪,请之,帝亦更思其章,有诏减死一等,与家属髡钳徙朔方,不得以赦令除。阳球使客追路刺邕,客感其义,皆莫为用。球又赂其部主使加毒害,所赂者反以其情戒邕,故每得免焉。居五原安阳县。

邕前在东观,与卢植、韩说等撰补《后汉记》,会遭事流离,不及得成,因上书自陈,奏其所著十意,分别首目,连置章左。帝嘉其才高,会明年大赦,乃宥邕还本郡。邕自徙及归。凡九月焉。将就还路,五原太守王智饯之。酒酣,智起舞属邕,邕不为报,智者,中常侍王甫弟也,素贵骄,惭于宾客,诟邕曰:"徒敢轻我!"邕拂衣而去。智衔之,密告邕怨于囚放,谤讪朝廷。内宠恶之。邕虑卒不免,乃亡命江海,远迹吴会。往来依太山羊氏,积十二年,在吴。

吴人有烧桐以爨者,邕闻火烈之声,知其良木,因请而裁为琴,果有美音,而其尾犹焦,故时人名曰"焦尾琴"焉。初,邕在陈留也,其邻人有以酒食召邕者,比往而酒以酣焉。客有弹琴于屏,邕至门试潜听之,曰:"嘻!以乐召我而有杀心,何也?"遂反。将命者告主人曰:"蔡君向来,至门而去。"邕素为邦乡所宗,主人遽自追而问其故,邕具告,莫不怃然。弹琴者曰:"我向鼓弦,见螳螂方向鸣蝉,蝉将去而未飞,螳螂为之一前一却。吾心耸然,惟恐螳螂之失之也,此岂为杀心而形于声者乎?"邕莞然而笑曰:"此足以当之矣。"

中平六年,灵帝崩,董卓为司空,闻邕名高,辟之。称疾不就。卓大怒,詈曰:"我力能族人,蔡邕遂偃蹇者,不旋踵矣。"又切敕州郡举邕诣府,邕不得已,到,署祭酒,甚见敬重。举高第,补侍御史,又转持书御史,迁尚书。三日之间,周历三台。迁巴郡太守,复留为初平元年,拜左中郎将,从献帝迁都长安,封高阳乡侯。

董卓宾客部曲议欲尊卓比太公,称尚父。卓谋之于邕,邕曰:"太公辅周,受命翦商,故特为其号。今明公威德,诚为巍巍,然比之尚父,愚意以为未可。宜须关东平定,车驾还返旧京,然后议之。"卓从其言。

二年六月,地震,卓以问邕,邕对曰:"地动者,阴盛侵阳,臣下逾制之所致也。前春郊天,公奉引车驾,乘金华青盖,爪画两辐,远近以为非宜。"卓于是改乘皂盖车。

卓重邕才学,厚相遇待,每集宴,辄令邕鼓琴赞事,邕亦每存匡益。然卓多自很和,邕恨其言少从,谓从弟谷曰:"董公性刚而遂非,终难济也。吾欲东奔兖州,若道远难达,且逋逃山东以待之,何如?"谷曰:"君状异恒人,每行观者盈集。以此自匿,不亦难乎?"邕乃止。

及卓被诛,邕在司徒王允坐,殊不意言之而叹,有动于色。允勃然叱之曰:"董卓国之大贼,几倾汉室。君为王臣,所宜同忿,而怀其私遇,以忘大节!今天诛有罪,而反相伤痛,岂不共为逆哉?"即收付廷尉治罪。邕陈辞谢,乞黥首刖足,继成汉史。士大夫多矜救之,不能得。太尉马日磾驰往谓允曰:"伯喈旷世逸才,多识汉事,当续成后史,为一代大典。且忠孝素著,而所坐无名,诛之无乃失人望乎?"允曰:"昔武帝不杀司马迁,使作谤书,流于后世。方今国祚中衰,神器不固,不可令佞臣执笔在幼主左右,既无益圣德,复使吾党蒙其仙议。"日磾退而告人曰:"王公其不长世乎?善人,国之纪也。制作,国之典也。灭纪废典,其能久乎!"邕遂死狱中。允悔,欲止而不及。时年六十一。缙绅诸儒莫不流涕。北海郑玄闻而叹曰:"汉世之事,谁与正之!"兖州、陈留间皆画像而颂焉。

其撰集汉事,未见录以继后史。适作《灵纪》及十意,又补诸列传四十二篇,因李傕之乱,湮没多不存。所著诗《独断》《劝学》《释诲》《叙乐》《女训》《篆势》、祝文、章表、书记,凡百四篇,传于世。

【译文】

蔡邕字伯喈,是陈留郡圉县人。他的六世祖名叫蔡勋,喜好黄老之学,前汉平帝时,任郿县令。王莽初年,任他为厌戎郡太守。蔡勋面对封官的印信,仰天长叹,说道:"我是汉朝的臣子,死也要为汉朝而死。古代曾子不接受季孙氏的赏赐,怎么可以侍奉异姓呢!"于是携带家眷,逃进深山,和鲍宣、卓茂等人一起,誓不做新朝的臣子。蔡邕的父亲叫蔡棱,也有清白的操行,死后谥号为贞定公。

蔡邕生性孝顺,他的母亲曾卧病三年,蔡邕除非在夏冬二季换换衣服,平常不脱衣服,也没躺下睡过觉,这样一直坚持七十多天。母亲死后,住在母亲的坟墓旁边,一切行动都按礼法去做。在他的住处,出现温驯的兔子跑前跑后,屋旁又长出两棵枝干相连的树木,远近人都认为这是新鲜事,争着去看。蔡邕和他的叔叔、堂弟住在一起,三辈没有分家,乡亲们都很敬重他的品行。他少年时就博学多才,拜太傅胡广为师。又善于写文章、研究数术和天文,还弹得一手好琴。

后汉桓帝时,中常侍徐璜、左悺等五人专权肆行,他们听说蔡邕善于弹琴,于是奏明皇帝,命令陈留太守督促蔡邕进京。蔡邕不得已,走到偃师县,托词生病,回到家乡。他在家闲居,沉湎于古代文化,不和世人交往。他有感于东方朔的《客难》以及杨雄、班固、崔骃等人自问自答的文章形式,于是对以上诸人的言论,加以审视,他们说得对的就采纳,他们说得不对的就加以纠正,著作《释诲》一文,以此来自励,文章说:

有一位有治世之心的青年人向一位白发老人请教说:"我听说圣人最宝贵的是名位,所以用推行仁义来保持名位,用财富来招集人才。但是有了名位就尊贵,有了财物便富有,推行仁义,至于圣王之道,这是读书人的职责。所以伊挚背负烹器求见商汤;孔子也说过,如果能富贵行道,就是给人当随从,他也愿干;宁戚用歌声来求齐桓公任用。百里奚卑身喂牛求见秦穆公。以上这些人和事,说明圣贤哲人有共同的志趣,这是古人明明白白的志向啊。您老先生,生活在清明的时代,又具有纯和的姿质,深研古代典籍,胸怀《六经》,安于贫贱地位,与世无争,才华沉沦,志在天外,胸中囊括天地人事,精研自然之理,已经很久了。但没能出类拔萃,展布才华,登上朝廷高位,以圣王之道整顿天下,清除人世间的丑恶,扫去宇宙间的尘埃,使治世的光芒犹如白日,使世间的和气直逼白云。随着时间的流逝,你的岁数也大了,仍是默默无闻。我真感到迷惑不解,所以我说了以上这些话,当今皇帝宽容圣明,辅佑的臣子都贤良明智,英才大器,不被逸弃,德高的人被任为宰相而授爵分封,才大的人享受富贵蒙受赏赐。你何不灵活处世,以达到目的,和世人共同俯仰,站住脚跟,坐收治世的荣利,建立不朽的功勋,在这时建立光宗耀祖的功业,留下永不磨灭的美名?这些难道您没想过吗?为什么守住您那一套而不明白这个道理呢?

白发老人傲然笑了笑,说道:"你这个年轻人,你真是常说的只看到那不明不白的功利,而忘记明明摆着的祸害;一心只指望成功,而忽视跌跤失败的那种人啊。"年轻人肃然起敬,拢起衣襟站起来说:"为什么这么说呢?"白发老人说:"你坐下,我将向你解释清楚。过去在远古时代,君臣之分刚刚奠定,曾出现过伏羲氏的安宁时代,唐尧、虞舜的理想时期。三代的兴盛,也属盛世之光,春秋五霸时期,开始走下坡路,但他们仍勉力维持。从此以后,维系社会的法网松弛,人的道德崩溃,先王的治道被破坏,天下混乱,君臣关系、上下关系,都土崩瓦解。于是有权术者驰骋诈幻,能言善辩者到处游说,武将施展韬略,战士讲习武艺。各种人物的活动,像风掣雷电,风云变幻,欺诈诡谲,以适应社会时尚。有的人因筹划一条妙计而得到万金的赏赐,有的人游说一个早晨便得到美玉宝物。主张连衡的,同时佩六国的官印,主张合纵的,也是腰里多印生辉。骤然富贵,财富无数,各逞机巧,忘记了危险。花朵脱离花蒂就会枯萎,枝条离开树干就会干枯,女人打扮妖艳必定淫乱,士人背叛圣贤之道必然获罪。人们诅咒他们的暴发骤富,神明也痛恨他们的邪恶行径,容华富贵刚刚到手,祸害的种子已经萌芽。刚刚乘上华丽的车子,祸害就临头了。要加高加大住室,反而使原来的住室昏暗不明。因此,社会黑暗,圣人和哲人都隐匿藏身,如石门的守门人,如长沮、桀溺隐于耕作,如颜歇怀才而不出来当官,如蘧伯玉不出世而保全性命。齐人送给季桓子女伎,孔子就离开齐国;卫灵公和阉人同乘一车,孔子就离开卫国去曹国,像丢掉不值钱的东西一样。我哪里是傲视君主而背弃祖国呢?因为我的理想不能实现罢了。

再者,我也听说过,冬至时节正应黄锺之律;东北风吹起,天将变暖,鱼儿会跳到冰上;五月夏季,阴气则渐渐萌发;芦苇变黄,露水开始凝结为霜。冷热循环,阴阳代起,发展到极点就要发生变化,治和乱也是互相推移。现在又朝继承陶唐氏的余绪,扫清天下的残祸,圣德比天高、比地厚。圣王之道推行,上下融洽,皇帝的宏才大略显现于世,平民百姓,都广受恩惠。挑选天下的英才,治理成清平治世,群臣都恪守自己的职责,圣君可以垂手而治。君臣关系和谐,共守太平之世,人才济济,从从容容,君子在朝,人才充盈。好比钟山的美玉,泗水之滨的美石,即使在锺山上加上几块美玉也不显得多,采出泗水中几块磐石,也并不显得少。在古代,大禹时洪水得到治理,河流稳定,周武王用武功平定了天下战乱;猃狁被赶走,尹吉甫才得休息;城濮之战,楚军失败,晋人得以凯旋。所以,国家有战事,穿着蓑衣戴着斗笠上战场,披甲操戈,仍显得忙不过来;国家平安无事,穿上宽衣博带,走起路来佩玉叮珰响,显得悠闲从容。

再说那些世代勋臣、大官的子弟,他们是皇帝的下人,上天保佑,君主给他优厚的俸禄,从容而行,自然得到爵位,他们捋须整髯,居官尊贵。他们进身之时,如果用顺从圆转,还不足以形容他们升官的方便,用逡巡放逸,也不足以形容他们升官的容易。人人有超群的才能,个个有丰富的智慧。小孩不向有经验的老成人请教,任事不懂的学生也不找先生问难。心境恬淡高远,已经走到极点而不知停止。仍铺张煊赫,炫耀荣华富贵。有头脑的人,能知足而止,所以能保持安宁。狂妄而胡作非为,只会把人的心志搞乱。贪财的人为财而死,炫耀浮夸的人必死于权势。看到这些现象,心烦意乱。不明白谦受益、满招损的道理。驾着劣马走远路,羡慕千里驹的快速而拼命驱赶,在外戚门前卑躬屈膝,乞求权贵提携。荣华富贵还没攀到,就跌跤摔下来,轻者被牵连坐罪,重者招灭门之祸。前面的车子已经翻了,后面的车子仍沿这条路奔驰,不借鉴前车蹈祸的教训,从而知畏惧而止。我为这些人的下场而悲悼,祸害竟是如此厉害! 天如此之高远,地如此之深厚,不敢不谨慎从事。招来幽怨并不在明智与否,祸患发生都是不深思熟虑所致。定要战战兢兢,必须慎之又慎。

用我则推行我的治道,这是孔圣人的明训;不用我则隐晦韬光,也是圣人的至理名言。天下河水泛滥,并非一块土能够堵塞;百万大军,也非一介勇夫所能抵抗。现在你责备我这个普通人不去清除天下的污秽,那么可把发生水旱灾害归罪于唐尧、商汤吗? 我惧怕我这缕微微青烟会招来没顶之灾,哪里还敢大放光芒呢? 再说,地震之前兆是天枢星散开,井中没有日影表明发生了日蚀。君主宽容如同晦日,则月亮出现在西方;侯王急下,如同朔日,则月亮出现在东方。因此,有识之士能够见微知著,看到开头就能知其发展的脉络,脚踏秋霜就知严冬将至,蹋着露水就知是暑热天气将到。时势允许则出行行道,时势不允许则退身而止,掌握个中消息,取之于天地的规律。以此来判断前途的利害,来决定自己去留,乐天知命,按照自己的意志行事。大批车辆在险路上奔驰,我怎么能和他们并驾而行? 考虑到危难而自我安乐,所以身处贱位而不自以为耻。我将在圣贤典籍这条光明大道上驰骋,在仁义的林海中游息,踏着周公、孔子的足迹,与儒、墨学说为友。施展才能,可以光照天下;收敛韬略,则谁也不知我胸怀何物。如果遇上千载难逢的时运,上应天命,皇帝招贤之天门大开,我会登上天街,在盛大的仪仗簇拥下掌握权柄,向皇帝献上高明的策略,在华夏大地上实现太平盛世的理想。如果我的策略合乎皇帝的要求而被采纳,这当然是我的希望;如果我不能因而建功立业,那是我的罪过。如果在这时,贤者仍隐居深山,小人没有被清除,贤者仍然与草木为伍,只能说明他愚蠢。不了解我的人,将责备我曲线求荣。君子欲建功立业求得其名,舍弃这条道路,还往哪里去?所以我静静地等候时运的到来,不懈不怠。百年以后,葬入坟墓也就算了。若有幸而获得世人称誉,那也是上天诱导之功。如果默默无闻而死,也不是我的罪过。古代的伯翳能与禽鸟交谈,葛卢能听懂牛鸣,董父因好龙而得姓泰龙氏,奚仲能造精美的车子,倕氏的巧于工艺,造父的善于驾马,非子因善于养马而被封,狼瞫因勇斩囚徒而获得为晋襄公驾车之职,弓父的殚精竭思制造出精弓,佽非入江斩蛟之勇,吾丘寿王因精于围棋而官待诏,东方朔因长于诙谐出默而成为汉武的近倖,上官桀因善于系紧车盖而得官,桑弘羊因精于计算而位居丞相。我没有以上古人的幸运,所以我怀才而优游岁月。"

于是那个年轻人仰头避开老人的视线,退下台阶,惭愧而去。白发老人扬眉含笑,弹琴歌唱,唱道:"静修我的心志,使之达到最高的境界,涤荡心灵中的污秽,保存天地之正气。心情舒畅而神气宁静,志向淡泊而心神高远,各种欲念不生。超越世事而摆脱尘俗,在浩渺境界中独来独往。"

建宁三年,在司徒桥玄府中任职,桥玄对他很敬重。后来外补为河平县令。又被召进京任官郎中,在东观校勘图书。后又升为议郎。蔡邕认为,经典图籍距圣人的年代久远,文字多有错讹,浅俗的学者据以穿凿附会,贻误后来的学者。在熹平四年,他与五官中郎将堂溪典、光禄大夫杨赐、谏议大夫马日磾、议郎张驯、韩说、太史令单飏等人,向皇帝上奏,乞求订正《六经》中的文字。汉灵帝批准,蔡邕于是亲自用朱砂把经文书写在石碑上,让石工雕刻,立在太学门外。晚生后学,都据此来改正经书中的错讹。碑刚刚竖起,前来观看和照抄的人很多,常常每天有千余辆车子,把大街小巷都塞满了。

当初,朝廷的官员认为,州郡的官员互相结成帮派,郡人也结伙营私,于是做出了这样的规定,凡是联姻之家以及两州的官员,不得互相做对方的监察官员。到这时又制定了联姻之家以及两州人士不得互相在该地任官的"三互法",禁令更加周密,选用官员就很困难。幽、冀二州,官员缺额久久不补。蔡邕上奏说:"我了解到,幽、冀二州是汉朝的根据地,盔甲和战马大都是该地出产,近年因战乱和灾荒,这一地区耗尽了财力。现在百姓们家家空虚,万里萧条,官位长久空缺,下面的办事吏员也盼望有所统属,但太尉、司徒、司马三府选任官员,几个月也定不下来。我曾为此事感到奇怪,而议事的官员说是因为回避三互法。十一州的禁令,具体来说只是二州罢了。再者,二州的士人,或限于年岁资历,迟疑观望,失去实施政事的机会。我认为三互法的禁令,只是浅层次的措施,如申明严厉的皇威,明确法令,在任的官员哪能不畏惧,敢于犯三互法的本旨,岂肯自我阻隔前途?当年韩安国出身于罪徒之中,朱买臣出身于低贱,都因为才能适宜,都做了本乡的太守。再者,张敞原是个逃亡之徒,超拔为大州刺史。这哪里管什么三互之法,受细微末节的制约呢?太尉、司徒、司马三公明知幽冀二州的重要,赶快确定官员,应该超出三互法的禁令,选取有能力的人,改变二州的破败局面;若置我直言敢谏之议于不顾,为避开微不足道的规定,任官久而不决,而失去人才。我希望陛下您上学光武皇帝,废除近来这些禁令,各州刺史才器可以调换的,不要拘泥于资历和三互法的规定,以求用得其人。"奏疏呈上去,皇帝不加理睬。

当初灵帝好学,自己著作《皇羲篇》五十章,因而召集来不少善于作文赋的读书人。本来是以长于经学招集文人的,后来把长于作书信的以及工书法篆文的都加招引,于是有数十人之多。侍中祭酒乐松、贾护等人,又招来品行不端、趋炎附势之徒多人,都在鸿都门下侍奉皇帝,这些人喜欢向皇帝陈说些民间的世俗琐事。皇帝听了却很高兴,越级提拔这些人为官。另外,一些市井小人,因为做了宣陵的守坟户,几十个人,都任为郎中、太子舍人。因而当时的天象反常,经常打雷刮大风,树木被折断或连根拔起,又有地震、冰雹、蝗虫等灾害。鲜卑人入侵边境,民间加重了劳役和赋税。六年七月,皇帝下诏书行咎自责,令群臣各自陈述应该施行的行政要务。蔡邕上奏说:

我读了圣旨,虽然像周成王时遇上风灾,向诸大臣讯问政事;周宣王时遭受旱灾,而勤政畏惧,比起陛下的虔诚态度,都不在话下。我听说上天下降灾害,都是因人事而发。频频出现惊雷,大概是因为受刑被处死的人太多所致。风是上天的号令,是用来警告人的。虔诚地按上天的意志行事,就会带来好处;礼敬祖宗,则鬼神安稳。国家的大事,首先要注重祭祀的典礼,天子应该亲自恭敬从事。我自从任宰相府的官员,以至任祭祀官,各种郊祭,皇帝很少亲行,礼敬四时节气这样重要的祭祀活动,经常是派官代行,虽然曾向上天谢罪,究竟是废礼不敬。所以上天不高兴,才降下这种种灾异。《鸿范传》说:"政事违背天意,使上天好生之德隐而不显,就会出现大风刮倒房屋、折断树木的灾害。"《坤》卦象征地理,《易经》上说,安静则大吉大利。阴气太盛,应该用安静来行正,"法为下叛"。大权不掌握在上边,则相应的灾害是冰雹的灾伤;行政苛刻暴戾,相应的灾害是虎狼吃人;官员因贪利而伤害百姓,相应的灾害是蝗虫损害庄稼。去年六月二十八日,太白星与月亮相近,兵家认为不是好兆头。鲜卑人犯境,是长久以来的边患,现在出兵,还看不到取胜的可能。这样就上背天象,下背民心。确应广听诸臣的议论,采纳实实可行的意见。我怀着满腔忧愤,敬陈应实行的七件事如下:

第一件事:按照朝廷的祭祀时间表规定,皇帝在立春、立夏、立秋、立冬以及夏末的节气,亲自祭祀,迎接五帝,以此来乞求风调雨顺,上天赐福,带来丰收。宗庙祭祀,为了向祖宗申孝敬之诚,赡养老人,开设学校,是为了以礼化教育人,这都是做皇帝应重视的大事,为祖宗以来所恪守。使下面的官员,往往因疏远封国的丧事、家里有子女降生,或者小吏的病死,以此为忌,而废弃大事。我看到祭天之礼,还没遭废弃,至于其他的祭祀,往往有不同意见。难道说祭天之礼卑微不足道、其他祭祀因重要而多异议吗?孝元皇帝曾说过:"典礼最尊敬的,莫过于祭祀,以此来竭心致诚亲身而行,表达严肃的敬仰之情。"再者,章帝元和年间所行的事例,再次申明遵从先王的旧典。前后圣旨,推心置腹,态度诚恳。但是近来的情况,往往更换太史之官。把祭祀的大事几乎忘掉,听信各种禁忌书上所载,因很小的事情,亏缺祭祀大典。《礼经》上说,妻妾生小孩,丈夫在斋戒期间不入产房之门,没有讲到因此而废弃祭礼的文字。所说的家里死了人,因而三个月不举行祭礼,那是指一般百姓人家只有几间房子,一家人共同居住的情况,哪里可比皇宫之大、妻妾之众呢?从今以后,斋戒期间应照旧有礼典行事,以此来回答上天风雷灾变的示警。

　　第二件事:我听说,一个国家将要兴盛,能经常听到治理国家的名言高论,朝廷之内,对行政情况了如指掌,在朝廷之外,对民情体察入微。因此,已故的桓帝虽然具有圣哲的资质,而仍然广泛听取行政的得失。又因发生灾变,提拔那些沉沦的人物,重视贤良、方正、淳朴、有道等科的选拔,因此正直净谏的言论,不断在朝廷上出现。陛下您主持政事以来,连年发生灾变,但没有听到为此而特别举行广取贤良的圣旨。确应认真思考,按旧章办事,让胸怀忠义的臣子,施展他们的抱负,来改变《易传》上所说"行政乘背、有德者隐身"的局面。

　　第三件事:求得贤能之臣的途径,不只一条,有的因道德高尚名世,有的因直言敢谏扬名。近来,在朝的臣子,并没有因忠心耿耿被赏赐,却常招致恶言毁谤而被罪,于是群臣下僚结舌缄口,没有人敢出来主持正义。郎中张文,以前曾单枪匹马披肝沥胆条陈忠言,蒙圣上采纳,责令三司衙门实行。这样,群臣解除了思想负担,众百姓也都很高兴。我认为应该提升张文任要职,以鼓励忠正耿直,并在天下广为宣传,这样就会广开议论政事之路。

　　第四件事:司隶校尉和各州的刺史,这些官员的责任是监督官员、辨奸纠枉、分别黑白。我看到幽州刺史杨熹、益州刺史宠芝、凉州刺史刘虔,每人都胸怀秉公奉法、疾恨奸恶的忠心,杨熹的举劾,功效很好。其他人大都废公枉法,根本不称职。有的刺史本身,就有罪恶,和下级同病相怜,法网松弛,互不揭发,三公台阁各官也保持沉默。建宁五年下的圣旨,准备派遣使者巡行天下,又下令三公根据民间歌谣所反映的民间利弊,上奏天子。当时奉公守法的官员洋洋得意,奸邪枉法的官员惊怕失色。但不知这种措施为何原因废而不行。过去刘向向皇帝上奏曾说:"用将信将疑的态度去执行某种计划,就会为枉法者大开方便之门;优柔寡断,必然招致谗邪的议论。"现在刚刚听到将要推行善政,马上又变卦,这样做,促使天下人对朝廷政事做出种种猜度。应该重新任命使者,纠察非法的官员,选任忠心清白的官员,赏罚分明。太尉、司徒、司马三公衙门,每年年末,评品各官的高下,使下级官吏明白,奉公守法者得福,营私枉法者得祸。这样,各种灾变可以从根本上杜绝。

　　第五件事:我听说古代选取官员,必让各诸侯每年向朝廷贡献人才。武帝之时,令各州郡选取孝廉,又设有贤良、文学之科,于是名臣辈出,文臣武将,人才济济。汉朝之所以能得到人才,就是这几条途径罢了。长于书法、绘画、诗词文赋,那只不过是小才小艺,治理国家政事,他们无能力担任。陛下你继位为天子,刚刚开始,应该先涉猎儒家的经典学术,政事余暇,可以浏览文辞篇章,松弛一下精神,以此来代替下棋等娱乐,但文辞篇章不能作为教化百姓,选取人才的根据。然而读书人为争夺利禄,做文章势头沸沸扬扬。其中高明一些的,还引证一些经典中劝世的文字;等而下之的作者,则连连搬用民间俗语村言,简直像演滑稽戏;有的剽窃成文,假冒他人的名字。我经常在盛化门接受圣旨,评定作者的等级名次,那些不及格的人,也和其他人一样都被提拔委任。既已经加恩任官,也难以再收回,这些人若只守职领俸禄,国家对他们也算仁至义尽,不应该再派他们去做治理百姓的州郡地方官。当年汉宣帝把儒家学者聚集在石渠阁,汉章帝聚集学士于白虎观,通解经文,解释疑义,这事情很重要,这也是周文王、周武王的治世之道,应该遵循。

像那样擅长小才小艺，虽然也达到相当的水平，孔夫子认为，若以此来治理国家大事，那就扞格难通了，所以有识之士应该把心志用到大的方面。

第六件事：品级为六百石的地方吏员，他的责任是治理百姓，对他们的考察，应以是否给百姓带来福利实惠为成绩，以任职时间长短为资历。表彰或责罚的条款，应该黑白分明。但是现在对地方官在任治绩根据不清楚，等任期满召还，大多提升为议郎、郎中等官。如果其中有才具优秀的，不应安排他们为闲职。如在任期间犯有罪过，应该加以刑罚。这样怎么会发生隐瞒罪行害怕考察、反而谋求升迁、互相效法、好坏不分这样的情况呢？已故皇帝的旧法，没有出现这种情况。应该当机立断，辨其真伪。

第七件事：在前面我说到把为宣陵守坟人都提拔为太子舍人一事。我听说汉文帝规定服丧期为三十六天，虽然是继位的君主，是父子骨肉之亲，公师大臣，受皇帝莫大之恩，都压抑自己的感情，按规定办事，不敢超期服丧。现在那些虚伪小人，本不是皇帝的亲骨肉，皇帝生前也没有喜欢过他们，他们本身也没有一官半职，那么殷切思念的感情，从何而产生？他们聚集在陵墓旁，声称行孝，他们的行为不符合本心，按照礼仪，没有任何根据，甚至有奸邪坏人，混迹其中。桓思皇后的灵柩出殡之时，东郡有一个拐骗别人老婆的人混在孝子的队伍中，本县派人来追捕，才承认罪恶。像这样虚伪污乱的情况，难以枚举。又有先来到陵墓边的人被委任为官，后来的被弃置不顾；有的长年在陵墓守陵，偶尔回一趟家，就被遗漏；有的请人代替，也受到恩宠而荣升。因此发生争吵、怨恨，怨声载道。太子的辅佐官员，应该选取德高望重的人来担任，哪能只选取坟墓房的不三不四的不吉利的人？这种不吉利的情况，再没有比这严重的人。应该把这些人遣送回农村，并揭露他们的伪骗行为。

奏本送上去，灵帝才亲自主持北郊祭礼，又到太学主持祭孔仪式。又发布命令，那些守陵孝子被任为舍人的，一律改为丞尉。光和元年，又设立鸿都门学校，在校内图画孔子和七十二弟子像。在校读书的生员，命令各州郡及三公府举荐任用，有的出任外的州刺史、郡太守，有的在朝廷被任为尚书、侍中等官，甚至有被封侯赐爵位的，而有识之士都耻与这些人为伍。

当时各种怪异现象不断出现，人人惊恐。这年七月，灵帝召蔡邕和光禄大夫杨赐、谏议大夫马日磾、仪郎张华、太史令单飏等人到金商门，又带进崇德殿，派中常侍曹节、王甫向他们询问灾变情形以及为消除灾变应实行的措施。蔡邕详细回答，灵帝又亲自召问说："近来灾变迭起，不知有什么过错得罪了上天，朝廷为此而焦心，满怀恐惧。询问各个王公大臣，希望听到忠正言论，但他们都闭口不言，不肯说出心里话。因为你蔡邕经学渊博，所以特别单独秘密向你询问，你应该指出行政的得失，提出行政的要领，不要模棱两可，自生疑惑。回答的奏章，密封呈上。"蔡邕回奏说："我看陛下你圣德清明，深深为发生灾变而自责，您褒奖我的学业，特地向我询问，这使我这微不足道的臣子怎么敢承当。现在确实是披肝沥胆的时候，怎么能顾虑直言敢谏会带来的祸害、而使陛下您听不到惊戒的言论呢！我认为各种灾变的发生，都是亡国的征兆。上天对于大汉王朝，仍然是特别关照，因此才屡屡降下灾变，以此来进行谴责，是想让君王省悟，转危为安。现在灾变发生，不在其他地方，却发生在京城附近，或京城各衙门，它是上天的警告，再明确也不过了。长虹下落、雄鸡异化，这都是妇女干政所招致。在此之前，皇帝的乳母赵娆，成为天下的高贵人物，生前的财富可和国库相比，死后的坟墓，比皇帝的陵墓还气派，两个儿子受封爵，她的兄弟也任为州郡长官；接着又有永乐门史霍玉，凭借皇威，又为非作歹。现在路人又传言纷纷，说又出了一个程大人，看他的来势，将要成为国家的祸害。应该提高警惕，加以防备，明令禁止，以赵娆、霍玉为鉴戒。现在陛下您情真意切，想辨明邪正。但听说太尉张颢，是霍玉引荐的；光禄勋姓璋，是有名的贪官；再如长水校尉赵玄、屯骑校尉盖升，都侥幸受宠而荣华富足。应该想到，小人在位给国家带来的灾害；退一步想，这些人引退让贤也是他们的福分。我了解到，廷尉郭禧，敦厚老练；光禄大夫桥玄，练达正直；原太尉刘宠，忠诚正派，这些人都应是皇帝的智囊人物，经常向他们询问政事。宰相大臣，好比皇帝的四肢，委任他们，责其成效，他们的优劣自然分明，不应从听小吏的意见，陷大臣于罪过。再者，尚方令所做的工巧器物、鸿都门所作的诗词文赋，可暂且停止，以表示忧虑。《诗经》上说："恐怕上天发怒，不敢游戏淫逸。"上天的敬戒，确不可当作儿戏啊。宰相府的孝廉，那是士人中高材者才能充任。近来因荐举不慎，责备三公，但现在却只凭小小艺能超拔选取，这样就大开后门，违背了圣上选人的条法，众心不服。却没有人敢出来说话。我希望陛下您下决心杜绝这种弊端，全部心力用于政事，以此来报答上天的期望。圣上既然自我严格要求，左右亲近的臣子也应随之转变作风。人人自我约制，以此来回答上天的警告，那么天时自然由灾变转为圆满正常，鬼神都受福不浅。我出于正直与忠诚，因受激励，置身家性命于度外，所以才敢于讲出别人因忌讳不敢讲的话，亲笔来回答。君臣之间若不能保密，君上若不知戒惧而泄露了机密，会给臣下带来杀身之祸。我希望把我的奏本对压下不要下发，且莫使尽忠的官吏，因此而招致怨仇。"奏本呈上，灵帝看了以后，异常感叹，因起身去换衣服，中常侍曹节偷看了奏本，把全部内容宣扬出去，于是机密泄露。那些被蔡邕弹劾的人，都横眉怒目地要加以报复。

当初，蔡邕和司徒刘郃平常就合不来，他的叔父卫尉蔡质又与将昕大臣阳球有仇。而阳球又是中常侍程璜的女婿，程璜于是派人向朝廷写匿名信说蔡邕、蔡质叔侄屡因私事请刘郃帮忙，刘郃不答应，蔡邕怀恨在心，发誓要中伤刘郃。皇帝批下，让尚书处理，召来蔡邕，追问事实。蔡邕上书自辩说："我被责问，问大鸿胪刘郃前此为济阴太守的时候，我属下吏员张宛病休了一百天（按规定，吏员病休百日应免官）；刘郃任司隶时，我又托他提拔河内郡吏员李奇为州的文书官；又请他营救原河南尹羊陟、侍御史胡毋班，我的请求，他都不答应，因此我怨恨他等情形。我听了以后满怀惶惑恐惧，忧心如焚，不知罪过在哪里。我自己寻思这案件的来由，实因张宛、李奇之事而起，与羊陟、胡毋班无关。但是小吏的休假，也不是结怨的原因。我家与羊陟家虽是亲家，怎么敢救援私党？如果我们父子想陷害刘郃，自应向台阁大臣揭发，详细陈述所谓怨恨刘郃的缘由。没有尺寸的事实，而散发匿名信，应该用我的申辩和刘郃对质。我能够以学问渊博，受到褒奖，在祕阁任职，在皇帝身边作文字工作，因而我的姓名长相学问才能，被圣上注意。今年七月，把我召到金商门，问起灾变的原因，又下诏旨，让我直言。我出于忠正直率，只知竭尽忠心，生死置之度外，没顾忌到因此而招致祸害，于是讽刺了王公大臣，以及圣上身边的宠臣，我本想回答圣上的询问，以消除灾变，为陛下您献长治久安之计。陛下您没考虑到对忠臣的直率言论，应加以保密，因泄露而诽谤猛烈而来，陛下你也因此而产生疑惑。这样，尽忠的官吏，还有容身之处吗？每次圣旨须颁下，群臣各密封奏事，本想改革政事，以免上天谴责，逢凶化吉，但进谏的臣子没有因此而得福，反而马上遭受诬陷祸害。现在人人闭口不言，以我为前车之鉴，这样谁还敢为陛下您尽忠尽孝呢？我叔父蔡质，连连被提拔，位居高官。我受陛下皇恩，屡被垂问。因此，有人想陷害我们父子，使我们家族破败，他们并不是为了揭发奸邪、为国家利益着想的。我今年四十六岁，孤身一人，如能列名忠臣，死了也很荣耀。恐怕陛下您从此再也听不到忠正的谏言了。因我的忠直，招来祸害，但我前面的回答，蔡质不知道，他已经白发衰老，横遭牵连，因我被祸，也一并被坑害，实在冤枉，实在令人痛心。我一进监狱，必然被严刑逼问，追问匿名信所列的罪名。我的辩白情况，陛下您怎么能听得到？我的死期快要到了，冒昧向您陈述，我情愿一人抵罪而死，请求不要把蔡质连坐，那么我死的那一天，也就是我再生之日。希望陛下您努力加餐，为天下百姓自加珍重。"于是把蔡邕、蔡质投入洛阳监狱，判他以官报私仇、陷害大臣的大不敬罪名，处以死刑。判决上奏，中常侍吕强怜悯蔡邕无罪而被判死刑，请求皇帝宽宥，灵帝也想到蔡邕章奏中辩白的情形，下旨免去死罪，降罪一等，和家属一起，剃去头发、脖子上套上铁圈，流放到朔方郡，遇上大赦也不能赦免。阳球派刺客在路上刺杀蔡邕，因刺客被蔡邕的义气所感动，几个刺客都没有刺杀蔡邕。阳球贿赂当地主管官员杀害他，但被贿赂的官员反而把这种情况告诉蔡邕，所以多次得以免死。被安置在五原郡安阳县。

蔡邕以前在东观任职，和卢植、韩说等人著补《后汉记》，因遭官司被流放，未能成书，因此他向皇帝上书，陈述他著作的十志的内容，分别篇目，写在奏章的后面。灵帝欣赏他的才能，遇上第二年大赦，于是宽免蔡邕，归还本郡。蔡邕从流放至归还，共历九个月。将要归还上路，五原太守王智为他饯行。喝得酒酣耳热，王智离席起舞，向蔡邕劝酒，蔡邕却不加理睬。王智是中常侍王甫的弟弟，平常娇贵惯了，在宾客面前使他下不了台，于是大骂蔡邕："你这个罪徒，竟敢轻视我！"蔡邕拂衣而去。王智痛恨蔡邕，向朝廷密告蔡邕在流放地满腹牢骚，诽谤朝廷。皇帝的庞臣听了也非常讨厌蔡邕。蔡邕估计终究难以免祸，于是逃亡江海之中。远逃吴郡、会稽一带。来来往往，依靠太山羊氏家，在吴郡呆了十二年。

吴郡人有烧桐木煮饭的人家，蔡邕听到桐木燃烧发出的声响，断定是上好的木材，于是向人家求来，制作成琴，果然音色很美，因尾部有燃烧的痕迹，所以当时人命名为"焦尾琴"。当初，蔡邕在陈留郡时，他的邻居有一次请他喝酒吃饭，蔡邕到邻人家门的时候，酒席已进入高潮。东道主家有个宾客在屏风里弹琴，蔡邕来到门口暗暗偷听，他惊诧地说："哼！用音乐来招引我，而暗藏杀机，这是怎么回事？"于是就回去了。邻居的管事人对主人说："蔡生先刚才来过，到门口又回去了。"蔡邕向来受乡亲们敬重，主人赶紧把他追回，问是怎么回事，蔡邕说出原因，在场的宾客都莫名其妙地发出笑声。弹琴的人说："在我刚才弹琴的时候，看见螳螂正盯着鸣叫的蝉，蝉将要飞去，螳螂的身体正一前一后的跃跃欲试。我心里很着急，唯恐螳螂失去良机，莫非因此产生杀机表现在琴声里吗？"蔡邕听了,嘿嘿一笑,说道:"这就足以说明问题所在了。"

中平六年,灵帝逝世,董卓任司空,听说蔡邕名望很高,召辟他出来做官,蔡邕声称有病不赴任。董卓大为恼火,骂道:"我的权威,能够灭人家族,蔡邕这样傲慢,我让你祸不旋踵。"又严令州郡官员推举蔡邕到他的司空府,蔡邕不得已来到,任命他为代理祭酒,很受敬重。因考试名列前茅,补官侍御史,又转升为持书御史,又升任尚书。三天之内,经历三个官署。后又升任巴郡太守,又召进京任为侍中。

初平元年,任为左中郎将,随献帝迁都长安,封为高阳乡侯。

董卓的门客家人想让董卓尊比姜太公,称为尚父。董卓为此向蔡邕问计,蔡邕说:"姜太公辅佐周天子,受命灭商,所以才特别给他这样的名号。现在您的权威和盛德,诚然很高,但是和姜太公相比,我认为现在还不能这么做。应等到关东地方平定了,皇帝从长安迁回旧都洛阳,然后再说。"董卓听从了他的意见。二年六月,长安一带发生地震,董卓问蔡邕是什么原因,蔡邕回答说:"发生地震,是阴气太盛,浸渍了阳气,是臣子行为出格造成的。去年春天举行祭天礼,明公您引领皇帝坐车,您的坐车上,饰有金花青布车棚,车箱上画有金爪的花纹,(这是皇太子、皇子所乘车的装饰),远近的人都认为你这种做法不合适。"于是董卓改乘黑棚车。

董卓很敬重蔡邕的才学,给他的待遇很优厚,每次朝官饮宴,往往请蔡邕弹琴助兴,蔡邕也利用各种机会劝诫董卓。但是董卓刚愎自用,蔡邕有感于他的劝诫很少被听从,便对他的堂弟蔡谷说:"董公性情刚愎而陷于罪过,最终难成大事。我想向东逃到兖州去,如果路远难去,暂且逃到山东等待时机,你看怎么样?"蔡谷说:"您的相貌和平常人长得不一样,每次出外,围观的人很多。这样自我藏身,不是很难做到吗?"蔡邕才没有东去。

到董卓被杀后,蔡邕在司徒王允家做客,蔡邕无意之中谈起此事,深为叹惜,面部表情也表现出来。王允勃然大怒,斥骂说:"董卓是国家的叛贼,几乎推翻了汉朝。你作为国家的臣子,应该同仇敌忾,但你却念念不忘他对你的私人恩情,忘记了大节!现在杀死这有罪之人,你却反而为此而悲痛,难道不是和他一起谋反的吗?"立即交付廷尉去治罪。蔡邕上书谢罪,请求只刺面砍脚,以便继续修成汉史。在朝官员们很多人营救他,但都未奏效。太尉马日磾快马去见王允,对他说:"蔡伯喈是旷世奇才,对汉朝的史事很熟悉,应该让他续成后汉史,成为一代典籍。况且他一向以忠孝著名。判罪也无确切事实,杀了他不担心失去人心吗?"王允说:"当年汉武帝不杀司马迁,让他写出诽谤朝廷的史书,流传至后代。现在国运中衰,江山不稳,绝不可让这样阿谀奏承的臣子在幼年皇帝身边记录史事。这样既对幼主的道德培养不利,而且我们这些人也会受他的史书讽刺。"马日磾退出后对人说:"王大人可能活不长久了。完美的人,是国家的纪纲所示;著作,是国家的经籍典则。毁灭纪纲、废掉籍则,这样的人还能活长久吗!"于是蔡邕死在狱中。王允也后悔了,想要挽救,已来不及了。蔡邕死时六十一岁。上层人士和学者们没有不为此而流泪的。北海人郑玄听到这一消息,感叹说:"关于汉代的史事,再找谁去请教呢!"兖州、陈留等地都图画他的影像称颂他。

他撰集的汉代史料,还没有编录的续后汉史书。只做了《灵帝纪》及十志,又补了四十二篇列传,这些文稿因李傕的叛乱,大都散失没有保存下来。他所作的诗、赋、碑文、诔文、铭文、赞文、连珠文、箴文、吊文、论议文字,以及《独断》《劝学》《诲》《叙乐》《女训》《篆势》和祝文、章表、书记等,共一百零四篇,流传于世。